大沼晴暉著

慶應義塾大学附属研究所斯道文庫蔵 浜野文庫目録

―附善本略解題

慶應義塾大学附属研究所斯道文庫編

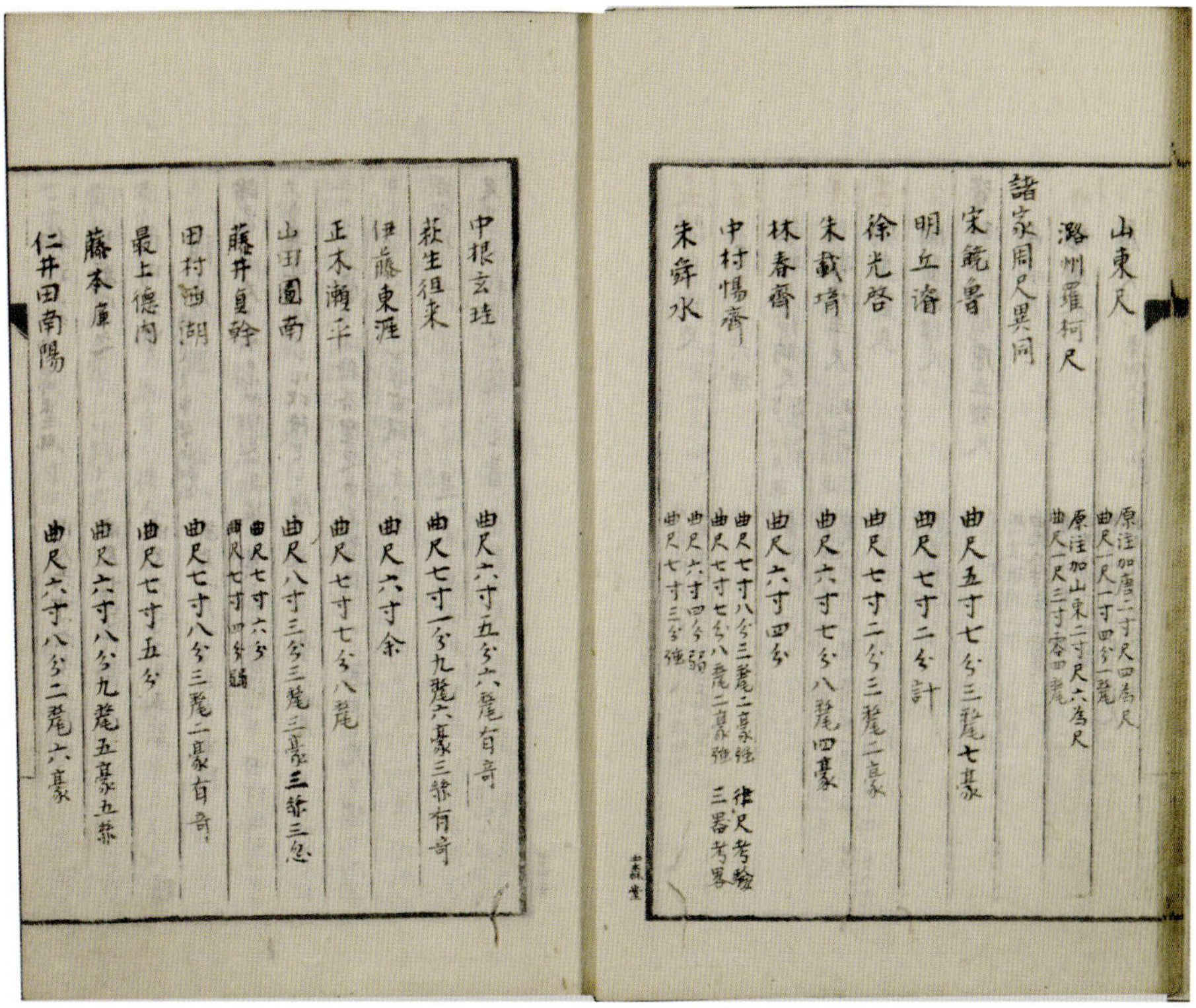

山東尺

潞州羅柯尺　原注加唐二寸尺四為尺　曲尺一尺一寸四分一釐

諸家周尺異同　原注加山東二寸尺六為尺　曲尺一尺三寸零四釐

宋魏魯　曲尺五寸七分三釐七豪

明丘濬　曲尺七寸二分許

徐光啓　曲尺七寸二分三釐二豪

朱載堉　曲尺六寸七分八釐四豪

林春齋　曲尺六寸四分

中村惕齋　曲尺七寸八分三釐二豪強　曲尺七寸七分八釐二豪強　律尺考驗　三器考畧

朱舜水　曲尺六寸四分弱　曲尺七寸三分強

中根玄珪　曲尺六寸五分六釐有奇

荻生徂來　曲尺七寸一分九釐六豪三絲有奇

伊藤東涯　曲尺六寸余

正木瀨平　曲尺七寸七分八釐

山田圖南　曲尺八寸三分三釐三豪三絲三忽

藤井良斡　曲尺七寸六分　曲尺七寸四分弱

田村西湖　曲尺七寸八分三釐二豪有奇

最上德内　曲尺七寸五分

藤本廉　曲尺六寸八分九釐五豪五絲

仁井田南陽　曲尺六寸八分二釐六豪

本朝度量權衡　諸家周尺異同

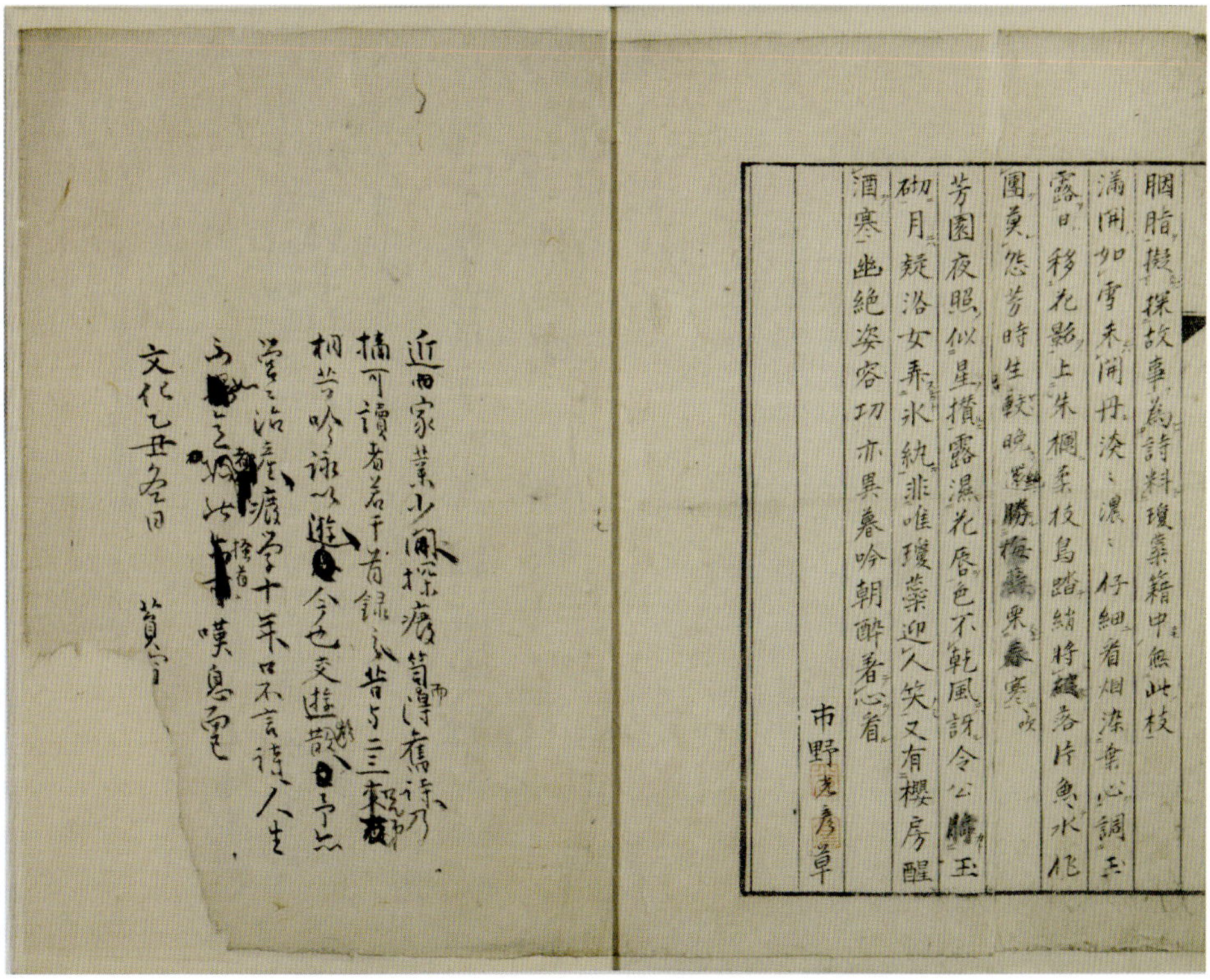

胭脂擬採故事為詩料瓊蘂籍中無此枝

滿開如雪未開丹淡々濃々仔細看烟染魚心調玉

露日移花影上朱欄柔枝鳥踏結將纏落片魚水作

園夷愁芳時生較晩遂勝梅蘂果春寒

芳園夜照似星攢露濕花唇色不乾風詠令公騎玉

砌月疑洛女弄水紈非唯瓊蘂迎人笑又有櫻房醒

酒寒幽絶姿容功亦異春吟朝醉着心看

市野光彦草

文化乙丑冬日

貧窗摘稾　卷末并識語

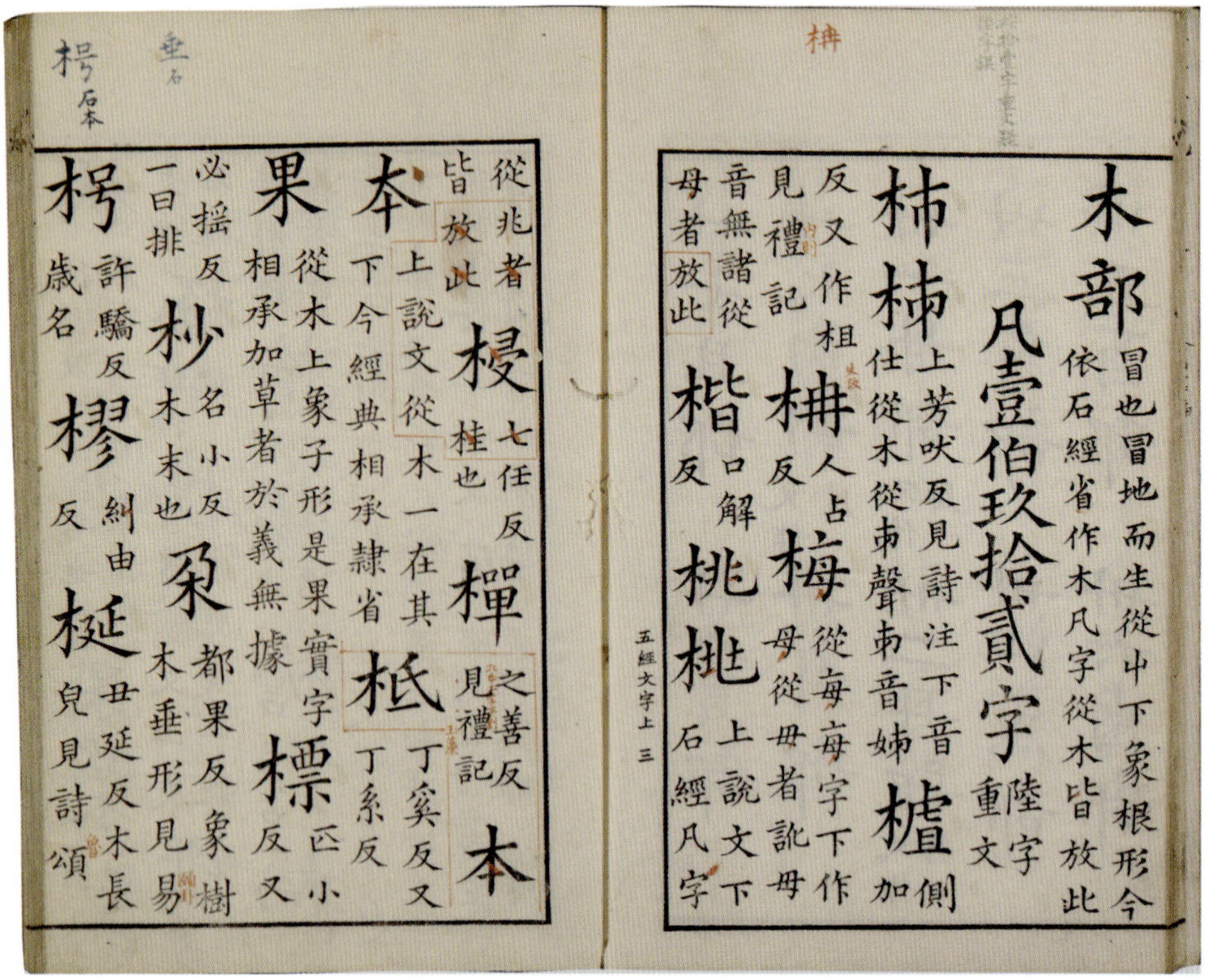
木部 冒也冒地而生從中下象根形今依石經省作木凡字從木皆放此
凡壹伯玖拾貳字 陸字重文
柿 柹 上芳吠反見詩注下音仕從木從朿聲朿音姉 樝 側加反又作租見禮記音無諸從母者放此 柟 人占反 梅 從每每字下作母從毋者訛毋 楷 口解反 桃 梐 上說文下石經凡字
五経文字上 三
從兆者皆放此 梫 七任反桂也 樿 之善反見禮記 本 本 上說文從木一在其下今經典相承隷省 柢 丁奚反又丁系反 果 從木上象子形是果實字相承加草者於義無據 標 匹小反又必揺反一曰排 杪 名小反木末也 朶 都果反象樹木垂形見易 枵 許驕反歲名 樛 糾由反 梴 丑延反木長皃見詩頌

五経文字　木部

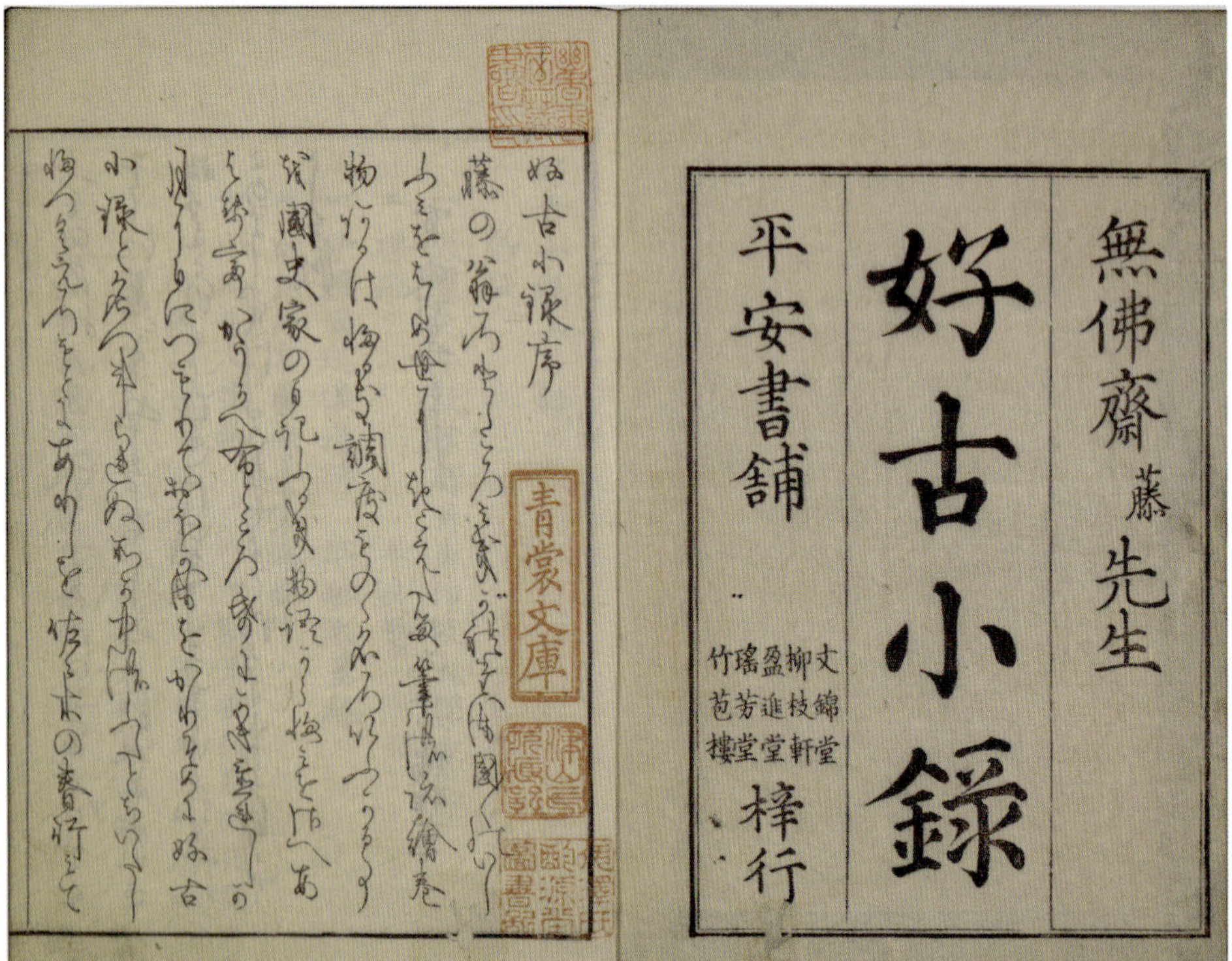
好古小録序
青裳文庫
無佛齋藤先生
好古小録
平安書舗
文錦堂
柳枝軒
盈進堂
瑤芳堂
竹苞樓
梓行

好古小録　見返并序

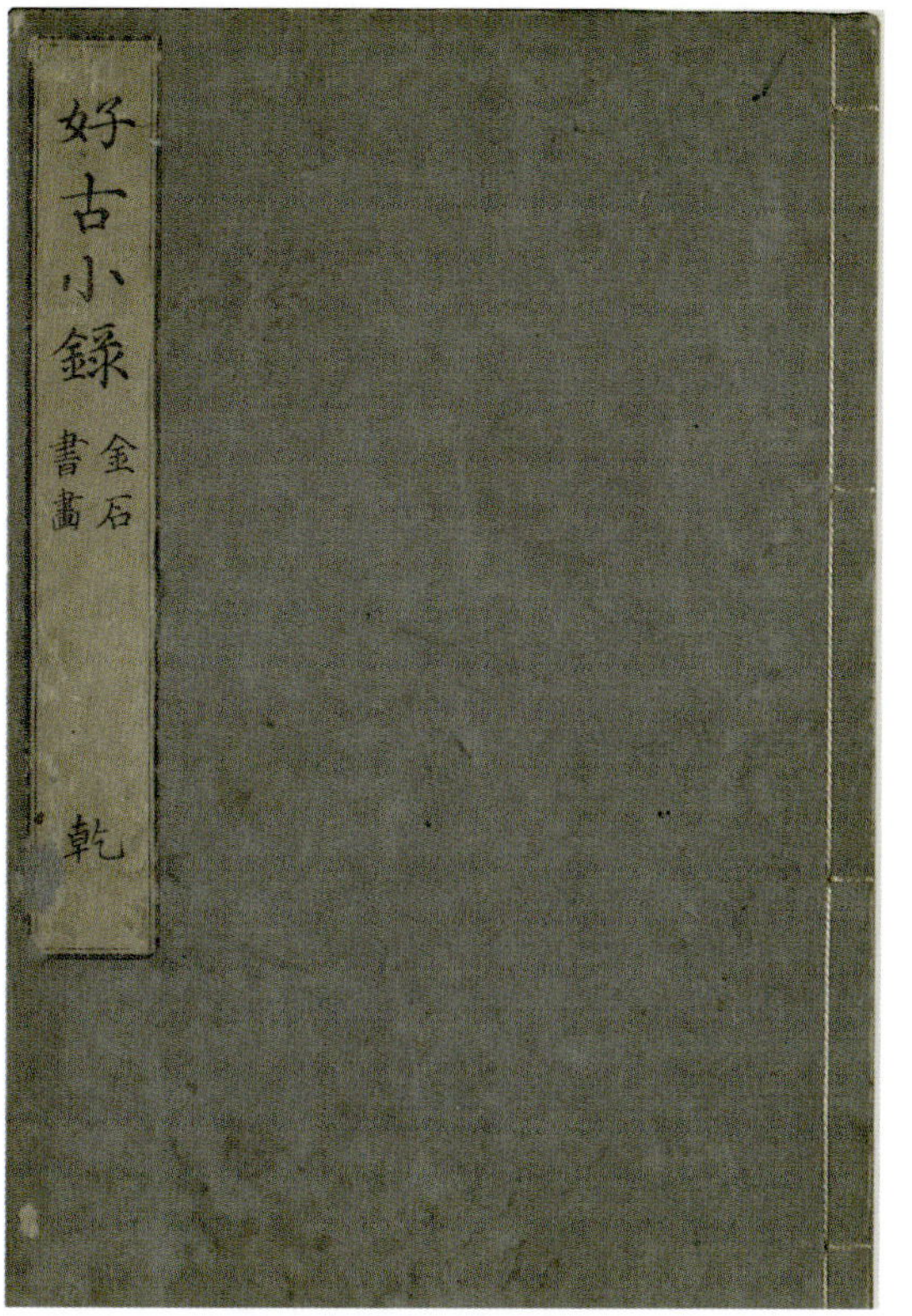

好古小録 表紙

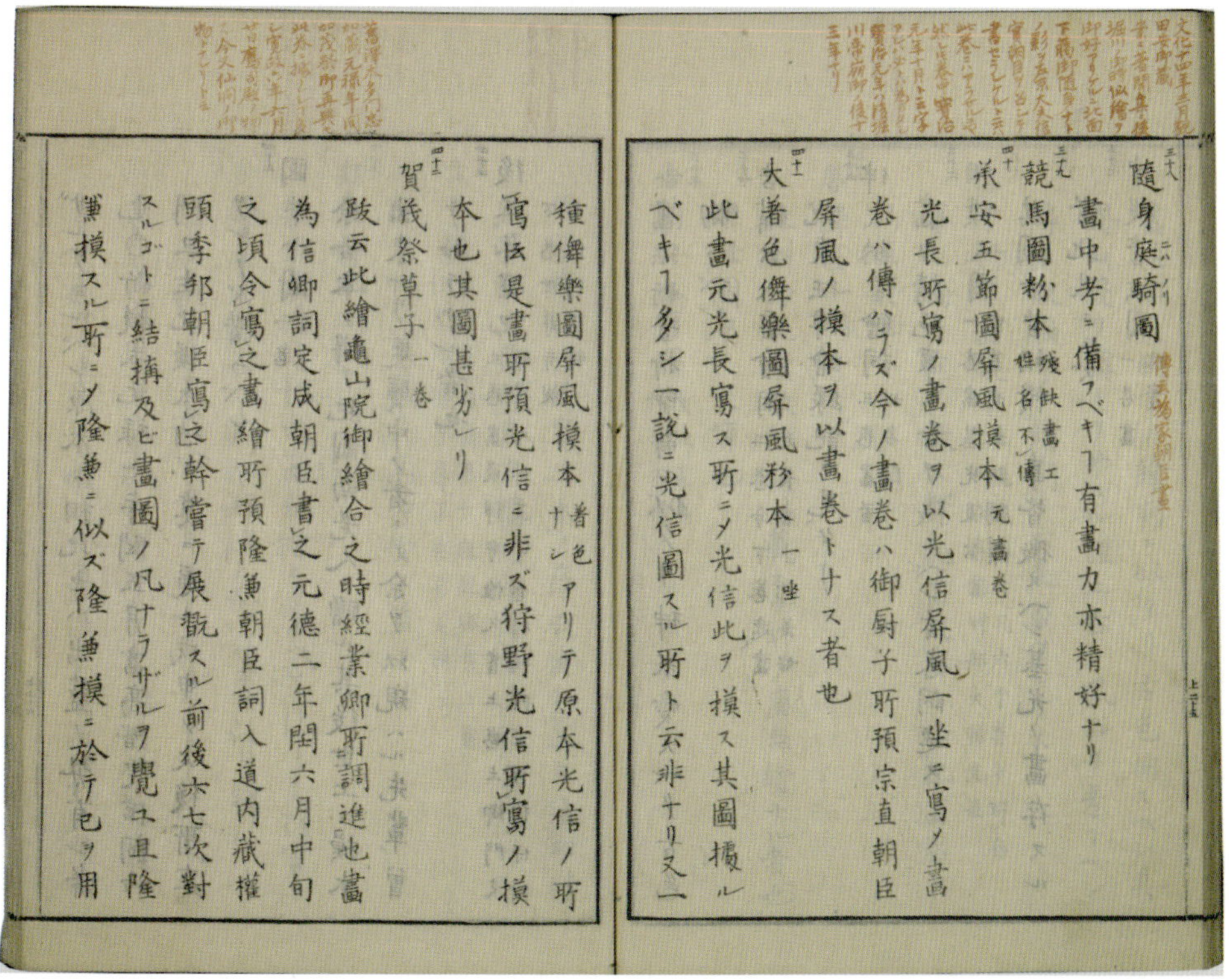

好古小録 椶斎書入

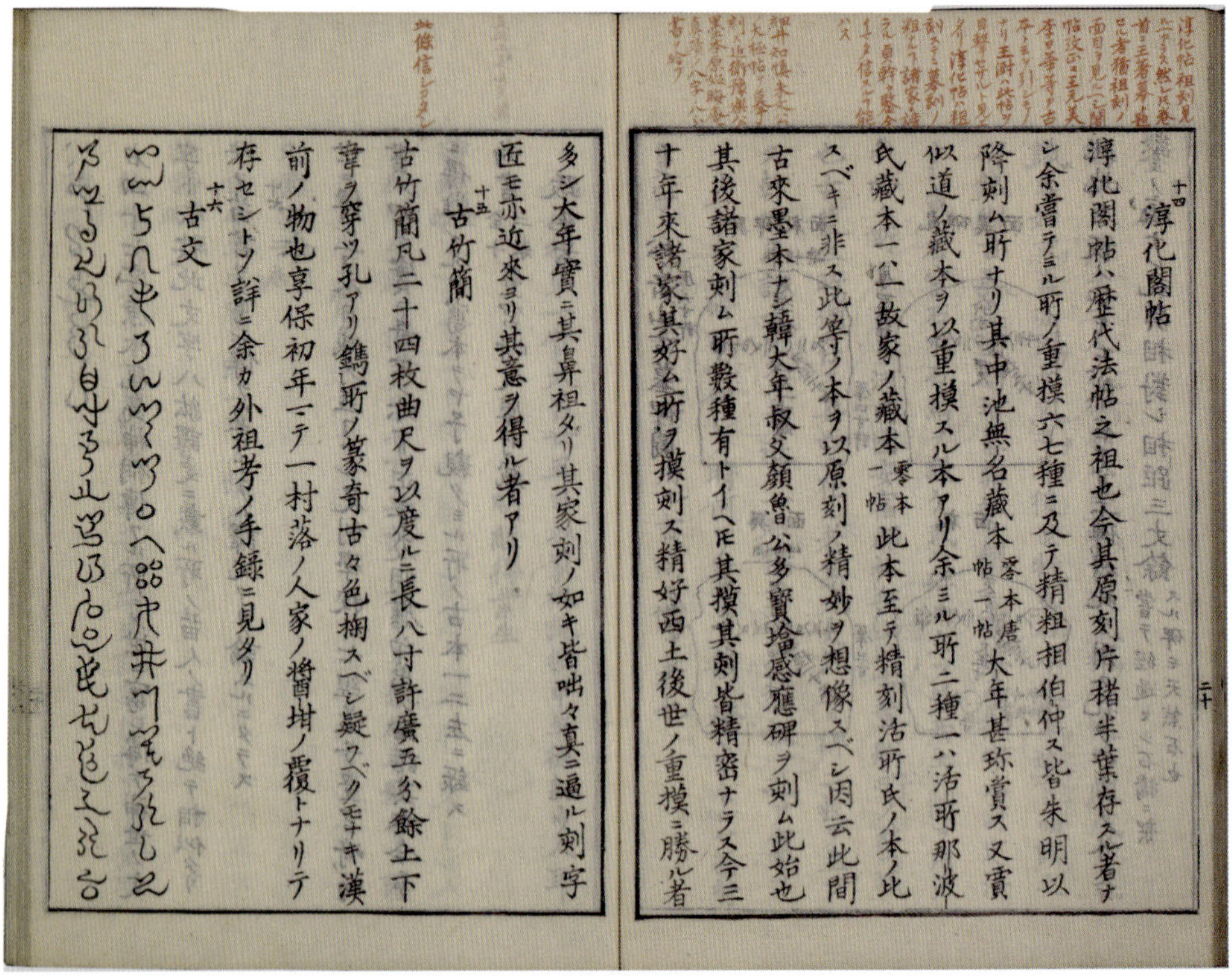
十四 淳化閣帖
淳化閣帖ハ歴代法帖之祖也今其原刻片楮半葉存スル者ナシ余嘗テ見ル所ノ重摸六七種ニ及テ精粗相伯仲ス皆朱明以降刻ム所ナリ其中池無名藏本 零本唐帖一帖 大年甚珍賞ス又賈似道ノ藏本ヲ以重摸スル本アリ余ミル所ニ種一ハ沛所那波氏藏本一ハ故家ノ藏本 零本一帖 此本至テ精刻沛所氏ノ本ハ比スベキニ非ス此等ノ本ヲ以原刻ノ精妙ヲ想像スベシ因云此間古來墨本ナシ韓大年叔文顏魯公多寶塔感應碑ヲ刻ム此始也其後諸家刻ム所數種有トイヘモ其摸其刻皆精密ナラス今三十年來諸家其好ム所ヲ摸刻ス精好西土後世ノ重摸ニ勝ル者多シ大年寶ニ其鼻祖タリ其家刻ノ如キ皆咄々真ニ逼ル刻字匠モ亦近來ヨリ其意ヲ得ル者アリ
十五 古竹簡
古竹簡凡二十四枚曲尺ヲ以度ル長八寸許廣五分餘上下章ヲ穿ツ孔アリ鐫所ノ篆奇古々色栩スベシ疑ワクモナキ漢前ノ物也享保初年ニテ一村落ノ人家ノ醬坩ノ覆トナリテ存セシトノ詳ニ余カ外祖考ノ手録ニ見タリ
十六 古文

好古小録 柀斎書入

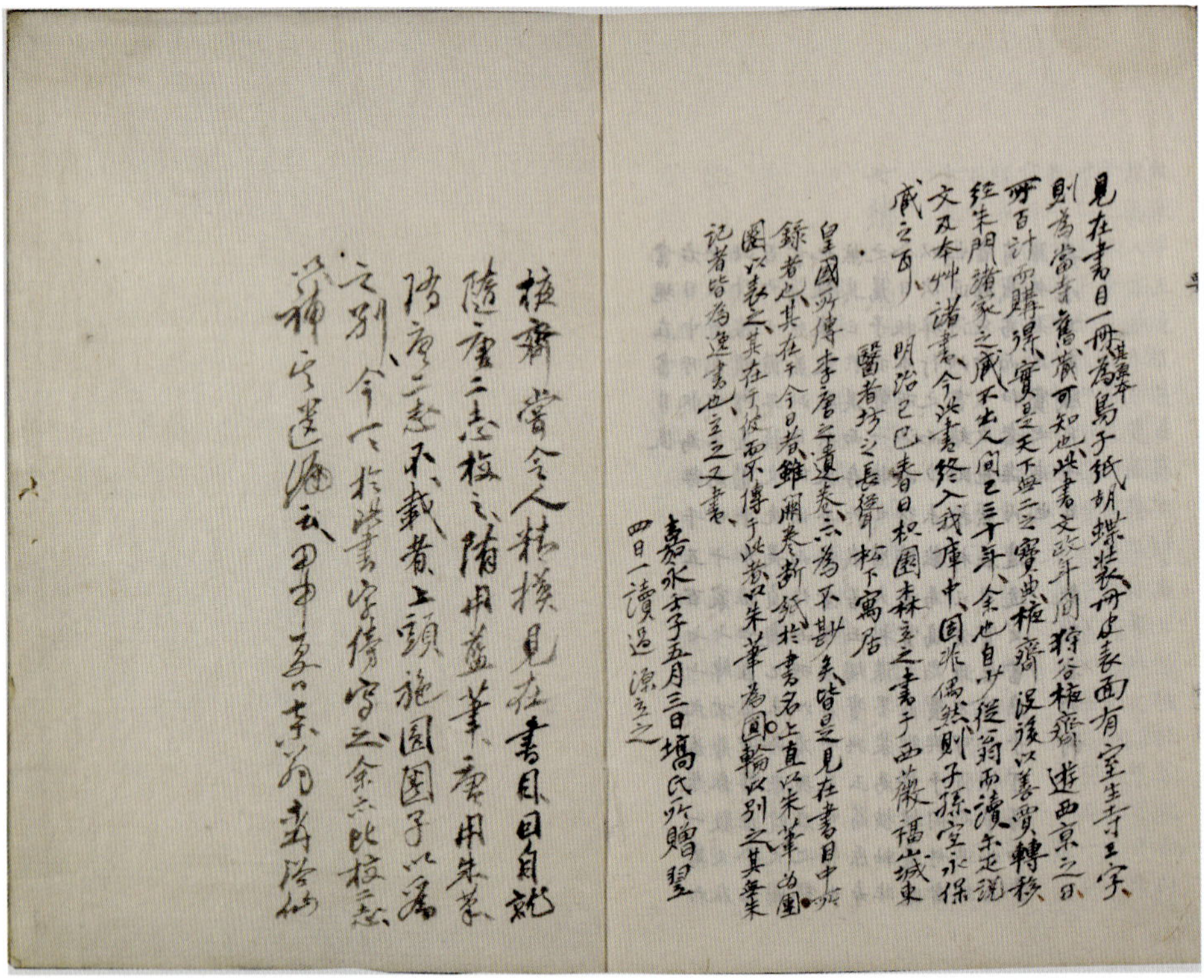

日本国見在書目録 森枳園識語

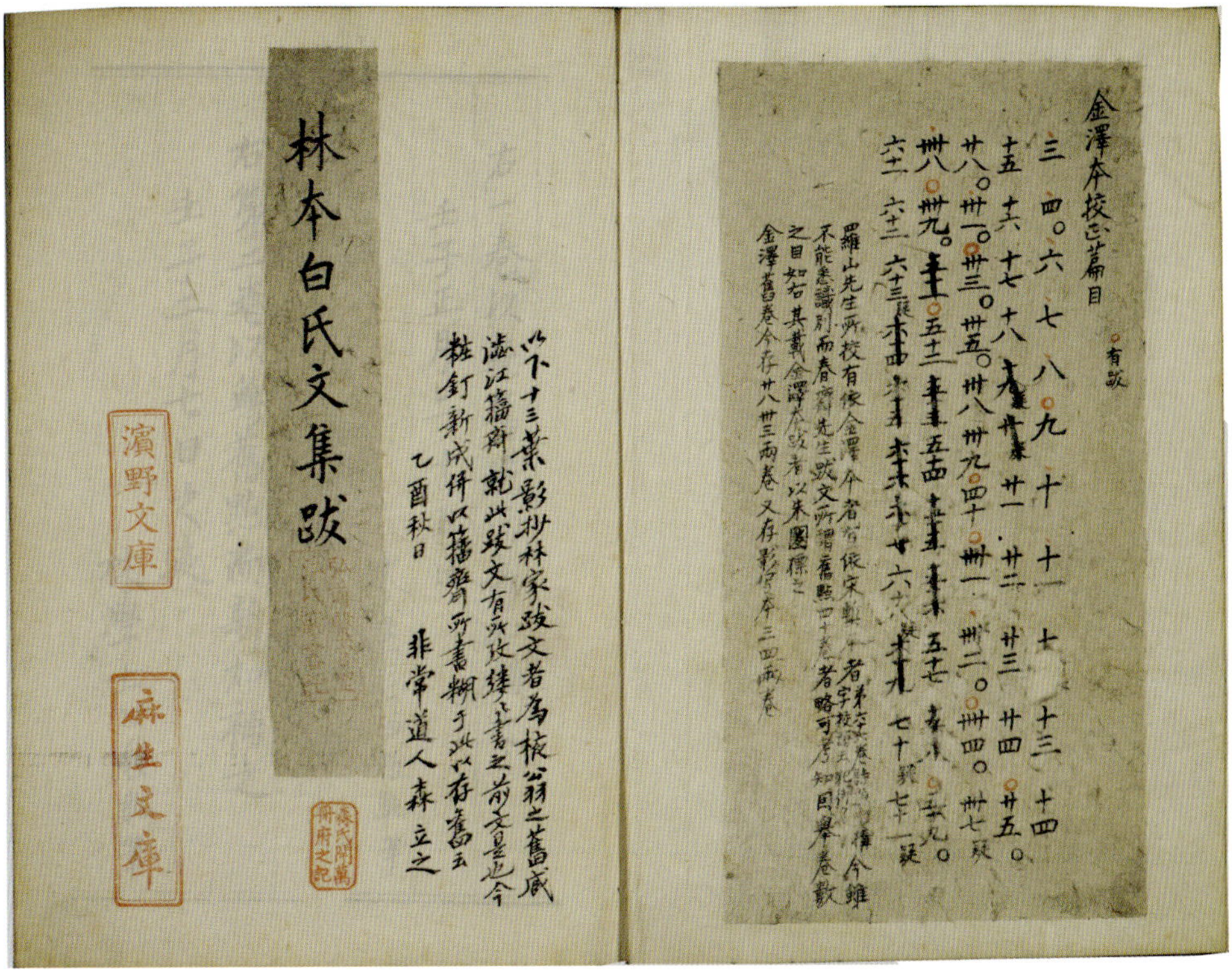

白氏文集林家跋文 見返并扉

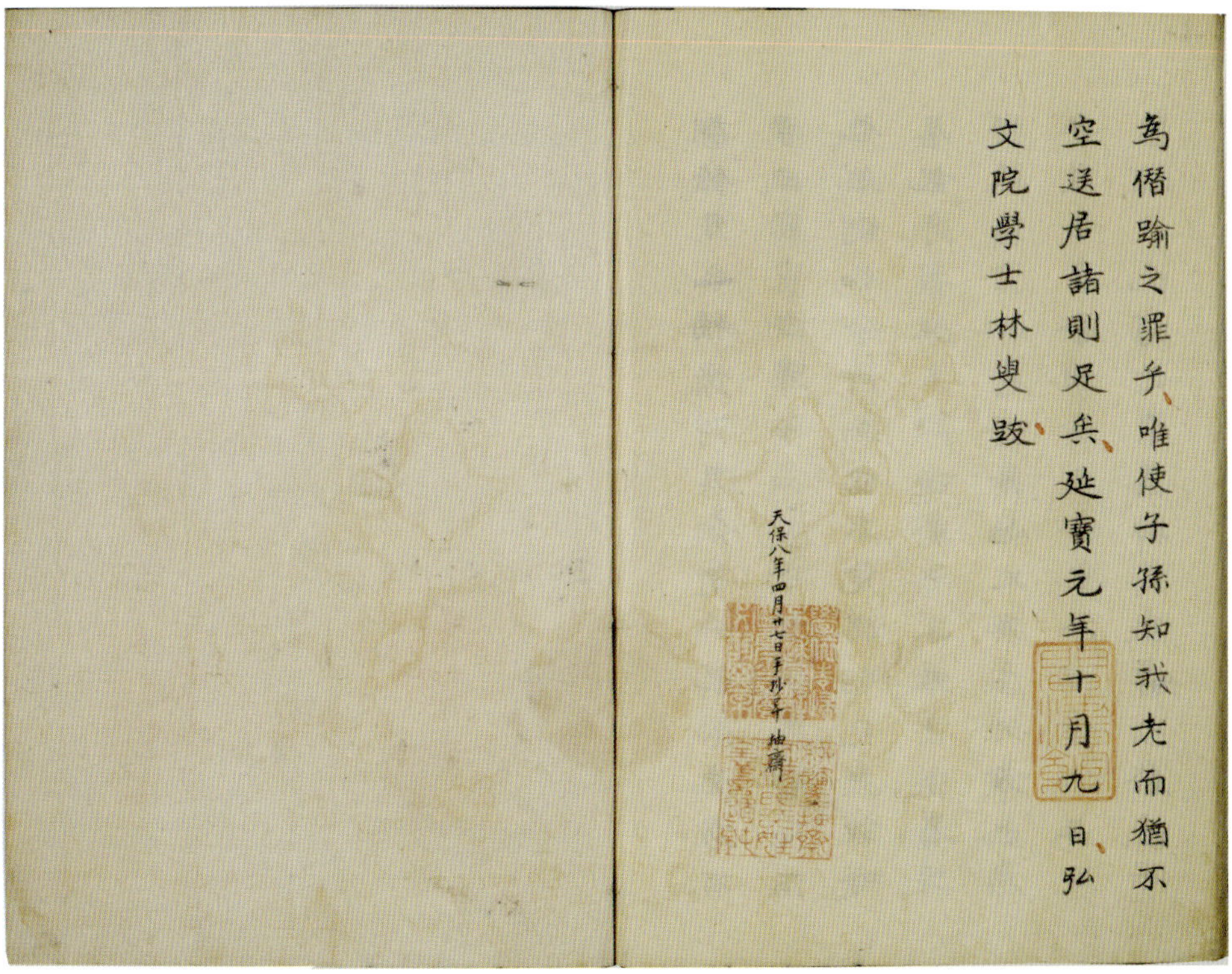

白氏文集林家跋文 巻末

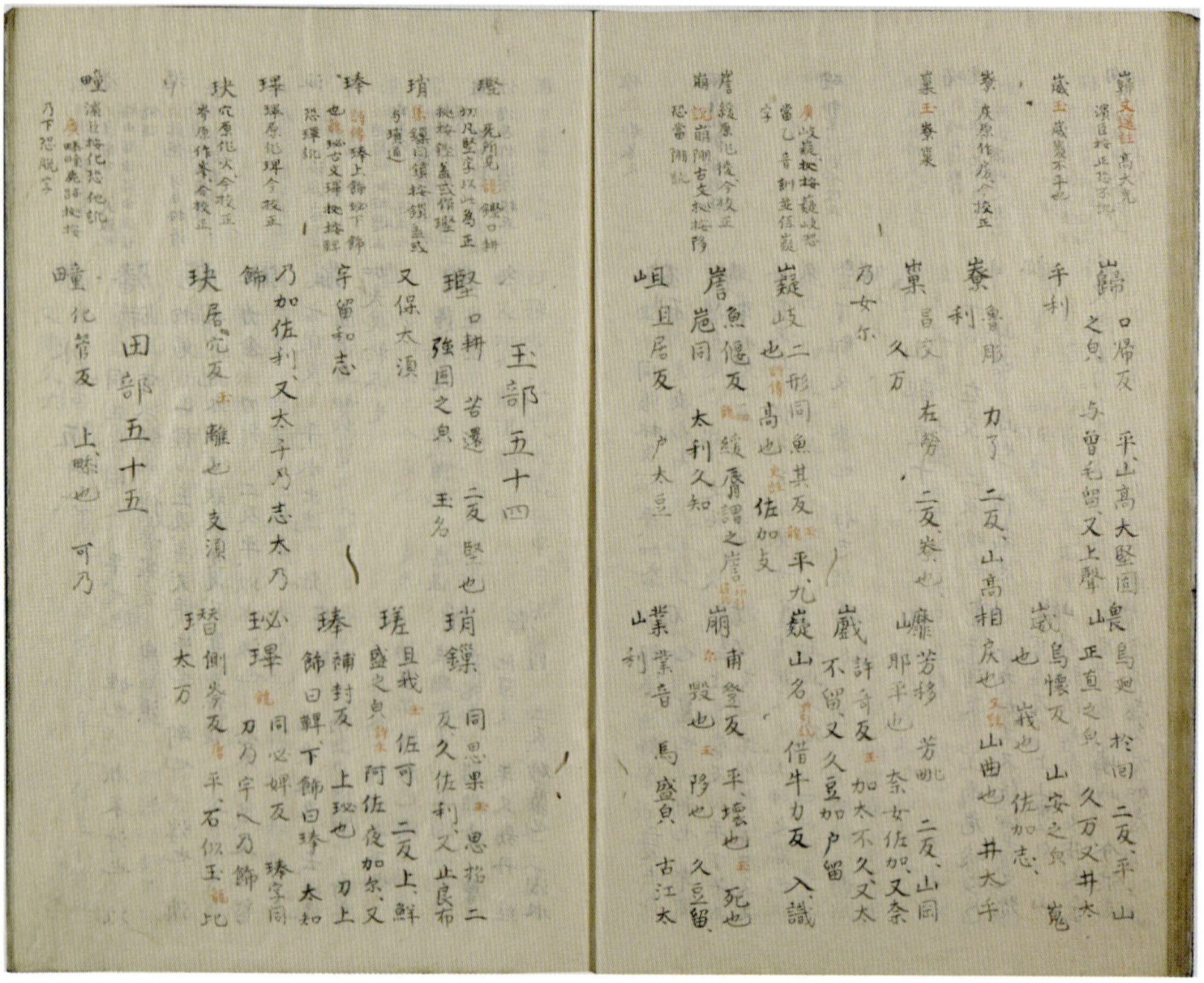

新撰字鏡 玉部

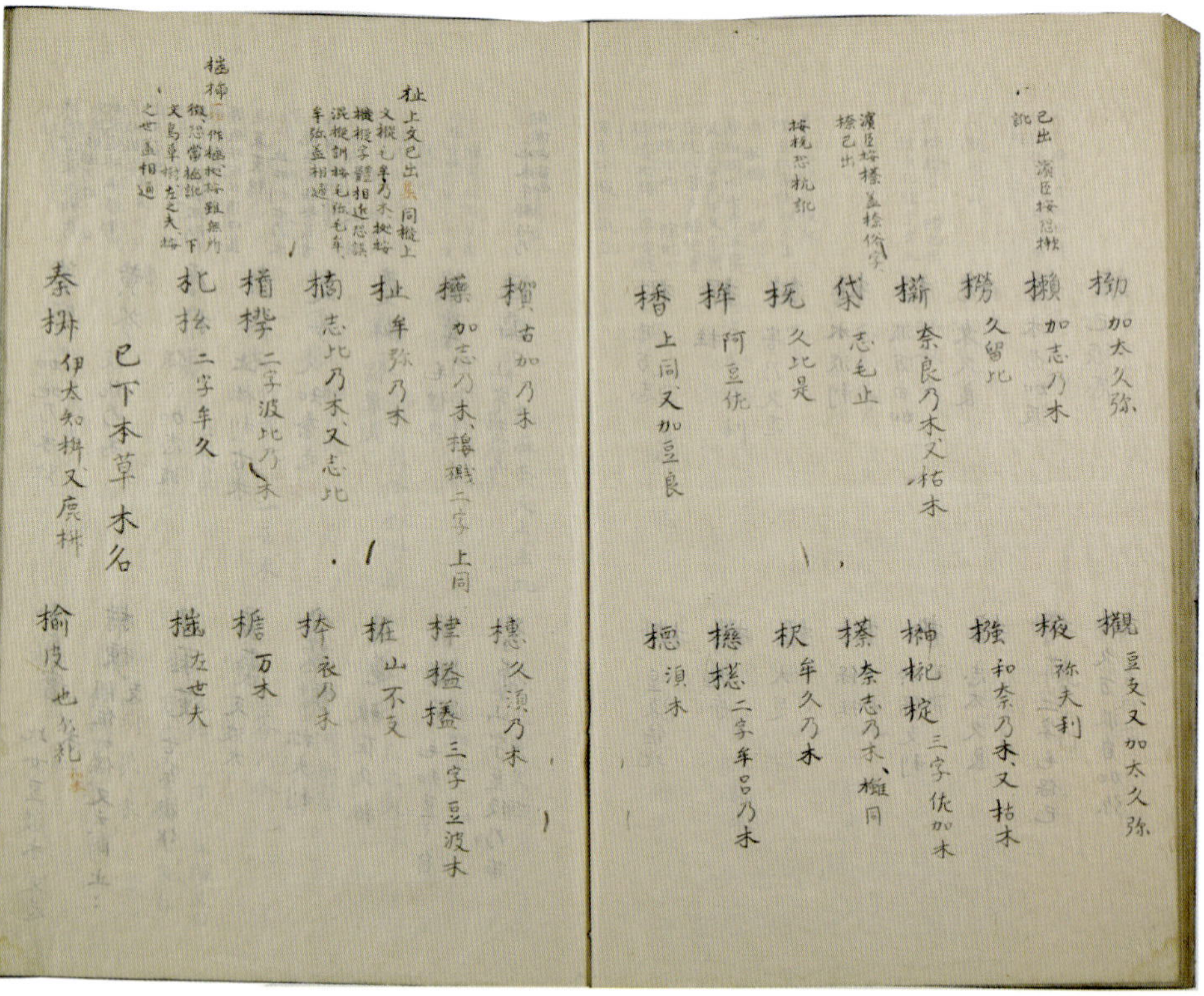

新撰字鏡 椋字解

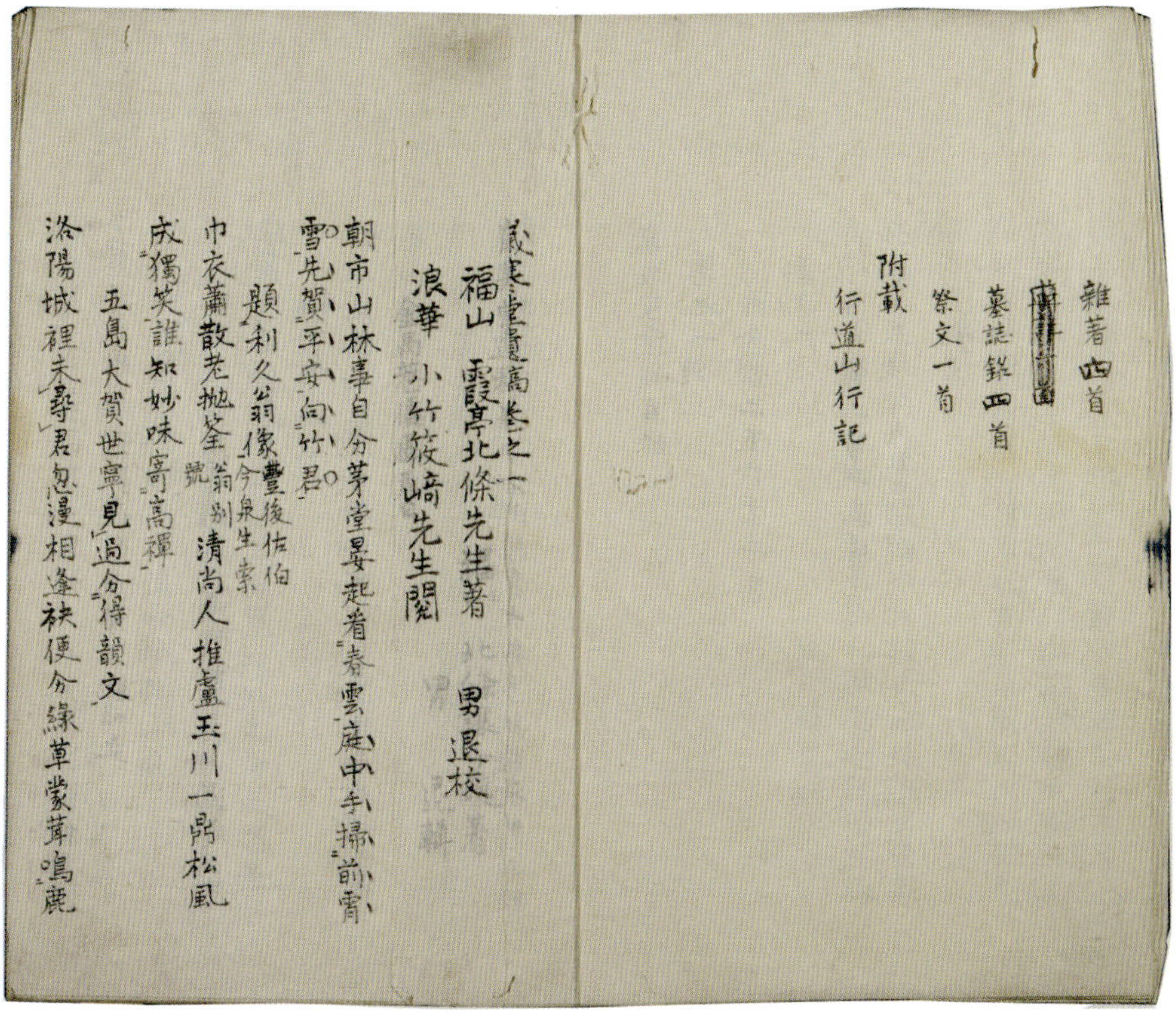
雜著 四首
墓誌銘 四首
祭文 一首
附載
行道山行記

歳寒堂遺稿卷之一
福山 霞亭北條先生著 男 退 校
浪華 小竹篠崎先生閲
朝市山林事自分茅堂晏起看春雲庭中手掃前宵雪先賀平安向竹君
題利久翁像 豐後佐伯 今泉生索
巾衣蕭散老抛筌 翁別號 清尚人推盧玉川一咏松風成獨笑誰知妙味寓高禪
五島大賀世寧見過分得韻文
洛陽城裡未尋君忽漫相逢袂便分緣草蒙茸鳴鹿

歳寒堂遺稿 巻頭

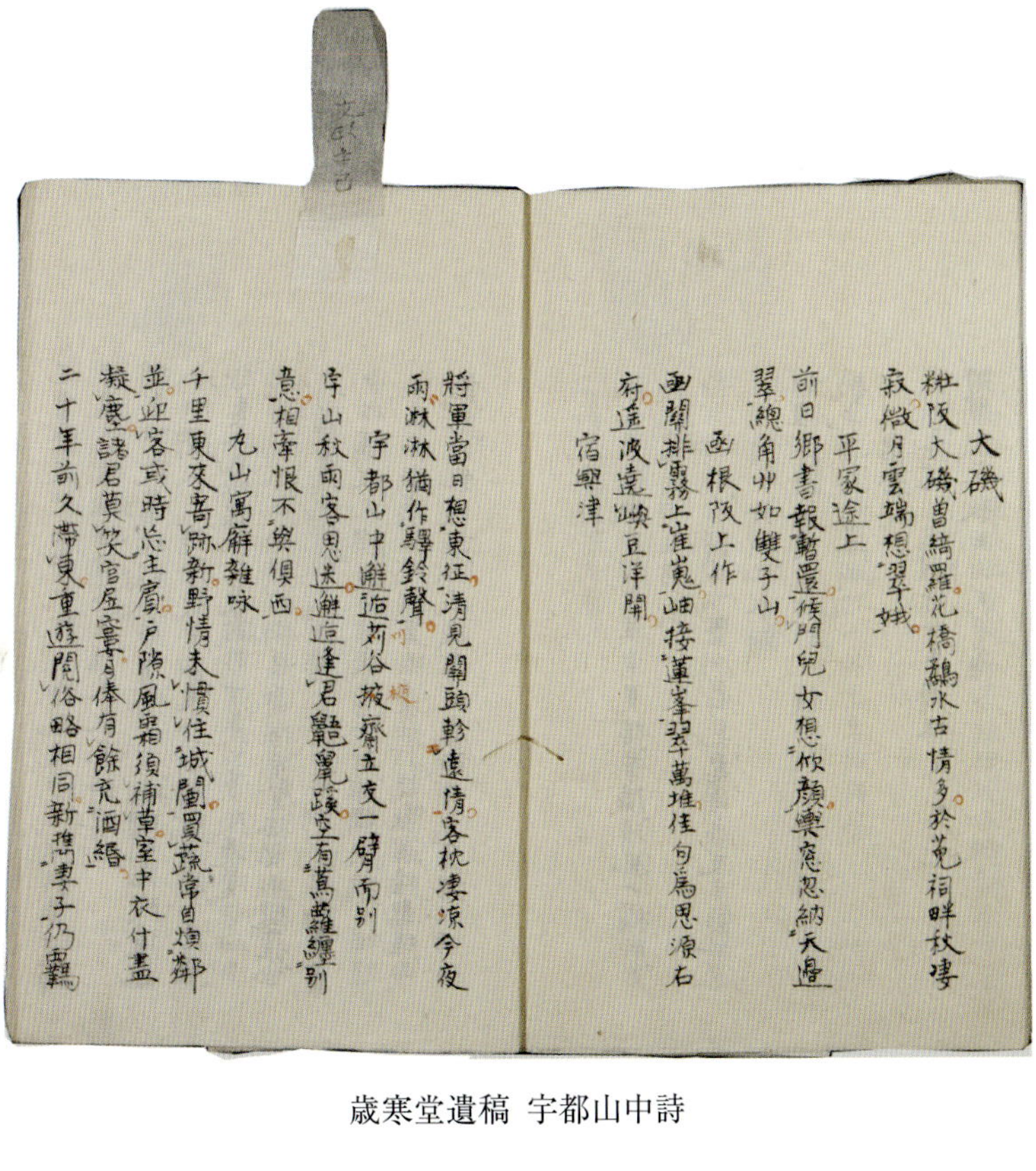
大磯
粧阪大磯曽綺羅花橋鷸水古情多於苑祠畔秋凄寂微月雲端想翠娥
平家途上
前日鄕書報暫還候門兒女想依顔
函根阪上作
函關排霧上崔嵬岫接蓮峯翠萬堆佳句爲思源右府遥波遠映豆洋開
宿興津
將軍當日想東征清見關頭軫遠情客枕凄涼今夜雨淋淋猶作驛鈴聲
宇都山中邂逅
丸山寓舍雜咏
千里東來喬跡新野情未慣住城闉
二十年前久滯東重遊閒俗略相同新携妻子

歳寒堂遺稿 宇都山中詩

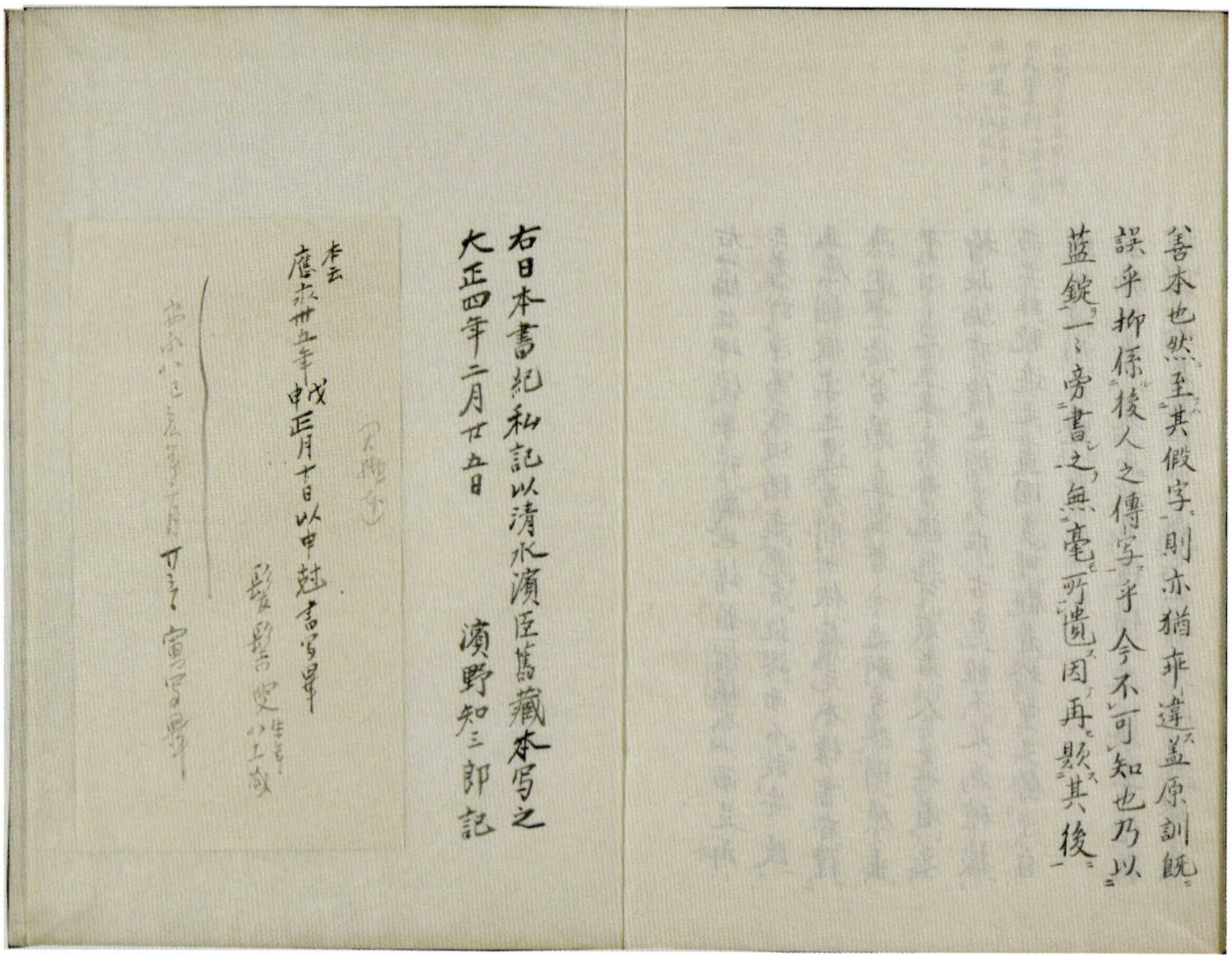

日本書紀私記　巻末

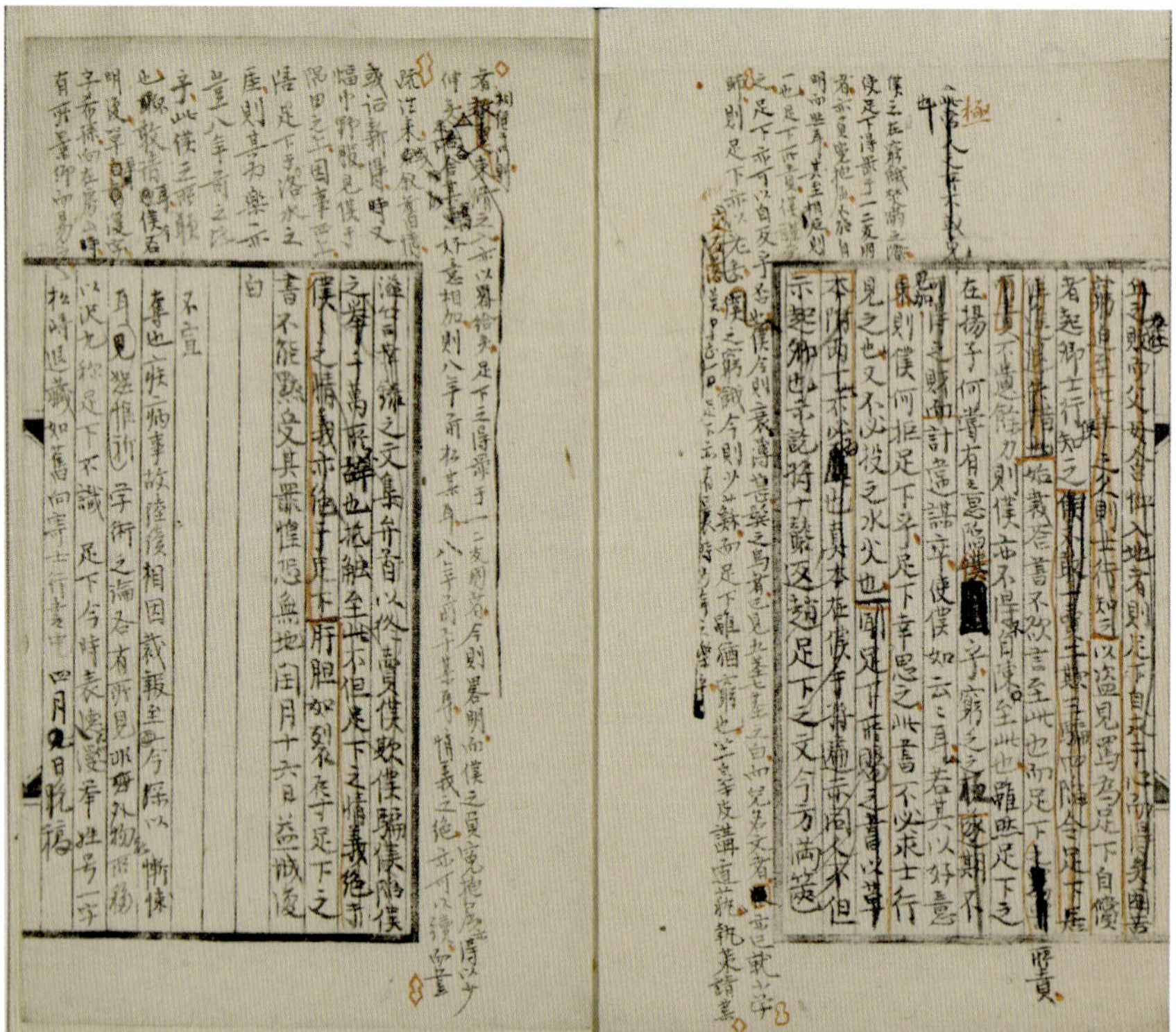

答沢九輔　改稿部

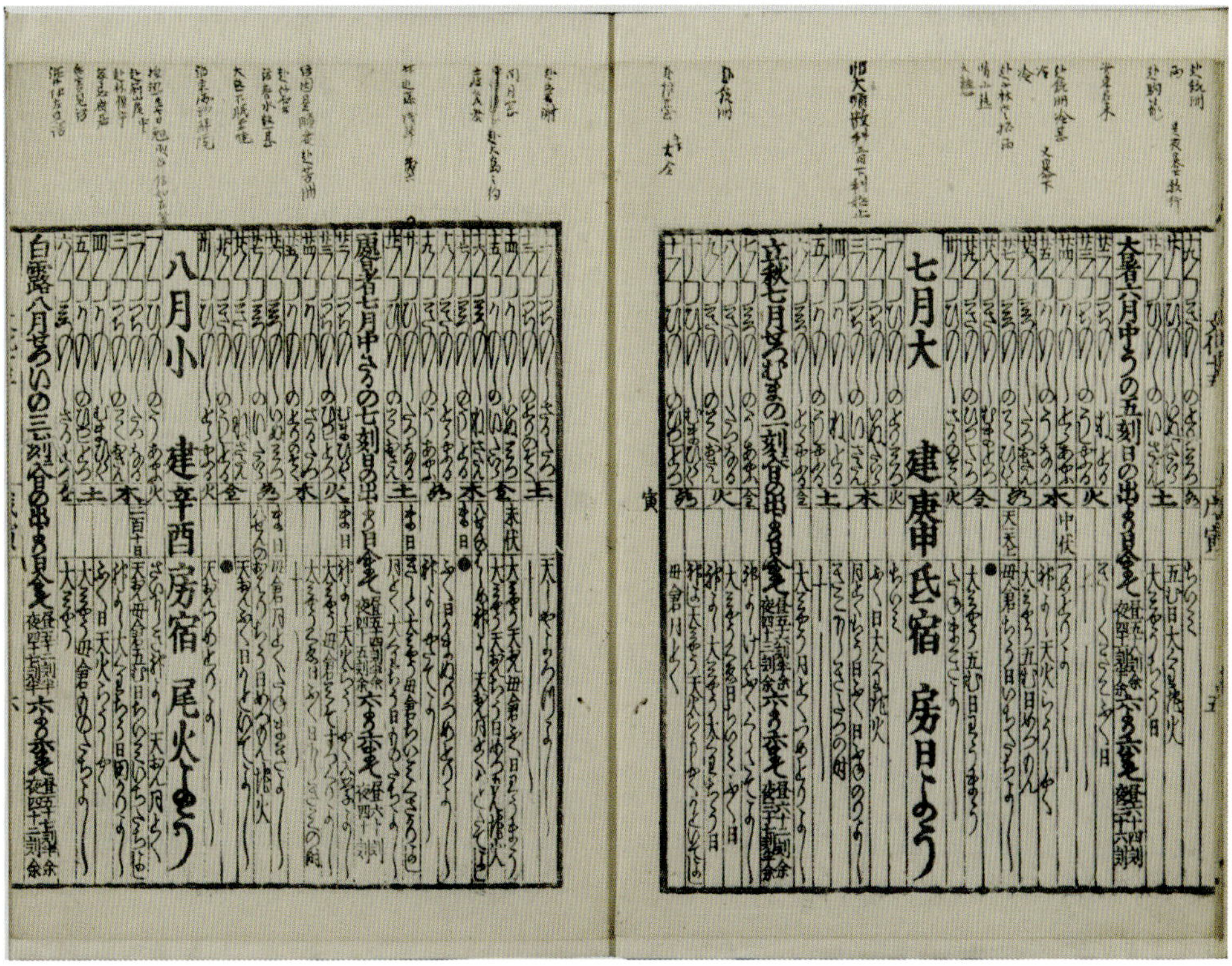

文化十五戊寅暦　七月

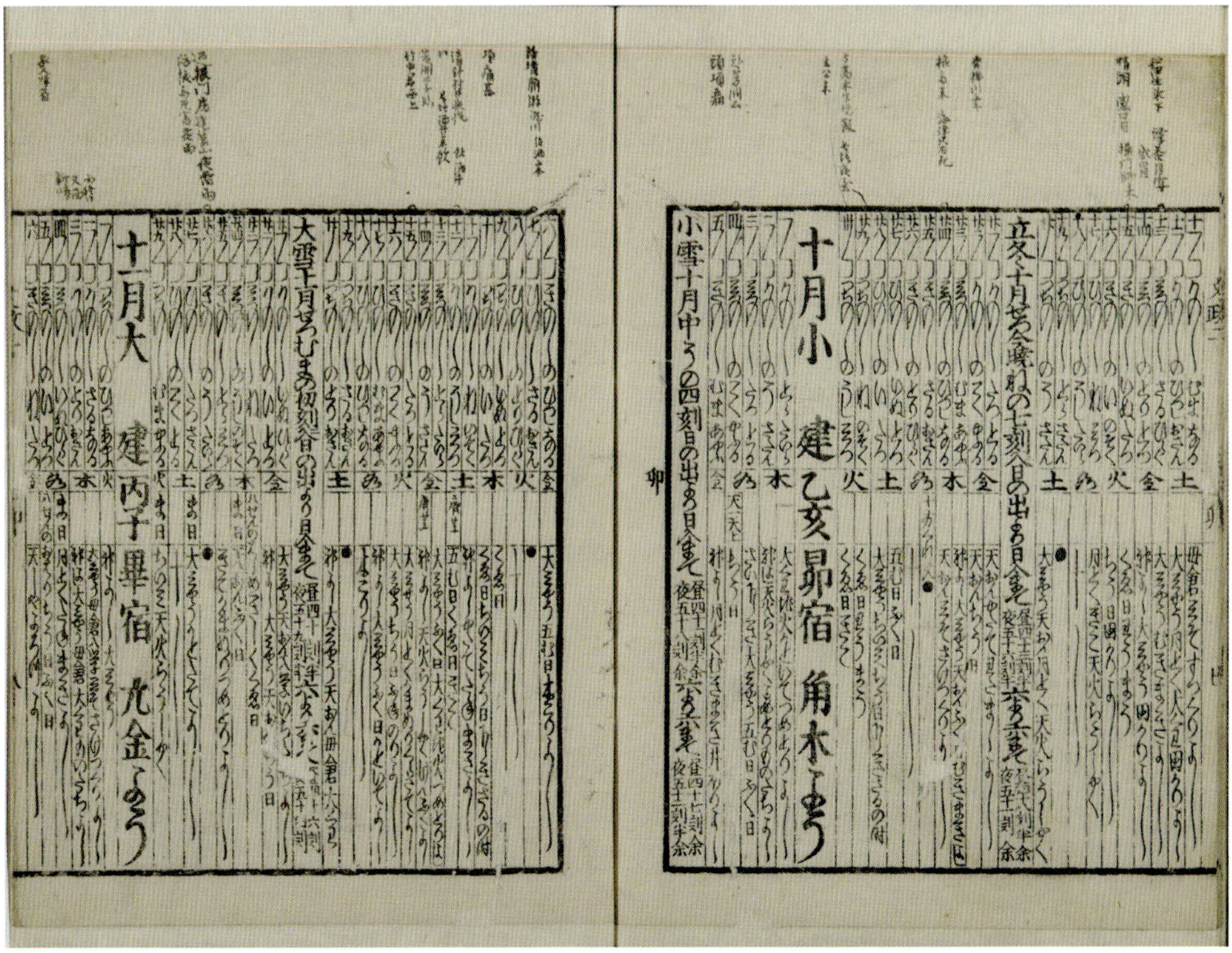

文政二己卯暦　十月

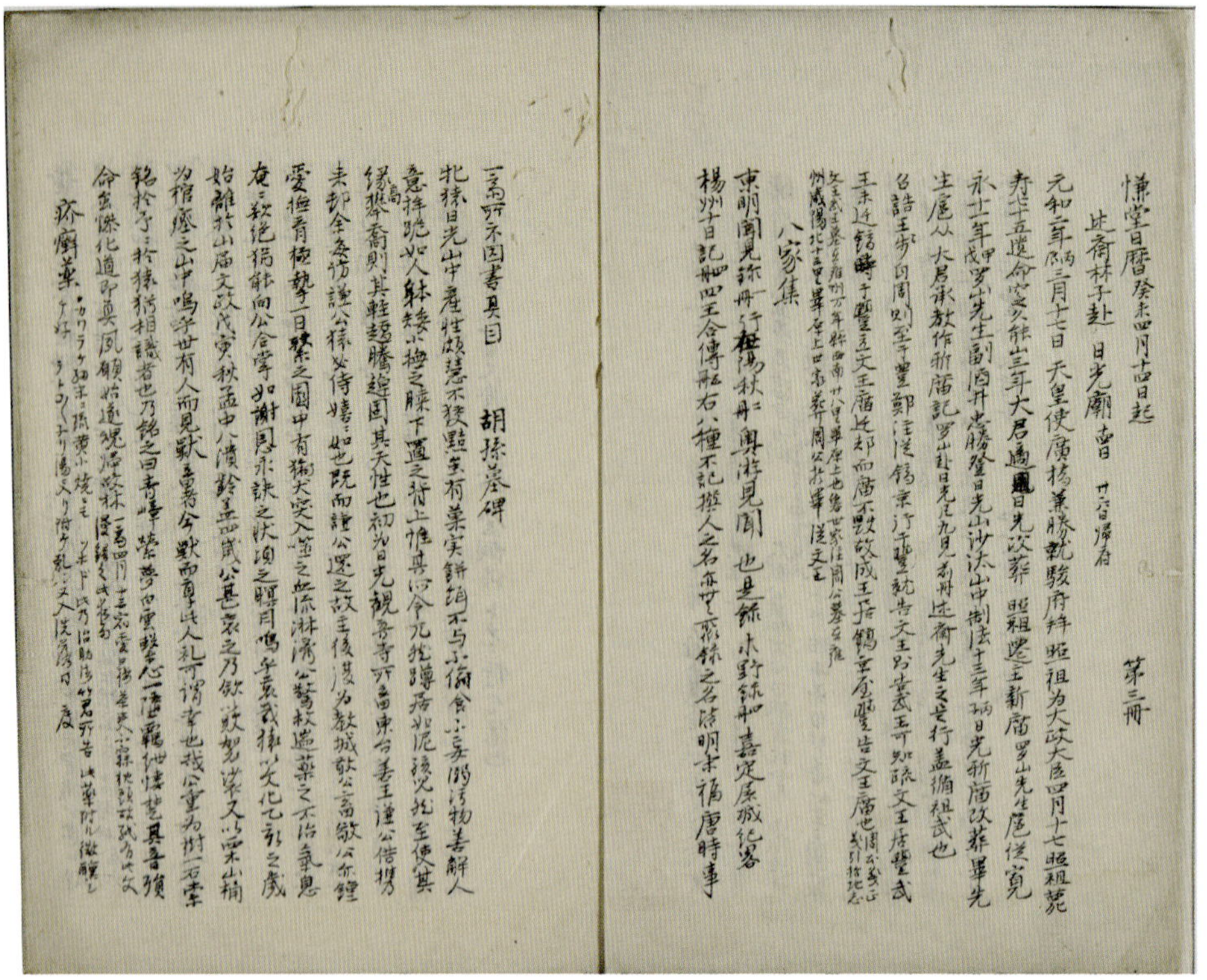

慊堂日暦　巻頭

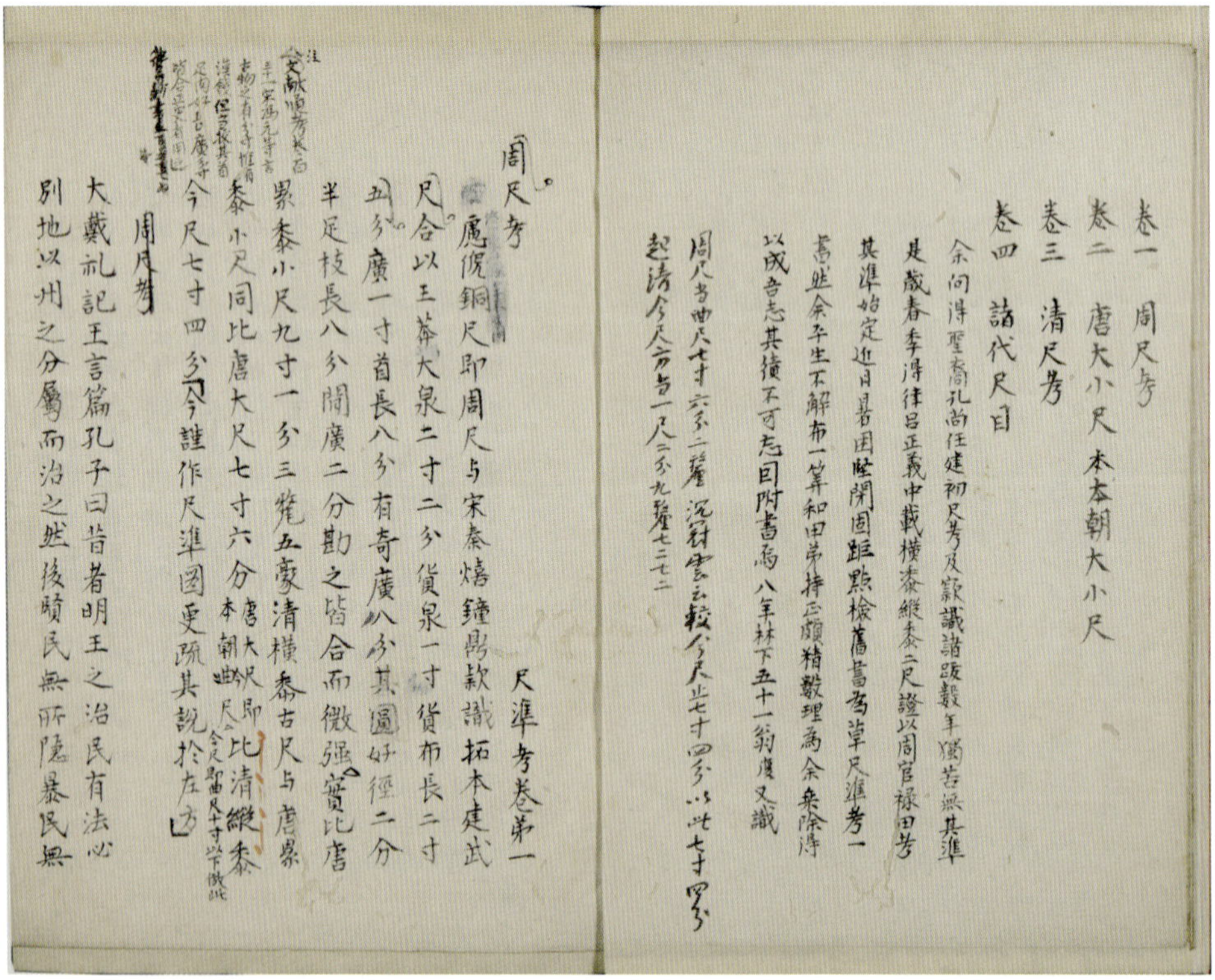

尺準考　巻頭

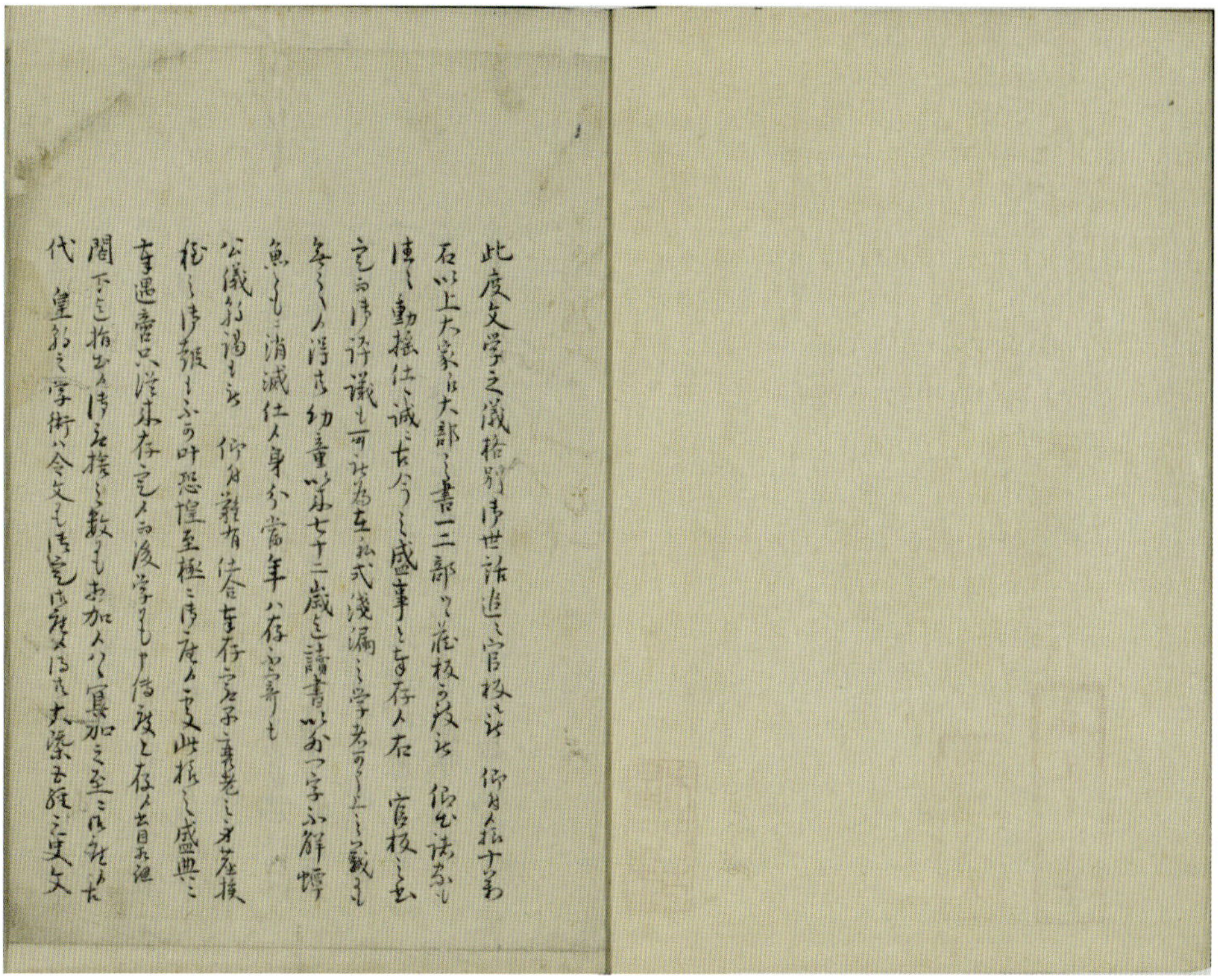

典籍開雕意見 巻頭

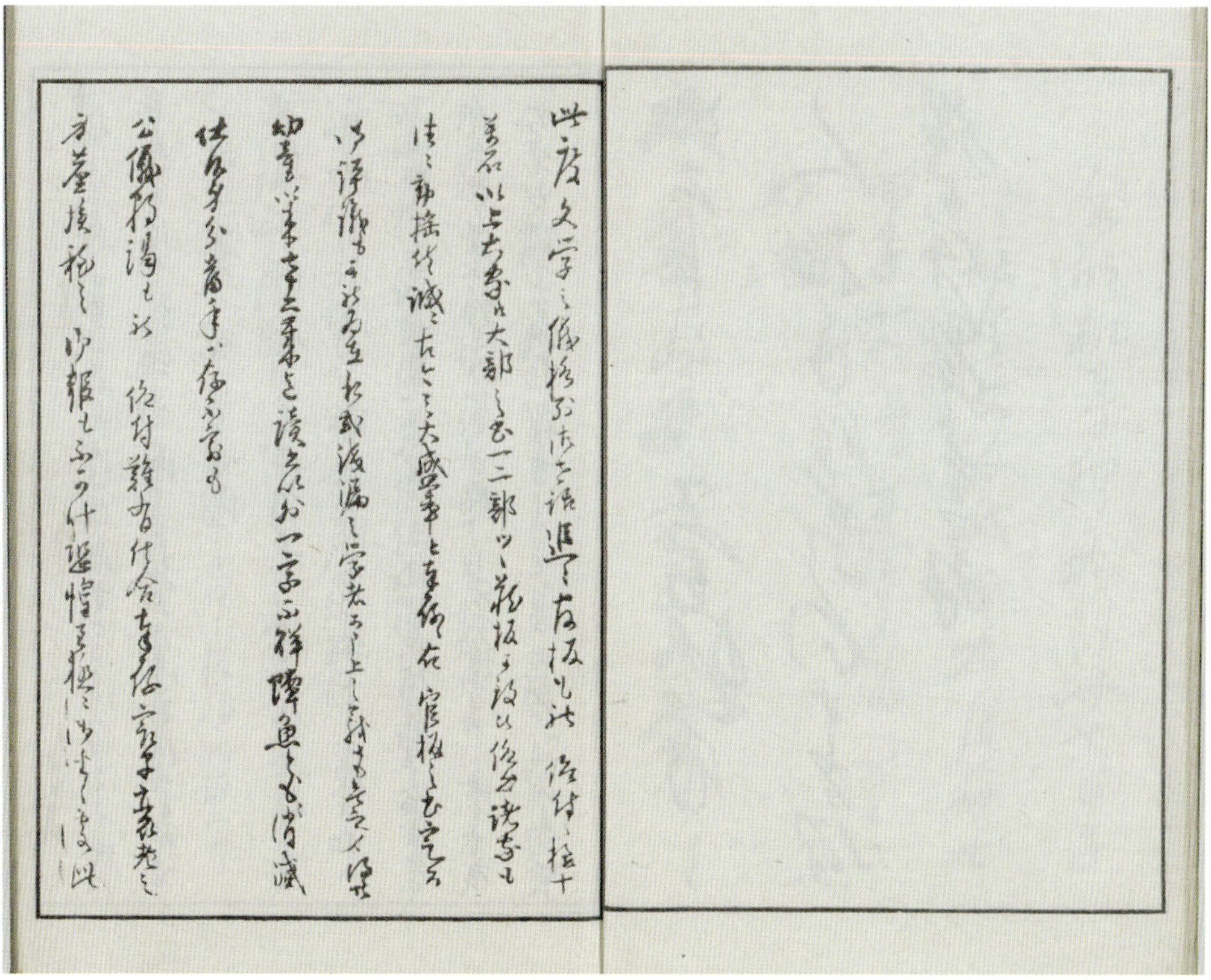

典籍開雕意見定稿石印本 巻頭

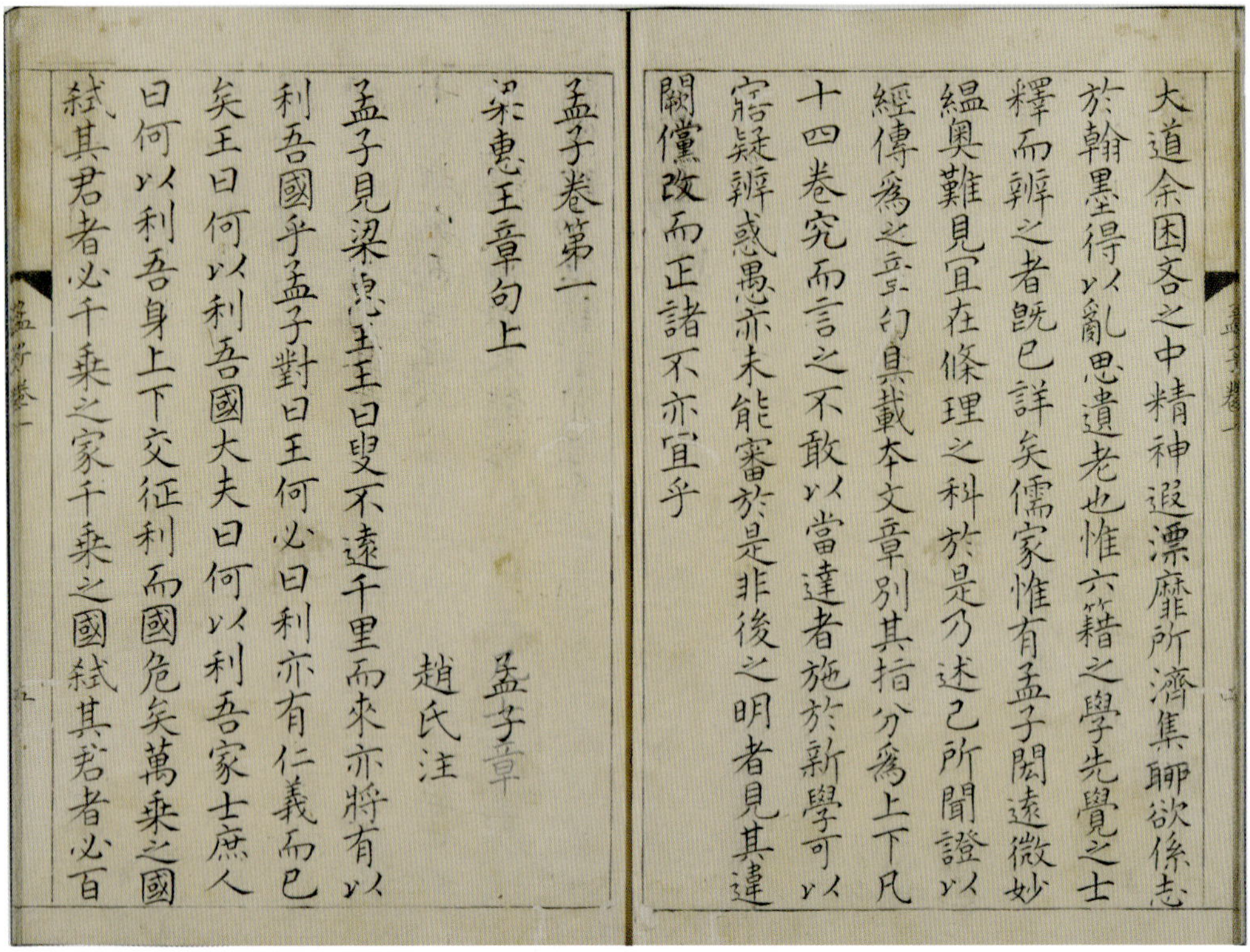

縮刻唐開成石経孟子　巻頭

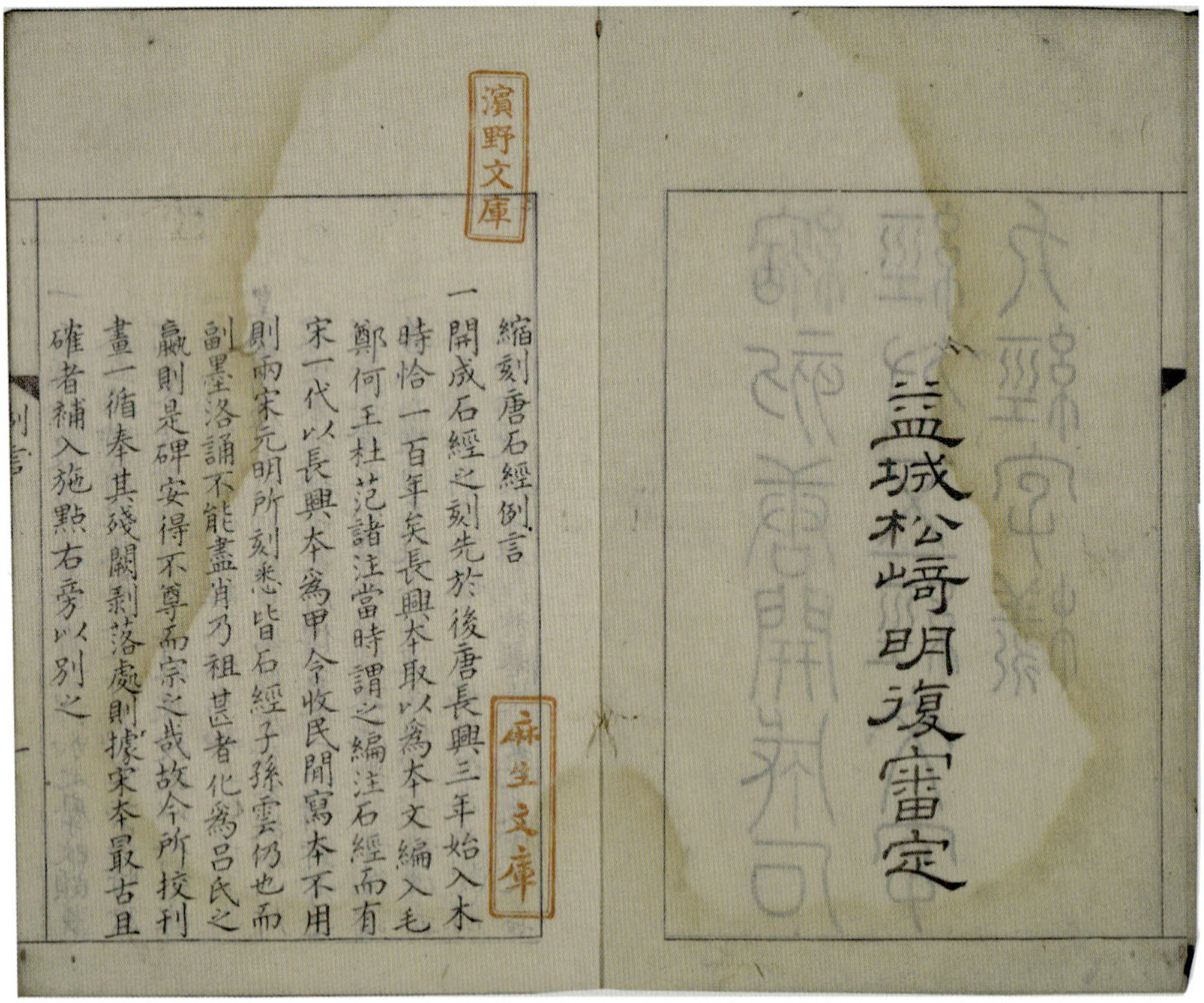

縮刻唐開成石経　例言

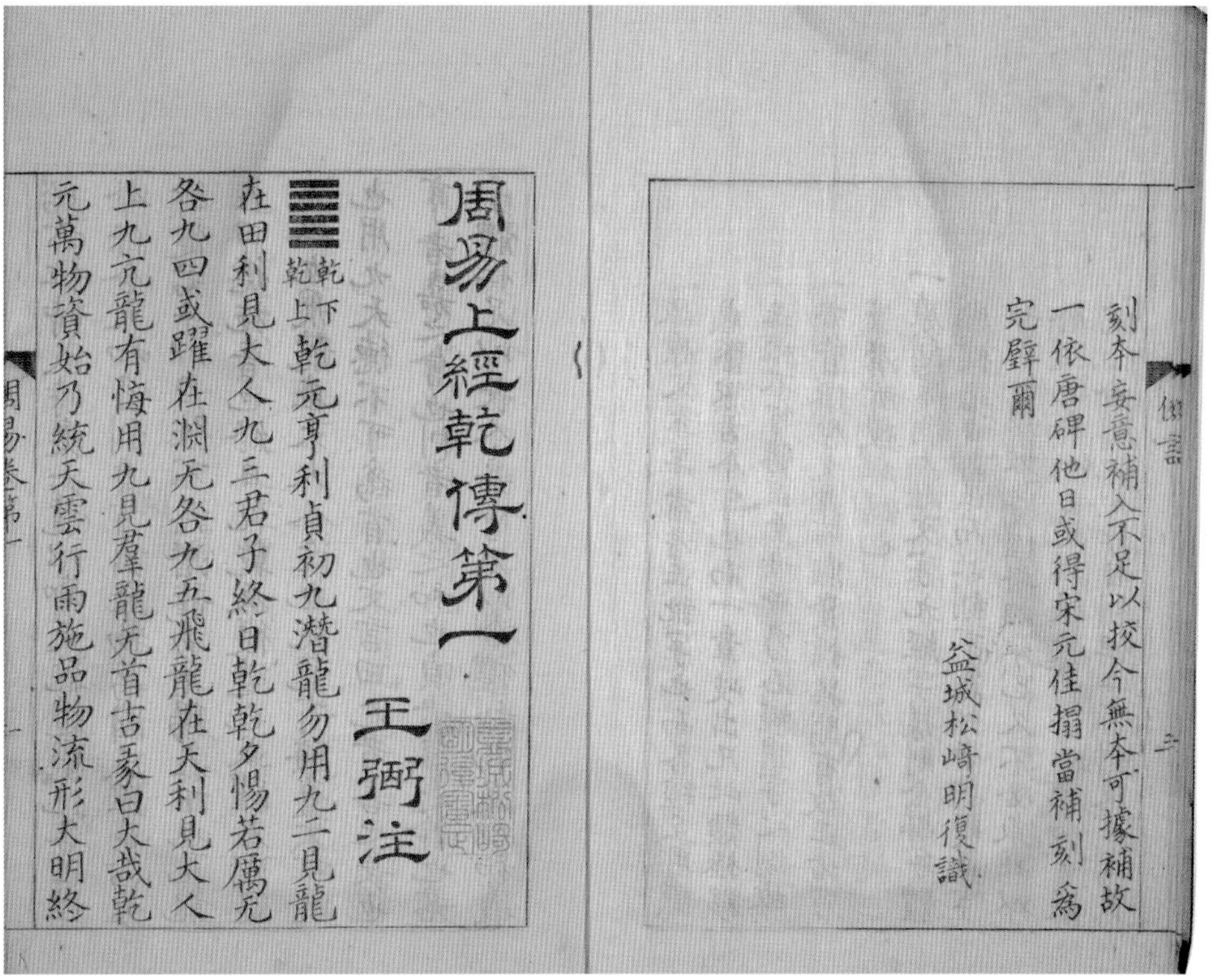

縮刻唐開成石経周易 巻頭

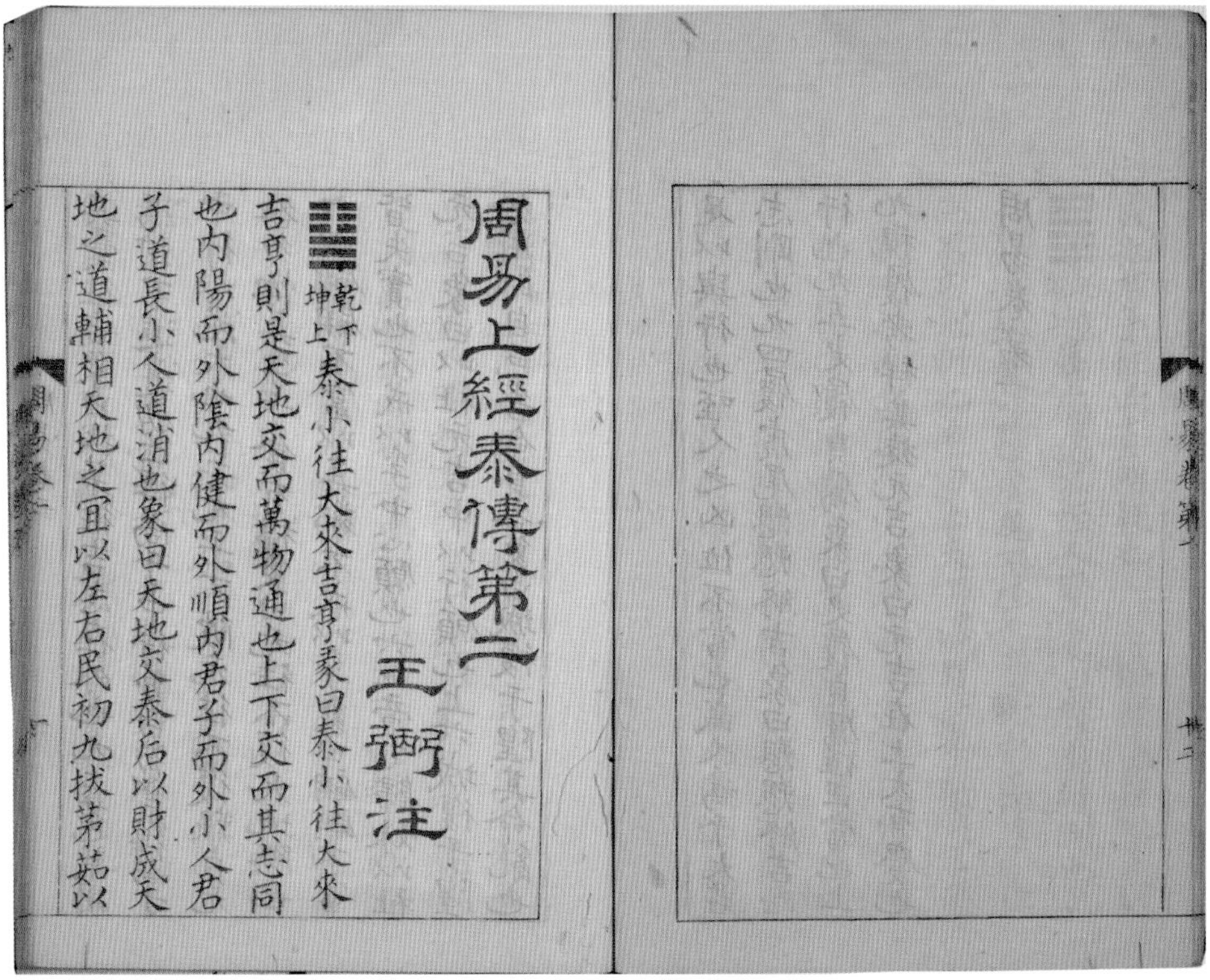

縮刻唐開成石経周易第二 巻頭

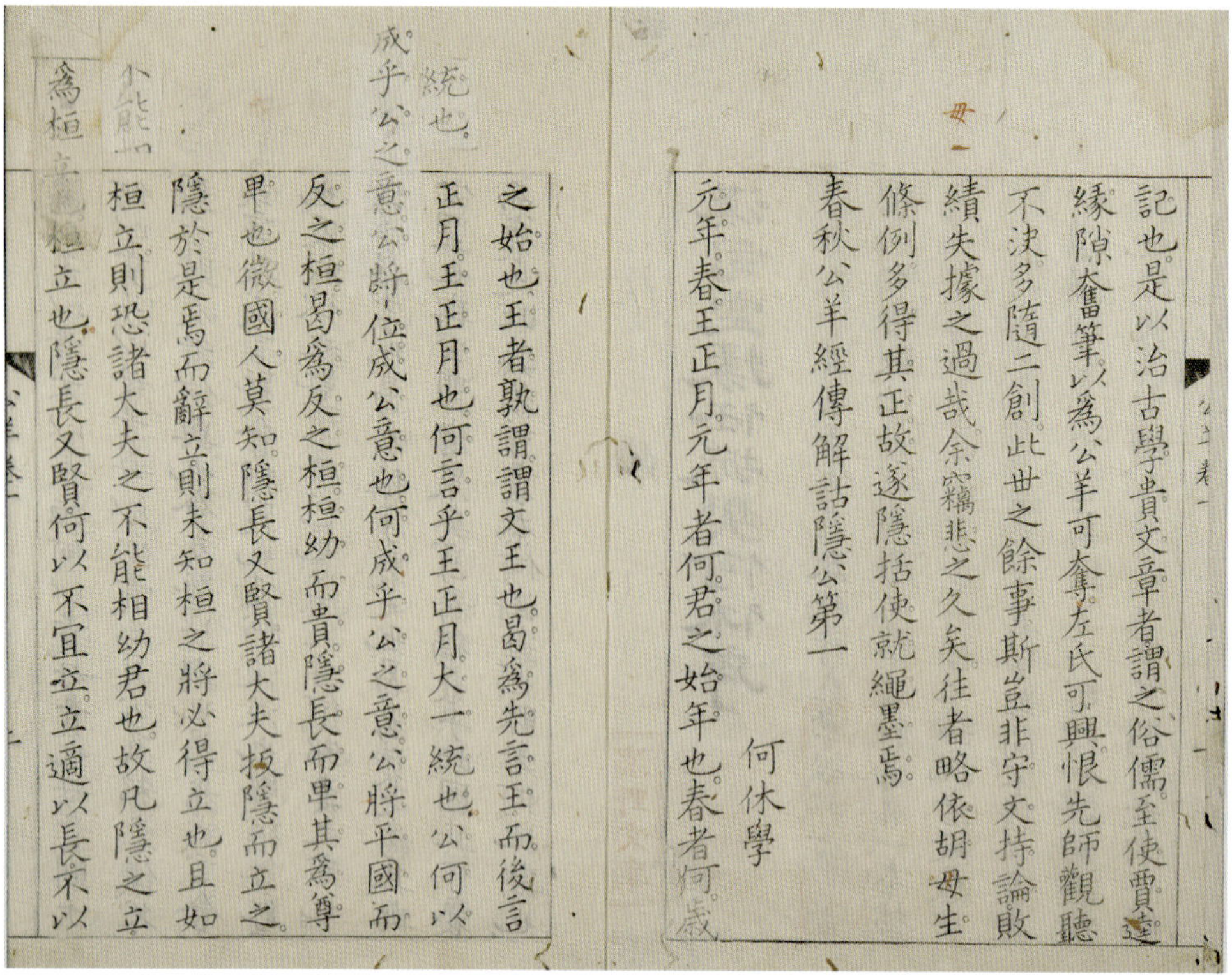
記也是以治古學貴文章者謂之俗儒至使賈逵
緣隙奮筆以爲公羊可奪左氏可興恨先師觀聽
不決多隨二創此世之餘事斯豈非守文持論敗
績失據之過哉余竊悲之久矣往者略依胡毋生
條例多得其正故遂隱括使就繩墨焉
春秋公羊經傳解詁隱公第一　何休學
元年春王正月元年者何君之始年也春者何歲
之始也王者孰謂謂文王也曷爲先言王而後言
統也
正月王正月也何言乎王正月大一統也公何以
成乎公之意公將位成公意也何成乎公之意公將平國而
反之桓曷爲反之桓幼而貴隱長而卑其爲尊
卑也微國人莫知隱長又賢諸大夫扳隱而立之
隱於是焉而辭立則未知桓之將必得立也且如
桓立則恐諸大夫之不能相幼君也故凡隱之立
爲桓立也隱長又賢何以不宜立立適以長不以

縮刻唐開成石経春秋公羊経伝解詁　校正刷

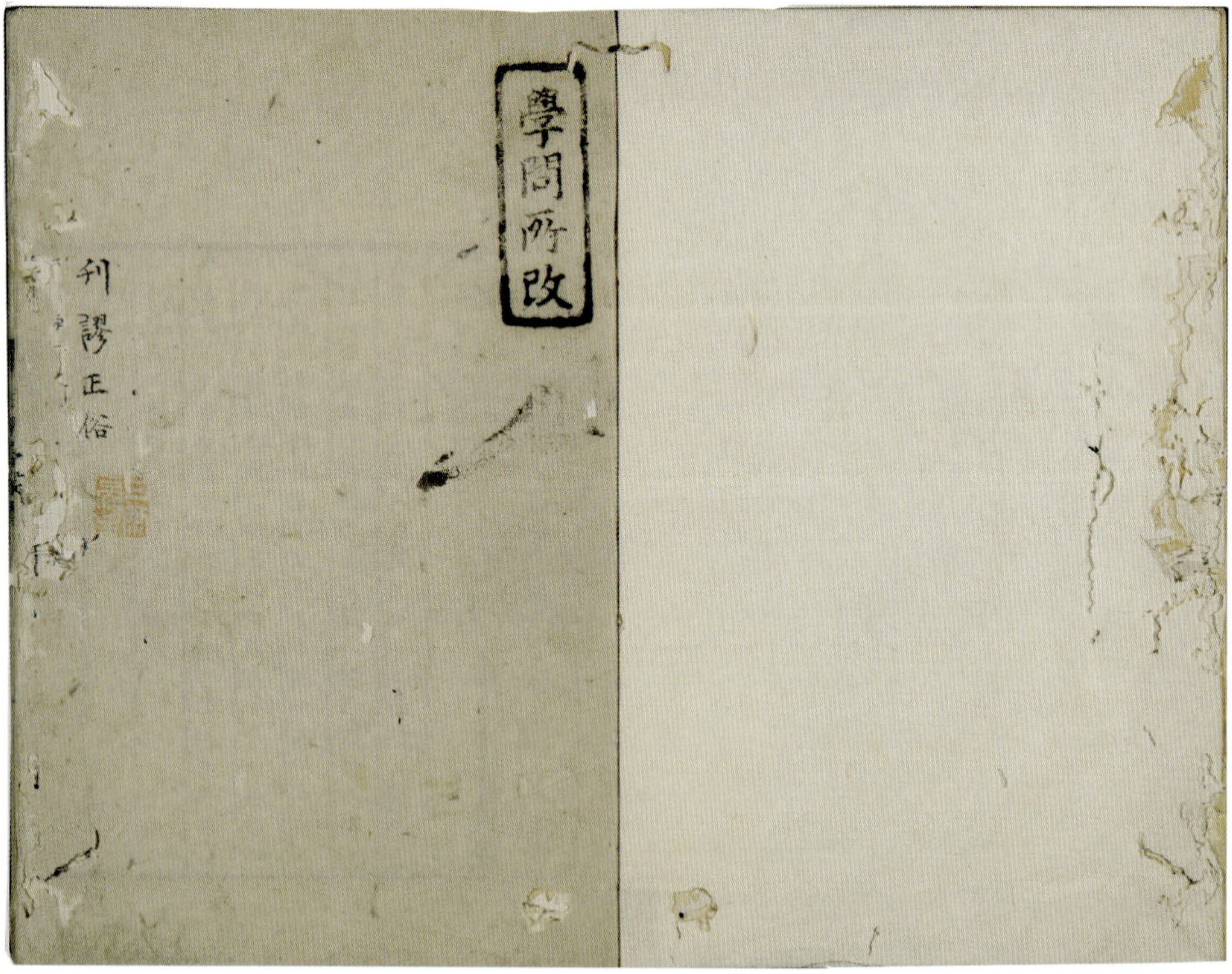
學問所改
刊謬正俗

刊謬正俗　扉

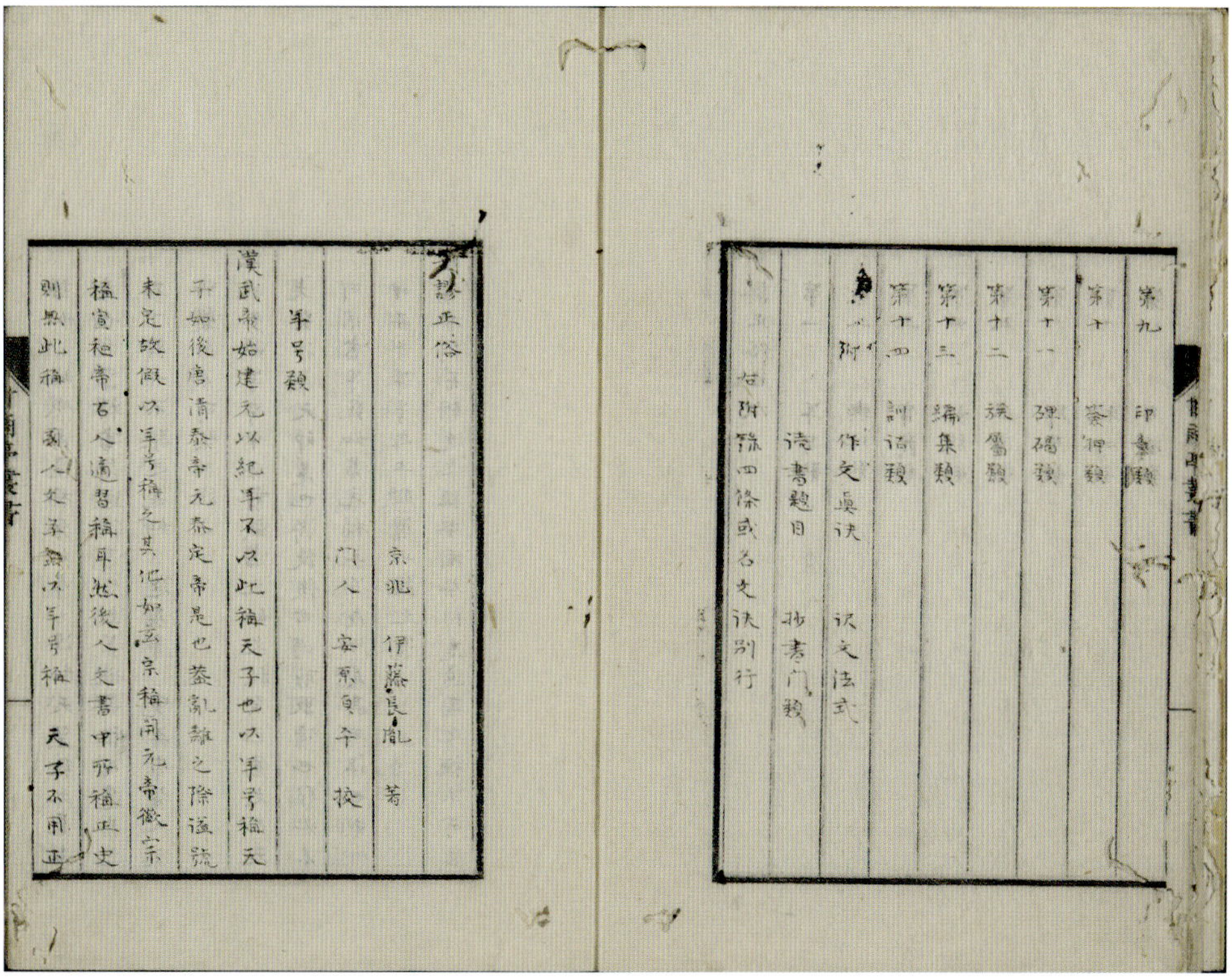

刊謬正俗 巻頭

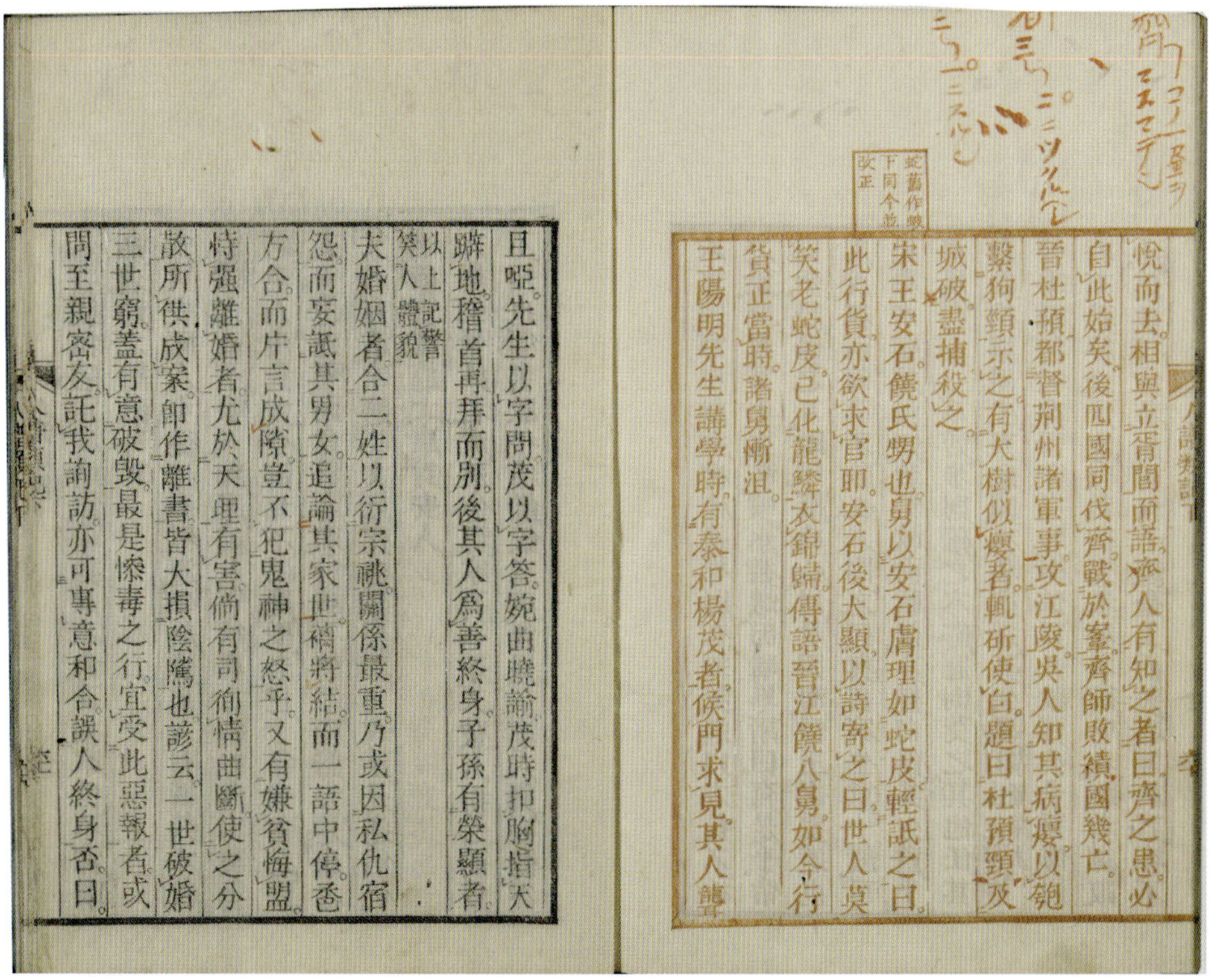

蕺山先生人譜 朱墨校正刷

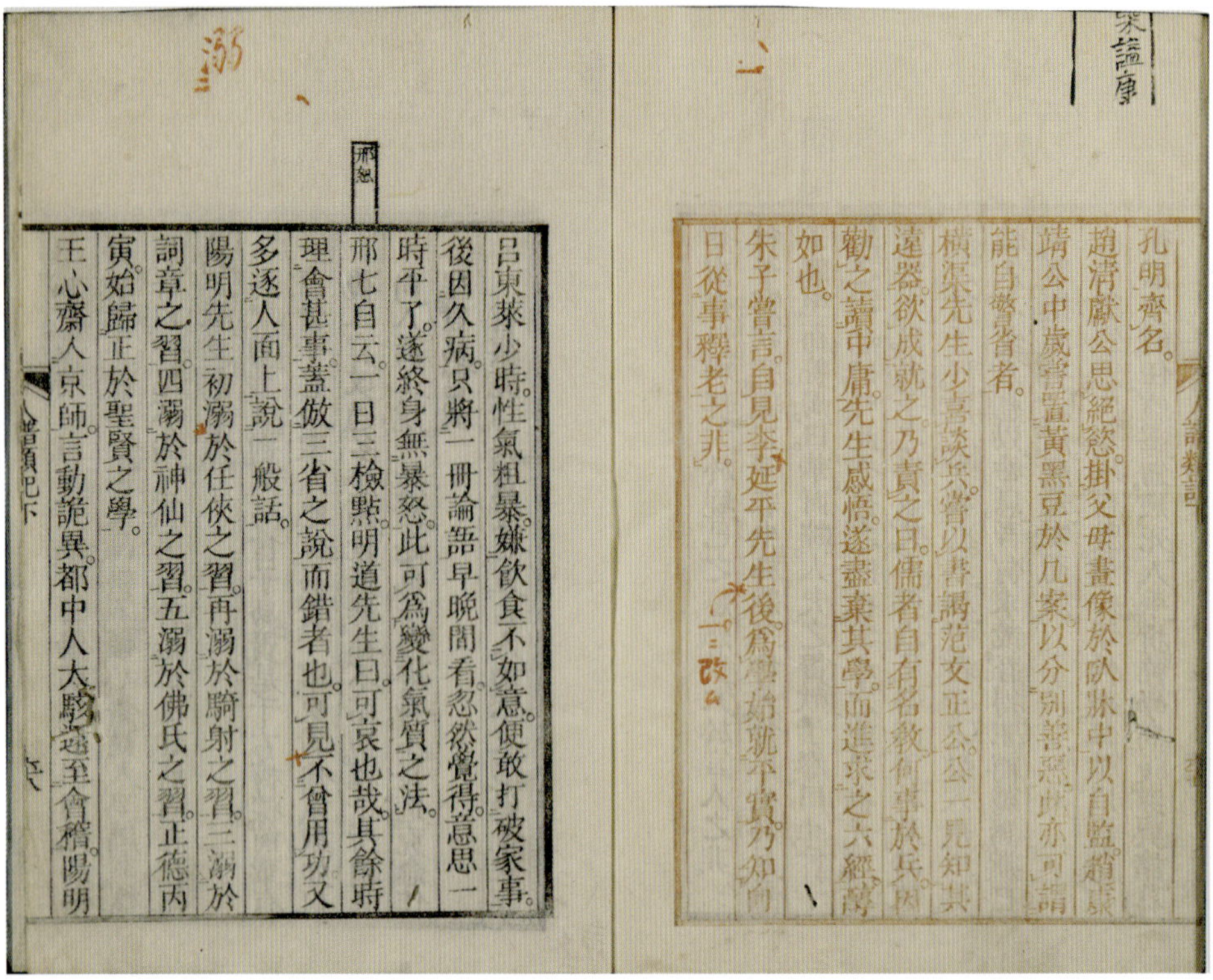
孔明齋名。
趙清獻公思絕慾。掛父母畫像於臥牀中以自監。趙[illegible]
靖公中歲嘗置黃黑豆於几案以分別善惡。此亦可謂
能自警省者。
橫渠先生少喜談兵。嘗以書謁范文正公。公一見知其
遠器。欲成就之。乃責之曰。儒者自有名教。何事於兵。因
勸之讀中庸。先生感悟。遂盡棄其學。而進求之六經。蓋
如也。
朱子嘗言。自見李延平先生後。爲學始就平實。乃知向
日從事釋老之非。

呂東萊少時性氣粗暴。嫌飲食不如意。便敢打破家事。
後因久病。只將一冊論語早晚閒看。忽然覺得意思一
時平了。遂終身無暴怒。此可爲變化氣質之法。
邢七自云一日三檢點。明道先生曰可哀也哉。其餘時
理會甚事。蓋倣三省之說而錯者也。可見不曾用功又
多逐人面上說一般話。
陽明先生初溺於任俠之習。再溺於騎射之習。三溺於
詞章之習。四溺於神仙之習。五溺於佛氏之習。正德丙
寅始歸正於聖賢之學。
王心齋人京師言動詭異。都中人大駭。遂至會稽。陽明

蕺山先生人譜　朱墨校正刷

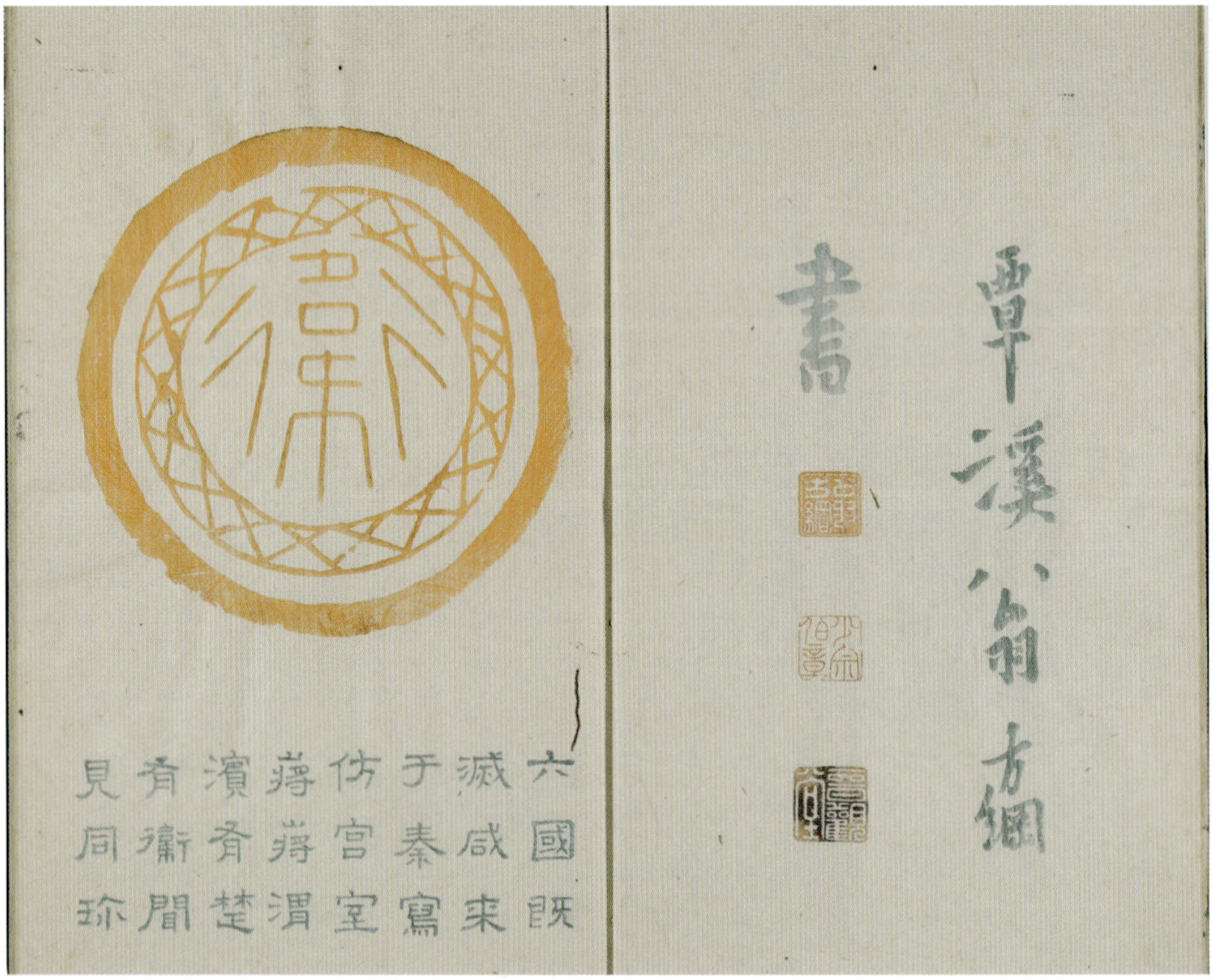

秦漢瓦璫図　双印

序

浜野文庫とは、慶應義塾大学附属研究所斯道文庫に所蔵されている浜野知三郎氏（一八六九—一九四一）の旧蔵書約一一五〇〇冊からなる和漢古書と近代漢学学術書群をいう。

浜野氏は広島福山の人、中四国地方で教職に就いた後、上京して著述に専念、さらに東京高等師範学校に学び、一時東京市第二中学校（現都立上野高等学校）で教鞭を執った。以後、斯文会教育部委員や大東文化学院理事などを歴任した。

稀代の蔵書家とされた浜野氏が集めた書物の特徴は日本近世の学者が著した学術研究書が多いことである。とりわけ江戸後期の著名な漢学者松崎慊堂の自筆稿本などの著作類が注目される。加えて慊堂と親交のあった狩谷棭斎の名著『本朝度量権衡攷』の資料ノートや森鷗外が史伝物執筆の際に借り受けた基本資料など、話題性のあるものも含んでいる。

現在の浜野文庫は、斯道文庫の前身である財団法人斯道文庫の創立者麻生太賀吉氏が昭和十七年（一九四二）に古書肆から一括購入され、昭和五十五年（一九八〇）に慶應義塾に寄贈していただいたものであり、浜野旧蔵書をほぼ完全に継承している。

本書の著者大沼晴暉氏は昭和四十五年（一九七〇）四月に慶應義塾に奉職されて以来、平成二十二年（二〇一〇）三月に定年退職されるまで四十年の長きにわたって斯道文庫において一貫して書誌学の研究に従事してこられた。その間、ご自身の母校である都立立川高等学校をはじめとする多くの高等学校が所蔵する和漢書の目録作成に携わられ、人知れぬまま埋もれていた書物に光を当てる地道な作業を続けてこられた。また、著者の地元である東京・小平市の文化財審議委員や図書館協議会委員を二十年近く続けられ、地域の文化行政の発展に貢献されてきた。

しかし、著者がその研究生活においてもっとも心血を注いでこられたのは浜野文庫に関する研究であることは疑うべくもない。著者はこれに先立ち平成元年（一九八九）以来浜野文庫の善本に関する解題を手がけられ、その成果は『斯道文庫論集』二十三輯、二十四輯、二十五輯、二十七輯、二十九輯、三十輯の六度にわたる連載のかたちで公表された。ここにそれらの成果を踏まえ、改めて全体としての浜野文庫の目録を完成されて、その全貌を紹介されたのが本書である。

おりしも本年度は慶應義塾大学附属研究所としての斯道文庫が開設五十年を迎え、さらに浜野文庫が麻生氏から指定寄附として寄贈を受けてからちょうど三十年目に当たる。この記念すべき節目の時に際し、斯道文庫の蔵書の中核を担う浜野文庫の目録が上梓されたことはまことにもって喜ばしい限りである。これにより浜野文庫の存在がさらに広く世に知れ、ひいては斯道文庫そのものの学界貢献がこれまでにもまして活発化することを期待する。著者のご尽力に対して改めて深甚なる感謝の意を申し上げる次第である。

平成二十三年一月十四日

慶應義塾大学附属研究所斯道文庫長　山本英史

目次

浜野文庫善本略解題

浜野文庫善本略解題

大沼晴暉

はじめに

浜野文庫は浜野知三郎氏旧儲の和漢書四千二百三十二部、一万一千四百九十八冊を指す。これが九州にあった斯道文庫に入蔵の経緯は、昭和十七年八月発行の「斯道文庫報」第十号に、文庫長春日政治氏が「飯塚訪書行」と題して認められている。

浜野氏は昨年十月物故されたが、氏の旧知であった岡井慎吾博士が、遺族の依頼によつてその文庫の整理に従はれ、是亦氏が生前の恩誼に報ゆべく始終の労を取つた野田松雲堂主人に諮つてその目録の作成を完了されたのである。さて本年五月初旬その目録を送つて来て、遺族の希望としてなるべく一括して譲渡したいが、買取りくれずやと当文庫に話があつた。よつて先づ麻生〔太賀吉〕氏の耳に入れておいたところ、やがて、麻生氏から購入してやらうといふことになつたのである。かくて浜野文庫の図書全部を挙げ、別に書幅・書簡類をも合せて、一百有餘個の荷物が六月中旬飯塚の麻生本邸に着いた。越えて七月八日松雲堂が友人杉野君を伴つて西下し、我が文庫からも大塚主事が両三名を率いて加勢に出で、目録と引合せての引渡しかつは分置上の整理をも行つていたのであるが、七月十二日の日曜日は、恰も主人麻生氏が在邸されるから一往整理中の本を見に来てはどうかと知らせがあつたので、蔵内顧問・笹月研究員と談らつて出かけて行つた。

昭和十七年六月発行の「斯道文庫報」第九号の「斯道文庫処務日誌抄」には、昭和十七年五月四日の条に「東京松雲堂野田文之助老来訪」、同じく五月二十五日「東京浜野貞行氏来訪」、翌る二十六日「大塚主事浜野氏ト共ニ麻生理事長ヲ訪問、故浜野知三郎先生四十年ニ亘リ御蒐集ノ蔵書一括シテ譲受クルコトニ決定」と見える。なお第十号には、七月十二日「麻生邸ニ於テ整理中ノ浜野文庫一見ノ為春日文庫長・蔵内顧問・笹月研究員ノ三氏飯塚行」と右の記事と符牒を合せ、七月十五日「松雲堂野田文之助・新松堂杉野宏ノ両氏浜野文庫整理ヲ了ヘテ来訪」。翌る十六日「麻生理事長寄託ノ浜野文庫本到着」と記されている。

しかし、この到着とは浜野文庫の全図書ではなく、春日氏の文に「元来普通本は〔麻生〕本邸に備へつけられるのみならず、麻生塾並に斯道文庫にも分置されるといふので、我等もその選別けの仕事に交りつゝ、その概略を見て行つた」とある如くである。その結果、「普通本に於て注目されることは、先づ辞書・字典の豊富に集められていること」で、それは「氏が曾て漢和辞典を作つた際、その用に供する為もあつたのであらう」。先ずこの実用書が斯道文庫に送られ、文庫員の利用に供せられた。

昭和二十年六月十九日、福岡市知行西町にあった斯道文庫は空襲の直撃弾を受けて焼失したが、図書の主要部分は南畑村不入道に疎開し、浜野文庫も飯塚の麻生本邸に保管されてあったので、先の辞書類等一部利用に供されていた書物を除き、大部分は幸に烏有の災を免れ得たのである。

この空襲時に、事務室の金庫に保管されてあった浜野文庫に鈐すべき蔵書印は、熱のために湾曲したが稀有の災にも焼失を免れ、それを記念して戦後そのまま押捺された。本文庫の「浜野文庫」印が曲がっているのはそのためである。

浜野文庫本は税法の関係から、已むを得ず本文庫に寄託の形をとっていたが、税法が改正され、昭和五十五年七月、日本私学振興財団を通じ、麻生氏（麻生セメント株式会社）よりの指定寄附として、慶応義塾に寄贈された。本文庫の創立二十周年と浜野文庫の寄贈とを記念し、昭和五十五年十二月一日から三日迄、慶応義塾図書館小閲覧室で創立二十周年記念浜野文庫并近蒐本の展観が行われ、展観書目録が編まれており、文庫長阿部隆一氏が、その経緯と浜野文庫についてとを記している。

浜野知三郎氏の略伝を、前記春日政治氏の筆によって誌しておく。

君名は知三郎《ともさぶらう》、穆軒と号した。広島県福山市の人、明治二十九年高等師範学校国語漢文専修科を卒へ、愛媛・徳島・岡山諸県の教職にあつたが、明治四十一年東京に出て専ら著述に従事し、更に大正の初年東京高等師範学校研究科（漢文科専攻）を卒業した後、一時東京市第二中学校教諭であつた。然るに、昭和五年十二月転じて斯文会教育部委員となり、次いで文部省より聖堂管理に関する事を嘱託されたが、同十六年四月辞して大東文化学院理事並に図書課長となつたのに、久しからずして同年十月疾を以て歿した。年七十二であつた。

君の高師に於ける級友としては、大川茂雄・簡野道明・佐村八郎・岩垂憲徳などがあり、又相親んで常に往来した学者には、大槻文彦・森鷗外・大矢透・山田孝雄・岡井慎吾・高野辰之などの諸博士があつた。

其の著述に於ては新訳漢和大辞典が初期のものであつたが、これは「浜野の辞書」として明治末年に鳴つたものである。ポケット四書の註釈は初学の為のものであるが、索引の附けられたのが便利な書である。又大正末年には友人佐村八郎の国書解題を改訂し、之に日本叢書目録を補加して世人の便に供した。君が郷土の学者太田全斎の漢呉音図既刊の部に、更に之に関する遺篇を加へて六冊とし、校訂覆刻したことは、亦学者に益する所が多かつた。池田・三村両氏と共撰した日本藝林叢書の如き世に知られたものの他、尚数種の著書が存するのである。

筆者の春日氏また浜野氏に親炙した学者で、そうした縁故から、文字学の岡井慎吾氏・浜野氏の愛顧した古書肆松雲堂野田文之助氏を通し、麻生氏への斡旋仲介を依頼されたのであろう。

昭和十六年十一月発行の「書誌学」第十七巻第四号彙報に、「浜野知三郎氏逝く」と題する報文があるので引いておく。長澤規矩也氏の筆か。

会員浜野知三郎氏は嗜眠性脳炎で入院中の処、十月五日午後八時五十七分、遂に逝去せられた。氏は福山藩の人で、明治末葉に已に漢和辞典の編纂を以て世に知られたが、晩年は、大東文化学院、市立中学、斯文会に執務、最近はそれをも辞せられた。蔵書家としても夙に知られ、名家の手沢本など多く蔵せられ、遺書は友人の手で編目せられる由。生平年齢を隠していられたが、七十二であつた。

浜野氏には、こうした漢和辞典や、先人の知られざる著作の紹介顕彰校訂編纂等の、地味で縁の下の力持ち的な為事が多い。また本文中にも触れたが、蔵儲資料を私せず、森鷗外兄弟等他の人々への資料提供に吝でなかった。

阿部隆一氏は、前記「創立二十周年記念浜野文庫并近蒐本展観書目録」の「浜野文庫について」に、浜野文庫の特色を次のように識している。

氏の典籍蒐集は上京以来四十年間の努力の結晶で、蔵書家としての令名は夙に都下に知られていた。その一万冊は和漢の古書と明治後の関係学科の学術研究書とが極めて均衡を保って蒐められ、好事家の珍本群ではなく、あくまで学術研究に役立つ実用書であることにその本領が見られる。その構成分野は漢学と国語国文の両面に跨って多彩であるが、氏が特に専門とせる日本漢学関係は頗る網羅充実して出色である。この文庫には所謂貴重書善本と目される図書ほゞ一千五百冊を数え、その中には旧刊本古活字版旧鈔本も架されるが、江戸時代の儒者の自筆稿本・書入本・未刊写本が多い。その圧巻は、江戸後期佐藤一斎と並び称された鴻儒松崎慊堂の自筆稿本・書入本・手鈔本・手沢本等が一堂に会していることで、此は浜野氏が偶然の奇縁から慊堂の子孫から一括購得したものと聞いている。慊堂の稿本はその「慊堂日暦」や雑稿等の一部が静嘉堂文庫に儲されるのみで、それを除いては慊堂の遺書は殆どこの文庫の有に帰していると言ってよい。また慊堂の親友たる狩谷棭斎に出て渋江抽斎等を経て森立之に至る「経籍訪古志」をめぐる幕末校勘学者の自筆本・書入本は特に豊富である。渋江抽斎に始る鷗外の歴史小説の著作に於ては、鷗外は浜野氏に諮問協力を仰ぐこと頗る多く、特に「北条霞亭」には毎回浜野さんの名が出ていることは読者も記憶されていることであろう。

この文庫の特色は、氏は或る一つの本については徹底的に普く網羅しようと力めたことで、特に四書・孝経に於ては我が国有数のコレクションを成し、名家書入の古辞書類、氏の同郷の先学菅茶山・北条霞亭等の書簡関係書も貴重である。氏の優れた鑑識力は同じ版本でも有用な書入本を選び、また稀覯書の摹写移写にも力を致し、初め氏の臨写本が学者の注目を惹き、その結果その原本が漸く掘り出されるに至った例が少なくなく、後学を益すること多大である。

浜野氏の郷土藝備とその周辺地域の地誌や先覚に関する書物もまた多い。反町茂雄氏の「一古書肆の思い出」（平凡社）には、本略解題所収本を取扱われた経緯が屢々述べられてある。

なお浜野氏の旧勤務先第二中学校、現都立上野高等学校に、浜野氏の寄贈にかかる和漢書一六一点、一二九六冊が蔵され、平成六年三月に刊行された同校の「紀要」第二二集に、中澤伸弘氏の手により、「浜野文庫和本目録　付蔵書研究」として発表されている。

例　言

一、本稿は浜野文庫善本のうち、松崎慊堂関係書を除いた全てに略解を加えたものである。なお一a—四八—六一迄と四—六二—六四迄とは欠番となっている。また一b—二四は虫損崩落甚だしく、見るを得ないので割愛した。

一、解題は、表紙・見返・扉・前附・本文巻頭・版式或いは書写の体式・尾題・後附・刊記又は奥書・表紙扉裏表紙等を除いた墨附丁数・補修・旧蔵印等の諸事項を、ほぼ此順で略述した。しかし説明の便宜上、必ずしも序次にはこだわらない。また補修の単なる虫損直しの場合、同じく補修時に挿入した新補遊紙の類は一々明記しなかった。

一、本稿は形態学的な事項を主とし、内容には立入らない。また著者についても、人名辞書や索引・伝記・研究書類の備わるものが多く、略記するに止めた。各専門家の精査を俟つためのもので、本稿がその呼水となれば幸である。

一、使用字体は通行体を原則とし、一部旧体・別体字を残した。また引用文は、原文の句読は残したが、訓点・送仮名の類は印刷の都合上、殆ど省略に従った。

一、標目に又とあるのは前項と同版であることを示す。尚、同版本に於ては著者事項以下同一の場合は記載を省略した。

一、本稿は斯道文庫論集第二三輯より三〇輯まで断続的に掲載したものと、「貴重書蒐選」に執筆したものとを補訂し構成した。

附記　本稿と原本との照合校正等について、私の斯道文庫講座に参加せる学生諸氏の協力を得た。記して感謝の意を表する。

一a　名家自筆本

飛鳥山十二景詩（序題）　栗原〔柳葊〕（信充）　自筆　大一冊

後補黄土色表紙（二六・七×一七・四糎）双辺刷枠題簽に「飛鳥山十二景詩栗原信充手録」と書す。天保十一年庚子歳六月二十四日壬午甲斐国源氏栗原信充「飛鳥山十二景詩序」あり、内題なく直ちに本文に接続する。十行廿字、字面高約一九・〇糎。朱句点を附し、まま（序には全文）墨筆の訓点・送仮名を附すが、これは三箇所ほどある墨筆訂正と共に墨色やや薄く、後の加筆かと思われる。胡粉による訂正、また朱筆による訂正が一箇所ずつある。全六丁、原料紙より大きな襯紙が挿挟まれている。原料紙縦約二三・一五糎。

筑波茂陰・秩父遠影・滝野川夕照・梶原村田家・王子新樹（後述の林榴岡詩では「王子深樹」）・平塚落雁・鵠台秋月・染井夜雨・黒髪山残雪・豊島川帰帆・中里晩鐘・西原晴嵐の十二景、七言絶句各三首計三十六首が書かれており、滝野川夕照の第一首は殆ど全面的に書改められている。

序に「享保中、植桜一千株、而展拓其封域、大概数万歩矣、国子祭酒、林公、述詩、以名其境者、即今十二景也、其後、五載、図書府主事、鳴鳳卿、撰文、以立其嶺者、即今銘及序也、……予以林公詩、与鳴氏文、而其詩餘音未尽、故別賦三首、総三十六首、以私補林公之意、且和其韻、云爾、」とあり、本書作成の動機が知られる。安政五年江戸の清音閣蔵板「飛鳥山十二景詩歌并碑」中に、本書序文に云う林榴岡の詩と成嶋錦江の碑文が、田沼主殿頭等名流十二名の題詠和歌と共に収録されている。

室町時代に我国に齎された瀟湘八景を摸して、江戸前期には近江八景が人口に膾炙し、画や詩歌の題材として各地で八景詩〔歌〕が流行するようになった。本書もその類である。

著者の栗原柳葊は屋代弘賢門で、漢学は柴野栗山に学んだ。武家故実の著作が多い。明治三年没、享年七十七。八〇九―一a―一―一

校註韓詩外伝（序題）一〇巻首一巻・校註韓詩外伝逸文（題簽）一巻・校註増韓詩攷（序題）二巻　川目直編　自筆　大一四冊

縹色布目表紙（二六・七×一九・一糎）黄色地貼題簽に「校註韓詩外伝序跋綱領題言目録小伝（一―十）」「校註韓詩外伝逸文　全」「校註増韓詩攷　上（下）」と書す。弘化四年良月　東奥　安積信撰「校註韓詩外伝序」、弘化三年歳次丙午人日江都友野煥子玉甫序于牛門内新居「校註韓詩外伝序」を冠し、乾隆五十五年端午日序於常州之龍城書院（以下に小字双行にて「〇此序載在抱経堂文集巻三揚州画舫録云抱経堂叢書中有荀子韓詩外伝称善本因検舶来数本皆不収外伝」とあり）「校本韓詩外伝序（題下に「抱経堂文集巻三所載」とあるも胡粉にて塗抹さる）」、帰安鹿門茅坤撰「韓詩外伝叙」、銭塘楊祜撰「韓詩外伝序」、済南陳明撰「韓詩外伝叙」、至正十五年龍集乙未秋八月曲江銭惟善序「韓詩外伝序」の各序が集成され、次に嘉靖己亥秋八月望月泉薛来書于芙蓉泉之秋月亭「韓詩外伝後序」、隠湖毛晋識「韓詩外伝跋」、汝上王譲識「韓詩外伝跋」の各跋が集成され、「韓嬰小伝」「韓詩外伝綱領」（諸家説の後に「直案」「又案」等とし、長文の案語を加う）弘化三年歳次丙午正月　川目直子縄甫謹識「校註韓詩外伝題言」「校註韓詩外伝所拠諸本」「韓詩外伝目録」と続く（以上第一冊）。

内題「詩外伝巻之一（一―十）／漢　燕人韓嬰　著／日本　江都川目直校註」（内題下に「沈本、之作第、程本、及諸本、作／韓詩外伝巻第一、下皆倣此」

と小字双行に記す）。無辺無界十行廿字小字双行、字面高約一九・七糎。藍筆の句点圏点声点を附す。藍墨筆による行間眉上への書入訂補が多い。折目表丁部分に丁附あり。尾題「詩外伝巻之一（―十）終」。第十二冊、天保三年歳次壬辰夏四月　東都　川目直識「韓詩外伝逸文小引」「韓詩外伝逸文目録」に次いで「韓詩外伝逸文／川目直輯并註」。第十三・十四冊、天保壬辰仲秋川目直子繩甫―題于緑筠晴窓「校註増韓詩攷自序」、王謨輯「漢魏遺書鈔韓詩内伝序録」、浚儀王応麟伯厚甫「詩攷」に次いで、「韓詩攷／宋　王応麟　輯／清　王　謨　補／日本　川目直増并註」と題す。伯厚甫後序を以て終る。各巻頭に「洒竹文庫」朱印あり、大野洒竹旧蔵。各冊丁数以下の如し。六一・三五・四八・五六・三九・三六・三五・三七・四二・三一・三六・二九・三四・三一。

本書は朝鮮刊・元沈辨之校本を底本とし、十七本（同一本の翻刻もあり。中六本未見とす）を以て対校したもので、艮斎序に「聚諸本校正之、又就群籍所引、参考同異、博証旁援、不窮其源委不措、……其用力亦云勤矣、」と記す通りである。友野霞洲の序にも「潜思十数年而初脱稿、其用力可謂勤矣、」と、期せずして同じ表現がとられているのも強ち阿諛とは云えまい。「韓詩外伝逸文」は諸書を博捜して五十六の逸文を輯め、「校註増韓詩攷」は原本に「通計百二十一条坿益之標増字以別之且略加校註（自序）」えたものである。博覧よく諸説を網羅し、解注また精細である。韓詩外伝の注解は漢土にも少く、その集大成として本書は貴重である。

著者は本書題言に云うところ、幕府の庖吏であり韓非子に精到の聞えあった蒲阪青荘の弟子である。没年未詳。八〇九―一a―二―一四

刻語由述志跋　渋沢栄一　自筆　大一冊

後補黄土色表紙（二六・七×一八・五糎）双辺刷枠題簽に「刻語由述志跋　渋沢栄一書」と書す。内題「刻語由述志跋」。左右双辺（一八・八×一三・一糎）有界九行白口墨書罫紙使用。末に「大正八年八月／渋沢栄一識[印]」。二箇所ある南冥の冥字を、始めウ冠に作り紙を貼って訂正してある。本文二丁、首に本書の影印二丁を添える。料紙より大きな襯紙に貼附さる。原料紙縦約二四・九糎。

本書は大正十一年九月の年紀ある「刻語由述志跋」（影印本「語由述志」巻末に活字翻印）と小異あり、また論語は本文庫蒐書の一つの柱であり、亀井南冥昭陽も本文庫と浅からぬ関係があるので、繁を厭わず全文をここに掲げておく。本書には濁点・句読点はないが活字翻印本には附されている。括弧内に注記したのは活字翻印本との校異である。今新旧の字体の差は挙げない。

刻語由述志跋

方今我邦文運隆昌ニシテ国威拡張（国力振興）スト雖モ而モ世界大勢ノ推移ニヨリテ人心漸ク質実ヲ欠クノ虞アルハ識者ノ等シク憂慮スル所タリ余夙ニ論語ヲ以テ処世ノ指針トシ曾テ道徳経済合一ノ説アリ又論語算盤併用ノ事ヲ主張シ私ニ謂ヘラク唯（唯なし）孔夫子ノ聖訓穏健着実以テ能ク当世ノ弊ヲ救フ可シト是ヲ以テ曩ニ南冥亀井先生撰述ノ論語語由ヲ印行（覆刻）シテ之ヲ友人ニ頒テリ今（後）又語由述志ヲ刊行ス（セントス。蓋シ）語由述志ハ南冥ノ嗣子昭陽先生ノ著ハス所能ク家学ヲ継紹シテ之ヲ大成セル者ナリ且ツ此原本ハ著者ノ親シク手書スル（セル）所ニシテ実ニ其定本タリ依テ亦瑠璃板ニ附シテ（依テ亦西東書房ニ命ジテ写真版ニ附シタリシガ、工殆ド竣ルニ及ビテ、大正九年七月書房火アリ、刊本悉ク灰トナル。原本ハ纔ニ災ヲ免レタレドモ、其第三

一巻ハ燼餘ヲ得タルニ過ギズ、先生手沢ノ原本為ニ疵瑕ヲ生ジタルハ、洵ニ痛惜ニ堪ヘズ。幸ニ内閣文庫ニ、先生ノ門人長川録トイヘル人ノ天保壬辰十月原本ニ就キテ手抄セル一本ヲ蔵ス、乃チ借リ写シテ之ヲ補足シ、重ネテ刊行シテ）之ヲ同好ノ士ニ頒ツ若シ夫レ聊カ（カなし）ニテモ学界ニ貢献シ世道人心ニ裨補スル所アラハ余ノ本懐何物カ之ニ加ヘン

大正八年八月（大正十一年九月）

渋沢栄一識

（翻印本では署名は年紀の下に一行で記さる）

また影印版「語由述志」には送呈の辞一葉が附されているので、参考のため以下に掲出する。

拝啓時下益御清適奉賀候然は語由述志之書は九州の碩学亀井昭陽先生の遺著にして坊間見受けざるの書物に候処今般安川敬一郎氏の御好誼に依り同氏の珍蔵せる先生手稿の原本を以て写真版に附し副本を製し候に付一部別封を以て拝送仕候間御清閑の折御一読被下候はゞ本懐の至に御座候右得貴意度如此御座候　敬具

大正十一年十一月

渋沢栄一

この底本となった安川敬一郎氏蔵本は、昭和三十四年他の亀井家学書と一所に本文庫に寄贈された。奇しくもここに、燼餘の影印原本とその刊行者の自筆跋文とが再び相会することとなった。

渋沢栄一（昭和六年没、享年九十二）の膨大な資料は、渋沢青淵記念財団龍門社とその下部組織である西ヶ原の渋沢史料館で蒐集整理保存され、一部が展示されている。青淵論語文庫と本文庫との関係や、それが当時の日比谷図書館（現都立中央図書館）に入蔵した経緯については、既にいささか触れたことがあるので省略に従う。八〇九—一a—三—一

〔七雅〕序　楙原心斎（直養）等　写　大一冊

後補黄土色表紙（二六・二×一八・五糎）双辺刷枠題簽に「序心斎先生自序外三篇」と書す。「自序（末に「嘉永紀元之夏、心斎—斉の下の小は朱筆にて加う—楙原直養題、」とあり）」「叙（巻末に「嘉永戊申秋日、襄松松崎純倹撰、」とあり）」「戚雅序（末に「弘化三年龍集柔兆敦牂上元前一日／僚友佐藤坦撰」とあり）」以上双辺（一七・三五×一二・六五糎）有界九行白口、下象鼻に「心斎」と刻する墨刷罫紙使用。次に「数雅序（序題直下に「見山楼」朱印、下部に「緑静堂／図書章」—心斎の堂号—押捺、末に「天保甲午陬月東奥安積信撰印印／北総千阪畿書／印印とあり）」此は左右双辺（一七・一×一二・七糎）有界十行白口墨刷罫紙に書かれている。本罫紙は裏丁匡郭外下端に「清暉楼鈔本」と刻されている。直養序には墨筆句点、純倹序には朱筆の句点が加えられ、自序には入紙、一斎序には虫損補修が為され、他は次に述べる岡本況斎の文と共に、全て襯紙に貼附されている。序各二丁。

此等の序の後に岡本保孝の記せる一葉が加えられている。今全文をここに掲げる。

戚雅ハ別テ御力ヲ竭サレタルヨシ安積氏ノ序ニコレアレハ弥以シヒテ僻説ヲシルシテ呈スル也取捨ハ賢断ニアリ　岡孝拝（以上朱書）

佐藤氏序

此之不辨至而可乎　刪去スベシ衣服ハ身ニ切近ノモノナレトモ其名目一々シラテモ君子也賢人也大夫也士也称謂豈コレニヒスヘキヤ試ニ問フ佐藤氏ハ人ミナ宿儒ト称スレトモ公私ノ服ノ名目ヲ我コレヲ詰問セハ十ニ七八ハ彼必ス窮スベシサレト儒者ハ儒者ニテ天下ニ横行スル也称謂ハ一タヒアヤマレハ天下乱矣豈コレニヒスヘキヤ且此

十数字刪リテ文脉ニモ害ハナシ

安積氏序

孔鮒小尓雅

今日文運ヒラケテ尚昏孔伝ヲ偽書トシルカラハミナコレヲ孔伝トイハス某氏トイヒ偽孔伝ナドイフ也コノ類ニテ小尓雅ハ孔鮒ノ作ニアラスサレハ某氏小尓雅トモ改ムヘキ歟安積氏ハ四庫全書ヲハ不見ヤ

況斎の面目躍如たるものがある。此箇所は一斎序にはそのまま残るが、艮斎序には見られない。しかし国会図書館蔵、心斎自筆の「戚雅」二〇巻子目三巻の、弘化二年秋七月、東奥安積信撰「戚雅序」に見られ、況斎も「戚雅ハ」と書いているので、本書には佚しているが、恐らくそれを指すのであろう。

杉原心斎は佐藤一斎・安積艮斎門の幕府の儒官で、岡本況斎と親交があった。明治元年没、享年未詳。

本書は「惟聞見所及、不択雅俗、輙筆録之、以弄于篋笥、已有年矣、甲午之春、試鈔出分類、釐為七部、曰戚雅、曰数雅、曰彩雅、曰名雅、曰容雅、曰歳雅、曰霊雅、都命曰緑静堂全雅、而後稍加詮正、次第成編、而容雅以下稿未及脱、」と自序に述べ、以下に略解を加える七雅の序文を採り輯め、一書としたものであろう。ハ〇九―一a―四―一

戚雅　小序十七首　〔杉原〕心斎　自筆　大一冊

後補黄土色表紙（二五・九×一八・六糎）双辺刷枠題簽に「戚雅」と書す。心斎罫紙の反故裏左肩に「戚雅小序　十七首」と書し扉とす。巻頭「戚雅巻一／釈上祖第一」と題し、小序本文は二格下げて記す。双辺（一七・八五×一二・六糎）有界九行白口、下象鼻に「心斎」と刻せる墨刷罫紙使用。行廿四字、本文低二格。朱訂・墨筆訂正書入、切貼にての訂字、押紙等あり。襯紙が挿挟まる。本文全十丁。

釈高祖行・釈曾祖行・釈祖父行・釈父母行・釈兄弟行・釈子姪行・釈孫行・釈曾孫行・釈玄孫行・釈雲仍・釈母党・釈夫党・釈妻党・釈昏姻・釈皇属・釈雑称（以上第二より第十七）その後に釈夫婦（第六―始め第九と書き其上を六と直すか）・釈父母行（前記の訂正通りに書かれたものを更に朱訂している）・釈兄弟（始め釈夫婦とありしを改む。前記と異るも、釈夫婦の後に追込んで書かれてあるものと符合す）・釈夫婦（「詩集伝目録」と題書せる罫紙の反古裏を使用。前記と小異あり、改稿ならむ。前記釈夫婦の裏丁に釈夫婦と釈兄弟の改稿せしものが記され、それとは符合す）の夫々に、詩経の小序に倣ったそれが物されている。某雅とは爾雅より出でて其体に仿った訓詁小学の書を云う。

ハ〇九―一a―五―一

〔戚雅〕　杉原心斎（直養）　自筆　大一冊

後補渋引茶色表紙（二七・五×一八・五糎）双辺刷枠題簽に「戚雅」と書す。本文内題を欠き釈祖父行第四の途中より始まる。前出心斎と刻する白口双辺罫紙の反古裏を使用し、切貼・訂正・眉上への書入等多し。行廿四字、諸書からの引文等小字双行低二格。まま句点を施す。杉原直養編纂「戚雅補遺」を附す。補遺共十二丁。

釈父母行第五上（下）・釈夫婦第六・釈兄弟行第七・釈子姪行第八・釈孫行第九・釈母党第十三・釈夫党第十四・釈妻党第十五・釈昏姻第十六・釈皇属第十七・釈雑称第十八上を存す。戚すなわち親族に関する語彙を輯めたものであろう。清の銭大昕撰「恒言録」より引く所が多い。

国会図書館に、自筆二〇巻子目三巻の完備せる稿本が存する。此は各巻

小序を冠せて本文に接続している。

　本書以下の心斎著作は全て諸書を引き、其後に「○直養按」等として按語を記す同体裁の編述法をとっている。八〇九―一a―六―一

彩雅子目　杉原心斎（直反）　自筆　半一冊

　後補渋引茶色表紙（二四・三×一六・八五糎）双辺刷枠題簽に「彩雅」と書す。天保八年歳次強圉作噩観蓮節杉原直反記「彩雅凡例」に続いて「彩雅子目／巻之一（―十）」とあり。同前罫紙使用。訂字は切貼によるものもあり、凡例には朱訂が施されている。

　巻一―釈青一　ハナイロ　釈青二　ソライロ　釈青三　コン　巻二―釈緑一　トクサイロ　釈緑二　モヘキ　釈緑三　ウクヒスチヤ　釈緑四　マツバイロ　釈緑五　アイヒロウド　巻三―釈赤一　クレナヒ　釈赤二　ベニカバ　釈赤三　ス、タケ　釈赤四　クリカワ　巻四―釈紅一　モ、イロ　釈紅二　桃花色　モ、イロ朱　トキイロ　釈紅三　大和ガキ　巻五―釈黄一　ウコン　釈黄二　ウスタマコ　釈黄三　カハイロ　釈黄四　キカラチヤ　釈黄五　丁子チヤ　巻六―釈留黄一　コヒチヤ　釈留黄二　コケチヤ　釈留黄三　チサイチヤ　巻七―釈白一　釈白二　釈白三　シロ子ツミ　釈白四　シロチヤ　巻八―釈碧一　アサギ　釈碧二　アイ子ヅミ　釈碧三　ドブ子ヅミ　巻九―釈黒一　クロ　釈黒二　コンビロウド　釈黒三　子ヅミイロ　巻十―釈紫一　ムラサキ　釈紫二　ブシイロ《ママ》　釈紫三　トヒイロ　釈紫四　ウスフジイロ　釈紫五　フジ子ヅミの各項に亘り、「十一巻以後彩雅之支流末裔……今略加釐定為五巻通前計十五巻名曰彩雅余窃謂方今文明典籍浩富如竹譜香乗酒史銭録之比莫有不備唯彩色独未有専書」と自ら凡例に記す如く、未だ専書のなかった色名に関する語彙を諸書から輯録せんと試みたものである。子目のみで三十丁を数える集大成で、本文の存しないのがまことに惜しまれるが、幸国会図書館に、一五巻子目二部を附す自筆本が存し、子目の一には糸を染めた色見本が、上小口に添附されている。現今色名に関する専著も漸く現われるに至ったが、著者の先見の明はそれによっても毫も消え去るものではない。

　直反は初名で、後直養と改められたらしく、後掲「数雅」の初稿本には、始め「直反按」とあり、後朱筆で「直養按」と書入られ、改められている箇所が見える。八〇九―一a―七―一

容雅六巻　杉原心斎（直養）　自筆版下稿カ　大二冊

　後補茶色表紙（二七・五×一八・五糎）双辺刷枠題簽に「容雅　上（下）」と書す。巻頭「容雅巻第一（―六）／杉原直養編纂」と題署し、次に小題「釈拝容上（下）」等とあり。同前罫紙使用、行廿字、諸書からの引文等小字双行低二格。訂字のない浄書本であるが、一部書きさしの箇所もあり、未完成のようである。虫損補修さる。上冊四二、下冊三三丁。

　釈揖容・釈手容・釈坐容・釈跪容等態度・立居振舞等に関わる語彙を輯む。八〇九―一a―八―二

数雅　巻第一釈数目　杦原〔心斎〕（直養）　自筆　初稿本　大一冊

　後補黄土色表紙（二五・九×一八・六糎）双辺刷枠題簽に「数雅釈数目」と書す。巻頭「数雅巻第一／杦原直養編纂（朱書）」と題署し、次行に「釈数目（目朱書）」と小題を記す。左右双辺（一七・一×一二・七糎）有界十行白口単黒魚尾の墨刷罫紙使用。行廿四字、諸書からの引文等小字双行低二格。本罫紙は裏丁匡郭外下端に「清暉楼鈔本」と刻する前掲〔七雅〕序

の安積艮斎序使用のものと同一である。料紙は襯紙に貼附さる。原料紙縦約二四・一糎。眉上等に朱墨の書入多く、押紙も附されている。まま朱墨句点あり。全六丁。

数字の一から始まり、小億・大億・三焉十等迄を収める。八〇九―一a―九―一

数雅　巻第一釈数目　杉原心斎（直養）写　版下稿ノ自筆訂正本カ　大一冊

後補渋引茶色表紙（二七・四×一八・五糎）双辺刷枠題簽に「数雅釈数目」と書す。巻頭「数雅巻第一／杉原直養編纂」と題署し、次行に「釈数目」と小題を記す。双辺（一七・七×一二・七糎）有界九行、下象鼻に「心斎」と刻する白口墨刷罫紙使用。行廿四字、諸書からの引文等小字双行低二格。全九丁中、後三丁は罫紙の反古裏使用、句点（後二丁は朱筆）・朱墨訂字・切貼訂正等あり。前掲書を浄書した版下用稿本に尚訂正を加えたものの如し。

本書は小億・大億の次に「十等三焉」「洛叉　倶胝　阿庾多　那由他　阿僧祇」「大数　小数」「五数」の各項がある。尚第四丁と第五丁の間は、九から億の途中に飛んでおり、恐らく欠落があるかと思われる。八〇九―一a―一〇―一

数雅　巻第十四・十五釈雑数　杉原心斎（直養）写　版下稿ノ自筆訂正本カ　大二冊

後補黄土色表紙（二七・四五×一八・五糎）第二冊同渋引茶色表紙（二七・四五×一八・四糎）双辺刷枠題簽に「数雅釈雑数上（下）」と書す。巻頭「数雅巻第十四（十五）／杉原直養編纂」と題署し、次行に「釈雑数上（下）」と小題を記す。上冊は同前罫紙使用、行廿四字、諸書からの引文等小字双行低二格。下冊は同前罫紙の反古裏を使用し、「数雅巻第九／杉原直養編纂／釈器用」等の題署が見られる。朱墨訂字・切貼訂正多く、そうした切貼の挿入部分を、補修時に直に襯紙に貼附したと見られる葉も存する。上冊は他筆の版下書を手訂せしもののようで、下冊も元は恐くそうした体裁であったのであろうが、訂正部分が多く殆ど改められてしまったものの如くである。朱墨両様の句点訂正が施され、切貼による改定も多い。尚下冊には単辺有界十行白口単黒魚尾罫紙の反古裏に書かれた「釈雑数下」という小題（恐く元表紙ならむ）が扉の如くに綴じられてある。上冊十五、下冊十四丁。

国会図書館に一部他筆の混じるものの、一五巻の完備せる稿本が存する。八〇九―一a―一一―二

名雅子目　〔杉原〕心斎　自筆　大一冊

後補渋引表紙（二七・四×一八・五糎）双辺刷枠題簽に「名雅総目」と書す。「名雅総目」あり、次に「名雅子目／巻第一／釈姓」と記す。双辺（一七・四×一二・七糎）有界九行、下象鼻に「心斎」と刻する墨刷罫紙使用。四箇所ほど貼紙で編成替えの指示が施されている。全十七丁。

本書も彩雅と同じく子目のみが存する。その編成は十三巻で、巻二より釈名・釈字・釈双・釈同・釈諱・釈禁・釈截・釈更・釈号・釈謚・釈古・釈雑の各項目を、各々一巻ずつに宛てている。

本書も亦、国会図書館に一部自筆を含む清書本一三巻が存する。八〇九―一a―一二―一

〔霊雅〕附録　〔杉原〕心斎　写（一部自筆）　大一冊

後補黄土色表紙（二六・八×一八・六糎）双辺刷枠題簽に「杉原心斎先生遺著」と書す。巻頭ただ「附録」と題するのみにして直に項目名の「祆神」と書す。双辺有界九行、下象鼻に「心斎」と刻する白口墨刷罫紙を使用するも、切貼多く料紙を切継いでいるため計測不能。行廿四字、諸書からの引文等小字双行低二格。朱墨両様の句点訂字・朱引あり、切貼多し。全八丁、襯紙に貼附さる。原料紙縦約二四・九糎。

張天師・仏・観音像・歓喜仏の祆神を含めた五項目から成り、何という書の附録か明かでないが、国会図書館蔵「霊雅」一七巻の、一部他筆を混じる稿本を見るに、巻一五「釈人鬼褒祟」の附録部分であることが判明する。八〇九—一a—一三—一

書名討原　〔杉原〕心斎　自筆　大一冊

後補黄土色表紙（二七・〇×一八・六糎）双辺刷枠題簽に「書名討原」と書す。巻頭「書名討原」と題する。双辺（一七・三五×一二・七五糎）有界九行、下象鼻に「心斎」と刻する白口墨刷罫紙使用。行廿四字、諸書からの引文等小字双行低三格。朱句点・朱引・朱墨訂字・切貼訂正等あり。全三丁。

五経正義・夷堅志・酉陽雑俎・続斉諧記・虞初志・虞初続志・虞初新志・説郛・百川学海・笑林・侯鯖録　五侯鯖・三餘贅筆・諗痴符・津逮秘書・五車韻瑞・説鈴・丹鉛録・瀛奎律髄・譚苑醍醐の各書名の因ってきたる所を、解題書のみならず諸書から捜っている。八〇九—一a—一四—一

莫須篇　経史綱領・六書名義・詩文一斑　杉原心斎（直養）　自筆版下稿カ　大三冊

後補黄土色表紙（二七・五×一八・四糎）双辺刷枠題簽に「莫須篇経史綱領」と書す。同第二冊（二六・八×一八・六糎）「莫須篇六書名義」同第三冊（二六・八×一八・五糎）「莫須篇時文《ママ》一斑」。巻頭「莫須篇巻第一／杉原直養編纂／経史綱領第一」第二・三冊「莫須篇巻第／杉原直養編纂／六書名義（詩文一斑）」と題署す。双辺（一七・七×一二・五五糎）有界九行、下象鼻に「心斎」と刻する白口墨刷罫紙使用。行廿四字、諸書からの引文等小字双行低二格。第一冊廿一丁。第二冊六書名義に綴じられた後半三丁は音韻に関するもので、前半五丁と書式やや異り、襯紙に貼附され（原料紙縦約二五・一糎）、朱訓点・朱引が施されている。第三冊全十三丁は襯紙に貼附されている。原料紙縦約二四・九糎。

経史綱領は五経・六経・六藝・六籍等の、諸書からの輯説に始まり、後半の十一丁半ほどは十三経注疏目録の解説となっている。書名は莫須有の語からとるか。版下書のようであるが、尚未成の如くである。八〇九—一a—一五—三

〔莫須篇　詩文一斑〕断簡　〔杉原〕心斎　自筆　初稿本　半一冊

後補黄土色表紙（二四・二五×一六・七糎）双辺刷枠題簽に「杉原心斎先生稿本」と書す。内題なく途中より始まり「三之字畳用」の項が見える。すなわち前掲書の詩文一斑の第九丁からの断簡である。前掲罫紙使用。行廿四字、諸書からの引文等小字双行低二格。朱句点を施す。切貼・増補の書入・朱訂等あり、前掲書では此訂正通りに書写されている。全四丁。後半二丁入紙を施す。

先に述べた項目に続いて、聯句・集句詩文・集字刻石・無韻者謂之筆有韻者謂之文或謂之詩の諸条が存する。

杉原心斎の自筆稿本類は、上述の如く国会図書館と本文庫とに分蔵され、互に相補い、比較することによって稿次を推定することが可能となるものも多い。因みに国会図書館への入蔵は、大正九年七月十日購求の印があるからその頃であろう。又旧蔵書類は、今静嘉堂文庫に収められている。八〇九―一a―一六―一

秋虫考　〔岡田〕寒泉（恕）　自筆　大一冊

後補黄土色表紙（二六・一五×一七・七糎）題簽に「秋虫考岡田寒泉著　完」と書す。巻頭「秋虫考」と題す。双辺（一九・二×一三・六五糎）有界十一行白口単黒魚尾の墨刷罫紙使用。行廿一字、朱句点を附す。胡粉塗抹訂正・朱訂等あり。本文末に「寒泉恕　著」と記し、その後に「寒泉　攷」と署する「莎雞絡緯紡績虫之辨」一丁を附す。料紙は原料紙（縦約二四・一糎）より大きな襯紙に裏打されている。全六丁。

竃馬・促織・起理起理須・武磨於伊・図田武之・蟲螽・蝗・麻蚱（久都倭武之を胡粉にて塗抹し眉上に記す）・金鐘児・紡績娘・加禰多々幾・知夜多天武之（眉上に朱筆にて「窃虫」と記す）・叩頭虫の各虫について、本草・小学・随筆類を引いての考証である。本文末に「附参」として「辯万豆武之須須武之之誤」を附す。

岡田寒泉は崎門の村士玉水門、幕府の儒官で、後代官としてすこぶる治績ありと。文化十三年没、享年七十七。八〇九―一a―一七―一

酔月楼餘稿四巻（巻一作三巻）　高岡養拙（秀成）　自筆カ　半六冊

黄土色表紙（二三・三×一六・三糎）左肩に直に「酔月楼餘稿巻上（巻中・巻下・巻二・巻三・巻四）」と朱書す。巻上（中・下）の右傍に、何れも「初巻」と墨書あり。また各冊右肩には朱筆にて「五言古七言古五言律」「七言律」「五言絶句七言絶句」「説類銘賛類題跋／論辨類」「書牘類雑文類」「雑文類」と記す。文化九年壬申首夏下浣　後進松則武譔「叙」（題下に「孝山／書屋」「掃葉山／房臧書」「養拙斎」の朱印三顆押捺）文化壬申初夏之日鄙甥小島直裕謹撰〔序〕を冠す。巻頭「酔月楼餘稿巻上（中・下・二―四）／江戸　高岡秀成実甫著」と題署す。巻頭内題下にも「養拙斎」朱印を鈐する。単辺（一九・六五×一三・四五糎）有界九行白口双黒魚尾の墨刷罫紙使用。行廿字。朱筆の句点校字・朱引、まま朱圏点を附す。眉上行間に墨筆にての訂正、胡粉・切貼による訂正あり。第三冊末に「壬申暮春、養拙老人高岡秀成（上記四字に朱引あり）自跋并書于酔月楼中[印][印]」と署せる跋あり。全巻裏打修補さる。「馬琴翁が、燕石雑志、巻の一十三葉右、〇第四則、丙午の条に曰、」等と誌した小紙四葉が挟込まる。詩文の体式類目の変り目では、表丁版心部上層を朱で塗って標識としている。各冊の丁数を記せば、廿・廿七・卅三・廿三・廿・廿丁。

本書は直裕序に「其壮年詩文十年以前既彙成十巻……今茲壬申子敬輯録其詩為三巻」とあり、自跋に「余従少年好読書学文、長而服勤世業、身無餘暇、……壮歳之作、既彙成冊、頃者児輩輯録、従艾到耆之詩成三巻蔵于家、」と記す如く、還暦を迎えて五十代の詩作を息男が三巻に取纏めたものに、文集三巻を彙編して合したものであろう。文集にも同時期の享和二年より、文化八年迄の年紀が見える。東条琴台旧蔵。

高岡養拙は商を以て官に仕え、また帷を下して教授した。文政七年没、享年七十二。八〇九―一a―一八―六

西巖翁遺稿叙　斎藤〔拙堂〕（正謙）　自筆カ　大一冊

褐色表紙（二四・六×一七・四糎）双辺刷枠題簽に「西巖遺稿叙」と書す。巻頭「西巖翁遺稿叙」と題し、巻末に「天保庚子桂花月　津藩　斎藤正謙撰」と署す。左右双辺（一七・三×一二・〇糎）有界十行、下象鼻に「古香書屋」と刻する拙堂の白口双黒魚尾墨刷罫紙使用。行廿字。朱句点を附す。二字ほど胡粉で塗抹し字が訂されている。襯紙挿挟まる。原料紙縦約二四・一糎。全二丁。末に大正七年戊午六月十七日の竹清主人識す購得識語あり、「此文和集所載白玉詩集序即是」と書かれている。反古二葉が狭込まるるも、拙堂のものや否や、寧ろ竹清主人三村清三郎に関わるか。

西巖大槻氏、平泉の兄、西磐の父、「独在郷里、守父祖遺業、好学兼通和漢、襲為郡正、」と本文中に記されている。なお叙して「其子瑞卿游江都、毎従余商量文辞、一日持翁遺艸属余曰、是亡父心血所注、欲伝示後昆、願子序之、……今此集未有名、人迷称呼、唐詩又不云乎、白玉仙台古、余乃欲以白玉名之、夫既以仙台命其地、今又以白玉命此集、地之霊人之傑皆挙之矣、誰謂不可也、」と。文政八年没、享年六十。

拙堂は津藩儒。慶応元年没、享年六十九。尚竹清は明治三十五年より十年餘津に住む。

三村竹清氏の手識に「斎藤拙堂手稿大槻西崑遺稿叙用／古香書屋界帋曾見拙堂所用條印／曰古香者古香氏其書屋号……」とあり、本稿もそれに従ったが、古香書屋を号するほぼ同時代の人に、一字違いの斎藤竹堂がある。拙堂は精里、竹堂は侗庵をその師とし、共に昌平黌に学んだ。竹堂は初め仙台で大槻平泉に学んでおり、本書を抄写する所縁もある。字体は正楷で謹厳に書かれているが、名筆で鳴らした拙堂のものとはやや異るように感ぜられる。筆者は拙堂竹堂の楷書を多くは見ていないので断定を避け、今注記するに留める。八〇九—一a—一九—一

石室談草（序題）三巻　中川石室（顕允）　自筆　半三冊

表紙は雲母引地に縹色にて波型文様を描く（二〇・九×一五・五糎）。双辺刷枠題簽に「談草　上（中・下）」と書す。扉朱書「談草　巻上（中・下）」巻中・下は表紙見返に貼附さる。文化六年己巳四月下浣　石室中川顕允漫昏「石室談草附言六則」（「附言六」は始め「凡例五」とありしを朱訂）「石室談草目録」を冠す。本文巻頭内題なく「徳行」と小題して直に本文に入る。無辺無界十一行、小字双行。字面高約一八・一糎。眉上書入・押紙・朱墨訂正・墨線による抹消等あり、一部朱句点また僅かに墨筆句点が施さる。天地が裁断され、一部書入れの切れている所がある。附言六則の上層に「石室／図書」の朱印を捺す。各四七・四四・四四丁。

本書は附言六則に自ら云う如く「諸先生ノ記載セシ昏及ヒ見聞セシ一二ノ物語ドモヲ歴采シ此ニ宋ノ刘氏世説ノ篇目ヲ仮リテ一種ノ佳味ニ志シタル者」である。「此昏ニカラヲ指テ西蕃トシ夷狄ノアシラヒニス此叓昔ヨリアリ我ヨリ始ルニハアラズ叓ハ墖嚢抄巻十四ニ見ヘタリ」ともある。

篇目を世説に倣い、徳行・言語・政事・文学・方正・雅量・識鑒（以上巻上）賞誉・品藻・規箴・捷悟・夙恵・豪爽・容止・自新・企羨・傷逝・棲逸・賢媛（以上巻中）術解・巧藝・寵礼・任誕・簡傲・排調・軽詆・仮譎・黜免・倹嗇・汰侈・忿狷・讒険・尤悔・紕漏・惑溺・仇隙の卅六項目に亘り、為政者・儒家・諸家の逸話が輯められている。試みにその幾つかを掲げておく。

京都ニテ乞食ノ哥トテ聞ヘシハ〳〵ヌルマノミ人ニカハラヌ思ヒ出ニ浮

世ニカヘル暁ノ鐘　是レモ本ハ故アル人ノ世ヲ遁レテカ、ルアリサマヲセシナルベシ

近キ比川原者ニ市川白猿トイヘル者世ヲ遁ルトテ一首ヲヨメリ〳〵惜マル、時チリテコソ世ノ中ノ花モ花ナレ花モ花ナレ（白猿ノ鼻高シ因テ花鼻カヨハシイヘリ）（以上棲逸）

東都ニ火災ノ多キヿハイカナル故カト鳩巣室氏ノ考ニハ東都ニ水道多キヨリシテ地脉ヲ絶ツノ理ニテヤアラン近キ世肥前ノ長崎ニ初テ水道ヲ作リシ時西土ノ人見テ是ヨリ火災起ルベシトイヒシ類ニテ推サル鳩渓平賀氏ハ富士山ニアタリシ風ノ吹廻シニテ東都ニハ大風多シモシ富士山ヲ低セバ自然ト東都ノ火災少ナカルベシト考ヘラル、由是ヲ要スルニ二策迂遠ノ妄談口ニハ語リ筆ニハ記ストモ実用ニハ施シ難キヿナリ（術解）

嘗テ余レ昔陽先生ノ間居ニ侍セシ日師ニ問テ曰ク近来東都ニ伊勢ノ本居氏著ス所古叓記伝詞ノ玉ノ緒等ノ書世上ニ流布シ是ヨリシテ本居氏ノ名隆々トシテ起ル凡ソ国朝ノ上古ニ志ヲ深フスル者ミナ善ニ服セザルハナシ其学風ノ如キハ師ニ於テヤ是ヲ何トカ思召ゾ先生曰ク嗚呼ヨイ哉小子ノ問ヤ道同シカラザレハ相トモニ謀ラズトハアレトモ我モシ言ズハ弟子ノ惑ヒ益甚シカラン我本居氏ノ書ヲ見ルニ彼ガ言ニ我道ハ孔《ク》子《シ》等ガイヘル道ニモアラズ亦老荘等ガ道ニモアラズ亦釈氏等ノ道ニモアラズトイヘリ然レバ此衆ノ道トスル所トハ异ナリサテ本居ハ天地万物ハ天ヨリ出テ、高皇産灵尊《タカミムスビノミコト》ノ御魂《ミタマ》ヨリイロ〳〵ノ物ナリ出タリトイヘルヿ甚不審ナリソノ故ハ当時　県官ヨリ御法度ノ天主教トイヘル物ハ其法天主トイヘル者天ニアリテ造物ヲナシ玉ヘルト立ルヿノ由今世上ニ天主教ハ制禁ユヘニ敢テ知ル者ナシ本居氏ハ多智ニシテ窃カニ此説ヲ名ヲ換テ道トセシモノナリ我密カニ汝ニ告ク故必ス他言スルヿナカレマタ上世ニ兄弟夫婦トナルヿアリソレモ同母兄弟ハアシ、トイヘトモ异母兄弟ハヨロシキ由人ニ語レリト聞ケリ此一言ハ甚タ教ノ道ノ害ニナルヿナリ是ヲ要スルニ大御国古昔ノスマシ難キヿハ本居ノ解釈分明実ニ詳悉ナレバヨリ用ユベキモノナリ其卓識ノ如キハ必ス彼説ニ惑フヿナカレ且序ニ汝ヲ戒ムヿアリ汝ガ記憶ハ我カ門人中ニ卓絶シテ珍シキ人ナリ惜イ哉汝雑駁ヲ好デ経書ヲバユルカセニスルナリ自今ハ経学ヲ第一トイタシ雑書ヲバ其次トスベシト終リニハ師ノ一喝ニ拝稽顙シテ罷リ出タルナリ嗚呼先生ハ千古ノ人トナリ玉ヒ小子ハ未タ雑駁ノ癖不レ止悲ヒ哉

ムカシ宇都宮遯菴毛利貞斎等ノ大儒多ク頭書ノ本ヲ著述イタサレケレバ世ニソレヲシラミ《虱》学者ト刺リタリシト今世芸閣千葉氏モ亦シラミズキノ癖アルナリ（以上軽詆）

水島ト也桂秋斎ハ己ガ偽造ノ故実者ナリケリ（仮譎）

出典を誌さぬのが惜しまれるが、当時は物の本を除けば、それが一般であった。

上記引用部分にも見られるように、著者は熊本藩儒古屋昔陽門。文中に「余嘗テ東都ニアリシ日」等ともある。無窮会神習文庫架蔵の「国体考」には、「石室中川先生箸書目」と題し、「石見外記　四冊／文政中松平冠山侯（因州鳥取支藩長門守定常君）御取扱ヲ以／昌平岡之御文庫ニ納ル（内閣文庫現蔵）／石室談草　三冊／清恭公御代摸写入内文庫／野中松　一冊／国体考　一冊」と見え、裏丁に「明治三庚午年九月吉日　侍史小川武左衛門雅文謹書」の略伝が記されている。それによると、石室は石州藩士にして小篠道冲門、寛政四年五月居を江戸に移し、江戸藩邸で子弟に素読指南を為したが、享和元

年婦人が狂を発し、医薬験無く、職を辞して石州に帰った。術を尽すも効なく、家は破れ、冬に布衾の厚き無く、夏に麻帷の羅無しという有様であったが、少隙にも書を看て倦むことを知らず、また婦人の看病に務めた。婦人の没後は、児を懐にして近傍の家に乳を乞い、撫育したと云う。文化十四年四月近臣に擢用され、再び居を江戸に移した。天保四年病に就き再び起たず、七十歳にして十一月五日黄泉に帰した。息は学を好まず、中年にして没し、其子は幼弱狂病を得て没し、養子が家を継いだが、家産殆ど敗れて今に一巻の書も止めず、皆散失せしと。八〇九―一a―二〇―三

枕山随筆（外題）〔大沼〕枕山　自筆　半五冊

茶褐色表紙（二二・五×一五・五糎）に直に「六冊之内／枕山随筆」と書す。第二冊上記せし左に「詩稿　全」とあり。「枕山／書房」「枕山」「山／窓」の朱印を鈐す。裏表紙に「全六冊／枕山翁之形見　山窓（署名の下に朱印「山／窓」を捺す）」等と記す。表紙・裏表紙・書扉等は反古紙が使わる。各冊巻頭は以下の如し。第一冊「壬寅／元日書懐」と題して本文に入る。元日書懐の下に「枕山」眉上に「枕山／書房」の朱印が鈐せらる。第二冊「甲辰稿下」第三冊「丙午稿」第四冊「幸亥除夜」の詩に始まり、途中「壬子」と朱書あり。第五冊「初秋夜作」の詩に始まり、途中「辛丑八九月之交」「戊申元日」等の語が見える。第一・二・四冊左右双辺（一七・〇×一二・〇糎）有界十行白口単黒魚尾藍刷罫紙使用。行十六字。第三・五冊左右双辺（一七・四×一二・〇糎）有界十行白口単黒魚尾墨刷罫紙使用。同じく行十六字。朱墨の訂正・切貼による改稿多く、まま朱筆の句点圏点を施す。切貼箇所は一部糊のはがれた所がある。眉上に○□△等の符号を記すは、恐らく詩集編纂の取捨のためのものならむ。第一冊は末に三丁ほど無罫の半紙に書かれたるを綴ず。廿三丁。第二冊の末二丁は和文、廿七丁。第三冊廿四丁。第四冊も無罫半紙に書かれたるあり、後半は反古帖の如し、全卅四丁。第五冊も、同じく無罫半紙また第一冊使用の罫紙も一丁あり、巻末は反古に似たり。全卅六丁。補修に際し挿入されていた反古等を襯紙に貼附した箇所がある。

外題に云う随筆は、現今のエセイや考証随筆の意でなく、筆に従って筆にまかせて記したものの意であろう。元六冊あり一冊を佚したらしい。第一冊は壬寅天保十三年のもので、巻末に「以上通計一百二十首」と記し、「枕山」朱印（各冊巻末にあり）を鈐する。第二冊甲辰弘化一年、第三冊丙午弘化三年の稿であるが、末に己酉中秋乃ち嘉永二年の詩も存する。第四冊辛亥・壬子嘉永四・五年、第五冊は年次を題さぬが、本文に徴するに辛丑天保十二・戊申嘉永一等の紀年が見える。添削の痕の多い詩文稿。

著者は詩を以て聞えた。明治廿四年没、享年七十四。近時福生市郷土資料室で、特別企画展「漢詩人・大沼枕山―俳人友昇をめぐる人々―」次いで「漢詩人大沼枕山の世界―十九世紀後半の江戸詩壇―」が開かれ、関係者の努力によって「大沼枕山来簡集」が編刊されている。旧蔵者山窓は今詳かにしない。八〇九―一a―二一―五

えり衣附の(ン)(ム)字音はぬる韻のかなの事　釈義門　自筆カ　半一冊

後補朱色表紙（二四・三五×一六・二糎）双辺刷枠題簽「男信補遺稿僧義門自筆」と書す。扉「義門大徳自筆／男信補遺稿」と書し、「洙渚吟刖／珍蔵之記」の朱印を鈐する。巻頭「えり衣附の(ン)(ム)字音はぬる韻のかなの事」と題す。下部題書の上に前述の朱印を捺す（巻末にも此印あり）。無辺無界十又十一行、小字双行。字面高約二一・二糎。少しく訂字あり。巻末「……

亦いとかしこき事ならすやは　義門」と署す。本文三丁。紙面縦約二三・六糎。

本書は天保十三年三月刊「奈万之奈」三巻の補遺とも云うべきもの。男奈万信之奈とは和名類聚鈔の上野国利根郡に見える郷名で、丁度此二字が撥ヌル韻の二種の別を表わしている所からの命名。本書中にも「いはゆる撥ぬる韻の文字して物せんときはしをり占《セム》（ムの右に○印あり）とやうにかけは協へともそれをしをり前《セン》（ンの横に○印あり）とやうにかきては協はず万葉集にはかゝる文字の用格あやしきまておこそかに正しうそ有ける」と云い、「そも〳〵漢土よりまゐれる字書韻書どものいまだ今のよのやうには見えもしらがはさりけんむかしにかゝらし万葉なほ遡り見れは日本紀古事記に件りのン韻ム韻の字を用へる格りのいはゆる韻書とものの　のり《規矩》に正に符《カナ》へるは亦いとかしこき事ならすやは」と結ぶ。乃ち「えり」という語は、信をしり・篇をへり・訓をくりとするのと同様に、縁から出たものだとする。本書旧蔵者磯野秋渚の「心の花」八巻三号所掲の翻字文が、後掲「資料集成」（三巻別巻三巻）に再録されている。

釈義門、俗姓東条氏。若狭小浜妙玄寺住、悉曇から入りよく国語研究を為した。天保十四年没、享年五十八。「義門全集」「義門研究資料集成」が編まる。八〇九―一a―二二―一

日本紀私記提要　森枳園（立之）　自筆　半一冊

茶色表紙（二三・六×一六・一糎）貼題簽に「日本紀私記提要」と書す。表紙は反古裏を使用。「日本紀私記提要（題下に「森／氏」の朱印押捺）」と題し、「弘化三年丙午初冬上旬以勢州山田御巫尚書所蔵／応永卅五年鈔本自写校合畢／藤原春村判」とある所謂る御巫本、元奥書に「右上中下三巻之私記者若狭国家士安倍氏所蔵也組／屋国彦伝写之本ニテ写了／于時文化三年丙寅四月十五日　岡崎俊平判／同年四月十八日以安倍氏之元本校合了判」とあり、「春村曰コ、ニ所謂上中下ノウチ上ハスナハチ此本ナリ中下ハ神代上／下ノ私記ニテサキニ伊勢御巫尚書ノ所蔵応永ノ原本モテ／写シタレハ今ハウツサス但コノ本ハ内藤広前ノ蔵本モテ写／シヌ　嘉永元年戊申十月五日」とある本（次に「右神代上下一冊抄本従木村欟斎借読分以呂／波声類撮抄国字要語有益於我黌家者／若干首如左／文久癸亥七夕前一日書于昌平橋西之／直楼上／枳園森立之」と記す）、「小嶋于今得此号也　墨付廿三葉」の、奥書に「日本紀私記残欠一巻就一秘庫御本摹写畢／嘉永三年七月二日平種窠／安政四年丁巳十二月十七日写畢此本元来／巻物ナルヲ今トチ巻ト改ム久米幹文／　右書一冊借欟斎蔵本抄了／元治甲子孟秋中九日萊翁立之」と記す計三本の日本紀私記の、巻首・巻尾・奥書等の著録である。単辺（一九・六×一三・二糎）有界十行粗黒口単黒魚尾墨刷罫紙使用。提要に続いて、先に引用した枳園識後中に見えるイロハ別の国字要語が摘録されている。此方が提要に比し、丁数が格段に多い。呂利留礼良介天恵世の項は、項名を記すのみで語句の記載はない。白紙の葉（特に本文の前後）がかなり存する。墨附五一丁。

枳園は福山藩儒医、書誌学に入る。明治十八年没、享年七十九。八〇九―一a―二三―一

白藤詩艸　鈴木白藤（恭）　自筆　半一冊

後補黄土色表紙（二四・二×一六・七糎）双辺刷枠題簽に「白藤詩草」と書す。扉「白藤詩艸」或は元表紙か、対するに巻末に遊紙一丁あり、元裏表紙か。内題なく、巻頭「雨歩礫川」と題して本文に入る。無辺無界八又

は九行廿字。字面高約一八・九糎。朱筆の句点圏点訂字等あり、まま眉上・行間に朱評語を存す。緑筆圏点、墨筆の訂正あり、また胡粉の如く黄で塗抹し訂字せるあり。青色の不審紙二箇所ほどに貼附さる。巻末に「乞／斧斤」と書し、その下端に「鈴木恭艸」と記す。襯紙挿挟まる。全六丁。

本書中の詩の題に「癸亥七月既望」「壬戌十月之望」の年紀が見える。恐らく享和二・三年頃の詩作であろう。

鈴木白藤は書物奉行にして、森潤三郎氏の「紅葉山文庫と書物奉行」に伝さる。伝中「昭和六年秋に至り、浜野知三郎氏白藤詩艸一冊を得て予に郵寄し、研究資料に供せらる」とし、種々の考証が加えられているのが正に本書である。白藤また古賀侗庵の岳父に当る。嘉永四年没、享年八十五。

八〇九—一a—二四—一

幕朝崇文録　増田岳陽（貢）　自筆　半一冊

濃黄色布目地空押網目文様表紙（二四・〇×一六・三糎）題簽剥落せし痕あり。見返右上に「増田岳陽稿本」と書す。明治十九年八月　岳陽増田貢識「幕府崇文録序」を冠す。巻頭「幕府崇文録／東京　増田貢述」と題署す。双辺（一八・七五×一二・六糎）有界十一行、裏丁匡郭外下端に「紙儀板」と刻する白口単黒魚尾藍刷罫紙使用。行廿四字。訓点・句点を施す。眉上書入、切貼訂正等あり、一部剥落す。巻頭部の眉上書入には朱筆の句点訓点を施す。全十六丁。

本書は明治二十四年まで高等師範で教鞭をとった著者が、自ら序に記すように「無知旧事。而多質於余。余少栖昌平。拝丁祭。一斎佐藤翁。……退而閲泰平年表。採関孳者。若干条。補以他乗。附之漢訳。抑表起天文壬寅。終天保丁酉。得年二百九十有九。……頃余講経於洋孳之中。而気頗振矣。噫孔道未墜地。……為之慨而筆。欲使世之瞶矇。知幕朝崇文之盛。」したものである。東照公家康から、文恭公家斉の寛政十三年十一月迄の文事を摘録してある。

著者は明治卅二年没、享年七十五。なお本旧蔵者の浜野知三郎氏は、高等師範学校国語漢文専修科を明治廿九年に卒業している。八〇九—一a—二五—一

筆適〔平沢旭山（元愷）〕　自筆　半一冊

後補布目地渋刷毛目表紙（二三・〇×一六・三糎）双辺刷枠題簽に「筆適沢元愷自筆」と書す。扉（元表紙）左に「筆適」右に「郡名考」と記す。左下に「三」の文字見ゆ。尚本文中に元表紙と思われるものあり、左に「筆適」右に「国字一（三・五）」と記す。国字四かと思われる元表紙一丁書脳部より切断さる。「郡名考」一九丁を冠す。内題「筆適」と記し二行隔てて本文に入る。左右双辺（一六・五×一一・七糎）有界八行白口墨刷罫紙使用。朱墨訂正・不審紙等あり。まま眉上に書入、重出等の標示あり。国字三の途中から眉上に○印を記した箇所あり、ほぼ関連語が続くように見えるが、分類・排列等の基準は有か無か不明である。国字一—一六、三—一四、（四）—一五、五—一四丁。

江戸中後期に流行した一種の唐和辞書で、寧ろ類書に近い編成だが、序跋なく分類排列の法が今一つ分りにくい。書名の如く筆の適くままに記録したノートの類か。語釈も和文あり、出典をそのまま記すものありで整わない。郡名考も考とはあるが、殆ど郡名の名寄せである。

本文から摘録してその一端を示す。

風子又風漢　モノグルヒ

細作　シノヒノモノ
無神人　キチガイ風顚也
書僧　本ヤ也古ホンヤ本ノ中ガイナト也昏断
窮鬼　ビンホカミ韓文
長恩　書籍ノ神ノ名又文神又文昌アリ
厠鬼　セツイン神柳文
暴涼　虫ボシナリ唐百官志
温書　書ヲサラヘヨミスル也会典
金糸烟　キサミタバコ
臥牛　シヤカゴ三才図会又石籠
九連環　智恵ノ輪ノ類也蒙求
鮮手　セツチンニユクヿ大便スルヿ見奇功新書

語彙は草花・食物・天象・衣・居住・諸職・鳥・樹木他多岐に亘る。国会図書館に存する同名の手稿本・写本各一冊は、随読随抄・考証の類で、本書とは何ら直接に関わらないが、岩瀬文庫に存する写本により、本書の欠落部分を補うことができる。

著者は昌平黌出の儒者、寛政三年没、享年五十九。「華陽皮相」の著者として知られる。八〇九―一a―二六―一

二荒遊草　小中村清矩　自筆　半一冊

白色空押温故知新卍つなぎ表紙（二四・二×一七・九糎）に直に「二荒遊草小中村清矩自筆稿本」（本文と同筆か）と書す。扉「二荒遊草」。巻頭同。無辺無界十行。字面高、和歌部分で約一九・二糎。紀行本文一、二格を低す。訂字・挿入少しくあり、やや長文の切貼訂正一箇所あり。襯紙挿狭まる。巻末「二荒山の奥なる温泉をみてよめる長歌」十四行の後に、「追加／二荒山の神社にまうて、ふるき厳瓮をみるこはいにし年／黒かみ山のいた、きなる社のあたりより堀《ママ》出せるものとい／へば／ちとせ経てあらはれにけんいつへにもいつの神山あとはしるしも／（隔一行）／明治十四年八月廿二日　小中村清矩稿」と記さる。巻頭眉上に「竹中／氏図／書記」の朱印あり。全五丁。

陽春盧と号し、制度史を考究、明治政府に出仕し東大で講じた著者の和文の日光紀行。

柏壁杉戸のあたりにてあまたの兵士に逢へりこれはいぬる日北海道へいてましのついて宇都宮あたりにていくさわさせさせ給ひしかそのかへるさなりとて皆笠もかふらす馬車にも乗らすしててる日の中をあへき〳〵行をみて

君かため草むす身としおもはすはけふもあつさの野へにた、んや

と始まる。

著者は明治廿七年没、享年七十四。八〇九―一a―二七―一

駁戎問答　上　野之口隆正　写（序歌自筆）　著者手校本　半一冊

香色布目表紙（二二・八×一五・八糎）単辺刷枠題簽に「本学挙要附録駁戎問答上」と刻さる。序表丁に神代文字の校本朱印を鈐し、裏丁「うち〳〵のことなから／前中納言水戸景山の／きみに駁戎問答／たてまつりけるとき／よみてそへ／ける／みなとにもあらぬ／心に吴くにの／ふねはかゝりては／なれさりけり／隆正」と序歌あり。本文巻頭「駁戎問答上／野之口隆正　著」と題署す。四周面取の単辺（約一六・七×一二・四糎）無界、「本学挙要」と刻する白口墨刷匡郭を用い八行に記す。版心表丁〇の下に丁附

あり、第三十七丁以下は誤りを胡粉で塗抹し訂正さる。本文には、胡粉塗抹訂正の他、三箇所ほど誤りたる箇所を切り、裏から紙を宛てて書直してある。朱墨句点（朱点は少し）を附す。朱筆の濁点訓仮名僅かに施さる。巻末に「校本之外／禁伝写」の朱印を捺す。全四八丁。

昭和十二年、東京　有光社より刊行された野村伝四郎校「大国隆正全集」第一巻解説に、「翁の著書を門人に書写せしむるや、親ら一校の上、奥書をなし、神字の校正印記を巻首に弁して之を授与せらるゝが例である。大抵は巻尾に『校本之外／禁伝写』の印を捺し、或は奥書に此意味を添へ、稀には『不許漫他見』と書したるもあり」とある。本書は上のみで下巻を欠き奥書がないが、全集解説の云う二種の印は備わり、序歌も全集所掲の自筆写真と比べるに、詞書の文字に小異あるが同筆である。著者の一校看過本であろう。全集他に翻字され、伝写本も多い。

著者大国隆正、野之（々）口氏を称す。平田篤胤門、学は儒・蘭・梵に亘る。明治四年没、享年八十。全集七巻が存する。八〇九―一a―二八―一

論語賓説（雨森）牛南（宗真）写（寄合書）著者手校本　大六冊

黄色表紙（二七・八×一八・七糎）貼題簽に「論語賓説牛南雨森宗真稿一（二―六）」と書す。第四冊は茶色表紙。表紙右に「学而／為政／八佾／里仁」（第一冊）「公冶長／雍也／述而」（第二冊）「泰伯／子罕／郷党」（第三冊）「先進／顔淵／子路／憲問」（第四冊）「衛霊公／季氏／陽貨」（第五冊）「微子／子張／堯曰／餘論」（第六冊）と各冊所収の小題を記す。第一冊見返を取り去り改装、第二冊見返には朱筆にて「千百年眼曰 堅瓠―曰ミナ載字ニ改ムヘシ」と記す。内題は第二冊巻頭にのみ「論語賓説巻之二」と。第一冊は数行をおきて「学而篇」と小題を記すのみ。蓋し未成本ならむ。単辺（一八・六×一二・七糎）有界八行白口単白魚尾墨刷罫紙使用。行廿字。中縫表丁に存する丁附は後述する峯間氏の筆ならむ。朱筆の句点圏点眉上への訂字書入指定の文字等が見られる。第五・六冊には押紙が多い。第四冊巻末一丁切取らるるが如し。第一冊―五一、第二―五一、第三―二七、第四―四八、第五―五四、第六―三二丁。

本書は、諸説・中でも宋から清に及ぶ雑考雑説類を多く引き、論語各篇の関連記事を輯集して、その大意要諦を明めんとしたもので、単なる訓詁注釈の書とは異る。賓説とは敬する客の説の意であろう。

文中「宗真按」押紙に「牛南云」等とあり、題署はないが、越前大野の儒医雨森牛南の編著と知られる。宗真又四代藩主土井利貞の言行録「信廟嘉善録」の校正を行っている。文化十二年没、享年六十。

本書には以下に記す元見返一葉が添附されている。

昭和十六年五月　峯間□□謹識／予、明治卅四年秋、箱根蘆之湯ナル恩人碑ヲ一見シテ、恩人／堺屋嘉兵衛君ト報恩建碑者雨森牛南先生トノ高義／ニ感ジ、両者ノ後裔ヲ探究スルコト三十五年ニシテ、前者／ヲ堺市ニ得、河盛房吉君是ナリ。後者ヲ東京市ニ得、／杉浦工学博士是ナリ。予、是ニ於テカ、蘆之湯郷人ト相／謀リ、昭和十年ヨリ両者ノ後裔ヲ蘆之湯ニ会シテ／恩人碑祭ヲ始メ、今茲第七回ニ際シ、該碑ノ道徳的意義ニ／甚大ナル興趣ヲ有セラル、斯文会幹事浜野知三郎君ガ／新ニ市ニ獲ル所ノ牛南先生ノ遺著「論語賓説」ヲ会衆／ニ示ス。以テ本書印行ノ篤志家ノ世ニ出デン事ヲ求ム。是、予／ノ念願タルノミナラズ、蓋シ亦吾ガ友浜野君ノ志ナルベキヲ以テ／ナリ。敢テ巻頭ニ題ス。但シ、本書ハ、海内ニ斯ノ一本ヲ見ルノミナル／モ、牛

南先生ノ真筆ニ非ザルハ、来会ノ金沢文庫長関靖君ノ考勘ニ係ル。
此見返の上に紙片が貼附され、ペンで以下の如く記されている。

此一枚ハモト論語賓説巻一ノ見返シナル／モ峯間氏ハ浜野先生より（ママ）借用シ／タル此貴重本ニ無断ニテ題言ヲ／書シ且訓点ヲ加ヘタル如ギ（ママ）甚ダ／無惨ナル事ヲ行ヒタルニ対シ、浜野／博士大ニ奮慨サレ頼マレタル覆印ヲモ拒／絶シテ敝社ニ命シテ返納セシム

本書には第一冊第十六丁第一行迄青鉛筆で、以下第廿八丁裏第二行迄墨筆で訓点が施され、まま送仮名も振られている。また著者自筆の朱書入が眉上に記されているが、それらを全て抹消し、本文中に青鉛筆或いは墨筆で書加えている。全て峯間氏が、本書を印行の底本原稿に為さんとしての所業かと推せられるが、自ら記す「海内ニ斯ノ一本」を汚すこと甚しい。丁附もまた出版のため、峯間氏が記したものであろうが、誤って書直した痕跡明瞭である。記して書を見る者の自戒とする。八〇九―一―a―二九―六

釈迦考草本（外題）・玉のゆくへ〔狩谷棭斎〕自筆（玉）〔村田春海〕
撰　写（狩谷棭斎）　半一冊

柴色表紙（二三・五×一六・二糎）に直に「釈迦考草本／魂のゆくへ」と朱書し、下に「狩谷望之著」と書す。書名は自筆か。著者名の墨書、或は森約之筆か。巻頭に「森／氏」の朱印を鈐す。森枳園旧蔵。「釈迦考草本」は内題なく、「輟耕録云」として直ちに本文に入る。料紙は「玉のゆくへ」と共通の双辺（一八・七×一三・六五糎）十行白口単黒魚尾墨刷罫紙使用。漢文は十九字程。朱墨書入訂正脚部に及び、眉上に按語等あり。抹消・切貼訂正等多し。片仮名書。一二丁。「玉のゆくへ」は内題同。僅に訂字あり。第四・五丁の間一丁切取らるるも、文意続く如し。平仮名書。六丁。

「釈迦考草本」は、和漢の諸書を引き按語を加えた嵯峨清涼寺の釈迦にまつわる考証。「玉のゆくへ」は、本文を引用しながら、やや梗概を示せば以下の如し。

宣長が黄泉に赴くと、門もる鬼が「宣長をみていかておそかりつるよなといひてやをらかいつかみ」審判にかけ、神の道にのみ心をやりて仏のかたをはいひくたした罪により、生はき・逆はきにし地獄に落さんとする。地獄大君を見て、宣長はみるに聞くにたゝわななかれにわなゝかれて罪につかんとする時、空のあなたよりやよしはしと天照大御神が現れ、「本居の宣長は神の道にふかくおもひ入て一すちなるやまとたましひに」賞で、「あらかしめ高天原にいましを住ませんとて高御座すゑ待て」いたと云い、天路はるかに宣長と共に昇り、万玉好命と称えて神々の座へ迎えようとする。その時大まかつひの神が現れ、宣長に「汝が書おける文にむねといへるよしとて聞しによの中に何事も正しきことわりのまゝならて邪なる事のおほかる又善人も禍《マカ》り悪き人も福《サカ》ゆるなとをみなわかあらひなりとあなかちにいひきはめしはいかにそや大かたそは人よしとみゆる人もおのかしゝあしかる心の人しらすありてわさはひを得あしとみゆるも下心はさもあらすあなるかさかゆるあり又天地のうちにも世のうつり行につけてをりふしのかはれるふるまひ有はおのつからなることわりそかしさるをなへてわか心よりおこることゝのみおもふよいかてかくわれをうたてしきものにいひはなしたると」難詰する。宣長はたゝしとゝに汗あえてひれふすのみである。以下最後の部分を原文を引いて示しておく。

かゝるねちけ人ともしろしめさてかたしけなく神の位に数まへ給はせんとしもおもほしけることよとく〳〵やらはしめ給ひねとしこちたまへは大御神もうへなはせたまひてまをしのまことあれは大禍津日神八

十禍津日神相はからはして遠くねの国へと神やらひにやらひ給ひにけり宣長は今そせんすへなく涙しとろにて又もよみちへとたちかへりけるかかくなんおもひつゝけるとそ

　赤鬼のつれなくみえし地獄より
　まかつ日はかりうきものはなし

先述「石室談草」の引用と云い、本書と云い宣長あまり旗色がよくない。「玉のゆくへ」は訂字も少く、他著の手写本と見え、写本で伝わる村田春海の同名書と比するに、ほぼ同文である。因みに棭斎は既に十八歳時に、「衝口発」「鉗狂人」の宣長のからんだ論争書の、校字書入本を作成している。

狩谷棭斎、書肆青裳堂の子、津軽藩御用達津軽屋三右衛門を継ぐ。屋代弘賢門、考証学を究め、後の文化史・書誌学等として発展する学問の端緒を開く。また棭斎を取巻く文化圏に属する人々の行った為事は、現今の共同研究の濫觴と云い得る。著作多く、日本古典全集に「狩谷棭斎全集」九巻として収められるが、著作の一部に過ぎない。天保六年没、享年六十一。ハ〇九—一a—三〇—一

本朝度量権衡　草案本　（狩谷棭斎）　自筆　半一冊大一冊

柴色表紙（二二・八×一五・五糎）に直に自筆にて「度量称」と書さる。見返・裏表紙見返共、本文に連関する面積等の覚書あり。内題「本朝度量権衡」。左右双辺（一七・三×一一・五糎）有界十行、裏丁匡郭外下端に「玉森堂」と刻する白口単黒魚尾墨刷罫紙使用。眉上行間に朱墨書入訂正、塗抹・切貼による訂正が施されている。全三一丁。

本書に挿入されていた度量権衡に関する覚書の断簡と、「延暦十陸年／丁丑四月日」の年紀ある鞍馬寺古舛の拓一葉は、本文庫に於て、台紙に貼附し一冊に改装した。後補黄土色表紙（二七・七×一九・七糎）。全一一紙。

本書は、名著「本朝度量権衡攷」の編纂過程に於ける資料ノートで、和漢の諸書からの引用輯録と、遺存するその時代の文物の図解と、その実測結果とに大きな意味が存する。棭斎の方法は、まずこうして文献と遺物とを網羅輯集し、補完しながら考証してゆくというやり方であった。図版は、諸家周尺異同を集成、一覧した部分。

こうしたメモを基礎に、後掲「尺準考」の著者松崎慊堂の意見を徴したりしながら、改稿を重ね、編修編述されてゆく。東北大学附属図書館狩野文庫に、「本朝度量権衡攷附録」巻上尺度の自筆稿本一冊が存する。稿成った「本朝度量権衡攷」は、近時、冨谷至氏の注解附きで、平凡社の「東洋文庫」に収入された。

なお本文庫には、棭斎の実証・実測の結果である摸製の和漢古尺二一本が存する。これは裏面に棭斎手識があり、親友松崎慊堂に贈られ、浜野氏の慊堂遺著の一括購入によって、再び棭斎の「本朝度量権衡」と一堂に会することを得たのである。ハ〇九—一a—三一—二

簣窓居士文藁　序　市野簣窓（光彦）　自筆　半一冊

柴色表紙（二三・七×一六・七糎）に直に「迷庵文稿」と書す、他筆ならむ。或いは渋江抽斎筆か。扉「簣窓居士文藁」扉裏に「序」と題して本書所収の序の目録を掲ぐ。巻頭「簣窓居士文藁／江戸　市野光彦　著」と題署す。無辺無界十行十九字、字面高約一九・五糎。朱訂字一箇所あり。綴穴より見て、始め仮綴のものを、現在の線装に改めたる如し。本文一五丁。

東莱博議序・山氏摹法帖図章譜序・心得録序・玄門上人栖隠集序・刻漂

客奇賞図序・金銀志序（末に「寛政丙辰」の年紀あり）・義人録序・寿清水士恒三十序・青山氏母八十寿序・送加瀬子直還郷序を収めるも、最後のものは途中から佚している。尚目録には上記の他、送杉山子方帰省駿河序・送木口君懋赴藩序の二作を載す。

市野篔窓、のち迷庵と号す。俗に云う神田弁慶橋の辺にて家業の質商を営む。慊堂・棭斎と親交ある市井の考証学者。三右衛門と称し、棭斎津軽屋三右衛門と合せ、「町人の学者はたった六右衛門」等と謳われた。文政九年没、享年六十二。

近時質屋史研究から、迷庵に関心を持たれた御自身質商を営まれる横須賀史学研究会員鈴木亀二氏の「市野迷庵覚書」が、東京質屋協同組合広報誌「質屋業報」に掲載され、後労作「増補近世質屋史談」に収録された。

ハ〇九―一a―三二―一

篔窓摘藁　市野篔窓（光彦）自筆　大一冊

後補梨地絹表紙（二五・七×一八・二糎）双辺刷枠題簽に「篔窓摘藁市野光彦著」と書さる。元表紙か、反古左肩に「篔窓摘藁」と書し、内題「篔窓摘藁　市野光彦著」。無辺無界九行十九字内外、字面高約一九・四糎。巻末の二丁は左右双辺（一九・三×一一・八糎）有界九行白口単黒魚尾の墨刷罫紙使用、行廿字。一部表丁書脳部下端に丁附を記す。訂字・丸印（採用すべき印か）・鉤点抹消等がかなり見られる。巻末罫紙二丁は体式前と異り、「詠桜花用皡斎続桜花韻十一首」と題する七言律詩で、末に「市野光彦草」と署し、光彦の上に「光」「彦」朱印を鈐する。本十一首には先の五十三首と異り、訓点・送仮名を附し、公任には墨引が施されている。なお本十一首には、題の前に「これはのそくべし」と書入られている。もと仮綴、裏打の上線装に改めらる。原料紙高約二四・四、罫紙同二四・五糎。全一三丁。新補遊紙に「穆如山荘」の浜野氏朱印押捺さる。

元裏表紙（反古）見返に

近日家業少間、探廃笥而得旧詩、乃／摘可読者若干首録之、昔与二三兄弟／相共吟詠以遊、今也交遊離散、予亦／営々治産、廃学十年、口不言詩、人生／不如意者如此掻首嘆息而已／文化乙丑冬日　篔窓（以下破損）

と感懐が述べられている。

本集に徴せられる年紀は、「寛政丙申東遊太田村寓加瀬子直家」「過程谷駅甲子初夏之作」であるが、寛政に丙申の年なく、丙辰八年か庚申一二年であろう。甲子は文化元年か。また「客中吟」の題下に、「結句丙酉初夏（或いは丁と直すか、「迷庵遺稿」では「丁酉」とす）宿程谷所得」と自注を施すが、この年紀も不審である。因みに巻末自識の文化乙丑二年から溯って、「廃学十年、口不言詩」とは、単純に計量すれば、ほぼ寛政七年前後の事となる。八〇九―一a―三三―一

漫抄〔市野迷庵〕抄録　自筆　半一冊

縹色表紙（二三・二×一六・四糎）貼題簽に「迷庵漫抄自書原本」と記す、或いは渋江抽斎の筆か。扉の如く「朱竹坨集／随園詩話／茶餘客話／伐蛟説銭穀備要／斉東野語／説鈴」と書する〔目録〕あり。随園詩話の箇所に「森／氏」朱印を鈐す、森枳園旧蔵。巻頭「漫抄／吊李陵文曝書亭集」と題し、抄録文を書す。習字を兼ねしものか、字体・体式等区々。大略を示せば〔朱竹坨集〕無辺無界十行廿字、字面高約二〇・六糎。但し第十六丁より十二行廿三字、まま朱句点・朱引を交え、最終の二丁は十行廿字の前半

の体式に戻る。二五丁。次「随園詩話／倉山居士著」と題し、左右双辺（一九・三五×一一・七糎）有界九行白口単黒魚尾の墨刷罫紙を使用、行十七・八字、行草体。一六丁。次「茶餘客話／（隔一行）／山陽阮葵生吾山」と題し、九行廿字。次「銭穀備要　武林王又槐蔭庭編輯／伐蛟説　雍正十二年暑両江督院魏通飾乾隆五十一年廷臣又刊刻奏準頒行」と題し、九行十八字。上記二書追込一二丁。次「斉東野語」と前述罫紙第一葉表の上象鼻に記す、行廿字。一〇丁。次「説鈴」次「閩小記　櫟下周工亮《ママ》」と題し、共に十行廿字。上記二書追込七丁。

江戸の学者は読書をしながら、自分用の詞華集・類書・辞書・索引等の覚書的なものをその都度作成し、実用に供する事が多かった。本書もそうした所謂る雑抄の一であるが、同時に漢字の稽古用とした節が窺える。ハ〇九―一a―三四―一

〔箕窓文稿〕　市野箕窓（光彦）　自筆　大二冊

後補布目薄茶色表紙（二七・一×一七・九糎）貼題簽に「迷庵先生自筆文稿」と書す。第二冊、後補茶色表紙（二七・八×二〇・〇糎）題簽同前。新補遊紙に「穆如山荘」の朱印鈐さる。内題なく「国子監主印章記代林家門人」と題して本文に入る。各種稿本を綴録輯集せしものの如く、料紙体式区々異なれり。左右双辺（一九・〇×一二・八五糎）有界九行白口単黒魚尾黄刷罫紙あり、行廿字。左右双辺（一九・三×一一・八糎）有界九行白口単黒魚尾墨刷罫紙あり、行同じく廿字。無罫紙は九又は十行、廿字或いは廿一字。第一行の字面は約一八・三糎。体式区々にして各稿本により字面高不等。朱藍緑の句点、朱藍墨筆の訂字、墨筆にての塗抹、朱引、朱声点等あり。切断し、下から紙を宛てて訂正せし箇所あり。まま訓点送仮名を附す。第二冊の第一葉は黄色に染めた料紙が使われている。両冊共料紙より大きな襯紙に（一部は同じ大きさ）裏打されている。第一冊一六、第二冊四丁。

第一冊第一丁匡郭外書脳に「記」「射説」「節限十二首」等の語が見える。以下収録されている作物の巻頭・巻末の題署を掲げて参考に供する。「国子監主印章記／光彦稿」「静思精舎記／寛政四年壬子春三月市野光彦撰」「足庵記／箕窓」「蛙亭記／二十九叟箕窓」「三餘堂記／寛政二年秋八月江戸市野光彦撰」「安故斎記／五月廿六日／光彦藁」「晩翠園記」「河原林隆亭先生墓碑銘／享和二年壬戌夏六月／友人江戸市野光彦俊卿撰」「恭静先生墓碣／文化二年乙丑秋八月江戸市野光彦撰」。以下第二冊「隅田堤観花記」―第二丁以下欠。「確亭記／寛政壬子秋夕市野光彦記」「飛鳥岡賞花記／市野光彦稿」―「寛政辛亥文章」と朱書あり。ハ〇九―一a―三五―二

詩集伝筆録（外題「詩経集伝鼓吹」）　市野〔迷庵〕（光彦）　自筆　半一冊（仮綴）

本文共紙表紙（二四・二×一七・二糎）に直に自筆にて「詩経集伝鼓吹」と書す。巻頭「詩集伝筆録／序」と題し、序の各節の大意を要約す。本文は「国風一」より鄘風の「定之方中」迄を存する。単辺（一九・一五×一三・四糎）有界十三行、下象鼻に「友教堂蔵」と刻する白口単黒魚尾墨刷罫紙使用。行卅字内外不等。第九・十丁は重複、但し第九丁は全て篇章名等の語句が胡粉で塗抹さる。第十一丁は本書とは全く別の一篇（戦国策巻十一「斉四」の一部）が混じて綴じられている。此一丁には朱の句点訂字が施されている。巻末に市野光彦「詩集伝会業引」あり。裏表紙は「消夏湾記」の反古を使用す。全一四丁。

諸書を引き、語釈や諸家説を摘録した「詩集伝」購読の簡単なノートで、

章名を記すのみの所も多い。年紀を識さぬが、内容に鑑み、筆蹟もまた若年の筆か。

巻末の引は詩集伝の簡単な提要考証をなし、以下の如く結ぶ。

右默斎丸子氏弘篤之説也余近日／与二三友人会読集伝首掲此説以質之且旁抛毛鄭孔呂以原訓詁就釈文／詩攷而考異同庶幾不憚鉛槧之労細心紬訂焉見行悪冊無阦無尾一／触目已厭其陋強解小児過称山東之学究而不知紫阳之真訣訛々／唾罵不絶其口豈非職由哉余且待卒業而命能書繕写一本襲以異／錦薫以異香筆晨良夜繙帙諷咏則購説確不能解頤而自得尚足／免牆面矣市野光彦。八〇九―一a―三六―一

精里三集詩稿五巻　〔古賀〕精里　写（古賀侗菴等）　半二冊

紺色表紙（二三・五×一六・五糎）貼題簽に「精里三集詩稾　乾（坤）」と書す。「精里三集詩稾目録」を冠せ、各巻巻頭以下の如し。「精里三集／己巳稿」「精里三集詩稿巻一（朱筆、抹消さる）／庚午詩稿（墨筆、詩の字に朱○印を附し抹消）五十九首（朱筆、抹消）」「精里三集詩稿巻二（朱筆）／辛未詩稿（墨筆、詩の字に朱○印を附し抹消）一百十七首（朱筆、抹消）」「精里三集巻二（と墨筆にて記し、巻の上に朱筆にて「詩稿」と書入れ、また二の上に朱筆にて一の字を記し「三」とす）／壬申詩稿（墨筆、詩の字に朱○印を附し抹消）七十七首（朱筆、抹消）」「癸酉詩稿（墨筆、詩の字に朱○印を附し抹消）一百四首（朱筆、抹消）」（以上乾冊）「精里三集詩稿巻四（朱筆）／甲戌詩稿（墨筆、詩の字に朱○印を附し抹消）九十六首（朱筆、抹消）」「精里三集巻三（墨筆、朱○印を附し抹消）乙亥詩稿（墨筆、詩の字に朱○印を附し抹消）九十七首（朱筆、抹消）」「精里三集詩稿巻五（朱筆）／丙子詩稿（墨筆、詩の字に朱○印を附し抹消）七十九首（朱筆、抹消）」「丁丑詩稿（墨筆、詩の字に朱○印を附し抹消）十首（朱筆、抹消）」。乃ち始め三年度ずつを各一巻、計三巻の編成であったのを後に五巻に改めたもので、朱筆で書入られた内題は、全て匡郭外に記されている。左右双辺（一九・四五×一三・五糎）有界十行、下象鼻に「愛月堂」と刻する古賀家の白口単黒魚尾墨刷罫紙使用。行廿字、小字双行。朱筆の句点校字あり。下層稀に上層に、主として校訂に関する附箋が貼附され、眉上の朱墨両様の校字書入・押紙と共に、よくその編纂過程を窺わせる。侗庵を中心とし、穀堂等の息男が分担で編纂したものの如くで、書体・体式等必ずしも一様でない。乙亥稿には切貼が多い。眉上に「五古」等と、朱墨にて詩の体を識す。附箋には一部欠損が見られる。各巻頭表丁の版心上層部を、朱で塗って標識としている。己巳稿十一、庚午稿十二、辛未稿廿三、壬申稿十六、癸酉稿十七丁（以上乾冊）、甲戌稿十七、乙亥稿十八、丙子稿十八、丁丑稿三丁。

目録によると「巻一／己巳稾五十四首／庚午稾五十九首／巻二／辛未稾一百十七首／巻三／壬申稾七十七首／癸酉稾一百四首／巻四／甲戌稾九十七首／乙亥稾九十七首／巻五／丙子稾七十九首／丁丑稾十首」の文化六年から没する十四年に至る最晩年の詩集で、「三集」と称するは、上梓された精里の詩文集の初集二集に次ぐ意。三集は文のみ刊行されている。本書を見るに校訂上の附箋多く、未だ成稿には至らなかった如くである。

西尾市岩瀬文庫に「精里二集原稾詩・文」（外題）半二冊、「精里三集文稾五巻」半二冊、「精里三集文稿五巻詩稿二巻」半二冊、「精里三集稾別本」（扉題）半一冊の計七冊の稿本が存する。文稾二冊は初稿初編本かと思われ、次の文稿一冊は第二次稿本（第二次の編成本）のようである。詩稿一冊は本文庫蔵本の前段階の編成本か。別本は未だ編修の手が殆ど加わっていない。

古賀精里は佐賀藩儒、後抜擢され幕府儒官となる。文化十四年没、享年六十八。八〇九―一a―三七―二

〔穀堂詩文稿〕〔古賀穀堂〕 自筆 大一冊

後補黄土色表紙（二六・八五×一八・八五糎）貼題簽に「古賀穀堂先生詩稿」と書す。内題なく「応教」と題する七言律詩に始まり、後半は文稿。同前「愛月堂」罫紙使用。行十六字、文稿は十四字。まま朱墨句点訂字あり。眉上に〇・〇に+を重ねた符号や、重出・複出の注記、書入等あり。各詩文書体・体式一様ならず、書は行書が多い。第八―十五丁は表丁書脳下端に丁附を記す。全十五丁、裏打補修さる。途中文意続かぬ箇所あり、欠丁存するが如し。

本書中には「己丑九月十三夜」「己丑中秋後一夕」「己丑八月時」等の年紀が見え、文政十二年の作か。「廻瀾社詩会」「贈文晁」等のことばも見える。

穀堂は精里の長男、佐賀藩参政。天保七年没、享年五十九。八〇九―一a―三八―一

鄙詩自註 〔古賀穀堂〕 自筆 大一冊

後補黄土色表紙（二六・八五×一九・一五糎）双辺刷枠題簽に「穀堂先生詩註」と書す。巻頭「鄙詩自註（詩始め稿とありしを改む）／秋懐八首八首造憶昔遊叙述心事而作也」。無辺無界十行十九字内外不等、注小字双行。字面高約二二・八糎。墨筆塗抹訂正あり。眉上に二箇所ほどある注記書入は、左右上方を切り、紙面に折込まれてある。全五丁。入紙を施す。

秋懐八首其一―八・病懐八首（題下に「自注具／載其下」と小字双行に記して省略さる）・憶昔遊・寄祭酒林公・自王沢洲隼津途中作磊愧歌贈井収・藤房遁世図・遁世芳野山中・贈先鋒将軍歌の自注で、要語を大字で摘録し、その下に小字双行で自注自解を施す。題名下に同様の自解が為されているものもある。八〇九―一a―三九―一

従輿漫稿 〔古賀穀堂〕 自筆 半一冊

後補白色シボ地空押亀甲三手杵文様表紙（二三・八×一五・六糎）双辺刷枠題簽に「従輿漫稿古賀穀堂」と書す。巻頭「従輿漫稿　十六首」と題するも、「十六首」を朱筆にて抹消し、眉上に同じく朱筆にて「〆十一首」と改む。内題右肩に、同じく朱筆にて「文政二年己卯」と書入らる。「十六首」の下には墨筆にて「大《カ》」と書かる。単辺（十七・六×一二・一糎）有界九行白口単黒魚尾墨刷罫紙使用。行十二字内外。朱墨句点訂字あり。行書体。全四丁（十一首）の後に一丁あるも、眉上に朱筆にて「コレヨリ／サキノ詩／ハ不入」と書入らる。襯紙に裏打さる、原料紙縦約二二・六糎。

文政二年佐賀から東征の途次の詩稿であろう。菅茶山や岡山万波文学等に贈った詩が見える。八〇九―一a―四〇―一

清風堂小酌聯句他 〔古賀穀堂〕（燾）等 写 大一冊

後補黄土色表紙（二六・七×一九・二糎）双辺刷枠題簽に「清風堂聯句」と書す。巻頭「清風堂小酌聯句十首」と題し本文に入る。左右双辺（一九・三×一三・五糎）有界十行、下象鼻に「清風堂」と刻する穀堂の白口単黒魚尾墨刷罫紙使用。行廿四字。襯紙に裏打さる、原料紙縦約二六・二糎。全三丁。

清風堂小酌聯句十首は、燾・韡兄弟による七言を交互につけあった絶句

体十首。小洞天聯句は題下に「古賀中島」と題す。中島は侗菴門下、佐伯藩儒の中島米華（大賚）。本聯句以下行廿六―卅一字ほどで、前掲聯句の附載と見るべきか。賚・燾両名により、賚の五言に対し、以下各五言句を二句ずつ連ね、最後は燾が三句を連ねておさめる。滄浪亭聯句は、憲・廸・煥・燾・成・矩方の六名による五言句。星夕静観楼聯句は、恒軒・東洛・圯南・松塢による七言の絶句体である。連衆の伝を詳かにしない者が多い。八〇九―一a―四一―一

沈痾絶句〔古賀侗庵〕自筆　大一冊

後補茶色表紙（二六・八×一八・九五糎）貼題簽に「沈痾絶句　古賀侗庵先生手稿」と書す。巻頭「沈痾絶句」と題す。左右双辺（一九・七五×一三・五糎）有界十行、下象鼻に「愛月堂」と刻する白口単黒魚尾墨刷罫紙使用。行廿字、朱句点、墨筆塗抹訂正あり。小紙一葉が挿入されている。七言絶句四八首あり、一格を低して、その自注自解を記す。巻末に弘化四年丁未暮春旬一日　不肖増泣血百拝識（跋）あり。全十二丁。

自注によって、やや侗庵の病態を捜れば、「予六七年来、患右手頑痺、心神常壱鬱無聊、疾已萌乎斯時、」とあり、「辛丑（天保十二）二月、次子病狂易、九月、荊妻長子倶患傷寒、十月、媳婦亦罹傷寒、皆為劇症、」と家庭内の不幸が重なる。翌る「壬寅三月、肥前侯宴宇和嶋世子荻《（ママ）》侯于其第、予亦蒙招、濫造焉、荻侯遙見予右手、驚問曰、」と傍目にも分る状態となる。「予歳行十里而上者数四、以為常、旁資摂養、壬寅之秋遊玉川命網年魚、帰途至芝街、疲憊不能前歩、半里輒休憩、」という有様。「予性不嗜酒、深悪烟、恐茶助痁而不喫、頗用心于摂養、而有斯疾、」「予応塾生請、刪正其毎月文稿、欲以長進才思、至此、病而不能、」と託ち嘆く他ない。「丙午（弘化三）正月望、丸山遺火、風扇而熾、延焼二里餘、官舎危甚、予以被疾故、先乗轎避火于復原賜宅、然官舎幸而免、」「予所識列侯数人、聞予重病、使々問疾、且有提合盒之貺、予病不能飽喫、遍頒家衆、咸感戴大恵、」こうした間に外国船が来航し、開国を強要する。家には「次子狂疾中稍痊、客歳再発、間有不可寛恕者、顧次子雖狂、而良心猶少存、故姑錮之復原賜宅一室、令懼而悔改、」侗庵の中風は病勢を増し、「予疾危劇之際、不堪苦悶、自分一死、」「夏秋之交、炎威赫烈、倍蓰常年、予疾驟劇、半由中於毒熱、半由幽錮次子、憂念傷心、」とまさに入子の如き、がんじがらめの内憂外患である。自らの蔵書や著書の始末に、心千々に乱れ、「病来、医禁予結撰文詩、八月似疾稍軽、試構成一絶、是夕便発大熱、達曙不能睡、」と。修身斉家治国平天下を説く儒者の、切歯扼腕泣血の書である。

子の茶渓の跋に「嗚乎是　先考絶筆也初　先考右手浮腫鈍痛綿延十歳前年丙午（弘化三）之夏中毒熱鬱蒸煩悶自分必死然病少有間必操觚字縮小如豆麻手弥痺尚克臥思口占構文数篇召不肖乎枕側書焉迄秋秒痾勢大殺遽艸斯諸篇三日而脱稿手船膽之時盤桓庭中自意或可期霍然故句中間逮焉寧知彌発風起前症再動周体緊攣痛辛万端往々呻吟達旦既而暴瀉六十許日竟捐舘舎嗚乎哀哉……」と。

尚侗菴には、「泣血録」と題する父精里を看病し、みとった折の日録が存する。精里の三男にして、昌平黌教授。弘化四年没、享年六十。八〇九―一a―四二―一

銷寬集抄〔古賀〕侗菴　自筆　半一冊

後補白色シボ地空押亀甲三手杵文様表紙（二二・六×一三・八糎）双辺刷枠題簽に「銷魂集抄古賀侗菴」と書す。巻頭「銷寬集抄／侗菴　支離子

集唐」と題署す。双辺（一四・七×九・〇五糎）有界八行白口墨刷罫紙使用。行十八字、唐人の名は小字、三字名の場合は双行。一箇所訂字あり。全三丁、襯紙に裏打さる。原料紙縦約二〇・八糎。

「奉送　家兄穀堂先生」と題し、「其十五」迄の七言絶句十五首を収める。これらは「集唐」と題しているように、唐人の句を集輯按排して夫々起承転結に宛てた集句で、「其四」には題下に「三月初五日　穀堂先生来告／別終夜晤語不寝故有第一句」と小字双行にて注記し、「語到天明竟未眠白居易」という一句を引いた銷魂の詩が見える。八〇九―一a―四三―一

〔侗菴詩文稿〕〔古賀侗菴〕自筆　大一冊

後補黄土色表紙（二六・七×一九・一糎）双辺刷枠題簽に「洞（ママ）菴先生詩文稿」と書す。内題なく「○諫論」と小題して本文三丁。題下に「言」「造」「論」「二」の字が見えるが落書か。また小題の右に「口訂」の文字あり。無辺無界九行或いは十行、行十七字。字面高約二〇・九糎。句点を附す。一箇所レ点あり。塗抹訂正や題上の○印は後の筆ならむ。

次に左右双辺（一九・一五×一三・三五糎）有界十行、下象鼻に「清風堂」と刻する白口単黒魚尾墨刷罫紙使用の一丁あり。表は文の途中より始まり、裏は「遊霊巌洞席上分韻」と題する熊本にての作。行廿字。表丁は句点を附し、裏丁は白文。

次に双辺（一九・三×一三・八糎）有界十行白口単黒魚尾薄藍刷罫紙使用の一丁あり。これも文の途中より始まり、「首夏草堂遨石水丹三子賦」「送生先生之任崎陽」「又」の三首が存し、次の「七夕」は最終行に書かれて題名のみが遺されている。行十八字、白文。八〇九―一a―四四―一

若皐贅人詩稿　文化二年〔古賀侗菴〕自筆　半一冊

後補白色シボ地空押亀甲三手杵文様表紙（二一・九×一三・七糎）双辺刷枠題簽に「侗菴先生詩稿」と書す。後述の青黎閣の罫紙一丁を副葉紙とし、巻頭「若皐贅人詩稿　文化二年閏八月廿二日」と題し、小題を記して詩稿を書す。双辺（一四・七×一〇・四糎）有界八行、下象鼻に「青黎閣」と刻する白口単黒魚尾墨刷罫紙使用。行十二―十五字ほど。青黎閣は書肆須原屋伊八で、文化九年に侗菴の父精里の大学章句纂釈を刊行している。白文、塗抹訂正あり。眉上に○に一或いは十を重ね書きした符号が記さる。本文十一丁。後に白紙のままの青黎閣罫紙が三丁綴じられ、巻末に「太神宮十九日□□」匡郭外に「十首」と記されているが、本文とは無関係のようである。襯紙に裏打さる。原料紙縦約一八・三糎。

本書は墨色も一様でなく、その時々に稿を書き継いだ文化二年閏八月廿二日よりの詩稿であろう。途中「乙丑重九」また終近くに「九月十三夜」と題する七言絶句が三首あり、その後になお三首が記されている。

因みに穀堂の長男も若皐と号するが、文化二年では年代が早すぎて的当しない。八〇九―一a―四五―一

〔侗菴詩文稿〕〔古賀侗菴〕自筆　大一冊

後補黄土色表紙（二六・六×一九・一五糎）双辺刷枠題簽に「洞（ママ）菴先生詩稿」と書す。内題なく「雑詩」と小題して二丁。無辺無界九行十九字。字面高約二三・四糎。以下文。「箇楢林公極」「与僧白龍」共三丁。同九行十六字。字面高約二〇・五糎。次に「与吉村迂斎」二丁。同九行十七・八字。最終丁裏は十二行書き。字面高約二二・一糎。全て句点塗抹訂正を施す。

「与吉村迂斎」では、文中「迂斎先生」と記しており、吉村迂斎は文化

二年に没しているので、前述の若皐贅人詩稿同様、これも若き日の詩文稿であろうか。八〇九—一a—四六—一

〔侗菴文稿〕〔古賀侗菴〕　自筆　大二冊

後補黄土色表紙（二六・八×一九・一糎）双辺刷枠題簽に「古賀先生文稿」と書す。第二冊同上表紙（二七・九五×一九・一糎）双辺刷枠題簽に同様に書す。内題なく、料紙体式区々なれど、大略を記せば以下の如し。

第一冊「先夫人碑陰記」一丁。文末黒く塗抹され、次行に「文政六季五月　不肖燾不肖煜謹記」とあり。次に述べる碑文共に左右双辺（一九・五×一三・四五糎）有界十行、下象鼻に「愛月堂」と刻する白口単黒魚尾墨刷罫紙使用、行廿字。次に「犬鼻巌鑿開新渠遺沢碣（遺沢碣を碑と訂正）」二丁あり、「寛政元年己酉正月、但州達川大里正三木通庸、……（大里正を朱筆で消し、後イキルと朱筆にて傍書）」に始まり、巻末に「天保十二年辛丑五月　紫溟古賀煜撰」と識す。同前罫紙使用、行廿字。朱筆の句点訂正あり。第一丁裏眉上に「三百十八字」、第二丁末行同「二百字」、巻末題署眉上に「十五字」と、朱筆にて字数を記す。次に「送／亀井元鳳序」二丁。「蓋今海内黄童白叟莫不知西州有之南溟先生也」に始まり、巻末に「古賀煜拝稿」と書す。単辺（一九・九五×一三・五五糎）有界十行白口単黒魚尾墨刷罫紙使用、行廿—廿二字ほど。一箇所訂字あり。本冊は清書本に近い。襯紙挿挟まる。

第二冊「傚九歌用湘夫人韵」「先君子三集跋」「松響閣筆話跋」三篇全四丁。左右双辺（一九・六五×一三・五糎）有界十行、下象鼻に「愛月堂」と刻する白口単黒魚尾藍刷罫紙使用、行廿字。訂正のない清書本。裏打補修さる。本帙或いは他筆を混じるか。

なお古賀家学の自筆稿本類は、本塾図書館にも多数蔵されている。八〇九—一a—四七—二

迷菴遺稿（外題）　市野迷菴（光彦）　写（渋江抽斎カ）　森約之手校本

半二冊

柴色表紙（二三・三×一六・四糎）に直に「迷菴遺稿　上（下）」と書す、或いは渋江抽斎の筆か。単辺（一九・七×一三・七糎）有界十一行白口墨刷罫紙に記さる。漢文は行廿字、各遺稿により書写の体式異る。版心表丁に小題・丁附を記す。

第一冊「篔窓摘藁／市野光彦著（著者名の題下に「森／氏」の朱印を鈐す）」と題し、「採蓮曲」以下六篇を収む。全て前掲「篔窓摘藁」に含まれ、前掲本の方が収録篇数がかなり多い。「客中吟」には、前掲本と異る「丁酉初夏」の語が見え（丁は眉上朱校字書入）、安永六年がそれに当るが、迷庵は明和二年生まれなので、餘りにも早すぎる。尾題「篔窓摘藁終」の題下に、朱筆にて「乙未十一月二日句」と記し、次行に「天保乙未冬十月廿五日写畢　滝波敦教」と書す。尾題の前に、前掲「篔窓摘藁」で述べた「文化乙丑冬日　篔窓」と題署せる同文の跋あり。全七丁。次に「詩藁後録」と題して、「偶成戊寅夏日、」「己卯元旦……贈妓余時年二十又二、」の四篇を収む。一丁。戊寅は文政元年、己卯は翌る二年。次に「寛政壬子秋日杉本良子敬序」（杉本良子敬に朱引）を冠せ、「南北諸臣詩評／江戸　市野光彦　述」序共十丁。尾題「南北諸臣詩評終」。尾題の前に、寛政壬子秋夕　神田市人市野光彦識「跋」あり、巻末に「天保六年十月廿九日写皁　全莽／（以下朱書）丙申十月九日句」と書す。次に、末に「以上通計二十一首」と記せる「文集目録」を冠せ、「迷菴摘藁／市野光彦著」目共廿九丁。前出文

稿二点と重なるもの十点（但し内一点は前出「文藁　序」目録に載るのみで、本文なし）。尾題「迷菴摘藁終」、巻末に「十月十七日青灯下校合句読（朱書）／天保七年丙申三月十九日卒業」と書す。

　全て朱筆の句点校字朱引が施され、まま眉上に森約之の校合書入や案語が記されている。墨筆の訂字や、上方と左右を切り、内側に折込んだ眉上の校字もある。「南北諸臣詩評」は評一格を低し、詩と跋には朱のヲコト点又は訓点縦点が附されている。なお「迷菴摘藁」のみ、句点は藍筆で施されている。

　第二冊「文藁後録」と題し七丁。迷庵の筆になる跋文十二篇を輯む。巻頭巻末の題署と共に、その細目を示せば「周易火琳林跋／南島志跋／寛政壬子」「文選素本跋／文化丁丑五月廿日」「元本前漢書跋／文政五年壬午七月二日」「直江山城活字板文選跋／文政庚辰秋七月五日」「宋本三国志跋／文政庚辰六月／又云、光彦続録、／又云、壬午七月五日光彦復識、」「書宋本唐文粋後／文化十四年歳在旋蒙赤奮若夏六月、」「跋古板本柳先生文集／文政庚辰秋前一日」「書枯樹賦後／文化丁丑六月望日」「書雲麾将軍帖旧搨本後／文化丁丑六月望日」「旧刻春秋伝跋／文化丁丑七月」「足利本（三字朱書）荘子注疏跋／文化十三年秋七月」。巻末に藍筆で「十月廿五日句校了／全葊」と書す。次、内題を記さず、「古鈔国語跋」と小題して本文に入る。但し柱題「蔵書題跋」とあり。巻末に藍筆にて「右十八首并左伝博議序合為一局名蔵書／題跋」と書す。七丁。細目の巻頭巻末の題署を示せば、「古鈔国語跋」「国語補音跋」「伝長老書魏武帝註孫子上下跋」「鈔本鐔津文集跋」「古蒙求跋」「論語大永抄本跋」「元本中州集跋／文政六年十一月三日、」「論語集解国字抄跋／文化壬申八月市野光彦書、（市野光彦に朱引）」「論語皇侃義疏古抄本跋／文化十四年歳次丁丑六月望日、江戸市野光彦識、（市野光彦に朱引）／文政辛巳冬日迷菴再書、（迷菴に朱引）」「逍遙院御注孝経後／文政辛巳七月下旬、迷菴市野光彦識、（迷菴市野光彦に朱引）」「法隆寺所蔵薬師如来銅象光後記跋」「同寺所蔵釈迦如来銅象光後記跋／文政庚辰六月、」「武蔵国慈光寺蔵貞観抄本大般若経跋／文政辛巳七月廿七日、」「大和国宝隆（ママ）寺所収百万塔并慈心六度経跋／文政四年十一月、」「天平三年抄本大通方広経跋／文政五年秋日、」「題朝鮮刊本靖節先生集後／文化丁丑秋」「巻子抄本校合論語跋／寛政庚申仲冬、」「書四庫全書簡明目録後／文政庚辰夏月」。次に「木金石帖目録序／文政甲申夏六月々生十八日」「木金石帖目録」共二丁。次に和漢文の遺篇を収むること以下の如し。末に「壬午八月廿七日　迷菴」と題署せる「論語郷党篇」等の文を掲げての講義筆録。同じく「文政五年壬午三月十六日　迷葊」と題せる同様の講義筆録。文政五年壬午夏四月第六日　迷葊市野光彦撰「読書指南序」片仮名交り。「玉藻前之事」（漢文）「神道ノ事」「自然ノ事」「録云直指人心見性成仏／文政五年壬午八月六日迷葊」（漢文）「道ノ事」「陰陽ノ事」「稽古字義」「日本諸越ヲ中土ト称スル事」「題伊藤東涯刊謬正俗後／文政六年癸未八月七日　市野光彦題」「仏法ノ叓／文政六年九月廿五日夜録　迷葊光彦」「儒仏異同ノ事／迷葊／癸未十二月十八日　迷葊識」全十九丁。此遺文は注記した以外は、全て漢字片仮名交りで書かれた最晩年の作で、「日本藝林叢書」第三巻に「迷庵雑記」と題して、本篇のみ翻印されている。

　巻末に「天保七年丙申十月七日於灯下卒業／滝波敦教／（朱書）十一月廿五日校合了　全葊」と記す。

　文藁後録は柱題「文続」、本篇のみ版心表丁に丁附が記さる。「木金石帖目録序」迄藍句点・朱校字・朱引を附す。また眉上に三方を切って内側に折込まれた校字が見られる。木金石帖には、眉上や題下に藍墨両様の「此原本朱字」「比ヨリ朱字」等の注記がある。最後の遺文には柱題なく、一部に朱筆の句点圏点訓点校字朱引等があり、また「可提頭」等と眉上に朱書した指定の語が見える。

「書四庫全書簡明目録後」に、

余少有為学之志、頗以儲蔵、年及六十、業未能成、顧子孫不能亦保之、不如売与他人、以代盃酒之料、と。

「元本中州集跋」眉上に、「渋江⿱⺮抽斎云此／書皇国旧刊」、「玉藻前」眉上に「抽斎云此開山二字／当刪」の朱書入がある。本書の字体も極めて抽斎の筆に似る。或いは抽斎写か。但し「滝波敦教」の署名と「⿱⺮抽斎」という記述に、断定を躊躇させるものがある。

本書並びに次掲本は、抽斎自筆の書と較べ、ほぼ抽斎筆と見てよいのではないかと思う。抽斎は例えば慶応義塾図書館（四谷）の富士川文庫本「直舎伝記抄」存巻一―三・五国侍二巻半三ツ切六冊等に「籀斎校定」の印を押捺している。抽斎の抽の字は吉川幸次郎氏が既に指摘しているが、説文段注に云う如く書を読む意で、籀と同意であり、⿱⺮抽斎の署名も用いた可能性がある。

尚森潤三郎氏の「考証学論攷」所収「考証学者伊沢蘭軒父子及び渋江抽斎森枳園の一面」中に、弟柏軒から兄榛軒に送った天保元年十月の一門自筆寄せ書書簡の写真が掲載されている。奇しくもその表に道純、裏に全菴の手跡が見られる。氏は「景珉、全庵は姓が分らぬ。後の榛軒の書簡に『景珉全庵は勉学するや』と云ふてある。想ふに年少の門人であらう」と注記されている。この全菴が恐く滝波敦教ではないか。今暫く抽斎が学の進んだ全菴に師の遺稿の蒐集整理浄書を依頼し、それを自ら手写したものと見做しておく。八〇九―一a―六二―二

〔篔窓文草〕　市野篔窓（光彦）　写（渋江抽斎カ）　森約之手校本　半一冊

縹色表紙（二三・七×一六・八糎）貼題簽に「迷庵文草　全」と書す、或いは渋江抽斎の筆か。内題なく「惟一斎記」と小題して本文に入る。末に「寛政甲寅四月望日　篔窓主人撰」と題著す。第一・二行、題記にかけて「森／氏」の朱印を鈐す。無辺無界十六行、行廿五―廿七字ほど。字面高約二〇・〇糎。句点を施す。巻末に「文久元辛酉季冬廿一夜二更錠鐙下讐比稽合一過今日未時七分／大寒丑月之中気運至　同心㙇主人覈亭居士森約之」の校語が手写さる。六篇各一丁宛の全六丁。

他に「飛鳥岡賞花記／市野光彦稿」「隅田堤観花記／丙辰三月某日篔窓主人記」「確亭記／寛政壬子秋夕市野光彦記」「河原林隆亭先生墓銘／享和二年壬戌夏六月　友人江戸市野光彦俊卿撰」（以上四篇前出文稿と重なるも、前掲遺稿にはなし）「時思亭記／光彦稿」を収む。

本帖所収の文は、前掲遺稿に見当らない。また字様から遺稿と本書とは、恐らく同一の筆写者の手になると思われる。遺稿に漏れた文を、なお集輯書写したものであろう。八〇九―一a―六三―一

松崎慊堂の未整理書中に紛れ、同番号の一書が現われたので附記する。

迷菴市野翁手書文草（外題）市野迷菴（光彦）自筆　大一冊

後補砥粉色表紙（二六・三×一七・八糎）直に隷体にて「迷盦市野翁手書文艸」と書さる。右下に「不秋草堂」墨印。「不炑／艸堂」朱印押捺さる新補遊紙を挿み、茶表紙左肩直に「迷菴市野翁手書文草」と書さる。右肩

綴代にかかり見づらいが「歳衆／堂図／書記」朱印押捺さる。これは本文内題下にも捺されるが、切截され不明。印記は各葉首末にも押捺されるが、同様に切截され不明。僅かに最終葉の「井上氏／蔵書」朱印、「良（以下不明）」の墨印のみ判読可能。内題なく、各項一葉宛計十一葉の迷菴文草を輯むること以下の如し。

惟一斎記（寛政甲寅四月望日　篔窓主人撰）
静思精舎記（寛政四年壬子春三月市野光彦撰）
飛鳥岡賞花記（市野光彦稿）
飛鳥岡賞花記（市野光彦稿）末前者と異る
隅田堤観花記（丙辰三月某日篔窓主人記）
放魚記
確亭記（寛政壬子秋夕市野光彦記）光は挿入符○を以て入れらる
足庵記（篔窓）
南無仏庵記（篔窓主人）
河原林隆亭先生墓銘（通岐軒之妙術遵周孔之遺訓／淑諸身施於世是足以称可人／享和二年壬戌夏六月／友人江戸市野光彦俊卿撰）
時思亭記（光彦稿）

書式区々なれど、惟一斎記で示せば、十六行廿五字。字面高約二〇・〇糎。各項ほぼ十六行なれど一行の字数には違いがある。浄書に親いが、一部挿入符、墨筆訂字・抹消が為されている。全葉入紙に貼付さる。原料紙高約二四・一糎。裏表紙見返に「老友迷菴已没廿餘年同僚井上廷明携此文稾十一篇于西城医局以似于余瀏覧一過殆不堪懐旧矣弘化丁未復月廿有五日丹波元堅識」。八〇九―一 a―六二―一

読書指南　市野〔迷庵〕（光彦）　近写（〔浜野知三郎〕）　大一冊

黄土色表紙（二七・二×一九・二糎）双辺刷枠題簽に「読書指南」と書す。扉「学令広注」と書し抹消され、「読書指南」と題す。書名左傍に点を打つ。扉右下に「青帰書屋（市野迷庵書室名）原本」とあり。裏に「此一冊市野光彦手沢原本渋江全善就此本抄写一／本以伝于世間此書不可出笈之秘篇、今茲書肆清水／其平携来求買遂尽嚢中而投之余向屢訪翁毎与全／善、四十年前如一日今也二子共逝矣、余尚碌々読書／翁得此書一喜一懼不耐嘆賞題一言于首以告子孫／云文久元年辛酉重陽後一日　養竹森立之」。また小字にて「大正四年春日偶目全善手鈔本於古書陳列会六月初四如電／鬻書中有迷庵原本転帰竹苞楼乃書（見せ消にて抹消）写其書皮及首題／以備後攷　乙卯六月初六　竹清邨奇／抽斎抄本迷庵原本皆帰湖南子云　竹清又識」の識語あり。「読書指南／目録」「引用書目」（末に「明治四十年九月九日／以渋江全善手抄牒三邨奇鈔補」とあり）を冠せ、内題「読書指南」。巻頭「小引」の末に「文政紀元戊寅八月　江戸　市野光彦記」と識す。無辺無界十行、行廿字小字双行。字面高約一五・五糎。折目の表丁に丁附あり。眉上に少しく校勘あり、「奇云」等ともあれば、三村竹清のものか。末に「校訂諸本目録」「読書指南／附録」を附す。附録には「小学之書雖令所不載然欲学九経者不明小／学則無能知其本也故論其概畧光彦記」と識す。「右読書指南壱策市野光彦字俊卿所著其受業／弟子渋江全善字道純所謄光彦雖作之未有為／脱稾全善始就其草而為浄本此本即是蓋当時／学者皆由此本以得伝写而此書遂行于世則此／本固無比之琛策也余向日得光彦草本今又獲／此冊完成双璧矣書旨告後人云爾文久元年辛酉／九月重陽後一日識其光彦原本則家大人為識／語題於策首亦今日艺忞𢭏拙者森養真源約之」の跋あり。巻末に、「一読書指南来歴不申上候忘居申候重野成斎先／生ニ拝借仕候史料採訪時

代先生之御手ニ入／中候様子原本ハ先生之筆生山下某之筆ニ御／座候　米津仲次郎」「明治四十年丁未冬十二月二日以米津鉄牛君名維／則字柔嘉小字仲次郎三河国碧海郡米津人自鈔本写了／伊勢洞津　三邨奝」の元奥書あり。文中「丁未十一月念六夜鈔」「丁未十一月二十七日鈔」「丁未十二月初二鈔」等と竹清の抄写記が識さる。全七十四丁。

竹清の識語に見える湖南子内藤虎次郎は、昭和十年、京都弘文堂から氏蔵本を翻印出版した。その校語に曰く、「読書指南一巻市野迷庵原著其門人渋江抽斎所補修也内藤湖南先生嚢獲抽斎手書稿本係於森枳園之旧蔵即人間所伝写此書之原本也先生嘗謂此書提倡樸学根本漢唐体例該備叙述簡約初学之士可以為津梁欲付印以広流伝者有年矣適弘文堂主人請自任其事乃以稿本授之刷印之業未半先生遽捐館舎今方手民告功畢爰志此書刊行之由並傷先生之竟不及見其成也乙亥六月」と。共編者に名を連ねる小島祐馬氏の筆か。

本書の底本である武田科学振興財団杏両書屋所蔵恭仁山荘本を見るに、書名は始め「読書指南」とあり、藍筆で「学令広注」と改め、再転して「読書指南」に戻ったことが分る。

本書は経学入門の名著で、棭斎との邂逅により、朱子学から李唐考勘の学に転じた著者晩年の思想がよく現れ、迷庵のものとしては伝写本もやや多い。「日本藝林叢書」の共編者であった三村清三郎氏の蔵本を、浜野氏が借り、手写したものであろう。八〇九―一a―六四―一

一b　書入本

うつほ物語（題簽）二〇巻　延宝五年一月刊　文化三年三月修（大坂葛城宣英堂奈良屋長兵衛）　大三〇冊　絵入　書入本

紺色表紙（二五・八×一八・二糎）貼題簽に「うつほ物語小題（幾）」と刻し、題下に「今板本幾の巻（ノ幾）／古本幾の巻」と二行に刷印さる。蓋し良質の古写本なく、誤脱・錯簡・重複の多い、また巻名と本文の諸本で必ずしも一致しない此本邦初の長編物語享受の苦心が、題簽の刷印からも自ずと窺われる。尚其上本書には題簽上部右に藍筆で、又下部に朱筆で夫々序次を記し、朱筆の序次に従って各冊の排列を改めている。今聊か煩瑣に亘るが、藍筆書入部分・小題・今板本・古本の巻次を誌した題簽を、本帙の編次に従って以下に掲げておく。第一冊「〔一〕俊蔭一／今板本十六の巻ノ一／古本一の巻」四二丁、第二冊「二俊蔭二止／今板本十六の巻ノ二／古本一の巻」一から通八〇丁、第三冊「三忠こそ／今板本九の巻／古本三の巻」三四丁、第四冊「四藤原の君／今板本七の巻／古本二の巻」五四丁、第五冊「廿四嵯峨の院一／正本国譲下巻／今板本十三の巻ノ一／古本五の巻」三五丁、第六冊「廿五嵯峨の院二／正本国譲下巻／今板本十三の巻ノ二／古本五の巻」通六八丁、第七冊「廿六嵯峨の院三止／正本国譲下巻／今板本十三の巻ノ三／古本五の巻」通一〇五丁、第八冊「五梅の花笠（上と朱書）／一名春日詣／今板本十四の巻／古本四の巻」二八丁、第九冊「七吹上下（上と朱筆にて訂す）／正本上巻／今板本十一の巻／古本七の巻」四七丁、第一〇冊「八吹上上（下と朱訂）／正本下巻／今板本十の巻／古本六の巻」二四丁、第一一冊「十一祭の使（上と朱書）／今板本十二の巻

／古本八の巻」四八丁、第一二冊「九菊の宴一／今板本六の巻ノ一／古本九の巻」二八丁、第一三冊「十菊の宴二止／今板本六の巻ノ二／古本九の巻」通六五丁、第一四冊「十二あて宮／今板本十七の巻／古本十の巻」二八丁、第一五冊「十三初秋一／一名とはかりの名月／又すまひの節会／又内侍の督／今板本十五の巻ノ一／古本十一の巻」五三丁、第一六冊「十四初秋二止／今板本十五の巻ノ二／古本十一の巻」通九五丁、第一七冊「十五田鶴の村鳥／一名おきつしらなみ／今板本八の巻／古本十二の巻」三一丁、第一八冊「十六蔵ひらき上の一（一と朱書）／今板本一の巻ノ一／古本十三の巻」四三丁、第一九冊「十七蔵ひらき上の二止（二と朱書）／今板本一の巻ノ二／古本十三の巻」通八八丁、第二〇冊「十八蔵ひらき中（三と朱書）／今板本二の巻／古本十四の巻」五一丁、第二一冊「六蔵ひらき下／正本嵯峨院／今板本三の巻／古本十五の巻」五六丁、第二二冊「廿二国譲上の一（三と朱書）／正本中巻／今板本十八の巻ノ一／古本十九の巻」四〇丁、第二三冊「廿三国譲上の二止（四と朱書）／正本中巻／今板本十八の巻ノ二／古本十九の巻」通八〇丁、第二四冊「二十国譲中の一（一と朱書）／正本上巻（上と朱書）／今板本十九の巻ノ一／古本十八の巻」四五丁、第二五冊「廿一国譲中の二止（二と朱書）／正本上巻／今板本十九の巻ノ二／古本十八の巻」通八三丁、第二六冊「十九国譲下（四と朱書し、小題の頭に朱鉤点を引く）／正本蔵開下巻／今板本二十の巻／古本二十の巻」五八丁、第二七冊「廿九楼の上上の上（三と朱書）／今板本四の巻ノ一／古本十六の巻」四九丁、第二八冊「〔三〕十楼の上上の二止（四と朱書）／今板本四の巻ノ二／古本十六の巻」通八三丁、第二九冊「廿七楼の上下の一（一と朱書）／今板本五の巻ノ一／古本十七の巻」三一丁、第三〇冊「廿八楼の上下の二止（二と朱書）／今板本五の巻ノ二／古本十七の巻」通七二丁。

すなわち本帙の排列は流布本系の巻序を古典大系解説に云う第四系統（九大細井貞雄校本）の巻序に改編したものである。しかし今板本と正本とで巻名と本文とが混乱しており、藍筆と朱筆で両様に細井本との整序を行ったことが分る。但し藍筆は「正本嵯峨院」と「梅の花笠」の序次を誤っている。本文の上では、藍筆で記された巻序を辿れば、本版を底本とし細井貞雄校本で大幅に改編を加えた古典大系本とほぼ並行することになる。

本版は内題なく、単辺（一九・七×一五・六糎）無界十一行、句点を附す。版心白口、「俊十六」の如く小題を略記し、今板本の巻数を記して下部に丁附を刻す。第一三冊「菊の宴」の末に「今案菊宴為第十六巻歟／あてみやの事詳也」と刻さる。第二六冊「国譲」の末に「延宝五丁巳年／初春吉辰開板」の原刊記の前に「補刻　文化三年丙寅春三月吉旦／書林大坂本町四丁目 葛城宣英堂 奈良屋長兵衛板」と入木せる刊記が刻されている。此は第五冊「嵯峨の院」の第一三・一四丁の間にも誤綴されている。各冊二―六図程の半丁の挿絵入り。第一五冊「初秋」の二三丁裏には大きな墨格がある。第二六冊「国譲」の第五〇丁落丁か。

「うつほ物語」には本版以前に、古活字版二種や万治三年八月京林和泉掾刊行の絵入整板本があるが、何れも「俊蔭」のみで、本版によって始めて流布した。しかし前述した如く本文が乱れて読みにくく、国学者たちの様々な解読整序の試みが為され、それらが多くの書入本となって伝存している。本文庫にも別に佃島住吉神社の平岡好道氏より寄贈された、細井貞雄・田中道麻呂・横山由清等の順次の校合書入を移写する大坂秋田屋茂兵衛等の後印本大三〇冊を存する（B一―ヒ一―三〇）。平岡文庫本では刊記の書林の下の住所と書肆名とが削去され、三都発行書林一〇肆を並べた単辺奥附が裏表紙見返に貼附されている。

本題簽は原刻本では「うつほ物語 小題幾巻」とあるのに対し、修印本から改められたもので、本文も巻によってはかなりの葉を覆刻により彫り直しているが、その違いを一目瞭然たらしめるのは、「国譲下」第四八丁裏末行の「神仏」が修印本では神字のみ墨格となっていることである。本版には文化の補刻年を削去し、延宝の原刊記のみを残した後印本も存するので、題簽・刷の良否と共に、此箇所は修刻本識別の決め手となる。

書入は奥書の類を全く欠き、今何人のものか不明であるが、朱墨藍緑の四様で振漢字を施し、朱にて誤刻や仮名遣を正し濁点句読をうち、緑藍にて注解や錯簡・重複・落句等を指摘し、緑筆にて官名や人物の注記・主格の補入等、読解のための便を講じている。今例えば第二一冊「正本嵯峨院」の「菊の宴」と重複箇所（第一八丁裏・一九丁表）を見れば

□是より以下菊の宴一ノ巻と大に乱れましれり九月廿日詩つくりしたまひとありて後大将に春宮の、たまふ詞に神無月の衣かへにも云々とのたまへり依而こゝは霜月朔日ころ残れる菊のゐんきこしめしけるにとあるを実とすしかれとも菊の宴の巻この言葉によりて名のいつれは猶菊の宴の文章ならん歟

と藍筆にて誌されている。押紙や不審紙が所々に貼附されている。八〇九―一b―一―三〇

逸号年表　藤原貞幹撰　伴信友補　近写　大一冊

焦茶色表紙（二六・七×一九・一糎）単辺刷枠題簽に「逸号年表伴信友翁補」と書す。「引用書目」の第一丁裏第四行より「追加引用書目」と朱書（実は代赭、以下同じ）して全三丁。「逸号年表／左京　藤原貞幹　纂」の題署次行に「若狭人伴　信友　補」と朱書す。単辺（二〇・八×一五・四五糎）内を七段に分割し、第一段（高約〇・九糎）に帝名を記し、以下高約三・二―三・四糎の六段内に、上段に正史による年表、以下各文献より輯集せる大宝元年に至る逸年号を記載する。尾題「逸号年表尾」。本文全一二丁。第一三丁裏に「此壱冊借栗田寛蔵書謄写之畢／五百樹」の奥書あり。入紙が施され、巻頭に「中尾／臧書」の朱印が鈐せらる。

本書は寛政一〇年一月京鵤鶉揔四郎等三肆の刊本に、信友が増補を加えたものの写しである。但し栗山の叙は写されていない。此板元の二肆を削去した北村庄助印本に、信友が自筆で書入たという書（川瀬一馬氏蔵）の写真二葉が伴信友全集別巻に掲載されているが、本書はそれと比するに増補書入部分は少い。

尚寛政一〇年刊本には、同年紀を持つ鵤鶉揔四郎の単独覆刻版があり、本文と引用書目に小異がある。次掲の中山信名本は此覆刻本の写しで、引用書目に「大織冠公伝」「峯相記」の二書が増え、二六点二七種となっている。所載の序次にも少しく相違がある。

本書は静嘉堂文庫に貞幹の自筆稿本が存し、始めは「異号年表」と題されていたことが分る。

信友の増補は眉上・空欄・第一二丁裏・第一三丁表に朱筆で多々書記されている。

伴信友、弘化三年没、享年七十四。その尨大な自筆稿本や書入本は、京都大学附属図書館・天理図書館・大東急記念文庫・龍門文庫また生地の小浜市立図書館等に分蔵されている。信友は本書の他に「史籍年表」の編修を行っている。又川瀬氏蔵の「逸号年表」自筆書入本には、「中古譌年号考」と題する草稿一葉が添えられていると云う。

藤原貞幹、無仏斎と号す。国学者、考古の学を好む。寛政九年没、享年六十六。ハ〇九—一b—二—一

増補逸号年表　藤〔原〕貞幹撰　中山信名補　中山信名写　半一冊

砥粉色布目表紙（二四・二五×一六・二糎）双辺刷枠題簽に「増補逸号年表　藤貞幹纂」と書す。表紙右に年月日等を記し消去す。僅に「三月」と見ゆ。見返に本文用紙と等しい単辺有界八行罫紙貼附。「増補逸号年表／左京　藤　貞幹　纂／隅東　中山信名　補」と題署す。単辺（一九・七×一四・九糎）八行罫紙を十段に分割し、上から朱・藍・茶・黄・墨の順に夫々横線が引かる。尾題「増補逸号年表尾」。本文一四丁。次に「貞幹曰」として板本題署に続く前書と、「柴邦彦曰」として栗山叙の前半部分を記し、以下は「云々」として省略。一丁。「引用書目」「補」合二丁。「凡例」一丁。凡例の末に「中山信名平四　識」と書す。「保命／館記」「大原／堂印」（象型）「信中墟里／天籟書閣／原氏書画／金石之記」「信中潮尾／原氏図書」（象型）各朱印を鈐す。原昌言旧蔵。

鵜鶘揔四郎の覆刻板本を写し、中山信名が増補したもので、帝名は匡郭上層に記され、第一一丁より一四丁迄脚部に貼紙が施されている。凡例で「継体帝ヨリ皇極帝マテノ年号ハ釈家ノ偽号ナル由ハ余カ紀号三辨ニ述タレハコ、ニ記サス」等、「詳ナルコトハ三辨ニ就テ見ツベシ」と記されている。

撰者藤原貞幹の自筆稿本・書入本類はその弟子山田以文に受継がれたものが、今静嘉堂文庫（一部大東急記念文庫）にかなり収められている。又中山信名のそれも、同様弟子の色川三中に受継がれたものが、同文庫に多数蔵されている。

信名は史書に通じ和学講談所で塙保己一を助け、「群書類従」の編纂校訂に力を尽した。天保七年没、享年五十。ハ〇九—一b—三—一

漢呉音図（序題）・漢呉音徴・漢呉音図説　太田〔全斎〕（方）文化一二年五月序刊　大三冊　著者自筆訂正書入本

後補茶色表紙（二八・二×一九・一糎）双辺刷枠題簽に「漢呉音図　上」—書「漢呉音徴　中」—刻「漢呉音図説　下」—刻とあり、中・下題簽には「天与叡則与／貧　太田方記」の朱印を鈐す。扉左に「漢呉音図」と、右に「是ヲ入て残り三十阝ニなりト（候）／表紙五十枚」と書さる。文化十二年（右傍に乙亥と朱書）五月　福山太田方撰「漢呉音図序」二丁。序文中の一字は朱にて、三字は胡粉にて塗抹訂正され、次掲修本では此訂正通りに修刻されている。「図徴凡例」三丁、此朱訂部分は修本もそのままながら、胡粉塗抹訂正部分は修刻されている。内題なく本文四五丁、図表形式、単辺（二四・三×一七・七糎）、襯紙に裏打さる、原料紙約二六・二糎。裏打時に剥がれた押紙を一まとめにし包紙に挿入されている。

第二冊「漢呉音徴／福山　太田方述」と題す。単辺（二〇・五×一六・四五糎）無界一〇行小字双行。漢字片仮名交り文にて解説を施す。版心白口、「漢呉音徴　丁附」。尾題「漢呉音徴終」。全四八丁。巻末に「四十八」と書す。本文墨格多し。

第三冊「漢呉音図説／福山　太田方述」と題す。単辺（二七・〇×一六・六糎）無界一〇行、漢字片仮名交り文、注小字双行。版心白口、「漢呉音図説　丁附」。尾題「漢呉音図説畢」。尾題の前に「此彫工初刷之冊子」と、巻末に「廿三」と書入らる。全二三丁。上部裁断さる。全斎朱印の他「飯田氏／家臧」の朱印、「下総／並木／〈堤宇左衛門〉」の墨印を鈐する。

朱墨黄筆にて著者の自筆訂正詳密で、特に第一冊に多い。次掲日尾荊山の書入は全斎の書入を移写したものだが、本書の方が稠密で、恐らく終生訂正を重ね、書加えていったものであろう。次掲の修刻本での改訂は未だ少部分にとどまるが、逓修本ではかなり全面的に改められている。しかし部分的な入木による改刻であり、全てが本書書入の訂正通りになっている訳ではない。

全斎は福山藩儒、文政一二年没、享年七十一。その著「韓非子翼毳」を木活字で刷印せんとしての十年に垂んとする惨憺たる苦辛はよく知られている。東条義門や岡本况斎と親交があり、浜野文庫には况斎の「漢呉音図補正」の写本も存している。八〇九―一b―四―三

又〔修〕　大三冊　日尾荊山移写太田全斎書入本

紺色空押唐菱文様表紙（二六・九×一九・九糎）双辺題簽に「漢呉音図　上」「漢呉音徴　中」「漢呉音図説　下」と刻さる。第二冊見返に単辺の弘め（広告）を貼附。「至誠堂／臧書印」（荊山）「宇埜氏／図書印」「洒竹文庫」朱印押捺。大野洒竹旧蔵。巻末に「日尾荊山先生手入本」と書さる。学習院の双辺有界白口九行罫紙等に書かれた近人の書入も挿挟まれている。荊山は江戸の儒者で亀田鵬斎門、旧蔵書・書入本類は今静嘉堂文庫に収蔵されている。安政六年没、享年七十一。

尚浜野知三郎氏はこの同郷の先学の著書を大正四年一月東京の六合館から出版している。此は本文庫八四七c―一八―三の函架番号が附される逓修本を底本とし、音図は影印他は鉛印で翻字し、その補説である「音徴不尽」「同窠音図」「音図口義」「全斎読例」の四書を同じく翻字して附し、半紙本六冊としたものである。本文庫蔵本には刷印時の印刷底本となした指定の語が朱筆で書込まれてある。

本書また逓修本を影印に附し、林史典氏の解説を附したものが勉誠社文庫に編入せられ、修刻箇所や学史上の位置にも触れている。今図書館等の整理の参考に修刻箇所を一点宛挙げておく。

〔修本〕―「漢呉音図」第十七から第二十まで、「外転」を「内転」に改める。

「漢呉音徴」第七丁裏に標注を加う。

〔逓修本〕―「漢呉音図」内転第一の仮名表記「蓬ヒヨウ・東チヨウ・公キヨウ」等を「フヲウ・ツヲウ・クヲウ」と改む。

「漢呉音徴」第一三丁裏「許」字の解説を「愚按」の前二行に亘って墨格に改む。八〇九―一b―五―三

干禄字書　唐顔元孫　文化一四年刊〔修〕（官版〈江戸　浅倉屋久兵衛〉）大一冊　覆清　移写小島成斎校合書入本

朱色表紙（二五・七×一七・四糎）双辺題簽「干禄字書」。朝議大夫滁沂豪三州刺史上柱国贈秘書監顔元孫撰第十三姪男金紫光禄大夫行湖州刺史上柱国魯郡開国公真卿書「干禄字書」〔序〕九丁に続け、第一〇丁より「平声」と題して本文に入る。左右双辺（一九・四×一二・八糎）無界四行七字小字双行。版心白口双黒魚尾、中縫に丁附。尾題「干禄字書終」。尾題次行に「有唐大暦九季歳／次甲寅正月庚子／朔七日景午真卿／於湖州刺史宅東／庁院書之」と刻し、珤祐丁巳嘉平郡文学衡陽陳蘭孫書〔跋〕を附す。跋末に「文化十四年刊」の刊記が刻され、裏表紙見返に「書林／江戸日本橋通一丁目　須原屋茂兵衛／同浅草茅町二丁目　須原屋伊八／大坂心斎橋通り　河内屋喜兵衛／東都浅草広小路　浅倉屋久兵衛梓」の単辺奥附を貼

附。全五二丁（跋文第五一丁裏より）。

文字通り禄を干むるの字書、すなわち科挙用の受験字書で、韻によって文字を排列し、字母夫々の正・俗・通体が掲出されている。最も簡便且実用的な字体を知る字書で、顔真卿の書の摹刻本である意味も大きい。

「干禄字書」は本版刊行以前既に宝永四年一一月跋刊本〔（京）井上実秋閑〕寛延三年三月刊本（京　井上忠兵衛）の二版が存する。此等は説郛所収本の翻刻で、陳蘭孫の摹刻本（此系統に清馬日璐刊本あり、「官板書籍解題略」は本版の底本なりとす）系とは異る。本官版は「文化十四年丁丑新鐫／学問所御蔵板／製本頒行所　江戸横山町三丁目　和泉屋金右エ門」の単辺売捌奥附を附す刻本が「漢字入門―『干禄字書』とその考察―」と題して、杉本つとむ氏の解説を附し早稲田大学出版部より昭和四七年五月に影印刊行され、後増修版が印行されている。また単辺売捌奥附「御書物師　横山町壱丁目　出雲寺万次郎」を貼附せる刻本が同氏の編になる昭和五〇年八月刊「異体字研究資料集成」別巻一に影印されている。両者共修刻のない早印本である。本版の修刻箇所は「漢字入門」の資料中に掲げられているが、一例を挙げれば第三八丁裏「　介上通下正」の空格部分に通体の介を加刻している等である。本版恐らく後出の官版「五経文字」「新加九経字様」と共に、馬氏叢書楼刊本を覆刻したものであろう。

本書入は尾題後の真卿識語の下に「安政二歳次乙卯二月晦日依／先師本校合」と朱書してある如く（また本稿後掲八〇九―一b―三一参照）、狩谷棭斎蔵の石本・説郛本・本初刻本（和泉屋金右エ門売捌本）と朱筆で校合している。初刻本の表記は貼紙に記されていることが多い。前述の「介」の箇所には「再刻ノ際加入セシナリ」と記す。蓋し移写者の為せる業ならむ。

書入は字体の微細な線や角度に至る迄朱を入れ、眉上・行間・脚欄等にまま考証が加えられている。これらは筆者を記さぬが、次掲本の「成斎曰」等の書入と殆ど一致する。しかし次掲本の第二四丁表に存する「知足按」の按語二条は本書には存しない。又次掲本には初刻本との校異、「安政二云々」の巻末の朱書も存しない。本書入は国会図書館の自筆書入本、また後述「新加九経字様」の書入との比較等から移写本と思われる。国会図書館本は眉上・欄外に考証書入稠密で、本文庫本は両者共移写は本文のみに止まり、墨筆のそれら書入迄は及んでいない。本帙次掲書よりやや刷が悪い。

成斎は福山藩儒、文久二年没、享年六十七。書家としても名高い。「干禄字書辨疑」の著がある。八〇九―一b―六―一

又〔修〕（官版）大一冊　移写小島成斎校合書入本

縹色布目表紙（二五・八×一七・九糎）双辺題簽に「干禄字書」と刻す。題下に「石本校勘」と朱書。巻頭匡郭外に「金石粋編」より引いた「碑下截断欠凡両面一高七尺八寸五分一高六尺九寸七分倶広四尺七寸五分書分五層三十三行／行九字正書額題顔氏干禄字書六字篆書在潼川府金石粋編」の書入あり。書入は前掲書とほぼ同じけれど小異あり、前掲書にある序文の朱句点は本書にはない。また同文のものもその書入られた位置に違いのあるものがある。本書では「成斎曰」「知足按」等と按語の人名が記載されている。「杉園臧」の朱印を鈐す。小杉杉園旧蔵。八〇九―一b―七―一

魏武帝註孫子三巻　魏武帝撰　岡〔田龍洲〕（白駒）校　宝暦一四年二月序刊〔明治〕印（京　平楽寺村上勘兵衛）大一冊　江木鰐水書入本

香色表紙（二五・一×一八・〇糎）双辺香色地題簽「魏武注孫子」。表紙右肩に「江木鰐水名戩書入本」と書し、その下に「山陽門人／長沼流兵法／之達人」と三行に誌した紙片を貼附す。宝暦甲申春二月岡白駒撰「魏武注孫子序」三丁、宝暦閼逢涒灘仲春河子龍撰「刻魏武注孫子叙」通一〇丁、末に「右魏武自撰小序偶閲漢魏名家集獲之因并附載於玆河子龍識」と刻し下に「大平御覧載此序」と鰐水書入の存する「孫子兵法序」通一一丁を冠せ、内題「魏武帝註孫子巻上（之中・之下）／岡白駒校正（上のみで、中・下にはなし）」。単辺（一九・九×一四・三糎）有界八行一七字小字双行。訓点・送り仮名・音訓合符・句点附刻。版心白口単黒魚尾、上象鼻に「魏武注孫子」と刻し、魚尾下に「巻之上（中・下）　〇丁附」。尾題「魏武帝註孫子巻之上終（中畢・下畢）」。単辺奥附「書林　京都東洞院通三条上町　平楽寺村上勘兵衛」。裏表紙に「本／石井蔵書」と墨書あり。本文上一〇、中一〇、下一一丁。

本書は武帝注孫子の本邦初の開版で、序に云う如く、肥前蓮池藩侯が藩士の献じた本書を、藩儒岡龍洲・河野恕斎父子に命じて校刊させたものの後印本である。奥附から見て刷印は明治にかかるか。武帝注の孫子は後平津館叢書本を翻刻した官版も刊行せられている。

朱墨書入周密で、「戩云（案）」「山陽翁」「赤城翁云」「直解云」等自説や師山陽また徂徠等の説を引き、和漢の書からの引例も多い。「小田右府与斉藤竜興戦」「武田勝頼之亡是耳」「大坂夏役幸村之謀」「小田原之役」「関原大捷」「黒田孝高諭小早川秀秋」「楠公」「石田三成」「長湫之役」「謙信攻加賀松任城」「楠正行」「以厳島之役」等、文中の語に本邦の故事合戦の場面を想起しあてはめたものも多い。

江木鰐水は福山藩儒医、明治一四年没、享年七十二。稿本類は、多く東京大学史料編纂所に蔵さる。八〇九―一b―八―一

大広益会玉篇三〇巻　梁顧野王撰　唐孫強補　〔宋陳彭年〕等奉勅重修　天保五年刊（官版）大三冊　覆清　森枳園等書入本

焦茶色空押雲型文様表紙（二五・七×一八・一糎）単辺題簽「古本玉篇上（中・下）冊」。康熙四十有三年六月既望　南書房旧史秀水朱彝尊序時年七十有六「重刊玉篇序」を冠せ、「大広益会玉篇一部并序　凡三十巻」と題し、眉上に「森約之案此六行唐孫強牒文」と書入のある牒文を挟んで本文に接続する。内題「玉篇上（中・下）十巻」（上・下には所収部数刻さる）。左右双辺（二〇・四×一四・八糎）有界一〇行二〇字小字双行。版心白口単黒魚尾、魚尾下に「篇上（中・下）　丁附」。尾題「玉篇巻第十（二十・三十）」。上・下冊には「新加偏旁（下は傍に作る）正俗不同例」「類隔更音和切」を附す。下冊には更に「分毫字様凡二百四十八字」、「沙門　神珙　撰」と題する「五音声論・四声五音九弄反紐図并序・五音之図」を附す。末に、呉郡査山六浮閣主人張士俊拝手而識之如左〔跋〕一丁あり、末行に「天保五年刊」と刻さる。序を除いて上一〇二丁、中八八丁、跋を除き下八二丁。「棨／濤」（陰刻）「森／氏」の朱印、「天艸／廬」の陰刻茶印を鈐し、「森約之／最耆物」の約之の手書がある。

本書は跋にある如く清張士俊が覆刻した「沢存堂五種」所収覆宋版の更なる覆刻である。序跋によると、常熟の汲古閣毛扆の手に入れた宋版で、未だ陳彭年の奉勅重修の入らぬ所謂上元本かと述べているが、本書また重修本である。顧野王の原撰本・孫強補編の上元本は彼土に佚し、残存七巻のみが我国に伝えられている。玉篇は説文の部類を増改し、類書的な要素を加味して編纂された字書で、既に五山版の刊行を見、江戸初以後版種

が多い。

本書入は立之・約之父子二代に亘り、眉上に案語を加え、宋板と朱筆で校合が為されている。「巨」字の項には「嘉永辛亥／春月森約之考」なる考証も存し、特に木部・艸部・虫部等本草学に関する部には朱にて圏点の打たれた箇所が多い。上冊見返の墨書では、境・偵・儆・胤の欠筆について触れている。

森枳園本稿一aに既出。八〇九―一b―九―三

禁秘抄三巻　順徳院　〔江戸初〕刊　慶安五年七月印（京　田中理兵衛）大三冊　壺井義知書入本　松平定信旧蔵本

香色表紙（二六・五×一七・三糎）に直に「禁秘抄　上（中・下）」と書す。各冊巻頭に「禁秘抄巻上（中・下）目録」二丁（中は一丁）。内題「禁秘抄巻上（中・下）」。双辺（二〇・四×一四・五糎）無界八行一七字。訓点・送仮名・音訓合符・句点附刻。版心粗黒口双花魚尾、中縫に「禁秘抄上（中・下）　丁附」。尾題「禁秘抄巻上（中・下）終」。本文末に「順徳院御抄云云」と刻し、「本云禁中抄三巻／正和五年五月十五日申出禁裡御本／密々書之可秘々々／文明九年四月初染筆五月中旬終写功／了本不審仍少々雖加推量写之猶以不／及料簡之所々有之以善本可令校合而已／　特進通秀」の本版底本の奥書を刻す。刊記は原の双辺木記を削去した痕跡あり、「慶安五年孟秋吉祥日／小川通一条上ル町／田中理兵衛改板」。目録を除いて上二三、中二八、下四三丁。下第五丁補写。「楽亭文庫」「桑名文庫」「立教館／図書印」「温故／知新」「臧春／閣図／書印」（陰刻）「白／河」「桑名」の各朱印と「好谷堂／図書記」茶印が鈐さる。写本を用いて入紙がなされている。


有職故実の書で、近代に至って乱れることの多くなった宮中の作法を、平安の盛時と比べ批判している。本版は正保版が「国書総目録」に著録されるが、お茶の水図書館蔵の該本は刊記を削去せし後印本で、正保は書入による著録である。本書また「御書物屋　京都二条通富小路東入町　吉田四郎右衛門版」と加刻せる後印本が存する。

本書の書入は、本版の底本となった奥書の初二行を「通秀本ニ无」として抹消し、次に「一本」と誌し、訓点・送仮名を加え、「自筆本校合」として、「特進通秀」に「正二位下也／中院源通秀／本名通時／長亨二薨于時従一位／内大臣」と朱書されている。また「一本奥書／右鈔書写事蒙鳳命之儼染免毫之／拙雛遂再校猶多訛謬者乎于時文明／十一歳　応鍾上澣謹記之／　従一位政嗣上」（以上墨書）「一本／此御鈔借兼満本令書写之如形馳禿毫／之間不可有外見者也／　文亀二年五月日／　参議右大弁実秀／亨禄四薨于時従一位准大納言」とある本と校合し、裏表紙見返に「壺井義知校再校了」と朱書されている。中巻末にも「再校了」とある。巻上巻頭「禁秘抄」の秘と抄の間に「御」を入れ、題下に「一本建暦御記」と書入がなされている。朱筆で校合がなされ、人名・官職等を注解し、典拠引例また周密である。眉上に「朱云」「青云」「墨云」等として先人の説を転記す。押紙あり。本書の伝存本には義知注を転写したものが多い。

義知は故実家、一時四辻家に仕う。京で講じ門弟が多い。万事好事・秘事の感のあった有職学に始めて文献実証の風をあてんとした。享保二〇年没、享年七十九。八〇九―一b―一〇―三

江家次第二一巻（一六・二一原欠）　大江匡房　承応二年四月跋刊
大一九冊　移写橘経亮等校合書入本

渋引刷毛目表紙（二六・七×一八・五糎）双辺題簽「江家次第」。題下に「一（一廿）」と書す。「江家次第目録」七丁。「江家次第巻第一（二・四・六・九・十一―廿）目録」通八丁、目録は各巻頭に一丁宛あり。「江家次第巻第三目」「江家次第巻第五（七・十）」「江家次第巻第目録八」。内題「江家次第巻第一（三―二十）」「江次第巻第二」。双辺（二一・四×一四・五糎）無界一〇行二〇字小字双行。訓点・送仮名・音訓合符・句点附刻。版心粗黒口双花魚尾、中縫に「江次第幾　丁附」。尾題「江家次第巻第一（三―五・七・十―十三・十五）終」「江次第巻第二」「江家次第巻第六（九・十七・十八・二十）終」「江家次第巻第八」「江次第巻第十四終」「江家次第巻第十九之終」。承応二癸巳孟夏吉旦　洛下　蓬生巷林鶴〔跋〕。各冊丁数目録共、巻一―五八、巻二―五六、巻三―四三、巻四―六七、巻五―六六、巻六―五九、巻七―三四、巻八―四三、巻九―三八、巻一〇―五八、巻一一―二九、巻一二―三九、巻一三―二七、巻一四―四〇、巻一五―三六、巻一七―四二、巻一八―二八、巻一九―三九、巻二〇―三七丁。巻二等五箇所ほどに他本よりの写しを綴加えている。「由清／之印」「月の屋」二顆の朱印を鈐す。横山由清旧蔵。

有職故実書。本版によって始めて刊行された。本書の書入は朱墨緑の三筆で校合や典拠引例按語等周密である。押紙あり。「経亮云」「文按」「以文按」「山本」「義按」「幹按」「宗直云」「宗建卿按」「宗恒按」「宗恒朝臣曰」等の按語が移写されている。各巻末の校合識語を記せば、巻一「校訂畢　経亮／（以下朱書）寛政五三廿三一読了　香杲／同九十二朔　藤貞幹本一校了／（裏表紙見返に）延享二乙丑天四月二日以或本《正親町》正訛謬令一覧畢／又以大江俊章正本直之／　国栄／経亮云国栄ハ岡崎殿也」、巻三朱書「橘経亮校訂」、巻四・五・一二・一七・一九「校訂了経亮」（五以下経亮一格空き）、巻一三・一四同上朱書、巻六・一五「校訂橘経亮」、巻七「校訂経亮」、巻一〇・二〇「校訂了橘経亮」、巻一一「校訂　経亮」を朱筆にて抹消し「山本二本校合了」と朱書、巻八・一八「校訂　経亮」。「広橋家古本／目録如此」とし「江家次第巻第十六」等の記載もある。書入は経亮の字に似るも、山本も経亮も同筆で押紙も新しく、校合書入を移写したものであろう。

橋本経亮本姓橘氏、国学者にして故実に詳しい。稿本・旧蔵書類が本塾図書館に存する。文化二年没、享年四十七。八〇九―一b―一一―一九

古今和歌六帖六巻（一之上欠）寛文九年春刊〔修〕（〔京〕吉田四郎右衛門）大六冊　移写寛政一年賀茂季鷹令移写釈契沖校合書入本

縹色布目表紙（二六・一×一八・五糎）。第一冊欠。「古今和歌六帖一之下（二―四・五〈六〉之上下）」の貼題簽。内題「古今和歌六帖第二（一―六）」。各巻頭に〔目録〕一―三丁を冠せ本文に接続する。単辺（二二・〇五×一三・三〈版心なく表裏通〉糎）無界一一行ほど、但し和歌の末を散らし書きにし、行数増えたる箇所あり。尾題なく、末に「嘉禄二年仲春下旬之候以民部卿本／書写訖此本有僻事之由被申之間／又以他本手自校合了／寛喜二年十二月十九日以入道右大弁／本重校了件本者家長朝臣本／　云々／　前和哥所開円従四位上源朝臣／　在判」の底本奥書を刻す。刊記「寛文九己酉年春帰吉日　吉田四郎右衛門　開板」とあり、恐く「板」の上に刻されし一肆を削去せしものと見ゆ。第一冊三二丁、巻二目共四一、巻三同三二、巻四同三九、巻五同六五、巻六同七一丁。「煥章閣」の朱印を鈐す。

本版初印本には、修印本で剜去せられた「すべて此六帖いかにやらん…」

の刊語半丁が存し、末に「寛文九己酉年春帰吉日／中野太郎左衛門／同五郎左衛門」の刊記が見られる。

本書は唐白居易の撰になる作詞作文用の類書である「白氏六帖事類集」に倣い、「和名類聚鈔」の分類法をも援用して作られた類題和歌集で、本版により始めて刊行された。書肆吉田四郎右衛門は正保四年三月に廿一代集の大著も刊行している。

書入は、本版底本奥書の刻されている箇所に「寛政元年以契冲師校本令校合且聊加／愚案早／　賀茂季鷹」と朱で記されている如く、「鷹案」「契云」の案語が眉上に見え、第一冊桃・第二冊朱・第三冊藍朱・第四冊藍・第五冊朱（下桃）・第六冊朱で校合書入がなされ、「二百廿二—二百四四」「三百六十三—五百十八」には分類された歌題に墨筆で番号が附されている。季鷹の案語や識語も他の校合書入部分と同筆であり、移写本と見てよかろう。

契冲は元禄一四年没、享年六十二。「和歌拾遺六帖」の編著がある。賀茂季鷹、上賀茂神社祠官で国学者。天保一二年没、享年八十八。八〇九—一b—一二—六。

古今著聞集二〇巻　橘〔成季〕（南袁）元禄三年一月刊〔修〕明和七年三月印〔後印〕（大坂　崇高堂河内屋八兵衛）半二〇冊　絵入　移写小中村清矩等校合書入本

浅葱色表紙（二二・四×一五・六糎）双辺題簽「古今著聞集一（—二十）」。于時建長六年応鐘中旬散木士橘南袁愁課小童猥叙大較而已「古今著聞集序」一丁。口絵（版心又二）一丁。「古今著聞集惣目録」通三丁。内題「古今著聞集巻第一（—二十）」。単辺（一六・三×一三・〇糎）無界一〇行、漢字平仮名交り。版心白口、「古今巻幾　〇丁附」。尾題「古今著聞集巻之一（—二十）終」。巻二〇本文に続けて第三九丁裏・第四一丁裏に〔跋〕二則あり、末に「建長六年十月十七日宴後朝右筆／記之……」とあり。次に底本奥書「暦応二年十月十八日染六旬之老筆／終二十帖之写功早且為休当時之徒／然且為備後日才学也可秘蔵々々／　老桑門在判」を刻す。刊記「元録（ママ）三庚午年正月開板／明和七庚寅年三月求板／大坂書林　心斎橋筋順慶町　柏原屋清右衛門／同　河内屋茂八」。次に「崇高堂蔵板目録　大坂心斎橋筋南久宝寺町　河内屋八兵衛」一丁を附す。全巻丁数以下の如し。挿絵丁は「又幾」とあり㊉幾として表示す。巻一—通二七㊉二、巻二—四四㊉二、巻三—一五㊉二、巻四—一八㊉二、巻五—六四㊉三、巻六—四〇㊉四（第一三丁表第六行〔院〕字墨格）、巻七—一四㊉一、巻八—三〇㊉二、巻九—一八㊉二、巻一〇—二六㊉四、巻一一—二七㊉二、巻一二—三二㊉四（第八丁が誤刻され二丁あり、次掲書では始めの第八丁は補写なり、或いは補刻せしか。挿絵の又廿五丁は巻一一に綴ずべきもの、次掲書では巻一一にあり。㊉四は此等を含みし丁数）、巻一三—一九㊉二（但し第一〇丁二枚綴じらるるも丁数から除外す）、巻一四—九（本来此巻にあるべき「又四」を次巻に誤綴、次掲書では本巻にあり）、巻一五—二四㊉四（但し「又四」誤って本巻にあり）、巻一六—五四㊉二、巻一七—二五㊉二。巻一八—一八㊉二、巻一九—二二㊉三、巻二〇—四二㊉五。「杉園臧」「浜／野」朱印を鈐す。小杉杉園旧蔵。

本版の原刻本は「元禄三年／庚午孟春吉祥日／書林／武江　武藤与惣兵衛／同　河崎七郎兵衛／同　高嶋弥兵衛」の刊記を有する。それに洛陽永田調兵衛を加刻した四肆版は巻一・一二等かなりの葉を覆刻により改めている。巻一二は丁附が始め「八」「九」「又ノ九」となっているが、改刻本では「八」「八」「九」と刻されており、此第八丁のみ同版で他は全て覆刻されている。

またその巻末一丁を覆刻によって改刻し「元禄三年／庚午孟春吉祥旦／書林板行／武江／同／同」と刻した逓修本も存する。武江とのみで書肆名のない所から見て、或いは合版の所蔵板木の留板などの問題で、求板時等に何らかのいざこざが生じ、その虚に乗じて江戸で刷られたものかも知れない。明和七年以後の求板本では問題の一葉は全て又元に復している。

「古今和歌集」の体に倣った本朝の説話集で、本版により始めて刊行された。各冊の校合識語を記せば（朱書、〈　〉内代赭・巻六以下藍書）、一「以小中村氏蔵本及〈木村氏所蔵古写本〉一校」、二「以小中村氏所蔵本及〈木村氏所／蔵古写本〉一校了」、三「以小中村氏所蔵本及〈木村氏／所蔵古写本〉校合了」、四「以小中村氏所蔵本及〈木村氏所蔵古写本〉一校了」、五「以小中村氏蔵本及〈木村氏所蔵／古写本〉一校〈傍〉書了」。書入以下別筆か、六「慶応四年八月五日以紀州家御本及〈木村氏古本〉校合訖」、七「慶応四年八月五日以紀州家御本及〈木村氏古本〉校合了」、八「慶応四年八月五日以紀伊（伊州の上に重ね書き）殿御本及〈木村氏古本〉校合了」、九「慶応四年八月九日以紀州御本及〈木郁氏古本〉校合畢」、一〇「慶応四年八月九日以紀州御本及〈木郁氏古本〉校合了」、一一「慶応四年八月十二日以紀州御本及〈木郁氏古本〉校合了」、一二「慶応四年八月十二日以紀州御本及〈木村氏古本〉校合了」、一三「慶応四年八月十四日以秘庫御本及〈木村氏古写本〉校合訖」、一四「慶応四年八月十四日以紀伊御本及〈木村氏古本〉校合訖」、一五「慶応四年八月十五日以紀伊秘庫御本及〈木村氏古本〉校合了」、一六「慶応四年八月望以紀伊秘庫御本及〈木村氏古本〉校合了」、一七「慶応四年八月十九日以紀州秘庫御本〈及木村氏古本〉校合了」、一八「慶応四年八月十九日以紀州御本及〈木村氏古本〉校合訖」、一九「慶応四年八月十九日以紀伊御本及〈木村氏古本〉校合了」、二〇「慶応四とせといふ年のは月廿日殿の御本と〈木村正辞の本〉とを見／くらへて本文をたゝし書いれをはりぬ紀の殿人小中村清矩」。巻末に木村本の識語を以下の如く記した丁が綴加えられている。「木村本奥云（此のみ藍書）／凡読書者、拘事則暗理、専理則疎事、何況泥文字言句者乎哉雖然／不著意於文字、則事理舛差、而不可為人之教誨、于茲著聞集者橘／成季朝臣之所以選述、而示模範於往時、遺鑑戒於後世、可謂奇宝／也、秋野本順英彦、使人謄《ママ》写、以為家蔵、不才借之、看閲歴月、只恨文／字言句之脱落、英彦請予参考、於此覓得一本、略帰是正、猶未満意／是歳之春登洛、乞得　飛鳥井亜相君雅章卿之秘本、考検再三、墨以／補欠、朱以正訛、且分句読、頗擬証本、容易不可抹過、想夫校書如風／葉塵埃、随掃随有、疑者暫俟它日、於是乎跋、／寛文十有三載、龍輯癸丑、秋八月十又八日、渉禿筆于浪華城西之存／心軒、　如松子、福住道祐、　朱印アリ」。

すなわち後の南葵文庫本と木村正辞蔵本で校合し、「真年按」「清云」等の按語を眉上に記載するが、始め巻一四第二丁に記入し、抹消して第三丁に書直してある「清云」の按語もあり、恐らくは自筆でなく移写本であろう。挿絵誤綴の箇所には新聞紙を破り「此処ノ挿絵ハ／十四巻ノ／又四葉ニ／つく」「此処にも図あり脱丁／但シ図碁打ノモノ」等と注記されている。巻五迄は眉上に朱で標目と為すべき事項を書入れてある。巻六を境として同系ではあるが校合底本も異り、書入の体式も異る。別人の筆であろう。「イ」として緑や藍筆での校合も見られる。尚序に見える南袁は、著者名「なりすえ」首尾を音訳し唐めかしたもの。

小中村清矩、陽春盧と号す。遺稿や旧蔵書の大半は南葵文庫に入り、今

東京大学総合図書館に蔵せられる。本稿一aに既出。八〇九—一b—一三—二〇

又〔修〕明和七年三月印（大坂 河内屋茂八・柏原屋清右衛門）半

合四冊 移写狩谷棭斎校合書入本

濃縹色布目表紙（二二・〇×一五・五糎）黄色地双辺題簽「古今著聞集」。題下に「壱二三四五合」「六七八九十合」「十一十二十三十四十五合」「十六十七十八十九二十合」と書す。第一冊一神祇—五和歌、第二冊六管弦舞—十馬藝同相撲強力、第三冊十一画図—十五宿執同闘浄、第四冊十六興言利口—二十魚虫禽獣の目録外題を表紙右に墨書。刊記のみで奥附なし。「時々菴」の瓢形朱印押捺さる。

奥書「（朱書）校本云／是歳之春登洛乞得 飛鳥井亜相君雅章卿／之秘本考検再三墨以補欠朱以正訛且分／句読頗擬証本云／（緑書）以家蔵古鈔本校訂了丙寅夏日／ 棭斎／（墨書）以東本願寺御門跡蔵弆再転之本校讎了／文化三年六月十七日 棭斎主人」。飛鳥井雅章本は前掲書木村本にも見える。本書入は朱で句点をうち、緑筆（一部藍筆）で「大島武好曰」や「百錬抄云」等の典拠引例を掲げる。「望之按」の按語も見える。押紙あり。「古今著聞集」は二書共書入はそれほど多くない。

狩谷棭斎は公卿搢紳に刺を通じ、よく秘書の披見に及んでいる。本稿一aに既出。八〇九—一b—三三—四

語孟字義二巻 伊藤〔仁斎〕（維楨）撰 林景范校 宝永二年冬跋

刊〔逓修〕大二冊 有配 上移写豬飼敬所書入・浜野知三郎校

合本

紺色空押卍つなぎ文様表紙（二七・四×一八・一糎）双辺題簽「語孟字義上（下）」。「語孟字義目録」一丁。目録中に「附大学非孔氏之遺書辨／附論尭舜既没邪説暴行又作」とあり。内題「語孟字義之上（下）」。巻上内題に続いて前書あり、末に「天和／三年歳在癸亥五月洛陽伊藤維楨謹識」と刻す。単辺（二〇・〇×一五・三糎）無界一〇行二〇字。訓点・送仮名・音訓合符附刻。版心白口単黒魚尾、上象鼻に「語孟字義」魚尾下に「巻之上（下） 〇丁附」を刻す。尾題「語孟字義巻之上（下）畢」。宝永二年乙酉冬至日門人林景苑文進頓首拝書〔刊語〕。上四三、下四三丁。下第三一丁裏より附。下冊に「随分／庵蔵」朱印を鈐す。

本書は性理学用語の定義集である宋陳淳の「性理字義」に仿ったいわば古義学用語の定義集とも云うべき書で、本版刊行以前の元禄八年五月に、書肆名を欠く古義堂の許可を得ぬ贋刻本が江戸で梓行されている。なお本贋刻本には、刊年もそのままに覆刻された別版が存する。本書は稿本を含む伊藤家歴代の書入本が天理図書館古義堂文庫に今も存し、本版を翻印した「日本思想大系三三伊藤仁斎伊藤東涯」に清水茂氏の解題が記されている。本版には東涯の校訂による逓修が施されており、それらも此解題・頭注に示されている。修刻の一例を挙げれば巻上第一九丁裏第七行「明道曰」が「程子曰」。同第九行「須菩提曰」が「維摩所謂」と改められている。また逓修本は巻上第二九丁裏第三行「能識仁者」が「能知仁者」と改められている。営業書肆の営利出版ならざる個人や家塾・寺院・藩等の出版物には、こうした改訂がよく行われているので注意を要する。

本書上冊に存する書入は、本文庫別蔵〇九一—ト一二二—二文化一一年一月豬飼敬所（彦博）自筆書入本と比するに、その大部分と一致する。筆跡もやや乱暴ながら敬所の筆に似る。しかし本文庫前記別蔵本購入の折、本書は浜野氏の移写本と見、貴重書から普通書に函架番号を移した如くで

ある。本書は私の見る所敬所標記の移写は上巻にとどまり、印記や小口書からも上下有配本である。ただ上冊巻末に「冬夜宿山家」と題する旧蔵者「磯野恭誌」の七絶が書かれ、下冊にも「此書明治十有六歳二月廿七日於福山岡本氏岡本夫子之賜我者也宜謹守不廃弃／明治十六載二月下澣　磯埜恭誌」とあるので、磯野氏（秋渚カ）所蔵の時点で既に此状態だったことが分る。刊語の裏丁に「大正四年九月尽日以秋旻山房蔵本校了」の浜野氏の朱書が見え、全巻に亘る東涯重訂の朱校（それほど多くは存しない）は浜野氏の筆だが、上冊の敬所標記の移写は恐く別筆であろう。敬所批校本が「日本儒林叢書」第六巻に翻印されている。

著者仁斎、京都古義堂堀川学派の祖。宝永二年没、享年七十九。生前の刊行書は全て著者の承諾を得ぬ所謂る贋刻本で、その著作は没後子息・弟子達の補編祖述を経、古義堂より刊行された。

豬飼敬所、弘化二年没、享年八十五、古義学より出て古注学を唱えた京の岩垣龍渓に学ぶ。他著への標記書入多く、それらを移写したものが多く伝存している。遺稿遺書は大部分が今京都大学総合図書館に蔵さる。元八〇九―一b―一四―二、今八二二F―a八―二

詩経〔集注〕八巻　宋朱熹〔清初〕刊　唐半六冊　寛政二年夏藤原貞幹校合書入本

後補砥粉色表紙（二四・〇×一三・九糎）書題簽「詩経集注藤貞幹手校一（―六）」。第四・五冊の題簽誤って逆に貼附さる。香色原表紙右肩に「共四冊」と書し、左肩黄地題簽の上に、やや小振りの白色題簽を貼附し「詩経集注天（地・元《ママ》・黄）」と書さる。第五（書題簽「五」と題するも貼り違いにて、実は第四冊）・六冊は渋紙を以て原表紙に代う。淳熙四年丁酉冬十月戊子新安朱熹序「詩経集註伝序」三丁を冠す。内題「詩経巻之一（二・四―七）朱熹集伝（伝字、巻二―八は「註」とあり）」「詩経集註巻之三」「詩経巻八」。単辺（一七・一〈内上層一・九糎〉×一一・四五糎）有界九行一七字小字双行。句点附刻。上層に音注・校字等を刻す。版心白口「詩経　巻幾　小題　丁附　名山聚（各巻頭にあり）」。尚「名山聚」は序第一・二丁にも刻さる。尾題「詩経巻之一終」「詩経集註巻之二（三・五―七）終」。第一冊巻一―一九丁巻二―四四丁、第二冊巻三―六五丁、第三冊巻四―二〇丁巻五（途中迄）三二丁、第四冊巻五続通八三丁、第五冊巻六―四〇丁、第六冊巻七―二九丁巻八―三五丁。全巻襯紙に裏打さる。原料紙高約二二・三糎。「洒竹文庫」朱印を鈐す。大野洒竹旧蔵。元四冊なりしものの改装。

巻末に「詩俗本其釈音明人所挿入而非朱子／集伝之旧近日得佳本復其旧／寛政二年歳次庚戌立夏日一校／　左京　藤貞幹」と朱書あり。校合の他朱墨にて、特に反切や語釈を書入た箇所が多い。押紙あり、巻三途中迄ある墨書は別筆か。

本書は明末清初に輩出した五経四書の挙生用受験参考書の一であろう。こうした類の書を現在多く所蔵しているのは、加賀支藩大聖寺現加賀市立図書館で、約二〇〇点ほど蒐められており、磯部彰氏の調査解題が富山大学人文学部紀要に収められている。これは後に単行された。

藤原貞幹前出。八〇九―一b―一五―六

袖中抄二〇巻　釈顕昭　慶安四年七月刊　〔後印〕〔京〕丸屋庄三郎）大合五冊　移写清水浜臣校合書入本

後補藍色表紙（二七・五×一九・一糎）。「袖中抄目録」九丁。「袖中抄第一（―十二・十五・十六）」（巻五より改行し「目録」と題さる）、「袖中抄／第十

三（十四）目録」「袖中抄／第十七」「第十八（十九）」「第廿巻」等とし各巻頭に目録一丁。巻五より内題あり「袖中抄第五（―二十）」と刻す。単辺（二〇・五×一五・三糎）無界一〇行、版心なくまま裏丁一部表丁書脳中央部に、単辺で「袖中幾ノ幾」と巻丁数が刻されているのが認められる。尾題なく、巻末に次の底本奥書が刻されている。「此袖中抄申書右府御本倩他筆／令書写之以廿巻為五冊十七巻極／藺源為仲十八巻予十九廿巻吉田／右兵衛督兼右卿等筆也／（隔一行）／天文廿二年正月日　黄門都護郎言継」。次に刊語あり「右此袖中抄者古来和歌／道之奥秘而容易不流布／于世間之本也雖然年久／罹蠧魚之患已欲泯滅故／寿于梓伝後世者也」。末に双辺木記「慶安四暦初秋／丸屋庄三郎」。本文丁数、第一冊巻一―三二・巻二―二六・巻三―二四・巻四―二七、第二冊巻五―三二・巻六―二八・巻七―二九・巻八―二五、第三冊巻九―三二・巻一〇―二八・巻一一―二四・巻一二―三〇、第四冊巻一三―三六・巻一四―二八・巻一五―二九・巻一六―三四、第五冊巻一七―二七・巻一八―三二・巻一九―三二・巻二〇―三五。「広岡文庫」朱印を鈐す。

三百餘の多数の歌語を、典拠を挙げ諸書諸説から引例して語義を明かした歌学書で、本版で始めて印行された。朱墨藍で校合書入がなされ、上層には典拠引例や「浜按」「広云」等の按語が見える。しかし巻一三以下には少い。恐く旧蔵者広岡氏の書入であろう。各冊頭の巻を除き、巻頭版心部表を朱で塗抹し「袖中巻幾」等と墨書（途中より欠）して標識とす。

本版は「慶安四暦初秋／三條通菱屋町／林甚右衛門板」の双辺木記を持つものが初印で（或いは無刊記の初印本あるか）、次に本印本、次に「京師書坊奎文舘主人瀬尾源兵衛新刊」の刊記を持つものが続くようである。なお本書の底本と目される山科言継等の天文二二年手写本が、川越市立図書館（新井政毅旧蔵）に存する。

清水浜臣、泊洦舎と号す、医家で国学者。文政七年没、享年四十九。八〇九―一b―一六―五

荀子二〇巻　唐楊倞注　延享二年秋序刊〔後印〕（京　葛西市郎兵衛）
大一〇冊　覆明世徳堂刊本　移写古屋昔陽等書入本

紺色表紙（二七・〇×一八・一糎）双辺題簽「荀子全書　序目一之二（三之四・五之六・七之八・九之十・十一之十二・十三之十四・十五之十六・十七之十八・十九之廿終）」。双辺見返、枠上に「原本全註」と横刻し「唐大理評事楊倞註／荀子全書／日本平安書林　翻刻」。魁星像と「翻刻」の下に「其利／断金」の朱印押捺さる。延享乙丑之秋播磨清絢撰「刻荀子序」四丁、享保乙巳十月望　三河物茂卿題「刻荀子跋」三丁、時歳在戊戌大唐睿聖文武皇帝元和十三年十二月也「荀子序」三丁、「荀子新目録」三丁を冠す。内題「荀子巻第一（―二十）／唐大理評事楊　倞　註」。双辺（一九・五×一三・二糎）有界八行一七字、句点附刻。版心白口単白魚尾、上象鼻に「世徳堂刊」、中縫に「荀子巻幾　丁附」、下象鼻にまま「宅」等の原刻工名をそのまま刻す。尾題「荀子巻第一（二・四―十九）」「荀子巻之三」「纂図互註荀子巻第二十」とあり。平安　葛応禎　謹題〔跋〕一丁巻末にあり。刊記「延享二年乙丑夏六月穀旦／京白山堂　中根保之丞　法軸／平安書林　葛西市郎兵衛好廷梓行／読荀子徂徠先生著四冊出来」と刻さる。跋者葛応禎すなわち刊行者の葛西市郎兵衛で、荀子関係の書物をよく出版している。各巻丁数本文、巻一―二〇、巻二―二四、巻三―三〇、巻四―二四、巻五―二二、巻六―二三、巻七―二六、巻八―一五、巻九―一五、巻一〇―二三、巻一一―二六、巻一二―二四、巻一三―一八、巻一四―七、巻一五―二〇、巻一六―二〇、巻一七―

二一、巻一八—一八、巻一九—二八、巻二〇—三一。「河辺／備印」の陰刻朱印を鈐す。巻頭に「雨森信成」の、第一冊裏表紙に「元七郎読之」の墨書がある。

性悪説で有名な本書は、本邦への伝来は古きも餘り流行せず、徂徠が尊んでより行われるようになった。序跋によれば、京の中根元珪が本書を刊行せんとしたが、時に全本乏しく荏苒として果さず殆ど三十年が過ぎたと云う。徂徠の跋は其折元珪に与えたものであろう。今清田儋叟蔵の世徳堂刊本を底本とし、本書を始めて梓行せんとした中根法軸の名も刻んで刊行したものであろう。

本文庫山城喜憲氏の調査によれば、初印本は本刊記刊行者に並べて「梅村弥右衛門武政（右）／江戸書店　梅村弥市郎富高（左）」が刻され、広告書は未だ刻されていない。此二肆を削去した葛西印本にも広告書を加刻せぬものがあると云う。因みに「読荀子」は明和二年の刊行である。

書入は周密で、「物云」「物氏云」「蘭陵云」等として徂徠や同学派の田中蘭陵の説を記し、「昔陽云（曰）」「鬲按」等として古屋昔陽説を書入れる。上層のみならずまま脚欄にも為され、押紙もある。第一冊の「鬲按」の部分は殆ど全て故粉で塗抹され其上から書かれており、恐く移写であろう。やや薄墨の別筆も交る、或いは雨森氏の筆か。

旧蔵者雨森信成は、ラフカディオ・ハーン小泉八雲の「ある保守主義者」のモデルでもあり、ハーンの影の助作者・資料提供者でもあった人で、その郷土福井の山下英一氏の調査により事績が明らかにされ、後それらをもとに平川祐弘氏が「日本回帰の軌跡—埋もれた思想家　雨森信成—」（始め「新潮」昭和六一年四月号所載、後「破られた友情」新潮社一九八七年七月刊に収めらる）を発表した。稲岡勝氏の教示による。

古屋昔陽、熊本藩儒、文化三年没、享年七十三。本稿一a「石室談草」にやや触れる所がある。八〇九—一b—一七—一〇

又　大一〇冊　第七・八冊補配　青山拙斎等校合書入本

紺色表紙（二六・二×一七・七糎）題簽同前（第七冊題簽剥落、第八冊「荀」のみ残存）。各冊朱にて目録外題が書さる。第五・六・九・一〇冊に巻子本型「水戸青／山氏蔵」の朱印、第七・八冊に「□田／代楽」の朱印を鈐す。

第七・八冊は他冊に比し刷ややよく、書入はあるが別筆で、「王云」「盧云」「盧補公云」「泰山曰」等唐本からの引例多く、他巻とは異っている。青鉛筆で×印も附されている。他巻は朱で句読をうち、校字が行われ、緑筆圏点や藍書も見られ、押紙がある。少しく「延于云」等の按語も記されている。刊記の後に「天保己亥仲秋従家君祇役江邸借莫府騎士岡／本保考（ママ）所蔵宋刻本校之其異者以朱字表之／　延寿識」とあり、「○宋本注十四字／在三問不対之／下」の如く校異が示されている。

水戸青山家代々の書入ある伝来本に、第七・八冊を補配したものであろう。青山延于、拙斎と号す、天保十四年没、享年六十八。延寿は拙斎の四男、鉄槍斎と号す、明治三十九年没、享年八十七。八〇九—一b—一八—一〇

楚辞一七巻　漢王逸注　宋洪興祖補注　清毛表校　寛延二年一一月刊（京　上柳治兵衛等）大八冊　仮綴　覆清汲古閣刊本　渡辺樵山校合書入本

濃縹色表紙（二六・一×一八・一糎）単辺題簽「楚辞王逸註洪興祖補注一（二・三・四・自五至八・自九至十二・自十三至十五・十六十七）」。題簽下に「共八本」、表紙中央に

「久志」と墨書。双辺見返「後漢王逸註 宋洪興祖補註／楚辞箋註／皇都書林印行」。瑯琊王世貞撰　廷襄写「楚辞序」四丁、「楚辞目録」二丁を冠す。内題「楚辞巻第一（―十七〈巻一は内題下に小字双行注あり〉）／離騒（小題は巻二以後注者名の次行にあり）／校書郎臣王　逸上／曲阿洪　興祖補注（巻二以下なし）」と刻す。巻一七は内題次行に「漢侍中南郡王　逸叔師作」と題さる。本文前に内題に続いて目録を刻す巻もあり。左右双辺（二七・九×一二・四五糎）無界九行一五字小字双行、句点附刻。版心白口双黒魚尾、中縫に「楚辞巻幾　丁附」、各巻首尾丁中縫には「汲古閣　丁附」と刻す。尾題「楚辞巻第一（―十七）」。但し巻八は最終行下端小字双行注の後に「終」と刻するのみ。「汲古後人毛表字／奏（巻三作「秦」）叔依古本是正」の単辺原木記（巻四・六・九枠なし、巻五・七・一三・一七原木記なし。巻九は「古定是正」とあり）を刻す。平安柳美啓識〔跋〕一丁。刊記「元文四年己未九月　御免／寛延二年己巳十一月　発行／皇都書肆／中村治郎兵衛／八尾平兵衛／西村市郎右衛門／中川茂兵衛／河南四郎右衛門／植村藤右衛門／小林半兵衛／藤沢三郎兵衛／上柳治兵衛」。各巻丁数本文、巻一―五八、巻二―三一、巻三―三五、巻四―四五、巻五―一四、巻六―四、巻七―三、巻八―一七、巻九―一九、巻一〇―一二、巻一一―五、巻一二―四、巻一三―二五、巻一四―一〇、巻一五―一四、巻一六―三七、巻一七―一七。「渡辺」「久志」二朱印を鈐す。「木村正辞歌集／欟斎後集」の双辺の袋が挿込まれている。

「楚辞」は朱熹の集註本が江戸初に刊行され、本補注本に続いて寛延三年には王逸の章句本が板行されている。

本帙には以下の如く、各冊巻末匡郭外下端に校合識語が書入られている。第二冊「弘化丁未二月十八日寓于聿修堂南窓下以／春庵小島君所蔵隆慶板謄本校訖／　樵山外史炊」、第三冊「嘉永紀元陽月初三夜読訖于相陽浦賀之咬菜／精舎　樵山渡辺炊」、第四冊「陽月七日夜半卒業前此二日授徒太劇且／飲客数輩来拉予去妨礙清閑課業是／以後也　樵山魯書于浦賀咬菜精舎之南／楼」、第五冊「陽月十八日読訖連日把酒晨夕昏々／不遑劉覧沈思也偸閑補課／不足贖酣酗之罪也／　樵山魯題」、第六冊「戊申十月念四読了于咬菜精舎／之晴軒　樵山魯」、第七冊「厥明読訖／樵山炊」、第八冊「予嘗寓于聿脩堂読楚辞也以隆慶抄本讎校僅止于離／騒九歌而客游于湘浦欲継終其緒莫別本之可校因／誦読之餘書一二管見以待他日之後考／嘉永紀元陽月念八題于浦賀之咬菜精舎／之南楼　樵山魯」。幕府医官多紀家の聿修堂で、小島春庵（宝素）所蔵の隆慶板の謄本で校合したが全巻に及ばなかったことや、師の松崎慊堂に似て飲客と把酒し酣楽を尽しつつ、一方で小閑を得ては読書に励んでいる様子が窺われる。「隆慶重雕宋本八行十六字無也字」等の記載もある。緑筆圏点、不審紙あり。巻二迄は朱引、巻三より墨で行なう。「炊案」「炊謂」「原炊案」として案語を記す。第六冊より「魯案」も混ずるが「炊」と記すより少い。巻三迄は案語のみで校合は行われていない。

渡辺樵山、和歌山藩儒、明治六年没　享年五十三。八〇九―一b―一九―

八

大学発蒙　平賀〔中南〕（晋民）　天明五年春刊（日新堂蔵板〈京　文台屋次郎兵衛〉）　大一冊　藤田幽谷書入本

濃縹色布目表紙（二六・四×一七・九糎）双辺題簽「大学発蒙」。見返に「藤田幽谷旧蔵／幽谷自筆書入四ヶ所」と書する貼紙あり。巻頭「大学発蒙／皇和　安蓺　平賀晋民房父　著」と題す。単辺（一九・七×一三・九糎）

有界一〇行二一字。解文低一格、訓点・送仮名・音訓合符・句点附刻。版心白口単黒魚尾、上象鼻に「大学発蒙」、魚尾下に「丁附　日新堂蔵（巻頭巻末にあり）」と刻す。尾題「大学発蒙」。尾題前に「大学旧文」を附す。単辺奥附「日新堂蔵板／天明乙巳春／京堀川通錦小路上町　文台屋次郎兵衛発行」。全二四丁。「梅巷／図書」の幽谷朱印を鈐す。

本版京都大学谷村文庫本には「中南先生著／大学発蒙／皇都書肆　臨泉堂発行」の双辺見返が存する。幽谷の書入は「礼記曰」等の典拠引例の他、朱にて所々に圏点が施されている。

藤田幽谷、水戸藩儒で東湖の父、文政九年没、享年五十三。

著者中南、寛政四年没、享年七十二。著作は地元の三原市立図書館にかなりまとまって収められている。八〇九—一b—二〇—一

日本書紀三〇巻存神代二巻　〔舎人親王等〕奉勅編　〔寛永〕刊

〔修〕　大二冊　覆古活　小山田与清校合書入本

香色刷毛目表紙（二六・一×一八・二糎）双辺題簽「日本書紀」と刻し、題下に「一（二）」と書す。巻頭「日本書紀巻第一《ヤマトフミノマキノツイテ》（二）／神代上《カミヨノカンノマキ》（下）《シモノマキ》」と題するも、胡粉で塗抹し墨筆で訓みを改めているので不分明。巻一は内題下に小字三行、小題下に同二行に訓みを刻すも、胡粉で塗抹し、其上に書入が為されており同じく判読不能。双辺（二二・〇×一五・七五糎）無界八行一八字小字双行。訓点・送仮名・総振仮名附刻。版心粗黒口双黒魚尾、中縫に「日本紀幾　丁附」。尾題「日本書紀巻第一（二）　終」。巻一—四二、巻二—三八丁。巻一第三三—三六丁単辺。巻二第一九丁表初行に大墨格あり。天地裁断さる。

日本書紀の刊本は慶長以来多いが、本版は古活字を覆刻し卜部家系の訓点を加刻せる寛永版の後修本ならむ。

同版本によって前記で触れ得なかった本書の塗抹箇所を記しておく。巻頭振仮名「ヤマトブミノマキノツイテ／（内題下）ヒトマキニアタルマキ江家古本点同之／ヤマトブミマキノツイテヒトツ／ヤマトブミマキノツイテヒトツニアタルマキ」「（小題下）カミノヨノカミノマキ／カミノヨノカムノマキ」。「マキノツイテフタマキニ＼アタルマキ」「カンヨノシモノマキ」。

本版は早稲田大学図書館山本ちえ子氏の調査によると刊行後間もなく修刻され、後巻末原刊語の年紀と題署とを改刻し後に「寛文九己（ママ）酉年／正月吉辰／武村市兵衛昌常／村上勘兵衛元信／山本平左衛門常知／八尾甚四郎友春」を加刻した後修本、同刊記で更に修刻を加えた逓修本が存する。始めの修刻は一部の覆刻と、巻二二等の全巻覆刻によるものとを含み、逓修本では更に訓点にかなりの差異が見られると云う。今修刻箇所の一例を挙げれば、巻一第二五—二八丁は覆刻による改刻で、二六丁表第五行末「相対《アイムカツテ》」の振仮名を「アイムカテ」と誤刻している。書紀諸版本の中では本版の伝存が最も多いようである。

本書第一冊見返に紙を貼り扉の如くし、以下のように記さる。「惶根草六　神代巻講述抄五／藻塩草六　神代巻塩土伝五／真指抄／（以下。印のみ朱書）。禁中御本校了／。春海本校了／。書記集解校了／。釈日本紀校了／。日本紀通証校了／。日本紀纂疏校了／。類聚国史校了／。旧事記校了／。古事紀校了／。神代口訣校了／　合解校了／。熱田神宮本校了／（以下下段に書す）書紀集鮮校了／一写本校了／類聚神祇本源校了写本十五巻度会家行撰（注朱書）／松屋主人」。また第二冊見返には「禁中御本校了／釈日本紀校了／纂疏校了／春海本校了／旧事紀校了／古事記校了／古語拾遺校了／神

代口訣校了／合解校了／集解校了／通証校了／類聚国史校了／（以下下段）熱田神宮本校了／一写本校了／松屋主人」。

板本の訓みを胡粉で塗抹し、朱墨緑藍で校合して改め、注記・引用・按語等まことに周密である。不審紙・押紙あり。眉上に「宣長曰（云）」「契沖曰」「与清按」「春海曰」「延佳曰」「勝美曰」「真淵曰」等の按語を載せるが、第二冊第一八丁より此等の眉上書入は存せず本文の校合のみとなっている。書入れは与清の自筆と見てよい。

松屋主人、国学者小山田与清、弘化四年没、享年六十五。八〇九―一b―二一―二

夫木和歌抄三六巻目録一巻　藤原長清　寛文五年一月刊（京　野田庄右衛門）　大三七冊　巻一補写　明治四年二月大島為龍移写釈契沖・小沢蘆庵校合書入本

紺色表紙（二六・九×一八・一糎）貼題簽「夫木和歌鈔二　春二（―卅六雑十八）」と刻す。第一冊（目録）・巻二四題簽剥落。巻一書題簽「夫木和歌鈔一　春一」。首冊「夫木和歌抄目録」一四丁、長清法名蓮昭「跋」一丁。巻一補写、内題「夫木和謌抄巻第一／春部一」と題し、目録半丁あって本文に入る。無辺無界一〇行、字面高約二〇・八糎。尾題なし。本文三七丁。板本の写しならむ。

以下板本、内題「夫木和哥抄巻第二（五―七・九・十一―十四・十六・廿三・廿六・廿八・卅一・卅二・卅六）」「夫木和歌抄巻第三（四・八・十・十五・十七〈抄の字なし〉・十八―廿二・廿四・廿五・廿七・廿九・卅・卅三・卅五）」「夫木和謌抄巻第卅四」。各巻内題後に目録半丁―一丁半あり、本文に入る。無辺無界一〇行、印面高約二〇・七糎。まま裏丁書脳中央部に、単辺「夫巻幾丁附」と刻されし丁合が見える。尾題なし、〔跋〕に続いて「寛文五乙巳年正月吉辰／烏丸通下立売下ル町　野田庄右衛門板行」の刊記あり。各巻丁数本文、巻二―三六、巻三―四五、巻四―五七、巻五―三八、巻六―三九、巻七―四七、巻八―六一、巻九―五六、巻一〇―二六、巻一一―五六、巻一二―五六、巻一三―五〇、巻一四―四九、巻一五―三七、巻一六―四四、巻一七―四五、巻一八―五六、巻一九―四六、巻二〇―一一〇、巻二一―七四、巻二二―七二、巻二三―六九、巻二四―五九、巻二五―六八、巻二六―六三、巻二七―七三、巻二八―五一、巻二九―五三、巻三〇―四三、巻三一―六五、巻三二―五三、巻三三―五四、巻三四―六〇、巻三五―三六、巻三六―六五。巻二九の後表紙裏貼りに漢籍の、同三〇の裏貼りに歌書の刷り反古が使われている。巻三六は水汚のため裏打されている。巻頭押捺の朱印（巻一にはなし）抹消さる。

長清の跋に「此鈔之名を思案して少しまとろみて有ける夢の中に……白衣之老翁一人来曰」と、白衣之老翁（大江匡房）より扶桑集という大層な名を与えられた。「此由を次日我黄門為相卿に被申けれは為相卿此事希代不思議之霊夢末代之希特誠我朝之閑秘鈔也但扶桑名日本国総名也可有其源扶之字之つくり桒之字之木を取合て夫木和歌抄と名付」くべしと。

本書は本版によって始めて印行された。尨大な量であり、延宝以後抄出本も刊刻されている。類題和歌集として他の歌書類に見られぬ珍しい歌も拾われている。奥に「此全部契沖阿闍梨考訂し置給へる正本四天王寺の去方に／有しを小沢翁写し置て猶証哥のより所あるを増補し／名所は和名抄ニ依而訂正し給へる乞需て悉誤字を正し／早ぬ此本写字烏焉の誤不少今以校正セリ朱字ハ契沖／墨書ハ蘆菴翁全部為正本矣／于時寛政庚申畢功　井上斫水誌／七十八／右正本のうつし松平高蔭のもたるをかりえて此印本に

／あはせてこれを訂しかたはら己か愚考をも書誌置ものなり／于時明治四年辛未仲春甲子日　大島為龍誌／七十八齢」と校合識語あり。朱墨で校字・歌の出典等を記し、「為竜云」「宣長云」「真淵云」「芦云」「契沖云」等の按語が書入れられている。不審紙・押紙あり。

契沖前出。蘆菴、たたこと歌の説で知らる。享和元年没、享年七十九。

八〇九—一b—二二—三七

春曙抄一二巻清少納言枕草紙装束撮要抄一巻　北村季吟（装）壺井義知　延宝二年七月跋刊　寛政六年七月印（装）享保一四年四月跋刊　寛政一年一〇月印（後合印）（江戸　青藜閣須原屋伊八）

大一三冊　移写清水浜臣校合書入本

浅葱色表紙（二六・六×一九・三糎）単辺題簽「枕草子春曙抄一（—十二終）」と刻す。題下巻数の左に「校本」と朱書。見返に各冊共各段文頭を記して目録とす。巻頭「春曙抄一」と題す。発端等五丁ありて本文に接続する。単辺（本文首丁二一・九×一七・六糎）無界一二行、上部に解。傍注あり。版心白口、上下象鼻は∧型に区切らる。中縫「春曙幾（本文第一丁のみ「春曙抄」とあり）」、下象鼻に丁附。尾題「春曙抄二（—十二）終」巻一・十二にはなし。延宝二年甲寅七月十七日　北村季吟書〔跋〕。「青藜閣発兌目録（江戸東叡山池之端仲町）須原屋伊八版」四丁あって、単辺奥附「（上下二段六点の広告書目）／寛政六甲寅年七月購版／江都書林／東叡山池之端仲町　須原屋伊八／同町　高橋与惣治」。春曙抄末冊裏表紙後補。全巻丁数本文、巻一—二六、巻二—二八、巻三—三一、巻四—三一、巻五—二八、巻六—二四、巻七—二八、巻八—二六、巻九—三〇、巻一〇—二八、巻一一—二六、巻一二—二四。「風間城大／宮司文庫」「永田／蔵書」の朱印を鈐し、第四冊以下陰刻「相川／之印」を鈐するも抹消さる。

発兌目録匡郭外に「清少納言枕冊子十二冊並装束抄一冊安政五年戊午十二月以／桜園先生所蔵泊洦舎清水翁校合本書写了　杉室延（花押）」の校合識語あり。「学云」「浜臣曰」「浜按」「直寅云」「谷川士清云」「契沖云」「本居氏説に」等の朱墨按語が書入れられている。押紙あり。

本版は新典社刊行の「北村季吟古注釈集成」中に初印本が影印されている。枕草子の注釈書は本書より僅に早く延宝二年五月に京の田中権兵衛から、加藤磐斎の「清少納言枕草子抄」一五巻が刊行せられた。

「装束抄」は浅葱色表紙（二六・六×一九・四糎）単辺題簽「枕草子装束抄」と刻し、題下に「校本」と朱書。「清少納言枕草紙装束撮要抄目録」一丁。内題「清少納言枕草紙装束撮要抄」。単辺（二一・一×一七・〇五糎）無界一二行。解文は「義按」として一格下げて刻す。上部に注記。版心白口、中縫に「装束抄」、下象鼻に丁附。尾題「清少納言枕草紙装束撮要抄終」。享保己酉歳初夏　門人多田義俊書〔跋〕一丁あり。「寛政元己戌年初冬」の刊記第一七丁裏にあるも、匡郭切れ、入木ならむ。本文一七丁。末に朱の校合識語あり。「寛政十二年孟春始同年七月校終／文化元年仲春再校註僻案了同年／四月発会東海林氏於敝盧同年十／月卒業以万歳抄対校了／文化十四年七月廿二日発会同十五年／四月廿二日卒業」と。「万歳抄」は前述の「磐斎抄」を指す。

本版は「春曙抄」延宝版と体裁・版式をほぼ等しくし、両者揃いで所蔵する所が多い。単行の他、恐く春曙抄の附録として合印せられたものであろう。

清水浜臣前出。八〇九—一b—二三—一三

一切経音義二六巻　唐釈玄応〔江戸前期〕刊（釈鉄眼）大八冊

覆明万暦刊本　狩谷棭斎等校合書入本

香色表紙（二七・一×一九・三糎）双辺青色地題簽「支那撰述一切経音義巻一之三上郡（巻四之七中郡・巻八之十下郡・巻十一之十三上秦・巻十四之十六中秦・巻十七之二十下秦・巻廿一之廿三上并・巻廿四之二十六終中并）」と刻す。但し「支那撰述」は○で囲み、千字文函号は□で囲み更に○で囲まれている。「巻八」に朱点をうち、「七」と朱書し、以下各巻を一巻宛若い巻数に改めている。表紙右下端に「共八冊」の墨書あり。扉絵一丁、裏丁蓮牌中に「皇図鞏固　帝道遐昌／仏日増輝　瀍輪常転」と刻さる。終　南　太　一　山　釈　氏「大唐衆経音義序」に追込みで第二丁表第六行「一切経音義巻第一大乗経単本／唐　大　慈　恩　寺　翻　経　沙　門　玄　応　撰」と題す。内題巻二六まで同じけれど、巻一八以下は題下下端に「秦八」の千字文函号を刻す。但し巻二四・二六にはなし。双辺（二一・三×一三・九糎）無界、第三丁より有界一〇行二〇字小字双行。版心白口、単辺枠内に「支那撰述（又は「経」）」「一切経音義巻幾　丁附」「郡一（一十）」「秦一（一十）」「并一（一六）」と刻す。尾題「一切経音義巻第一終」「一切経音義巻第三（五・七―九・十三・十五―二十五）」「巻第十」「一切経音義巻十（十一の誤刻か。しかし、実際は本版巻次の誤りにて十でよきならむ）」。全巻丁数、巻一通三一、巻二―三〇、巻三―二二、巻四―二〇、巻五―二二、巻六―二二、巻七―二四、巻八―二九、巻九―二五、巻一〇―二四、巻一一―一七、巻一二―二七（十一・十五・十四・十三・十二・十六と誤綴さる）、巻一三―三〇、巻一四―三二（巻末大墨格あり）、巻一五―三〇、巻一六―二八、巻一七―二三（巻末尾題後大墨格）、巻一八―二五、巻一九―二六、巻二〇―二〇、巻二一―二八、巻二二―二二、巻二三―三四（尾題後大墨格）、巻二四―二八、巻二五―二一、巻二六―一八。尾題後の墨格は唐本によく見られるもので、恐らく底本にあったものをそのまま覆刻したのであろう。各冊頭に「熊蓼本」各冊末に双辺「慧林」の焼印を捺す。「弘前医官渋／江氏蔵書記」「森／氏」の朱印を鈐す。渋江抽斎・森約之旧蔵。

鉄眼黄檗版一切経の一。鉄眼一切経は隠元の将来した明万暦版の冊子本を底本として覆刻し、十年餘の歳月を要して延宝六年に功成った。現に宇治の万福寺に版木が存し、近年版木を渫って摺刷が企みられた。本版以前に幕府の力により、寛永寺で釈天海によって刊行された天海寛永寺版一切経がある。これも十年餘の日子を要し、活字版で印行され、慶安元年に功成っている。

本書書入は巻末匡郭外に「以清人荘炘銭坫孫星衍同校本与友人柴担人対校畢／欲比讎宋蔵本及慧琳所引本不知果此念否　狩谷望之」と手ずから識される如く、巻頭に「武進荘炘　嘉定銭坫　陽湖孫星衍同校正」と朱書し、朱句点をうち、眉上に同書との校字が記され、押紙に按語が書入られている。

裏表紙見返に「右玄応音義捌篇余素蔵者与此本／一也但余蔵本毎巻末有未刻黒処且紙／佳搨鮮此本雖劣有狩谷望之手校故今／売旧蔵本而新購得之云万延二年歳／次昭陽作詻方鄒季四森養真約之書」の購得識語あり。巻末の未刻黒処とは先に述べた墨格のことである。第一冊見返には「清阮元四庫未収書目提要巻二曰一切経音義二十五巻」として提要の記載が引かれ、末に「元治元年甲子七月既望書森約之養真」の手識がある。

本項以下棭斎書入本が続く。棭斎は本稿一aに既述。八〇九―一b―二五―八

五経文字三巻　唐張参　文化七年刊（官版）　大三冊　覆清　狩谷棭斎校合書入本

朱色空押唐草文様表紙（二七・二×一八・一糎）単辺題簽に「五経文字上（中・下）」と刻さる。上には題下に「棭斎手校本」と書さる。大暦十一年六月七日司業張参序「五経文字序例（隷体）」一二丁表迄を冠せ、内題「五経文字巻上（中・下、中下は隷体、上は序題を大題に準じて隷体とす）」。内題に次いで目録あり本文に接続する。単辺（二二・五×表裏通二九・七糎）無界五行小字双行。版心なく、裏丁匡郭外に「五経文字上（中・下）丁附」刻さる。尾題「五経文字巻中（下）」のみ存する。巻上は、裏表紙見返に「石本空一行」と朱書し、紙片を貼り其上に「五経文字巻上」と石経本による校字が為されている。巻末に「乾符三年孫毛詩博士自／牧以家本重校勘定七月／十八日書／　刻字人魚宗会／　文化七年刊」の原識語・刊記あり。上四六、中五八（但し廿四中下・廿五上中あり、実数は四丁増）、下五四丁目録別丁三丁。巻頭に「森／氏」朱印押捺さる。森枳園旧蔵本。

見返に「五経文字九経字様共十石金石萃編」と書し引用、末に「望之按九経字様補刻者王元吉馬攀龍也其尚書毛詩儀礼末有王堯典之名見蛾術篇……」と墨書あり、狩谷棭斎の校合書入なることが知られる。押紙あり、朱墨藍緑の四筆が見られ、多く緑筆にて眉上に「今按」等の按語を記し、朱藍にて石経本と校合、文字の微かな線画迄朱筆で細かく修正が施されている。

本書は、松崎慊堂の下で縮刻唐開成石経の縮臨校勘作業に従事した小島成斎の、やはり石経本との校合書入の存する官版「新加九経字様」（八〇九―一b―三一―一）と共に、偏旁によって分類した字体字書で、後掲の如く唐の開成石経にも附勒せられた。九経字様共々揚州の馬氏叢書楼刊本の覆刻で、慊堂の石経本の刊刻迄は本邦唯一の刊本であった。成斎の石経本との校合書入は、末に「文政己丑二月望以石本校勘畢源知足石本湯島狩谷氏所蔵也」と朱書する如く、文政一二年に為されている。寛政期から文化文政期にかけ、こうした下地が徐々に醸成され、天保の慊堂の畢生の大事業を生んでいったのである。八〇九―一b―二六―三

好古小録二巻附録一巻・好古日録一巻　藤原貞幹　寛政七年九月・同九年四月刊（京　文錦堂林伊兵衛等）　大四冊　図入　狩谷棭斎書入本

浅葱色表紙（二六・六×一八・三糎）双辺題簽に「好古小録金石書画　乾（雑考坤）」と刻さる。双辺見返「無仏斎藤先生／好古小録／平安書舗（以下に「文錦堂／柳枝軒／盈進堂／瑶芳堂／竹笣楼」と五肆を刻す）梓行」。寛政六年六月　正五位下橘経亮「好古小録序」一丁、「好古小録上（下）目録」四丁（下二丁）を冠せ、内題「好古小録上（下）／貞幹」、内題下に「貞幹／藤原」と陰刻さる。単辺（二一・五×一五・七五糎）一〇行小字双行、漢字片仮名交り文。版心白口、中央下部に「上（下・附）丁附」刻さる。尾題「好古小録上（下）終」。「附録」図一六丁あり。奥附単辺「寛政七年乙卯九月刊行／平安書舗／林伊兵衛／小川多左衛門／西田荘兵衛／北村荘助／鷦鷯惣四郎」。本文上三六、下二二丁。首に「伊沢氏／酌源堂／図書記」「津山氏／所臧記」「青裳文庫」「幽香書／屋蔵／書印」の四朱印押捺さる。伊沢蘭軒・狩谷棭斎等旧蔵。

江戸後期に漸く勃興してきた広い意味での考古文化史学の先駆的著作で、多く実見の上で寸尺を測る等形態や素材に留意し、所蔵者を示し、他と比べて真贋の鑑識を行い、図版を載せ、簡単ではあるが、現今の実証的な学問への道を開いた。棭斎の眉上や行間の書入は、それを更に深化徹底させ

たもので、墨格の多い此書に全巻に亘って朱墨でかなりの訂正を施し、「文政四年六月廿／五日法隆寺西園／院ニシテ観ス（施法隆寺物勅書）」「寛政九年三月観（鴨毛屏風）」「文（寛を抹消して改む）政二年四月観（魚養書）」等親ら実見した日を記し等している。

「国朝印板ノ書何ノ時ニ始ルヲシラズ法隆寺伝ル所ノ多羅尼アレドモ銅板トミユ……」の本文眉上書入には、「法隆寺ニアル百万塔ノ／多羅尼何ヲ以テ銅／板ト鑒セルニヤ覚束／ナシ是宝亀元年ノ／物ニシテ唐ノ大暦五年／ニアタレリ」と、今に尾を曳く論争の発端が既に誌されている。「……又活板国字暦アリ天正已前ノ物ト云……」の眉上には、「活字文禄ヨリ始ル／天正以前ノモノニ非」と書入られている。「嚢草子ハ旋風葉ナリ」の箇所には、「嚢草子ハ今ノトヂ／本ナルヘシ粘葉本ニ／比スレハ版心ノ処袋／ノ如クナレハ名ツクルナ／ラン」とあり、「日録」共々書誌学に関係する書入も多い。朱書入を更に墨筆にて訂正している所（古紙の寸尺）もある。挿入紙あり。

「日録」は浅葱色表紙（二六・五×一八・五糎）双辺題簽隷書体「好古日録　本（末）」。寛政丙辰孟春下浣日　藤原資同識「好古日録序」隷書体一丁、「好古日録目録」四丁を冠せ、内題「好古日録／左京　藤原貞幹　著」。単辺（二一・五×一五・七糎）無界一〇行小字双行、漢字片仮名交り文。版心なく折山中央下部裏丁に丁附のみ刻さる。尾題「好古日録終」。奥附単辺「集古図全二冊嗣出／寛政九年丁巳四月印行／京兆書肆／林伊兵衛／小川多左衛門／西田荘兵衛／北村荘助／鵜鶘惣四郎」。本文本三三、末通七〇丁。

「小録」の補遺篇とも云うべき考証随筆で、書入また「小録」に同じい。「鵬斎云」「篁墩曰」「望之按」等の按語が見える。「古刻柳韓文俗称堺板」の条の書入には、篁墩の説を引いた後で、「望之近日活字本正宗記ヲ獲兪良甫ノ題ニ次テ云寛永七年庚午九月吉日板行畢トアリ是兪良甫カ古板本ニヨッテ／活字セル時記ス所ナリ貞幹古板原本ヲ不見活字本ヲ以テ兪良甫所刻トス故ニ丁卯ヲモ寛永四年ナラント思ヘルナリ」と記す。貞幹は山田以文と共に、棭斎等の京都訪古旅行の際の案内者の一人であり、自らも実見の人であったが、棭斎からすれば尚此の如くである。洵に実見実証の学とは、云うは易く行うに難い。

図版は一七古本から、佚存書「古文孝経」の実見を識す条。なお弘安二年の福山侯所蔵本は、後文政六年十月の跋を附し、福山侯阿部正精が摸刻刊行している。

本書入本は二書共、汲古書院の「影印日本随筆集成」五・六に収められ、同じく浜野氏の手によって「日本藝林叢書」第三巻に、書入もそのままに翻字されている。川上新一郎氏に、本書書入をめぐり「狩谷棭斎の寛政二年京都行について」（「日本古書通信」二〇一〇年八月号）の論がある。

本書は、貞幹自筆の初稿本が静嘉堂文庫に、再稿本が大東急記念文庫に存する。八〇九—一b—二七—四

日本国見在書目録　続群書類従巻八八四　藤原佐世奉勅編　（嘉永）刊　大一冊　摸刻（鎌倉）写本　森枳園移写狩谷棭斎校合書入本

香色布目表紙（二六・四×一八・七糎）単辺題簽に「続羣書類従　八百八十四」と刻さる。表紙中央やや右寄りに墨書「日本現在書目」。見返に「大日本史」等より引いた藤原佐世の伝が書入らる。扉「続群書類従巻第八百八十四／総検校保己一集／雑部卅四／日本現在書目録」と、裏丁左下端に「八百八十四」と刻さる。扉に「簽題如此／外典書籍目録／（隔一行）

／室生寺」と朱書あり。内題「日本国見在書目録／合冊家／正五位下行陸奥守兼上野権介藤原朝臣佐世／　奉勅撰」。無辺無界一〇行、目録なれば字数・印面高不等。版心なく「要　丁附」を刻す。尾題「本朝見在書目録其後渡来数巻」とあり、それらを載せ、末に「右現在書目一巻縮臨大和国室生寺所伝之／本入彫蓋亦七八百年前之物蠧蝕数字餘亦／多可疑者然一従原文不敢妄改従疑以伝疑／之義也」と刻され、下に「塙忠宝書」と朱筆で書入られている。巻末に嘉永辛亥臘月十日　飫肥安井衡「書現在書目後」一丁を刻す。本文三九丁。首に「問津館」「森／氏」朱印押捺さる。

巻末第四一丁裏の校合識語に

見在書目一冊、其原本為鳥子紙胡蝶装、冊皮表面有室生寺三字、／則為当寺旧蔵可知也、此書文政年間狩谷棭斎遊西京之日、／所百計而購得、実是天下無二之宝典、棭斎没後以善賈転移、／経朱門諸家之臧、不出人間已三十年、余也自少従翁而読尓疋説／文及本艸諸書、今此書終入我庫中、固非偶然、則子孫宜永保／臧之耳、明治己巳春日枳園森立之書于西薇福山城東／医者坊之長聳松下寓居

皇国所伝李唐之遺巻、亦為不尠矣、皆是見在書目中所／録者也、其在于今日者、雖闕巻断紙、於書名上直以朱筆為団／圏以表之、其在于彼而不伝于此者、以朱筆為円輪以別之、其無朱／記者皆為逸書也、

立之又書、

下端に、実は最も早い時期の識語であるが、

嘉永壬子五月三日塙氏所贈翌／四日一読過源立之

続いて裏表紙見返に、前段より更に一格を低し

棭斎嘗令人精摸見在書目、因自就／随《ママ》唐二志校之、隋用藍筆、唐用朱筆、／隋唐二志不載者、上頭施円圏子以為／之別、今一々於此書字傍写之、余亦比校二志、／以補其遺編云、甲申夏日七十八翁森浴仙

と識されている。本識語により書入の事情が詳に知られる。「立之案」「約之案」の森枳園・梫庭父子、「棭翁云」等の案語が加えられ、「、隋志左右額印之／、唐志同／○隋唐志所載者同／●日本伝本正頭／○西土伝本同」という標識が、各書に附されている。

本書は宮中の秘閣冷然院焼失後、勅命により編纂された我国最古の当時現存漢籍目録である。本版は枳園識語に云う如く、棭斎が購得し学界注目の的となった室生寺旧蔵の古写本を摸刻したもので、その原本は明治二年枳園が入手したが曲折を経、今宮内庁書陵部に蔵されている。古典保存会の影印本が存する。枳園識語に云う棭斎の令摸写書入本は静嘉堂文庫に現存し、「文政元年九月五日一読畢」の棭斎手識が見られる。なお汲古書院の「日本書目大成」一には、土佐佐川青山文庫蔵本の重鈔本が影印せられている。

棭斎はこの書入をもとに整斉考証し、「日本現在書目証注稿」を編修せんとしたが未完に終った。安田文庫蔵の草稿本は大正の震災で不幸灰燼に帰したが、重鈔本をもとに山田孝雄氏の解説を附し、「日本古典全集」に翻印せられている。八〇九―一b―二八―一

職原鈔二巻　群書類従巻七一　北畠親房　〔江戸後期〕刊〔修〕　大一冊　慶応二年森約之移写狩谷棭斎校合書入本

香色布目表紙（二六・四×一七・九糎）単辺題簽「羣書類従　七十一」と刻さる。表紙中央に「職原抄　上下／類従後改刪正本是也（此行約之筆）」と書さる。巻頭「群書類従巻第七十一／検校保己一集／官職部二／職原鈔上（下）　北畠准后親房卿（下は題名のみ）」と題署す。無辺無界一〇行二〇

字小字双行。印面高約一九・六糎。訓点・送仮名附刻。上層に校字標注刻さる。尾題「轍原鈔下巻」。上下末に以下の底本奥書を刻す。上「正平二季十月廿五日書写畢同二十六日写点／訖権左中弁兼左近衛権少将源顕統／寛正五季甲申五月二十三日以権大外記之本書／写」。下後記の末に「正平二年十二月一日書写之並写点畢／権左中弁兼左近衛少将源顕統」。尾題後に以下の校語を刻す。「右轍原抄上下二巻僕所蔵古写与流布本稍／異頃者比校白川少将秘本及屋代弘賢蔵元／亀三年鈔本不無少異而大体符合則知流布／書殆渉後人加筆也僕本蓋存真面目乃傍以／活板訂正以為定本」。上二八、下通五三丁。「森／氏」「根津文庫」の朱印を鈐す。根津の二字は刻印の上に墨書さる。根陰刻、津陽刻。

有職故実、それも特に官制に託した親房の政書で、慶長勅版以来諸版がある。周礼を典拠とすることが多い。約之の校合識語に「慶応丙寅四月九日臨摹狩谷望之朱校了望之手校本今帰鈴／木舎人臧云森約之巨礼父養真斎（以上朱書）同五月十日臨写望之青校／了而業始成終朱青合校与原本全同其様云今日夏至　約之（以上藍書）」とある如く、朱藍両筆にて全巻に亘り校合書入が為されている。上末底本奥書を校合した後には「于時文明十四年壬寅孟秋之比雇藤原村綱法師令／草書者也　北司員外郎丹治宿祢判有（以上朱書）／文禄参年孟陬弐日年号書之（藍書）」。同じく下末には「于時永正十八年辛巳七月吉日書写之（朱書）／文禄参年孟陬二萱年号書之（藍書）」と書入られている。

また初印本を入木によって改めた修刻箇所を指摘し、「森約之案」等としてその是なるを考証している。例えば第一二丁表第四行眉上に「森約之案初刻注文／正字下有従字後改／刪除正之文明十四年／古抄本文禄三年古／抄本等皆無従字／是也」とあり、本文は「大一人相当正六位上近代ハ五位 唐名柱下起居郎」すなわち「正」の字が入木によって補修され、印面が浮いた感じが強く出ている。他にも入木により、かなり誤読誤刻箇所が修正されている。群書類従板本にはこうした修改が往々なされており、使用時には注意を要する。

八〇九―一b―二九―一

白氏文集林家跋文（外題）狩谷棭斎編　天保八年四月写（渋江抽斎）

大一冊

香色蠟引表紙（二六・八×一八・六糎）左肩直に「白氏文集林家跋文」と書す、森枳園の筆ならむ。扉に「林本白氏文集跋」と題し、題下に「弘前医官渋／江氏蔵書記」「森氏開万／冊府之記」の二朱印を鈐する渋江抽斎手写元題簽を貼附。以下薄様斐紙に、狩谷棭斎の臨摹せる林羅山・春斎父子の、那波道円校刊古活字本に書入られた金沢文庫本との校合識語一丁と、延宝元年十月九日弘文院学士林叟跋の跋文二丁とを、抽斎が又臨摹したものを綴ず。巻末に「天保八年四月廿七日手抄畢　抽斎」と識さる。巻頭に「森／氏」、巻末に「問津館」、抽斎自署の上に「学依青帰／不述甚解／医宗三養／必酌其原（陰刻）」「柳逸象抽斎／渋江氏平姓／全善道純（陽刻）」の二印押捺さる。

見返に「金沢本校正篇目」が貼附され、末に

羅山先生所校有依金沢本者有依宋槧本者第六十六巻詩題中構字校語云犯御名今雖／不能悉識別而春斎先生跋文所謂旧点四十巻者略可考知因挙巻数／之目如右其載金沢本跋者以朱圏標之／金沢旧巻今存廿八冊三両巻又存影写本三四両巻

と見える。これは林家校合書入本の跋文から抽斎の按じた当時見在の金沢文庫本「白氏文集」の巻次一覧である。この紙片の後に

以下十三葉影抄林家跋文者為椵翁之旧蔵／渋江籀斎就此跋文有所攷縷々書之前文是也今／粧釘新成併以籀斎所書糊于此以存旧云／乙酉秋日
非常道人森立之

の書入があり、枳園の手により、かかる装訂が為されたことが分る。

春斎の跋に

……先考元和戊午之年加朱於那波氏刊本全部、而求得旧本写点者四十巻、定知菅江流伝之餘也、其三十一巻未遑補点、……自壬子之春以副本一部畀侍生田植、暇日口授加点、而復写諸家本、至癸丑之冬畢三十一巻、於是合部七十一巻旁訓悉備、……

とある。すなわち本書の源となったのは、那波道円校刊の元和四年七月跋古活字版に金沢文庫本の旧鈔本四〇巻で羅山が校合写点し、未成の三一巻をほぼ半百歳の後、暇日を得た三男春斎が遺志を継いで漸く補点完成せしめたものである。

本書は、古活字版の双辺匡郭をも敷写しにし、巻末識語が臨摹されている。摹写面匡郭部分外法約二三・二糎。林叟跋文字面高約二二・〇糎。なおこの林家校合加点本は現在東京国立博物館に蔵されるが、現所在未詳の金沢文庫本の巻次も含まれ、白詩研究上貴重な資料となっている。

羅山、薙髪後道春と名告る。明暦三年没、享年七十五、初代大学頭。二代大学頭鵞峰、剃髪後春斎と名告る。延宝八年没、享年六十二。

書写者の渋江抽斎、安政五年没、享年五十四。弘前藩医、儒は市野迷庵に就く。森鷗外の史伝で知られる。八〇九―一b―三〇―一

新加九経字様　唐唐玄度（江戸後期）刊（官版）大一冊　文政一二年二月小島成斎校合書入本

焦茶色表紙（二六・五×一八・〇糎）単辺題簽「官板九経字様　全」。覆定石経字体官朝議郎権知沔王友翰林待　詔上柱国賜緋魚袋臣唐玄度撰「新加九経字様序」四丁、末に「当開成丁巳歳序謹上」とあり。次に「新加九経字様壱巻」と題し開成二年八月十二日牒四丁。内題「新加九経字様」。単辺（二二・九五×表裏通三〇・六五糎）無界五行小字双行。版心なく、裏丁書脳中央下部に「九経字様　丁附」と刻さる。尾題「新加九経字様終」。乾隆五年歳在上章涒灘辜月長至後二日祁門馬日璐識（跋）二丁。本文二九丁。「人中／分陀／利華」朱印を鈐す。伊佐岑満旧蔵。

前掲「五経文字」の姉妹篇とも云うべきもの。本版には刊年の記載を欠くが、恐く同時期の刊行であろう。同項参照。「五経文字」と共に雄山閣の「異体字研究資料集成」別巻一に影印さる。

本書入は、末に「文政己丑二月望以石本校勘畢源知足石本湯島狩谷氏所蔵也」と朱書する如く、後に松崎慊堂の羽沢石経山房に於て「縮刻唐開成石経并五経文字九経字様」の校勘作業に加わった小島成斎のもので、朱墨藍にて校合し、眉上に按語を加え、刻字の微かな線点に至る迄訂正が為されている。朱点・朱引あり。本書の書入も、前出「干禄字書」の書入と体式相似ている。

小島成斎前出。成斎には「馬本五経文字九経字様校訛」の著がある。八〇九―一b―三一―一

続日本後紀二〇巻　藤原良房等奉勅編　立野春節校　寛文八年一〇月跋刊（京　林和泉掾）大二〇冊　移写狩谷棭斎校合書入本　岸本由豆流旧蔵

紺色表紙（二七・五×一九・三糎）双辺題簽「続日本後紀一（一二十終）」。

表紙右肩「巻一／仁明天皇（巻二よりなし）／起天長十年二月／尽同年五月」等と目録外題を朱書す。貞観十一年八月十四日　太政大臣従一位臣藤原朝臣良房　参議正四位下式部大輔春澄朝臣善縄「続日本後紀序」三丁を冠す。本文巻頭「続日本後紀巻第一（―二十）起天長十年二月尽五月／太政大臣従一位臣（臣字巻三・四・十・十六・十九なし）藤原朝（朝字巻十五なし）臣良房等奉　勅撰」と題署す。双辺（二二・三×一四・三五糎）無界八行一七字小字双行。訓点・送仮名・音訓合符附刻。版心粗黒口双黒魚尾。中縫に「続日本後紀幾（第五・六・十一―十四）丁附」。尾題「続日本後紀巻第一（―二十）」。但し巻五のみは「続日本後紀五終」と刻す。寛文八戊申孟冬穀旦　立野春節識〔跋〕一丁、題署に続いて「洛陽小川　林和泉掾版行」の刊記あり。各巻丁数、巻一―通二七、巻二―二二、巻三―二六、巻四―二二、巻五―三二、巻六―一八、巻七―一九、巻八―三二、巻九―三九、巻一〇―二八、巻一一―一五、巻一二―三二、巻一三―三二、巻一四―一六、巻一五―一六、巻一六―二六、巻一七―一八、巻一八―三一、巻一九―三二、巻二〇―本文一五。「岸本家蔵書」「朝田家蔵書」の二朱印が鈐さる。欠格の条文がままあり、一例を挙げれば巻七第一丁裏に十一字、第二丁表に四字程、文字が刻されていない。

　各冊の朱筆校合識語を記せば、巻二末「文政七年閏月五日以亡友細井氏遺本校之　望之／文政十年閏月十一日以大橋正樹蔵本校　望之」、巻三末「文政甲申閏月五日以細井蔵本校望之」、巻四末「文政甲申閏八月五日以細井貞雄遺本校之　望之」、巻五裏表紙見返「文政甲申年閏八月六日以昌阿遺本校　望之」、巻六末「文政甲申年閏月六日以細井昌阿遺本校　望之」、巻七末「甲申閏月六日以細井本校　望之」、巻八末「甲申閏月七日以昌阿遺本校讐」、巻九末「甲申十月十二日以細井昌河《（ママ）》遺本校」、巻一〇末「以細井氏蔵本校讐甲申十月十二日　望之」、巻一一末「甲申十月十二日以細井氏蔵本校　望之」、巻一二末「甲申十月十三日以細井氏本校是巻　望之」、巻一三末「甲申十月十三日以昌阿本校　望之」、巻一四末「甲申十月十三日以細井本校是巻　望之」、巻一五末「甲申十月十三日以昌阿遺本校　望之」、巻一六末・一七末「甲申十月十四日以細井本校　望之」、巻一八末「甲申十月望以細井本校　望之」、巻一九末「甲申十月望以細井氏本校此巻　望之」、巻二〇裏表紙見返「狩谷氏校合本奥書云以朱書之／全部校読功了／寛政六年八月十九日　高橋真末／与吉田雨岡清水浜臣大島林益会読校合了／寛政八年八月八日　真末／安田躬弦本　井上作左衛門本／以細井昌阿蔵本校正了　校語記云山本者是也此一行以紫書之／文政五年七月廿九日以類聚国史校讐畢前田夏蔭対校／　望之志／文政甲申十月十五日以細井昌阿所遺古鈔本対校／　望之」。朱墨で校合・解注の書入が為され、藍も交えて「真末按」「高潔云」「勝皐案」「弘賢按」「義亮按」「保己一云」「久老云」「魚彦按（巻一一以下）」等の按語が書入られている。恐く巻一一以前と以後とでは書入移写者を異にするかと思われる。押紙あり。

　校合識語に見る如く、若き日の棭斎高橋真末が寛政六・八年に校読・会読し、約三十年後の文政五・七年に類聚国史や細井貞雄蔵本と対校、一部には文政十年の大橋正樹蔵本との校合も存する。江戸の学者の書入はこのように長年に及ぶものが多く、一々の書入時期が即断できぬ場合も屢々起る。

　本書は「日本後記」の後を受けた仁明天皇一代の正史で、六国史の一。本版により始めて印行された。本版は後天明八年春焼板となり、僅に残った板木と覆刻により新彫した板木とを合せ、寛政七年春京の出雲寺林元章より修印されている。八〇九―一b―三二―二〇

正平本論語札記　市野〔迷庵〕（光彦）写　大一冊　仮綴　大正七年一〇月浜野知三郎移写迷庵重訂本

香色渋引表紙（二七・二×一九・九糎）左肩直に「論語札記」と書す。表紙右肩に「三」と書さる。内題「正平本論語札記」。前書の末に「文化十年癸酉冬十月江戸市野光彦識」とあり。無辺無界一〇行二二字小字双行。朱句点を附す。字面高約二〇・五糎。尾題なく末に「光彦重訂」と朱書。巻末押紙に「三村本／（以下朱書）十七年一月五日閲了　献／大正七年十月五日以三村本校了知」の校合識語あり。全二〇丁。

本書は現存する本邦経書刻本の嚆矢たる正平版の論語を文化年間に覆刻し、其折合せ附した迷庵の解題校勘記で、初印本に迷庵の手訂が加えられたものが、山中信天翁から竹清三村清三郎の蔵に帰した。それを浜野氏が借りて移写したものである。三村氏蔵の原本は大正十一年に単跋本と共に斯文会より安井小太郎氏の解題を附して影印されている。尚札記の自筆稿本が東洋文庫に存する。

迷庵当時は未だ諸版を一堂に会して広く比較検討する機を得ず、所謂単跋本を初刻と見、それが覆刻をなした。本札記にはこの重訂によった常盤御文庫の修刻本があるが、修訂は一部にとどまり、本重訂の全てには及んでいない。

本写本は刊本と行格を等しくし、朱で誤字誤刻を改めたもので、一部は直接誤字の上に書改められている。尚刊本の句点は。であるが、本写本では朱の、が附されている。

市野迷庵、本稿一aに既出。八〇九―一b―三四―一

善身堂一家言二巻　亀田鵬斎撰　川村冨穀録　文政六年一二月刊（江戸　慶元堂和泉屋荘次郎）大二冊　豬飼敬所書入本

縹色空押雲型文様表紙（二六・四×一八・一糎）双辺題簽「善身堂一家言　坤（上冊破損「乾」とありしか）」。黄地単辺見返「文政六年癸未新鐫（横刻）／鵬斎先生著／善身堂一家言／東都書肆　慶元堂蔵板」。本文巻頭「善身堂一家言巻之一（二）／（隔一行）／鵬斎先生著　受業弟子　川村冨穀謹次」と題署す。双辺（一九・五×一三・〇糎）有界九行二〇字小字双行。訓点・送仮名・音訓合符・句点附刻。版心白口単黒魚尾。上象鼻に「善身堂一家言」、中縫に「巻幾」、下象鼻に丁附（但し第五丁より中縫「巻幾　丁附」）。尾題「善身堂一家言巻一（二）」。文政癸未冬十一月　江戸　川村冨穀謹識〔跋〕二丁。単辺奥附「亀田鵬斎先生著述目録（上段三点下段四点）／文政六年癸未十二月新鐫／東都書林　浅草新寺町　和泉屋荘次郎」。本文丁数巻一―五八、巻二―五三。

上層に「豬飼敬所先生評」と書す。以下本文の一つ書を「一字皆宜刪」とし、文章を改め、圏点・傍線を引き、読後の評を朱書で標記している。「此解亦恐不免／此嘲」「鵬斎深於仏／学而浅於儒／学」「明季王学之徒／往々如此、今日／西土不聞有如／此者、况我邦乎、／近世和漢講古／学其弊在徒求／考拠事虚文而不用心於修己治人之実学、」等の評記あり。「経云。自然妙合。」の箇所には朱で傍線を引き、眉上に「聖経未見此語……」とある。「仁者人也者、言／仁者出於人情／也、鄭注非是、」等ともある。附箋一枚あるも敬所の手に非ず。

本版は、井上金峨門折衷学の著者が論語各章を摘解し、後に経説二条・性説・仁説を加えたもの。

著者亀田鵬斎、文政九年没、享年七十五。また詩・書で知らる。豬飼敬

所前出。八〇九—一b—三五—二

荀子遺秉二巻　桃白鹿（源蔵）　寛政一二年一月刊（京　水玉堂葛西市郎兵衛）　大二冊　豬飼敬所書入本

砥粉色表紙（二六・五×一八・〇糎）双辺題簽「荀子遺秉　上（下）」。双辺見返「白鹿桃先生著／荀子遺秉／平安　書肆　水玉堂梓」。魁星像と「水玉／堂／印記」押捺さる。寛政十年戊午春三月　雲藩　桃源蔵序「荀子遺秉序」三丁、末に「桃源蔵曰…」とある「史記孟子荀卿列伝」通一二丁を冠せ、本文巻頭「荀子遺秉巻上（下）／雲藩　桃源蔵子深　著（下には「日本　雲藩〈以下同じ〉」とあり）」と題署す。左右双辺（二〇・四×一四・六糎）有界九行二〇字小字双行。訓点・送仮名・音訓合符附刻。版心白口単黒魚尾、上象鼻に「荀子遺秉」、中縫に「巻之上（下）小題」、下象鼻に丁附。尾題「荀子遺秉巻上（下）終」。単辺奥附「寛政十二年庚申春正月穀旦／皇都　書肆　京極通五条上ル町　葛西市郎兵衛」。此書肆は荀子を多く刊行している。本文上二二、下三二丁。「中島／幹事／図書」「豬飼／敬所翁／遺書」の二朱印を鈐す。

荀子の簡単な摘録摘解書で、書入は二手あり、一は「彦博按」とある敬所の墨筆按語と朱句点で、標記は第一丁表裏や巻二に一ヶ所ほどでごく少い。

一手は朱校字で「此ノヨゴレ除クベシ」「（玉）コノテン除クベシ」「此ノ通ニ改ムベシ末ガ／一字アク割合ニ／ナル」等とあれば、著者の自訂又は校正本か。因みに通行本では朱書の通りに改刻されている。

桃白鹿、享和元年没、享年八十。先年亡くなられた元東京大学史料編纂所長桃裕行氏の先で、桃家歴代の稿本や蔵書が桃家に残されている。八〇

九—一b—三六—二

九経談一〇巻　大田〔錦城〕（元貞）〔文化一年〕刊〔後印〕（大阪宋栄堂秋田屋太右衛門）　大四冊　小畑詩山訂正並移写豬飼敬所書入本

朱色空押花菱文様表紙（二五・一×一七・八糎）双辺題簽「九経談　元（亨・利・貞）」。題下に、元「総論大学　孝経」亨「中庸論語」利「孟子尚書」貞「詩周易　春秋」と小題が書さる。元—「大阪書林大阪心斉橋通安堂寺町秋田屋太右衛門板」、亨—「浪華書林　宋栄堂蔵版」、利—「浪華　宋栄堂主人識」、貞—「大阪書肆　秋田屋太右衛門蔵板」と刻する広告書目を各冊見返に貼附。巻頭「九経談巻之一（—十）／加賀大田元貞公幹著（巻七—十は「加賀大田元貞才佐著」）／陸奥門人（跨行）／奥山　清興／亀卦川守一／仝校（跨行）」と題署す。校者姓名は各巻異る。単辺（一八・〇×一二・八糎）有界一一行二〇字小字双行。訓点・送仮名・音訓合符附刻。尾題「九経談巻之一（—十）」。各冊裏表紙見返に広告書目を貼附す。利冊は貞冊見返と同じい。貞冊は「大阪心斉橋通安堂寺町　秋田屋太右ヱ門板」と刻する広告書目。第一冊巻一—一九・巻二—一三・巻三—二六、第二冊巻四—二六・巻五—二四、第三冊巻六—二七・巻七—一四、第四冊巻八—一五・巻九—八・巻一〇—一〇丁。巻二・一〇を除き校者姓名の次行に「詩山小畑行簡訂正」と朱書して訂正と朱墨書入が為さる。書名を記せし札に「狩野氏図書記」の朱印を鈐す。狩野亨吉旧蔵。天地裁断されしか。

本書は孝経・大学・中庸・論語・孟子・尚書・詩・春秋左氏・周易の九経に各一巻を充て、初に総論凡四十二条をおいたいわば九経概論とも云うべき解説書でよく読まれた。始め多稼軒の蔵板として出刊され、後書肆の

手に渡り様々な奥附が附され明治迄陸続と印行が為されている。「文政七甲申年二月補刻」や「天保十三壬寅歳初春補刻」の奥附を持つ書もあるが妄補か。

本書入は巻頭書脳に「戊辰季夏、小倉石川彦嶽、齎示此書、且請評論、余熟読一過、乃撃節曰、識見正大、援引宏博、竊謂海内莫二、不意今／日有斯人、称嘆之餘、標記鄙見、以還之、間有辨駁者、則愚者之一得、亦是君子同而異之意也、近江豬飼彦博文卿、／手録於平安新町尚志斎、」とある如く、敬所の上層標記を移写し、本文には詩山の訂正と朱墨の書入とが為されている。敬所の標記に「余二十四歳、始読書経大全、略知古文之可疑、自後読群籍、乃知其偽益明、但前後漢書儒林伝、所謂古文者、果是何書、不能釈然於胸中久之、五年前得王鳴盛後辨、乃積年滞義、霍然氷釈、今読此書、大服其精義云、」「余常疑左伝所記之事、」「余亦欲補正左伝注疏諸家之疎失、稍々属稿、意亦暗合、」等とある。敬所には左伝の標記本や考証等が存する。尚本書の敬所批校本は「日本儒林叢書」第六巻に翻印せられている。

著者大田錦城、加賀藩儒。山本北山門下の折衷学派で、経学を以て聞えた。文政八年没、享年六十一。

小畑詩山、明治八年没、享年八十二。儒医にして、詩家として知らる。詩は亀田鵬斎、儒は北山門の朝川善庵に学ぶ。八〇九―一b―三七―四

合刻四書四巻〔片〕山兼山（世璠）編点　明和八年一一月刊〔修〕

（江戸　鴈金屋義助）大一冊　古賀穀堂等書入本

縹色表紙（二六・五×一七・五糎）双辺題簽「四書孝経学記大学中庸全」とあり、上部破損。恐く「合刻」と有しならむ。明和八年辛卯十一月　兼山　山世璠撰　東都　河保寿書「合刻四書叙」二丁を冠す。本文巻頭「合刻四書辛（壬・癸・甲）之巻／孝経（学記・大学・中庸）上毛　山世璠国読」と題署す。左右双辺（一九・八×一五・五五糎）有界九行一六字。訓点・送仮名・音訓合符・句点・声点附刻。まま眉上に校合標注が刻されている。版心白口単黒魚尾、上象鼻に小題、下象鼻に丁附を刻す。尾題なく、中庸末に「兼山先生　梓書目素読本／（六行の広告書目あり）／明和万年之八年辛卯十一月／東都書戸小石川伝通院前鴈金屋義助桐梓」の刊記あり。孝経末に孝経を多く刊行せし「江戸書肆　小林新兵衛梓」の刊記が刻さる。合版か或いは求板本か。本文丁数、辛八、壬六、癸八、甲一五。「白雀堂／図書信」の古賀穀堂朱印を鈐す。

本版は兼山が未だ宇佐美姓であり、序や巻頭の題署に「宇世璠」とあるのが初刻で、本書はその修印本である。しかし私の実見している限りでは、修のないものも、孝経末と中庸末の刊記は本書と等しい。此初刻と思われる版には「兼山宇子訓点／古学合刻四書孝経大学学記中庸／青山堂桐梓」と刻する見返が附されており、青山堂鴈金屋義助の手になるものと見てよかろう。本版にはまた後印と見られる「嵩山房蔵板目録」を附した印本もあり、明治迄引続いて印行されている。なお詳しくは拙稿「孝経目録補遺並江戸時代孝経刊行年表」（斯道文庫論集第二十一輯）等参照。

本書は序に「余今権借新安氏書題以孝経学記大学中庸為吾家四書以備蒙養」とある如く、孝経以下の単経本で、朱墨筆で校合・解注・典拠引用等の書入が周密である。書入は何手かあり、恐く古賀穀堂等古賀家の人々の手になるものであろう。押紙不審紙あり。眉上に書入られた按語には「善韶按」「皆川云」等の記載も見え、中庸末版心部の表には「文化元年秋八月皆川正本写」の記載もある。

兼山は一時宇佐美灊水の養子となり宇佐美姓を用いたが、後本姓の片山に復した。復古学より出て後には折衷的な傾向を示した。天明二年没、享年五十三。朝川善庵はその子である。古賀穀堂は本稿一aに既述。八〇九―一b―三八―一

倭名類聚鈔二〇巻　源順撰　那波道円校　〔寛文一一年一〇月〕刊〔後印〕（大坂　渋川清右衛門）　大五冊　江藤正澄移写伴信友等校合書入本

香色刷毛目格子文様表紙（二七・三×一九・四糎）単辺題簽「和名類聚抄一（―五）」と刻す。但し巻三―倭、巻四―味。題下に「校本」、巻三「校合本」と朱書。第二冊右肩に「職官部／国郡部自山城到長門」と目録外題朱書。「倭名類聚鈔序」三丁、元和三年丁巳冬十一月　日　羅浮散人洗筆於雲母谿清処「題倭名鈔」二丁、番陽那波道円識「新刻倭名類聚鈔凡例」一丁、「倭名類聚鈔惣目録」四丁を冠す。内題「倭名類聚鈔巻一（―二十）（巻第六）」、巻三のみ題下に「源順撰」と刻さる。単辺（二三・三×一七・五糎）無界一三行二三字小字双行。訓点・送仮名・音訓合符附刻。版心粗黒口双黒魚尾、中縫に「和名巻之幾　丁附」。尾題「倭名類聚鈔（巻一八鈔なし）巻第一（―二十）終（巻九終）」。刊記「書林　大坂心斉橋筋順慶町　渋川清右衛門」。第一冊巻一―本文九丁、巻二―通二〇、巻三―一五、巻四―通二三丁。第二冊巻五―一四、巻六―通二七、巻七―九、巻八―通一八丁。第三冊巻九―九、巻一〇―通一八、巻一一―九、巻一二―通二三丁。第四冊巻一三―九、巻一四―通二〇、巻一五―八、巻一六―通一九丁。第五冊巻一七―一二、巻一八―通二三、巻一九―一四、巻二〇―通三二丁。「江藤文庫」朱印を鈐する。

本書は平安中期の類書的な漢和辞典で、一〇巻本と二〇巻本の二系統があるが、近世に通行したのは二〇巻本の系統であった。本書の分類意識は後続の我国の書に大きな影響を与えている。

本版は後掲慶安元年刊本に次いで刊行された寛文一一年板の後刷本で、両書共那波道円校元和三年古活字二〇巻本の翻刻である。

本書入は見返に書入られた「校合凡例」や巻末の校合識語に依るに、伴信友校本（今井似閑・加茂季鷹・興田吉従・鈴屋等の校合書入説を含む）と城戸千盾蔵の上田百樹校本（藤原貞幹校合書入説を含む。又信友も校合に利用す）とを移写した山根輝実本によって江藤正澄が校合書入し、更に二十九年後椀斎の「箋注倭名類聚抄」（明治一六年刊本）を使って同様の措置を講じたもので、朱墨書入万紙に満ち一見錯綜、恰も過ぎたるは及ばざるが如しという俚諺を想起せしめる。押紙や本文を切貼りによって訂した箇所や、書入丁の綴加え等があり、特に第三―五冊に多い。

巻末の朱筆校合識語を記せば、巻二末尾題下「天保十一子年三月廿九日以城戸翁合校合」以下裏丁「寛政十戊午十二月三日於貴布祢宿直所敲硯氷再校終　甲斐権守加茂季鷹／寛政十二年庚申十月廿五日夜写畢　興田吉従／享和三癸亥年十二月十一日於若狭小浜旅寓朱校合了元本中至訓字異任意用捨之／文化二丑年八月於仝所以三本　立入信友／文化三歳以丙寅年八月廿日以鈴屋翁校本校之了嘉永二己酉十六交了輝実十月九日朱交了／（以下嘉永二…と並べ小字で）中ト標サスイト云□ヘルハ此ノ鈴屋本ナルベシ中ハ中西本也／又云古本又古トモイヘルカミユイト云□ヘルト同歟異歟」、巻四「天保十二年四月廿九日合再校合（低頭）／亥十二月十六日以上朱書写終一校丑八月以三本校／文化三年八月以鈴屋校本比校之了　信（花押）／嘉永二己酉年十月卅日伴信友翁校本比交了　藤原山根輝実／明治十年四月借

得京人辻鼻真工之蔵本山根輝実自筆之物遂校訂／畢無比之珎書也　広瀬神社大宮司正七位江藤正澄」、巻五「天保十一子年正月廿三日」、巻六「寛政三年五月一校畢／仝十年十二月於貴布祢以今井似閑氏校本再校畢　甲斐権守加茂季鷹／仝十二年庚申二月廿七日写畢　興田吉従／享和四年正月廿九日右朱校写早　立入信友／嘉永二己酉年十一月七日比交了　主税少属藤原輝実／明治十年六月中澣以山根輝実校合之本遂訂正了　広瀬神社大宮司江藤正澄」、巻八「文化三歳次甲寅年八月以鈴屋本比校了　伴信友（花押）／嘉永二己酉年十一月十四日以伴信友翁交本比交了　山根輝実（花押）／明治十年六月中旬以辻鼻直（ママ）工之蔵山根輝実之校本遂校訂了／広瀬神社大宮司　江藤正澄」、巻九「文化二年校正畢　御里御民上田百樹／天保十年十二月朔日校合　輝実／明治十年五月日校合了　江藤正澄」、巻一二「天保十一子年正月十八日以城戸翁校本合校合／（此行墨書）天保十二年五月七日／弘化四年丁未四月一日以伴信友翁本合校合了／　輝実／明治十年五月日於南都旅宿校合了／　江藤正澄」、巻一四「天保十一子年正月十二日合校合」、巻一六「嘉永三戊酉年十一月七日伴信友翁本比交了十九再交了　輝実／明治十年六月下旬以輝実之校本遂訂正畢　正澄」、巻二〇「和名類聚抄対校／天文本　同本所校二本　僧契沖今井似閑校本賀茂神庫所納／本居宣長翁所校古写数本　藤貞幹所校古写数本　波伯部百樹所校古写三本／活字本　一印本寛文七年村上氏刊行　異本　尾張真福寺所蔵古写本　又異本四本／其他古昏所引用　伊勢山田中西氏所蔵古写本文政五年正月比校了」と校合底本を記す。「対校」の題前に「伴翁本第一ニ書ケリ／天文本奥書云寛保癸亥五月中弦於皇都書肆得之／皇龢桑門東垂総陽香取郡／鏑木邨法印快賢伴題」と天文本の奥書を記し、押紙に「中西本巻第八奥書臨摹／自公意僧正御伝領／三井沙門任契」と中西本の奥書を記す。なお此対校の箇所には押紙が貼られ、同文の対校本を挙げ「以上二十余本若反切之字及所用仮字之不同不遑毛挙如是者間避煩／不批之／文化九年冬偶在京遊栂尾山高山寺観寺庫所蔵古文書目録載和名类聚抄一部／請之院主欲比校主許可尓後未得便宜不果姑俟它日而已／文化十癸酉年十一月廿一日　文政五壬午年正月又校古本記上／伴州五郎信友記」と記されている。対校本には全て鉤点が引かる。此記述から、信友は折角現存最古の伝本である高山寺本に遭遇しながら、目睹し校合するの果せなかったことが分る。刊記の後に末に「右引用書目私附之　貞幹」と題する「和名類聚鈔引用書私附之　伴信友（私以下朱書）」三丁を綴加う。「引用書」中の朱書は信友の増補である。附綴引用書末朱書「嘉永三己戌年十月廿二日交合了伴信友翁校本（十月廿二日の左傍に「十二ノ十五」と書す）」。以下天文本第一—五巻跋尾の奥書と「丙申年仲冬　隅東日下部〇〇勝美天文一本」と末に題する識語各半丁あり。識語裏丁に墨書「文化四年七月別本又大須本もて校合し又／天文本をも得て再校し早ぬ／左京御民波伯部百樹／天保十二年六月七日以城戸翁本合校合早／左京人　藤原輝実／明治十季五月下澣以京人辻鼻真工蔵山根輝実自筆之校本／加訂正畢奇代之珎書也後裔勿忽諸云爾／広瀬神社大宮司正七位江藤正澄」。見返「校合凡例」中棭斎箋注本の凡例等を記した末に「明治卅九年六月以松田敏美本抄録焉／江藤正澄識」、「同三十九年六月十二日以松田敏美本抄録畢　江藤正澄珎蔵」と書す。

江藤正澄旧蔵書は神宮文庫に多く、一部太宰府天満宮にも蔵さる。

伴信友前出。ハ〇九—一b—三九—五

又　大五冊　移写賀茂季鷹校合書入本

香色刷毛目格子文様表紙（二七・二×一九・二糎）同前題簽。第一冊の表紙に「加茂季鷹校合書入／大野洒竹珍蔵」と朱書さる。「洒竹文庫」朱印押捺。

巻二末に「寛政十戊午十二月三日於貴布祢宿直所敲硯氷／甲斐権守賀茂季鷹」、巻六末に「寛政三年五月一校畢／同十年十二月於貴布祢以今井似閑氏校本再校終／甲斐権守賀茂季鷹」という前掲書の信友が校合に使用せる一本と同じ識語を持つ本の移写。朱筆で、巻七より墨筆（但し第一三丁裏―第一五丁裏まで朱）で校合書入が為され、眉上に「季鷹案」「貞直按」「貞衡案（云）」「衡云」等の按語が記されてある。巻一五以下書入なし。押紙も存する。

賀茂季鷹前出。八〇九―一b―四〇―五

又　大五冊　校合書入本

茶刷毛目表紙（二六・五×一九・四糎）題簽同前。「閑斎蔵」「白魚」（陰刻）「瓊能／屋蔵／書印」「銀座／第三街／廿二号／地／市／川」（木葉型）各朱印を鈐す。

朱墨校合書入、押紙あり。巻末に「以大須本／以本屮和名」等とある如く、古活字本・大須本・本居本・本屮和名等で校合が為されている。巻二〇の眉上に「幹按」の按語あり、藤原貞幹校合本も参照されているようだが、巻一五以下に同書の校合書入が見られる次掲四四番本には此按語は記されていない。八〇九―一b―四一―五

又　大五冊　文化三年八月山田吉従移写藤原貞幹校合書入本

香色刷毛目格子文様表紙（二六・六×一九・二糎）題簽同前。「山田臧書」「清舍／図書」の朱印が鈐さる。

巻一五以下のみなれど朱墨緑筆の書入周密。眉上に「幹按」「朝按」の按語が見え、押紙・切貼による訂正・綴加え等あり。巻末に「引用書」三丁を貼附す。末に「天文伝写本跋尾／第一巻　誂全宗書之　天文丙午天／第二巻　誂全宗書之　天文丙午天／第三巻　誂和仲東請書之　天文丙午天／第四巻　誂奔俊書之　天文丙午天／第五巻　誂伊舜上人書之　天文丙午天／以丙申年仲冬隅東日下部氏所伝写之本一校／寛政六年甲寅秋日左京藤原貞幹／「道貞／之印」（陰刻）／享和三年九月五日／右無仏斎所校和名鈔借上田百樹蔵本再写／文化三年丙寅八月廿五日　源吉従」の校合識語あり、此も三九番既出の上田百樹本の校合書入移写本であることが分る。しかし、三九番本には更に此後文化四年の再校が加えられていることが前述の校合識語から判明する。

藤原貞幹前出。八〇九―一b―四四―五

又　大五冊　書入本

香色刷毛目格子文様表紙（二六・四×一九・四糎）題簽同前。全冊目録外題を書きて貼附す。前附は序・凡例・題倭名鈔・惣目録の順に綴じらる。

朱墨の書入は巻により精疎はあるものの周密で新古の二手あり、〔古事記〕伝等諸書を引き注解を施す。「貞丈考に」等の書入が眉上にあるが、他の書入本の移写ではなく親ら博捜して施したもののようであり、他の書入移写本とは殆ど一致しない。押紙も多い。美作国の条には押紙に「美作ノ郡国人ニヨク尋ベシ」と、云ってみれば至極当然のことが書かれている。

八〇九―一b―四六―五

又〔後印〕（京　弘簡堂須磨勘兵衛）大五冊　移写小沢蘆菴等校合書入本

香色刷毛目表紙（二五・九×一八・六糎）同前題簽。前附は序・惣目録・凡例・題倭名鈔の順に綴じらる。同前刊記の後に双辺奥附「皇都書林　冨小路通三条上ル町　弘簡堂　須磨勘兵衛」が裏表紙見返に貼附さる。「樾廼屋蔵」の朱印を鈐する。

本書も朱墨藍代赭の書入稠密で押紙もある。末に藍で「慶安元戊子暦霜月吉辰　新刊／藍書　小沢蘆菴自筆摹写」と記さる。此は校合に用いた次掲慶安版の刊記を誌したもの。序題下に「異本　附注　庚子六月（以上朱書、以下墨書）又古写本一部／別蔵／右季鷹校本／併録／朱書　天文本　藍書小沢芦菴賛本」と校合凡例書入らる。「隆陞按」「千蔭按」等の按語が眉上に写さる。刊記の後に「丙申年仲冬　隅東日下部」と末に題する一丁が綴じられ、次に「右天文本題尾／天明辛卯秋九月校合竟功」と朱書さる。頻出する此天文本の識語を三九番本で対校しつつ、本書によって掲げておく。

疇昔訪於山岡子亮君主人遂謂曰比（此）者得見和名類聚鈔古本蔵在下総国香取郡也吾将比校於通本吾子幸為之耦焉乃示其書点検之則品彙叙列頓異且無宦（官）職及国郡部於是従容而謂曰夫鑿柄既殊方円蔑復所容非翅（飛）不相容而已得無遂不堪為其用哉今閲此書復亦有焉不若両存而胎異同於後昆也僕請臨摹可乎主人曰諾乃齎帰廬数日（月）而謄（騰）写成矣凡十巻古人称和名類聚鈔二十巻和名十巻林羅浮子亦謂和名有詳略二本意者此或其略者歟如其詳本蓋後従経増修也書中多魚魯脱闕今姑仍其旧観者審諸

小沢蘆菴前出。八〇九―一―b―四三―五

倭名類聚鈔二〇巻　源順撰　那波道円校　〔慶安一年一一月〕刊
寛文七年八月以後〔修〕（大坂　柏原屋渋川清右衛門）大五冊　移写清水浜臣校合書入本

紺色表紙（二五・九×一八・二糎）黄地双辺題簽「和名類聚鈔　三四（五六・七八・九十）」と刻さる。第一冊左肩直に「和名類聚鈔　壱弐壱」と書す。各冊表紙左下端に「弐」「参」「四」「伍」と書さる。「倭名類聚鈔序」四丁、元和三年丁巳冬十一月　日　羅浮散人洗筆於雲母谿清処「題倭名鈔」三丁、番陽那波道円識「新刻倭名類聚鈔凡例」一丁を冠す。巻頭「倭名類聚鈔巻第一（―二十）源順撰」と題署す。巻一のみ題名の名と類の間に連合符を附し、「源順《ノ》撰《ス》」と送仮名を刻す。双辺（一九・九×一五・〇糎）無界一〇行一七字、訓点・送仮名・音訓合符附刻。版心粗黒口三黒魚尾、魚尾間、上に「和名巻之幾」、下に「丁附」。尾題「倭名類聚鈔巻第一（―二十）終（巻第十六）」。巻末に「寛文七丁未歳仲秋日／書林　大坂心斎橋順慶町柏原屋　渋川清右衛門版」の刊記あり。各巻丁数、巻一本文一七、巻二―一九、巻三―二四、巻四―一五、巻五―二四、巻六―三〇、巻七―二二、巻八―二〇、巻九―二一、巻一〇―一七、巻一一―一六、巻一二―二四、巻一三―一六、巻一四―一八、巻一五―一四、巻一六―二〇、巻一七―二一、巻一八―二〇、巻一九―二五、巻二〇―二八丁。「遠縢蔵」の朱印を鈐する。巻末匡郭外に「文化十二年九月念二以畧本比校了聊註所見　泊洦主人」の朱書あり、「浜按」「久老云」等の按語が眉上に書入らる。清水浜臣校合書入の移写本であろう。朱墨書入は周密で押紙も存する。

本版は後掲の村上勘兵衛印本と比するに、巻二〇の第二五―二八すなわち巻末の四丁を覆せ刻りによって修刻した印本であることが分る。本修印本に狩谷棭斎の校合書入が手写された早稲田大学蔵本が「早稲田大学蔵資料影印叢書」に高梨信博氏の解題を附して影印されている。

清水浜臣前出。八〇九―一―b―四二―五

又　大五冊　嘉永五年穂積直道移写清水浜臣校合書入本

香色刷毛目格子文様表紙（二五・八×一八・三糎）単辺題簽「和名類聚抄二（五）」、和の字巻三は倭、巻四は咊、巻一題簽剥落。この題簽は前出寛文一一年刊の渋川清右衛門後印本と同じい。前掲本と次掲村上勘兵衛印本とは同題簽であるから、同じ渋川印本でも本帙やや後印か。本慶安刊本、後に行字数を増やし、丁数を減じて再板された寛文刊本共に、渋川清右衛門は村上勘兵衛から求板している。同系の書物を揃え、その印行を一手に為さんとする書肆の戦略が、本書の印行についても又見られる。題簽は始め村上からのものを襲用し、後改めたが、再板本には慶安本の題簽をそのまま流用したということであろうか。しかし所詮想像は想像にすぎず、多くの板本を比較調査することによってしかこの謎は解けない。

本書入は朱墨（大凡朱）で押紙も存し、殆ど前掲書と一致する。「浜按」「久老云」「契云」等の按語が眉上に書入らる。第一冊裏表紙見返に「嘉永五八月廿一日始／同十月十九日終」と朱書、同第三冊裏表紙見返には墨筆で「嘉永五壬子五月廿七日初／同六月十四日卒業」と、第四冊巻末裏丁には「朱書（朱筆にて書かる）／嘉永五壬子六月十五日初（墨書）／同八月四日終（朱書）」と、また第五冊裏表紙見返には朱で「文化十二年九月念二以畧本比校了聊註所見　泊洦主人／文政二年閏四月右泊洦舎以本書入写早平盛正／文政三年七月以右盛正本書入写早後ニ／疑シキトコロハ泊洦舎ノ本ヲ見テ正シツ　源敬義／嘉永元年五月右以敬義本書入写早　中原為行／同五子年右以為行本書入写早　穂積直道」の校合識語が記されている。なお浜臣自筆かと思われる慶安刊本首六巻（一冊）川瀬一馬氏蔵か。八〇九―一b―四五―五

又〔慶安一年一一月〕刊　寛文七年八月印（〔京〕村上勘兵衛）　大合四冊　書入本

紺色表紙（二五・八×一八・五糎）双辺題簽「和名類聚鈔　一二（五六・十一十二・十七十八）」と刻す。題下巻次に第一冊「三四」第二冊「八九十七」第三冊「十四十五十六十三」第四冊「十九廿」と書足す。表紙右肩に朱（第一冊のみ墨筆で朱書の上をなぞる）にて目録外題を書す。前附は序・凡例・題倭名鈔の順に綴ず。刊記「寛文七丁未歳仲秋日村上勘兵衛刊行」、刊記上下の匡郭削去痕あり入木の痕跡明かに見ゆ。「尚古／斎／所臧」「尚古斎」（陰刻・各冊末）「□筠地蔵書」の朱印を鈐する。

朱墨書入、押紙・不審紙あり。朱句点・朱引が存し「今俗…ト云」と今俗名を記すことが多い。本書は他の校合書入本の移写ではなく、自らよく訓み考証を下したものの如くである。八〇九―一b―四七―四

新撰字鏡存第三（釈昌住）写（〔狩谷棭斎〕真末）大一冊　清水浜臣・狩谷棭斎書入本

白色表紙（二八・四×二〇・六糎）左肩直に「中清書／新撰字鏡　三」と書し、右に目録外題「玉田水金木艸禾耒竹」と書さる。板本の刷反古を用いし如し。内題なく、「玉部五十四」と小題して本文に入る。無辺無界八行小字双行。ほぼ上下二段に書さる、字面高約一九・一糎。眉上に標注・按文等あり、字面高約五・一糎。巻末「鳥部六十三」と題され、以下欠。全二六丁。首に「清水浜／臣蔵書」「青裳文庫」「洒竹文庫」、末に「泊洦舎蔵」の朱印が押捺されている。

眉上に標字を朱書し（一部墨筆）、按文や校字の理由等を記す。眉上の書

入は本文を写した後から加えられた如くである。「浜臣按」「真末按」「毛利貞斎曰」等の按語が見え、切貼による訂正も見られる。棭斎の若書か。

浜臣は棭斎より一歳年少。浜臣・棭斎・大野洒竹逓蔵で、外題の「中清書」は第二段階の清書の意。棭斎は弱冠の頃、隣町に栖む浜臣とよく校読を行っている。次掲本は本書の影写部分を含む完本である。

なお本書木部五十八に「棭祢夫利」の記載があり、棭斎の号の拠所となったかと考えられている。八〇九―一b―四八―一

新撰字鏡　釈昌住　写（〔狩谷棭斎〕真末）　大一冊　薄葉紙〔狩谷棭斎〕校合書入本

浅葱色布目表紙（二七・三×一八・四糎）左肩直に「新撰字鏡」と書さる。求法僧昌住「新撰字鏡序」三丁、「新撰字鏡総目」二丁を冠せ、内題「新撰字鏡」。無辺無界八行、ほぼ上下二段に書さる。字面高約一八・七糎。眉上に標注あり、字面高約五・〇糎。尾題「新撰字鏡終」。本文八九丁。首に「洒竹文庫」朱印押捺さる。

前掲書は本書の一部であり、本書は、薄葉紙に書写されたそれと影写の関係にある完本。但し前掲書では□で囲まれていた出典名が、本書では朱書されている。眉上の標字が木部の途中からないのは、前掲書と共通する。押紙あり。

本書はやや類書体を帯びた漢和辞書であるが、未だ資料ノートの輯集にとどまり、全体の構成・統一を欠く憾がある。しかし引用に佚書・佚文が含まれ、別体字や和製漢字も多く採録されており、棭斎等が若年から関心を示したのも宜なる哉の観がある。享和三年に所謂る抄録本系統を底本とした板本が出版されている。本巻また抄録本系統の群書類従本に同じい。国立国会図書館蔵「新撰字鏡」享和刊本の、棭斎門石橋真国の書入によれば、本書の底本は、浜臣の師村田春海所蔵本であると云う。

詳本の所謂る天治本は、文政年間に二巻が、棭斎没後の安政三年に残りの一〇巻が人間に現われ、此一二巻が今宮内庁書陵部に蔵せられている。棭斎の執心は、文政一〇年、山田以文の斡旋により、吉田神社権禰宜鈴鹿連胤の下で、その所蔵二巻の書写に功を終えた如くである。此は五度目の西上であった。

なお龍門文庫に、棭斎手写の「新撰字鏡」上が存する。八〇九―一b―四九―一

倭訓栞前編四五巻首一巻　谷川士清　安永六年九月・文化二年一二月・文政一三年閏三月刊（京　風月荘左衛門等）　大三四冊　弘化四年七月神谷克楨令写伴信友書入本

紺色空押唐草文様表紙（二五・六×一八・二糎）第二九冊以下（二五・七×一八・三糎）双辺題簽「和訓栞　序　凡例　大綱　一（安之部　二〈―於之部　三十八〉）」と刻さる。同国人《オヤジクニビト》（ママ）本居宣長《モトヲリノリナガ》「栞披旨書《シヲリブミノハシガキ》」四丁、倭訓栞　凡例二丁を冠せ、「倭訓栞／洞津　谷川士清　纂／大綱」と題署す。第二冊より「倭訓栞前編二（―四十五）／洞津　谷川士清　纂」。双辺（二〇・一五×一四・九糎）無界一四行。漢字平仮名交り。版心白口単黒魚尾、上象鼻に「倭訓栞」、魚尾下に「巻之幾　〇丁附」と刻す。巻首丁に「巻之二阿（五衣乎・六上加〈六下〉・九計）」と五十音分類の標目小題を刻するもあり。尾題「和訓栞前編二（七）」「倭訓栞前編三（―五・八―一二・四十三―四十五）」「倭訓栞前編六上終」「倭訓栞前編巻之六終」「倭訓栞前編九（十三―十七・十九―四十二）終（但し巻九計の部。古の部は前出）」「和訓栞前編十八終」。文政十一年

五月　孫谷川士行謹記〔跋〕半丁あり、裏丁に刊記「文政十三庚寅閏三月発行／書肆／東都　須原屋茂兵衛／京師　出雲寺文次郎／風月荘左衛門／本屋儀助／洞津　篠田伊十郎」。巻一三裏表紙見返単辺奥附「安永六丁酉之歳九月吉日発行／書肆／東都　須原屋茂兵衛／京師　山本平左衛門／出雲寺文次郎／風月荘左衛門」。巻二八裏表紙見返に同じく単辺奥附「文化二乙丑之歳十二月吉日発行／書肆／東都　須原屋茂兵衛／京師　出雲寺文次郎／風月荘左衛門」。各巻丁数、第一冊大綱巻一―通四七、第二冊巻二―五六、第三冊巻三―四二、第四冊巻四―三三、第五冊巻五―二一、第六冊巻六上―三九、第七冊巻六下―三四、第八冊巻七―二〇、第九冊巻八―三二、第一〇冊巻九―計九、古通四三、第一一冊巻一〇―三九、第一二冊巻一一―四六、第一三冊巻一二―二六、第一四冊巻一三―二六、第一五冊巻一四―五〇、第一六冊巻一五―一三・巻一六―三六、第一七冊巻一七―一一・巻一八―三四、第一八冊巻一九―三八、第一九冊巻二〇―一二・巻二一―九、第二〇冊巻二二―一二・巻二三―一三、第二一冊巻二四―三八、第二二冊巻二五―四〇、第二三冊巻二六―二三・巻二七―八、第二四冊巻二八―二三、第二五冊巻二九―三四、第二六冊巻三〇―四二、第二七冊巻三一―一九・巻三二―一一、第二八冊巻三三―二八、第二九冊巻三四―三二、第三〇冊巻三五―一九、第三一冊巻三六―二二、第三二冊巻三七―七・巻三八―五・巻三九―二・巻四〇―四・巻四一―三、第三三冊巻四二―二一・巻四三―九・巻四四―六、第三四冊巻四五―跋文共四九丁。「岡部氏／臧書」「大嶋／之記」の朱印を鈐する。

本書は第二音節まで五十音で排列した本邦初の五十音引き辞書で、百科事典的要素をも合せ持つ。著者は安永五年に没しており生前にその刊行を見ることはできなかった。中編三〇巻後編一八巻は補訂整斉を得て文久二年・明治二〇年に漸く刊行せられている。

本書入は奥に「伴所蔵写本奥書」と貼紙に朱書され、二丁ほどの識語が記されている。その末に「文化九とせといふとし／霜月栫園にしるす／平由豆流／文化十二乙亥年四月雇人令書写了　伴信友（花押）／右和訓栞三十八巻借伴信友翁之遺本課村瀬光利令書写訖／弘化四丁未年七月　神谷克楨」。全巻殆ど代赭色で記され朱墨藍（巻二九以下）筆を交ゆ。巻三〇迄は押紙に墨筆で平田本との校合が為されている。巻二九以下は書入の体式がやや異る。前編巻二著者題署の左に「朱伴　信友補稿」、同じく巻四には「伴信友補遺／他人ノ説ニハ名ヲ挙予カ考説ハソノ／所々ニ名ヲイハス」、同じく巻六下「信友　追補　稿」等と朱書さる。巻二九見返の附箋には「伴氏所蔵の本は此末行以下いまた上梓ならさる前に写さしめたるなり今校合するにこれにありてかれになきありかれにありてこれになきありみな是を記すに青色をもてわかてり（以上藍）代赭にてしるせるは前巻の例と同しされとこの以下は大かた伴翁みつからものせられたるなり（朱）」と記されている。「信云（按）」「天野信景云」等の按語が見える。綴加えもあり、巻三六本文前には「衣の部」（眉上に「重復《ママ》」と代赭にて記す）五丁が綴じられてある。

信友の令写させた岸本由豆流の識語に曰く。

…このふみみつかふたつはさきに板にゑりたれば。たれ〳〵ももたらぬはなし。しかはあれとその末のひとつは。いまた世におこなはれねは。…としころゆかしとおもひわたりつゝ。伊勢の国なる大御神にまうづといふ人ごとに。いかでかのくにの書あき人にまれ。さるへきたよりたにあらはもとめいてたまひてよとて。ことつけやりしこと。ことしまてみたひになりにたれと。みなゝしとてかへりぬ。さるをことしやよひのころ。わかうるはしき友なる。樋口よしきてふ人いせちにかへるといふに。またさきのこと言いてやりしかは。こたひはからうしてもとめ得ぬとてもてこしかた。とる手おそしとくりかへし見るに。めつらしきことかきりなし。なほ日をへつゝくりかへし見るに。さきに板にゑりたるかたよりは。たらぬ事すくなからす。そはさきのかたは板にゑれるきさみ。ふたゝひよく校合せしを。すゑのかたは板にゑらぬさきに谷川のぬしみまかられしかは。草稾のまゝにて写しつたへたるなるへし。しかいへるは。あいうえをのえのまきに。やいゆえよのえの巻をくらへ見ても。しるへし。あはれこのたに川のぬし今しはしかほと世にありて。みなゝから校合しはてたらんには。いみしき文ならんをあはれ〳〵。

第二冊の見返に書入に使用せる他の辞書類等の出典引用書の略号凡例が記されている。見返又は扉に目録が書入られている冊もある。令写者の神谷克楨には、同じく信友校合書入の「新撰字鏡」を嘉永元年に令写したものが存し、今静嘉堂文庫に所蔵されている。

明治卅一年七月—十二月皇典購究所より刊行された「増補語林和訓栞」は、増補者の井上頼圀・小杉榲邨が信友の書入を取捨案配して翻印した改編本である。

倭名類聚抄以下各項に見られる如く、江戸時代の学者は辞書に校合や出典・意味等の書入を行ない増補しつつ、自ら独りの辞書を作り上げることに熱意を注いだ。本稿でも取上げた雑抄で、目睹した書物の詞華集を作り、辞書を整備増強して自らのデータバンクとし、索引・覚書・摘録書を作り上げていく。工具書が現今の如く利便でなかった時代には、自らにそれを課さねばならなかった。かかる編著は当時の学人にとって云わば現代のカードにも、またコンピュータにも比すべきものであったろう。労を惜しまず遠きを辞せず、資料や人を博捜して稠密な、一見煩瑣とも思われるこうした書入を行ったのも、ひとえにこの当時の文明の利器の利用の為であったのであろう。

伴信友前出。著者谷川士清、医家にして国学者。安永五年没、享年六十八。八〇九—一b—五〇—三四

素書　〔宇佐美灊水（恵）〕校　〔明和六年一二月〕刊　大一冊　素書国字解附刻本　猪飼敬所訂正書入本

香色空押〇に唐花文様表紙（二七・四×一九・四糎）「素書」と隷体にて書さる。巻頭「素書／漢黄石公伝」と題す。単辺（一八・八×一三・六五糎）無界六行一二字。訓点・送仮名・音訓合符・句点・圏点附刻。版心白口単黒魚尾、上象鼻に「素書正文」、版心下部に丁附を刻す。尾題「素書終」、題下に「宇佐美恵校本 猪飼彦博再訂」と書さる。全一〇丁。「中島／幹事／図書」「猪飼／敬所翁／遺書」「村山／自彊」の朱印を鈐する。

巻頭に「漢書張良伝曰。」として、張良が本書を手に入れた経緯を引き、末に「猪飼彦博曰。素者未染絲也。凡物質而無飾曰素。此書所言。小則養性保身。大則治世安民。言近而旨遠。隻辞無浮飾。故名之曰素書也歟。」と書さる。本文の訓点・送仮名等を塗抹して朱訂し、眉上に校注・解注を標記す。「物茂卿以為不字衍、非是。」等徂徠の説を改めている。本書すなわち徂徠著・宇佐美灊水校「素書国字解」の附刻正文である。

本書は「漢黄石公伝」と題する兵書であるが、宋の張商英による仮託書で、本版刊行以前既に江戸初刊の張商英附注本が存する。

猪飼敬所前出。八〇九—一b—五一—一

一c　名家手抄本

海埜石窓遺墨（題簽）　韓彭英盧呉伝（漢書巻三四）　附荊燕呉伝（同巻三五）　一葉　海野〔石窓〕（豫介）書　大一冊　薄様紙

後補砥粉色表紙（二六・三×一八・七糎）双辺刷枠題簽に「海埜石窓遺墨」と書す。浜野知三郎氏の筆。巻頭「韓彭英盧呉伝第四（下部に大題）漢書三十四／正議大夫行秘書少監琅邪県開国子顔師古注」。単辺（二一・一×二九・八五〈表裏通〉糎）無界一二行二五字小字双行。小字は大字二字に対し三・四字ほど。全一七丁。次に「荊燕呉伝第五（下部に大題）漢書三十五／（以下注者題署前に同じ）」一丁のみを存す。横に朱又は墨点を打ち、眉上に校字が為さる。第九丁のみ朱句点あり。襯紙挿入さる、原料紙縦約二二・四糎。巻頭に陰刻朱印「浜野／知印」鈐さる。

本書には、末に「佐倉教官菱川先生著／正名緒言　全／秦嶺館蔵」と刻し、欄上に「嘉永己酉重刻」と横刻した双辺封面を刷印せる書袋を切開き、その裏面を縦に使って封筒としたものが、裏打修補の上、折込まれて綴じられている。それには「飯蔵御屋敷／矢部温之助様／文几　御上邸／海野豫介／さし出／不領回教／封緘」の文字が見える。末端に「石窓先生壮歳所謄漢書潤退塾後以使賜之」の識語あり、以下の浜野氏の識語に見える矢部潤の筆であろう。次に、単辺有界一〇行、白口単白魚尾の墨刷罫紙に、浜野知三郎氏の識語あり。「此書海埜石窓所手写矢部潤識語／可以証矢潤号温叟石窓名豫倶仕／掛川藩太田公余購矢部氏之遺書／数冊此書其一也／大正十年晩秋　穆軒居士（陰刻朱印「知／印」）」。浜野文庫には、「矢部温叟稿本」と外題された潤の稿本一冊が存する。

本書は識語に云う如く、掛川藩儒海野石窓が壮時の謄写本で、薄様に書写されるが、その底本については触れていない。荊燕呉伝が今一葉しか存しないが、元は本書以下の部分も存したかも知れない。韓彭英盧呉伝は奈良朝の写本が石山寺に存し、影印本も刊行されているが、本書とはやや出入がある。しかし小題を先記し、大題を後記する体式は旧い型式を遺存するものであることは間違いない。

海野石窓、松崎慊堂門。安政六年没、享年七十三。因みに封筒書袋の「正名緒言」一巻附録一巻は、菱川秦嶺（岡山）の著作で、嘉永二年の重刻（一月、江戸　和泉屋善兵衛修、殆ど文化六年跋刊本の覆刻であるが、附録の最終一丁は同板のようである）とあれば、此書面の差出時期はほぼ限定できる。飯蔵御屋敷とは愛宕下にあった下屋敷をさすか。八〇九―一c―一―一

金光明最勝王経音義攷証　木村欟斎（正辞）　文久三年三月写（森枳園等）　大一冊　薄様紙　森枳園書入本

紺色空押卍つなぎ表紙（二六・二×一七・九糎）貼題簽に「金光明最勝王経音義攷証」と書す。枳園の筆。安政六年己未八月朔木村正辞志「金光明最勝王経音義攷証序」二丁を冠す。巻頭「金光明最勝王経音義攷証／木村正辞学」と題署す。無辺無界一〇行二〇字小字双行。字面高約二〇・〇糎。句点（第八丁裏より二三丁裏迄朱）訓点朱引朱圏点を附す。まま朱校字あり。折山表丁下部に丁附を書す。尾題「金光明最勝王経音義攷証」。序・本文通二七丁。第二八丁表に、正辞再識〔跋〕一丁、裏に「右金光明寂勝王経音義攷証一巻、欟斎木邨氏／所著、其一葉至八葉第五行半、廿四葉至廿八葉、吉田市之進／所写、其他余所自鈔也、蓋此書、軆攷古今、音証彼我、／精覈可従矣、但有与余説少異其意者、則標記／于欄外、以備他日遺忘耳、

／　文久第三暦癸亥季春念五日書於読未能読／書屋　枳園拙者森立之（朱句点）」の識語あり。此識語の示す通り、上層に「立之案」等とした枳園の案語・書入が多い。首に「森／氏」の朱印を鈐する。薄様のため、各葉に藁半紙挿入さる。

本書編纂の経緯は、正辞の自序に明らかである。

一日友人横山由清、袖古鈔仏経音義一冊、訪予茅屋、取而閲之、其巻尾題云、承暦三年己未四月十六日抄了、其去今也幾八百年、然今之所見者、摸本而非原本也、原本也者、旧源真清所蔵、今伝在某侯云、惜乎巻首一行係白魚災、失于題名、不知其為何経音義、然毎巻存品目、因探索諸閲蔵知津、而始知為金光明最勝王経音義也、其字音則不依西土之反切、直用仮字、而明某字為某音、至如其三内音撥仮字、以レ」二体、而別宇牟二字、……義門……顕昭……太田全斎……本居氏……按慧琳音義巻二十九、有此経音義、今採校讎于此、而如其所引用之書、有間不与今之伝本合者、然慧琳所見者、即皆隋唐旧籍、故並従本書之所引、不敢妄改、若其漏脱訛謬、以俟来哲、（人名・書名・年号に朱引あるも省略）

本書は、此序の如く、かつて山川真清が蔵し、後新宮城主水野忠央の許に入った、白河帝承暦三年四月十六日の書写年紀を有する本の転写で、原本は今大東急記念文庫が蔵し、影印に附されている。

もともと注釈である音義類は、古来我国では、辞書の如くに用いられることが多かった。

木村正辞、国学者、後東大教授、大正二年没、享年八十七。伊能穎則・岡本保孝等に学を受け、漢字にも関心が深い。蔵書家として知られ、本略解題にも既に此人の蔵書を用いて対校したとの記述が一再ならず見える（一a―二三―一「日本紀私記提要」　一b―一三―二〇「古今著聞集」等）。蔵書は大東急記念文庫と東洋文庫とにほぼ折半された。八〇九―一c―二―一

金光明最勝王経音義攷証補　森枳園（立之）　文久三年三月写（自筆）

半一冊

砥粉色表紙（二三・七×一六・一糎）貼題簽に「金光明最勝王経音義攷証補」と書す。枳園の筆。巻頭「金光明最勝王経音義攷証補　枳園森立之録／金光明最勝王経音義／第一巻」と題署す。単辺（一九・六×一三・三糎）有界一〇行下象鼻粗黒口の単黒魚尾墨刷罫紙使用。行二三字内外小字双行。尾題「金光明最勝王経音義攷証補」。全六丁。首に「森／氏」の朱印を鈐する。末に立之跋二則並びに息約之の識語が書かれているので、全文を録する。

高著一巻熟読沈吟音攷彼我軆証古今義理精覈／間不容針若活用之所施遠深余亦同好黙思不禁遂忘／譾陋写出素心君忍一笑以加披尋再垂教示幸ゝ甚ゝ／癸亥季春念五午霽日是辛未立之欽諗／　偶書于辛未日与義浄入竺歳其支干正合矣不亦／　奇縁乎立之又誌／（以下下部に小字で書さる）文久三癸亥季春之晦夜三更灯下独坐謄写了其／家大人自書本送木邨正辞今蔵此副本于家　約之

此約之の識語によれば、立之自筆本を木村正辞に送り、約之謄写本を副本として残した如く読めるが、本書は立之の筆である。本文は前掲標記とほぼ同じながら、巻四「勺」の項で、出典を前掲標記では、「医心方新修本草」とするのに対し、本書では「皇国医方書旧鈔李唐遺巻」とするなどやや出入があり、巻三の「闠」巻六の「暴」等前掲標記には見えるが、本書には存しない。

森枳園、本稿一aに既出。八〇九―一c―三―一

雑記（外題）〔服部〕栗斎抄録　自筆　半一冊

渋刷毛目表紙（二二・九×一六・一糎）左肩金砂子散し貼題簽に「服部栗斎先生自筆」（後人の筆）と書し、その右に「雑記」と打つけ書あり。右肩に「五雑俎　麻(ママ)史鋼鑑／史論奇抄　韻学瑚璉」と目録外題打つけ書。扉罫紙中央に「史論奇鈔」と書し、下に「栗斎／主人」の陰刻朱印押捺さる。始めに「五雑俎」と題しての抜抄、第二八丁、版心上象鼻中央を墨筆で黒口の如く塗り、中縫に「備問」と書す。第二八丁裏「歴史綱鑑補」と題し、眉上に「備問」と書さる。両者左右双辺（一九・二×一二・九糎）有界九行白口単黒魚尾墨刷罫紙使用、行二一―三字ほど。句点朱墨圏点を附す。五雑俎では、まま事項等を標記し、事部・地部等の部分けに傍線を施し、訓仮名等を附す。五雑俎・歴史綱鑑補合三六丁。天地断裁され、為に標記や切取らる。五雑俎は寛文の和刻本（修本あり）が存する。歴史綱鑑補三九巻は明袁黄の撰で、寛文の和刻本があり明治期迄刷印されている。

次に単辺（一八・六×一二・五糎）有界一〇行白口墨刷罫紙を用い、行二〇字ほどに以下の史論を抄す。

張釈之論　蘇軾
賈生論　司馬光
仝　楊時
秦論　蘇軾
読孔子世家　王安石
孫武論　蘇軾
商君論　蘇軾
斉高帝欲等金士之価　袁皓
姚宋論　蘇轍

張釈之論・秦論白文、他は全て朱句点を打つ。全一三丁、但し第一三丁白紙。史論奇鈔は、松崎蘭谷に「唐宋名家歴代史論奇鈔」七巻（正徳四刊・嘉永二修等）の編著があり、本抄は此一部である。

次に、清廟維天之命維清時邁臣共噫嘻武「韻学瑚璉例言」三丁を抄し、「韻学瑚璉／第一韻（―第九韻）」を録す。本篇は無辺無界九行二一字内外小字双行に書さる。字面高約一九・六糎。例言には朱句点が附さる。全四丁。清刊本あるか。

末に以下の識語あり。第二行以下一格を低す。

此書服部栗斎先生自筆也先生名保命字佑甫一号旗亭／通字良平梅圃先生男也村士玉水門人江戸糀町住／寛政十二年五月十一日没年六十五葬於麻布善福寺墓碑頼杏坪撰／于時天保元年六月十六日　三浦若海（花押）

首に「栗斎／主人」「馬島杏雨／臧書之印」の陰刻朱印二顆押捺さる。杏雨江戸住、詩・書で知らる。

栗斎は崎門の儒者。三浦若海の識語に云う如し。但し、別号旗峯。八〇九―一c―四―一

史氏備考　医林　初集第二　〔原念斎〕編　写（〔大久保一翁〕）　大一冊

後補焦茶色表紙（二七・六×一九・八糎）金砂子散し双辺刷枠題簽に「史氏備考医林」と書す。扉（元表紙ならむ）に、本文と同筆にて「原芸菴　原芸渓　奥山立菴　吉田林菴／井原道閲　千田玄智　香月牛山／後藤艮山

望月雷山　望月三英／望月崙山　林一烏　加藤謙斎／小川雲語　香川太冲越雲夢／北山林翁」と目録が書され、左に「史氏備考　医林　初集二自寛永二十年至貞享四年」と題さる。裏に別筆にて「大久保一翁自筆」と識す。無辺無界一〇行二一字小字双行、字面高約一九・七糎、白文にて以下の碑銘・伝記類を抄す。全二七丁。

原芸菴墓碑銘（享保元年歳丙申十一月）伊藤長胤
雲渓原君墓碑銘并序　井孝徳
官醫謙徳院法印奥山氏碑　林信篤
井原道閲墓誌　伊藤長胤
故医法眼大円堂先生墓碑　物茂卿
香月牛山先生墓碑　服元喬
雷山先生墓碑　服元喬
望月君三英法眼碑銘　林信言
医官崙山先生墓碣銘（文化十有三年歳次丙子九月）成島司直
林一烏伝　望月三英
加藤謙斎先生伝略（明和戊子孟夏三河宝飯西郡弟等謹書）小田雲仙　長沢養圭
雲語処士小川君頌徳碑　井上立元
故法眼雲夢越公墓碑　服元喬
故北山林翁墓碑　男懿恭

元裏表紙に「慶応元年乙丑初夏／大久保君より到来也」の識語あり。

先哲叢談の編者でもある原念斎の未刊写本「史氏備考」四五巻の中、巻二三医林初集第二を抄出したもので、扉の目録外題に記された吉田林菴・後藤艮山・香川太冲の三名の伝は、本書には存していない。因みに静嘉堂文庫蔵の写本も同様であるが、本文にない三名には、目録中に朱の鉤点が附されている。

大久保一翁、幕臣、勝海舟等と共に幕政に参与し、維新後静岡県知事・東京府知事・元老院議官等を経、子爵。石泉と号す。明治二一年没、享年七十二。八〇九―一―c―五―一

喪礼略〔荻生徂徠〕（物茂卿）文政五年一〇月写（〔渋井〕太室）
大一冊　図入

香色表紙（二六・三×一七・五糎）双辺刷枠題簽に「喪礼略物茂卿著渋井太室写」と書す。後人の筆。扉本文同筆にて、「喪礼畧」と書す。裏に「川同／米一閲」の墨印あり。巻頭「喪礼略／物茂卿　著」と題署す。無辺無界一〇行二〇字小字双行、漢字片仮名交り、字面高約二〇・三糎。全一一丁。裏表紙見返に以下の奥書が記さる。

喪礼略一局徂徠先生所著偶獲一本／而忽卒騰《ママ》写畢覚間有闕誤俟他／日得佳本訂正焉耳／　文政壬午初冬之日太室識

喪祭については、礼を重んずる儒者（特に崎門）によって、幾つかの著述が為されているが、刊行されたものは少い。徂徠には、「喪（葬）礼略」或いは「喪（葬）礼考」等と題された、漢文二種・漢字片仮名交り文一種、計三通りの同名異書がある。その詳細については、三種の影印又は翻字を収め、解題を附する、みすず書房の「荻生徂徠全集」第一三巻等を参照されたい。

版本は、明和五年八月刊本・鶴岡の致道館蔵版本の二種あるが、内容同様で、漢文。何れも著者没後、江戸後期の版である。明和版は全集未著録。断句。首に、明和戊子中元之日安藝平賀晋人撰「葬礼考序」を冠し、末に

「附訳」を附す。「明和五年戊子八月」の年紀の後に、「藝州広嶋平田屋町柏原屋／摛藻堂　村田平七刊行」の双辺木記あり、序者平賀中南（本稿一bに既出）の地元広島での地方版で、所在は餘り知られていない。故長澤規矩也氏蔵本が、「影印日本随筆集成」第十二輯（汲古書院刊）に収められている。片仮名交り文のものは、図入り。写本で伝わるのみ。

渋井太室、佐倉藩儒。天明八年没、享年六十九。八〇九―一c―六―一

職原名目鈔（尾題・題簽）　寛政二年二月写（〔狩谷棭斎〕真末）　大一冊

後補布目地渋刷毛目格子文様覆表紙（二七・三×一九・二糎）双辺刷枠題簽に「職原名目抄狩谷棭斎手録」と書す。香色元表紙貼題簽に「職原名目鈔完」と書し、「青山」の朱印押捺さる。遊紙二丁あって、直に「上濁下清」と本文に入る。無辺無界六行、四段に記載。小字で音注あり。「真末云」「綱正先生曰」「乾綱正先生口授」「広橋伊光卿御口授」等の傍注書入が存する。まま朱連合符・訓仮名あり、朱にて濁点を表示す。尾題「職原名目鈔」。巻末に以下の奥書一丁あり。

右一巻壺井翁口授日坂氏令恩借写之／　元文三戊午秋九月下旬　含章斎／右借赤井氏之蔵本終書写之功云／　延享二年乙丑之秋　度会常典／右予朋藤原美雅謄写贈于小生者／寛政改元冬十二月二十日／　源朝臣綱正／右以　綱正先生所蔵之本書写者／寛政二年（年の字〇を打って挿入さる）春二月廿六日　真末

末に遊紙二丁綴じらる。本文七丁。首に「青裳堂臧書」「青山」の朱印二顆押捺さる。

本書は職原抄に見える官職等の清濁を示す書。識語によると、もと本稿一b既出の故実家壺井義知の口授にかかり、転々乾綱正より若き日の棭斎が書写したものである。棭斎此時年十六。

名古屋大学皇学館文庫の、元文五年六月、藤原親岑写「職原名目清濁鈔」は、内容本書と同一である。なお壺井義知には、数種の職原抄の注解書が存する。

狩谷棭斎、本稿一aに既出。八〇九―一c―七―一

東里談〔伊藤〕東里　寛政三年一二月写（〔狩谷棭斎〕高橋真末）　半一冊

黄土色表紙（二三・三×一六・三五糎）貼題簽に「東里談棭斎幼年所書」と書す、森枳園の筆。扉「東里談」これも枳園筆。巻頭「東里談」と題して、眉上に「仮ゝ子」と朱筆にて項名を標記す。無辺無界一八行、字面高約一八・四糎、漢字片仮名交り。朱引、朱筆にて校字・圏点・引用符を附す。漢文の引用箇所には、まま訓点・送仮名・訓仮名・朱句点等あり。末に「右一冊以大邑淳卿之蔵書謄写之畢／　尒時／寛政三年雪月中澣　高橋（真末の花押）」の奥書を記す。全八丁。首に「青裳堂臧書」「森／氏」朱印二顆鈐さる。

伊藤東涯の三男東所の子、東里の随筆の抄記で、以下の各項を収む。

小普請金ノヿ・コクセンヤノヿ・ウミタケノヿ・入梅ノヿ・（クロソンブツ）・華陽夫人ノヿ・ギヤマンノヿ・倭語漢訳ノヿ・明星ノ俗言ノヿ・八朔ノヿ・月見ノヿ・月番ノヿ・カハセ金ノヿ・ヤカラカ子ノヿ・カイテウノヿ・小児ノ戯ノヿ・栝玟ノヿ・五臓図ノヿ・御神系ノ御ヿ・帯鉤ノヿ・キヨクハチノヿ・クカイト云ヿ・軟障《ゼジヤウ》ノヿ・正字通ニ瑕アルヿ・競馬ノヿ・巫女ノ口ヨセト云ヿ・尺八ノヿ・ナケシノヿ（八朔

ヿまで、眉上に朱筆にて項目名を標記す。本文中の項目題は、筆軸を以て朱印し書さるるも、第一項と眉上に「クロソンブツ」と標記ある二項は題されず）

東里を称する儒者は多いが、本書は、第三項「コクセンヤノヿ」中に「東涯（朱引あり）先生ノ説モ詳ナラス予別書ニ出スヘシ」、また「尺八ノヿ」中に「予先ニ堀君ノ許ニテ東皐ノモテ来ル長笛ヲ見シニ」等とあり、古義堂の学を継承した東里の著作なることが判明する。本篇は写本で伝わるのみ。前掲書書写の翌年、椋斎十七歳の筆である。ハ〇九―一c―八―一

重輯東莱呂氏古易音訓二巻　宋呂祖謙　写（渋江抽斎カ）大一冊
市野〔迷庵〕（光彦）等校合書入本

砥粉色表紙（二七・一×一九・一五糎）に直に「古易音訓」と書す。末に朱筆小字双行にて「曝書亭／文集」と注記ある「重輯東莱呂氏古易音訓序録」五丁を冠す。此序は、宋藝文志・東莱文集・書録解題・〔朱子〕文集・経義考等よりの引録集成になる提要。序末に以下の迷庵識語一丁あり。

光彦少習周易本義而疑其注釈簡略不如四書集註詩集伝之例焉後読朱子文集始知易本有呂氏音訓而朱子深取其説本義特釈其義也乃購求多年不能得也頃嘗読通志堂経解所載元儒鄱陽董真卿周易伝義会通音訓一書悉附経文乃抄撮成編以附周易本義後庶幾不背朱子之志焉又且節録先儒之説及于音訓者以証此書必不可闕也

寛政六年甲寅夏四月江戸市野光彦識

巻頭「重輯東莱呂氏古易音訓巻上（下）／金華　王辛叟　筆受」と題署す。左右双辺（一九・二×一三・二五糎）有界九行白口単黒魚尾墨刷罫紙使用、行二〇字小字双行。版心上象鼻に「古易音訓」と書し、中縫下部に丁附あり。眉上に朱墨藍にて校字あり、まま本文中の字を朱墨にて訂す。下巻脚欄に文言伝の前まで藍筆にて当該易の卦名を記し標目と為す。文言伝以下朱筆にて脚欄に章次記さる。また朱筆にて「此トコロヱ提書スヘシ」等、書写指定の辞も見ゆ。胡粉塗抹また切貼や誤字の上に紙を貼り、訂正が為さる。尾題「重輯東莱呂氏古易音訓巻上（下）終」。尾題前に、朱筆にて「文化十三年丙子夏五月以足利学所蔵／会通元本校合畢　市野光彦誌」の校合識語あり、裏に、同じく朱にて「朱子易本義次序／上経　下経　上象伝　下象伝　上象伝　下象伝／繋辞上伝　繋辞下伝　文言伝　説卦伝　序卦伝／雑卦伝　以上十二篇」と記さる。なお本文中の易の卦は印を用う。巻上二一、巻下通四四丁。

迷庵の識語によれば、本書は、壮年の迷庵が若きより多年捜し求めた宋呂祖謙の古易音訓を、通志堂経解中の元董真卿の「周易会通」に見出し、抄出して一編としたもので、二十三年を経た後、足利学校蔵の元刊本との校合を為した。その本を、恐らく、迷庵の弟子である渋江抽斎が書写したものであろう。大部分が抽斎の筆になるが、一部迷庵の自筆書入箇所があるか。尚迷庵自筆本は、森枳園より楊守敬の取得する所となり、現在台湾の故宮博物院に蔵されている。序末の迷庵識語は、年紀を、始め「文化乙丑正月」と署し、見せ消ちにて前記した如く訂正されている。迷庵の未だ李唐考勘の学に入らざる頃の為事である。阿部隆一氏「増訂中国訪書志」等参照。ハ〇九―一c―九―一

雑抄（外題）豬飼〔敬所〕（彦博）抄録　天明六年七―一二月写（自筆）半一冊（仮綴）

本文共紙表紙（二四・一×一七・〇糎）に直に「雑抄」と書す。表紙見返に「橘窓茶話雨伯陽　古学別集／非物五井蘭洲　非徴中井竹山／扶（ママ）桑名賢文集林義端／　右五部抄」と目録を記す。巻頭「橘牕茶話雨森東著、天明丙午刊行、七月二十四日、豬彦博抄焉、」と題さる。一〇丁、次に「古学別集抄／（末に）丙午仲秋初九／豬飼彦博摘抄」と題して、写本で伝わる、伊藤蘭嵎編「古学先生別集」巻四の「日札」「読近思録鈔」の抜抄六丁。次に「非物篇抄（次行小字双行にて一格を低し、「非物篇六巻、大阪五井純禎著、墓誌曰、……宝暦十二年卒、寿六十六、」）と題し、第一四丁表一行迄。次に追込で、「非徴大阪中井積善、字子慶、号竹山、著非徴八巻、続非物、」と題し、一〇丁。末に「丙午冬閏十月随読随抄／豬飼彦博」と署さる。此二書の題意は、非物茂卿・非論語徴で、共に徂徠物氏の学を難じた著。天明四年に合せ刻されている。最後に、「榑桑名賢文集元禄中京師書林林義端編集」と題し、三丁。末に「右丙午季冬下四夜灯下摘抄」と記さる。本文集は元禄一一年の刊、後宝永元年には詩集が刊行されている。佐藤直方四書便講序・安東省菴四書道徳総図序・伊藤維楨送片岡宗純帰柳川序・伊藤長胤贈吐山又菴帰郷序・長胤春秋正朔辨・伊藤維楨漢文帝除肉刑論・貝原篤信時宜論を録す。

本書は無辺無界一〇行二一字内外小字双行、字面高約二〇・四糎に記され、句点が施さる。古学別集抄はやや謹直だが、全巻行書体の抜抄で、「茶話」には標記・按語が見られるが、他は「非物篇」に二箇所ほど標記あるのみ。巻頭に「豬飼／敬所翁／遺書」印を鈐し、「是初年ノ抄書／不載」と朱筆にて記せし貼紙あり。

本抄記は、近江の出で京で学んだ敬所が、郷土ゆかりの雨森芳洲や、京・大坂の関西名家の随筆・文集類から、随読随抄した所謂る雑抄で、二六歳の筆に為る。本稿一aでも触れたが、こうした雑抄類は、一見とりとめのない記述のように見えるが、抄録者にとっては宝の函で、詞華集・備忘録・辞書・索引的な役割を果たしていた。江戸期の学者は、自己の学文を為す一方で、終世この作業を続けた人が多い。また筆録者の興味や関心も知られ、その学や人間形成を知る上で、後人の又とない参考書ともなる。

以下豬飼敬所の雑抄が続く。敬所、本稿一bに既出。八〇九―一c―一〇―一

敬所先生経書抄（題簽）　豬飼〔敬所〕抄録〔自筆〕　半一冊

後補濃紺色表紙（二四・六×一七・一糎）双辺刷枠題簽に「敬所先生経書抄」と書す。扉の如くに「嘉永三庚（三庚の二字後から挿入さる）戊（ママ）年正月念一始／四書餘論（以下三行に「論語済／孟子済／中庸済」と書さる）／雑著／豬飼彦纘」と書せし断簡を貼附す。

本書は以下の八葉の断簡の貼込帳である。

詩経　葛屨履霜之篇

　詩豳風七月篇

春秋伝　桓公三年有年　宣公十六年大有年

大学　君子以財興身小人以衆財亡身

詩経　采葑采菲無以下体

論語　無為而治者夫無乎公治長初（題名のみ。棒線を以て抹消さる）

礼記　里有賢軾

詩経　甘棠篇

孟子　是故無賢者也

無辺無界、字面高約一八・一糎に書写さる。原料紙高約二〇・五糎。扉の部分に「豬飼／敬所翁／遺書」の朱印押捺さる。

京都大学附属図書館蔵〔豬飼敬所遺著〕を検するに、敬所の没後、養子箕山（彦纘）が亡父の遺業を整斉編纂した跡が如実に見られる。本書は、その書体を仔細に比較検討するに、敬所自筆の断簡八葉に箕山筆の扉の如き一葉が混在して貼込まれたものと見るべきであろう。扉の如き一葉或いは箕山の編纂次のメモか。扉の「済」は、四書餘論の編纂作業が、論語・孟子・中庸については終ったの意か。但し本書はあくまでも経書断簡の貼込帳で、扉もその一部に過ぎず、本書の惣名を示すものではない。八〇九—一c—一一—一

御題朱彝尊経義考〔抄〕〔豬飼敬所〕（彦博）抄録　自筆　半一冊

黄色地に中華都市図を刷出せし艶出し表紙（二二・九×一五・六糎）貼題簽に「豬飼敬所翁手鈔御題朱彝尊経義考」と篆体で書す。扉「御題朱彝尊経義考抄」と題す、後人の筆。扉裏に「校正スミ」の貼紙あり。巻頭「御題（○印朱筆）朱彝尊経義考」と題さる。扉裏に「経義考御題アリ御題トハ乾隆帝朝書ニ題スル／詩ナリ此詩即是ナリ」の貼紙あり。巻頭上層には「此書皆／不可載」と朱書せし貼紙を附す。第二—三丁表に「経義考総目」あり、裏丁より本文を抄録す。双辺（一八・九五×一三・三糎）有界一〇行、白口単黒魚尾の墨刷罫紙使用、行二〇字小字双行。朱墨両筆の句点・圏点あり。まま「彦博按」として、本文中に小字双行にて按語を附し、校字・標注が三箇所ほど存する。後の敬所遺著刊行のための編纂者のものか、貼紙あり。全二三丁。首の遊紙に「竹清蔵」、扉に「豬飼／敬所翁／遺書」の朱印押捺さる。本稿一a既出の、竹清三村清三郎旧蔵。

清の朱彝尊の三〇〇巻（原闕巻二八六・二九九・三〇〇）にわたる尨大な経書解題からの抜抄。清乾隆刊本等がある。八〇九—一c—一二—一

義門読書記抄他〔豬飼敬所〕（彦博）抄録　自筆　半一冊

香色表紙（二二・六×一五・九糎）に直に「義門読書記抄」と書す。見返上部に「豬飼敬所」と記せる貼紙、同じく下部に「不載」と朱書せる貼紙あり。巻頭「義門読書記抄」と題し、一格を低し小字双行にて同書の解題を記す。詩経上永懐堂本・史記汲古閣本・前漢書・後漢書・論語締自既灌而往者章・穀梁春秋・公羊春秋等と題して抜抄し、第三三丁表第三行に「右何義門読書記」と記さる。清何焯撰「読書記」五八巻からの抜抄。清乾隆刊本が存する。

次に追込で、「易緯通卦験云、……」等として、易緯通卦験を抜抄し、「按」「彦博按」等と按語考証を附す。第三五丁表迄。「後漢志注易緯晷景与清本通卦験不同今考勘如左」とし、辞句の考勘あり。

第三五丁裏より、「史通通釈　清南杼秋浦起龍二田釈／内篇」と題し、抜抄。此書には、清乾隆刊本が存する。一格を低し、小字双行にて按語を記せるあり、左に引録する。

按裴松之有言、凡記言之体、当使若出其口、辞勝而無実、君子所不取也、此語可概此下諸篇、○夢渓筆談載慶歴（ママ）中河北大水、有公事使臣到闕、仁宗召問水災何如、対曰懐山襄陵、又問百姓何如対曰如喪考妣、上嘿然、既退詔閤門、今後武臣奏事、並須直説、読此因触及之、不覚失笑、北平云、信史務在紀実、語従其実、史法也、

本書は、双辺（一八・九五×一三・三糎）有界一〇行白口単黒魚尾の墨刷罫紙使用。行一九字小字双行。まま句点朱引が施され、胡粉での訂正が見られる。史通通釈には、出典箇所や注記が細字で傍書さる。全四九丁。八〇九—一c—一三—一

〔和学辨抄〕〔豬飼敬所〕抄録　自筆　大一冊

後補焦茶色表紙（二六・〇×一七・八五糎）双辺刷枠題簽に「敬所先生雑抄」と書す。巻頭題署なく、直ちに「謝肇淛か五雑俎にいにしへ長命の人を集たる処に日本／紀武内三百歳と書たるは……」と、本文が記さる。以下「和学辨に又曰円珠経上下巻注は何晏か集解首書に／明経博士の注あり……」、「又曰ひとゝせ長崎にて唐人の旅舘より……」、「又曰伊勢物語に春日の里に知るよしして……」、「又曰少納言通憲の撰れし本朝世記は希代の珎書也／……」、「又曰三代実録板行の書は脱簡甚た多し……」、「海上のナダを灘の字を書は誤り也灘は瀬也ナダにあらす／新古今集に／　紀ノ貫之か曲水の宴せしに……」、「又曰コソバユシスグツタヒなと〳〵云字は痒の字也医書を／読人のカユシトばかり覚へたるは誤りなりカユシと云は癢／の字也……」、「又曰一樹の蔭の雨やとり一河の流を汲む事も是皆他／生の縁也といふ事……」、「又曰天下泰平国土安穏と云事……」、「又曰九月十三夜月をもてあそふ事菅原後集を／引て……」の全十一項が抜抄さる。

本書無辺無界一二行（第三丁は一一行）、字面高約二二・〇糎、白文、三丁。襯紙挿挟まる。原料紙縦約二四・二糎。第一丁裏より、項頭に朱筆で○印が打たる。

本抜抄は全て、第二項に記されている「和学辨」からの引録である。和学辨は、江戸の儒者で徂徠学の篠崎東海の著で、宝暦八年の版本もあり、太田南畝の編になる叢書「三十輻」にも収められている。八〇九―一c―一四―一

蘇子由古史抄〔豬飼敬所〕抄録　自筆　大一冊（仮綴）

本文共紙表紙（二五・一×一七・三糎）左側やや中央よりに、直に「蘓子古史抄」と書す。裏表紙を表紙の書脳部まで廻し、包背装の如くす。巻頭「蘇子由古史抄」と題す。無辺無界一〇行二〇字小字双行。字面高約二〇・一糎。句点を附す。胡粉による塗抹訂字あり。全一七丁。巻頭下端に「此書皆不／載」の朱筆貼紙あり。上層に「豬飼／敬所翁／遺書」の朱印押捺さる。

本書は、宋蘇轍撰「古史」六〇巻よりの抜抄で、その序跋も抄記されている。「古史」は宋刊本以来諸版あるが、敬所が見たのは恐らく、清嘉慶の掃葉山房刊本であろう。八〇九―一c―一五―一

荀子〔抄〕〔古賀侗菴〕抄録　自筆　大一冊

後補縹色表紙（二五・八×一八・一糎）双辺刷枠題簽に「洞菴（ママ）先生抄荀子」と書す。後述する青藜閣の罫紙一丁を遊紙とし、巻頭「荀子」と題さる。双辺（二一・九×一七・七糎）有界九行白口単黒魚尾、下象鼻に「青藜閣」と刻する墨刷罫紙使用。行一六字内外。白文。全三丁。巻末に同上罫紙二丁遊紙として綴じらる。全巻襯紙に裏打さる、原料紙高約二四・七糎。

本書は、荀子中の辞を、○印を打ち、追込で抜き書きしたもの。今試みに巻頭を示せば、儒效篇第八よりの摘録で、

荀子
效門室之辨○図廻天下於掌上○厭旦／○屑然蔵千溢之宝○是杅〻亦富人已

「荀子」は、和刻本も附注本を含めて、侗菴在世時に三種存する。

古賀侗菴、本稿一aに既出。八〇九―一c―一六―一

松陰筆記（題簽）〔古賀侗菴〕（古心堂）抄録　自筆（社約山本禎写）

半一冊

薄黄土色表紙（二三・〇×一六・一糎）貼題簽に「松陰筆記」と書す。巻頭「贈詩小引（題下に心儀韋佩と篆体小字で記さる）」と題し、末に「陳夢雷 陳夢雷印 太史氏」と署されし引に続いて、沈徳潜・王鳴盛・銭大昕・王昶・呉泰来等唐人の瓊浦高岡陽斎に贈る詩文を録すること四丁。単辺（一九・〇×一三・五糎）有界一一行白口単黒魚尾墨刷罫紙使用。行二〇字内外小字双行。句点が施さる。

次に扉の如く、左肩「張宛丘治原論」と書す。内題「治原論」。無辺無界一〇行二〇字。字面高約一八・二糎。断句。六丁。

次に「白熊賦有序」「道聴漫記（傍点朱）」各三丁。左右双辺（一九・五×一三・五糎）有界一〇行白口単黒魚尾、下象鼻に「愛月堂」と刻する墨刷罫紙使用。行二〇字。白熊賦には朱筆にて句点・校字訂正が為さる。道聴漫記は白文で、朱墨の校字あり、首に「一日予門木通生過昌平橋見一老生与負薪叟抵／掌劇談還為予説之覚其言較近理因録以蔵于篋／甲申正月」と記さる。

次に「盛夏餐雪賦有序以夏無伏陰為韻」「中秋月蝕得灰　古心堂」「維年月日友野瑍謹以酒脯之奠祭于南畝大田先／生之霊、嗚呼先生之名満於天下、」に始まる文、末に「文政癸未秋九月」の年紀ある「諸葛孔明比管仲楽毅論贈梶原山中二大夫　朝川昪《ママ》」の四篇一〇丁を綴ず。無辺無界一〇行二〇字、字面高約一八・一糎。句点が施さる。但し「中秋月蝕得灰」は白文。「盛夏餐雪賦」の序に、「加侯以六月吉、献雪於　幕府、歳以為常、又以頒賜諸臣、藩士曾田某、与予善、今茲癸未、餉予一器、餐之、頓忘炎熇之苦、因為之賦、」とある。

次に「社約」、末に「辛巳六月　山本禎撰」とあり。「既脱稿畢社／主浄写他日呈之　劉先生乞正毎会以是為定／式」等あれば、山本禎が侗菴に添削を乞うた稿本であろう。前掲愛月堂罫紙（早印）に、同じく行二〇字に書写さる。白文。別筆。全二丁。

次に以下の詩文を録す。五・七言連句・冰雲社詩抄出（裕堂・景山・秋浪・拝石・柳渓・鳥洲・鱗川・碧筠・翠巌・桃野・秋帆・練塘・霞舟・玉厓・松陰等の名見ゆ）・登富士山記　鬼《ママ》道　沢元愷撰（末に「明和六年七月望後三日」の年紀あり）・作文譜論選古文第二条・慈悲心鳥詩　述斎・夏日雑詩　檉宇・秋園寓奥邀霞舟同賦五首後二首係次韻　篁園・同前　崑崗。五言連句四段、七言三段書。無辺無界一〇行二〇字（七言連句二一字）小字双行。断句、連句のみ白文。夏日雑詩迄一五丁。「秋園……」は初出の罫紙一丁に行二〇字に書かる。断句。

次に次下の詩文を録す。豊洲六言・話故事（末に小字で「右見続説郛中近峯聞畧」と書さる）・本（末に「右見蘭林閑窓／雑録」と小字双行に記さる）・題子美草堂　趙清献・仝題・曾陸授受天民書示・遊玉河記・題古梅園墨譜・答友人某書・信玄謙信論・創業守成難易論・題壺碑搨本・北魏孝文論・王制所言中国幅員断長補短僅々三千里而禹貢東漸西被朔南所曁乃似於今日之広輪何歟、秦漢拓地稍大、至胡元而極矣、明清承之、各有蹙闢、不知今之輿地比王制幾倍、請聞其大略、・孟子集註千乗百乗後偽議其失考、至於貢助徹注、亦嘖有煩言、其得失如何・駱駝賦・万餘巻楼記（末に「文政丁亥二月二日書於湯洲官舎之古心堂」とあり）・題西園雅集図二首　菅晋帥・自詠二律　朝川昪《ママ》・以下詩・連句等あり、履堂・野村君玉・猪養斗南・佐藤大道・菅礼卿・楢原茂・片山直・林祭酒・檉宇林子・篁園・独立・西城講員柴邦彦等の名見ゆ。次に「松前侯下墅観牧士戯馭歌」、巻末木冰文政丙戌元旦・

丙戌元旦・乙酉歳暮の詩に終る。三四丁。無辺無界一〇行二〇字小字双行。字面高約一八・〇糎ほどに書さる。断句。題西園雅集図二首以下一丁白文。巻首に「藤印／忠淳」、巻首・巻末に「白楽邨／荘衣笠／氏図書」の朱印を鈐す、衣笠豪谷旧蔵。

一部他筆を含む侗菴の詩文ノートで、作詩作文や策問等の参考用であろう。自作あり、師弟同僚の他作あり、所謂る雑抄ありで、書写の体式も必ずしも一様でない。八〇九―一c―一七―一

易学啓蒙合解評林抄・諸書抜抄（外題）〔猪飼敬所〕（彦博）抄録

自筆　半二ッ切一冊（仮綴）

本文共紙表紙（一二・三×一七・三糎）に直に「易学啓蒙合解評林抄／諸書抜抄」と書す。巻頭「易学啓蒙合解評林抄」と題し、第六丁表に「右合解評林七巻毛利貞斎撰」と記さる。第六丁裏「字義」と題さる。諸書より、「皇侃論語疏云」「＼四大奇書第一種三国志演義第五十六回、」「晏子春秋曰、」「物茂卿中庸解云、」等として抜抄し、まま「彦博曰」等の按語を附す。書写の体式異るも、無辺無界一三―一五行ほど、行一四字内外小字双行。句点を附す。まま抹消箇所や圏点・鉤点等あり。全一六丁、後半七丁ほどは徂徠の中庸解よりの抜抄。巻頭に「猪飼／敬所翁／遺書」の朱印鈐され、見返に「不可載」と朱筆にて書されし貼紙附さる。

毛利貞斎の「易学啓蒙合解評林」は六巻、享保五年の刊本がある。徂徠の中庸解は、「学庸解」として、大学解と共に刊行された、宝暦三年の刊本が流布している。

三国志演義は明の所謂る羅貫中本と、清の金聖嘆本系とがあり、後者が通行した。我国には明・清の諸版本が舶載されているが、和刻本はなく、元禄五年の釈文山の訳本が存する。此書は後の「通俗物」の祖となった。白話は、五山僧を始め緇衣の好む所であったが、江戸中期、京で古義堂、江戸で蘐園の学派に、かかる唐話・白話の学が流行する。敬所が見たのは「四大奇書第一種」とあれば、清版であろう。晏子春秋四巻は元文元年の和刻本がある。八〇九―一c―一八―一

二程全書抄　猪飼〔敬所〕（彦博）抄録　天明七年三月写（自筆）

半一冊（仮綴）

本文共紙表紙（二四・三×一七・一糎）に直に「二程全書抄」と書す。書背を料紙で覆って貼り、包背装の如くす。巻頭「二程全書抄」と題す。無辺無界一〇行二一字内外小字双行、字面高約一九・九糎。第一丁裏よりは、抜抄せる文頭を一格抬頭して標記す。抬頭部字面高約二一・二糎。句点・圏点を附し、まま不審紙あり。「巻六十八、続附録、晦菴辨論胡本錯誤書、」等と小字双行にて、抜抄出典箇所を記す。末に「丁未季春　猪飼彦博抄」と署さる。全二三丁。首に「猪飼／敬所翁／遺書」朱印と、「此書皆不／載」の朱筆貼紙あり。

明道・伊川両先生の二程全書は諸版あるものの、宋朱熹編明徐必達校の六八巻本が江戸前期に覆刻された。しかし本刊本は巻四二―四五の伊川易伝の部分を欠き、後貞享四年に追刻して単行、また合印された。八〇九―一c―一九―一

呂氏春秋目録〔猪飼敬所〕自筆　半一冊（仮綴）

本文共紙表紙（二三・八×一六・八糎）中央直に「呂氏春秋目録」と書す。反故紙使用。書背を料紙にて覆って貼り、包背装の如くす。巻頭「呂氏春

秋目録」と題し、巻之一孟春紀より巻之二十六士容論まで、各巻毎に追込で目録を記す。無辺無界一〇行二〇字小字双行。字面高約一九・七糎。全八丁。裏表紙も反故紙使用。首に「豬飼／敬所翁／遺書」朱印押捺さる。

本書は、百科の風ある大部の書の目録を作り、一種の索引としたものであろう。覆明宋邦乂・徐益孫校本、覆清乾隆畢沅校本の二種の和刻本が刊行されている。ハ〇九―一c―二〇―一

駆睡録・雑録〔豬飼敬所〕（彦博）自筆　半一冊（仮綴）

本文共紙表紙（二四・一×一七・一糎）に直に「駆睡録」と書し、その右に「雑録」と訂さる。前書と同様の装訂。巻頭「伊藤長胤盍簪録抄」と題して抜抄、第六丁表に「以上盍簪録」と書さる。東涯の随筆にして、写本で伝わる。盍簪は素早く集まる意。友の会合等にも云う。

次に諸書から抜抄し、「彦博曰」「博按」「彦博按」等として、按語を附す。抜抄されし諸書以下の如し。「△晋書列伝四十二、郭璞伝曰、」「△徐文長雲合奇蹤、第二十一則、（徐文長に引出線を書き「各謂明人」と注す）」「△西漢演義巻三」「△五雑俎十六」等々。本篇按語多し。

晋書は、明の南監本を覆刻し、志村楨幹の訓点を附した元禄の刊本（修本あり）が存する。西漢演義は東漢演義と合刻され、明清版が存する。雲合奇蹤も明清各種の版が多数存するが、二書共に和刻本はない。何れの版に依ったかは不明ながら、敬所がかかる講史・俗小説の類にも目を通していた事が分る。尚敬所は抜抄してはいないが、前出篠崎東海の「和学辨」中には、雲合奇蹤に言及する所がある。

本書は無辺無界一一―一四行、行二二字内外小字双行、字面高約二一・八糎に書写さる。句点・圏点を附す。抜抄本文の頭に〇或いは△印を記す。字面高は此印よりの計測。「〇△彦博曰」等と朱〇印を記すあり、書写の体式も全巻必ずしも同様ではない。全一五丁。第一五丁裏は、裏表紙見返に貼附さる。表紙右肩に「豬飼／敬所翁／遺書」朱印押捺さる。

旧題の駆睡録は睡りを追払う意であろう。本稿で取上げた雑抄類から、各人が睡りを節して、読書勉学に励んだ様が如実に窺えるが、一方、題名の睡の字もまた真実であったのではないか。ハ〇九―一c―二一―一

一d　名家手跡

雲煙集（名家筆跡断簡等貼交帖）　写　菊一冊

第二回内国観業博覧会出品目録第五を用い、表紙（二二・九×一五・九糎）全面に半紙を貼附し、直に「雲煙集」と書す。遊紙一丁あって、名家筆跡断簡を、同書に半紙を貼り、その上に貼附す（まま直に貼れるもあり）。断簡は頁の表裏両面に貼附さる。五五丁。もと菊判洋装本なれど、背の糊はがれ、紙縒にて仮綴さる。

浜野氏製作の名家筆跡断簡の貼込帖にして、欠題・欠名の葉片多く、誰人の手跡か知られぬ物がある。碑拓・金石文の写しや、諸按・考証、備忘・覚書のメモ類の断片も多い。一部連接すべきが、間をおいて貼られている箇所がある。

文頭や題署・年紀等の見える物を挙げれば、以下の如し。唐芮公豆盧寛碑（石墨鐫華）・末に「狩谷棭斎先生曰殆唐韵亦非一本歟与二／書亦不同是則不可考矣」とある音韻や文字に就きての考証―此辺小島宝素の手か・稲生翁画像賛（貼附のうえ折込まる）・懐風藻跋（羅山集五十五）・大日本国図行基菩薩所図也（貼附のうえ折込まる）・案漢書藝文志書有六體……（隷体、康熙五十五年歳在游兆涒歎余月銭塘汪立名書於自餘居）・処今世而欲貫三代之文非金石奚攷然碑碣為風雨所剥蝕……（嘉慶十有五年歳在上章敦牂季春之月呉趨雨楼王理跋）・印譜・石刻城柳神所守駆厲鬼出匕首福四民制九醜（元和十二年柳宗元）・少林寺碑末―此辺棭斎の手ならむ・第廿五番　高屋連枚人墓志二通・紀友則等の和歌四首（貼附のうえ折込まる）・墨池堂選帖巻四（宋蘇文忠公書・宋黄文節公書・蕪湖県学記六十五行・宋蔡忠恵公書各々の右肩に合点を附す）・覆刻瘦本繹山碑跋（享和元年十一月十四日棭斎望之志）・本草綱目木部相思子・蘭山啓蒙相思子・相思子・本朝衮衣十二章之辨（末に「此一冊ハ乾綱正君ノ考書ナリ……寛政四年四月廿一日　真末敬誌」とある、棭斎十八歳の筆。尚前出一c—七並びに八番本参照）・孔説十二年・鄭説十二年・廿音・泰山下明堂（揅経室集）・王右軍筆経（拓）・慮俿銅尺建初六年八月十五日造・五月念一／羽倉用九拝遣／小島賢契／座下（牘）・名物六帖・永和九年歳在癸丑暮春之初会于会稽山陰之蘭亭脩禊事也（拓、子昂）・喀霊芝贈人・霊樞度・惟善重題〔蘭亭帖定武刻本〕・開元十年李文安石渓図銘（易州前遂城県書助教梁高望書）・三礼図所見方相氏・韓詩外伝巻七（貼附のうえ折込まる、桜井友／拝／内田先生）・英国倫敦万国衛生博覧会日本文部省出品説紀（明治十七季五月、刊、篆体、同書の扉か）・銖両等の考証・九経字様補字・楊升菴墨池瑣録云（竹雲題跋、原書裏頁に直に書さる）・本郷小法師造並びに本郷文華園記とある筆等の銘札・孫ゝ子ゝ年其永宝用（拓、貼附のうえ折込まる、右衆議院所購彝器之銘／明治二十四年二月田修考）・余与楊井君蘭洲相識既餘二十年（文政甲申長夏上澣　江都一斎佐藤坦識）・知慎按（細井広沢ならむ）・岳陽楼記（安政庚申正月十一日　倉知正直書）・劉向新序雑事第三・印譜・題定本正続書譜（明和丙戌十一月／烏石葛辰識・戊子春日東都源師道識）・盧原温泉紀行（篆体）万菴題（題簽）・巻末裏頁に、直に浜野氏の筆に関する覚え、書さる。以下の如し。

○鶩　文魁堂　兼十体文雅堂　五雲筆文雅堂　小筆　小自在文雅堂　、玉兎
毫小法師　○揮月温恭堂　価十銭　○掣電温恭堂　○神品晋唐小楷温恭堂　○
蜂腰文雅堂製

本貼込帖の題署は、必ずしも該人の書であることを示さない。例えば、棭斎の「覆刻瘦本繹山碑跋」や、羽倉簡堂尺牘・佐藤一斎の楊井蘭洲に就

きての文等、恐く浜野氏の写しであろう。前半小島宝素、半は棭斎、後半浜野氏の筆で、其間に諸家の断簡が幾らか挿挾まれているようである。全体としては、棭斎のものが最も多い。大きなものは、一部折込みとなっている。

書名の「雲煙」は書画の筆勢の力勁く飛動する様を云い、書画集によく附けられている。現代の我々は、書と絵画とは別個のものと考え勝であるが、特に近代以前の東洋では、理論の上からもまた実践上からも、両者は不可分のものであった。八〇九—一d—一—一

〔大雅先生書千字文〕（帙題）　〔池大雅〕書　自筆　折二帖

上帖海松色地、下帖褐色地に草花文様を織出せる裂表紙（二九・六五×一六・七五糎）。右肩に「百廿二」と書されし反故二折あって、内題なく、薄墨で「天地」と大書す。右肩に「壱」と記さる。無辺無界大字二字、字面高約二五・五糎。上帖は壱より六十二迄、一二四折。下帖六十三より百廿五迄、一二六折。表紙・裏表紙見返に「湖東仏厳寺蔵」の墨印を鈐する。徴するに、阪田郡と蒲生郡に同名の真宗寺院が存する。湖東なれば阪田郡の寺か。

本書は、各句毎に墨色を換えた、大雅の楷書千字文。大雅書千字文は各種あり、影印も存する。

池大雅、南画・書・篆刻等で知らる。京の産で柳沢淇園門。伴蒿蹊の近世畸人伝に伝せらる。安永五年没、享年五十四。八〇九—一d—二—二

一枝堂了阿書（外題）　〔村田了阿〕自筆　折一帖

濃縹色皺地表紙（一八・一×七・六糎）に金砂子を散らし、左肩直に「一枝堂了阿書」と書さる。消息文三種を、無辺無界、行六・七字ほど（字面高約一六・一糎）に書きて、一種の消息模範とせしものならむ。一三折。巻頭に「中川氏蔵」の丸瓦型朱印を鈐す。中川得楼旧蔵。中央に「一枝堂／了阿上人真蹟」と題せる、黄色布目地の書袋を作り、納入せらる。

参考の為、以下に全文を翻字しておく。

明後八日如儀以」皮祭夷講相兼」興行仕候間何之」風情無御坐候へ共」自早朝御光駕」被下候様奉待候」頓首

甚寒之節に候」処愈御壮健に」被成御座奉共所」喜候然者先頃」御誂申置候龍」紋羽織出来候」は丶此よりしりへ御」越可給候早々

新春之御慶不」可有尽期候先以」貴家御揃可被成」御超歳目出度」申納候此鮮魚」一籃任到来呈」進仕候且御閑」隙御坐候は丶此意」御訊問被下度所」希候恐々

村田了阿、一枝堂と号す。了阿は法号。国学者なれど、和漢の学、また仏典に通ず。浅草煙管商の家に生る。天保一四年没、享年七十二。八〇九—一d—三—一

二　古抄本

長恨歌伝・長恨歌・琵琶引・野馬台詩附源義経〔腰越状〕・手習学文之叓　唐陳鴻（歌・引）唐白居易撰　欠名者注（詩）旧題梁釈宝誌撰　日本欠名者注并序・起（附）源義経（手）釈文覚〔室町末〕写（釈雪心）半一冊

後補黒色表紙（二五・六×一八・六五糎）。副葉子に書入注あり。巻頭「長恨歌伝　前進士陳鴻撰」と題署す。単辺（一八・三×一四・二糎）有界九行の烏糸欄を設け、上層に高四・三糎の辺欄を施す。なお折山の版心部は、上部辺欄は表裏連接するも、下辺は墨が引かれていない。行二〇字に書写され、墨筆の訓点・送仮名・訓仮名、朱の句点・鉤点また朱引が施されている。行間・上層・欄脚に多くナリ式の仮名注が周密に書入られている。尾題なし。

第四丁裏末行より「長恨歌并序（朱書・注記省略　以下同じ）」を冠せ、「長恨歌　白楽天」を収む。尾題「長恨歌終」。第九丁表第四行より「琵琶引并序」を冠せ、「琵琶引」。引に「又ハ作行也」の注記あり。尾題「琵琶引終」。第一二丁より「野馬台詩序」を冠せ、「野馬台詩」。詩本文は無辺無界半葉の中央に、小字で一二行一〇字に書写され、訓み様を連合符にて示す。本作以下朱筆書入なし。尾題「野馬台終」。末に無辺無界小字双行にて「野馬台之起」を書す。

第一七丁より「源義経／乍恐申上候意趣者《ハ》……／元暦弐年六月日　源義経／進上　大膳大夫殿」と題する書状を書写す。単辺無界九行二〇字、一行を隔てて第一八丁裏第五行より「手習学文之叓　文学《(ママ)》上人」と題署す。単辺無界九行字数不等。末に「手習学文巻了　蓬莱野侶雪心書写之」とあり。巻末の副葉子に「玄宗皇帝……」等注記あり、その見返に「猿投山／深識之」の取得識語がある。本文一九丁。前副葉子に「常光／禅院」朱印押捺さる。総裏打。

白楽天の長恨歌・琵琶行は、平安朝以来搢紳の治政を含めた教養の書として愛好され、秦中吟・新楽府と共に古抄本の伝来が多い。これに唐陳鴻の長恨歌伝・梁の釈宝誌の作と伝えられる野馬台詩を合せ写したものも、室町写本だけでも五指を下らない。慶長勅版の「長恨歌伝・長恨歌・琵琶行」から、「野馬台」を併せ刊行した古活字版六種、その覆刻たる寛永整版本以下、陸続と印行覆刻された。さらに清原宣賢の講釈による「長恨歌抄」も慶長期に古活字で印行され、四種、その覆刻整版本等が知られる。室町から江戸初にかけての時代の要請と嗜好とが偲ばれる。こうした動きは次いで出版される「歌行詩諺解」等へと繋がっていく。

室町時代には本書の講筵が搢紳緇流の間に設けられること多く、本書もそうした折のこぼれ種の一であろう。取得識語に云う猿投山は中古・中世にかけ真福寺と共に一の文化圏を形作っていた所で、古写本を蔵すること極めて多く、白氏文集の古写本だけでも、零巻ではあるが、鎌倉末南北朝・貞治二・貞治六・観応三並びに文和二年の四本が数えられる。

巻末の腰越状と手習学文之叓は、前記諸作と比すに懸隔を感じるが、往来物的関心から、やはり俗ながら教養の一斑を荷ったに相異なく、当時の混沌知の世界を窺うべきであろう。

「野馬台詩序」題下の双行注に「〇……山門／玄恵法師抄ヲ作也又虎関注ヲ作□卜云也序亦虎関作也」とある。また「琵琶引」の尾題下にはこれも双行で「去程ニ日本ヨリ使ノ舟ノ額ハ進貢船トウツシ官物馬太刀扇子也

扇／三本也画ハ一本ハ冨士山一本ハ志賀一本ハ箱崎松原也」等ある。以て当時講釈の面影を偲ぶ縁となる。ハ〇九—二—一—一

附音増広古注蒙求存巻下〔唐李瀚〕撰並注　後人刪補〔室町後期〕

写　大一冊　交漉紙

後補渋引茶色表紙（二七・五×一九・〇糎）貼題簽に「蒙求下巻」、表紙右肩貼紙に「奈須家珍七十」と書し、「久昌院／蔵書」の陰刻朱印押捺さる。表紙は反古紙使用。副葉子あって、扉「蒙求下」と書し、副葉子に前記朱印鈐さる。巻頭「附音増広古注蒙求巻下（朱引あり）」と題す。単辺（二〇・六×一四・四糎）有界八行の烏糸欄を設け、行二〇字小字双行。上層に高四・四五糎の辺欄を施す。折山の版心部は表裏連接せず別郭。墨筆にて訓点・送仮名・訓仮名・連合符、朱筆句点・朱引あり。上層・行間・欄脚に朱墨両筆にて、一部ナリ式、殆どがゾ式の（処子ハ女カヲットモタヌヲ云ソ　儒子男ノメモタヌヲ云ソ）仮名注の書入が為されている。やや薄墨の書入もあるが、同筆と見て可ならむ。尾題「附音増広古註蒙求巻之下（朱引あり）」。裏表紙見返に「右蒙求古写本一巻徐状元補注所謂／旧註者也白圭雖欠美質不亡／豈可不珎襲乎／玄虫子題」と書し、「奈須／恒徳」の朱印を鈐す。全二二丁。巻頭に「知文」朱印押捺さる。

蒙求は本家本元の漢土より寧ろ朝鮮・日本に於て、唐土理会のための童蒙初学の教科書として愛誦された。古くは平安写本を初めとし、宋徐子光注の「標題徐状元補註蒙求」を含めて、各種古抄本が伝存する。単行の刊本も、徐子光注本が文禄五年小瀬甫庵により古活字で印行されてより、各種の版がある。室町期には徐子光注本を基に、大儒清原宣賢の講釈が行われ、写本の他江戸期に入ると古活字で印行され、覆刻の附訓寛永整版本も刊行されている。

また蒙求は宋胡元質注胡曾詩（詠史詩）・五代李暹注千字文と合せ、李瀚注本が「三註」と呼ばれ、宋末から明初にかけ流行、故事・歴史・文字を知る唐土理会の第一書として、李朝や本邦中世にも愛好珍重され、刊写により江戸初期迄大いに流行した。ハ〇九—二—二—一

三　古刊本・古活字本

説文解字韻譜五巻（存巻三―五）〔五代徐鍇〕〔李朝初期〕刊〔修〕
特大一冊　覆〔元延祐三年種善堂〕刊本

丁子色朝鮮表紙（二八・七×一七・八糎）に直に「説文解字　二」と書さる。中央に大字にて「張　成字函」と千字文函号が書かれ、右下綴尋部分に「共二」とあり。巻頭「説文解字韻譜上（去・入）声巻第三上（四・五）／董部一……范部五十五」と目録あって本文に連接する。巻三下は「説文解字韻譜上声巻三下」と題さる。双辺（二〇・九×一三・五糎）有界七行、篆字を五段に刻し、注小字双行、篆字は小字二字分、各行篆一字注二字計三字五段分なれば毎行一五字。巻三上第一丁のみ版心白口、双下向黒魚尾、上魚尾下に「∴」の標識（各巻頭・巻三上・四末等にもあり）、下魚尾下に丁附。以下小黒口双下向黒魚尾、上魚尾下に「篆匀幾」下魚尾下に丁附を刻す。尾題「説文解字篆韻譜巻第三上声」、但し上声は二重の墨囲中に陰刻で刻さる。巻四・五は上声等の記載なく、巻三下は「説文解字韻譜巻三」と題さる。巻三上二〇、下通三七（但し第二〇の丁附重丁）、巻四―三八（第二二丁欠）、巻五―三五丁。巻尾に「守／的」朱印、「絁／宗」墨印押捺。「講（講字欠画）部三より、小題上に黒魚尾を設け標識とす。巻三第二六丁裏末行・同三四丁裏後第三行・巻四第一二丁表末行・巻五第二三丁裏末行等に墨格あり。本帙は原刻葉漫滅し、殆どが補刻である。まま眉上に韻目が標記書入されている。これは平水韻の平声のそれであろう。

裏表紙見返に「天正廿年（廿に引出線を引き「初渡之年也」と注記）壬辰三月朝鮮渡海／六月五日於朝鮮京城北大門通化門之内得之／為天得長物厝焉天柱山　公用／天柱山用（朱筆）大樗究人恵《カ》雄誌之」の取得識語が記されている。

天正廿年初渡之年とは、秀吉の朝鮮出兵時、所謂る壬辰倭乱・文禄の役の小西行長隊のことで、恵雄もこれに随行したものであろう。恵雄については今知る所ないが、当時易を学んだ足利学校出の僧侶等、易占や外交また文書作成のため、文官的な役として武将に重用されていた。

本版は、巻一―三を蔵する誠庵文庫目録によるに「丙辰菖節種善堂刊」の旧刊記を刻すと云う。恐らく元の延祐三年に繋けて考えられる「丙辰菖節／種善堂刊」の双辺木記を巻一末尾題前に有する本を、そのまま覆刻したものであろう。種善堂刊本は、台湾故宮博物院・北京図書館（二部）・北京大学等に存し、影印が台湾商務印書館の四部叢刊に、また故宮博物院蔵本の解題が「訂増中国訪書志」に収められている。宋元版の朝鮮による覆刻或いは翻印・翻刻は、その実数は不明ながら、かなりの数に上ろう。ハ〇九―三一―一一

中庸章句大全・大学章句大全〔明胡広等〕奉勅撰〔李朝景宗時〕刊　銅活芸閣印書体字Ⅱ　特大一冊

後補縹色空押牡丹卍つなぎ表紙（三一・七×一九・一糎）、日本での改装。淳熙巳《ママ》酉春三月戊申新安朱熹序「中庸章句序」三丁を冠せ、巻頭「中庸章句大全」と題さる。左右双辺（二一・三×一二・九五糎）有界一〇行二〇字。版心白口双花魚尾、下魚尾が版心下辺に置かれ、上魚尾下に「中庸　丁附」。尾題「中庸終」。四二丁。三二丁表第六行興字は切貼による印字訂正。

次に淳熙巳《ママ》酉二月甲子新安朱熹序「大学章句序」三丁を冠せ、巻頭「大学章句大全」。版式・版心中庸に同じ。柱題「大学」。尾題「大学終」。二

一丁。巻頭巻末に「尹謙／基印」「伯／温」の陰陽朱印二顆鈐さる。二重の墨囲中の陰文「輯註」は、二字連続の活字となっている。

本書には中庸の第二一丁表迄、墨藍の両筆で、また大学・序にも所謂懸吐が施され、書脳或いは版心に、一種の標目・見出しであろうか、書入が為されている。昭和五十年度、日本学術振興会の外国人招聘研究者として来日され、本文庫に於て日本所在漢籍朝鮮版の調査をされた沈隅俊氏の「日本訪書志」に、本帙の解題が収められている。八〇九―三―二

中庸私抄（尾題）存巻上〔清原宣賢〕〔元和七年一一月〕刊（〔京　本屋二兵衛〕）古活　大一冊

後補焦茶色覆表紙（二八・一×二〇・三糎）、原栗皮表紙ありて、裏貼りに「色欲箴」等を印する古活字版刷反古使用、裏表紙は同じく版心に「格致　五十三」と印する刷反古使用、双辺無界一二行一七字、小型活字使用。裏貼りのため左文字で比べにくいが、大阪府立図書館蔵元和古活字版「格致餘論」と同版、第一・二・五三丁の刷反古。巻頭「中庸私抄章句序」と題し、序の抄解より入る。単辺（二二・二×一六・六五糎）無界一三行二二字。版心小黒口双黒魚尾、中縫に「中抄上　丁附」。尾題「中庸私抄上終」。巻上は第一四章迄、全四三丁。経文は「某――」として摘録省記し、抄解を施す。文末は一格空きで追込まれている。朱点・朱引が僅に第二丁迄附される。

当時の片仮名交り本の活字は、漢字に比し片仮名のやや小振りなものが多いが、本版の活字は一齣が漢字片仮名共同じ大きさに作られている。またヌ等の合字がある。本版は恐らく「古活字版之研究」に図の載る高林壮吉氏蔵本と同版であろう。該図によって下巻末の刊記を掲げておく。「于時元和七暦重光作噩仲冬吉辰／本屋／二兵衛　開板焉」。本書は単行か、大学私抄と合せ刊行されたものか未詳。

本書は刊本化のための後人の整斉編修を経てはいるが、室町後期の大儒清原宣賢の講釈に淵源する仮名抄と見て大過なかろう。宣賢の仮名抄については、阿部隆一氏に諸種の考証・解題が存する。八〇九―三―一

〔徒然草寿命院抄〕欠上冊二八段以下〔秦宗巴〕（寿命院立安法印）〔慶長〕刊　古活　大二冊　移写安永六年七月大久保忠寄書入秦家蔵著者手訂本

縹色表紙（二七・〇×二〇・二糎）貼題簽に「徒然草寿命院抄上（下）慶長活字本（これのみ朱書・下にはなし）」と書さる。表紙は反古紙使用。見返貼紙に朱筆にて「慶長活字本二巻此書安永年間大久保忠寄寿命院家所／伝ノ原本ニヨリ校合朱点ヲ附セラレシモノニテ寿命院抄ノ正シキ書／ナレバ殊ニ珎トスベキ書也今明治庚子沽歳霜暦数三百年／共古書屋『山中氏／臧書（朱印）』」の識語あり、山中共古（笑）の筆。「一　ツレ〳〵草ハ　吉田ノ兼好所作也……」の解題・「卜部系図」計二丁あって、内題なく「一　ツレ〳〵ナルマ、ニ日クラシ………」と直接本文に入る。単辺（二二・九×一七・六糎）無界一三行字数不等。版心小黒口双花魚尾、中縫に「徒然抄上（下）丁附」。下冊は「一　花ハサカリニ月ハクマナキヲノミ……」に始まる。尾題なく、慶長第六辛丑孟冬九日　也足叟素然〔跋〕あり。素然に朱引し、「中院通勝卿号ニ也足ト法名素然慶長十五年庚戌／三月廿五日薨五十三歳」と朱書注記す。上冊存三三、下冊全四九丁。瓢型朱印「鳳鳴館」藍印「倉持氏印」が巻頭に鈐され、巻末には「源印／貞雄」「東都／処士」の陰陽二顆の朱印が捺されている。他に表紙見返の貼紙には、「韻鏡享禄板」

と記せる書物型朱印「今日家／書乃天／下書也」、朱印「山中文庫」押捺。系図部分の吊書の現今のオモテ罫に当る罫線活字に、苦労している様子が窺われて面白い。なお川瀬一馬氏の「古活字版之研究」によると、本帙の欠佚部分が龍門文庫に存するようである。川瀬氏の云う無刊記第三種本。

本書は跋の後に、以下に記載する大久保忠寄と源滕賢の識語が存する。

大久保忠寄云今ノ秦寿命院悰俊ノ話ニ慶長六年秦寿命院立安法印字宗巴此鈔ヲ編集シテ／（抬頭一格）正親町院ニ献ス叡感アリテ中院権中納言通勝卿是ヲ書シ奥書シテ又立安ニ御製ヲ添テ給フ／（低一格）思ひいる心のおくの隠家にすますや山た《(ママ)》よしあさくとも／此書今ニ秦寿命院悰俊ノ家ニ伝ル也是全書ヲ得テ校合シ誤字ヲ訂正シ本書仮名并点／有所ハ以レ朱附《ス》レ之尤本書ハ平仮名交リ也此書ハ活版故片仮名ヲ用ユル歟／　安永六年丁酉七月廿七日　藤原忠寄誌

右大久保氏御本乞需拝借シ令校合畢　安永九年庚子仲夏仲旬　源滕賢／謹誌（以上朱筆）

慶長九暦閼逢執除姑洗良辰／日東洛陽　如庵宗乾刊行（以上二行墨筆、朱筆による連合符・訓仮名・注記省略）活板ナリ（朱筆）

忠寄識語に云う如く、秦家に伝わった書、就中その基になった宗巴自筆稿本は、本文平仮名交り注解片仮名交りで書かれていたらしく、本書の初刊である慶長九年三月如庵宗乾古活字本は、第六丁迄平仮名表記が交りやや混乱している。

裏表紙見返には、更に以下の識語が存する。

忠寄追加（朱筆、以下墨筆。但し朱引・朱句点あるも省略）／秦悰俊家書ノ文《ン》話ト少々違ヘリ左ノ如シ／徒然草の抄を　叡覧被レ遊て立安法印に下されし／　正親町上皇　御製／思ひ入るこゝろの奥のかくれ家にすますや山はよしあさくとも／此御製東陽集ニ有之也　東陽集ハ交野少府監作也右少府監ハ西洞院庶流／交野可真嫡子也／権現様御代従京都於駿府被召出御ヒ役相勤候／　寿命院法印秦立安字宗巴／慶長十二年丁未十二月十四日卒行年五十八歳西嵯峨鹿王禅院境内葬之／　立安法印所著書目／素問註鈔十巻医学的要方十五巻本艸序例鈔八巻参伍的法一巻／炮灸詳鑑一巻草藁十巻徒然草抄二巻一炷烟一巻／寄合医師／寿命院秦悰俊／字宗逸

本版は誤植が多く、特に上冊第一〇丁裏・一一丁表等に頻出し、これを自筆稿本に基づく秦家蔵の中院通勝写本によって朱訂している。また朱筆にて訓点・送仮名・訓仮名・朱引等が施されている。秦家蔵本は現所在が知られず、本書入は尊経閣文庫蔵の江戸初期写本（現在所蔵されず）と並んで、本書の原初形態を知る上に貴重である。

徒然草は伊勢物語に次いで、和書で最も版種の多い書物で、川瀬氏によると古活字で一七種、寿命院抄も七種を数える。整版本も本塾図書館に多数蔵するが、コレクションとして著名なのは、神奈川県立金沢文庫・富士見丘女子短期大学の小松操氏の蒐書で、共に目録が刊行されている。徒然草は啓蒙・教養・教訓の時流に投じ、その艶隠者的性格と相俟って近世初期大いに流行し、様々な模倣やパロディー作品を生んでいる。また本書は、仏書の注解を除けば、著者生前に刊行を見た極く初期の作品と云うことになる。序でながら寿命院抄最初の版である慶長九年三月如庵宗乾刊本は本塾図書館にも蔵し、此版は川瀬氏の解題を附し影印刊行されている。

大久保忠寄は、当時三河出の祖を同じくする旗本に、主計忠寄二〇〇俵、清右衛門忠寄二〇〇俵、八郎左衛門忠修一〇〇〇石の三人がおり、特定できない。しかし最も蓋然性の高いのは、蔵書家として知られた酉山（享和

元年没、享年七十）であろう。八〇九―三―四―二

〔徒然草寿命院抄〕存上冊　〔秦宗巴〕〔慶長〕刊　古活　大一冊

後補焦茶色布目表紙（二七・八×二〇・一糎）に直に「徒然草　慶長活字上」と書す。「一　ツレ〳〵草ハ　吉田ノ兼好所作也……」の解題・「卜部系図」計二丁あって「一　ツレ〳〵ナルマヽニ日クラシ硯ニムカヒテ……」とあること前に同じ。双辺（二二・七×一六・三糎）無界一一行字数不等。版心大黒口双花魚尾、中縫に「徒抄　丁附」。存一一六丁。百卅七段迄。川瀬氏の云う無刊記第一種本。

本書は第四一丁表末行「一　サレハ白キ系《（ママ）》ノソマン事ヲカナシミ道ノチマタノワカレン事ヲナケク」のカナシミの四字が脱落している。古活字本には、屢々こうした文字の脱落や差換え、切貼による印字訂正や墨筆の誤植訂正が見られる。八〇九―三―五―一

白氏文集七一巻（存巻一一―一五・二六―三五・四一―四五・五六―六五）

唐白居易撰〔那波活所（道円）〕校〔元和四年七月跋〕刊（校者）

古活　大七冊

後補紺色表紙（二八・一×一九・四糎）金切箔散しの双辺刷枠題簽に「白氏文集十一之十五（二十六之三十・三十一之三十五・四十一之四十五・五十六之五十八・五十九之六十一・六十二之六十五）」と書す。香色表紙に直に「白氏文集自十一至十五（自廿六至三十・自卅一至卅五・自四十一至四十五・自五十六至五十八・自五十九至六十一・自六十二至六十五）」と書され、双辺刷題簽「白氏文集六七八」一枚残存。第一冊に「横尾様／佐々木生」と書し、存巻を記した封筒はさみ込まる。巻頭「白氏文集巻第十一（―六十五）」と題さる。大題の次に目録あって本文に接続する。双辺（二三・〇×一六・五糎）有界九行一六字。版心大黒口双花魚尾、中縫に「白集幾　丁附」。尾題「白氏文集巻第十一（―六十五）」。但し巻一四は巻末末行下端に「巻尾」とあるのみ。巻一一―二〇、巻一二―二六、巻一三―二五、巻一四―二四、巻一五―二八、巻二六―一八、巻二七―二〇、巻二八―二三、巻二九―一六、巻三〇―二六、巻三一―一九（第一〇丁表後第二行から第一四丁表後第二行にかけ欠文あり）、巻三二―二二、巻三三―二二、巻三四―二九、巻三五―二四、巻四一―二一、巻四二―二七、巻四三―一六、巻四四―一六、巻四五―三三、巻五六―二六、巻五七―二四、巻五八―二四、巻五九―二九、巻六〇―二五、巻六一―三五、巻六二―二二、巻六三―二〇、巻六四―二六、巻六五―二〇丁。「野宮／書印」（朱印）「藍山求之」（墨印）押捺さる。匡郭上層に、版心部から書脳部にかけ、右向きに「安国蔵本」の墨印鈐さる。

本書は、京の儒者時習斎堀杏庵・大坂町奉行等を歴任せる賜蘆文庫新見正路・松方正義等の逓蔵せる、金沢文庫本等諸本との校合書入を有する本塾図書館蔵本等に徴するに、戊午秋七月丁亥朔那波道円書于洛中遠望台「白氏文集後序」があり、次掲本と共に、紀州藩の儒者那波活所の校刊になることが知られる。本版のテクストは恐らく朝鮮の成化二一年鑄字跋本に基づくものと思われる。藤本幸夫氏等による詳細な考証が、勉誠社刊の白居易研究講座に於て為されている。四部叢刊に影印されているが、誤植箇所等一部に手が加えられているようである。或いは底本に為されていた訂正を、そのまま影印したものであろうか。胡粉等で塗抹し、巧みに墨書したり補筆したりすると、影印では殆ど区別できないので、影印本を底本とする場合には餘程注意する必要がある。

那波活所刊行の古活字本には、下象鼻大黒口に中央の欠損した特徴的な

ものが見られ、頻出する。今試みにその出現箇所を記せば、巻一二―一八・二〇・二二・二四・二六丁、巻一三―一・三・四・五・六・七・八・一〇・一一・一三丁、巻一四―一五・一七・一九・二一・二三丁、巻二九―六・八丁、巻三〇―二〇丁、巻三一―四・六・八・一〇・一一・一三・一五・一八丁、巻五六―一・三・五・七・一〇・一三丁、巻六二―一五・一七・一九・二二丁、巻六三―二・四・六・八・一〇・一二・一四・一六・一八・二〇丁、巻六四―二・三・五・七・八・一〇丁、巻六五―一五・一七・一九丁。いささか煩瑣であるが、浜野文庫欠佚部分も、本塾図書館本によって識せば、巻一―二六丁、巻三―二・六・七・一〇丁、巻四―一・三丁、巻二二―二丁、巻二三―二・四・五・六・七・一〇丁、巻二四―四・六・八・一〇・一二丁、巻三一―四・六・八・一〇・一一・一三・一八丁、巻三七―一・三・一〇・一三・一五・一六・一七・一八・一九・二〇・二一丁、巻三八―五・七・九・一〇・一一・一二・一三・一五・一七・一九・二一・二三・二四丁、巻三九―一・二・三・四・五・七・九・一一・一三・一五・一七・一九・二一・二三・二五・二七・二八・三〇・三二・三四・三六・三八丁、巻五五―一三・一六・一七・二〇・二三丁、巻六六―一・三・五・七・九・一一・一二・一四・一六・一八・二〇・二四・二六丁、巻六七―一・六・九・一二・一六丁、巻六八―八・一〇・一一・一三・一六・一八・二〇・二二・二三丁、巻六九―二・四・六・七・九・一一・一三・一五・一七・一九丁、巻七〇―六・八・一〇・一一・一二・一三・一五・一七丁、巻七一―一・四・六丁、後序―一丁。

すなわち巻二・五―一一・一五―二二・二五―二八・三三―三六・四〇―五四・五七―六一の四四巻分には該黒口は全く使用されていない訳である。こうしたことは案外に、古活字版制作現場の実態を我々に垣間見せてくれるのかも知れない。

白氏文集は、明暦三年明万暦刊の馬元調校本を覆刻した整版本が通行している。八〇九―三―六―七

倭名類聚鈔二〇巻　源順撰　那波〔活所〕（道円）校　元和三年一一月序刊（校者）　古活　大四冊

紺色表紙（二八・一×二〇・三糎）双辺刷枠題簽に「倭名鈔　一（―四）」と書さる。元和三年丁巳冬十一月　日　羅浮散人洗筆於雲母谿清処「題倭名鈔」三丁、番陽那波道円識「新刻倭名類聚鈔凡例」一丁、「倭名類聚鈔序」三丁を冠せ、巻頭「倭名類聚鈔巻第一（―二十）　源順撰（巻八・一三―一五は撰者を題さず）」と題署す。大題に次いで、目録をさしはさんで本文に接続する。双辺（二三・〇×一六・四糎）無界九行一六字小字双行。前記白氏文集と同活字使用。版心大黒口双花魚尾、中縫に「和名巻幾　丁附」。尾題「倭（巻九和）名類聚鈔巻第一（―二十）」。巻一―一九、巻二―二一、巻三―二九、巻四―一八、巻五―二八丁―以上第一冊。巻六―三三、巻七―二五、巻八―二二、巻九―二四、巻一〇―一九丁―以上第二冊。巻一一―一九、巻一二―二八、巻一三―一八、巻一四―二一、巻一五―一七丁―以上第三冊。巻一六―二三、巻一七―二五、巻一八―二三、巻一九―二九、巻二〇―三三丁―以上第四冊。巻頭に「良／𠮷」「櫟菴」「杣芝／之印」「路川／氏／蔵書」の朱印、巻末に「子燭」「可野」「梅／水」「良／𠮷」「櫟菴」等の朱印が鈐さる。

本版にも前記白氏文集で掲げた黒口が見られる。煩を厭わず挙げれば、巻三―二三・二八丁、巻四―九・一一・一五・二七・二八丁、巻五―二七・二八丁、巻一〇―一七丁、巻一二―三・九・二一・二四丁、巻一六―二一

丁、巻一七―二・九丁、巻一八―一四・一七丁、巻一九―二・八・一一・一四・一七・二〇・二三・二六・二九丁、巻二〇―三・一一・一七・二〇・二四・二七・三〇丁。すなわち本版に於ても巻一・二・六―九・一一・一三―一五の、全巻の丁度半数である一〇巻分が、この欠損黒口を使用していないことになる。本版には、また丈の低い黒口も見られる。

　本版には川瀬氏の記す如く、誤植を訂正する以前の版（尊経閣文庫蔵）が存する。序第二丁裏第三行「私容」が「松容」と、塗抹の上、印字訂正（本版では差換え）されている。日本古典全集・諸本集成倭名類聚鈔・勉誠社文庫等に影印本がある。

　本書は、原序に醍醐帝の第四皇女のために撰進したことが見える。本版の翻刻である整版本二種九点については、本稿一bに既出。八〇九―三―七―四

　　又存巻五―八　大一冊　書入本

　布目地渋引刷毛目表紙（二八・八×二〇・三糎）に直に「和名鈔五之八」と墨書し、「水茎家／典籍印」朱印押捺さる。表紙右に「不出閫外」と書し、「職官／国郡」と目録外題を記す。右下に「水茎」朱印鈐さる。見返に近時の貼紙あり、「本書入／以文云三ヶ所真龍云一ヶ所／望之云一ヶ所本居氏云一ヶ所／あり以文は以テと略しても書／けり或は以文の書入れるあり／さらに／可尋」と。「天武十二年十二月遣ム……等巡行天下限分諸国之境堺而……」の書入一丁綴込まる。「いた／くす」の朱印押捺。眉上・行間に朱筆にて校字・訓仮名、また「武按」等の朱墨書入れ、「真珠云」の緑筆、押紙・綴加え・不審紙等が見られる。残存僅か四巻の零巻ではあるが、書入れは仲々稠密である。八〇九―三―八―一

　　節用集（易林本）二巻　慶長二年刊〔修〕（京　平井休与）大二冊

　濃縹色表紙（二六・一×一八・六糎）に香色金切箔散し題簽を貼附するも、題されず。第一冊表紙右肩に「易林　活字板（以上朱書）／慶長版節用集」の貼紙あり。巻頭、魚尾を標識とし、その下、黒口状の中に、陰刻で「節用集（二重の墨囲中に、同じく陰刻で）伊」と題さる。丸い墨囲中に、陰刻で「乾坤」と標識し、「乾雷公《イヌ井イカヅチ》雷電《同 イナビカリ》霹靂《同 ライテン》」と本文に入る。単辺（二三・七×三六・一〈表裏通〉糎）無界七行字数不等小字双行。振仮名附。版心白口。「節用集上（下）丁附」を刻するのみ。巻下は大題なく、魚尾を標識とし、墨囲陰刻の「也」を以て標記し、本文に入る。巻下第七二丁裏、加刻された陰刻の双辺木記「洛陽七條寺内平井／勝左衛門休与開板」の次に

　有《リ》レ客携《ヘテ》二鉅巻《ヲ》一曰此《ノ》節用集十字九皆《ハ》贋《ガン》也《タ・せ》正二諸／於韻会礼部韻《ニ》一諾《せハ》則命《メ》レ工《ニ》刻《マン》レ梓《シニ》焉如《キ》二愚夫《カ》一弄二聾《シヤウ》／何辨《ソーせン》二字画之誤《リヲ》一哉《ヤ》惟取《テ》二定家卿《ノ》仮名遣《ヲ》一分《チ》二

　書《ソ》伊／為越於江恵之六隔《ツヲ》段《ニ》以返《テスト》レ之云《ヲ》旹慶長二丁酉易林誌

の原刊語あり。巻下第五四丁裏より「十幹《ジッカン》」第五八丁表より「分毫字様《ブンガウノシヤウ》」と陰刻し、各種便覧を載す。巻上六八丁、但し第四八・四九丁欠。第六八丁裏大墨格。巻下七二丁。巻頭に「読杜／艸堂」の寺田望南朱印鈐さる。第五丁表迄朱点・朱引あり、餘白・上層に種々の語彙が書入られているが、天地断裁され、一部裁切られている。

　室町時代に成立し、種々の異本を派生・分出させながら発展した節用集は、室町末に二種の刊本を見、江戸期に入ってその極初に刊行されたのが改編本たる本書である。本版は、以後文字通り用を節する字書として、江戸期日常用語辞典の代名詞の如くなった何某節用集のその祖とも云うべきものである。

慶長二年の易林刊本は、大題や標識の陰刻箇所が全て本文同様陽刻となっており、平井休与修本では、本文にも数ヶ所の増補改修が加えられている。実用向きに、引き易く見易くするための改編が加えられたのであろう。

なお本書には覆刻本が存し、易林初刊本・平井休与修印本・覆刻本の三種の校合表が「ビブリア」第一一号に収められている。本修印本は日本古典全集に影印され、また初刊本と修印本の巻頭・巻末は、川瀬氏の「日本書誌学之研究」—該項は初め雑誌「書誌学」所収—に掲載されている。

本書は、表紙に「活字板」と朱書されるが、版面古拙にして濃淡あり、ややぎくしゃくしている故の誤認で、勿論整版本である。当時は活字全盛の時代であったが、本書の如き辞典・字書は、啓蒙・教養の時代とてまことに需要多く、それは本印本の如く印面漫滅、版面のいかにも痩せた感じを思わせる後刷本の多いことからも証明せられる。活字版は目に一个字ある者には、素人でも組版ができ簡便であったが、何如んせん紙型法の開発されない当時としては、需要に応じて増刷すべき術がなかった。大部の書物を印刷するには、何台かの枠を使い何丁か分の組版を為し、刷っては崩し、また次の数丁を組みという、いわば自転車操業の繰返しだったのである。それが印刷場所や使われる活字の頻度を考えた場合、最も経済的且つ簡便な方法であった。その上本書の如くルビや異体字・別体字さらに訓点・挿絵等のことを考えると辞典・字書に何故古活字版が少いか、自ずと答が出よう。そしてまた、需要の大幅に拡大した次代に、訓点附きの和刻本を中心に整版全盛となる理由も、明らかであろう。片仮名交り書については、漢字とカナとで一齣の活字の大きさに大小があり、不揃いのものが多かったこと、平仮名交り書では、古来我国ではかなの連綿体に対する美意識が存し、一字宛切離されたかなに馴染の少かったことも影響しているかも知れない。

八〇九—三—九—二

四　稀覯本

遺契一二巻　服〔部〕南郭（元喬）　写　半三冊　山東京山・千葉葛野旧蔵

砥粉色布目表紙（二三・八×一六・五糎）双辺刷枠題簽に「南郭随筆遺契全十二巻合為三本巻上」「南郭随筆遺契　巻中（下）」と書さる。南郭散人服元喬「題遺契」一丁、「遺契巻之一（巻二―十二、巻の字以下朱書）」の目録三丁を冠せ、内題「遺契」。無辺無界一一行二一、二字小字双行。字面高約一八・八糎。朱筆にて校字・書入・朱引を施し、引用文中の標題語に圏点を附す。また藍筆にて句点・書入あり。不審紙・欄脚に附箋等あり。校訂上の書入や裕按・順按・禎按・子迪曰・銕州曰等の按語が多い。第一冊巻一事一七丁・巻二言一六丁・巻三制（目録巻三―二・巻四―二丁）二六丁・巻四名二五丁・巻五―七丁（目録では「古人貴子」以上四巻／「自称字」以下五巻（傍線部・傍記朱書）とあるも、本文は「古人貴子」より別丁となり、巻五とす。目録の題下に「古人貴子以下為五巻」とあり）。第二冊巻六詩（目録巻六―二・巻五―二・巻七―二丁）二三丁・巻五文二八丁・巻七文二―六丁・巻八物（目録二丁）二四丁。第三冊巻九物二（目録二丁）一九丁・巻一〇雑（目録巻一〇―二・巻一一―二・巻一二―一丁）二四丁・巻一一雑二二丁・巻一二異一五丁。巻二より巻頭の版心上部に当る折山に焦茶色の紙を貼り標識とす。巻九は目録に、巻一一・一二は目録箇所にも標識が為されている。「百樹園」「橿園」「回摀／園」「福田文庫」「掃葉山／房臧書」の各朱印押捺さる。これにより、一時東条琴台の手にあったことが分る。

本書は巻末に以下の二則の題跋が識され、その伝流が判明する。長文であるが引録する。

題跋

凡弥書伝写之冊。字々端清句々正謄。絶無誤謬。猶有巧妾而婦徳焉。嗟夫難哉矣。余嘗貯服子遷帳秘之抄遺契一帙。写字不俗更無謄誤。且有朱書縄削。恐是不出傭書一書生懇写歟。独愛為徳妾。不離机辺既三十余年矣。一日近隣螢雪友。橿園主人来訪。見遺契云。嘗聞其名。未披巻。乞許一覧。而後月餘携来返之。謂余云。此書也。群籍之蒐輯。鴻儒之摘録。崑山拾玉桂林折枝。将是作家之饒田著筆之芳沢也。欲我亦蔵一帙。索四方書肆。絶無所貯。是以欲計転写於傭書。雖然（此二字挿入符ありて傍記さる）賃筆徒多不識字。焉烏脱字。画虎類狗。無如之何已矣。懐。我家与翁隣衖。若蔵書急就之用同書架。冀翁出遺契。聴合巹於我。聊納業燭之聘。懇求不啻焉。余謂。子遷叙遺契曰。余今行年踰七十。耄矣愈忘。餘生無幾。胡用此物為。云々。余今行年八十二。子遷之語以可味。且為学友争惜一書。乃下架嫁之。雖然為徳妾不離机辺三十余年。頗有流水之心。拍冊曰。遺契々々勿忘旧主。園主抃躍携冊去矣。書事以題巻後。益応園主之乞耳。

嘉永三年庚戌小春月廿五日

時年八十二老筆慳拙

京山人百樹㊞（京山人）

再　跋

此書はれかもたるを橿園の翁千葉葛野ぬしへおくりしよし前にいへりしからさまの文につはらなりまかりて六とせすきにしことしむ月はつかの日翁和哥のよみ初てふまとゐしてわれもしたしき哥の友にかつまへられつ翁のをしへ子らもうちましりて哥よみかはしたるに翁つとめてかりそめのなやみにうちふしつるに日をかへおもりかちにてくす

しらかはる〱ちからをつくしつるにかひなくてつひにやよひ七日の日になん身まかりぬ家の太郎をはしめ物よむ人なけれは翁かこゝらもたるふみともあはれふみやにとらすと聞て此書もしからんはいと〱をしくて翁かかの業燭の聘を返して再わかもとへかへらる斗り今はたみるにも学の友のなつかしくてかくなん

〱ふみの名は遺す契のもしなれはかゝるあはれのつまとなりけん

安政二年己卯水無月二月

八十七歳京山人百樹

やや老筆震えを帯び、切々と書写され、江戸の隣人隣組の様子と文化圏の有様が活写されている。ふみやに払われていれば、また違った途をたどったでもあろうか。

京山人百樹、安政五年没、享年九十二。京伝の実弟であるが、本題跋からも知られる通り真面目に過ぎて、戯作者としては大成しなかった。しかし鈴木牧之を輔け、北越雪譜をよく編修刊行せしめたことは記憶されてよい。

本書は、京山人の題跋にも引くが、自序に

余才隷。不足人師。即恒読書。素有広覧四方之好。……於是随所遇而抄録焉。間亦所恒一二急就附於其中。凡以備私記。左右取之。積年累帙。若成書然。……然則我存書存。我亡書亡。余今行年踰七十。耄矣愈忘。餘生無幾。…我躬将化。遑恤我後。焚之亦可。遺之亦可。……然既是遺契而已。姑録其言。令後之拾者。知千万無益於他人之冨爾。

とある如く、随読随抄の備忘録で、孫引を得意とする戯作者にあっては、京山ならずとも「将是作家之饒田著筆之芳沢」であったに違いない。

内容をしのぶ縁に、幾つか摘記すれば

起居　呉越春秋。王行有頃。因得生瓜已熟。呉王掇而食之。謂左右曰。何冬而生瓜。近道人不食。何也。左右曰。謂糞種之物。人不食也。呉王曰。何謂糞種。左右曰。盛夏之時。人食生氏（朱にて瓜と訂さる）。起居（二字朱圏点あり）道傍。子復生秋霜。悪之故不食。夫差内伝

今按。是謂大便為起居。他書未有所見。（起居の上層に「起居裕按不／特大便小便／示応通」と朱筆書入あり）

大根脚　元周密視聴抄。元係大根脚。今按大根脚（朱圏点）。毫富意。

饅頭之始　同上（誠斉雑記）。孔明征孟獲。人曰蛮地多邪。用人首祭神。則出兵利。孔明襍以羊豕之肉。以麺包之。以像人頭。此為饅頭之始（朱圏点）。

厠上忌聴杜鵑　異苑。杜鵑初鳴。先聴其声者。主離別。厠上（朱圏点）聴其声不祥。厭之法。当為大声以応之。宋劉敬叔撰

書誌学に関する夢渓筆談からの「活板法」、輟耕録からの「膠礬法」、筆叢からの「印書紙美悪」「雕板之起」等の記事もある。

本書は編成未だ整わざるが如きで、本文丁数の箇所でも触れたが、巻首目録にも「……」以上巻一や、「……」以上巻二、月光読書類不見等傍線部の如き朱書書入が見られる。「博物志。太原……」の箇所には、朱筆にて「一本志下有／云字元文無」とあって、他本との校合が為されていることが分る。体式は、語彙を標記し、出典を示してその言葉の使用された箇所を引き、場合によっては末に按語を加える唐話辞書の趣きもある一種の類書と云ってよかろうか。序末の上層には遺契に注して「列子説符篇／宋人有遊於／道得人遺契／者帰而蔵之／密数其歯告／鄰人曰吾冨／可待矣」と朱書されている。

服部南郭、柳沢吉保の儒臣、宝暦九年没、享年七十七。その稿本・旧蔵

書類は早稲田大学図書館に遺蔵され、本書の自筆稿本も存する。八〇九―四―一―三

以呂波之伝（尾題「伊路葉伝授」）〔花山院長親〕写　半一冊　薄様紙

後補栗皮色空押花卉文様表紙（二五・一×一七・八糎）金砂子散しの双辺刷枠題簽に「以呂波之伝」と書す。巻頭朱の○の後に「以呂波之伝／いろはは高野大師の漢土の字日本／の音うつりやすきをとりて伯英／懐素張旭等か畧草になそらへて作り／し也……（高野大師に朱引・伯英に朱引し、張伯英と朱書傍記）」と始まる。無辺無界、第一丁裏より以呂波を「篆　隷　楷　行　草　変体仮名　楷書体仮名」の七段四行に書写す。前文字面高約二二・二糎、以呂波字約二〇・一糎。第七丁裏より、朱鉤点に続けて「仮名は草字の書決にして連綿し／て……」と伝授文あり。尾題「伊路葉伝授亜」。全一五丁。朱鉤点・朱引を附す。薄様紙に書写され、見易からんために入紙が施されている。

本書は漢字の音や書体についての伝説で、伊呂波伝書等種々の書名で伝えられる伝花山院藤原長親の伝授書。各字の伝を説く際いろはに標字のため圏点を加える。まま、「大和かんな」に「片仮名ノヿ」、「へ」の字を書き分けて、右傍に「道風書」「宗尊ノ書」等と朱筆の注記が加えられている。漢和の名家の字や説を引き、「別有口伝」等の表記もある。

尾題の亜字は亜槐の略でもあろうか。花山院藤原長親は、南朝元中六年以前に内大臣となっている。朝廷を始め、足利義満・義持また大内氏等に儒学・歌道を講じ、伝授書も多い。正長二年没、享年未詳なれど、八十有餘か。八〇九―四―二―一

一枝堂考証千典存巻三・四・七附夢笑随筆存巻一　釈了阿（附）洒落斎夢笑　写　中一冊　薄様紙

焦茶色表紙（一八・四×一二・六糎）海松色題簽に「一枝堂考証千典」、題簽下直に「巻三、四、七」と書さる。各巻頭に「一枝堂考証千典巻之三（四・七）目録／不言勝言一葉右　二十八日避慾一葉左／……」の如く、目録各三丁を冠せ、「一枝堂考証千典巻之三（四・七）／江戸　釈　了阿　著／佐渡　本間君恕／江戸　竹内冲天／校（君恕と冲天の下に一格空けて跨行）」と題著す。巻四内題下、江戸・佐渡　本間君恕・江戸　冲天の一二文字墨筆にて線を引き抹消さる。無辺無界一一行漢字二〇字仮名不等小字双行、字画高約一五・〇糎。版心部折山表に「丁附」あり。本文に藍筆にて句点、朱筆にて圏点、眉上に書入、朱の句点・朱引等あり。不審紙貼附さる。切貼訂正・紙継ぎ等も為されている。尾題「一枝堂考証千典巻之三（四・七終）」。巻三―二六・巻四―三三・巻七―三七丁。「山上／書記」「九万楼／蔵書記」「洒竹／庵」の朱印鈐さる。巻四の後に、次に記す「夢笑随筆」が誤綴さる。

扉の如くして「夢笑随筆　弌」（隷体）と書す。巻頭「夢笑随筆巻之一／洒落斎　夢笑著」と題署し、朱○の次に「手《テ》柄《ガラ》の岡《ヲカ》持《モチ》平の字尽《ヅク》し系図」と小題して本文に入る。双辺（一四・四×九・四糎）有界八行の、白口単黒魚尾墨刷罫紙使用。平仮名交りにて小字双行、系図の吊書部分に朱筆を交ゆ。上層に書入・墨引あり。巻末に朱丸印の中に「天保」「六」と書さる。二七丁。扉に「嘯風斎／蔵書記」の印あり、前者と伝流を一にするものに非ざるべし。天地断裁され、考証千典には一部裏が打たれている。恐らく近代の改装合綴になるものであろう。

考証千典は、例えば「料理」を「晋昏第八十」、「自由」を「後漢昏第十三、風俗通第四、増壱阿含経第卅」、「慰斗鮑」を「大諸礼集第十一、晋昏第七十五」と云ったように、和漢の諸書から博引旁証した類書で、全一〇巻。巻一・二・五・八の本書と同筆、同蔵印を押捺せる本が無窮会に存する。全く漢籍とは関わらぬ「牛若丸衣裳」等の項目も見られる。一例として、回禄の條を引けば

左伝第廿四、二葉左、昭公十八年夏五月、曰、郊人助祝史除於国北為祭処於国北者就大陰禳火禳火于玄冥回禄、玄冥、水神、回禄、火神、

引用は漢籍のみでなく、和歌・物語・仏典にも及び、まさに和漢仏兼学とされた撰者に相応しい。考証千典には、やや後次と思われる墨句点・訓点等を附した書入も見られる。

なお無窮会本（巻八別筆か）は自筆と著録されるが、文中「安政四（五と墨筆にて訂す）マデ一百十四（五と墨筆にて訂す）年」等の本文と同筆の朱書入等から見て、後代の写本とした方がよさそうである。了阿本稿一dに既出。

附綴される「夢笑随筆」の撰者、洒落斎夢笑については未詳。了阿との関係又未詳。ハ〇九—四—三—一

王註楚辞考　（戸）埼（淡園）（允明）写（森枳園カ）　大一冊　森枳園旧蔵

縹色布目表紙（二六・六×一八・〇糎）題簽に「註楚辞考　全」と書さる。巻頭「王註楚辞考／（隔一行）常陽　埼允明哲夫　著」と題署す。「楚辞詩之流也。……故先儒以為／詞賦宗。……」と前書あって、「離騒」と小題し本文に入る。無辺無界九行二〇字小字双行、字面高約一九・三糎。要語を摘録して注解考証が施さる。胡粉訂正、朱墨藍三筆の校字書入あり。句点を附す。挿入紙三葉あり。三六丁。巻頭に「森／氏」朱印鈐さる。森立之旧蔵にして、書写も同人の如し。

本書前言に楚辞の提要と共に、撰述の意図と経緯とが述べられているので引録する。

楚辞詩之流也。其為言皆出於忠愛之誠。其旨纏綿惻怛。凄然興感。孤臣孽子慷慨不平之衷。可以遺也。邀雲神。謁帝子。従容婉娩之懐。博洽麗雅之材。饗祭送迎之敬。必足以感鬼神也。故先儒以為詞賦宗。而其調高古。則興象不易尽矣。王逸有章句。趙宋洪興祖有補註。猶未悉焉。及宋中葉。士大夫目朱熹之学為偽学。朱熹遂阨于権奸。不啻如屈原之在楚也故在武夷之際。有感於屈子之辞。先之有晁無咎別録楚辞。廼即晁氏之撰。刪定王洪二家。為之註釈。多所発作者之意。余頃読劉氏所録。傍取之以補定王註。七諫以下晁氏不録。則朱氏不亦及焉。至此全以微意継之耳。従此以往晁氏之選。特別。故不載焉。

寛延二年一一月、京の上柳治兵衛等の刊行した王逸注・洪興祖補注の「楚辞」渡辺樵山書入本につき、本稿一bで触れた際、楚辞についても略記した。全巻にわたる邦人の注釈書は少いので、簡略なものながら本書も注目される。但し「悲回風」等題名のみである。

戸崎淡園、守山藩儒、文化三年没、享年七十八とも八十三とも云う。ハ〇九—四—四—一

解頤譚　罷癃子　近写（（浜野知三郎））　半一冊

黒色布目空押桜花文様表紙（二四・八×一六・〇糎）双辺刷枠題簽に「解頤譚　完」と書す。巻頭「解頤譚／已斯先生批評　蓑谿　罷癃子戯著」と

題署す。戯名、美濃谷出来のせむし男の謂か。単辺（一三・九×九・五糎）有界七行の白口単黒魚尾墨刷罫紙使用、行一七字、句点を附す。二二丁、首尾に一丁宛罫紙ありて遊紙と為す。

全四九話から成る漢文の笑話集で、例によってその幾つかを引けば

蛇入陰

墨水花開、長堤草緑、都人士女、雑沓拾翠、一女子摘土筆、蛇欻入其牝戸、女遽禦之不得、坐号立泣、幾如狂者、衆欲救之而無計、或者視之曰、莫憂蛇必出、言終蛇出、衆挙奇之、問曰、子何以知蛇忽出、或者曰、吾相其面而知之、衆問其故、曰、頬色如桃花、其臭可知、

大童山

有大童山者、長六七丈、行買酒、々家已寝、叩其戸、店老曰、誰也矣叩楼戸者、

仝

逢大童山於混堂、問曰、子疇昔之夜、遊妓舘、楽乎、曰何以知吾遊於妓舘、曰臍上抹紅彩矣、

称雪

寒風栗洌、砭肌針膚、凍雲襲簷、雪花撲窓、罷癃子擁爐、縮如蝸、命童曰、雪已盛、汝操尺秡之、童曰、諾、乃立雪中、右穿之、左刺之、良久而報曰、其深尺有五寸、其広不可量、

柿盗や反魂香の如き、現今でも落咄として語られているものも載る。

漢文体の笑話も白話等の影響もあり、明治初期までかなり盛んに行われた。作者の罷癃子については知る所がない。本書、武藤禎夫氏の「漢文体笑話ほん六種」に影印さる。延広真治氏示教。八〇九―四―五―一

漢呉音図補正　岡本况斎（保孝）　近写（浜野知三郎）　半二冊

白色布目地空押亀甲三手杵文様表紙（二三・五×一六・一糎）双辺刷枠題簽に「漢呉音図補正　乾（坤）」と書さる。表紙には金切箔が散らさる。裏丁匡郭外書脳部下端に10「南鍋弐㊅製」とある白口単黒魚尾双辺有界一〇行藍刷罫紙三丁を遊紙とす。上巻末と、下冊の遊紙は各一丁宛。巻頭「漢呉音図補正／况斎岡本保孝著」と題署さる。「再刻本ノアヤマリ」（第一丁表）「凡例」（第一丁裏第二丁表）に続いて、第三丁より「第一合／開ト改ムヘシ」と本文に入る。双辺（一九・四×一二・八五糎）有界一〇行の白口単黒魚尾藍刷罫紙使用。罫紙には、裏丁匡郭外書脳部下端に「山城屋版十」とあり。但し巻上第六四―六六丁、巻下第一・一一丁は前述南鍋製罫紙を用う。巻下第九一丁はただ「10」とのみあるも、恐らく南鍋製ならむ。片仮名交り文、小字双行。傍線・圏点が施さる。押紙と、書眉の左右を切込み、内側に折込んだ標識が夫々一个所宛ある。また筆者浜野氏の「知按」の貼紙と、上層への「知按」の按語が、これも各々一个所宛存する。乾坤各九一丁。

本書は、本稿一bで略解した太田全斎の漢呉音図・漢呉音徴・漢呉音図説の序や凡例をも含めた詳細な補正である。本書序に当る「再刻本ノアヤマリ」に曰く

漢呉音図彫刻ノ後コレカレ訛謬ノアルヲ再訂シテ補刻セラレタル本今世上ニ流布ス開キミルニ其改正セラレテヨクナルモ少カラスト又大ニアヤマレルモ多シコレニヨリ今本ヲ主トシ初刻本ヲ以テ改正シ又太田氏初刊再治トモアヤマレルヲハ孝ノ意ニテ糾スヿ左ノ如シ

「明治九年二月九日改正」とし、見解を改めている所もある。晩年まで倦むことなく考究を続けたものであろう。

況斎、幕府儒官にして和漢に通ず。明治一一年没、享年八十二。なお幕府儒官で親交のあった杉原心斎に与えた自筆一葉が、「〔七雅〕序」中に綴込まれ、本稿一aに全文を掲げてある。本書は静嘉堂文庫に自筆本が存する。八〇九―四―六―二

干禄字書辨証（題簽）〔小島成斎〕（知足）近写〔浜野知三郎〕大
一冊　薄様紙

朱色表紙（二六・九×一九・三糎）金砂子散しの双辺刷枠題簽に「干禄字書辨証小島成斎著」と書さる。末に「四庫全書総目提要」とある干禄字書解題・「段玉裁経韵楼集云」の段玉裁説・「碑下截断……」の金石粋編からの引用（これのみ朱書）を冠せ、本文に入る。此等は恐らく、もと官版「干禄字書」見返の成斎書入を移写せしものならむ。一丁、無辺無界一六行小字双行、字面高約二二・三糎に書写さる。

本書は恐らく、本稿一bで触れた国会図書館蔵等の、稠密な成斎書入部分のみを取出して一書と為し、浜野氏が仮に「干禄字書辨証」と外題したもので、成斎の名づけたかかる書が存する訳ではあるまい。本文部分は大きく空けられた料紙中央を除き、眉上・書脳・欄脚に朱墨そのままに転記されている。句点が施され、小字三五字内外不等。巻末に「文化十四年刊」の原刊記のみ写さる。五三丁、但し第四―六・八・五一丁白紙。これ乃ち書入れの存しなかった葉である。巻末に「石本跋」転記さる。本文巻頭に当る部分に「有炑館／図書記」朱印摸写さる。

本書は、掲出の各字につき、古典や銘文・碑文・字書等を博捜して出典を示した細かな考証で、文中「知足云」「知足案」等の案語あることから、成斎の考証であることが知られる。本稿一b掲出の浜野氏蔵の二点は、成斎書入の移写が本文にとどまり、詳密な考証部分に及んでいないことから、逆に本文部分を除き、眉上や、上層に収まり切らぬ書脳・欄脚部分の書入れだけを、転記したものであろう。国会本と書入れの行格は異なるが、極少部分を除いて殆ど出入はない。但し国会本には有炑館の印記はないので、成斎自筆本或いはその移写本が別に存したのであろう。

小島成斎、本稿一bに既出。八〇九―四―七―一

孔子年表　最上〔鶯谷〕（徳内）自筆　半一冊

黄土色表紙（二三・三×一六・六糎）双辺刷枠題簽に「孔子年表最上徳内著」と書さる。扉の如く、元表紙より切取りし「孔子年表」を中央に貼附。香色元表紙は表紙見返に貼附され、外題を切取りし跡に「孔子年表」と書する題簽を補う。文化丙寅春二月龍渓野中知書于松前旅亭「孔子年表序」二丁を冠せ、巻頭「孔子年表／最上徳内識」と題署す。双辺（一七・九×一三・一糎）有界一〇行、白口単黒魚尾の墨刷罫紙使用。行二〇字小字双行。胡粉や抹消・切貼りによる訂正、押紙・按語、上層や欄脚への「異考云」等小字の細かな書入れが多い。朱の書入れもある。二〇丁、巻頭に「芳山蔵書」の朱印押捺さる、文字墨書。

序に「……最上徳内好学。……乙丑之秋。……公事至松前。旁午之間。校訂孔子年表……」とあり、文化二年の秋、目付遠山景晋を案内し蝦夷に赴き、公事の間に認められたことが識されている。系図二丁に続き、孔子生誕より孔子年七十三までの、諸書より輯め来った年表で、第二〇丁裏には「弟子名数又論／配享／従祀」、裏表紙見返には「孔子年三十四／温故知新通礼示之原明道法之帰則吾師也」の文字が見える。書反古がそのまま使われたものであろう。

最上徳内は蝦夷地探検家として著名であるが、只の探検家にとどまらず、経学・音韻学に精しく、露語・アイヌ語にも堪能であった。「孝経謹奉進」（上は「孝経白天章」と題さる。但し版本は「孝経謹奉進」と題し、天保三年刊。下未刊）の自筆稿本が、上（乾）は静嘉堂文庫、下は関西大学（玄武洞文庫）に蔵されており、その学的態度が如実に窺われる。天保七年没、享年八十三。八〇九—四—八—一

五雑組掌故存巻六・七・九・一〇〔後半〕・一五〔北静廬〕写　半七冊

焦茶色表紙（二三・七×一六・二糎）に直に「五雑組掌故第六（九）上（下）」「五雑組掌故第七（十・十五—雑襍に作る—）」と書さる。第一冊の見返に「六人部上下／七人部／九物部上下／十物部／十五事部」。第三冊の見返に「書家　画家　嗜好一癖人」の朱書目録が記され、第五冊巻九下には目録が見返に、第六冊巻一〇には扉「五雑俎　十／物」が表紙裏に貼附され、見返に目録が貼られている。巻頭、内題なく「巻ノ六」と題するのみ。他は「五雑組巻之七」「五雑組掌故巻之九上」「五雑組九下」。無辺無界一〇行二〇字小字双行、字面高約一七・九糎。版心部折山表丁に「丁附」藍筆（第二冊以下墨筆）。巻六上七六、下通一一六、巻七—三四、巻九上五五、下通一一八、巻一〇—四一、巻一五—九〇丁。「三島文庫」「沢氏／文庫」の朱印鈐さる。

本書は五雑組一六巻中のことばを標目とし、その故実・故事・来由を出典を掲げて引用説解せしもの。編成・体式区々にして整わず、未成書の如し。朱点・朱引・朱の校字・圏点・出典を朱で囲う等朱墨書入、藍引・墨引・不審紙・胡粉訂正等あるも、第四冊以下僅少。上層の標目（見出し語）も第二冊より書式異り、小振りとなり、第七冊では本文に入る。第七冊体式他と異り、九行二七字内外、字面高約一八・九糎。第三冊画人・嗜好の項では、版心部折山表上部を朱にて塗抹し、標識とす。

五雑組は、五彩相合する綫に倣え、天地人物事の同類ならざる五者を織りなし、参差錯出せる雑記で、明版の覆刻が寛文元年刊行され、天主教等の不都合な二箇所を改修して印行、後寛政七年後印本が刷出されている。江戸期の百科辞彙的学問の風潮や、考証随筆・雑学的な気風とよく合い、愛好された。

北村静廬、通称家根屋三左衛門、一時古本のせどり等もしたと。別号梅園。嘉永元年没、享年八十四。八〇九—四—九—七

五雑組注釈存巻四・六・九・一一—一六　北静廬（慎言）写　半九冊

砥粉色表紙（二三・五×一六・三糎）綴尋下部に「四（六・九・十一・十二・十三・十四・十五・十六）」と書さる。扉左肩に「北静廬著（巻四のみ）／五雑組注釈巻之四（十一・十四）」或いは「五雑俎注釈巻六（十五）・五雑組巻之九注釈・五雑組巻之十二（十三・十六）註釈」等と書し、その右に朱筆にて「校合仲弼（仲弼九・一二・一三なし、一四は右肩朱筆にてただ「校」とあるのみ）」と書さる。巻頭「五雑俎巻之四注釈」或いは「五雑組巻之六（十一・十二上・十四・十五）」「五雑組巻九注釈下」等と題さる。巻一三・一六は首欠、巻一一は尾欠か。無辺無界一〇行二〇字ほど小字双行二七字ほど。字面高約一八・五糎。巻四・一一（僅少部分）・一二は「一ヲ」等と、標目語の五雑組刊本丁数を上層に標記。以下は本文中に「某一ヲ」「一ヲ某」等と朱書す。巻一三の第一〇八・一〇九丁は単辺（二〇・三×一三・〇五糎）

有界九行、下象鼻に「恬養室」と刻する藍刷罫紙使用。文章は一〇七・一一〇と接続する如し。まま朱墨の訓点・校字・訓仮名・句点（藍もあり）・朱引・墨引が施され、巻一二はほぼ全巻にわたって朱墨の句点が附されている。胡粉・切貼りによる訂正・不審紙あり。

本書も各巻体式整わず、未成書の如し。按語や引用書名の標示の仕方もまちまちで、取上げられる項目も必ずしも刊本の丁数順でなく前後している。料紙も薄様も交り、区々である。巻九・一三・一六は一見別筆の如く、前記掌故と同筆か。本書には僅に片仮名交りの箇所がある。上層二方を切り、中に折込んだ標識があり、料紙より長大なので天地切裁されたことが分る。巻末に「大正拾年八月壱日（青色スタムプ）／九冊（万年筆）」と識さる。巻四―八五、巻六―一〇六、巻九―六八、巻一一―一〇四、巻一二―九〇、巻一三―一一〇、巻一四―七二、巻一五―九九、巻一六―五九丁。

本書は、標目に立てた単語の下に〔をおき、その下に諸書から博引旁証した五雑組語彙の注解を施したもので、出典を記し、まま「慎言云」「慎言按」等の按語を加えている。この一連の五雑組注は、何如に百科辞彙風の学が好まれたかを知る好個の例となる。世間称して、静廬を雑学者と云うが、物の本によるに、雑とは物を雑え、徳を選びて是非を辨えるを云うと。蓋し狭隘なる一専門領域にのみ拘泥せざる謂であろう。なお本注解の底本となったのは、「又四十二ウ麗廸衰」等の記載から、修印本であることが判明する。寛文刊本では当該箇所は巻四の第四二丁であり、修本では「又四十二」として改刻し、以下の丁附が一丁宛繰上っており、本書底本の丁附と一致する。八〇九―四―一〇―九

五雑組小撮一六巻（欠巻九・一〇・一五）〔北静廬〕写　半三冊

砥粉色表紙（二三・六五×一六・三糎）に直に「五襍組小撮　上（中・下）」と書す。見返に「一二天三四地三四下巻ニモ出七下巻ニモ出八同上（天・地朱書）／和板抹去二節／〇一天〇二天〇三地〇四地〇五人●六人●七人●八人／（前行●六以下に並べて）〇上下〇単　単／●九物●十物●十一物●十二物●十三事●十四事●十五事●十六事／（前行●九以下に並べて）〇上下〇単　単　上下　単〇単　単」とあり、左下端に「●掌故白藤占恒在本印／〇全本騰写（ママ）之印」と注記さる。傍線部藍筆、天地人物事上下単朱筆。白藤は本稿一a既出の鈴木氏か。第二冊見返に「三四地五六上・下七八人〇七追加末ニ」（地人朱筆）、第三冊見返に「十一　十二　十三　十四　十六」と書さる。巻頭「五雑組巻之一（―十六）」「五雑組小撮第五巻」等と題さる。双辺（一九・四×一三・三糎）有界一一行、白口単白魚尾の墨刷罫紙使用。行二五―二八字不等小字双行。版心下象鼻表に「巻数」、第三冊のみ巻数の下に各巻毎の丁数を記す。上冊巻七、中冊巻五、下冊巻一二以下の各巻頭版心折目上部を朱で塗り、標識とす。朱墨句点、朱の校字・圏点、朱引・墨引あり。但し下冊には朱筆はない。不審紙・胡粉による訂正あり。中冊裏表紙見返に「静廬通称三右エ門／作五雑組掌故十巻」の貼紙あり。上冊巻一―八、三〇丁。但し巻五・六なし。中冊巻三―八、五一丁。末に「和版五雑組抹去文・七追加・博識附捷悟」計八丁を含む。下冊巻一一―一六、五八丁。但し巻一五なし。巻頭に「沢氏／文庫」朱印押捺さる。

本書もまた、五雑組中の語彙を各書から引例し、按語を附しなどした考証であるが、巻次前後し、中冊途中より項目たるべき語を標記するが、少部分で終っている。本稿で紹介した五雑組の解注三点は、各々未斉整の稿本で、且つ欠佚があり、序跋もないので、三者の関係は明らめ難いが、同一巻を比較するに、掌故と注釈とは序次は異るものの、同項目の記載はほ

ぼ一致する。それに対し「羅公遠六ウ」の如く、小撮にはその出典のみを識し「酉陽雑俎……与〔太平〕広記所載、大同小異」とあり、注釈にはその全文を引く等小撮とは異る箇所がある。概して小撮は簡、掌故・注釈は詳しい。同一部分が少いけれども、小撮は極く初期の覚で、段々と得るに従い掌故と為し、それをより増補整斉したのが注釈と見てよいようである。終生増補を重ね、改編の筆を措かなかったものであろう。

「五雑組翼」と題された自筆本一二八丁半一冊が無窮会に存する。内題下に「随見而録故不分部次亦錯乱」と。

棭斎の没後、渋江抽斎が「箋注和名抄」の稿本を整理した際の覚書を、川瀬一馬氏が「書誌学」第四巻第六号に紹介しておられるが、その中に「中浄書出来タラバ一閲ヲ請ベキ人々左ノ通、岡本况斎・前田夏蔭・小島五一・家根ヤ静廬」と見える。八〇九—四—一一—三

古梓跋語（最終本）附追加　西村兼文　近写（〔浜野知三郎〕）大一冊

薄様紙

青緑色表紙（二六・五×一九・〇糎）双辺刷枠題簽に「古梓跋語　全」と書す。「古梓跋語目次／緒言一……月庵和尚法語五三／倭玉篇／仝／（隔二行）古梓跋語追加目次……文選五八／以上」とある目録一四丁を冠せ、中扉「最終本／古梓跋語　西村兼文著」。巻頭「古梓跋語」の次行、明治二十九年七月　日　南都之客舎に西村兼文　誌「緒言」六丁を置き、再び「古刻跋語」と題して、「一成唯識論　十巻」より「一明徳記　活版　二冊」までの古刊本の刊語跋・奥書等を輯録す。その後に「月庵和尚法語」と「倭玉篇」二部、計三点の補記一葉挟込まる。緒言は無辺無界一三行、字面高約一九・九糎。跋語同無辺無界一三行、字面高約一八・八糎。再び中扉「古梓跋語追加　西村兼文著」あって、「古梓跋語／追加」五丁。跋語本文四六丁。

本書は、もと明治一五年に撰述された「古梓一覧」の附録で、之のみを増補改訂し、同二三年の序を附し「好古十種」中に収められた。更に没年の明治二九年（一一月一日没）迄補訂増益し、田中光顕伯の補遺分をも併せ、稿成ったものである。一四二部附一部追加一五部の古刻跋語が収められている。「日本書誌学之研究」「入門講話日本出版文化史」所掲川瀬一馬氏蔵自筆本の写真と比するに、その忠実な影写である。「予ヵ多年実閲する処之後叙に子爵田中光顕君之補遺せられたるものを併せて爰に掲く」と緒言にある如く、南都春日版から古活字版迄の刊語跋や奥書類を彙輯したもので、浜野氏が兼文の押紙等による訂正もそのままに影写した著者最晩年の最終稿本である。田中光顕伯の遺蔵書を蔵する高知佐川の青山文庫本と比するに、大いに異る。本邦初の日本印刷史である朝倉無声著「日本古刻書史」は本書に負う所が多い。

本書緒言に、百万塔陀羅尼や興福寺北円堂所蔵版木についての記述があるので引いておく。

寺伝には銅石木三種の印板なりといふ数百種を熟視すれは其版式銅の如きあり石の如きはあらす木版と見認めらるゝは殊に多しされと百万の多数なれは工手に巧拙あり書に佳と俗の相違甚敷あり

今南都興福寺北円堂之中に二千六百余枚之古版木あるを予此頃取調へたる処左之奥書を刻せしを現出せり

一成唯識論述記巻第九／……

建久六年乙卯八月廿九日　僧　尭盛

本書は巻子本・帖装本・冊子本の形態を、巻・帖・冊を以て区別してい

るが、本書で見る限り、帖装（粘葉ならむ）は承元四年四月八日刻「往生要集」、冊子体は弘亥中夏（弘安一〇年五月）「禅門宝訓集」が最も早い。

西村兼文、明治二九年没、享年六十八。もと本願寺の寺侍、考古の癖あり、古書贋造に手を染めしことありと。八〇九―四―一二―一

歳寒堂遺稿三巻附録一巻　北條霞亭（譲）撰　同（悔堂）（退）校　篠崎小竹閲　写（〔北條悔堂〕）　半三冊（仮綴）篠崎小竹・落合〔双石〕（賡）書入本

本文共紙表紙（二四・九×一七・五糎）に直に「定本／歳寒堂遺稿　一（一三）」と書さる。友人頼襄撰「墓碣銘」二丁、末に「附載／行道山行記」とある「歳寒堂遺稿目録」一丁を冠せ、内題、第二・二行貼紙訂正「歳寒堂遺稿巻之一（―三）／福山　霞亭北條先生著　男退校／浪華　小竹筱崎先生閲（福山……と並べて署さる）」（第一・二冊第一首の詩題、為に隠さる）。第二・三行、もと「福山　北條譲子讓著／男　退輯」とあり。無辺無界一〇行二〇字小字双行、字面高約一七・九糎。墨訓点・圏点、朱校字・圏点が施され、まま朱墨句点が附さる。眉上に篠崎小竹・落合双石の朱評書入らる。但し双石評は巻一のみ。切貼による訂正や貼紙が施されている。尾題「歳寒堂遺稿巻之一（二）」。末に、甲子十一月　亀田興撰、文化乙丑夏五　皆川愿題の二跋を附する「行道山行記」を、「歳寒堂遺稿附録」と題して収む。八丁。なお附録次行以下に、訂正分とも巻頭と同じき撰者名題署二行あり。「歳寒堂遺稿巻之二／北條譲子讓著　子退輯録」等とある書反古を、表紙・裏表紙の中貼りとす。巻一―二八、巻二―四一、巻三―四四丁。

本書は、森鷗外の史伝で知られる福山藩儒北條霞亭の遺稿を、息男悔堂が整理編修したもので、巻一詩古今体二六二首、巻二同二一五首、巻三文、序九首・記五首・説二首・題跋七首・雑著四首・墓誌銘四首・祭文一首と附載の「行道山行記」より成る。小竹自筆の評や「此詩／ケツル」「三原観梅之詩コノ間ニ入申カ」等の編成上の貼紙が、眉上や欄脚に為され、新たに「コノ間へ嵯峨樵歌ノ詩ヲ入レ申候」「三原観梅之詩コノ間ニ入申候」等、それらに応えた編纂者の貼紙が附されている。後掲の近写本では、小竹の語句の改訂や刪削通りに筆写されているが、入申た筈の詩は書写されていない。本巻の「湊川楠公墓下二十韻」は、貼紙の上に「楠公墓下作二十韻」と題し、全面改訂が為されている。

巻一末に

先稿捧読餘芳在詩不覚終巻蓋其所宗法在浣花輞川襄陽蘇州之間諸体兼善而於五（七と訂正）言近体七言小詩尤見長其佳者深静淡遠往々味在絃指之外典近人所作大不同広瀬淡窓独可相伯仲餘子何足道哉前是五十年廉熟（ママ）納交昕夕共筆硯先生為人和而荘温而潔少所称許裯人広坐独称余為天下士雖不敢当私心喜以為淂真賞識不幾判袂辞去天各・方其後先生祇役罹疾歿於江戸福山邸徒然遙望痛悼而已余雖耄矣身幸強健仗剣孤征再訪茶山師旧廬先生即世已久矣（上記七字見せ消ち）先生令嗣悔堂出先稿使余評点之余何人可猥加筆哉願余淂知於先生最深矣余而辞之誰復任責者於是不自摧敢加鄙見汚巇大篇只酬知己之万一耳高明取捨之可也

万延元年歳在庚申桐月十七日識於夕陽村舎之西寮

日向　辱契　落合賡

の朱筆識語があり、本書編纂の一端が窺われる。息男悔堂が、遺稿上梓のため、当時流行していた諸家評入の刊行ともすべく、或いは語句の改訂や編纂上の注意を聴すべく、茶山の廉塾で共に机を並べた双石や、浪華の儒

者で詩人でもあった小竹に、評閲を求めたものであろう。校訂・編纂上の指示を記す朱墨書入が多い。しかし本書は未刊に終ったようである。次掲の一冊と併せ、函架番号が附されている。

北條霞亭、文政六年没、享年四十四。八〇九—四—一四—四

歳寒堂遺稿三巻附録一巻　北條霞亭（譲）撰　同（悔堂）（退）校
篠崎小竹閲　近写（巻三別筆新写）半三冊（仮綴）〔森鷗外〕附箋
書入本

第一・二冊、本文共紙表紙（二四・九×一七・三糎）に直に「歳寒堂遺稿一（二）」と書さる。「墓碣銘」二丁、「歳寒堂遺稿目録」一丁を冠せ、内題「歳寒堂遺稿巻之一（二）／福山　霞亭北條先生著　男退校／浪華小竹篠崎先生閲」。眉上に「文化癸酉元日／鍋屋町（年紀の右下）」と、作年・住居の附箋を識すは森鷗外の筆。無辺無界一〇行（各巻頭一一行）二〇字小字双行、字面高約一八・〇糎。墨訓点・朱筆の校字・句点あり。巻一—二七、巻二—四〇丁。この二巻は、ほぼ小竹の前掲改訂通りに書写された近写本で、削るべきは削られているが、入るべきは入れられていない。蓋し底本に「入申候」の表記のみで、実際には編入されていず、分らなかったものであろう。巻一では双石の朱訂を、朱筆にて傍記或いは本行の墨書の上に重ね書きしている。

第三冊、本文共紙表紙（二四・一五×一六・八糎）に直に「定本／歳寒堂遺稿三／ノ二」と書さる。前掲巻三の複本の意ならむ。内題「歳寒堂遺稿巻之三／福山　霞亭北條先生著　男退校／浪華　小竹篠崎先生閲」。無辺無界一〇行二〇字小字双行、字面高約一九・七糎。訓点・朱校字あり。末に「歳寒堂遺稿附録／福山　霞亭北條先生著　男退校／浪華　小竹篠崎先生閲／行道山行記」八丁を附す。本文四四丁。本巻は、薄様紙を用いた、前掲本巻三のやや粗い臨写で、行格前掲書に同じく、「以下刪」等と朱書される部分も、そのまま書写されている。こうした箇所は巻一・二では、全て朱書の指定通りに直して書写されている。本巻は他巻より更に新しい写しである。

本三冊には全て眉上に附箋が貼られ、「文化辛未三月」等作成の年次や場所、人名や地名、誤字等の考証が為されている。これは史伝「北條霞亭」執筆のため、浜野氏から資料を借覧した鷗外の筆である。鷗外は、既に小竹の附箋等も貼られ、双石の書入評ある悔堂手写本かと思われる本でなく、近写の複本によって稿を成したことが分る。

鷗外の附箋を一例すれば、「長考」に「長老カ」の如く誤字を訂したり、人名の他書との異同を注記したりしている。「不忍池旗亭有懐亡友木小蓮」の七絶の欄脚に「不忍の池の蓮の物言はゝいさ語らなむしのふ／むかしを／六月十五日ノ書ニ『先日』トアリ」の朱筆。「篠崎小竹示歳除詩卒爾和答」七絶の小字双行自注「自注云僕明年四／十二。而正／月閏故云。（句点朱筆）」の欄脚に「正月閏ナルハ壬午ナリ（墓誌銘亦同）行状二種ニヨレバ四十三ナル／筈也何故ニ四十二トスルカ不審也且詩ト註ト『去今明』矛盾ス。「比レ到二洙川一」の欄脚に「除川《ヨケカハ》カ」等と墨書の考証が為されている。

浜野氏と鷗外兄弟との関係は、本稿一aとその前言にもいささか触れる所あったが、「北條霞亭」執筆に当り、鷗外の基本資料となったのは、本書三冊と、浜野文庫蔵の霞亭関係書簡約六〇通、的矢の北條家に残る尺牘約二百餘通であった。因みに霞亭の尺牘類は尾形仂氏が整理され、成城国文論集第一三号に、目録が収められている。

図版は、福山に向う霞亭と東下する榎斎が、宇都山で邂逅した折の七絶

と、鷗外の附箋。狩谷家は、もと参州刈谷の出で、刈谷棭斎と書かれた例も、少ないながら存する。「伊勢物語」を引くまでもなく、古来行き逢いの場である宇津山辺で、初対面の二人が邂逅したのはまことに面白い。八〇九—四—一四—四　八〇九—四—一三—二

周尺説　森〔棖庭〕（約之）安政四年一二月跋刊（福山　森氏聯腋書院）木活　半一冊

後補茶褐色表紙（二四・四×一五・六糎）双辺刷枠題簽に「周尺説　森約之完」と書さる。本文共紙表紙左に直に「周尺説」と木活にて刷らる。元仮綴か。巻頭「周尺説／許慎（末画を欠く）説文解字云寸十分也人手卻一寸動脈謂之／寸口从又从一／又云尺十寸也人手卻十分動脈為寸口十寸為尺／尺所以指尺規榘事也……」と始まる。単辺（一六・六×一〇・一糎）無界一一行二〇字、白文。版心、小黒口単黒魚尾、中縫に「周尺説　丁附」、下象鼻に「聯腋書院擺刷」と植版さる。末に一格を低して案語を附し「頃熟復説文／文義始悟周制尺度昭然可指従来紕繆一時帰／正不亦愉快乎丁巳臘月森約之書」と。巻末「福山森氏／臧版之記」の茶印押捺さる。全巻入紙の上線装に改めらる。紙面高約二二・六糎。全三丁。

約之案語に云う。

案周世之制以人手後動脈定為一寸謂之寸口十分之乃為一分十合之乃為一尺又以中男子両臂自中指頭至掖下之度正有周尺之八尺名之謂尋又以中婦人手自中指頭至捥後横文之度正有周尺之八寸名之謂咫故許氏云周制云周尺也云周制皆以人之体為法是也

先儒皆以為周漢同尺無有異制於是以建初銅尺即為周尺故於説文之言未能明晰段氏注亦属牽会今清称為多鴻儒而皆未有知真（末画を欠く）周尺者何也

身度尺に触れること多く、活字は実・真・慎・殷等の末画を欠いたものを使用している。

森約之、枳園立之の一人子にして、明治四年急逝、享年三十七。貰い物の押鮓に中り、三日苦しみて死すと。約之父子の著作や書入本は浜野文庫にも数部を蔵し、前稿一a一bに既出。八〇九—四—一五—一

蕉窓文草（題簽）林述斎（衡）写（〔林壮軒〕等寄合書）大四冊　林〔壮軒〕手沢本

黄土色表紙（二六・一×一九・一糎）単辺刷枠題簽に「蕉窓文草　一（—四）」と書さる。内題なく、「管仲像賛」を以て始まる。単辺（二四・三×一六・一糎）有界七行二〇字茶刷罫紙使用。版心部なく、裏丁書脳部下端に「聴雨書屋蔵」と刻さる。第一冊四五、第二冊六二、第三冊五八、第四冊二五丁。第一冊巻末に「嘉永三年夏四月八日／孫健謹読数過」、同じく第二冊末「庚戌首夏初九日　孫健謹読了」、第三冊末「四月十二日　孫健謹読」の朱識語がある。一作毎に丁を改めて書写され、第一作にのみ朱句点が附さる。胡粉・削去による訂正が為され、僅に朱墨校字が施されている。一手は壮軒か、とやや大字の二手から成り、一作毎に葉を換えて写し、後一書に整えたものであろう。編成は一—序、二—碑碣銘、三—跋、四—賛を主とするが、一部混乱がある。

述斎の文草は江戸時代には未刻で、本書等を底本とし、大正一四年から一五年七月にかけ、東京の崇文院より崇文叢書の第一輯五—七として、三巻并拾遺が始めて刊行された。その「凡例三条」に校刊の事情が詳らかである。

一是書原本。得之林君曄浜野君知三郎。林君為述斎支族。林本小巻四冊。大巻三冊。其所収。微有異同。浜野本大巻四冊。今対観之。互有出入。而各本無目録。又編集無倫次。或有本文無題者。乃按文意而署題。更次第而為目録。以便覧閲。君子勿咎僭越幸甚。

一林本巻末有文政癸未春孟校読煒九字。煒即復斎也。浜野本亦有嘉永三年夏四月八日孫健謹読数過十五字。健即壮軒也。皆襲称大学頭。而各本為林氏旧蔵無疑也。但各本誤字不少。今具加校訂。

一自各本而外。尚有載事実文編。此捉刀者代為之。亦未可知。然詳玩筆意。似不出他手。因別為拾遺。又自佚存叢書抄出。以附載之。

大正十四年七月下旬　　校訂者館森鴻識

書物は公刊される折、種々の合理化が行われ勝である。崇文叢書本も利便の為に目録を附したのは許されようが、無題のものに署題を識したのは如何であろうか。ともあれ、林家蔵二種と本書とをもとに、校訂者が編成等も含めてかなり改めたようである。校訂次に最も心しなければならぬのは、実は校訂者が新しい異本を作り出してしまうことであろう。跋文で「嗟乎。天運循環。時移世変。名門閥閲。盛衰存亡。幾不可紀。先賢遺書。散失亦衆。独是集得存而行於世。則林浜野二君之力也。余深喜之。世之欲明学術正人心者。其有所取焉」と、折角顕彰された浜野氏の蔵儲も、その生殺は校訂者の手にある。

因みに述斎の詩草は、林曄蔵述斎手定大本二巻（同蔵写本小本六巻は述斎手定に非ざれば姑く置くとあり）に、坊間獲易からぬ刻本家園漫吟・濹上漁謡・谷口樵唱の三書を伴せ、四巻本として、同時に崇文叢書第一輯の八・九に翻印されている。

林述斎、第八代大学頭、岩村藩公子、林家中興の祖とも云うべく、天保一二年没、享年七十四。孫壮軒、第十代大学頭、嘉永六年没、享年二十六。

八〇九—四—一六—四

諸家蔵書印譜　森〔枳園〕・森〔棭庭〕（約之）編　自筆　半二冊

黄色布目表紙（二三・九×一七・五糎）に直に「諸家蔵書印譜　乾（坤）」と書さる。枳園の筆。巻頭「諸家蔵書印譜　乾（坤）巻」と題され、双辺「菅家」朱印・「一貫庵」墨印・単辺「天師明経儒」朱印・双辺「多福文庫」陰刻朱印を収む。単辺（一八・九五×一三・一糎）無界、毎半葉別郭の烏糸欄を設け、各半葉四顆を標準とし、朱墨藍にて摸写或いは実印を押捺せしを切取りて貼附したる印譜貼交帖。まま枳園・棭庭等の墨筆注記あり。坤第一二丁より「以下森養真約之巨礼父所増」として、棭庭が増補した部分となるが、摸写粗く混雑して貼附す。乾三〇丁、但し袋綴中一三片の印影挿込まる。坤三〇丁、但し内四丁は印影なし。紙面に三葉の印影挟込まる。巻頭に「森／氏」の朱印が鈐せられている。

本書は、立之・約之父子が、諸書から摸写或いは切取った蔵書印を貼込んだ印譜で、綴じの袋中に未だ多くの印影を残す如く、未整のものである。書誌学に入り、諸書を目睹すること多かった立之が、参考のため、編修、子約之が意を継いだものであろうが、父を遺して明治四年急逝、再び立之の手で編み継がれたものであろう。

本書中には、名物「漢／委奴／国王」印も押捺され、墨銘かと思われる左文字のものや、其角已来伝蔵者と云う深川湖十点印も見られる。巻末に「兼之誌」の「浅艸文庫」板坂卜斎に関する標記一条あり。曲直瀬家の「養安院蔵書」印には、「南郭／書」の注記が存する。

蔵書印譜は、書肆慶元堂主松沢老泉の手になる「経籍答問」所収のもの等が古い例であろう。

森枳園立之・棭庭約之父子に就きては前稿既出。八〇九—四—一七—二

諸書鈔録（題簽） 伊沢〔蘭軒〕（信恬） 近写（〔浜野知三郎〕） 大一冊

青緑色表紙（二七・一五×一八・四糎）双辺刷枠題簽に「諸書鈔録伊沢蘭軒」と書さる。罫紙一丁を遊紙とし、「韓非子　伊沢信恬」と題し、「心腹之病」と朱書小題して引録。双辺（二二・二×一四・八五糎）有界一〇行白口単黒魚尾、裏丁匡郭外下端書脳部に「松屋製」とある藍刷罫紙使用。行二一字小字双行。朱句点校字を交え、標記等もそのまま写せしものならむ。裏表紙前罫紙一丁を遊紙とす。墨付二四丁。

「漢書撮鈔」は、

文化十三年二月十七日発業

校讐本

宋本宋祁附注狩谷卿雲蔵

明本毛晋十七史中所収

一本明汪文盛高瀫伝汝舟所校

活板本原本朝鮮本家蔵

と、書誌学の徒らしく底本を明記している。本項より、項目小題も朱書されない。次に史記から引き、以下追込で、玉台新詠・礼記・北堂書鈔・群書理《ママ》要・文選・孝経・初学記・亢倉子・白雲詩集三巻一本元僧英実存・御製聖教序　西域記・孟子等の各項につき、白雲は曠園襍志、孟子は北夢瑣言、他は大唐新語より関連記事を引録する。標題せる項目を、引録文中では——と省筆せし箇所あり。后・前と朱書して入れ換えを表示した二箇所があり、恬按或いは〇按等とした朱墨の按語がある。韓非子は一格を低した「太田方曰」の注解附きで、恐らく同藩の福山藩儒太田全斎の木活本翼毳に依ったものであろう。項目は格言式の詞を含め、広い意味での医学に関わるものが多い。漢書撮鈔から一例を引く。

毒薬苦口

張良曰、——利於病、張良

「見在書」等書誌学に関する項目も存する。

なお、本書の森枳園旧蔵、蘭軒手抄本が、京都大学附属図書館富士川文庫に存する。此によると、三種の罫紙に夫々書写された別種の鈔記を、後に合せ綴じたものであることが知られる。群書理要の項、版心には「群書治要」と書かれている。

伊沢蘭軒、鷗外の史伝で知らる。福山藩儒医、豊洲塾の同門狩谷棭斎と親しく、書誌学に入る。文政十二年没、享年五十三。八〇九—四—一八—一

蘭軒医談〔伊沢〕蘭軒撰　森〔枳園〕（立之）録　安政三年八月序刊（福山　問津館蔵板）半一冊　木活

香色表紙（二二・八×一五・七糎）題簽に「蘭軒医談」と書さる。安政丙辰仲秋書於江戸城北駒米里華他巷之温知薬堂　福山　森立之（朱印二顆押捺）と題する〔序〕一丁あり。巻頭「蘭軒医談／福山　森立之筆記」と題署す。単辺（一四・六×一〇・一糎）無界九行一七字小字双行。版心白口単黒魚尾、上象鼻に「蘭軒医談」、下象鼻「問津館蔵」、中縫に丁附。尾題「蘭軒医談」。三九丁。

本書成立・刊行の事情に就きては、森枳園の序に詳しい。

余以天保間遊于相陽刀圭餘暇採薬於巖嶺釣魚……偶探書笈得幼時侍蘭

軒先生所筆記医談若干条遂録成冊子未遑校字抛在架中近日有頻請伝写者因訂訛芟複活字刷印以貽之併示同人云

例に依って一・二条を摘録する。

鼓ハ説文ニ配塩幽赤也トイヘリコレ只四字ニテ鼓ノ造法尽タリト西京叢語ニ論ゼリ薬用ニハ淡豆鼓ヲ用ユ即塩ヲ加ザルモノニテ今ノカラナツタフコレナリ千金癰腫門ニ豆鼓餅上ニ灸スルコトアリ肘後ニ葱鼓粥アリコレ味噌灸葱雑炊ノ濫觴ナリスベテ鼓ノ代用ハ味噌ニテスムコトナリ元禄中唐僧茝亭長崎ヘ来リ味噌ヲ昉テ詩ニ作リ米梭ノ字ヲ用ユ此詩蕭鳴草ニ出ヅコレニテ此方ノ味噌ト同法ノ物絶テ彼土ニ無キコトヲ徴スベシ

アル田家ノ一老婆消渇ヲ病ム飲水甚多シテ大小便共ニ閉ヂ渾身水腫シテ百治効ナシ煩悶将死或人ノ青カヘルヲ生ニテ食ヘバ必愈ルヨシス、ムレド活物ヲ食フニ忍ビズトテ只服薬ノミニテアリシニ一夕煩渇更ニ甚シ因テ看病人ノ眠ルヲ伺テヤウヤウ匍匐シデ（ママ）手桶ノ水ヲ飲ントセシニ適桶ノ穐ハ子テ水一滴モナシ遙ニ庭上ニ水音アルヲ聞キ又ソロソロト匍匐シテ遂ニ筧ノ下ニ至リ手ヲ掬シテ先飲ムニ口中ニ何カサハルモノアリシト思ヒナガラ大渇ノアマリニ呑下シテケリ再ヒ手ヲ掬シテ水ヲウケシニ又手中ニ物アリト覚ヘシユヘ折節月光昼ノ如クナリケレバコレヲ熟視スルニ一ツノ青カヘルナリコレゾ天ノ与ヘト兼テ飲メトスヽメシ人ノ有シヲ思出シテ又コレヲ呑ム又掬スルニ又得タリ凡テ青蛙三枚ヲ呑タリサテ漸病牀ヘ行ントセシニ家ニ入ラザルウチニ卒カニ両便トモニ大ニ利シ忽爽快ヲ覚エ水腫頓ニ減シ続テ下利数行ヲ得テ漸々平復セリコレ一大奇事ト思ヒシニ証治要訣ニ凡渾身水腫或単腹脹者以青鼁一二枚去皮炙食之則自消也ト云ヘリ其後此証ニ遇ハ試ント思トモ未及バズ

なお、本木活本の枳園自筆の原稿底本が、京都大学附属図書館富士川文庫に存する。薄様紙中一冊。行格は本版と同じで、先に引用した序の眉上に、「巌ハ岩ニテモヨロシク谿渓ニテモ宜シク」等と、指定の詞が書入れられている。

また、次掲本の編者清川孫による嘉永五年十二月写本も存し、版本以前の姿を示して、木活本とはやや出入がある。書写奥書は、「嘉永壬子五歳臘月廿六夜与五更／鐘声共写終　清川孫謹記／（以下朱書）後廿八夜三更校了　孫」。

伊沢蘭軒、その弟子森枳園共前出。八〇九—四—一九—一

榛軒詩存〔伊沢〕榛軒撰　清川孫編　近写（浜野知三郎）半一冊

小豆色表紙（二四・二×一七・〇糎）双辺刷枠題簽に「榛軒詩存伊沢信厚著完」と書さる。罫紙一丁を遊紙とし、安政五季歳次戊午仲冬之月　清川孫謹誌〔序〕一丁。巻頭「榛軒詩存」と題し、「嘉永四辛亥元旦、与塾中諸子同分韻得肴、近／日諸子学術頗進、後句及之」と詞書して、詩を載す。左右双辺（一八・一五×一二・〇五糎）有界一〇行白口単白魚尾墨刷罫紙使用。行二〇字。朱の句点圏点を附す。本文二二丁。後に罫紙二丁遊紙として綴じらる。

本書成立の事情は、清川孫の序に詳しい。

先師　榛軒先生、刀圭之暇、毎遇心愉而意会、輙発之声詩、其所吟詠頗多、而未曾留稿也、孫在塾日、或得之侍坐之傾聴、或得之壁上之漫題、或得之扇頭紙尾、或得之同門諸子之伝誦、随得随録、無復次第、

積年之久、得百有餘首、今茲安政戊午十一月十六日、実当　先生七回忌辰矣、追憶往事、宛然在目、殆不勝懐旧之嘆也、乃浄写為一冊、私名曰榛軒詩存、雖未足為全豹、亦足以窺　先生風騒之一斑也已、嗚呼先生不欲存、而孫存之、縦令得罪于地下、亦所不敢辞也、其巻末存餘紙者、以備続得云、

存するを欲せぬ師の著作を後世に残すは、地下に罪を得るか天下に功を成すか、なかなかに難しい。森潤三郎氏は、「考証学者伊沢蘭軒父子及び渋江抽斎森枳園の一面」（考証学論攷所収）に、次の如く云う。

伊沢蘭軒は多紀藍渓、桂山父子と世を同うして出で、父子が等身の書を著すを見て、之と長を争ふを欲せず、且つ述作の事たる、功あれば又過がある。いかに博聞達識であつても醇中に疵を交ふることを免かれない。蘭軒は此の如く思惟して意を述作に絶ち、全力を古書の研鑽に竭し、そして体得した処を治療に応用した。柏軒、榛軒ともに父の遺風を尋で、著述の筆を執らなかつた。

本書巻末の「春尽三月晦賜題　同年（天保元）」の第三首は、「桃花漫逐柳花飛雨送軽寒欺薄衣杜宇頻催春色去以下欠脱」とあり、底本は足本でなかったらしい。「次渡辺樵山韵」の、本稿一b所載、慊堂の弟子渡辺樵山との詩の贈答や、「贈栢軒栢軒来諫過酒、」の、三弟栢軒との交渉等、榛軒の交友や為人を知る資料も多い。今「与諸友遊墨沱関屋里、戯捕亀、亀尿汚定良大人衣服、因戯賦呈」七言絶句一首を掲出する。

鉄甲将軍名玄武、天宮令使詔何人、乍逢仙骨不凡客、瀉与霊漿洗俗塵、

なお、慶応義塾大学北里記念医学図書館に、「万延元庚申冬月一校了約之椶庭」と署する写本が存する。書体は清川孫に似るも、巻末四丁は約之の増補か。此書も「春尽……」の詩は「以下欠脱」とあり、後に罫紙が九丁ほど白紙のままに綴じられている。因みに、罫紙には、版心に「医心方」「医心方巻」「医心方巻七　二十五」と刻されたもの等五種が使用されている。

伊沢榛軒、蘭軒の長子にして福山藩儒医を継ぐ。嘉永五年没、享年四十九。編者の清川孫は、本文中に「次清川安策之韵」「句首用清清川安策之字」等とある安策と同人か。明治十九年没。享年又四十九。八〇九—四—二〇—一

続〔日本〕後紀考異　写（寄合書）　半一冊　塙氏温故堂文庫旧蔵

朱色空押鶴丸菱花文表紙（二三・三×一五・七糎）に直に「続日本後紀考異」と書す。棭斎の筆に似たり。右下「東五」と函号を識した貼紙あり。扉、罫紙左肩に「続後紀考異」と書さる。扉裏「一（—八）スム後　九（十）スム大脇　十一（十二）スム後（小字朱書）　十三（—十九）スム山科　廿／明广本旧我所蔵也」と目次、小書は考異の担当者名か、一丁。巻頭「続後紀考異流布ノ板本ト校」と題し、「一丁右七行誉ヲ蓍ニ　一丁右四行縄ヲ綱ニ」の如く記さる。双辺（一九・六×一三・六五糎）有界一二行白口墨刷罫紙第一—三丁。双辺（一九・二×一二・二糎）有界一〇行、下象鼻に「井ゝ堂蔵」と刻する墨刷罫紙—扉・第四—一三丁。書写は上下二段に為され、各分担者によって書写の体式はやや異る。例えば、巻二より二十迄追込で書かれているが、巻第九・十の大脇担当分は別丁となっており、巻十三からの山科担当分は、罫紙版心部表丁中縫下端に一（—四）の丁附が書されている。巻次も、大脇担当分は「〇巻第九（十）」、他は「〇巻二（—二十）」とする。考異要項の合意の上に、各人が分担部分を書写し、持寄って一書としたものであろう。二字以上の語の場合、校異箇所の標識として圏点や傍線を施し、まま

朱校字が附されている。朱校は、後次或いは別筆か。墨筆による抹消や塗沫もある。尾題は「十巻終」とのみあり。巻末薄様紙に、扉の如く、中央に単辺「続日本後紀　十七之八」と書し、裏に「臣良房等窃《ニ》惟《レハ》……」に始まる「続日本後紀序」の初行、「続日本後紀巻第一起天長十年二月尽五月／太政大臣従一位臣藤原朝臣良房等奉　勅撰」の巻頭一丁、明暦戊戌孟陬穀旦

立野春節謹識「書続日本後紀後」二丁の明暦本の摸写計三丁あり。井々堂罫紙裏表紙見返部に貼附さる。巻頭に「温故堂文庫」「青山」朱印押捺さる。

本書は、誤字や別体・異体字迄細かに掲げた、続日本後紀の明暦本と「流布ノ板本」即ち寛文板との校異で、「寛政印本同」「寛同」「寛作礼」等と朱書する如く、寛政修本とも校合が為されている。寛文板に就きては、既に本稿一bで述べた如く、寛文八戊申孟冬穀旦　立野春節識〔跋〕があり、寛政修本は、寛文板が天明八年春焼板となり、僅に残った板木と覆刻によって新彫した板木とを合せ、寛政七年春に印行されたものである。同じく立野春節の校になる刊本続日本紀は明暦三年秋の春節の跋があり、翌る四年の跋を有する続日本後紀の明暦板も、あって不思議はない。しかし、現在刊本は見られぬようである。明暦・寛文両跋を以て案ずるに、頃坊間に出た続日本紀に校点を加えたので、斯書も同様鷹められたが、本朝の古典は蠹魚の害も多く、群籍を集会し同異を参考せねばその完好は得られない。そこで固辞するうちに、自ら朱墨を加えた校本が転写され、書林の得る所となったので否み難く、草々の間に再訂して公刊したということになる。此間丁度十年を要した訳である。

なお、安政四年歳次丁巳孟冬望後一日　江戸後学　山崎知雄謹識の「校訂続日本後紀」凡例によると、該書は寛政七年印本を底本とし、十一種の校異をとっているが、その「二曰塙本。塙検校所蔵、」とあるのが、明暦本であろう。寛文跋の前に明暦跋を掲げ、「此文一篇原无今以／塙本加」と標記されている。此書国会図書館目では、立野春節校と著録さる。

塙氏温故堂では、六国史のうち、それ迄未刊であった日本後紀を校刊している。八〇九―四―二一―一

新製水器図説　仙人掌記・水桙記　太田〔全斎〕（方）昭和六年八月

写（〔浜野知三郎〕）　大一冊　底本玉井源助氏蔵自筆本

青緑色表紙（二七・五×一九・七糎）双辺刷枠題簽に「新製水器図説」と書さる。扉左肩「新製水器図説／太田全斎著」。巻頭「新製水器図説／太田方　譔」と題署す。前書あって「仙人掌記／仙人掌者挈《ハトル》レ水之器也（連合符省略）」に始まり、図説・度法を墨囲し、小字双行に記す。三丁。次に又前書あって「水桙記／水桙者水橐籥也（連合符省略）」と始まり三丁。単辺（二〇・七×一六・〇糎）の烏糸欄を設け、一一行二〇字小字双行に書写さる。訓点送仮名連合符を附し、訂字書入等そのまま写さる。烏糸欄は表裏連接せぬ丁もあり。折山版心部表丁に丁附、また裏丁書脳部下端に通丁附あり。巻末遊紙表に「右新製水器図説太田全斎自筆本玉井源／助氏所蔵也／昭和六年八月写之」の浜野氏書写奥書あり。

仙人掌は「形如蓮藕様仙人掌名取於此」とある蓮根状の溝孔を持ち、毛細管現象を利用し、滑車と轆轤を動力に使った井戸水汲上器。水桙は水鉄砲を合成した如き揚水の農具である。水桙器前言に、

古人造二水桙一不レ知二其制一也余構レ意作レ一器《ヲ》以擬レ之費少工省《テ》不日《ニソ》而成

矣凡水器者農家日用之具也……（連合符省略）

とあって、日用経済に力めた儒者の本領が偲ばれる。但し漢文で廻りくど

く書かれた本書が、どれだけ農民の実用に供されたかは疑わしい。

　本書は未刊で、郷土の先賢の書として、浜野氏が自筆本を書写したものである。太田全斎既出。八〇九―四―二二―一

尚書通存堯典・舜典・大禹謨・皐陶謨・益稷　松田〔東海〕（長恭）
〔自筆〕中一冊（仮綴）

　本文共紙表紙（二一・〇×一三・三糎）に直に「書通　堯典舜典」と書さる。巻頭「尚書通／日本　平安　松田長恭述」と題署し、尚書孔安国序の通解より始まる。無辺無界八行二一字、字面高約一七・六糎。訓点送仮名連合符句点施さる。切貼や削去訂正が為されている。一八丁。

　本書は虞書益稷迄の章名や要語を摘解しつつ、大意を通解通釈せしもので、まま撰者の按語が附されている。

　松田（別姓井川）東海は、その伝を詳らかにせぬが、後出（八〇九―四―二七―二）孟子通所収「述論語中庸孟子通縁由」によれば、京儒三宅文献に学んだと云う。その説く所は折衷のようであるが、仁斎先生説を引く事多い。文政八年没、享年六十三。八〇九―四―二三―一

尚書通　井川〔東海〕（長恭）〔自筆〕大二冊（仮綴）

　本文共紙表紙（二八・二×二〇・二糎）に直に「尚書通上（下）篇」と書さる。巻頭「尚書通／日本　平安　井川長恭述」と題署し、尚書孔安国序の通解に始まること前に同じ。前掲本、尚字の解に次いで、「書契鄭曰」と書契につき鄭玄注を引くに対し、本書、その前に「書正義曰」として、書字の解を施す。無辺無界一一行二〇字、下冊一二行二一字。字面高約二一・五糎、下冊二一・二糎。僅に句点施さる。切貼胡粉削去訂正あり。誤字の上に正字を書直した所も多い。二箇所ほど「左伝云」等とし、標記書入あり。按語を書せる紙片一葉挿入さる。上下各五二丁。

　本書は極さらっとした尚書の通解で、下冊は「族獒《（ママ）》第七　周書」より。一、二行で終る章も存する。両冊とも、後半は章名等も改行せず、一―数格空きで追込む場合が多い。本巻は前掲書収載部分を全て含み、取上げられる項目も増え、より詳細である。簡単ではあるが、曲りなりにも全巻を存している。従って、一見前掲書の増稿本のように見えるが、果してそう断定してよいかどうか。前掲書は餘りに小部分であり比べにくいが、却って文の通りはよい。また訓点送仮名句点等は完備し、その点では本書よりも詳密である。後掲の孟子通二点も、井川・松田の別姓が各々に題署されているが、松田姓の方が体式は整っている。字体からは殆ど先後の判断はできかねる。今軽々な判断は慎まねばならぬが、伝記資料の出現と、詳細な両書の比較を俟って、始めて先後関係が明らめられるであろう。八〇九―四―二四―二

春秋左氏通存杜序・隠公・荘公・閔公・文公・宣公・襄公・昭公
（十二年迄）　松田〔東海〕（長恭）〔自筆〕大五冊（仮綴）

　本文共紙表紙（二八・六×二〇・二五糎）に直に「春秋左氏通杜序隠公（隠始め木篇に作り、上から書直さる）」「春秋左氏通　荘公幷閔公」「春秋左氏通　文公（文始め荘と書きかけ、上から訂正さる）」「春秋左氏通　宣公」。第五冊表紙なし。巻頭「春秋左氏通／杜序（第二冊荘公〈閔公〉、第三冊文公、第四冊宣公）松田長恭著」と題署す。第五冊内題なく、「襄公元年大国聘焉杜註……」と始まる。但し第一冊四丁表「左氏通　松田長恭著／隠公」と題し、本文の通解に入る。無辺無界一二行二〇字。字面高約二二・三糎。訓点送仮名

連合符句点を附す。第五冊他冊と体式を異にし、殆ど白文、僅に句点を存す。一二行二一字、字面高約二一・四糎。全体に切貼胡粉誤字の上から書直した訂正があり、不審紙が貼らる。附箋一箇所あり。第一冊―一一（うち序の通解三丁）、第二冊―二五（うち荘公二二丁）、第三冊―二五、第四冊―二三、第五冊―一〇丁。第五冊は追込で書かれ、最終丁は一四行書写さる。第三冊に、消息の裏を利用した長尺の一紙、第四冊に一葉の紙片挿入さる。両者後掲の論語通と同一の手にして、本文とは関係なきが如し。長尺の一紙は詩三百や有恥且格・十有五而志于学等論語につきて。紙片一葉は、論語通と行格を等しうし、「従来爾此章古注以来皆不得其解唯（唯字挿入符を以て入れらる）徵近得之」と「孝弟此段一章之結落」を解く。論語徵の謂か。本来論語通に挿入さるべきものであろう。但し論語通では、この箇条、押紙を以て更に詳細に書改められている。

本書は前掲書とほぼ同体式の、要語注と按語を附した極ざっとした春秋左氏伝の通解で、別項に移る場合、ほぼ別行を取っているが、語釈等数格空きで追込まれている箇所もある。当時の微に入り細に亘る博引旁証の集注型とは趣を異にするが、やや物足りないのもまた事実である。

本書には松田姓が識されている。井川・松田の姓の先後を考えるに、本書第五冊の体式は参考になるかもしれない。第五冊は他冊に比し、編成未だ整わず、訓点や句点も殆ど施されぬ白文に近い型である。始は白文で、稿次を経るに従い、詳しく訓読を施してゆくという編述法が一つ考えられるように思う。これは前掲尚書通にも、後掲孟子通にも共通して見られる所であって、井川署名のものは句点のみで訓点はなく、松田署名のものには詳細な訓点送仮名が施されている。また井川署名の後掲孟子通に載る「述論語中庸孟子通縁由」も参考になろう。井川長恭は、忖度すれば、まず四書通を作らんとしたのではないか。当時の学人とすれば、それが恐く最も普通であったであろう。四書通を作る前に五経通を、云ってみれば論語通を作る前に春秋左氏通を編述することは、江戸後期の学者としてまずあるまい。勿論決めつけることはできないが、蓋然性は極めて低いと思われる。ハ〇九―四―二五―五

斯道文庫には、他に松田長恭自筆と思われる成公十八年迄所収の一本が存するので、左に附載する。九州の財団法人時代の購入本で、購入の経緯は分らぬながら、浜野文庫に一連の長恭著作が見られることから、市場に出た次掲書をも加え、コレクションを充実せんとしたものであろう。

春秋左氏通存成公　松田〔東海〕（長恭）〔自筆〕中一冊

後補茶色表紙（二一・四×一三・六糎）。扉（元本文共紙表紙か）左肩に「左氏通成公」と書さる。通字は始め伝とありしを抹消し、右傍に訂さる。巻頭「春秋左氏通／日本　平安　松田長恭述／成公」と題さる。無辺無界八行一八字内外。字面高約一七・七糎。訓点送仮名を施す。切貼削去誤字の上からの訂字等前掲書に同じ。不審紙あり。三九丁。

成公十八年迄を存し、要語を摘録、別項別行を原則とするも、数格空きで追込む所もある等前掲書と同様同体式である。浜野文庫本と同一の筆者の手になる。シ〇九―四―一六―一

中庸通　井川〔東海〕（長恭）〔自筆〕大一冊（仮綴）

本文共紙表紙（二七・八×二〇・六糎）中央直に「中庸通全」と書さる。巻頭「中庸通／日本　平安　井川長恭　述」と題さる。無辺無界一二行二

一字、字面高約二二・四糎。訓点送仮名連合符句点鉤点訓仮名があり、朱の校字が存する。切貼擦消による訂正や、字面に墨点を打って抹消した箇所、押紙等が見られる。八四丁。

本書は、中庸解題の後、抬頭一格を以て経文を載せ（従って経文行二二字）、章句に基づきて字義と通解とを試みたもので、前掲の尚書通や春秋左氏通と比するに、かなり詳細である。邦人では伊藤仁斎の中庸発揮、荻生徂徠の中庸解、唐人では鄭玄の注や蔡清の蒙引を引くことが多い。

本書には、眉上に挿入符を附した朱墨の書入が見られる。これは同文字箇所の目移りによる場合が多く、本書を直接認めているのでなく、何かを写しているらしいことが推察される。本書には訓読句読が施されており、或いは前掲書で述べたのと同様な、白文の前稿次本の存在が推定できるかもしれない。八〇九—四—二六—一

孟子通　井川〔東海〕（長恭）〔自筆〕　大一冊（仮綴）

本文共紙表紙（二八・六×二〇・三糎）中央直に「孟子通」と書さる。述論語中庸孟子通縁由四丁を冠せ、巻頭「孟子通／日本平安　井川長恭　述」と題署す。無辺無界一一行二〇字、字面高約二〇・八糎。断句。切貼擦消訂正、眉上挿入符による書入等あり。五一丁。

本書は経文不載。孟子の要語解並びに通釈。趙註・旧説・朱註・程説・仁斎先生古義等を引くことが多い。袁了凡曰等と道家の説も引かれている。内題に次ぎ、前言解題あり、前言に」を附し、追込で「加斉之卿相、……」と公孫丑に入る。梁恵王と滕文公の二篇はなく、尽心篇は前後混乱している。本文中、一・二等段落の入換え符号あり、後掲本ではその通りに直っている。また」で段落を示すが、これも後掲本では改行されている。

本書前附の縁由は、一連の長恭著作に関わり、且つ伝記資料ともなるので、引録しておく。

……於是乎、徂徠先生、高明独得之見、患後世名物紊乱、其明古言、審古辞、正名辨物、一洗唐宋已降数百年諸儒陋習、其功又偉矣、……其為不徴古言而不信聖人也、孰甚焉、其餘観道徳之分、直如水火、不可相容爾等之繆、殆不暇枚挙而指数矣、仁斎先生、徳行君子、卓識辨論、厭性理之学、称述古義、而有功於聖門者、為不少焉、然徳行学問混為一、其他之誤、亦不為不多焉、如程朱諸先生、以豪傑之材、聖賢之学、為百世儒家之宗、後学因其言、以得尚志於古人、為己之学、而従事於居敬窮理之功也、誰不服其教訓、被其徳沢者也与、則固当奉遺訓、不敢失墜、然其間、豈無一疵之可議、而一失之可斥者也耶、今験以古義学則二辨論語徴之類、還求諸章句集註也程朱之誤、有正如彼之所指摘、不可復得而掩焉、亦安得有所廻護諱避、以不敢言其非、而傚彼顓門諸儒所為焉爾乎、且程朱諸先生、生絶学数千載之後、悼道之不明乎、……後学奉遺訓者、宜以先賢之心、為心、其於諸家是則取之、非則捨之、直公之天下、而無容一毫私意於其間、取捨辨析、必得義理至当、而后止焉、庶其不失先賢之心、而世教亦有裨補而已矣、今之為程朱者、不知出玆、以先王公天下之道、為一家私物、立異分党、迭為仇讎、聚訟競辨、至死不暁、道之為裂、非夫、先師三宅文献先生、憂為有所論著、惜哉、論著不至半而没、長恭幸汚於末弟席、狂愚不肖、乃妄不自量、其是也乎、其非也乎、俟後君子云爾、

八〇九—四—二七—一

孟子通　松田〔東海〕（長恭）〔自筆〕　大一冊（仮綴）

本文共紙表紙（二七・五×二〇・二糎）直に「孟子通全」と書さる。巻頭「孟子通／日本　平安　松田長恭　述」と題し前言解題二丁あり、葉を改め「孟子通／日本　平安　松田長恭　述／梁恵王篇」と本文に入る。前掲書は、前言解題・本文接続し、丁を改めず。無辺無界一二行二〇字、字面高約二二・〇糎。訓点送仮名連合符句点を附す。切貼擦沫訂正押紙不審紙あり。五一丁。

全文に訓読が為され、前掲書の前後錯綜せし箇所も整斉、前者になかった二篇を含み、篇名も加えられ、全体に体裁が整ってきている。前掲書と比べ、幾らかの違いがあり、これは増補改訂と見てよいように思う。追込で書写し、擦消した所があり、何らかの底本の存在が窺われる。

滕文公篇は七行のみ。巻末に公孫丑「不仁不智、無礼無義、……」、尽心下「楽正子二之中四之下也……」（後者白文）の二項が追加されている。

八〇九―四―二八―一

論語通存学而―雍也・子路・憲問篇　井川〔東海〕（長恭）〔自筆〕

半七冊

本文共紙表紙（二四・七×一七・五糎）中央直に「論語通学而篇」と書し、その左に「井川長恭稿本／共十四冊」と朱書さる。共に浜野氏の筆ならむ。仮綴の裏表紙を表に廻し、包背装の如くす。第二冊表紙中央直に「論語通為政篇」と書さる。浜野氏筆の如し。元表紙一葉残存、中央に「論語通為政」と題さる。第三冊以下、元表紙中央直に「論語通八佾篇（里仁篇・公冶長篇・雍也篇）」と外題。第七冊仮綴、やや小ぶり（二三・九×一七・一糎）、書名なく「子路篇／憲問篇」と小題するのみ。巻頭「論語通　　日本　平安　井川長恭述」と題し、前書解題七丁あり、「学而篇」等小題して通解に入る（里仁篇小題成し）。但し雍也・子路の二篇は「論語通　　雍也篇　日本平安　井川長恭述」「論語通／子路篇」と題署さる。憲問篇、小題のみ。無辺無界一一行二〇字、極僅に小字双行。字面高約二一・一糎。断句。第七冊は朱句点を附す。但し末一一丁ほどには施されず。第三冊第七丁表迄一二行二五字に書写さる、字面高約二〇・一糎。朱墨の校字訂正抹消挿入等の指定や押紙不審紙、また袋中に挟込まれた紙片等多く、特に第四冊以後に目立つ。朱墨鉤点あり。第一冊三六、第二冊三一（五葉袋の中に挟込まる。本葉は、為政篇の第一・二並びに末三丁分計五葉で、行格も同じい）、第三冊六二、第四冊五七、第五冊五四、第六冊五〇、第七冊四三（うち憲問篇二六）丁。第三・四冊に水汚あり、第四冊以下虫損太し。表紙に「浜／野」朱印鈐せらる。

本書は、論語の経文を、抬頭一格二〇字、注一九字を以て摘録、要語釈と通解を試みたもので、朱註中心ではあるが、皇侃・柳宗元・程子、邦人では徂徠・仁斎・春台・明霞等を引くことが多い。「　」を附して「出所可考」と標記したり、「以下欠考」とあったり、「此章合前章為一章」とある等未整未定の感が深い。朱墨訂字書入や指定挿入の標記の多いことも、それを語っていよう。本文の体式また斉一を欠く。

本書第二冊に挿込まれた五葉は、長恭写本の楽屋裏を覗かせるかも知れない。未完の稿本をもとに稿次を辿って精製してゆく江戸学人の風が、一連の長恭写本にも、また見られるのではないか。

顔淵―憲問篇の井川長恭自筆稿本、大一冊が筑波大学図書館に存する。また、早稲田大学図書館に、学而―雍也篇の自筆稿本、大五冊が存する。この第一―三冊は「井川長恭述」の井川に抹消符○を打ち、松田と書改めてある。第四・五冊は井川のまま、第四冊は断句のみで、訓点は施されていない。

以上八種、精粗はあるがすべて同筆同体式の写本で、書写の情況から見て、自筆稿本と認めてよいように思う。中で、本「論語通」が最も丁寧に書かれ、一見別筆の如くである。八〇九―四―二九―七

岡本況亝翁数雅抜鈔　森梫庭（約之）抜鈔　近写（〔浜野知三郎〕）半一冊　慶応二年一月森梫庭抜鈔本

茶色布目表紙（二三・七×一六・三糎）双辺刷枠題簽に「数雅抜鈔　単」と書さる。罫紙一丁を遊紙とし、巻頭「岡本況亝翁数雅抜鈔／慶応二年丙寅正月抜鈔森約之以礼父養真」と題署、「一日一夜合為一日　荘十八谷梁注引鄭玄／一絃琴　北辺随筆一　日本後紀八　延暦十八年七月」と始まる。双辺（一八・八五×一二・五糎）有界一二行、裏丁匡郭外下端に「松屋製」とある白口単黒魚尾藍刷罫紙使用。行二四字ほど、小字双行。朱校字、朱墨塗抹訂正あり。標注書入れらる。五三丁。五四丁表「慶応二年丙寅正月十八日四更鐙下抜鈔了／森約之以礼父梫庭拙者」の原識語あり。

本書は、岡本況斎の編になる「数雅」を、梫庭が抜鈔したもの。一から始まって、数を用いた言葉や名数を、五十七倶胝六十百千歳まで書抜いている。各数字毎に別丁とし、末に「約之案」として案語を加えた箇所がある。

「数雅」は、本稿一ａに略解した杉原心斎の同名書があるが、類書であり、体式も異る。両者親交はあったものの、そこからの抜鈔ではなく、況斎の同名の編述書からである。出典は漢籍が多いが、仏書や和書も含まれている。自筆本半六冊が尊経閣文庫に存する。八〇九―四―三〇―一

七夕考〔跡部〕光海　近写（〔浜野知三郎〕）大一冊

紫色絹表紙（二六・六×一九・〇五糎）金砂子散し双辺刷枠題簽に「七夕考」と書さる。巻頭「七夕考／神代巻曰伊弉諾尊……」と始まる。無辺無界九行一九字内外小字双行。字面高約二〇・五糎。訓点送仮名連合符訓仮名を附す。末に「正徳壬辰七月日　光海翁識」と書し、「天保十一年子十月廿三日神戸氏以書写之／蜂屋正敏」の元奥書あり。二三丁、次に浜野氏の、撰者・書写者に関する覚一丁あり。

跡部光海大人名は良顕にて通称は宮内なり……其著書は……四十餘種あり

享保十四年正月廿七日年七十一歳にして歿す墓は青山梅窓院にありといふ

蜂屋正敏は幕府新御番与頭高三百俵蜂屋甚之助悴にして俗称を半次郎といふ小野斎宮重浪（二百俵大御番を勤む）門人なり……半次郎子二人あり長を仙之助正忠《ナカ》次を豊次郎といふ父の学を継で国学　物産等に委し……仙之助豊次郎は今音羽町五丁目桂林寺東町に住す蔵書瓊矛文庫の押印あり

本書は、神代巻拾遺・同言餘鈔・倭姫世記・同節解・公事根源・日本歳時記・八雲御抄・万葉・古今・本朝文粋・本朝一人一首・続古今以下各種の和歌集より、七夕歌を輯め、考証したもので、編述の意図は、光海の考証に詳かである。

右二書ヲ考ルニ公事根源ハ一条ノ太閤藤原兼良公ノ作也博識ニテ和漢ノ書ニ達シ神道モ学ヒテ神代巻纂疏ヲ著サレタル人也然ニ異国ノ古事ノミヲ引用テ書出サレタルハ如何ナル意ソヤハカリ難キヿ也疑アルヿ也歳時記ハ貝原篤信カ作也是モ和漢ノ書博識ナル者也コトニ我国ノ古

事来歴ヲ考出シ精力ヲ尽シ品々益ナル書多シ然ニ如是七夕ノ事甚謗テ書タルハ何事ソヤ其上万葉集ノ歌一首書載タリ人丸ノ歌ニ神代ヨリ七夕ニ証アル歌多シ此ヲ書出サヾルハ何ノ意ソヤ何レモ異国ノ書ニ僻ノ我国ヲ尊フ心暗ミテ自ラ如此ナルユエナルヘシ予是ヲ憂ヘ考ル所ヲ抄書ノ一冊トナセリ　夫陰陽和合ハ天ナリ夫婦和合ハ人ナリ天人唯一ノ道ニ〆其理隔ナシ陰陽ヲ捨テ天道ナシ夫婦ヲ捨テ人道ナシ是道ノ根本也…

跡部光海は幕臣にして崎門の神道家。絅斎との師弟答問や、講義筆記の類も存する。八〇九―四―三一―一

竹窓文稿（題簽）　窪木竹窓（清淵）　昭和六年九月写（〔浜野知三郎〕）

半一冊（ペン書）

茶色表紙（二五・三×一七・三糎）金砂子散し双辺刷枠題簽に「竹窓文稿」と墨書。罫紙一丁を遊紙とし、以下ペン書にて「竹窓文稿／目次」三丁。巻頭初四行空格にて「孝経孔伝訓解序」と小題し、本文に入る。双辺（一九・六×一三・九糎）有界一〇行二〇字、裏丁匡郭外下端に「神田高柳特製」、欄脚部に「10×20」と横書する白口単黒魚尾藍刷原稿用紙使用。白文。全丁表第一行と裏最終行とは、書写せず空格とす。インク消使用さる。六六丁。次に浜野氏書写奥書一丁あり。「昭和六年九月四日午後第九時写了於東都郊／外練馬町新居　穆如山荘主人『知／印』（陰刻朱印）／（隔一行）／原本九行行二十字藍罫有格縦六寸三分横／四寸板心刻息耕堂蔵書五字息耕未詳何人／書斎」と。裏表紙前罫紙一丁を遊紙とす。異った万年筆を使用し別筆に見える所もあるが、一手としてよきか。

本書は、下総香取の産、水戸藩儒医、窪木竹窓の文稿で、息耕堂は竹窓の堂号。息耕堂では、整版のみならず、木活本も刊行されている。本書には「送伊能子斉赴蝦夷序」「贈伊能子斉赴蝦夷序」「造大日本沿海輿地全図序代伊能忠敬」「与人請書画詩賦書代伊能敬慎」等の、同じ下総出身の測量地図家伊能忠敬との親交を示す作や、「復〔水藩〕小宮山公書」「答（或いは復）水藩岡野執事書」等水戸藩での関係を示す作物も多い。

巻末に誌された、浜野氏による底本の書誌学的な記述は貴重である。こうした記載は唐人の間では、宋元版の鑑識等に最も肝要であり、蔵書家校勘学者の間に題跋という形で定着を見たが、日本では幕末校勘学者によって僅かに行われたのみで、もう一つ盛んにはならなかった。浜野氏のデータ記述も、その写本の全てに為されている訳ではない。これがあれば、浜野氏写本の貴重性は更に増したに違いなく、まことに惜しまれる。

窪木竹窓、文政一二年没、享年六十八。八〇九―四―三二―一

佐藤先生冬至文附録　〔稲葉黙斎〕（信）　近写（〔浜野知三郎〕）　大一冊

代赭色表紙（二七・三×一九・三糎）双辺刷枠題簽に「冬至文坿彔」と篆体で書さる。巻頭「佐藤先生冬至文附録／凡七道」と題して本文に入る。無辺無界一〇行二〇字小字双行。片仮名交り文。字面高約二〇・〇糎。巻末低二格を以て「予今春有感表章冬至文此冬此日遂為／諸生講之既而摭取発揮遺文者凡七道／為附録以欲与同志共之十一月既望信／識」の稲葉黙斎（正信）跋あり。全一九丁。

本書は佐藤直方が、享保元年冬至の日、門下の三傑、稲葉迂斎・野田剛斎・永井隠求に書識した道学を志す者の大綱指針「冬至文」を、負託された三者（隠求は病床にあれば、迂斎代筆）の言共々、迂斎男、稲葉黙斎が表

章し、天明六年に講じた折の黙斎表章附録七道を写したもの。因みに冬至文は天保五年に刊行されているが、附録は未刊である。直方の学派では、毎年冬至の日に冬至文を講じた。黙斎の父迂斎に学んだ新発田藩主溝口浩軒の影響で、新発田藩では冬至文が盛んに講ぜられ、書写も為されている。

本書は第二道より、文頭に○を打って書写さる。「一本大義ヲアラワシテ」等他本との校合も見られる。崎門の学者は、述べて作らず、書物を公刊すること少かったので、学徒は各記録者の講義ノートを参釈し、講義録を整備する事が多かった。

稲葉黙斎、寛政一一年没、享年六十八。八〇九―四―三三―一

読易私説（目首）　伊藤東涯（長胤）　近写（浜野知三郎）　大一冊

縹色空押唐草雷文表紙（二六・七×一八・〇糎）外題なし。「論易之起／……／論乾之九三／附／復見天地之心説／十翼非孔子之作辨／用九用六説又名蓍卦辨疑」とある「読易私説目録／東涯先生著」二丁を冠せ、巻頭「論重卦」と小題し、本文に入る。単辺（二〇・四×一三・四糎）有界九行白口墨刷罫紙使用。版心表丁下端に丁附あり。第六五丁、単辺（二〇・二×一三・六糎）無界白口単黒魚尾墨刷罫紙使用。単黒魚尾下、表丁に「巻」と刻さる。各項毎に改丁し、行一八字、朱句点校字朱引あり。附載の「用九用六説」末に「元禄庚辰臈月十七日、京兆／伊藤長胤原藏甫識、」語あり。全六五丁。但し又十三・十四・又四十（五丁分）・又四十四・四十五の各丁は白紙で、欠文となっている（欠文箇所も項目は目録中に載る）。なお又十四・又四十五の二丁には本文を書写してある。易の卦は印文を押捺して用いる。

本書は易の東涯説で、目録と本文やや錯綜し、序次の異るもあれば、項目名の繁簡合せざるも多い。未だ編斉整わざる稿本を書写し、従って欠文箇所も生じたものかと思う。巻末第六五丁一丁は、旧説と本説とを対照表記し、後附としている。

今参考のため、目録にありて本文に欠佚を生じた項目を挙げれば、「論易之起（初）」「論易之為教（又十三丁）」「論易学伝授之由（十四丁）」第三十四、三十五丁の間に来るべき「論先天後天」「論伝注之異同」の五項である。また序次の違いを挙げれば、目録では「論大象之凡例」（本文第二七丁）と「論易逆数」（同第二八丁）の間に挟る「論爻挙古人之名」が、本文では第十丁に繰上り、「論孔子以義理説易」第一一丁の前にある。しかし、この「論孔子……」が、目録では本文第一二丁「論聖人用卜筮之意」と前後しているといった按配である。

本書に附された「復見天地之心説」末には、「元禄癸未之歳伊藤長胤撰」の年紀が見え、本文末の識語元禄一三年より三年遅い。

本書の、息東所手校本、東里写本が、仁斎以来の家学書と共に天理図書館古義堂文庫に遺蔵されている。欠条は本書と同様である。

伊藤東涯、仁斎長子、父の意と業とをよく継ぎ、紹述先生と私謚さる。元文元年没、享年六十七。浜野知三郎氏に「伊藤東涯に就いて」（斯文第一八編第一二号）の述作あり、その元原稿たる講演筆記録一冊（後述）が、貴重書として、浜野文庫に保存されている。八〇九―四―三四―一

〔度量井田考〕附吉田某追考（中井履軒）（附）吉田某　近写（浜野知三郎）　大一冊

縹色布目表紙（二六・六×一八・四糎）双辺刷枠題簽に「度量幷井田等之図中井履軒著」と書さる。巻頭「経界図」と題し、「周尺今ノ鉄尺七寸二分ニアタル周ヨリ以前ミナ同シ」と注記し、歩と畝を四角く囲み、「周尺六尺ヲ歩トス」「鉄尺ノ四尺三寸二

分四方」。「歩百ヲ／畝トス」「方四十三尺二寸」等と図会す。七丁表迄。うち、周尺・夏貢・殷助・井・周徹・井・五畝宅・里等を図会する事四丁。以下考証。無辺無界一〇或いは一一行字数不等。字面高約一九・四糎。第七丁裏から八丁表にかけ「吉田某追考」を附す。

諸家により、種々考証の存する度量・井田の中井履軒図説に、吉田某の駁文を伴せ一書としたもの。履軒の説に

礼記王制ニ古者以周尺八尺為歩トイヘリ諸儒多ク此ニヨレリ然ニ歩ハ元人ノ両足ノアユミヨリ起リタル数ナリ周ノ八尺ハ今ノ五尺七寸六分ニ当レバアマリ長スキタリ路程ノ数モアハヌヿ多シ又田ノ広狭モ百畝ノ田舎ノ二町半餘ニアタレハ一人前ニハアマリ広スキタリイカサマ謬語アリトミヘタリ司馬法ニ六尺為歩ノ文アリコレニテハ人歩大小ノ中ヲ得テ田ノ広狭モ路程ノ長短モヨキ程ニ見ユレハ正説トスヘシ

吉田某追考に曰く、

公田百畝中以二十畝為廬舎餘八十畝一夫所耕公田十畝通私田百畝合一百一十畝十一分而取其一蓋又怪於什一矣

按履軒先生井田之図ニ云二十四家為里長七十二間トス此レハ井田ヨリノ積リ故ケ様ニナルナリ今井田ニアツカラス郷遂貢法ヲ用テ十夫有ト云ヘハ此図如クナランカ貢法ハ井田ナリ一夫百畝ノ田ヲ受年貢豊凶ニカヽワラス定リ有ル故ニ上ノ所取常均而下苦楽差アルナリ

こうした不公平を除くために、田畠の年による付け換えや、網度の日繰り漁を行なった所もある。

中井履軒、懐徳書院を開いた甃庵の次男にして竹山の弟。文化一四年没、享年八十六。八〇九―四―三五―一

日記異名　近写（浜野知三郎）半一冊

艶出し黄土色表紙（二四・七×一七・三糎）双辺刷枠題簽に「日記異名」と書さる。巻頭「日記異名」と題す。無辺無界九行、上段に書名、下段に著者名を記す。眉上に朱筆にて増補標記し、本文中にも朱筆増補書入あり。朱墨藍にて巻数著者等に注記を加う。第十四丁裏から十五丁表にかけ「〇記者不知」と題し、一「天慶二年記　一巻」より「文明七年八年十年記　一巻」迄、撰者未詳の記を載す。十五丁裏、「諸家日記異名少々自本有類／象《ママ》而漏脱頗不少候間余今度／増補為便覧以仮名所立次第／之猶可進加者也／天明元年十二月上旬／正二位紀光」。十六丁表「以主殿助伴重賢本令宗頌書写之／于時文化八年二月廿五日也（花押）／右以中臣延秋新写之本又令書写者也／同年三月十三日　橘堯邦（花押）」の元奥書が存する。本文一四丁。総裏打、原料紙高約二三・三糎。巻頭に「浜／野」朱印鈐せらる。

本書はイロハ別に纏められた、云わばイロハ引日記名寄せで、大約書名巻数撰者を載せ、奥書にも見らるる如く、書継がれ増補されていったものであろう。巻頭のイの部も、始め「一止御記　藤原隆康卿（但し朱筆にて御に抹消符〇を打ち、イチシと振仮名）」のみであったものが、前後に朱筆にて「猪熊関白記　藤原家実公」「家光卿記」と附加され、眉上には同じく朱筆で「今出川相国記　公相公」と標記されている。

奥書に見える正二位紀光、柳原氏。寛政九年永蟄居、八月十日五十二にして落飾、法名暁寂。寛政十二年蟄居を許され、翌日薨。享年五十五。伴重賢には、文政九年に成った「伴略譜」の編著がある。橘堯邦或は今大路氏か。

柳原家旧蔵本は、宮内庁書陵部の他、かなりまとまって西尾市岩瀬文庫に入っており、紀光自筆の物も見える。八〇九―四―三六―一

日本書紀私記　大正四年二月写（浜野知三郎）　大一冊　底本清水浜臣旧蔵〔伴〕信友校合書入本

茶色刷毛目格子文様表紙（二六・七五×一九・二糎）双辺刷枠題簽に「日本書紀私記　完」と書さる。扉左肩「日本書紀私記」。内題「㊀日本書紀私記　中巻　(第)㊀(神)(代)㊤」（㊥・(第)の右肩イと異本表記し、イの横、(第)の右肩に藍点打たる）等とあり。なお、内題の前に、上下に○を打ち、直線で繋ぎ、「此二行不分イナシ」と書かれた注記が存する。無辺無界一〇行字数不等小字双行、字面高約一八・六糎。各種符号を附し、眉上に異本注記を為すこと詳密。藍点を以て異本注記箇所示さる。表丁折山版心部に「神代（—応神紀）」と小題あり。尾題「日本書紀第一終（日本の上左右を傍線で囲み、上部に藍点。左に連接線を引き、「イナシ」と表示。イナ左傍に藍点）」「日本書紀私記十終」（十の上下に藍点。右傍「上巻」と注記し、上右肩に藍点）等とあり。内題や尾題は私記の巻数や書紀原本の巻数表記が混雑し、その上異本との校合が為され甚だ輻輳している。本文三八丁、但し第二丁裏三丁表白紙。

各巻頭巻末の題署を、繁雑ではあるが、本書の成立を知る所縁ともなるので、左に掲げる。

㊁［日本書紀私紀］イナシ［第二神代上］イナシ

㊂［日本書紀私記　第三神代三］イナシ

㊃日本書紀私紀第四下巻（下の右肩に「イ」）

㊄［日本書紀私記第五］イナシ

㊅［日本書紀私記第六］（日本の右傍に「イナシ」）

㊆［日本書紀私記第七］（同前）

㊇［日本書紀私記第八］（同前）

㊈日本書紀私記第九　人代一

(十一)［日本書紀私記第十一］

○日本書紀私記第㊉㊂四（私記右肩に「巻」）　本紀二

○［日本書紀私紀第十四］

○［日本書紀私記第十二］［天皇第六］

○［○本紀○○第五　・天皇第十］㋾（眉上に「㋾日本書紀巻第五」と書入らる）

○本紀第六(井)（眉上に「(井)日本書紀巻／第六」と書入らる）

㊆日本書紀私記巻第七（巻は挿入線を以て書入らる。挿入線に藍点）［▲皇帝十二代●景行天皇］

(十五)日本紀私記第十五成務］稚足彦天皇（稚足彦挿入符を以て書され、挿入線上に藍点）日和加太良之比古

○日本書紀私記（私記右傍に「巻第八」）・［天皇第十四▲仲哀天皇］

○日本書紀私記（私記右傍に「巻第九」）・［天皇第十五▲神功皇后

㊉日本書紀巻第十［・皇帝十六代▲応神天皇］

尾題は、

［日本書紀私記第二終］イナシ

日本書紀私記第三終（第三終右傍に「イ中巻終」）、◎

［日本書紀私記第四終］イナシ

［日本書紀私記第五終］（日本右傍に「イナシ」）

［日本書紀私記第六終］（同右）

［日本書紀私記第七終］（同右）

日本書紀私記第八終（第八終の右傍、「イ下巻大尾」）

［日本書紀私記第九終］

［日本書紀私記第十一終］

［日本書紀私記第十三終］

［日本書紀私記第十四終］

以下尾題なく、内題㊆巻第七皇帝十二代景行天皇の箇条に対応して、

［日本紀私記第十二終］

とあり。全て「　」□の上下に藍点が打たれ、傍点また藍筆。

巻末に、第八尾題後「コノ次ニ于時応永三十五年云〻ト奥書アリ末ニ亼印ノ処ニ写ス」とある元奥書書写さる。「十八丁ウ／イ亼印ノ処可見合／日本書紀私記下巻大尾／トアリテ奥ニ」と注記し、

于時応永三十五年戊申正月十五日午時上中下三巻終ニ写功了上巻者日本紀三十巻待《（ママ）》統天皇マデノ註也中下二巻者神代両巻ノ註者也於ニ此本一ニ者平野ノ神主之家ヨリ外ニ他家不レ可レ有本也可レ秘々々云々

同二月二十一日ニ朱点校畢　髪長吉叟生年八十一歳書之（年紀右肩に「朱書」とあり）

次いで、

長吉翁ノ奥書ニ上巻者日本紀三十巻四十一代持統天皇迄ノ註也ト云ヘリ然レ𪜈此私記神武天皇ヨリ応神天皇迄十六代ヲ註セル者也仁徳天皇ヨリ持統天皇迄二十五代私記ナシ此ノ註セル私記脱落シテ不伝ニハ非ス私記ハ古本ヨリ伝ル処元ヨリ三巻也二十五代ノ私記アラバ巻数多カルベシ初代ヨリ十六代而已ニシテ二十五代ヲ私記セザルヿ惜ムベシ翁之朱点ノマニ〳〵大字ニハ朱点ヲ大丸ニシ小字秘訓ニハ朱点ヲ小丸ニシテ見分安カラシムル者也矣（眉上に朱点凡例）

此私記三巻者古来ヨリ日本書紀ニ副テ相伝ル記ニシテ一品舎人親王ノ撰録シタマヘル真本ノ古伝秘訓ヲ全ク秘記セル者也矣伏乞八十連属之後裔ニ伝テ慎而勿失吾誡ニ神助ノ冥加ニテ伝来ノ真秘本ヲ以テ敬写ス深ク文庫ノ底ニ厳秘スベシ

于時宝暦六丙子閏十一月朔日　内握覆翁

一丁あり。以上傍点藍筆。次に、

右一編丘岬俊平所レ蔵也錯雑次序ル 衍誤（衍誤朱で囲まる）不一而足於是就書紀再三考訂シ浄写成レ功猶未レ免レ有ニ訛謬一而不ニ敢妄改一且原訓仮字之違者則一依レ旧元本傍書有レ標スル愚直堂按ト者愚直堂……之別号然則原出ニ于……之手一乎其考説無ニ可レ取者一今尽省レ之抑此編所レ伝之訓多乖ニ古意一雖レ不レ足レ為ニ確拠一而亦非ニ輓近之書一固多ニ可レ観者一珍重之餘手自繕写以為ニ考証一ト云

本編既卒レ業未ニ数日一復得ニ　本藩安倍氏所レ伝ノ本ヲ其末曰—比スレハ之ヲ丘岬本一頗無ニ謬誤一善本也然至ニ其仮字一則亦猶乖違蓋原訓既誤乎抑係ニ後人之伝写一乎今不レ可レ知也乃以ニ藍錠一一〻旁ニ書シ之ヲ無ニ毫モ所一レ遺ステヒ因再題ス二其後一ニ（傍記傍点朱書）

の伴信友校合識語一丁あり。愚直堂校本は、沢田一斎写本が小浜市立図書館に遺存する。巻末遊紙表に「右日本書紀私記以清水浜臣旧蔵本写之／大正四年二月廿五日　浜野知三郎記」の書写奥書が存し、挿入紙に「本云／応永卅五年戊申正月十日以申尅書写畢／　髪髻叟生年八十一歳／安永八己亥年二月廿三日寅写畢」の大槻本の奥書が書写されている。なお本文前遊紙表に「清水浜／臣蔵書」、裏に「泊洦舎蔵」の二朱印摸写さる。

本書は、神代より応神紀迄の書紀要語の訓解で、恐らく講筵の注記や、裏書・傍記等をもとに輯集したものであろう。第九尾題と第十一首題の間に、挿入線を以て「二十七ノ頭ニコノ間ノ落丁ノ分シルス」と墨書し、朱丸を打ち「信友云」と挿入して「神武紀今本ヲ以テ校ルニ此間六枚ト凡

二十四行バカリ欠タリ十之巻缺タルナルベシ」と朱書されている。信友の書入は第一三丁表第四下巻の途中以後に始まり、朱書されている。私記は甲乙丙丁の四種が、「新訂増補国史大系」第八巻に集成され、応永三五年の所謂る御巫本の巻頭・巻末が、玻璃版によって掲出されている。本稿一aで略解した「日本紀私記提要」の項を参看されると、本書の奥書とも連関し、分り易い。

浜野氏は稀覯書の摸写・移写に熱心で、初め氏の臨写本によって学界の注目を惹き、後にその原本が漸く探り出されるに至った例が少なくない。ただ浜野氏の署名のある写本は稀である。

伴信友既出。八〇九—四—三七—一

祝詞辞引五十音順　近写　半一冊

素表紙（二四・四×一七・〇糎）左に「積ゝ斎雑記　教部　完」、中央に「祝詞字引」と墨書。右大字朱書にて「教部」と分類、全て直書。背部を貼合せ包背装の如くす。扉罫紙中央に「祝詞辞引五十音順」と題し、裏に「五節句／正月七日《ムツキノナヌカ》　三月三日《ヤヨヒノミカ》……／月日読方／正月元日《ガンジユツ》二日《フツカ》三日《ミカ》……」等と記さる。巻頭「あ部／あかにのほに　赤丹穂爾。かほのあかくなるまでに祝詞式／（長御食乃遠御食登《ナガミケノトホミケト》赤丹穂爾《アカニノホニ》聞食故丹《キコシメスユヱニ》）」と始まる。単辺（一九・六×一二・八糎）有界一〇行一五字、上象鼻白口下象鼻黒口の藍刷原稿用紙使用。切貼傍線あり。い部のみ項目二行取り。後前と標記し、入換えを指示する箇所が、「あまつのりと」「あまつつみ」等三箇所ほどある。裏表紙前罫紙一丁を遊紙とす。本文一五丁。巻頭に「風舄」「岸本／臧書」朱印押捺さる。

祝詞に見える要語の五十音順の辞引で、全て意味と出典とを記している。

積ゝ斎については、今知る所がない。八〇九—四—三八—一

莫伝抄　大正四年五月写（浜野知三郎）　半一冊

濃縹色布目表紙（二三・六×一六・二糎）双辺刷枠題簽に「莫伝抄　完」と書さる。扉左肩「莫伝抄」。巻頭「莫伝抄」と題し、「加賀御草　正月一日大内餅の上に置大根也／ふき草の中にもはやきかゝみ草やかて御調にそなへつる哉」と始まる。無辺無界七—九行、字面高約二〇・〇糎。第九丁表迄九行、裏より八行に書写されることが多い。巻末「暮古月　親子月十二月／この花のいまや咲らむ難波かたくれこの月の比になりつゝ／我人のみたまをまつるおやこ月松やいのちのためし／なるらむ／慶安元年六月書之／万葉集草木丼十二月吴名集莫伝抄終」。次に「右一巻以和歌古語深秘抄本写之／大正四年五月十二日　浜野知三郎」の書写奥書あり、変体仮名に違いはあるものの、恵藤一雄編の、元禄一五年一月刊「和歌古語深秘抄」の転写のようである。末に双辺（一九・七×一三・一糎）有界一二行、裏丁匡郭外下端に「12　海雲堂」とある白口単黒魚尾藍刷罫紙二丁を用い、補遺あり。「〇川高草ノ次（春）／川古草も／下水に月やすまゝし川こ草かりそめの間も波のたゝすは」等本篇に漏れたるを載せ、「秋遅草萩欤（秋部ニ出ツ）」等、本篇と異る排列のものを注記す。本文一七丁。

本書は、主に草木や十二ヶ月、季節に関わる異名を持つ歌語を取上げ、例歌を引き解を附したもの。春のみは小題せず、夏（秋・冬・雑）部にわたって排され、十二月異名が附されている。八〇九—四—三九—一

秘抄（文鳳抄）一〇巻（巻一後半・巻二首、後半・七欠）〔菅原為長〕

近写（〔浜野知三郎〕）　大四冊　薄様紙　影弘安元年五月写本系

海松色表紙（二七・一×一八・一糎）双辺刷枠題簽に「秘抄二三　花（四鳥・五六　風・八九十　月）」と書さる。扉左肩「秘鈔第一」、第二冊「文鳳鈔第四」、第三冊「文鳳抄第五人部」、第四冊「文鳳抄第八草樹部」とあり。また、第一冊中扉「文鳳抄第三地儀部」、第四冊同「文鳳抄第九鳥獣部方角部魚虫部光彩部」が存する。巻頭「秘抄第一（三―十）」「秘鈔第四」等と題し、目録を挿んで本文に入る。第一冊追込、第二冊より目録別丁、第四―三、第五・六・八・十各一丁。第九は二丁表迄、裏より本文。無辺無界七行字数不等小字双行、字面高約二〇・〇糎、片仮名は殆ど小書さる。第二冊のみ訓点送仮名訓仮名連合符、異本との校合注、朱声点あり。五行書、字面高約一八・〇糎。書写底本、或いは他巻と別なるか。第十略韻上下の後「同訓平他字以イロハ為次第」八丁あり（墨声点を附す）、裏に「弘安元年五月之比一部書写早」の元奥書が存する。第一冊第一―二五（但し、実は第一六丁より、巻二「三月尽」以下が混入）、第三―四四丁。第二冊本文八一丁。第三冊本文第五―三八、第六―二九丁。第四冊第八本文―二三、第九目共二四、第十本文二〇丁。但し、第九光彩部の最終二丁は、十丁前の魚虫部の初めにあるべきもの。また第六第三丁に当る部分が佚しているらしい。

第二冊は、恐らく内閣文庫等に存する文保二年元奥書本系の影写であろう。川口久雄氏は「真福寺本文鳳鈔」解説で、本帙を内閣文庫蔵二系統本の影写とされたが、字形や、本文庫本に存する虫損箇所の鉤字が内閣本では欠字であること、内閣文庫本第三に存する錯簡が本帙には存しないこと等から見て、如何かと思われる。第四は、今内閣本を見ることができず、フィルムによって検したのみであり、判断を差控える。

本書は、秘抄或いは文鳳抄の名で伝えられた詩文作成の金科玉条たる類書で、完存する伝本は知られず、本帙には第一天象前半、〔第二歳時〕の一部、第三地儀、第四居処、第五人、第六神仙・釈教・文・音楽・飲食、第八草樹、第九鳥獣・魚虫・方角・光彩、第十略韻の各部が存する。本書には鉤字や、虫損部をそのまま写した形跡があり影写と思われる。

なお、本帙には尾崎康・松本隆信両氏が、欠佚部分を翻字に依って補った原稿巻一―二五、巻二―一四補二（皇化・此〈北〉辰・三皇所収）枚が附され、影写の不明瞭な文字を鉛筆書にて補記している。これは本書の最古写本である真福寺蔵弘安元年本に依るとのことである。真福寺本は、今第四・七の二巻を佚するが、図録で比するに本影写本と合致する。該本は古来名物で、内閣文庫等摸写本も多く、本書の底本もそうしたものの一であろう。昭和五六年、真福寺本を底本に、宮内庁書陵部の所謂鷹司本と、中田祝夫氏蔵本とを以て対校影印した「真福寺本文鳳鈔」が、大東文化大学東洋研究所から刊行されている。

本書には撰者名を題さぬものの、菅原為長の編と見られ、同工の編著に「管蠡抄」がある。寛元四年没、享年八十九。八〇九―四〇―四

必読書目　門田〔朴斎〕（鄰）慶応元年閏五月序写（自筆）半一冊

後補小豆色表紙（二四・二×一六・五糎）双辺刷枠題簽に「必読書目門田朴斎著」と書さる。末に「右三条於為学之法似得要領固鈔／出示於同志之諸君／慶応紀元閏五月初七／六十九翁門田鄰」と署する序二条（薛文清・胡敬斎の言。一条欠けしか）一丁。続いて扉「必読書目」。次に口絵の如く、三礼から三大全に至る経書の名数等を表示、一丁。巻頭題署なく、「大学章句或問語類注本大全／論語集注精義或問語類注本大全／孟子如論語」と本文に入る。一二行。本文六丁あり、遊紙一丁をおいて、裏丁「少年は老やすく学は成かたし／一寸の光陰をもかろくおもひて／ついやすへからす過しあとのは

か／なさは是非なし行末には心を／つくへしなかれみなもとへかへらす／後悔さきに立事なし」と、学を志す若人用の諺を載せ、「さきた丶ぬくひのやちたひ／かなしきはわかる丶水の／帰りこぬなり」と書さる。「○素読／四書　唐詩選／古文　五経／文選／以上」と素読すべき書名を挙げ、裏丁「小学　唐詩選　三体詩　四書」等書目一丁と、五子・十七史・廿二史等名数解・書目、四丁。前附名数表に「渡辺／氏」朱印押捺さる。三田定則「漢字の害を説く」、樋畑雪湖著「日本郵便切手史論」の書評（昭和五年八月廿一日・二十三日の東京朝日等か）新聞切抜挟込まる。

本書は、経史（国史を含む）子集（程朱王陽明等と本邦儒家の著作を含む）老荘儒等諸家（儒家文集を含む）の、学に志す者の必読書を掲げたもので、第五丁裏からは、春秋・左伝・表準書（経術）・歴史・国書・文章に類別し、再び記すが、前四丁と重複するもあり、せぬもあり、体式未だ整わない。前半も厳密な四部分類ではなく、邦人撰述書も混じている。ただ江戸期には、我国の作物を四部に準えて入込むこうした分類がよく行われていた。

巻末の附録四丁は、二段又は三段に記され、必読書目と云うよりも、或は学塾の所謂るレファレンスブック・蔵書目等かも知れない。邦人の著作には作者名が付され、冊数も存するが、後半は冊数は殆ど記されない。末に「〳〵〆百八ケ八月十九・廿日／ウチル」の記載があるが、意未詳。何れにせよ、著者が初心の塾生等のために編まんとし、未だ定稿を見ぬ幾つかの覚・備忘を綴り合せて、一書と為したものであろう。

門田朴斎、福山藩儒、菅茶山の養子たることあり、明治六年没、享年七十七。朴斎また浜野氏の郷里の先学であった。八〇九―四―四一―一

不尽山（外題）〔浜野知三郎〕編　自筆　大二冊（仮綴）

第二冊の本文と共紙表紙（二四・八×一七・一糎）中央直に「不尽山　一（二）」と書さる。双辺（一八・五×一二・八五糎）有界一三行、下象鼻に「岐阜県大垣中学校」とある白口藍刷罫紙五丁遊紙とす。巻頭「富士山記　都良香（本朝文枠巻十二）」と、富士に関する記述を抜抄。料紙は前述の他、双辺（一八・四×一二・六五糎）有界一二行白口単黒魚尾藍刷罫紙、双辺（一八・九×一二・六糎）有界一二行白口藍刷罫紙、双辺（一九・三×一二・七五糎）有界一二行、版心に三輪文様ある白口藍刷罫紙の四種を用う。第二冊美濃紙使用、無辺無界一三行、字面高約一八・〇糎。上冊七〇丁後に遊紙三丁。下冊八丁白紙一丁ありて又五丁、以下白紙。なお書継むとしたものであろう。上冊に〔大正元年九月二（以上浜野氏筆）〕十七日東京朝日新聞「乃木《のぎ》将軍富嶽《ふがく》の詩《し》」貼込まる。

本書は諸書から抄出した名峰富士の抜書集成で、長唄や諺、富士を冠せる地名や、果ては漢籍に引かれた富士迄出てくる。但し抜抄は、文学歌謡諺の類の広義の文学書よりの引用が多く、地誌や純粋の紀行類は引かれること少い。八〇九―四―四二―二

北山先生論語説二〇巻（存郷党第十以下）〔山本〕北山撰　中嶋〔東関〕（嘉春）輯　岡本元長等校　写（寄合書―或は校者か）大三冊

香色表紙（二六・五×一九・一糎）貼題簽に「北山先生論語説　四（五・六）」と書し、直に目録外題、第四冊「郷党　先進／顔淵」、第五冊「子路　憲問／衛霊公」、第六冊「季氏　陽貨／微子　子張／尭曰」。巻頭「北山先生論語説（第十五―十八同）／（隔一行）／弟子　中嶋嘉春　輯録／（隔一行）／門人　岡本元長　校（第十五同・第十六以下校者「田中之業」とす）

／郷党第十」と題書して本文に入る。第十一は内題下に「巻之六」、第十二同「巻之七」、第十九・二十同「巻之十九（二十）」とあり。第十三・十四は「巻之」とのみ。校者、第十一―十四は「藤田季充」と署さる。無辺無界一〇行二一字、師説低一格、集注低二格。字面高約二〇・二糎。朱句点朱引、まま朱声点あり、肝要語を朱筆にて囲む。朱墨校字あり、疑問の箇所には訂正用の切紙挟込まる。尾題「北山先生論語説巻之六（第十一先進篇に該当）終」「同巻之十九終」「同巻之二十大尾」。第十・十五―十八尾題なく、他は「同巻之」とのみ記す。末に「孔子生卒考」二丁存す。第四冊一九（第八丁別筆）・二六・二四丁、第五冊一七・三一・二〇丁、第六冊一〇・二四・一三・一六・五丁。

本書は、山本北山の論語説を弟子の中島東関が集録し、岡本元長等が分担で校したもので、巻数表記にも見える如く未定稿本である。一〇巻とするか、二〇巻と為すか、未だ決せず、校者によって区々である。乃ち岡本元長校の第十郷党第十五衛霊公は、内題・尾題共に巻次を記さず、藤田季充校の第十一先進から第十四憲問迄は、普通なら「巻之六」とすべき第十二顔淵を「巻之七」としたのが失敗で、第十三・十四は巻次を立てず、尾題も第十二以後入れられていない。田中之業校の第十六季氏以下は、末二篇は内題尾題共篇次を巻次とするが、前三篇には記されない。論語の巻次は、篇立に従って二〇巻とするか、二篇宛の一〇巻か、或いは上論・下論の二巻と為すものが多い。本書は校者により、一〇巻とするか二〇巻とするか、未定であった如くで、その上顔淵を巻之七としたことで、よけいに混雑してしまったものであろう。

本書は書写の体式から、或は校者の自筆稿本ではないかと思われる。「孔子生卒考」は「師曰」の後に、一格を低して「嘉春按」の按語がある。本書は未刊。新潟大学に完本があり、本文庫にマイクロフィルムが将来されている。それに依ると、文政十二己丑年十二月　中嶋嘉春謹識の「北山先生論語説附言」を冠せ、

嘉春幸得事二十餘年、……嗚呼、　先生揚名伝道、万世不朽、国無論焉、然其論語説、未有成書可伝于後、為恨深矣哉、是以輯録所署記之師説、然其精辨快論、不能悉記之、但挙章所説大義、次之竝挙窃所見之朱子集註論語徴之非、以告吾党士、冀吾　師説、伝于後世無窮也、然是但侍講日、所聴、恐有闕漏多也、……

と書されている。因みに第一・二は男中嶋嘉通校、三―六・九は岡本（三、木と誤る）元長、七・八は田中之業の校に成る。

山本北山、文化九年没、享年六十一。中島東関、高田藩儒、天保六年没、享年六十四。八〇九―四―四三―三

名所叢誌　〔浜野知三郎〕編　自筆　大二冊（仮綴）

白色素表紙（二五・一×一七・一糎）に直に「名所叢誌　一（二）」と書さる。巻頭「河原院／一山城名勝志三、百六十一丁祇陀林寺百六十三丁広幡院の条参看」と、引用参考書を記して本文に入る。双辺（一八・五×一二・五五糎）有界一二行白口単黒魚尾青緑刷罫紙使用。朱引（赤インクも交ふ）あり。上一一〇、下一〇九丁。

名所旧跡の諸書からの抜抄で、宮所に関するものが多い。下冊は「宇治橋参考書」と題し、「一日本霊異記弘証／一古京遺文宇治橋ノ考証アリ／一工藝志料……」とあり。参考書多き項は、それのみを先ず記し、本文の引用は別丁を以て行う。前掲不尽山と同類の、浜野氏の抜抄編纂になる書物だが、主題が拡がりすぎ、やや散漫の嫌いがある。八〇九―四―四四―二

拗論　〔阿部正倫〕（緒水館主人）　写　半一冊

薄海松色表紙（二三・八×一七・一糎）双辺刷枠題簽に「拗論　完」と書さる。緒水館主人題「拗論自序」一丁を冠せ、巻頭「拗論」と題し、一行を隔て「遠所好而近所忘」と小題し、本文に入る。双辺（二〇・三×一三・六糎）有界九行白口単黒魚尾墨刷罫紙使用。片仮名交り文、送仮名風に小書されし箇所あり。誤記擦消書直さる。版心表丁中縫に丁附。第八丁表末行に「寛政九年丁巳仲夏」と識さる。次に享和紀元孟夏之月　臣太田方謹志〔跋〕一丁あり。本文八丁。

緒水館主人福山藩主阿部正倫の述著で、本書成立の縁由は、自序に詳かである。

拗ハモトルトヨミテ世ニ云モンチナルヿナリモチルト同シ世間ノ事夏ハ熱キモノ冬ハ寒キモノトノミ心得タルモノ多シ然レ𪜈夏モサムキヿアリ冬モ暖ナルヿアリ白キトミルニ黒キアリ黒キト思フニモ白キヿアリサレハ片ゝヨリテミル寸ハ古語ノ瑟柱ニ膠スルノルイニテ世ニイフ杓子定規ナルヿモアラン我此論ハタ、世ノ人ニモチリタルニハアラス夏ノ中ニ小袖ヲシタテサセ冬ノ間ニカタヒラヲ忘レサランタメノ戒トシテ我独居ノ座右ノ銘トナスノミ

太田全斎の跋にも

老子ノ曰ク正言ハ若シレ反スルカ此心ハ凡天下ノ正論ハ一世ノ常言ニモトルカ如シトナリ

吾　君一日此御著述ノ書ヲ出シテ示シ玉ヒヌ謹テコレヲ披キテ熟読シ始テ正論ノ反セルカ若キノ実ヲ知レリ

等とある。本名は記さぬながら、全斎の藩公阿部正倫のことと知れる。

本書十一条、題名は全て漢文で記される。急緩事而緩急事・重常而軽変・貴旧而賤新・疎近而親遠・抗尊而不卑・択智而用愚・火慎勢微・刀用不利・弓欲弱馬欲遅・娶不択美不厭醜。小題の付し方にも、いかにも正言若反き拗論ぶりが窺われよう。本巻を底本に、広島県史近世資料編Ⅵに翻字が為されている。

阿部正倫、藩校弘道館を設立、文化二年没、享年六十一。好学にして古典の摸刻をよくした正精の父。八〇九―四―四六―二

琉球国中山世鑑五巻　尚象賢奉勅編　近写〔（浜野知三郎）〕　大二冊

朱色空押雷文牡丹唐草文様表紙（二七・二×一九・二糎）金砂子散し双辺刷枠題簽に「琉球国中山世鑑　上（下）」と書さる。扉「琉球国中山世鑑序一之二（三之五止）」、中扉「琉球国中山世鑑序」あって、日本慶安庚寅太呂吉旦　中山王　尚円公嫡孫浦添王子若王月浦六世後胤大嶺臣　象賢撰「琉球国中山世鑑序」二丁、「琉球国中山王舜天以来世纘図」一丁、「先国王尚円以来世系図」二丁、「琉球国中山王世継総論」九丁を冠せ、中扉「中山世鑑巻之一共六」（「琉球国中山世鑑巻之二（―五）」）。巻頭「琉球国中山世鑑巻一（三・五）（巻之二〈四〉）」と大題、「琉球開闢之事」と小題して本文に入る。無辺無界一〇行二一字（下冊二〇字）内外、字面高約二〇・〇糎。片仮名交り部分は低一、二格、上冊二〇字、下冊一九字（巻四、一八字）ほど。朱墨校字を交え、巻二第十丁表迄朱点を打つ。尾題「琉球国中山世鑑巻一（三）終（巻四終）（巻六（ママ）終）」。上冊巻一―二二、巻二―一七（末欠か）、下冊巻三―二三、巻四―一二、巻五―三三丁。

琉球初の正史。明の正朔を封じていた琉球の、嘉靖三十四年乙卯六月廿五日迄の年代記で、阿摩美久の昔より、「尚清王在位二十九年寿五十九ニ

シテ薨御成給　第二王子嗣立給是為中山王尚元」迄記されている。系図には「原書系線断レタリ蓋シ尚宏ヘツヾクカ」等朱校注が施されている。

　琉球は原則として中国の正朔を封じたが、「日本慶安庚寅」の序や、片仮名書のスタイルにも見られる通り、中日両国の間に存在した小国の揺れと苦悩が、この正史の表記からも伺えよう。後、清朝冊封使側に備え、本書を基に漢訳し、「中山世譜」が撰述された。しかし、島津関係の不都合な部分は削除され、後に別篇として附されている。

　慶応英文科出で、原典を調査網羅集成し、系統別に底本を選定翻字し、書誌学的な批判に耐え得る各種の資料集を作成された横山重氏の、初期の為事「琉球資料叢書」第五に、内閣文庫本をもとに翻印され、東恩納寛惇氏の解題が附されている。

　琉球関係資料は、英人フランク・ホーレー蒐集の九三六点約二千冊が、ハワイ大学に宝玲文庫として収蔵されており、目録も公刊されている。ハ〇九―四―四六―二

詅癡符（題簽）存巻一五〔岡本況斎〕（孝）編　自筆　半二冊

柴色表紙（二三・二×一六・〇糎）双辺刷枠題簽に「詅癡符十五上（下）」と書さる。㊀耎需儒弱―(卌)先哲不知淮南子真本の目二丁を冠せ、巻頭「㊀耎需儒弱」と小題して本文に入る。無辺無界九行一九字小字双行、字面高約一六・一糎。解説文は標字の後低一格で記さる。㊄河図洛書中に朱墨図、(十五)伊洛諸子中に吊書の学系図が存する。上冊五八、下冊㊉洛随より、五六丁。標目の〇印は焼印。

　詅癡符とは、顔氏家訓等に見える「癡者《しれもの》につけて売る札」、乃ち下手な文章を見せびらかす恥さらしの謂。耎需の巻頭は以下の如く始まる。

耎俗作需需俗作耎非正字而仮借也何以知之既許以来耎需別部而或混写
　故為非通借也

いかにも二重のペダンティスト況斎らしい。廿五には、殺青という書誌学に関係する項も存する。

　本文に署名はないが、「孝按」の按語があり、「友人太田氏云」「友人川目氏拠此文戯象亀形新造之図」等の記載がある。川目氏は本稿一aで略述した「校註韓詩外伝」の編撰者川目直ではなかろうか。岡本況斎既出。次掲と合せハ〇九―四―四七―三の番号が与えられている。

詅癡符（外題）存〔巻一三〕〔岡本況斎〕（保孝）編　自筆　半一冊

黄色空押菊花文様表紙（二三・〇×一五・一糎）に直に「詅癡符」と朱書。「越裳氏越嘗　越常」より「西漢之人名曰延年者」迄目二丁を冠せ、巻頭「越裳氏　越嘗　越常　白雉　九訳」と小題し、「韓詩外伝巻五第十二章朝鮮本程栄本作越裳毛晋本作越／嘗」と本文に入る。無辺無界九行二〇字小字双行。字面高約一七・二糎。標記書入あり。前掲書と書振りは異なるものの、一筆の如し。自筆浄書本であろう。一〇三丁。

　本文中に「孝按」「保孝按」、標記中に「保孝按」等の按語がある。「以臣為姓」の標記に、「此所引史記用嘉／靖板」等とある。本冊巻次を記さぬが、尊経閣文庫蔵自筆本と比するに、巻一三の部分に当る。尊経閣本には、晩年に至る朱墨改定の筆が、稠密に加えられている。

　本書は、語の正訛・正俗、事項の由来・沿革等につき、一々出典を掲げて並べたもので、三〇巻各三〇項目の大部にわたる。尊経閣文庫に自筆本が存する。此書は三〇巻目録一巻半三一冊（目録に「温故堂文庫」朱印、巻一・二・四―一一迄、巻末に「岡」墨印押捺さる）、補遺巻一八迄半一八冊、続

補遺巻一二迄半一二冊、計六一冊より成る。「文政八年正月　況斎岡本孝識」序から、本書成立の事情を窺っておく。

此書也非素有編輯之志而発筆也或答於門生友人之問或出於欲減異時捜索労（便を抹消訂正）固非一時之録故無書名也児輩強請名之因呼之曰詅癡符児輩遽有疑色予徐曰此書也未免訛謬恐識者所譏豈唯巴調之詩而已乎故名之事詳顔氏家訓文章篇汝就而看之

八〇九―四―四七―三

老圃詩稿　安積〔澹泊斎〕（覚）写　大一冊

濃香色表紙（二八・一×一九・〇糎）。巻頭「老圃詩稿」。無辺無界九行一七字小字双行、字面高約一九・七糎。巻軸「碧於亭漫興」末に「碧於亭老圃安積覚」と署さる。全一七丁。

水戸藩儒、老圃安積澹泊斎の詩集で、未刊。「己亥三月還水戸道中口号二首」「臘月六日源義公忌日入廟展拝適常山文集繕写新成簡館僚数子以述懐」等、水戸藩との関係を示す詩や、「和鳩巣室兄新年偶作韻十二首取其二」等、交友関係を知る詩が存する。

安積澹泊斎、朱舜水に学ぶ。四十有餘年にわたり、彰考館総裁を勤む。元文二年没、享年八十二。八〇九―四―四八―一

六郡めくり（抜萃）　菅〔茶山〕（晋師《ママ》）　天保九年一一月写（渡辺延秋）半一冊

黄色空押卍つなぎ表紙（二三・九×一七・三五糎）金砂子散し双辺刷枠題簽に「六郡巡菅茶山稿」と書さる。扉左肩に「六郡巡　抜萃　全」。遊紙一丁あって、巻頭「六郡めくり／加判　吉田助右衛門豊功／大目付　中山斧助光昭／徒士目付　枝与市房盛／学官　鈴木圭輔圭／菅太中晋師《ママ》」と題署、以下餘白にして、裏丁より「形勝気候　私ニ形勝ハ山川ノ事ヲ云カリニヲハス」と小題して本文に入る。無辺無界一二行、片仮名交り文。字面高約一九・八五糎。附録二丁、附図、湯野村茶臼山古城図等七丁あり。巻末に、「右六郡巡全書新居寿五郎繁豊蔵本借得写之／天保九年戊戌冬十一月下浣　渡辺茂八郎延秋（花押）」の書写奥書が存する。本文概説五丁、遊紙一丁あって、福山治下一丁、深津郡安那郡品治郡蘆田郡沼隈郡分郡六郡各説二二丁。

茶山は、寛政四年福山藩儒医、享和元年には儒官として弘道館で講じ、福山志料の編纂を命じられている。本書は、公務として藩下六郡を視察した折の記録「六郡めぐり」の抜抄で、まま「晋師《ママ》按ニ」の按語がある。

菅茶山、黄葉夕陽村舎主、天明年間郷里神辺に廉塾を開く。この詩塾での弟子達の生活の一端は、本稿四「歳寒堂遺稿」の項に触れた。文政一〇年没、享年八十。浜野知三郎氏に「菅茶山先生」（大正一五年刊）の著作がある。八〇九―四―四九―一

論語古伝一〇巻　仁井田〔南陽〕（好古）写　半四冊

柴色表紙（二三・三×一六・一糎）に直に「論語古伝　元（亨・利・貞）」と書さる。巻頭「論語古伝巻之一（―十）／日本　紀伊　仁井田好古撰」と題署、「学而第一」と小題して本文に入る。無辺無界九行二〇字内外、解文低一格小字二五字内外。字面高約二〇・六糎。朱筆の句点声点校字あり、不審紙貼らる。押紙による訂正あり。元冊一〇・一二・一五、亨冊一四・一七、利冊一七・二一、貞冊一五・一五・一〇丁。裏表紙見返に「浜／野」朱印押捺さる。

漢唐宋の旧新注、邦人注を伴せ、「好古曰」として自説を掲げる。古伝

とある如く、漢人の注、また邦人では「維楨曰」として、仁斎説を採る事多い。昭和一〇年九月、和歌山の南紀徳川史刊行会より出版された和歌山県師範学校（今和歌山大学）蔵自筆本の影印と比するに、やや出入がある。「直温按。」の貼紙が一箇所あり、筆写者の如きも、何人か未詳。本書は、江戸期には出版されずに終った。
　仁井田南陽、和歌山藩儒、嘉永元年没、享年七十九。八〇九―四―五〇―四

忘れかたみ　〔浜野知三郎〕編　自筆　大二冊（仮綴）

本文共紙表紙（二四・九×一七・一糎）に直に「忘れかたみ　一（二）」と書さる。罫紙一丁を遊紙とし、巻頭「魚をナといふこと」と小題して本文に入る。料紙は美濃紙の他、以下七種の罫紙を使用す。双辺（一九・二五×一二・八糎）有界一二行、白口三輪を印する藍刷罫紙。双辺（一八・四×一二・五五糎）有界一二行白口藍刷罫紙。双辺（一八・六×一三・〇糎）有界一二行白口単黒魚尾藍刷罫紙。双辺（一八・八×一二・五糎）有界一二行白口藍刷罫紙。双辺（一八・六×一二・五糎）有界一〇行、白口、中縫に〇、裏丁匡郭外下端に「巨鹿城清水製」と印する藍刷罫紙。双辺（一八・四×一二・三糎）有界一二行白口単黒魚尾藍刷罫紙。双辺（一九・三×一二・六糎）有界一二行白口藍刷罫紙。年官年爵ノ事は美濃紙に書写さる、無辺無界一四行、字面高約一九・六糎。まま朱引朱訂朱校が為され、朱の圏点が施されている。項目首丁等の書脳部下端に、項目名等まま略記さる。上冊三五丁、遊紙一丁あって修験道以下二丁、遊紙一丁あって年官年爵ノ事以下一九丁、遊紙一丁越佐史料以下三丁、遊紙一丁二重織物以下一八丁、遊紙一丁檜皮屋以下二九丁、遊紙二丁。下冊遊紙二丁てぐるま輦以下三四丁、遊紙八丁結狩衣以下二三丁、遊紙一丁皇族称呼以下九丁、遊紙一丁腰小旗以下三三丁、遊紙一丁〇（丸印朱筆）染羽の矢以下一二丁。裏表紙は、見返部左肩に「車輿」と書されし反古を用う。

浜野氏の雑抄詞華集で、内容古典に限らず多岐にわたり、辞書等の作成時にも利用できたであろう。項目を拾うに、点心・五月・もの云ゝ・すこぶる・いほり点・赤本　草冊子のようなものから、明治卅三年十二月卅日発行、東京朝日新聞五千百九十九号による、力士常陸山・力士の給金迄、まことに何でもある。標注に「萩野由之氏云『壺切剣……』」等の書入も存する。袋等に入れ、随読随抄幾つかの山を作り、後一冊に纏めたものであろう。カード学文以前の知られる一書である。八〇九―四―五一―二

金光明最勝王経音註（題簽）近写（〔浜野知三郎〕）特大一冊　薄様紙

影写万延元年黒河春村摸写書入古抄本

緑色布目空押唐草文様表紙（三三・七×二三・九糎）貼題簽に「金光明最勝王経音註」と書さる。安政七年三月十日黒河春村識〔序〕一丁、原序（凡例）二丁を冠せ、第三丁「一部十巻三十一品／第一巻　序品　如来寿量品」と小題して本文に入る。無辺無界六行小字双行。字面高約二四・六糎。版心部折山表に丁附朱書さる。虫損跡もそのままに影写され、訓点・声点・春村曰の標記や案語等、そのまま朱書されている。本文第一二丁表で終り、裏に以下の元奥書あり。「承暦三年己未四月十六日抄了／音訓等用借字大底付之仍只今／無清書孔追ゝ引勘字書可一完之／所入之紙十二枚」。「押紙」と朱書し、木記の如く単辺の中に「貞観九年十一月紀命七大寺講演仁王／般若云ゝ与専寺僧綱及別当三鋼立（朱筆五に訂す）／師等相共勘（朱筆勤に訂す）加検察云ゝ／五師大法師草名」。遊紙表に「万延元年後三月十二日摸写之後

一読之次聊加僻案了／花押（春村）」の朱筆識語が存する。薄様紙使用のため、読解の便を計って入紙が為されている。どうさびき。

本書につき、春村の前識語に詳しいので全文を引録する。

此書は金光明最勝王経の音註なり跋文のおもふきにては今よりは八百年のいにしへ　白河院の御時にあたりて註しけむものといふへけれと筆つかひかつ訓註をおもふにさはかり古代の筆記ともおほえすもし建長のころなとにもやあるらむかく心つきて猶くりかへし見るに跋記の筆意の拙劣なる事本文とはいたく異なりいまた原本をみしにもあらねはうけはりてもいひかたけれと疑ふらくは後人のしわさに本書をひときはふるめかさむとて偽造して副しにはあらしか具眼の人よく決めよかしたゝし此古鈔本ははやく山川真清といへるか秘蔵してもたりけるをさきに我友横山由清こひとりて摸写したるをふたゝひかり得てかく物しつるなり其後真清もなくなりにしかはその抄本も人手に渡りて今は新宮侯の秘庫のうちにありとそ

原本は新宮侯水野忠央の許にあると云っている。なお横山由清が、その摸写本を木村正辞の許に携え、それに応えた正辞の攷証と、枳園の攷証補とが、本略解題の一cに載るので、参看して頂きたい。

春村は、疑しんだ跋記の箇所に、以下二条の朱書入を行っている。

此跋記は筆意拙劣にして本文と同筆ならす必後人の偽造なるへき事疑ひなしさて本文は巻首にも辨へたる如く筆勢といひ仮字つかひといひ六百年はかりのものとこそおほゆれ（承暦三年……）

按に此文は三代実録巻十四貞観九年十一月廿九日条にみゆ然とも何の故を以てこゝにある事をしらすもし此音註の記者も七寺のうちの五師にてやあるらむ（貞観九年……）

こうした仏教経典の音義音注の形で、我国の悉曇音韻の学は進んでき、その方法は、諸学の発達に示唆と影響とを与えている。古典注釈の方法等も、こうしたやり方を敷衍したものだと云えよう。なお金光明最勝王経と云えば、未だ慶応に寄贈される以前の財団法人斯道文庫時代に、文庫長春日政治氏の著された「西大寺本金光明最勝王経古点の国語学的研究」が、学士院賞を授与されている（斯道文庫紀要第一、昭和十七年刊。後勉誠社より春日政治博士著作集の一として、影印再刊）。

黒河春村、慶応二年没、享年六十八。その蔵書は息真頼が充実させ、孫真道へと受継がれ、一部が実践女子大学、国学院大学、ノートルダム清心女子大学、宮内庁書陵部、明治大学刑事博物館、東京大学国語研究室（全て目録あり）日本大学等に購入されたが、分散してしまった。序に云うその友横山由清の蔵書は、大部分が大東急記念文庫に入ったが、一部は散じ、本稿一b所収の、月の屋横山由清旧蔵「江家次第」は、そうしたものの一である。八〇九―四―五二―一

華厳経私記音義（題簽）近写（〔浜野知三郎〕）　大一冊　薄様紙　影〔大矢透〕（水斉主人）明治三九年一二月影写木村正辞写本

香色布目刷毛目格子文様表紙（二六・九×一九・一糎）双辺刷枠題簽に「華厳経私記音義」と書さる。巻頭「□巻花厳経私記上音義」と題し、序の音義より始める。「新翻華厳経音義（八十巻花厳経音義上巻・太方広仏花厳経音義巻下）」等ともあり。無辺無界八行、字面高約二〇・七糎。正辞の朱筆校字もそのまま影写さる。本文第十丁表で終り、裏に「八十経私記上下二巻依破損為興隆之今修復軸表紙付畢／元禄六年酉卯月中旬　法印英秀／僧定昭之本也」の修復識語。後掲水斎主人、国語学人大矢透の識語二則一

丁を挟んで、音義又七丁（後二丁は追込まず、本七丁には朱校字は存しない）。後半或は後の増補・別抄か。

本書に就きては、水斎主人の識語二則に詳かである。

原本ハ徹定和尚ノ所蔵ニシテ木村正辞翁ソノ／仮名釈アルモノ、ミヲ抄出シオケルヲ借覧ノ次自ラ／写シ置ケルモノナリ。〇朱識ノ墨ノ圏点ハ木村翁ノ／　明治三十九年十二月十三夜　水斎主人（朱書）

四十年八月ノ末高野ヨリ奈良ヲ経テ京都ニ／出デシヲリ知恩院ニマ井リテ此書本ノ有無ヲ尋／ネタレハ無シトイヒキ尚増上寺ヲ尋子テム木村／翁其本ヲ見ラレシハ徹定ノ同寺ニアリツル程ナリ／トキ、ツレバナリ　水斎又識

徹定和尚は「古経題跋」の編著ある鵜飼徹定。木村正辞は、前掲書とも連関し、本稿一cで述べた。

徹定所蔵の原本は、後小川勝之輔氏の有に帰し、昭和十四年十二月貴重図書影本刊行会より影印された。岡田希雄氏は解題で、本書に言及されている。

大矢透、浜野氏と親交のあった国語学者で、昭和三年没、享年七十九。仮名源流考及証本写真・仮名遣及仮名字体沿革史料等の編著があり、著作は多く勉誠社から影印再刊されている。ハ〇九—四—五三—一

大広益新定四声三音字函玉篇大成　鎌田謙斎編　写（狩谷棭斎カ）

大八冊半四冊

香色表紙（二四・七×一七・〇五糎）、第九冊以下（二三・八×一七・〇糎）に直に、以下の如く、十二支と部首の画数とを組合せた目録外題を書す。子一二（一—又）、丑三乾（口—女）、寅三坤（子—彳）、卯四上（心—无）、辰四中（日—气）、已四下（水—犬）、午五（玄—立）、未六乾（竹—色）、申六坤（艸—西）、酉七（見—里〈藍書〉）、戌八九（金—首）、亥十十七（香—龠）—画数以下藍書。巻頭「大広益新定四声三音字函玉篇大成／謙斉鎌田輯録」と題署し、本文に入る。単辺（一五・〇五×九・四糎）有界六行八段、上部黒口をそのまま魚尾とする墨刷罫紙使用。魚尾下は白口にて、下部に丁附を記す。朱墨藍の標記書入あり。次冊にわたる場合、途中の行で切取り、分冊する事が多い。第一冊三五（裏四行で切取り、二行は後冊に貼附）、第二冊通七四（表四行で切取り、以下後冊）、第三冊通一〇九（表、裏より後冊）、第四冊一五〇、第五冊通一八七（裏二行迄。四行は後冊に貼附）、第六冊通二二七、第七冊通二八四（表三行迄、以下後冊。二百六十八九・二百八十二三として跳丁あり）、第八冊通三三九（表一行迄、以下後冊。三百三十二三と跳丁）、第九冊通三八七（裏五行迄、以下後冊。三百六十より三百六十五、丁附虫損、うち一丁に跳丁あるならむ）、第十冊通四五四（首一行分は三八八の初行の前に貼附。裏五行迄、以下後冊。四百三十六七・四百五十二三と跳丁あり）、第十一冊通五一〇（首一行分は前冊同様四五五の初行前に附加。表二行迄、以下後冊。四百八十一二跳丁）、第十二冊通五六五丁（五百十七八・五百四十三四跳丁）。総裏打。天地裁断さる。

朱墨藍の三筆を用い、標記書入を為し、細字で四声・漢呉唐の三音・意義を稠密に解いた五六五丁に垂んとする字書。塗沫や切貼、上層欄脚への、他部参照や改訂編纂のための藍朱の書入が多い。

朱で呉音を示す他、朱筆で書かれた親字は、別体古体俗体等で、本字が別掲され、解説も簡単に終っている場合が多い。凡例がないのでもう一つはっきりしないが、説明の朱書も又——切等と別音を示しており、親字の場合と符合する。

本書の字体は椶斎の筆に似、謙斎の編著を筆写し、椶斎が、かなりの増補改訂書入を行ったものではないかと思う。本文の細字は別としても、目録外題や藍筆の箇所には、椶斎の筆の特徴がよく出ているように思う。

編者の鎌田謙斎は、第一冊裏表紙に「謙斉老人著／善庵先生高弟」と朱筆され、第二冊裏表紙に「謙斎老人篹／万笈堂本／謙斎老人撰」と墨書、第五冊裏表紙に「椶斎居士」の朱書がある。これに依って朝川善庵の高弟であったことは分るが、生没年未詳。椶斎との関係又未詳。或は、万笈堂から刊行の計画でもあったものであろうか。八〇九―四―五四―一二

活字板書目（題簽）　狩谷椶斎　近写（〔浜野知三郎〕）　半一冊

濃紫色布目地空押桜花文様表紙（二四・三×一六・三糎）双辺刷枠題簽に「活字板書目狩谷椶斎編」と書さる。遊紙一丁あって、内題「活字板書目」。上欄外に半円を描き「一」と記し、「片倉玄周蔵弆」と所蔵者を肩書、「文選六臣注　六十巻合為三十巻直江山城守板又号金板／双辺有界行　十行廿二字／長八寸二分強　広五寸五分弱／羅山林恕之跋有読耕斎蔵書／清水浜臣蔵伊沢蘭軒市野迷庵（肩書）／又」の如くに書目記さる。双辺（一九・七×一三・〇糎）有界一二行、裏丁匡郭外下端に12東京宮田製と印された白口単黒魚尾藍刷罫紙使用。朱校字あり。三七丁、後に罫紙三丁遊紙として綴じらる。

本書は所謂る古活字板の書目で、前記せし如く書名を掲げ、その右肩或いは眉上に所蔵者を記し、巻冊数や版式・序跋・刊記等を摘録したもの。但しこれらの記載は全ての書に備わる訳ではない。所蔵者も椶斎・伊沢・市埜・迷庵・屋代・林・恵迪・都梁・千別・春海・泊洦等椶斎を巡る師弟友人が殆どのようである。恵迪・都梁には医書が多い。

本文中に椶斎の編纂を徴する題署はないが、本書の体式や所蔵者の範囲から見て、恐らく椶斎が目覩した古活字板の覚として書記したものであろう。安田文庫に安政二年の写本が存したと云う。八〇九―四―五五―一

群書治要校本（題簽）〔狩谷〕椶斎（望之）等校　明治一六年二月―九月写（森枳園〈立之〉）　半二冊

縹色布目地空押草花文様表紙（二三・九×一六・四糎）金砂子散し双辺刷枠題簽に「群書治要校本　上（下）」と立之の筆にて書さる。罫紙一丁を遊紙とし、眉上に「、（朱点）注文記／朱点以／分之」と標記し、「羣書治要序　序下空一字有秘書監云ゝ一行十三字／一オ九　蟲虫／二オ六　其具／ゝウ二　嘉喜／三オ一　異畢／羣書知《ママ》要目録／二オ五　二十卄……／羣書治要巻第一（―三十）」と、首目・各巻の校異を記す。双辺（一九・七×一二・九糎）有界一〇行、裏丁匡郭外下端に「10」と印された白口単黒魚尾藍刷罫紙使用。上象鼻表丁に「一（―三十）」と巻数、中縫同く丁附。巻四・十三・二十・廿七・廿八の五巻を欠く。裏表紙前罫紙一丁を遊紙とす。下冊遊紙他と異なり、裏丁匡郭外下端に「10南鍋弐㊔製」とあり。上冊四・七・七・四・五・七・七・五・四・六・一一丁、下冊巻第十四より、六・四・四・三・三・五・三・四・四・七・七・九・六・六丁。

本書は、森立之旧蔵で後楊守敬の手によって唐土に渡り、現在台湾の故宮博物院楊氏観海堂本中に収められる天明七年四月序刊・尾張藩刻本「羣書治要」四七冊に書入られた椶斎等の校異と、各巻尾に識せる金沢文庫旧蔵鎌倉鈔本（当時紅葉山文庫にあり、現宮内庁書陵部蔵）の奥書と校合識語（朱筆）とを移写し、立之抄録の日次を墨書して一書とせしもの。

「群書治要」については、斯道文庫論集第二五輯に尾崎康氏が現存本を集成し、「群書治要とその現存本」を纏めており、本書の解題も載るので、

詳しくはこれに依られたい。

本書の校異は、文化四年二月から三月にかけ、棭斎が、柴擔人（秋谷・樵）と一本を以て巻十八迄対校、更に文政元年七月から九月にかけ、近藤正斎の擁書城楼に於て、市野俊卿（迷菴）と金沢文庫旧蔵清原教隆加点奥書本を以て再校したもの。本書の源である観海堂本「羣書治要」は、斯道文庫論集第九輯に収める阿部隆一氏の「中華民国国立故宮博物院蔵楊氏観海堂善本解題」（「中国訪書志」収）に記載され、マイクロフィルムも将来されている。奥書を転記する金沢文庫本は既に影印・翻字が為されており、校合識語も阿部・尾崎両氏が引録しておられるので省略に従い、立之の抄録識語のみを記しておく。

一　癸未二月廿七日撮抄了立之
二　癸未二月廿八日抄了浴仙（朱印「立之」）
三　癸未三月四日撮抄了／源立之
六　癸未四月八日抄了枳園（花押「立之」）
七　癸未四月八日抄録了／立之
八　癸未四月廿日抄了／源立之
九　癸未四月廿日抄了／源立之
一〇　癸未五月三日抄了立之
一一　癸未五月四日撮写了／枳園森立之
一二　明治癸未第五月五日抄写／校語了　立之／容膝庴麻鈔本
一四　癸未第六月十五日写校読了
一五　癸未第六月廿八日抄録／森立之
一六　癸未第六月廿九日抄撮了／立之
一七　癸未第六月丗日抄草此巻中／之校語　森立之
一八　癸未六月丗日抄了／立之
一九　癸未六月三十日抄了／源立之
二一　癸未二月廿一日抄了枳園立之
二二　癸未七月十八日抄　立之
二三　癸未七月十八日抄了／森立之
二四　癸未七月十八日写了／枳園
二五　癸未八月八日撮抄了／立之
二六　癸未九月二日抄了／立之
二九　癸未九月二日抄了／立之
三〇　癸未九月三日抄了／立之

明治一六年二月から九月にかけて移録編修したことが分る。なお巻四・十三・二十は尾張藩刻本・金沢文庫本共に欠き、巻十の狩谷望之校合識語は採られていない。巻二七・二八両巻は校異の少いこともあってか、校異・金沢文庫本奥書・校合識語とも抄されていない。

本書には朱筆校字が少しく存し、本文中には、例えば巻二の「廿四ウ九罪作理／立之案比一行有二罪字未詳共作理否記以／俟後日之再校耳」の如き立之の案語が加えられている。本書は、恐らく最晩年の立之が蔵儲を楊守敬に譲るに当り、抄写して自らに遺したものではないかと思われる。

ハ〇九―四―五六―一

棭斎畣問（題簽）　〔狩谷〕棭斎（望之）　近写（〔浜野知三郎〕）　大一冊

煉瓦色表紙（二七・二五×一九・二糎）双辺刷枠題簽に「棭斎畣問」と書さる。内題なく、「―コノ音説文ニイヘル如ク肉退ノ二音ノミサレト／引テ上ルト引テ下ルトノ二体ナレハ……」と始まる。無辺無界九行小字双行、字面高約一七・九糎、文頭抬頭一格。全一五丁。巻末に「高問ヲ承ルニ依テ奉答右ノ如シ卑陋ノ見／定テ僻論多カラン再ヒ叱正セラル、ヿヲ淂／ハ幸甚シ伏テ重音ヲ俟　望之」とあり。

本書は巻末棭斎の言にある如く、二九項目にわたる古字に関する問状の答で、説文に基づき説を為していることが多い。末に和玉篇につき記している箇所を引録する。

和玉篇ハ玉篇ノ注ヲ除キ文字ハカリヲ載セテソレニ和訓ヲツケシモノナリ頗古キ写本ヲ見タリキ尤活字本モ整板モアリ孫強カ増字ハ勿論唐ノ時ノ本ニテモナシ宋本ノ玉篇ニヨリテ文字ヲ取シモノニテ字学ニ於テ益アルヿナシ只和訓ニマ、古訓アルヲ取ルマテナリ今書肆ニテ漢玉トイフモノハ元板玉篇ヲ字彙ノ部分ニ従ヒ画ヲ以索ルヤウニシタルモノナリ共ニ九巻アリ故ニ九ノ玉篇トモイフ作者ノ名ヲ題セスソレニ増補頭書ヲ加ヘテ十二冊トス毛利貞斎ト云人ノ作コレヲ十二ノ玉篇トモ十二ノ漢玉トモイフナリ本和玉篇ニ対シタル言ト見エタリ新渡古渡ヲ以テ分テル称ニハアラス

丹羽藩伴周五郎篆書ノ玉篇ヲ蔵シタルヲ見タルモノアル由コレハ誤伝ナリ僕先年京師ニテ古本玉篇半巻巻子本ヲ見近江石山寺ニテ又十餘葉ヲ見タリ共ニ摹〆蔵セシヲ転写シタルナリ篆書ニハアラス玉篇ノ篆書ナルヘキ所謂ナシコノ本宋元本ノ删削ヲ歴タルモノト同カラサレトモ既ニ孫氏ノ補本ナルヘクオモハルサリナカラ顧野王ノ説全存〆弥重ノ書ナリ只伝ル所零星ノ如ヲ憾ノミ伴周五郎ハ小浜酒井家ノ臣ニ〆丹羽ノ藩ニハアラス「後世ノ音ヲ以テ古ヲ論スヘカラサルヿイハレタルコトシ」ともある。

ハ〇九―四―五七―一

転注説　狩谷〔棭斎〕（望之）　嘉永七年一月刊（福山　森立之家塾蔵板）　大一冊　木活

縹色表紙（二五・八×一七・五糎）貼題簽に「転注説」と書さる、立之の筆。巻頭「転注説」と題し、「六書ノ説指事象形会意形声仮借ノ五ハ古人ノ／説ク所畧異説無シ転注ノ一ツ人ゝ同ジカラス／シテ聚リ訟ルカ如シ／説文序ニ……」と本文に入る。単辺（一八・五×一三・八五糎）有界一〇行、行二〇字、版心白口単黒魚尾、中縫に「転注説　丁附」。本文九丁の次に（通一〇丁）低二格を以て棭斎跋あり、本書成立を知るに便なれば全文を引録する。

往年与友人市野迷庵論六書迷庵以互訓為転注戴震説暗合愚以展転引伸為転注以序建類一首同意相受考老是也等語為後人所加非許慎之旧其事去今廿餘年後獲北魏書晋書二証知前説之不誤迷庵化為他物愚亦鬚髪変白回顧之纔与一場夢無異頃有挙転注一事問者於是書昔日所考与其後所見以答若是天保乙未年二月三日狩谷望之草

裏に「嘉永甲寅正月活字刷印／以蔵于家塾福山森立之」の刊記あり。なお本書には首眉上に、「古事類苑」の編纂に携った「松本愛重氏ノ／本ニヨリテ」と朱書し、末に「以原本補正一過況斎岡本保孝」と朱書する「転注説」補正が挿入されている。これは当時浜野氏が編修に関与し、その第三巻に本書も翻字される「日本藝林叢書」の出版元六合館の茶刷の原稿用紙二枚を貼附し、縦に二ツ折にして挟み込まれている。原稿用紙は上欄が頭注用に大きく空き、下欄が二八行一七字で、匡郭外下端に「六合館出版部用」と印されている。

本書は棭斎の没する半年前ほどの編になる。古来漢日共に議論百出、定説なき六書の転注に自説を加え整理したもので、成立の事情は前引の跋に

詳かである。棭斎は、まず論述の前提として、説文の序から後人の説を刪去し、旧に復して考えるべきを主張する。そこで後魏書の江式の「論書表」や、晋書衛衡の「四体書勢」の六書の記載を勘案考証し、江式の引くものこそ後人説の竄入せる以前のものではないかとした。

棭斎によると、

転ハ車輪ノ運ルカ本義ニテ凡物ノ移ルヲモ転ト云フ譬ハ左ニアルモノヲ右ニ移シ上ナル物ヲ下ニオロセハ物ハ即其物ナカラ用ヲ異ニスルヲ云フ注ハ灌也ト釈シ滴ノ字ヲ水注也トモ解シテ水ノ甲ヨリ乙ニ流レ注クカ本義ナリ山ノ水ヲ注シテ谷水トナシ谷水ノ注シテ川水トナリ川水ノ注シテ海水トナルカ如ク物ハ其物ナカラ名ヲ異ニスルヲ云フ転注ハ転運灌注ノ義ニテ文字ノ本義ヲメグラシ使フヲ云フナリ又灌注ノ義転シテ書ノ解シガタキヲ釈スルヲ注ト云フ難義ヲ解テ流注セシムル故ノ名ナリ戴震ハ此義ニヨリテ転注ヲ互訓トセリ段玉裁此説ニ従ヒタレトモ許宗彦カ鑑止水斎文集ノ転注説ニ是ヲ破リテ東漢巳(ママ)前古書ヲ釈スルヲハ解ト云ヒ説ト云ヒ伝ト云ヒ故ト云ヒ章句ト云ヒ解詁ト云ヒ説義ト云ヒテ注ト云ヘルコ無シ鄭玄始テ箋注ノ名アリテ後多ク注ト云ヘリカク東漢ニ始リシ注ノ義ヲ以テ古ヨリ有ル転注ノ注ニ当ントスルハ篤論ニアラスト云ヘリ是論覈実従フヘシ

と転注を説いている。

況斎の補正は「三頁表／一行　異也　者（異と也の間に朱小丸を打ち、者字を挿入すべきを朱書す）／二行　曰縁　繆（縁の右傍に朱小丸を打ち、繆字に朱訂す）／……」の如く、本版を補訂したものである。なお況斎には、小島知足の問に答えた「転注説質疑」の著がある。

終りに本書から仮借の例をそっと引いておく。

也者女陰ナルヲ音ノ同シケレバ皆借リテ語辞トスルノ類ヲ仮借ト云フ

ハ〇九―四―五八―一

読史筆記存巻一（続日本紀）　狩谷棭斎　大正七年一〇月写（〔浜野知三郎〕）　半一冊

緑色布目地空押流水文様表紙（二四・三×一六・四糎）双辺刷枠題簽に「読史筆記狩谷棭斎」と書さる。罫紙一丁を遊紙とし、巻頭「読史筆記巻第一／天渟中原瀛真人天皇　天武紀ニ渟中此云農難ト／アリ旧訓非ナリ／日並知皇子尊　天武紀二年二月丁未朔癸未立正妃為皇后……」と始まる。双辺（一八・八×一二・五糎）有界一〇行、裏丁匡郭外下端に「松屋製」と印された白口単黒魚尾藍刷罫紙使用。行二一字小字双行。折返し部分一格下げ。標記・朱校字あり。巻末遊紙に「康申十月十五日一校了」と朱書す。二八丁、但し第一五・一六の表は共に白紙（裏は夜久・奄美の記述）。

本書は続日本紀巻一の、時代を逐いつつ要語を摘録、解注考証を加えたもの。天皇名・人名・地名・干支・事項・訓詁・語彙等を漢籍の出典考証を援用しつつ略解している。「官本ト本作某」等と小字双行にて本文中に校勘の為されている所もある。編者は題されぬが、内容体式から、六国史に造詣の深い棭斎の手に係るかと思われる。東京大学綜合図書館に同名の写本が存する。これは「宋史」の読史筆記で、海保漁村の写本、島田氏双桂楼旧蔵。ハ〇九―四―五九―一

倭名類聚鈔附録時令・楽曲（題簽）〔狩谷棭斎〕校注　大正一年一二月写（〔浜野知三郎〕）　大一冊

朱色表紙（二六・九五×一九・二五糎）金砂子散し双辺題簽に「倭名類聚

鈔附録」と書さる。扉左に「倭名類聚鈔附録」、右に「時令／楽曲」と目録題。内題なく、墨で塗りつぶした墨格の如きものの上に重ねて「歳時部」と朱書、「春三月／春／正月　初春○訓武都紀見万葉集第五巻（万葉集は挿入符○を打ち補入さる）」と本文に入る。巻頭書脳部に「余校《挍》和名類聚抄、一従十巻本、而二十巻本所／多時令楽曲官職国郡殿舎湯薬六門、亦不得従／廃毀、今皆録存、且管見所及、聞《間》加校《挍》注、其有所不／足者、乃為補之、与校《挍》十巻本之例少不同也、」（校字監筆）の識語あり。無辺無界一〇行小字双行。字面高約二一・〇糎。朱墨抹消・眉上欄脚行間への按文・書入多く、朱の鉤点や○●△等各種符号を以て頭注標記が為されている。朱墨の修訂増補が多く輻輳しており、浜野氏の校字メモの小片四葉が挟込まれている。直すべきは藍筆で訂されている。第二丁第五行迄「歳時部」、次いで「音楽部曲調類」が追込で書され、通しで一四丁、次に「壱越調」の諸曲の各文献の出入を一覧表の形に纏めた一〇丁（按諸書曲名之出入声調之参差如聚訟者又有別字有異名　今作之表以便検《換》閲云）があり、巻末遊紙に「右棭斎翁手稿本大槻博士ヨリ借リ写ス／大正元年十二月／大正二年一月校了（此行藍筆）」の書写奥書がある。

本書は巻頭の識語にある如く、二〇巻本巻第一歳時部第四春三月第十二から冬三月第十五に当る部分と、巻第四音楽部第十曲調類第四十九の部分を抽出引録し、文献各説を交え考証按文を加えたもので、増補や書改めた箇所が多い。曲名は他書によって旧を改めたものがかなりあり、一例を挙げれば、従来「曹婆筑」「紫諸懸」の二曲とされていたのを「曹婆」「筑紫」「諸縣」の三曲とし、「○旧以曹婆筑為一曲名以紫諸縣為一曲名◉（外側朱）今皆（皆字挿入）意改△（外側朱）天平二年七月紀云定雅楽雑楽生員諸縣舞八人筑紫舞二十人是可以証為三曲之名」と考証する。なお眉上に「◉（外側朱）縣亦誤懸△（外側朱）夜鶴庭訓抄以曹婆為一曲名又口遊（末三字朱書）」と標記する。

巻末の壱越調諸曲の一覧は、伊呂波字類抄・口遊・拾芥抄・舞曲口伝・撮壌集・夜鶴庭訓抄・龍鳴抄の各出典の出入と声調の参差と曲名の異同とを表示した利便なもの。

本文には（音楽部）「並河氏」「安倍氏季尚曰」等としてこの二人の説を引くことが多い。巻頭識語に云う六門全てが完存するのは稀のようで、各所に一部が移写され珍重されている。本書の自筆本は川瀬一馬氏蔵か。

なお大槻家の蔵書は、静嘉堂文庫と早稲田大学図書館にかなりまとまって入っているが、一部は散佚してしまった。八〇九―四―六〇―一

常関遺文附雑抄　狩谷棭斎（望之）（附）〔森枳園〕写（〔森枳園〕）

半一冊

焦茶色表紙（二二・六×一五・七糎）双辺刷枠題簽に「棭斎遺文」と書さる。見返右肩「高橋利助米渡世」と書さる。罫紙一丁を遊紙とし、巻頭「常関遺文　棭翁遺文／威料説／銅料長一尺三寸、葉径三寸五分、枋広八分強、中有渠、／枋頭斜殺、……」と本文に入る。本説末に「文政丙戌八月朔狩谷望之記」の署名あり。左右双辺（一七・四×一一・七糎）有界一〇行、白口単黒魚尾の墨刷罫紙使用、行二一字内外小字双行。第四丁裏に朱引、第五丁表迄朱句点、第一一丁表迄朱校字あり。また朱墨の校字附箋が貼附されている。第一一丁裏「以上数條棭斎狩谷望之先生諸説考案／書跋也借于小島氏識」とあって、以下は枳園雑抄の如し。裏表紙見返「仙洞幽姿別有春不教顔色汚斗神墨池／頓起桃花浪莫使漁人問水浜」と書さる。四三丁、後に罫紙四丁白紙のまま綴じらる。

本書には以下の、各書に書入られた梂斎の識語・題跋が収められている。明板野客叢書（文化甲戌年二月梂斎／狩谷望之志、）（丙子七夕暴此書因記之、／望之、）明板拾遺記・足利学宋板周礼・明堂本国語（丙子初秋暴此書、因記之、）茌柄詩板・宋川《本歟》百川学海・陳仲弓碑・活板蔵経目録（文政改元年六／月十日）明画録（文化丁丑春三月）顔氏家廟碑（己卯陽月端五）無題〈石本〉同（丁亥六月赴〈赴朱校字挿入〉於躋寿舘薬品会……〈九月廿／八日〉）題王澍臨醴泉銘（梂斉望之観於木倉山房嶽蓮朝爽／之処）関羽賛。

次いで枳園の雑抄かと思われるもの、主要なるを挙げれば、○二如亭群芳譜巻一茶譜・区廷元老鋪筆単○詹大有筆名価付・鹿児島藩／横山正太郎／建白（庚午／七月二十八日／横山正太郎）○寄陳上人○湖海詩伝目録○唐六如居士全集○安部朝臣小水磨般若経跋文○楽訓（右左少将白河侯所撰右桑名城主松平越中守定信朝臣致仕号楽翁／文化六年己巳念五日為　西皋雅名／源政礼敬書）と続く。他に題書せず、引録のみのものもあり。

本書は枳園の識語に記す如く、梂斎の高弟小島成斎（知足）の下より借出し、抄写した梂斎説と題跋で、丙子文化一三年七夕の暴書や、丁亥文政一〇年幕府医館躋寿舘への発向、松崎慊堂の木倉山房に於ける交歓等伝記面でも貴重な資料となる。なお後半の部分は横山正太郎の建白に、「府藩縣共……旧幕ノ悪弊ヲ暗ニ新政ニ遷リ」「外国人ニ対シ」「朝鮮征代《ママ》」等の語があり、年紀の庚午は梂斎没後の明治三年かと思われる。従って前半と異り、後半は枳園の雑抄であろう。

なお、常関とは、常関（閑とするもあり）書院を称した梂斎の書斎号である。八〇九―四―六一―一

左伝管窺　猪飼敬所（彦博）　近写（〔浜野知三郎〕）　半一冊

紫色空押卍つなぎ表紙（二四・三×一六・五糎）双辺刷枠題簽に「左伝管窺猪飼敬所著」と書さる。扉左に「左伝管窺」、裏左に細字で「此管窺ハ本書標記ノ煩ヲ除キ自家ノ／説ノミヲ自筆ニ撰ミシ物ナリ」と記さる。巻頭「左伝管窺／猪飼彦博」と題し、序以下の要語を摘録解注す。無辺無界一〇行二〇字小字双行。字面高約一九・九糎。句読を附す。敬所の訂正のままに写されたものか、墨筆訂正や挿入線等そのままに残り、朱校字が一箇所為されている。巻末遊紙に「右左伝管窺一巻借愛日堂所蔵猪飼敬所翁／手稿本写之」の奥書あり。一二丁。但し第一一丁裏白紙。白紙の後は体式異り、標目から一格空きで書写されていたのが、低一格改行で自説を述ぶ。薄葉紙に書写、入紙が施されている。

本書は扉裏の識語にある如く、敬所の左伝に書入れるべき眉上標記部分を本文化し、一書としたもの。要語要文を摘録し、一格を低して自家の説が述べられている。敬所説は、惣じて版本眉上に標記されたものと、本書の如く標記すべきものを取上げて一書に編成したものと、二種の形で伝存されている。

無窮会図書館に、敬所標記書入の、安永六年三月刊（京　越後屋清太郎・中江久四郎）那波魯堂（師曾）点「春秋左伝」三〇巻大一五冊が存し、屢次にわたる自筆の標記書入が稠密に為されている。管窺に撮る所、書名の示す如く、ほんのその九牛の一毛に過ぎない。なお同じく無窮会図書館に、上野不知斎の近写本「左伝管窺」が存し、この自筆書入本と、朱校が為されている。

本書は序に続き、後序・隠公から僖公迄の記事を載せ、「僖公伝四年風馬牛不相及」の項の後第一一丁裏が半丁分白紙のまま、「襄三十年伝亥有二首六身下二如身」「昭二年（実は元年）伝晦淫惑疾、明淫心疾、女陽物而

晦時、淫則生内熱惑蠱之疾、」「韓宣子観書於大史氏、見易象与魯春秋、曰周礼尽在魯矣、（昭二年伝劈頭の記事）」迄を存する。八〇九—四—六五—一

琴鶴堂詩鈔存巻一（首欠）巻三　〔古賀穀堂〕　写　大三冊（仮綴）

表紙なし。「昭和　年　月ヨリ当社経営ノ／事業ニ従事茲ニ満　年ニ／及ヒ候段誠ニ奇特ノ至リニ候仍テ／（隔一行）／ヲ贈与シ其勤続ノ功ヲ表彰候事／昭和　年　月　日／麻生鉱業株式会社／社長　麻生太賀吉」の「表彰状」（二七・七×四〇・四糎）を二折、覆表紙の如くして保存さる。第一冊首欠。後述の版本によるに、七言古詩「夢遊松島歌寄仙台古梁禅師兼眎大槻志村二文学」の途中「豈無淩雲志画餅徒自悲夜半御風冷然善走過東海如（朱点を打ち挿入さる）閃電……」と始まる。第二冊「琴鶴堂詩鈔巻三／五言絶句／御調阪夜雨／山鳴夜雨来黯淡松杉影……」とあり、第三冊は、第二冊末「秋晴」の詩の続きの如し。無辺無界八行二〇字、字面高約一九・一糎。白文、但し一部朱句点。朱墨校字訂正、疑問の字に藍点打たる、爾の字に多し。一部朱校標記されるも、本文を訂正後、標記は全て胡粉で塗抹されている。尾題第一冊「琴鶴堂詩鈔巻一終」、第三冊「琴鶴堂詩鈔巻三大尾」。第一冊首欠、七丁、第二冊一三、第三冊六丁。第一・三冊には本文共紙の裏表紙を存し、第二・三冊下端には鼠害がある。

本書は天保一五年九月刊、古賀氏清風堂蔵版の「穀堂遺稿抄」八巻と比するに、巻六＝琴鶴堂詩鈔巻一の後半七言古詩一一首と、巻八＝琴鶴堂詩鈔巻三の全て、五言絶句四九首七言絶句六七首に当る。但し七言絶句の「雪意」は題名のみ、版本に依るに次の「遊河上」の題名と前一行、即ち全四行分を空白としている。第二・三冊は「秋晴」の途中で移るが、欠落はない。本写本は次掲本と同一筆写者で、半葉の行数は版本と異なるものの、一行の字数は等しい。校字で「一字ケツ」とある版本の空格箇所や、〇を打って後から校字挿入されている箇所は、追込んで書かれている。次掲の「潜窩文章」では、「玉水簾」で、版本が□で不明とした箇所を「既」としているなど、単純に版本の写しとは考えにくい所がある。

本文中、本文庫に関係の深い亀井南冥と、玉露童女に関する詩を引録する。

人有談大村両書生如北筑将謁亀井南冥聞其発狂不覿而帰戯賦

南冥狂客発真狂笑殺両生空断腸可惜掌中無片玉徒然袖手下崑岡

為冠山侯題女公子遺艸

又

掌珠弄得六逢春莫是観音暫化身韶慧未曾聞曠古黄金何惜鋳斯人

遺草殷勤諌酔翁。廟堂君子愧精忠。仙都俄借女才子。応為玉楼記未工。

（朱句点）

八〇九—四—六六—三

潜窩文草存巻三（首欠）巻四　〔古賀穀堂〕　写　大一冊（仮綴）

表紙なし。「大正　年　月ヨリ当社経営ノ／事業ニ従事茲ニ満　年ニ／及ヒ候段誠ニ奇特ノ至リニ候仍テ／（隔一行）／ヲ贈与シ其勤続ノ功ヲ表彰候事／（隔一行）／昭和　年　月　日／麻生鉱業株式会社／社長　麻生太賀吉」の「表彰状」（二七・六×四〇・五糎）を二折、覆表紙の如くして保存さる。首欠。版本「穀堂遺稿抄」巻三＝潜窩文草巻三「記」に依るに、「浮翠楼記」の途中、「疵行之過激或不能無異議於後然而……」と始まる。巻四—「潜窩文草巻四／論墓誌銘祭文（小字で後から書入れられたる如し）／王安石論」と小題して本文に入る。無辺無界一〇行二〇字、字面高約一

九・六糎。白文。一部朱校字を標記し、本文を訂正後、標記を胡粉で抹消することもまた同じ。尾題「潜窩文草巻三（四）終」。巻末一葉切裁さる。なお巻四末文「尚饗」の二字は版本には見えない。巻三―一〇首、八丁。巻四―五首、一〇丁。

本書は版本「穀堂遺稿抄」の巻三巻四にあたる「潜窩文草」巻三「記」（首欠）、同巻四「論墓誌銘祭文」の箇所。前掲「琴鶴堂詩鈔」と同一の筆写者に成る。なお琴鶴堂、潜窩、刊本を蔵版した清風堂、ともに穀堂の別号である。前条をも御参照頂きたい。ハ〇九―四―六七―一

謹堂日誌鈔（題簽）存一弘化四―安政三〔古賀〕謹堂　写　半一冊

茶色空押卍つなぎ表紙（二二・六五×一五・〇五糎）左肩直に「謹堂日誌鈔之一」と書さる。内題なく、「弘化四年丁未　千八百四十八（抹消点を打ち、右傍に「七」と訂さる）年／謹堂先生三十二　正月晦日侗庵先生卒／二月七日払暁発引葬会葬者数十人／三月廿八日御儒者被仰付御足高是迄之通被下／如父時御役宅住居於学問所教授方可被相勤御／手当扶持十五人扶持上下席順是（抹消さる）只今迄之通／五月十日今茲丁未之暦ヲ西法ニ準シテ洋暦一枚／ヲ作ル……」の如く始まる。双辺（一八・八×一二・四五糎）有界一〇行白口茶刷罫紙使用。行二〇字内外、漢字片仮名平仮名混用。全三九丁。

本書は弘化四年から、「安政三年丙辰、千八百五十六年　四十一」歳迄の、侗庵男、洋学所頭取の任についた謹堂の日誌を摘録したもの、入退塾、変幻極りなき幕末の世情、読書名、交友の来往等、摘録ながら興味をそそられる記事が枚挙に暇ない。読書記事では洋学所頭取に挙げられるだけあって、朱子学の家の子であるに拘らず、洋書をよく読んでいるのに驚く。漢籍との比は三対一位であろうか。弘化四年七月三日晩の箇条に曰く、

羽倉縣令枉駕曰我餘リ洋書ニ淫ス宜痛自懲艾又曰洋学ヲ主張スルハ侗庵府君ナラバヨシ足下ニテハ人将以為疎弃漢学乎（是ハ吾徳望猶薄キカ故ナリ）ニ言殊中吾膏肓宜昕夕服膺不失

洋学に関心の深い宇和島藩伊達家の世子は謹堂に入門する。

嘉永元年　六月朔与宇和島侯及其世子初謀面ス
廿二日宇和島邸ニ至ル世子入門の儀あり
廿三日大槻盤渓来見髫断以来初而相面す
（十二月）九日エルンストの画を摸す三葉を得たり

記述は読書した書物の名が最も多く、本の検閲や先人遺文上木の相談、原書を訳した記事等も載る。当時流行の時局に関する木活開版書か、嘉永五年十月三日の条には以下の如き記事も存する。

前月廿七日長州留守居三井善右エ門来て別帋之通申述立去る　手扣御先代之御著述海防臆測と申書を家来山田亦介と申者活字版摺立候処安積祐助様迄御内吐之趣……右摺立之書物取上焼捨ヒ申付猶亦介身柄咎方をもヒ申付候……先以奸人之誣謗をも可免と喜たり……先霊江報告す

安政二年三月九日には

川田誠之助満清記事ヲ開刻せし趣内ゞ聞及令候退塾申付

昌平黌や洋学所・医学所をめぐる儒者・儒医・大小名や役人の動勢を窺わせる記事も多い。安政二年四・五月頃には勝海舟が頻繁に現われる。

四月六日昼勝麟来る由なれ共不逢
五月十日勝麟太郎来過五半頃より至九半頃而去

安政二年十二月七日には「聞川田八之助今日儒員トナル」とあり、

廿二日去官舎遷復原楼　我顕祖以寛政十一年九月廿五日始入泮水官舎今以安政二年乙卯十二月廿二日去官舎凡三世五十有七年隆官盧猶私構庭間所栽諸樹皆長大半手沢所沁漬尤覚惻然

と感懐を洩らしている。安政二年末から三年にかけ洋学所（蕃所調所）の改革や人事につきての目論見等が記されている。

安政元年四月八日には、伝聞として、長州浪人吉田寅次郎（松陰）が、佐久間修理（象山）の謀により、米船に密航乗船せんとして戻され、上り屋へ入った記事がある。学者とは云え幕府の枢要に据っていただけに、単簡ながら世情・世相を活々と伝える記事が多い。面白いものでは

（弘化四年）八月五日豢養牝猪ヲ宰殺ス尤池田太仲ナル者来テ細ニ解剖シテ示セリ内象ノ美ナル真ニ言ガタシ

（嘉永元年十月）廿五日謙三冬禄金を受取来出奔不還四十八両弐歩餘

（十二月）十一日賊一件落着不届ニ付死罪可申付処主人立て助命相願ニ付助命申付ル江戸不罷在候様致へし

弘化四年十一月十八日には、藤森恭助（弘庵）が講釈を聴き脇指を盗られた記事もある。

十月廿八日には慊堂の著作を

読接鮮瘖語松崎某之策議且隣誼間不宜道之言漫吐及吾顕祖徳学評説不敬可悪然如鮮人敬伏顕祖之語自可見

と評している。

古賀謹堂、別号茶渓、明治一七年没、享年六十九。八〇九—四—六八—

一　倭名類聚抄引目（題簽）〔岡本况斎〕近写　中一冊

焦茶色表紙（二一・二五×一四・七五糎）双辺刷枠題簽に「倭名類聚抄引目」と書さる。内題なく、巻頭「周易／（解注低二格）隋志周易十巻、魏尚書郎王弼注六十四卦六巻韓康伯注繫辞以下三巻又撰易略例一巻／旧唐志周易二巻、卜商□又十巻、王弼韓康伯注（王弼・韓康伯に朱引）／新志周易王弼注七巻、王弼韓康伯注十巻、（王弼・韓康伯に朱引）」と始まる。無辺無界一〇行二〇字ほど、小字双行、字面高約一七・七糎。第七丁表迄朱句点・朱引が存す。校字は○を打って標記す。全五五丁。巻頭に「瀧本／臧書」「洒竹文庫」両朱印を鈐す。大野洒竹旧蔵。

本書は倭名類聚抄の引書目録で、巻末三丁（表末行より）が和書目。ほぼ四庫分類に依って排列され、書名とそのテクストを記し、藝文志から引いてその亡佚を注記したものもある。佚書が含まれていることが分る。但し書名のみの項も存する。和書は全て書名を載するのみ。况斎自筆本が尊経閣文庫に収まる。八〇九—四—六九—一

和名類聚抄（大須本・有欠）二巻　源順撰　稲葉通邦校　享和一年三月刊〔修〕（名古屋　永楽屋東四郎等）大一冊　摸刻大須宝生院蔵〔鎌倉〕写本　袋附

渋刷毛目格子文様表紙（二六・三五×一九・〇糎）単辺題簽「和名類聚抄」。「山州員外刺史田公即……」に始まり、末に「内慙公主之照覧外愧賢智之盧胡耳」に終る残存せる序後半三丁（丁附又一・又二・三）を冠せ、内題「和名類聚抄巻第一（二）　源順撰（二にはなし）／（隔一行）／天地部第一　人倫部第二」とし、一行を隔て、目録を冠せて本文に入る。単辺（二二・八×一六・二糎）無界八行小字双行。版心白口、中縫に「倭名抄」、下象鼻に丁附。白文。虫損跡迄そのままに摸刻さる。巻末「以下脱」とし、「身躰十七　署」迄を刻す。通三六丁（本文第一葉丁附「又三」）。寛政十三年正月　稲葉通邦誌〔解題跋〕四丁（通丁附卅七—四十）あり、単辺奥附

「享和紀元辛酉歳暮春開彫／／発兌書肆／京都　銭屋惣四郎／大坂　柏原屋清右衛門／江戸　須原屋市兵衛／尾張名古屋玉屋甼　永楽屋東四郎」。首に「玉木文庫」「観月／園」、末に「橘／勝良」の朱印押捺さる。

倭名類聚抄の古活字版、二種の整版については本稿三と一bとで既に触れた。本版は名古屋の大須観音として著名な真福寺宝生院蔵の、現国宝で鎌倉期と見られる古写本の残存巻の摸刻で、近世期に通行した二〇巻本とは異なる一〇巻本系。大須本は巻第二形体部第三の途中迄の零巻であり、本文中にも「此間一張亡失」や、「鼻口類十五」の如く首・末の一行のみが残存するなど完全ではないが、現存最古の十巻本として甚だ貴重である。古典保存会や馬淵和夫氏の「和名類聚抄古写本声点本本文および索引」に影印され、摸刻の本版は京都大学国文学研究室編「諸本集成倭名類聚抄」に初刻本が影印されている。

初刻本は「尾州大須宝生院蔵倭名抄残篇／尾張下臣稲葉通邦謄写《(ママ)》」と題し、四行を空け、「巻首一張亡失」と刻し、「是服膺誦習之義……」以下の序文を記す。修刻本は前述の如く、この佚失分六行を加え、その為題署部分が削去されている。初刻本第二丁裏第三行第三字以下「此間一張亡失」と刻する部分も、修刻本は「以下二葉之内」と傍記し、第三丁表迄序文を刻し、裏に内題・目録を記している。初刻本の序は二丁で、修刻本は「又一」「又二」と丁附を改め、第三丁は新刻。初刻本の第三丁は「和名類聚抄巻第一／（　）部第一　人倫部第二／（　）部第一／（　）類一……／……田野類六」と題し、目録を冠せ、一行を隔てて「弦月　……」と本文に入る。修刻本は丁附を「又三」とし、弦月の前に景宿類一の五行分が加刻されている。

本書の解題跋に、此書出版の経緯と意義とを述べてあるので引録する。

右倭名抄残本者所レ得二於尾張国大須宝生院蔵《ニ》一也其蔵多二古写本一世人所レ知也……学徒所レ因皆在二本《ニ》一是以別著二考異一篇《ヲ》一以便二校讐《ニ》一今也時属二文明一逸書群出《ス》天下之広必有二倭名抄《ノ》逸篇一在二多方《ニ》一君子得而補《ハ》レ之《ワ》則他時有三復二源朝臣《ノ》全本《ヲ》一也誠如レ此則後生幸也

八〇九―四―七〇―一

集注倭名類聚抄存巻三　勤息殷慶　写　大一冊　文明一九年三月清原家奥書本

焦茶色表紙（二七・三×一九・三五糎）双辺刷枠題簽に「倭名類聚抄巻第三」と書さる。扉左に「倭名類聚抄巻第三神祇部」。巻頭「集注倭名類聚抄巻第三　勤息殷慶撰」と題し、「神祇部第三／天神類一（―神人類六）」の目録を冠せ、裏丁「∴神祇部第三／∴天神類一／／・天神《アマツヤシロ》　・天探女《アマノサクメ》見日本記私記石船鳥也見古事記序之（頭点全て朱筆）」と本文に入る。無辺無界九行小字双行。字面高約二二・五糎、但し朱点を含む。標目項目の頭にはほぼ朱点・朱鉤点を附す。一格乃至二格上げの指定標記箇所あり。第三八丁表末行「文明丁未春王三月庚申之日書写之　清原」の本奥書朱書され、裏「右依破損加修補訖／正保三丙戌年八月仲旬／神道長上卜部兼里在判」の加修識語墨書さる。三八丁。

本書は和名類聚抄をもとに増删改訂し、注を施したもの。集注倭名類聚抄を名とするが、大幅に増補改変され、編成と云い注解と云い、殆ど別書の如きである。特に和名抄にはなく、卜部家に関連の深い神社・祭礼の項が増補され、これが大部分を占めている。注には「師説」の語も見える。川瀬一馬氏が本帙につき「増訂古辞書の研究」に解題されている。

文明一九年の清家の当主は宣賢の養父宗賢で、宣賢は卜部家から清原家に入り、両家の関係は密であった。なお天理図書館吉田文庫に一本を蔵し、本書と同じ奥書を持つ。国立国会図書館にも、岡田希雄氏旧蔵の薄葉近写本が存するが、此また加修識語とも本書と同様である。

作者については、今知る所がない。八〇九—四—七一—一

字鏡集抄出　伴信友抄出　緑川真澄改編　写　大一冊

縹色布目表紙（二六・九×一九・四糎）左肩直に「字鏡集抄出」。巻頭「●（朱丸）字鏡集抄出／∴安之部／○アハタフ亦ヒヒサノアホ子ヒタ臏髕《ヒン》同……」と本文に入る。無辺無界五行（巻頭六行）小字双行、四段に書さる。字面高約一九・五糎。折山表丁に「あ（……を）丁附」記さる。但し五十音柱記はその項初丁のみで、「え」「ひ」には記されていない。挿入符を附した朱墨信友書入や朱校字がそのまま移写されている。第七三丁表に「追加」あり、末に「合二千八百余言」と書されている。七三ウに以下の識語二則が記さる。

＼（朱鉤点）右字鏡集本編七巻以源定信朝臣松平越中守蔵本及近江国石山寺前蔵古本屋代弘賢翁蔵本批校槐之但屋代本無題名表帋書和玉篇蓋後人之私所題也本之跋云寛元三年四月一日小河法印承澄示云朱点東宮切韻墨点唐玉篇也自支脂至于灰咍舌内也寛元三年五月十日尚成云墨点不審字也朱点詳之無不審字也法蔵寺蔵止　今按小河法印承澄老承字不可読蓋承字也誤矣尊卑分脉曰藤基房公子師家公仁治元甍六十九師家公三男澄快建治六入滅四男承澄僧正横川長吏号小河忠地法印或云基房公子㊉末ニ考アリ
（割注朱筆）
＼（朱鉤点）法蔵寺之三字筆勢不似本行墨痕新後所署也　本篇一之部注云虎関和尚作月五《オシカヽメテニ》二中岩一、閑居《ヒトリセヒシ》一一、露九《シホレテ》二困躰一、故身《マツコレラカ》一レ一、法一不《ハシメヨリオコラ》レ一、随《タヽシキニマスヒカリヲ》レ一一レ二、道《モトヨリ》一不《ハヒコラ》レ一、時《マツ》節《トキヲ》一レ二、止（朱句点）案虎関弘安元年生貞和二年波虎関之生後于寛元三十餘年也蓋後人所加筆者也

＼（朱合点）凡仮字間有出格者蓋多伝写之誤也就中比校異本有帰其正者従之不然者姑従旧不改（隔一行）
＼（朱鉤点）字鏡集全部昔年以意抄之録以為一巻然為猶未便参閲嘗欲以頭音分類之以備捜索之蓋而多事不果頃緑川真澄就余抄本逐分類之以成冊於是乎余志幸就矣因仮其本使課入写畢但本篇中草木禽獣虫類嘗別抄出既扨于余所纂輯動植名彙中故不載于此云

文政七年正月十五日　　伴信友識

次に「㊉末ニ考アリ」と識語に記された考証一丁、「㊉（此符号朱筆）尊卑分脉七ノ三十八丁」とし、左大臣藤原基房子師宗の男の系図を引き、末に「考」として承澄の考証を附す。本文七三丁、但し「廿九卅」と一丁跳丁あれば、実数七二。首に「蓼渓／書屋」「樟陰／山房」二朱印押捺さる。

本書は字鏡抄の改編本と見做される七巻本字鏡集（字鏡集には別に二〇巻本あり）の語彙を五十音順に並び変え、捜索に便ならしめたもの。信友の識語に依れば、試みて多事果せずにいる間に、緑川真澄が信友の抄本を使って成就、それを写さしめたものだと云う。但し草木禽獣虫等の所謂る本草に関するものは既に別に纂輯してあるので省いたとある。信友は他に「字鏡集索引」を編んでいる。

緑川真澄は、加藤出雲家士、没年未詳。八〇九—四—七二—一

運歩色葉集　大正三年一一月写（浜野知三郎）　大四冊　摸写国立国会図書館蔵榊原芳野明治一二年一二月令写塙本

朱色表紙（二六・五五×一九・三糎）金砂子散し貼題簽に「運歩色葉集自伊至利一（自奴至久二・自屋至由三・自免至須四）」（目録割書部朱筆）と書さる。扉中央に「運歩色葉集　一自伊至利（二自奴至久・三自屋至由・四自免至須）」（目録割書部朱筆）。巻頭「○（朱丸）

運歩色葉集（朱引）／○（朱丸）伊／・威《井》勢《イセイ》・威光・威風……（頭点朱筆）」と本文に入る。イロハの標目は「∴（朱筆）与」の如く書されしもあり。無辺無界八行小字双行。字面高約二一・一糎。折山表丁に「イ（―ヲ、首丁のみ）／丁附」。ヌ及びワ以下、丁附のみ。朱引、語頭に朱点を打つ、但し第三冊以下なし。考証注記が書入られ、朱校字、僅に茶筆を交ゆ。第二冊末の草鹿図には薄墨用いらる。巻末に「右嘱忠韶塙氏以其所蔵之本傭写時当臘廾八故写誤／頗多矣然以斐喬謄写者故脱字則鮮矣将他日照／善本訂其訛／明治十二年十二月　榊原芳埜」一丁。次いで「天正本巻首云」と朱書し、末に「天文十七年著雍涒灘菊月吉辰」の年紀ある以呂伴歌の解二丁。裏に「天正本奥書云（朱書）／雖為悪筆当用之間書写丁亥之年中夏／写始至初秋全部三巻成就後見之方者／題目一返之御影向頼入処無他事／天正十五年丁亥林鐘十一日申之刻写畢ヌ／実相坊日詠花押」の西来寺蔵天正十五年本の奥書写さる。遊紙表に「大正三年十一月十一日写畢於大久保僑居／浜野知三郎記」の書写奥書あり。

本書は節用集や下学集等に材を採り、換骨奪胎・増補改纂しながら編まれたイロハ引類書形式の国語辞書で、

、（朱点）越知山《ヲチサン》越前天武白鳳二壬戌到天文十六丁未八百八十七年也（越前・天文に朱引）

の如く、天文十六、十七年から年代を逆算しており、イロハ歌の解の年紀と相俟って、その頃の成立と考えられる。排列はほぼ一定のルールの下にイロハ順に、熟語を二字語・三字語の如く字数順に掲げ、その後に員数語・単字・便覧を排する。便覧には一覧・名寄せの如きものが多く見られ、巻末には魚名・鳥名・獣名・虫名・花木名・草花名の本草名寄便覧が附されている。

本書は静嘉堂文庫蔵〔室町末〕写本（「中世古辞書四種研究並びに総合索引」に影印さる）を写した内閣文庫蔵塙本の、榊原芳野令写本（国立国会図書館蔵）の又写しで、巻末の記載からして、川瀬一馬氏蔵大槻文彦旧蔵・榊原本の転写本を、更に写したものであろう。なお芳野の蔵書は、没後文彦の兄如電の手により、東京図書館（現国立国会図書館）に寄贈せられた。

本書は、イロハ引の類書・百科辞彙式通俗国語辞書であるが、同種の節用集に比べ類を分つことやや分りにくく、引きにくいため、通俗国語辞書としては節用集ほど普及しなかった。歩を運ぶのは用を節するほど便利でなかったと見える。ハ〇九―四―七三―四

色葉字類抄〔橘忠兼〕大正三年八・九月写（浜野知三郎）大三冊

底本国立国会図書館蔵明治一二年一一月榊原芳野写本・天冊二巻本系・地人冊一〇巻本系

朱色表紙（二六・七×一九・一五糎）金砂子散し題簽に「色葉字類抄　天（地・人）」と書さる。扉左に「色葉字類抄　天（地・人）」。叙曰で始まる「色葉字類抄巻上」〔叙〕、三行を隔て、「天象付歳時……名字／已上二十一部毎一字在之」とある目録第二丁表迄を冠せ、裏「色葉字類抄巻上／伊／天象付歳時（付以下朱筆）／雷《ライ》。イカツチ貞回反又作霣古文作靁（朱筆）雷《ライ》。公《コウ》。……」と本文に入る。無辺無界八行小字双行、字面高約二二・九糎。墨声点、朱（一部茶）墨校字書入、僅に朱句点を存す。朱筆は天冊第一六丁迄にて以下僅少。虫損箇所もそのままに記され、墨○にて語類を分つ箇所あり。天冊末に「文政四己六月　写之」の元奥書あり、遊紙に「大正三年八月十九日写畢」の書写奥書記さる。天冊一一〇丁。

地・人冊は底本を異にす。扉に次いで、地「宇為能於久也／末計不古江

天／伊呂波字類鈔質」、人「安左幾由女見／志恵比毛世須／伊呂波字類抄文」の目録外題を冠せ、地冊「△宇／○天象付歳時」、人冊「伊呂波字類抄八／○安／○天象附歳時」と題して本文に入る。字面高約二二・六糎。地冊末「自以度（ママ）無者古本在（原本虫損裏）□室／以師卿公條卿本写之漢和之文字／不審不一連ゝ可見直者也」の元奥書と、遊紙表に「大正三年八月六日写畢」の書写奥書あり。人冊末「自以至無者古本在斯室／以師卿公條卿本写之漢倭之文字／不審不一連ゝ可見直者也／（隔一行）／于時天文壬辰稔八月日／通議大夫小槻／右三冊借花山院黄門／常雅卿本書写校合了／ニ時享保第八癸卯春／八座資時／弘化三年二月　正四位下秦親典（「晩翠／館／之章」朱印題署の上に鈐せらるを摸写す）の元奥書あり。表、白紙に次ぎ、「黒川氏字類抄考証署之」とあり、一行を隔てて「以上字類抄考証係黒川春邨氏碩鼠漫／筆所載鈔焉而為不尚多尚旧之証也／明治十二年己卯冬十一月　榊原芳野（朱印「芳／野」「作良／之印」摸写さる）／（隔一行）／再考此本日野従一位権大納言為参議時所校之書也」の榊原本奥書あり、遊紙に「大正三年九月七日写畢／浜野知三郎記」と識さる。地八五、人一〇四丁。天冊遊紙に「稲荷大西／東家之蔵」「銀座／第三街／廿二号／地／市／川」（木葉型）二朱印、「椛原家蔵」墨印、「故椛原芳埜納本」「東京／図書／館臧」朱印摸写さる。地・人冊目録外題下方に「稲荷大西／東家之蔵」、各巻末に「晩翠／館／之章」朱印を摸写し、地冊巻頭「椛原家蔵」墨印摸写さる。

本書は平安末期に編修されたイロハ引類書形式の国語辞書。音引の辞書として最も初期に属する。和名類聚抄と共に、分類意識や編纂方式が、後世の辞書のみならず、類題の漢詩文集や歌集等の文学書編修に与えた影響は甚だ大きい。

花山院本と称される本帙は、天冊が二巻本系の上巻、地・人冊が増補・改編の多い一〇巻本の取合せ本で、「通本」「伊」「十巻本」等として校合注記が為されている。芳野のものであろう。前掲書同様、本書も芳野旧蔵本が国立国会図書館に存する。本書は両者の字体にやや差異があり、前掲書ほど摸写の度合が緊密ではない。八〇九—四—七四—三

類聚名義抄（観智院本）附別本雑部　近写（〔浜野知三郎〕）　大一一冊

底本文化七年二月伴信友写校注書入本

朱色表紙（二六・六×一九・一五糎）金砂子散し双辺刷枠題簽に「類聚名義抄仏上（中・下本・下末）（法上〈中・下〉）（僧上〈中・下〉）（下続別本）」と書さる。「類聚名義抄仏上　篇目」、「凡此書者為愚痴者任意抄也……」に始まる〔凡例〕に続いて、中扉「人一……身十／（隔四行）／類聚名義抄仏上」。三丁。各冊同様の目録外題扉あり、扉題「類聚名義抄仏中（下本・下末）（法上〈中・下〉）（僧上〈中・下〉）」。第一一冊は別本なれば後記す。扉題右に各冊目録外題あり。第二冊「耳十一……肉月廿」、第三冊「舟丹廿一……犬犭卅」、第四冊「牛牛卅一……黒卌」、第五冊「水氵卌一……山五十」、第六冊「石五十一……衣衤六十」、第七冊「示礻六十一……寸八十」、第八冊「艸八十一……金八十八」、第九冊「亼八十九……隹百十二」、第十冊「魚百十三……雑百二十」。「仏上一……僧下十」迄の篇目を冠せ、「人《ニン》一……身《○シム》十」迄の為頌（標目となる部首の唱え）を載す、三丁。第二冊以下為頌に当る目録部分一丁あり、声点・清濁点・朱校字あり。巻頭「類聚名義抄仏（第八冊—僧・他冊は巻題なし）／人部第一」と小題して本文に入る。無辺無界八行四段、小字双行、字面高約二三・一糎。折山表中央下部に丁附。朱濁点・声調記号あり。朱筆の鉤点・圏点が記され、信友の按語や校合が朱筆で書入らる。附箋や不審紙が貼られ、虫損箇所はそのまま写されている。天地断裁さる。尾題なく、各冊尾に以下

の識語あり。第一冊、朱筆「以矢代弘賢子所蔵類聚名義抄之欠巻一冊比校如左文化十二乙亥年七月　伴信友記／巻首曰／此書全部十一冊者管原是善卿相丞之父作而我朝之古書也最大切応所持全／篇松之文蔚少年之写本予伝写之為因西念寺宝蔵之常住物者也／凡例／……マデ五十四枚一冊アリサテ跋ニ曰／右十一冊之内七八九十之四冊歓喜菴御老師高田家中某令書写之者也／右十一冊之内一二三四五六十一之七冊西念寺現住彗察諸方之学友之乞受力伝／写之者也／以上　校合慧察」。第四冊第二九丁裏「観智院」。第五冊、蓮成院本と朱校あり、末に朱筆「一校早」。第六冊、末に朱筆「一校了」。第一〇冊「書本云／仁治二年辛丑九月六日於賀茂奄室交点畢凡此書者以作者自筆／草本書写之間文字前後或重〻定有紕繆歟尋清書之証本／追必可交合之　釈子慈念生年卅六歳云〻／本云／建長参年八月六日亥尅於洛陽城鷹司之辺一筆書写之／畢願以此結縁世〻開恵眼生〻得惣持必証大菩提矣／執筆沙弥顕慶春秋廿三歳／（隔一行）／観智院」、裏に「類聚名義抄十一巻洛東一古寺所秘襲建長古本也偶得見／懇請手自摸写之今合為十冊比校定／文化七年二月伴信友」一丁あり、「文政八酉年九月九日令書写東陽於下谷樵園／一過校合畢　大野朝臣南雲広城」の識語記さる。第一冊より、本文四四・七〇・六九・二九・六一・七六・七二・七〇・六九・六五丁。

第一一冊、扉「廾」と朱で肩書し、「雑……甘甚其」迄の目録外題を書す。第一丁表末行より第二丁裏第二行迄目録を冠せ、内題なく、「〇（朱丸）首甾（小字三行に訓み・意味等記すも省略）」より始まる。無辺無界七行四段小字双行、字面高約二一・二糎。標目に朱〇を打つのみで、朱校字はない。丁附なし。二六丁。第一冊遊紙に「大野／樵園／文庫」（陽刻）「木正／辞／章」（陰刻）二朱印摸写さる。

本書は、漢字を篇目（部首）により類聚し、音義・国訓を施し、清濁やアクセント符号を加えた単字字典で、書名は「和名類聚抄」と「篆隷万象名義」とから援用したものらしい。本東寺観智院本は伴信友が見出した現存最古の完存本であるが、新出の清水谷家蔵・宮内庁書陵部現蔵零巻と比し、大きな改編を経た別本であることが知られる。

信友の手写本は現在京都大学附属図書館に蔵され、該書には本書と異り、文化十年八月の叙があり、観智院本の被見を此年のこととしている。信友は慥かに文化十年には度々観智院に出向いており、翌る十一年には「東寺古文零聚」の校輯や「類聚名義抄字訓索引」の稿を終えている。

信友は屋代弘賢蔵の西念寺本・蓮成院本（共に零本）に依り、校合を行っている。本書の第一一冊は、題簽にただ「別本」とあるのみだが、京大本またその転写本である神谷克楨写本（静嘉堂文庫蔵）等に依るに蓮成院本の雑部である。

観智院本は貴重図書複製会叢書・天理図書館善本叢書等に影印されている。

大野広城、幕臣にして国学者。「殿居嚢」「青標紙」「泰平年表」等の出版により罪を得、天保一二年幽閉裡に没、享年五十四。八〇九―四―七五―一一

雅語便覧存いろから―お　江沢述明（自筆）　半二冊

薄縹色表紙（二三・七×一六・二糎）貼題簽に「雅語便覧稿本」と書さる。書反古使用。巻頭「雅語便覧／江沢述明　輯／いの部」、下冊「雅語便覧巻／（隔一行）／良之部」と始まる。左右双辺（一九・二×一三・〇五糎）、白口単黒魚尾、下象鼻に「耕霞堂」と刻する一〇行墨刷罫紙使用。上冊凡例以下八丁並下冊第九一丁以下、左右双辺（一九・三×一三・〇糎）一〇行、

裏丁匡郭外下端に「月舎梓」、版心表丁に「雅語便覧　○」と刻する一〇行墨刷罫紙使用。中縫表丁並びに○の下に丁附記さる（但し下冊九一―一一九迄なし）。版心下部に「大学」（由清は大学中助教を勤む）と刻された、単辺（一八・九×一四・四糎）有界一〇行墨刷罫紙に「いたいけ」二行分補記挿入さる。およそ料紙を二折にし、その部分に墨を引き二段とす。朱校字、本文標記書入あり。特に「の」の項に多い。用言の活用をクシの如く、眉上・欄脚に界欄を設けて書入ている。本文では後記凡例に述べる如く、活用・出典・俗訳等の項目が墨囲されている。上冊末に「凡例／部類十門」と題し、「天象日月星宿雲煙風雨寒暑災祥　付時令歳月日時」から「言語語辞枕詞形状態藝光彩数量」迄の十部が記され、「書躰」として、眉上界欄に門部と標記、「言辞一正字活用俗訳語釈署注書名巻数引文」と掲げ、その実際を、下段に「いはふ―斎八四神ヲイツキ祭／ルヲイフオマツリスル御鎮坐―万十はふりらか――やしろ同十二――みむろのますかゝみ」と例示している。次に墨囲や各符号の説明二段三行あり、引書略目に三行を隔て、眉上より、「天象付時令　已下同　いろとる風いろなる雲いろなき露いほへの雲ナトノ類ハカ□ノ部風ノ条ク□ノ部雲ノ条ツ□ノ部露ノ条下ニ出スいへ風いたまの風いふきおろしナトノ類風ノ条ニアルヘキモノモ詞ノ序ニ随テイ□ノ部ニ挙ク此他ノ詞准ヘテシルヘシ」と一行貼紙で訂記し、「いはと」以下の本文に入る。八丁。十門に分った類聚別編を為さんとせしものか。両冊巻頭に横山由清の「月の屋」朱印鈐せらる。上冊九〇（但しろ四〇から、か七〇に跳ぶ）、下冊一三〇丁。断裁のため標記やや切取られたる箇所あり。

本書は雅語（実は古語と云うべく、虫のうじ等も載る。引例は神代紀）を、語末迄いろは順に排した便覧辞書で、今の我々には仲々引きにくい。上冊末に凡例と共に別編した「いはと」から「いしま」迄の八丁は、凡例にもある如く、天象から言語の十門に分って、いろは順に類聚せんとしたものであろう。但し同じ見出語でも、語釈は必ずしも同じにはなっていない。

本書で面白いのは、「かはす交又替」「かほ顔」「むしろ」等の項で、「○いひかはす……○ひかりをかはす」「○はなのかほ……○すゝめ――」「○さむしろ……○すがむしろ」等、それらで終ることばも取上げられていることである。なお上冊第八七丁裏「かどのをさ」以下は項目のみで語釈が記されていない。朱校字は「いはけなし」の「は」に朱点を打ち、「わ」と右傍に記す等仮名遣いを訂し、「いわけいわけなし／此二条六丁オいをやすく／ぬるノ下いわしノ上ニ／入ルヘシ」等と指定標記も行っている。

本帙は「おほくにぬし」迄を存し、は―わ・よ―な・く以下を欠くが、由清の勤めていた東京大学の国語研究室に、はに・ほへと・ちりぬるをわ・らむうゐの四冊が存し、本書と同じ耕霞堂の罫紙に書された稿本である。第一冊の扉に「壬戌七八月稿」とあり、「静盧／江沢／氏蔵」の朱印の鈐せられる自筆稿と見做せるものである。壬戌、文久二年か。東大本の抹消改訂箇所や、入換えの指定箇所は、本書では直して写されており、東大本より稿次が後のようである。

本書は、述明自筆稿本を臨写した由清の写本と見ると都合は良いが、月舎の罫紙に記されたものは、或いは刊本化に向けての由清の依頼に応えた、述明の版下用の見本でもあろうか。本写本・東大蔵本とも薄葉の罫紙に書写され、同一人の手になるかと思われる。本書の表紙は書反古が使われ、第二冊裏表紙見返に「冠服制度図考証」と書かれた反古が貼られている。反古・題簽共由清の手か。

江沢述明、松崎氏、国学者で歌人の講修の養子となる。国学・和算に通ず。明治二七年没、享年七十九。八〇九―四―七六―二

言海（校正刷）　大槻文彦　明治一七年一二月序　大五冊（包背装）

鉛印

後補茶色表紙（二七・八×二一・二糎）。明治十七年十二月　文部省准奏任御用掛　大槻文彦識「本書編纂ノ大意」一一項七頁、紀年題署の次に「本書、草稿全部、去年十月、文部省ヨリ下賜セラレタリ、因テ私版トシテ刊行ス。　文彦又識」とあり。「語法指南（日本文典摘録）」七九頁（但し三・四・二一・三五・三六・四九―五四・六六・七四・七六・七八欠、一〇・一一の間に「第一表動詞ノ語尾変化…法」二葉あり）、「凡例」五五項二〇頁（但し一一―一三欠）、「索引指南」二段一二項四頁を前附とし、内題「言海／あ」として本文に入る。単辺（二二・四×一五・二糎）無界三段（一段高約七・五糎）二六行に印刷さる。但し匡郭なき葉あり。活字はフトゴマ・ヒラゴマ・ホソゴマ等各種のものが使い分けられている。巻末「中田邦行／大久保初男校／文伝正興」と校者を並べ、尾題「[redacted]大尾」、所謂るゲタの箇所「言海」と朱で校正さる。「おくがき」（「ことばのうみのおくがき」と朱で校正）六頁（以下欠）。第一冊本文一六三頁（但し九一―九四欠、七一―七四は八〇の後に綴じらる）。一五八以下未だ試し刷りで匡郭なく、行数も不等で頁附も為されていない。なお一頁分超過につき、この部分でかなり削減、編成換えが行われている。第二冊一六三―四三〇（但し三〇一・五九一・五九三・六一九の再版本校正刷分三〇一の前に綴じらる）。第三冊四三一―六五六、第四冊六五七―八六九（但し七二五―七五四欠）、第五冊八七〇―一一一〇頁。第二・四・五冊はほぼ蝴蝶装の如く、印面・裏白面と交互に開くように綴じられている。第一冊、前附は小口を貼附するもあれど、本文は蝴蝶装の如くす。第三冊は一枚二頁分を切離し、表丁（見開き左側）のみに印刷面がくるように綴じられている。第一冊遊紙に「浜埜／知印」（陰刻）「白石氏蔵書」の二朱印、帙に「浜埜／知印」（陰刻）「字曰／士行」の二朱印が鈐せられている。

本書は、前附が〔明治廿二年〕三月十二日から五月十一日迄の初校から三校、本文が〔明治廿一年〕十二月廿日からほぼ順を追って翌る四月廿七日（第一冊）、六月廿五日から十月卅日（第二冊）、同日から翌る五月廿八日（第三冊）、六月八日から十二月廿日（第四冊）、一月八日から四月九日（第五冊）にかけての初校、後附が三月廿四日（朱筆で同日「交正」とあり、墨筆で「□月廿四日再校」とある）の校正刷を五分冊にしたもの。本帙については、犬飼守薫氏に「『日本辞書言海』の校正刷について」（「日本近代語研究」一ひつじ書房刊）等の紹介があるので、御参照頂きたい。前附や後附は、初校から三校迄校次の異るものが綴じられているらしいが、本文は殆ど初校次のものであろう。但し四〇五―四〇八頁あたり、「十月十九（廿一）日再校」「三校ヲ要ス」、一〇一八頁「三月廿五日再校」とあり、次頁と共に赤での直し少く、或いは校正書入通り再校分かも知れない。始め再校と記し、初校と訂されている所もある。第二冊に綴込まれた再版本の校正四頁分は、初版と再版とで本文の最も異る部分で、犬飼氏はこの故に四頁分を綴加えたものと推定しておられる。

校正は、料紙一部間似合紙を含み、朱墨赤青のインク・鉛筆で為され、始め大槻・中田・大久保の三名（途中、中田邦行は廿二年六月に脳充血で没）の他、一部印刷所側のものも見られる。「某月某日初校」等と識し、押印又は署名をして次の人に廻し、三人で校正を行っているが、中田（五月二日「索引指南」押捺が最終か）の没後、第二冊「か」の項以降は、大槻・大久保の二名で、大久保が徳島の中学教員として赴任した廿三年十一月以降は、新たに文伝正興と二人で校正を行っている。大久保の校正の最後は廿三年十月廿七日の八〇二頁迄であろうか。以下十一月三日付の大槻と文伝のものとなる。校正者の署名は「文」「文彦」、印「文／彦」（角印）「オホ／ツキ」「大槻」、「中田」「大久保」「文伝」である。鉛筆で作字すべき字を記したり、六七五頁に「壷ハ壺ニ改ム／壷、壺、同字ナレトモ字典ニヨレハ壷ノ方正キヤト御考ヘラレ候、如何、当課ニハ壺ノ字無之候／ニ付壷ノ字ニテハ間ニ合兼候ヤ一寸御問合マデ。小松（印鑑）／大久保さま」の如き印刷所側の書入れも存する。本文の校正日時はほぼ連続しているが、一部間のあいている所がある。編者の側にあっては、文彦の次女や妻の死、校者の死亡や赴任、印刷所の事情等数々の障碍が重なり、組版の遅延を生む。そうしたことについては、本おくがきや発刊時の舌代等で知られ、犬飼氏の前掲論文や高田宏氏の「言葉の海へ」等の著作にも詳細に記されている。本書に書入られた日時は、製本の際書脳（のど）部になってしまった所も多く、校正紙の大いさも区々であったため、天地が断裁せられ、一部判読不能の箇所のあるのは惜しまれる。校正には切貼り、附箋等が為された箇所もある。四三三頁には「あと原稿なくさしつかへ」の墨書がある。

　言海については、既にこれ迄に数々の論が存する。中でも山田俊雄氏の紹介された二種の稿本と初版本とをつなぐ存在が、本校正刷である。稿本は度々の改訂を経、校正刷から刊本に至る間にも、印刷上の諸制約から、度重なる改変が為されている。勿論初刊後にも様々な改訂が為されているが、それ以上に稿本から初刊に至る過程では、刊本化に伴う諸問題が噴出している。本校正刷を仔細に検討することにより、そうした問題を解く一つの鍵が得られるかと思う。

　なお浜野氏は大槻氏の「大言海」編纂の際の助力者の一人でもあり、本略解題でも既に幾つか記したように、大槻氏蔵本の転写を為すなど、昵懇の間柄であった。本校正刷もそうした関係から手に入れたものであろう。

八〇九—四—七七—五

　中庸正釈（題簽）　豬飼敬所（彦博）写　大一冊

縹色布目表紙（二六・二×一八・〇糎）双辺題簽に「中庸正釈　豬飼敬所」と書さる。青刷巻子本に「友月庵文庫／第五一一号／　之門／　之部／全一冊／　之内／殿村蔵本之章」（五一一・一の番号墨書、最終行陰刻）の蔵書票、表紙右肩に貼附さる。内題なく「中庸序／彦博按、……」として本文（序の正釈）に入る。朱句点、彦博に朱引。第一丁裏末行「中庸」と題し、以下中庸本文の正釈を為す。単辺（一八・一×一二・五糎）有界一二行、白口単黒魚尾墨刷罫紙使用。行一八、九字。朱句点・朱引・朱圏点、朱墨標記あり。巻末匡郭外に「昭和六辛未十二月求之／殿邨善一『南陽／殿村昱』（朱陰刻印押捺）」と朱書さる。三三丁。巻頭に「福田氏／臧書印」「大西臧書」「南／陽」「殿村／昱印（陰刻）」の四朱印鈐せらる。

　本書は中庸の序の要語を摘録、作者の意をとり、次いで漢和の先儒の言を引き、各章の要諦を簡略に述べたもので、折衷考証の敬所らしく時代や和漢に捉われず諸儒を引くが、とりわけ履軒・仁斎を引くことが多い。八〇九—四—七八—一

　呂氏春秋（校正刷）二六巻　漢高誘注　清畢沅校　塩田屯点（江戸後期）　大五冊　覆清乾隆五四年四月序刊経訓堂叢書本

香色地水鳥鯉等刷出表紙（二六・九×一九・一五糎）双辺題簽「呂氏春秋新校正」（新校正の左に「経訓堂叢書之一種」の朱印押捺さる）。表紙の裏貼りに呂氏春秋刷反古使用さる。各冊綴代右下「自一至五」「自六至十二」「自十三至十六」「自十七至二十」「自廿一至廿六」と書さる。扉（見返として貼附さるも剥れ

るあり）各冊左に、「再刷 自一至五 一」「再刷二 自六至十二 二」「再刷 十三ヨリ十六マテ 三」「再刷 自十七至廿 四」「再刷 自廿一至廿六 五終」。右中央に「七十七」「七十五」、第三・四冊見えず、「六十四」と丁数記載さる。末に「江寧劉文奎鐫」とある「呂氏春秋序／漢河東高誘撰」二丁、末に「乾隆五十四年歳在己酉孟夏月吉序」の年紀ある「呂氏春秋新校正序／兵部尚書兼都察院右都御史総督湖北湖南等処地方軍務兼理糧餉加三級軍功二級畢沅撰」二丁、鏡湖遺老記「呂氏春秋附攷」七丁、「新校呂氏春秋所拠旧本」一丁、「呂氏春秋総目」九丁を冠せ、内題「呂氏春秋巻第一（―二十六）／兵部侍郎兼都察院右副都御史巡撫河南提督全省軍務兼理河道　欽賜一品頂帯畢沅輯校（二以下なし）／孟春紀第一　本生　重己　貴公　去私／呂氏春秋訓解　高氏／一曰……」と本文に入る。単辺（一八・九五×一四・二糎）有界一一行二二字小字双行。版心粗黒口双黒魚尾、中縫に「呂氏春秋巻一（―二十六）孟春紀（小題）　丁附」。巻十二第一丁のみ柱刻「呂氏春秋巻之十二」とあり。訓点加刻さる。尾題「呂氏春秋巻第一（―二十六）」。但し巻一六・一七・二三・二五にはなし。巻末尾題下に「福山藩丸山邸／塩田屯蔵版」の朱印鈐せらる。第一冊本文一二・一二・一一・一〇・一一丁。第二冊一一・一〇・一〇・一一・一一・一一・一一丁、第三冊一三・二三・二一・二〇丁、第四冊一九・一九・一九・二二丁、第五冊一〇・一一・一一・一〇・一一・一一・一一丁。巻一九の第一八・一九丁は綴違い、巻一七の第三丁は重複している。巻二〇の最終丁は、版心の小題が墨格で、匡郭外が未だ攫われていない。序第一丁に「西備福山／塩田屯／図書記」（陰刻）「津山氏／所臧記」「長門／矢島／氏」（共に陽刻）の三朱印鈐せらる。

呂氏春秋の和刻本は、江戸中期に京の文泉堂林権兵衛から、明宋邦乂・徐益孫校訂本の覆刻版が刊行されており、求版を重ね、寛保三年の、京・銭屋忠兵衛印本・安永五年の、同・近江屋庄右衛門印本等が存する。本帙はこれに次いで和刻された清の経訓堂叢書本呂氏春秋の覆刻版校正刷。始め塩田屯の蔵版（福山藩大に関わるか）、未確認ながら、長澤規矩也氏の「和刻本漢籍分類目録」に、大阪・伊丹屋善兵衛等の奥附を持つ後印本が存し、この奥附は前版の覆明刊本にも見られる。前稿一ｂの和名類聚鈔の個条でも述べたが、同書・同類書を広く求版し、自肆の売捌品としてゆく書肆の営業意図が窺えるように思う。

本校正刷には、眉上書脳部から版心部にかけて（裏丁では逆）、また欄脚或いは匡郭外（一部匡郭や本文にかかり、その為、その部分の文字を附箋に書写せし箇所あり）書脳部に「阿部備中守様／浅草本願寺輪番　南窓坊」「上牛御前別当」「御請　貝塚　青松寺」「御届書　王子　金輪寺」「上　伝通院／役者」「差紙」「松平主殿頭家来　岩瀬藤四郎」「無宿丈作口書写」「絵図面」「朱引絵図面」「願書」「御安産御祈禱巻数／（以下書脳部見えず）／王子　金輪寺」「奉願口上之覚　深川　霊運院」「旧記」「例書」「寺社／御奉行所　本願寺築地輪番　戒忍寺」「訴状其外書物三通」「〆／塩田屯様」「塩田屯様／堀口助三郎様／岩原市之丞様　内山（池）小一郎／香（以下書脳部で見えず）」「牢詫文」等々の文字が見られる。これは恐らく文化三年から五年、次いで七年から一四年にかけ寺社奉行であった福山藩主阿部正精に宛てた文書の表書の文字の少い部分を流用し、枚数の多い本書の校正刷用紙に宛てたものかと思われる。中に「未七月廿五日差出昨廿四日差出候書面差返り」と朱書された浅草本願寺地内長泉寺の上書の末は、辛未の年である文化八年に当たるか。第一冊の見返に使われた料紙は「上　浅草　慶印寺　酉七月十日備前守殿備中守 備後守 長門守江直御渡候／焼捨訴状」とある。癸酉十年であろうか。また辛未十月六日届出の大孶院の上書もある。八年か。阿部家は代々寺社奉行職に就く例が多いが、本校正刷に見られる年紀は正精時のものとして矛盾しない。

刷面と書写された文字の重なる所が数箇所あり、校正刷のため墨ののりが悪く宛も濃墨で書かれた文字が後のように見えるが、巻四や巻二六第九丁等で見ると刷が後のようである。文字面と印面が重なり、校正しにくい所数箇所は、附箋が貼られ本文が書写されている。巻九首に「此冊／再直／相済」、巻一一首「此冊／再直し／相済」、第五冊首、書脳部に「二十二マテ再直しスム」の書入があり、扉と併せ、現在云う所の再校である事が分る。小文字のアルファベットを用い、校正箇所を標記対照している所がある。

かなり奇麗に仕上っており、校正と、眉上に朱墨の標記書入が為されているが、これらは文書部分を避けて記されており、文書記載が先であることの徴証ともなる。文書の表記は印面に対し斜や逆、袋綴じの裏面（すなわち刷用紙としては文書の紙背—裏—を利用したことになる）に為されている場合もある。眉上に折跡の存するものもある。

なお文書を利用した刊本としては、丁数も多く紙も貴重であり、然も官衙の出版が多かった宋元版の公牘紙を利用したものや、故人を偲び菩提を弔うための、消息経等の存在が知られている。

用紙の大いさは異り、天地切裁され、一部校正標記の切落された所がある。両脇を切込み、折込んで注意を促した校正箇所もある。巻二〇の最終丁・巻二六第九丁は匡郭外が未だ攫われていず、第五冊には幾らか墨格箇所も見える。

塩田屯は太田全斎の甥、椵斎と交る。生没年未詳。ハ〇九—四—七九—五

好古小録二巻附録一巻　藤原貞幹　寛政七年九月刊〔修〕（京　鶴鶴惣四郎等）　大二冊　狩谷椵斎説等書入移写本　田安家旧蔵　日本藝林叢書底本

縹色布目表紙（二六・一×一八・四糎）双辺題簽に「好古小録金石書画　乾（雑考　坤）」と刻さる。表紙右下に「田藩文庫」墨印、綴代下部に「百三十六」と朱書さる。見返なく、序以下奥附迄、前稿一b所掲のハ〇九—一b—二七—四に同じい。序首に「稽帯楼／図書記」「田安／府芸／室印」二朱印鈐さる。本版の「舩氏墓誌」中、誌面第二行の「天皇云世奉仕於等由羅宮」、誌背「天皇云末歳次辛丑十二月三日庚寅」の第三字、云が両者共「之」に改刻されている。両字共他に比べて、小ぶりである。本書の白文の碑面の文等には、朱で訓点・訓仮名が書入られている。

本書は眉上・行間に、「椵斎曰」として椵斎説を墨書、「輪池翁云」「小杉君云」「躬行云」「保孝按」等と朱（保孝は墨）書し、屋代弘賢・小杉榲邨・古川躬行・岡本況斎等の説を、主として眉上に書加えている。所蔵者のものと思われる無名の書入も存し、「今在宮内省」等と現所在を補記、魚養書には「往時南都ニ遊ヒテ一覧ノ序寺僧ニ訂セシニ今ハ七巻欠ケアルヨシ云ヘリ」、上野国羣馬郡下賛《シモサノ》郷碑に「文中今三口ノ語ハ今日モ猶ホ上州人ノ云フ所ナリ今ハソノ上ト云ヘル意ニ用井ル也」、多■永書牘に「明治廿年六月廿三得貞幹摸刻本壱葉於待価堂故紙堆中廿四枚了刻本有菅原世長跋五條家カ」等と朱書されている。「雄云」の注記もある。

浜野氏は、本書を自身編纂者の一人であった日本藝林叢書の印刷底本とすべく、諸指定を朱（インクも交ゆ、或いは浜野氏の指定に準じて印刷所の為せしものか）書、分りにくい変体仮名や草体の漢字を右傍に朱書、同様に合

字は朱点で抹消し、右傍に「シテ・コト・ナリ」の如く朱書し、「晋」を同様、「晋」の如く正し等している。書入部分で不必要な箇所は抹消、「柀斎曰」も、その部分のみ抹消して、本書に欠けているものを前掲本から移写増補している。これは本移写本が、未だ柀斎の屢次にわたる書入の前段階のものであり、また各人説を移写しており、そのため「某云」とした表記を、原の形の前掲本の如く戻さんとしたのであろう。柀斎以外の説も生かせるは生かし、案として自説としたものもある。「輪池翁云太和ハ唐文宗ノ号」等は「輪池翁云」を朱筆で抹消し、「案」として自説としている。出典引用箇所等にもままこうした措置が為されており、固有名を冠すべき注記ではなかろうが、やや公正を欠く気もする。「躬行云」「保孝按」には「古川」「岡本」を朱筆にて挿入、「輪池翁云」には「屋代輪池云」と朱筆にて書改め、分り易くしている。柀斎説や浜野氏案文で、眉上に既に餘地のないものは附箋に貼られて増補されている。

なお図版部分は、縮印されたものが朱ペンで通番号を記し四一枚貼附され、中の二図ほど「改版」と、図版を作り直すよう指示されている。八〇九—四—八〇—二

好古日録　藤原貞幹　寛政九年四月刊　〔明治〕印（京　津逮堂大谷仁兵衛）　大二冊　狩谷柀斎説等書入移写本　日本藝林叢書底本

濃縹色（二五・七×一八・四糎）双辺題簽「好古日録　本（末）」。黄色地双辺見返「無仏斎先生／好古日録／此書《このしょ》は金石《きんせき》および古書籍《こしょじゃく》古器玩《こきぐはん》等の稀《まれ》に……寛政丁己夏四月新刻発兌」。序以下前稿八〇九—一b—二七—四に同じい。奥附双辺「和漢西洋書籍／文部省御蔵版翻刻書／学校用書籍類／仕入売捌処／下京第五区辨慶石町／三條通御幸町西入五十六番地／㊡津逮堂　大谷仁兵衛」。

書入小録と同筆にて、体式もまた同じい。但し本書には小杉・古川・輪池等の説はない。小録と同じく「孝按」に「保」と朱で書入れ、翻印本として分り易いよう配慮されている。「人類学会雑誌五十四号山崎直方報」や「貞幹蔵スル所ノ金環文政二年余西游シテコレヲ得タリ」という柀斎の注記が見られる。

本書は小録より図版が多く、一〇九枚存する。うち第二・三・一九・七四・九一の五枚が欠落し、一〇六に、誤って一〇七と番号が打たれており、実数は一〇八であったようである。八〇九—四—八一—二

中学士校正古本官板書経大全一〇巻首一巻　明胡広等奉勅撰　申時行校　馮夢禎閲　〔明万暦〕刊（閔　余氏）　唐大三冊　図入　人見竹洞書入本

後補香色表紙（二四・九×一五・二糎）貼題簽に「書経大全　九十（鉛筆で抹消さる）（三四・五六）」と書さる。己巳三月既望武夷蔡沈序「書経大全序」二丁、「書序」通一七丁、「書経大全凡例」「引用先儒姓氏」（第一八丁裏より）「翰林院学士兼左春坊大学士奉政大夫臣胡　広」に始まる奉勅纂脩者列銜（第二二丁裏第二行より）、第二四丁より、版心「書図首巻」と題し通五二丁、「書説綱領」通五九丁。内題「中学士校正古本官板書経大全巻之一（四）／内閣大学士　瑶泉　申時行　校正／国子監祭酒　具区　馮夢禎　参閲／閩芝城建邑　書林　余　氏　仝梓／虞書／虞舜氏……」と注解、本文に入る。他巻「中学士校正古本書経大全巻之二（三）」「中学士校正古本官板書経大全巻之五（—十）」。巻一・四の他校閲梓者名なし。双辺（二三・三×一三・四糎、うち上層二・四糎）無界、経文ほぼ七行一六字、注同一

一行二〇字、疏二二行二〇字、但し注疏低一格。版心白口単黒魚尾、上象鼻に「書経大全（巻一首大全なし）」、魚尾下に「虞書（小題）一（―十）巻丁附」。「朱子曰」等の各人説を墨囲とし、まま行間に反切音注が加刻されており、墨筆の訓点送仮名連合符、朱句点圏点朱引、行間眉上欄脚への朱墨の注記書入が周密である。訓みは胡粉を塗り、書改められた所が多い。尾題「書経大全一（三―十）巻終」、巻二は上層墨囲中に「二巻終」とあり。第一冊六七・六〇（但し第三〇丁を三二、第三二丁を三〇と刻す）、第二冊九二・五三・五七・七九（巻五・六、巻末木記の如き枠のみ存す）、第三冊七八・八三・八九（第六三丁欠か）・五九丁。天地断裁、合冊本。一部補写がある。本文巻頭に「宜爾／子孫」「小野節／家蔵書」の人見竹洞二朱印鈐さる。又一印押捺さるも切取らる。

明代に欽定された四書五経大全の一で、和刻の承応二年刊五経大全本の覆刻底本となった版であろう。巻八第六九丁表は、経文の大字に木目でもあろうか、細かな布目の如き同方向の線痕が入り、面白い印面を呈している。これは内閣文庫蔵本も同様である。

全巻よく読まれ、朱墨の書入が周密で、特に訓みと語釈に詳しい。「表臣」に「トザマノ如シ」と注し、「番番《タル》良士」に「即古之謀人」と、「惟截截《トツ》善諞言《シ》」に「即今之謀人」と左傍に朱書する等、よく換骨奪胎して訓み、国風に分り易く意味付けを行っている。「墳」に「土ノ性ウキテシマリナキヲ云」と注し、「耕耘樹藝以人事言」と朱書する。「孔壬《ヲ》」に「オホヒナル子シケ人ヲ」と右傍に墨書あり、「羽畎夏翟嶧陽孤桐」には、「羽山ノタニアイニスムキシノ羽ハ名物トス／嶧山ノミナミカハニ生スル桐モ並ヒナシ」等の注記書入が見られ、「本朝食鑑」の撰者人見必大の兄の面目が躍如としている。

書入は数手あるが、恐らく主に竹洞のものであろう。林鵞峰に学び元禄九年没、享年六十。未だ邦人撰述書の簇出する以前でもあり、書入は語釈から評・参考・衍義・大旨・論攷等にわたるが、殆どが唐人説と林家のものであろう。前代の互註の面影を保ち、「林鵞峰按」の按語もある。不審紙が貼られ、朱墨の校字も為されている。ハ〇九―四―八二―三

入蜀記（校正刷）六巻　宋陸游　天明三年四月（京　博厚堂武村嘉兵衛・杏林軒北村四郎兵衛）中一冊　覆清乾隆四二年刊本

布目地唐草文黒表紙（一六・七×一一・六糎）飾枠題簽に「入蜀記　全」と書さる。裏見返部分に「戊七月　山城（以下墨印断裁さる）／鰑御□」と墨書ある反古使用さる。扉単辺「山陰陸放翁先生著／入蜀記／乾隆丙辰年刊 天明癸卯翻刻／博厚堂 杏林軒発行」。書脳部に朱墨の文字書入れられるも綴目にかかり判読不能。裏に単辺題簽試刷りさる、「入蜀記　行／入蜀記　紀／入蜀記　完」。巻頭「入蜀記巻第一（―六）／山陰　陸游　務観」。左右双辺（一二・六×九・〇糎）有界九行二一字小字双行。句点訓点送仮名附刻。版心線黒口、中縫に「入蜀記巻一（―六）丁附」。尾題「入蜀記巻第一（―六）」。巻六尾題下に「□胥」とあるも虫損太く判読不能。巻一より一三、一四、一五、一五、一三（第六丁欠カ）、一三丁。

本書は校正刷にて、巻頭本文初行に「ヲ」「ニ」の送仮名を朱書、眉上に標記し注意喚起している。巻一第三丁表第五行他九个所ほど墨格があり、墨格部分に入れるべき文字を朱書している。巻三第九丁表末行は五字ほど空格になっており、これも同様に朱書されている。校正は細かな訓点や送仮名、界線の不備にまで及ぶ。天地が断裁され、標記した朱書に一部かかっている他、手沢によって虫損が太しい。眉上標記は一部墨筆でも為されて

いる。もと八三八A四—三一—一。今八〇九—四—八三—一に移管さる。

五　名家旧蔵本

仮字拾要（題簽）・謨微字説・字説辨誤・字説辨誤私考〔村田〕（平）春海（字説）平沢兎道（元愷）（辨誤）織錦主人（私考）清水波麻臣　写（字説以下〔渋江抽斎〕）半一冊　渋江抽斎・森枳園・大槻文彦旧蔵

香色表紙（二四・四×一七・〇糎）貼題簽に「仮字拾要謨微字説／附字説辨誤私考／合冊」と書し、各書右肩に「春海・沢元愷・織錦・清水先生」と、撰者名朱書さる。巻頭「古言梯の誤またもれたる仮字　平春海」と題し、

　こは人の問ふ度に考出てしるしおけるをこゝにあくる也古書を広く考へは猶あまたあるへけれと今はことさらに拾《ヒロ》ひいつるにいとまあらすかさねてうるに従ひて補ふへし

の前言を置き、「阿行古言梯におを和行に置たるは誤なり今あらためて此行にいたせり／あともひ　万葉巻二……」と始まる。無辺無界一四行小字双行、字面高約一八・六糎。表丁折山中央下部に丁附あり。見出語が本文中で引かれる時、右傍に□印記さる。巻頭眉上に「無名／朱ハ直甍《ナヲキ》説」とあるように、上田直樹の説を朱筆標記、なお朱囲朱校字が存する。「千古云」等の標記もある。二六丁。首に「弘前醫官渋／江氏蔵書記」「森／氏」「大槻文庫」「文／彦」の四朱印押捺さる。諸例を引いて、鹿取魚彦「古言梯」の誤を正した書。春海は文化八年没、享年六十六。なお錦織舎と号し、辨誤の著者織錦主人は同人であろう。

次に中扉「謨微字説／字説辨誤／同私考（右肩に「清水先生」とあり）／合冊」（版心部折山にも「合冊」と書さる）あって、内題「謨微字説／兎道／

沢元愷弟侯　著稿」。本稿以下抽斎筆か。

癸卯之春遽辞学職而寓甫生石浜之幽居将有所往而羈留数月矣間居無一書可読乃漫取国字書而読過已而語辞可疑極多因欲著一書以就正亦復闕考索引用故先推国字狂草破体所自以質之羽子玄氏以便行文爾

の前言を冠せ、「伊　イ者《ハ》伊字《ノ》扁《ノ》。い《ハ》即以《ノ》草体《也》。」と本文に入る。無辺無界一〇行二四字、字面高約一九・五糎。表丁折山中央部に丁附書さる。訓点送仮名、朱句点、藍筆の校字があり、これは抽斎の手と見て間違いない。本文の手はやや弱いがよく似ている。「保孝按」等の朱筆標記が存する。六丁。本書はいろは四八文字の平仮名・片仮名二者の成立についての説で、その意図や撰述の事情は上掲の前言に詳しい。兎道また旭山と号し本稿一aに既出。本編以下の三種を合せ写したものが多く伝存している。

次に「字説辨誤」と内題し、

譔微字説

此題号イカナル意ニカ不詳伊呂波ハ色葉ニテ紅葉ノヿナリト云旧説アレバ其説ニ従ヒテ紅葉ノヿヲフクミテカク名ツケラレタルニヤモシ紅葉ノ義ニ取ラレタルナラバ甚シキ疎謬ナリ紅葉ハ毛美知ニテ毛美志ニハアラス知ト志ノ渇音同シヤウニ聞ユレド此ハ混スベキヿニハアラズモシ唐音ニヨラレタルニヤトオモフニ字ハ唐音ツカイナレハサニモアラスシテ全ク誤也　マシテ此書ハ伊呂波ノ字体字音《ヲ》正サントスル書ナルニ題号ニマヅ如此ノ疎謬ノアリテハイカヾ也

と譔微《モミジ》字説の題号に触れ、既に此頃混交していた四ツ仮名に関する言及が見られる。無辺無界一一行小字双行、字面高約二〇・七糎。朱校字朱引、藍筆の校字及び朱墨標記書入が存する。標記は「コノ辨マタク契冲ノ和字正濫ト同シ」「和字正濫云」「友人長崎屋新兵衛云」等とある。末に以下の跋あり、字説と本辨誤とを解する因となるので引録する。

此字説ノ一書ニ挙ラレタル説トモ大抵契冲以来諸家ノ云ヒフルシタル釈ニテ新タナル発明ハ見エズタヾ伊呂波ニ訓読ノ字アルマシキヿ也と云フ説ヲ強テ立ラレタルト今ノ唐音ヲ挙ラレタルノミ此書ノ新意ナレド訓読ノ字無シト云フヿハ上ニ辨ゼル如ク伊呂波ノ本源ニ背キタルヿニテ其説通ジガタク又唐音ニヨリテ新様ノ文字ヲ挙ラレタレド音韻ノ考察疎漏ニシテ後学ノ準拠トナシガタシ抑先生ハ終身ノ学業タヽ文章ノ道ニノミ其精神ヲヒソメラレタルヿニテ此等ノ小学瑣事ニハ深ク心ヲモ用ヒラレズ此書モ一時ノ戯筆ト見エタリ然レバ此ハ世ニ伝フベキモノニハアラザルベシ若シ世ノ先生ヲ知ラザル人此書ナトヲ見テ此ニ就テ先生ノ学術ヲ窺テ疎妄ノ誚ヲ来サンヿハ先生ノ為メニ慮スベキヿナラズヤ

享和二年九月平沢元愷カ門生某其師ノ遺書ナリトテ校正ヲ乞ヘルニ辞スルヿヲ得サル故アリテ一過読畢テ其誤ヲ辨ス

織錦主人

因みに「上ニ辨ゼル如ク」とは、「エノ下」と朱書し、「四十七字《ノ》和草一無《モシ》㆘取㆓之《ヲ》訓読《ニ》㆒者㆖」と題された以下の個所を指す。

此説此書ノ一篇ノ主意ニテ伊呂波ノ字体ヲ新ニ製造スルニハ訓読ノ字ハ交ヘ用フベカラズ必皆字音ノミナルベシト思ハレタリト見エタリ此ハ正キヿノヤウナレド本伊呂波ノ字体ト云モノハワザト新ニ製造セルモノニハアラズシテ草書ヲ転ヽシテ書キ来レルガオノヅカラ一種ノ字体ノヤウニナレルモノ也……

全一四丁。

辨誤は、伊呂波ノ文句・片仮名・今ノ唐音・伊為江恵於乎ノ分別・へ即反省文・職濁音直・とちぬよね各論・沓濁用㆑治・或省㆑季作于今俗謬作文于之子・なゐく各論・若二草体江《ノ》一本又衣字《ノ》・諸鞍日記・ア者阿字之扁・古者多作レ才《ニ》亦左字草《ノ》省也・支用二草体部《ノ》《ニ》一非レ是《ニ》云云今不レ得レ施二之草部《ヲ》一也・め者原《ト》妙字《ノ》之草・ミシ葉各説・す者寿字之草等の各項にわたっている。

次に、末に「波麻臣」と識し、「此ほとかさせたうへりし字説辨誤といふなる書おのか許にもてかへりていとまあるひま〳〵くりかへし見はへるに誠やかの字説のひかことをたゝしあかさせ給ひしはさるものにて……」に始まる序一丁（辨誤より通一五丁）あり、裏丁後第五行より、「字説辨誤私考／四丁ウ　契沖ハ千子井等ノ云ゝ　十丁ウ　サテ片仮字ノ井字ヲ云ゝ／私考……」と本文に入る。無辺無界一〇行小字双行、字面高約二〇・〇糎。表丁折山中央下部に丁附。朱並びに藍筆の校字、墨の追考標記、「辨誤にも既にいえり」等の藍筆標記がある。巻末に「享和壬戌季冬一日稿」の年紀が識され、「鈔写允／畢読／誦士遍」の朱印押捺さる。通一八丁。字説に対する辨誤の、更なる補足考証で、春海の弟子泊洦舎清水浜臣のものであろう。薄葉紙を用い合冊され、入紙が施されている。題簽・小口書とも抽斎の手か。八〇九―五―一―一

孝経直解〔三〕巻　写（〔渋江抽斎〕）　大一冊　摸写永禄一二年一二月写本　渋江抽斎・森枳園旧蔵

褐色布目表紙（二七・二×二〇・二糎）貼題簽に「孝経直解」と書さる。巻頭「〇（朱丸）孝経直解巻第一（孝経中央に□朱引、題下に孔安国に就き以下の小字双行注あり、但し朱引省略―孔安国者（者は朱筆による増校）、孔子十一世之孫、漢武帝之国子博／士也、字孔国武帝之眊臨淮大守卒《ニッス》、此伝蓋《ハシ》／与レ昼同／眊也、）」と題し、朱筆で〇を打ち古文孝経序の直解より始まる。毎半葉単辺（二一・九五×一六・五糎）に上層を加う、高約三・八糎。八行二四字小字双行。訓点送仮名連合符、標目の頭には朱の〇、が打たれ、朱の句点鉤点、朱引が存する。眉上行間に枳園の朱（一本代赭色）校字、朱墨書入が為されている。これは後述する如く、一本と樋口本との対校で、樋口本は巻一のみ。また巻一には眉上に一から十迄の名数標記が朱書されている。尾題「孝経直解終（孝経直解に□朱引、終に「註此字異本在《ニリ》」と墨書、また始め墨筆、朱で其をなぞり「空一行／直解終」と尾題箇所を校せり）」。

次に「、（朱点）五等・〇（朱丸）開宗明義章第一……〇（朱丸）喪親章第十八・〇（朱丸）名有五品」等五十四條ほどの標目を直解、尾題「、（朱点）孝経正義終（孝経正義に□朱引）」。

次に「〇（朱丸）古文孝経（□朱引）孔氏伝（朱引）／、（朱点）開宗明義章第一」と題し、孔伝本文の注解為さる。尾題「〇（朱丸）古文孝経之終（古文孝経に□朱引）」。欄外に「于眊永禄十二己巳季十二月十三日牛刻昼《ママ》写早」の本奥書そのまま写さる。一〇、五、一九丁。首に「弘前蟹官渋江氏蔵書記」「森／氏」、巻末に、「問津館」の朱印押捺さる。

孝経直解は、孔伝を基に隋劉炫の孝経述議を割裂挿入し、室町初期に邦人の編述したもので、巻一を孔序の注解、巻二を主として宋刑昺の正義による標目章旨の注解、巻三を孔伝本文の注解とする。

本書には、巻頭書眉に朱書された

〇一本先年自京師携来古文孝経巻子影抄本也

〇樋口氏所蔵古鈔本／孝経直解序注／全存以為一巻巻／末云

江州北惣持寺末寺／八幡宮放生寺之住／僧貞印之

弘治三年二月廿七日／西塔南尾善住院／二位

立之案江州云ゝ／墨色稍古／弘治云ゝ墨色淡／而筆跡拙矣／今以朱筆校之／庚辰孟春／七十四翁枳園

の識語の通り、代赭と朱の枳園の校字書入が為され、巻一尾題上の書眉には、「樋口本止于此」の標記が見られる。枳園の標記書入注には、「策（連接線を引き『二尺四寸』）者杜預曰大叓昏之／於策小叓簡（連接線を引き『一尺二寸』）牘而已」等の書誌学に連関する記載も見られる。

本写本の底本たる永禄一二年本は現所在が知られぬが、弘治三年写の樋口本は、今東洋文庫に存する。本書に就きては、斯道文庫論集第六輯に校勘の一本として用いられ、阿部隆一氏の解題が備わる。八〇九—五—一二—一

新刻古今碑帖考　明朱晨編　胡文煥校　写　中一冊　薄様紙　渋江抽斎旧蔵

砥粉色表紙（一七・八×一二・一五糎）双辺刷枠題簽に「古今碑帖考　全」と書さる。錦雲堂監製の紅刷八行罫牋（紅紙）に「渋江抽斎名全善字道純抽斎其号也……（末に『右見于人名辞書』と書さる）」一葉挿入さる。「周碑四、二、（朱）／……国朝碑法帖附、一二九、七四、（朱）／計　一、三五四、」とある〔目録〕一丁、銭唐胡文煥徳父識「古今碑帖考述」一丁を冠せ、内題「新刻古今碑帖考全／朱　晨　長文　編輯／胡文煥　徳父　纂校／〇（朱丸）周碑四」と小題して本文に入る。単辺（一三・三五×八・六糎）有界八行、黒口の黒刷罫紙使用。行一八字小字双行。表丁中縫下部に丁附書さる。朱墨校字、朱圏点あり、小題や碑名の頭に朱丸・朱点打たる。八一丁（但し第二一丁欠）。序首に「弘前醫官渋／江氏蔵書記」「杏圃／珍賞」の二朱印鈐さる。

時代分け、分類別の碑目。胡文煥は明末万暦頃、新刻を書名に冠せ、自身輯校した「百家名書」や「格致叢書」の出版で知られる。本書も格致叢書の一に加えられ舶載、紅葉山文庫（現内閣文庫）に収蔵され等している。

「魏貞ノ貞ハ／徴ノ誤乎」等とある挿入紙が挟込まれているが、浜野氏のものか。八〇九—五—三—一

時還読我書（二）巻存巻上附時還読我書捷見〔多紀茝庭〕（安叔）（捷見）森〔枳園〕（立之）写（捷見森枳園自筆）半一冊　天保一〇年一〇月渋江〔抽斎〕手校本

紺色表紙（二三・二×一六・三糎）単辺題簽に「時還読我書　乾」と書さる、枳園の筆。「時還読我書捷見／以一医八事上ノ廿三医事朱子上ノ文集三七……須一水蛭上ノ十八……／（隔三行）／右捷見森立夫立之従津久井県録寄／丁未除日黙鴎主人（朱印）」のいろは引事項索引六丁を冠せ、内題「時還読我書巻上」。末に「法眼安叔」と題署せる前言を挟み、「日本後紀巻第十七、大同三年五月ノ條ニ、甲申…」と本文に入る。枳園自筆の捷見は、左右双辺（一九・三五×一三・五糎）有界一〇行、線黒口墨刷罫紙使用。本文は無辺無界一〇行二四字小字双行、字面高約一七・二糎。表丁折山中央下部に丁附。抽斎による藍点藍引、藍筆の校字標記書入が為されている。尾題「時還読我書巻上」。尾題の前行下部「天保十年十月十九日校読一過（朱印「勤」）」の抽斎校合藍筆識語あり。四九丁。捷見と内題の題下に「弘前醫官渋／江氏蔵書記」の朱印押捺さる。

本書成立の事情は安叔の前言に詳しい。

余平生視聴スルトコロ、苟後攷ニ資アル者ハ、必随筆箚記ヽ、積テ数十紙ヲ得タリ、固ヨリ敢テ大方ノ観ニ供スルナラス、因テ陶詩ヲ摘テ、以テ其書ニ顔シ、復コレヲ繕訂ヽ、篋衍ニ蔵ム、噫亦以テ自娯ムニ足レリ、屠維大淵献ノ歳、四月朔、暁起ヽ書ス、法眼安叔

既に本稿で何度も述べた随読随抄の読書箚記である。幾つかの箇條を摘録

する。

越後新潟ノ辺ニ、一種ノ病アリ、土人海ニ近キ河畔ニテ、草茅ヲ刈トキ、身中忽ニ虫ニ螫ル、ヿアリ、其虫至テ細ク、毛髪ノ如シ、螫ル、トキハ寒熱ヲ発シ、恰傷寒ノ如シ、土俗コレヲ呼テツ、ガトイフ、前年ハ不治ニ就モノ多カリシガ、近来ハ治方ヲ覚ヘ死ヲ免ル、其薬ハ、套剤中ヘ蛇蛻ヲ加用ルヿナリト、菊池退蔵ノ話也、軒村世絹イフ、此沙蝨ノ類ナラン、其螫処ヲ瀉血〆愈ト聞リトゾ、又弟子速水草玄イフ、近頃ハ白砂糖ヲ嚼テ傅ケ、又内服セシメテ必験アリト、

野鼠の耳に寄生し、人等の吐く息炭酸ガスに反応して移り来る。阿賀野川畔等に多い恙虫病の記載が見られる。奥州平のクサケやナベカブリ（下所収なれば、捷見に見ゆるのみ）、ハシカ・疱瘡・コロリ等の、風土病・奇病・流行病についての記述も多い。

是歳（文政庚辰―三年）ノ春、深川寺町辺ノ一刹、其名ヲ忘ル、堂ノ上ニ年来巣ヘル双鸛アリ、其雌久ク病トミヘテ巣ヲイデス、雄ノミ外ヘ出シガ、数十日還ラス、其中ニ雌死タリ、雄日ヲ経テ羽毛モソコ子、憔悴シタル体ニテ、草根ヲクワヘ還来リシカ、雌ノ死タルヲ視テ、驚タルヤウスニテ、亦絶シタリ、僧侶登リテコレヲ検スルニ、朝鮮人参ノ生ニテ葉ノツキタル、シカモ肥大ナルニテアリケルトゾ、鳥獣トイヘトモ、薬物ノ理ヲ知ヿ、此ノ如シ、万物ノ霊ト〆、其事ヲ業トシナガラ、其理ニ明ナラザルコソ、耻カシケレ、

原雲菴ハ、六七十年前ニ、都下ニ行レシ医也、奇思アリシト、嘗テ中橋辺一商ノ妻ノ病ヲ診〆、反テ其夫ニ薬用セヨトイヘリ、夫愕テ其故ヲ扣ニ、汝カ婦ノ病、慾事遂サルニ得タリ、汝必ス陽道痿弱ナルベシト云シカバ、夫屈服〆薬ヲ乞シカバ、因テ処療〆、妻ノ病モ勿薬〆愈タリトゾ、

一俚談ノ書ニ、一医者二三歳ノ小児ヲ診〆、酒毒也トイフ、病家甚怪テコレヲ問ニ、彼医イフ、其証酒毒ニ疑ナシ、必ス乳母ノ酒ヲ嗜ナラントテ、コレヲ糺スニ果〆然リ、因テ小児ヘ觧酒ノ薬ヲ与テ、ソノ病頓ニ愈タリト、此原雲菴ノ陰萎人ノ妻ヲ診セシト、其事相類セリ、

珍談奇話も多く、摘録枚挙に暇がない。

文中「余嘗テ顔師古匡謬正俗ヲ読ニ、……コレヲ錦城先生ニ質スニ、……」「狩谷棭斎ノ云、」等の語が見え、井上金峨門の幕府医官桂山の男茝庭の資質がよく窺える作物である。先考や祖先考藍渓に言及する記述も多い。茝庭元堅、安政四年没、享年六十三。八〇九―五―四―一

秋風餘韻・伯民先生詩集　稲垣（寒翠）（茂松）（詩集）〔会沢正志斎〕（伯民）嘉永七年七月写（詩集）写　半一冊　大田南畝旧蔵印妥補ヵ

浅葱色表紙（二四・三×一六・八糎）左肩直に「秋風餘韵　完」と書さる。天保三年壬辰冬美作、石恋畦史題乎岩城平之客舎、「秋風餘韻序」一丁を冠せ、内題「秋風餘韻／美作津山　稲垣茂松木公」。無辺無界一〇行二〇字小字双行、字面高約一七・三糎。朱句点、訂字に朱点を打ち、墨筆にて標記す。注標記書入らる。末遊紙に「嘉永七年七月上浣写之」と記さる。本文九丁。序首に「河井／氏印」「南畝」陰刻二朱印、末に浜野氏「穆如山荘」朱印押捺さる。本書は、序に「僧某、白川秋風詞、人口膾炙、……今茲壬辰七月、予有東奥之行、……秋風既起矣、……而悲喜之功為韻為歌、亦一焉無不為秋声、今輯之、成一巻、頼以秋風餘韻、……此出於実境者也、」とある如く、天保三年七月（巻頭の詩「七月既望暁雨甚、買笠簑発我孫子駅、」

と題さる）武城から東奥行の折の詩を輯めたもの。稲垣寒翠、古賀侗庵門にして津山藩儒。天保一三年没、享年四十一。

次に「伯民先生詩集／塞下曲戌午《ママ》」と題して本文に入る。無辺無界一三行二四字小字双行、字面高約一七・九糎。書写の体式等しからず、第一八丁一二行、第一九・二〇丁一一行。第一五―二〇丁料紙小さく二二・九×一四・九糎ほど。朱句点を施す。標記書入あり。二二丁。首に「河井」朱印鈐さる。伯民を字とする儒人は多いが、「桃蹊翁八十寿詞」や「壬午初冬詣瑞龍山、謁　先君墳、及夜夢、与幽谷先生論時事、語及　武公事、悲泣鳴咽、不能復言、忽然而覚、因賦一首、」の詩、「公駕臨史舘」「公臨彰考舘」等の語句から、水戸藩儒会沢正志斎と知れる。なお桃蹊翁は、天保八年八十二歳で没した同じく水戸藩儒石川氏であろう。「将入江戸遇（連接線を引き『過カ』と校さる）松門（余襄在江戸十八年故有此作）」と題された詩もある。朱丸を打ち「西遊詩稿」と題された詩の前言には以下の如くにある。

文政壬午夏与宇佐美公実飛子健議登富嶽遂以六月十一日起程歴武蔵相摸甲斐以二十日登嶽二十二日上絶巓帰路過駿河訪祖先遺跡歴覧豆相諸名区以七月初五日還家硒録所得詩若干首聊示同好諸子以供盃酒之雅話云

会沢正志斎、文久三年没、享年八十二。首に南畝の蔵印が捺されるが、大田覃は文政六年、七十五で没しており、書写年の嘉永七年七月を信ずれば妄補であり、南畝印を信ずれば、書写年が妄となる。印譜で検する限り大田覃の蔵書印ではなさそうである。写本自体が上乗のものではない。八〇九―五―五―一

新撰六帖題和歌　衣笠家良等　万治三年二月刊（〔京〕中野五郎左衛門）大六冊　文政一年五月屋代弘賢校合本　不忍文庫・阿波国文庫旧蔵

紺色表紙（二七・五×一九・三糎）双辺題簽に「新撰六帖　一（一六）」と刻さる。第二冊以下、表紙右肩に「共六／コミ」と朱書された貼紙あり。「新撰六帖題和歌目録」七丁、「作者次第」一丁を冠せ、「新撰六帖題和歌第一（一六）帖」と題し、各帖目録一丁（第五・六帖二丁）を挟み、「はるたつ日　家良／＼《トタユ》くれはて丶幾日もあらぬ年の内に猶いそきける春はきにけり」と本文に入る。歌題の前に、藍筆にて「新撰六帖題和歌／第一帖」と書入らる。単辺（二二・五×表裏通三四・二糎）無界一一行。裏丁書脳部に一（一六）ノ丁附と刻さる。なお「イ某」として、異本との校合が傍刻され、歌頭には合点が施されている。巻末第四〇丁裏に木記「万治三庚子年仲春吉日／中野五郎左衛門刊行」。次に作者と詠次、以下の如く刻さる。

一丁（藍朱の異本校合書入あれど、省略）。

女房（前内大臣衣笠家良）　寛元々年十一月廿一日始之
同二年三月廿五日詠之訖
前藤大納言　寛元々年十一月十三日始之
同二年二月廿四日詠之
九条入道三位　寛元々年二月六日始之
同二年六月廿七日詠之
前左京権大夫　寛元々年十一月廿四日始之
同二年正月十三日詠之
入道古大辨　寛元々年十二月廿一《六イ》日始之
同二年三月廿五日詠之

因みに、首に冠された「作者次第」を示せば、

作者次第　　　　点色
衣笠内大臣　家良公　紫
前藤大納言為家　号中院入道　黄
九條三位入道　知家　赤
左京大夫行家　又云信実　青
右大辨入道　光俊　黒
　已上五人各除我歌加点四首
　　題　五百二拾七（以下二行朱書入）
　　哥　二千六百三十五首

各帖本文二八・二三・一七・六・三三・四〇丁。首に「庸／雄」「不忍文庫」「阿波国文庫」「杉園臧」、末に「阿波国文庫」の各朱印、第六冊裏表紙見返に「松寿堂」の陰刻墨印鈐せらる。なお第四冊の表紙裏貼りに、和刻本漢籍の刷反古が使用されている。

古今和歌六帖の歌題に倣った家良等五名の詠歌に、相互に批点を加えて成った類題和歌集。天象以下の部類は、漢詩文集の部類と同様漢和の類書等のそれが影響していよう。

書入は、巻末作者付の裏丁に「右文政元年五月廿一日犢庫本を以校合了」と藍書される如く、磐城平藩主内藤風虎旧蔵本に依ったものであろう。藍朱の両筆で異本注記が為され、五者の批点は、家良紫・為家黄・知家赤・旧説なれば行家（今、信実と云わる）青・光俊黒の合点で記される。刻本は墨一色刷のため、本文巻頭を前述例示した如く、合点の下に作者名の始めの一音をとり、片仮名表記されている。

不忍文庫主屋代弘賢輪池、天保一二年没、享年八十四。蔵書家、和漢の考証に秀れ、棭斎の師でもある。杉園小杉榲邨、阿波の産。明治四三年没、享年七十七。八〇九—五—六—六

梁塵愚案鈔二巻（一條兼良）元禄二年九月刊（京　林長左衛門・浅見吉兵衛）半一冊　岸本由豆流旧蔵書入本

縹色表紙（二二・四×一五・七糎）下冊貼題簽に「神楽催馬楽／梁塵愚案鈔／岸本朝田家珎蔵（神楽催馬楽に三字ほど空け）」と書さる。上冊右肩「四十五」と朱書さる。巻頭「梁塵愚案鈔巻上（下）／神楽／庭燎／み山には霰ふりにし外山なる正木のかつら色つきにけり」と本文に入る。巻下催馬楽。単辺（一八・八×一三・二糎）無界一二行、小字双行。版心白口単黒魚尾、中縫に「梁塵上（下）」、下象鼻に丁附。最終丁表末行「元禄二己巳年九月中旬洛陽書林　浅見吉兵衛／林　長左衛門」の刊記あり。上冊二六、下冊二四丁。巻首に「朝田家蔵書」「稲垣家／所臟記」二朱印鈐さる。上冊末に「武州日本橋／川勝通志堂」の亞字型墨印押捺さる。

本書は、上冊見返に「奥書ヲコ、ニ」として、

右神楽之秘註滞峰於中院中納言以正本令書写数度校合／入落聞等尤可為正本焉
　　康正元年九月十日　　権中納言有俊
件正本依応仁之年天下之兵乱預置者也十一処令紛失／雖為遺根無力次第也仍以此本可准正本者也
　　文明元年八月五日　　釈有蟠

と書入られた如く、楽の家であった綾小路有俊（後薙髪して有蟠）の需めに応じ、兼良の撰述した神楽歌と催馬楽の注解書である。書名は、当然劉向別録等に見える梁塵を動かすの語から、先例の梁塵秘抄の如く歌・歌謡の

意に用い、「愚案」として解注するをそのまま採っている。「契沖云」「真淵云」等国学者の注解や、「重世按」「信胤按」等の按語が朱墨で眉上行間に書入られ、校字も為されている。天地断裁され、標記がやや切取られている。

本書には、刊年はそのままで、書肆名を削去し、「大坂心斎橋南壱町目／書林　松村九兵衛梓」と加刻した後印本が通行している。この題簽には、双辺で「新板梁塵愚案鈔　上（下）」とある。なお本版以前に、別版の寛文八年一一月刊（〔京〕　書林小兵衛）大本二冊が存する。

岸本由豆流、伊勢朝田氏、幕府弓弦師岸本家を継ぎて名とす。弘化三年没、享年五十九。八〇九—五—七—二

広韻（大宋重修広韻）五巻　宋陳彭年等奉勅重修　清康熙四三年六月序刊（呉郡　張氏沢存堂蔵板）唐大五冊　覆常熟毛扆蔵〔宋〕刊本　伊沢蘭軒・狩谷棭斎等旧蔵

後補紺色空押菊華文表紙（二六・八×一八・〇糎）双辺刷枠題簽に「宋本広韻　上平巻一（下平巻二・上声巻三・去声巻四・入声巻五）」と書さる。封面左右双辺「張氏重刊／宋本広韻／沢存堂蔵板」（隷体）と刻され、上部中央に双龍文の「進呈／御覧」、初行右下に「呉漊／張氏」の朱印鈐せらる。康熙四十有三年六月秀水朱彝尊書「重刊広韻序」一丁、旧史氏松陵潘耒書「重刊古本広韻序」三丁を冠せ、「大宋重修広韻一部／凡二万六千一百九十四言／注一十九万一千六百九十二字」と経注字数を刻し、「準景徳四年十一月十五日」「又準大中祥符元年六月五日」の牒、時歳次丁丑大唐儀鳳二年／前費州多田縣丞郭知玄（欠筆）拾遺緒正更以朱箋三百／字其新加無反音皆同上音也の〔序〕、于時歳次辛卯天宝十／載也「陳州司法孫愐唐韻序」全六丁（但しこれらは本文と通丁）を置き、「広韻上（下）平声巻第一（二）」「広韻上（去・入）声巻第三（—五）」と大題、目録を挟んで本文に接続する。左右双辺（二〇・八×一五・〇糎）有界一〇行小字双行、小字行二七字。版心白口単黒魚尾、上象鼻に大小字数、魚尾下に「韻上（下）平（韻上〈去・入〉声）丁附　刻工名」刻さる。白文。宋諱欠筆さる。尾題「広韻上（下）平声巻第一（二）」「広韻上（去・入）声巻第三（四・五）」の後、「新添類隔今（今字巻三・四なし）更音和切」題署共二行あり、但し巻五は、代りに「双声畳韻法」（通五三丁）を置く。末に、呉都査山六浮閣主人張士俊敬識刻書本末於後の〔跋〕あり、版心下部に「沢存堂」と刻さる。巻一通六一、巻二—五一、巻三—五三、巻四—五四、巻五—本文五〇丁、巻五の三三・三四・三六・三九—四二・四五—五〇・五二・五三刻工名なく、墨格。首に「伊沢氏／酌源堂／図書記」「小学乃家」「月の屋」、末に「棭斎」「狩谷／望之」（陰刻）「字／卿雲」（陰刻）「湯島狩／谷氏求古楼／図書記」の朱印鈐せらる。

本書は序跋に依るに、常熟毛氏汲古閣蔵宋刊本「大宋重修広韻」を影抄し、欠けていた一帙を崑山徐相国家の宋鋟本の影写で補い、両者を勘対詳審、康熙癸未歳の夏五より甲申秋孟に竣功し、呉郡の張士俊が自ら沢存堂で蔵板刊行せしもの。欠筆や刻工名もそのままに覆刻され、その刻工名から、静嘉堂文庫等に蔵される寧宗期覆宋刊本を底本としたかと思われる。底本自体既に何度かの覆刻を重ねたものであろう。一〇行本は、例えば「静嘉堂文庫蔵宋元版図録」に、覆刻関係に係る二種の図版と解題とが収められている。

参考迄に、本版の刻工名と欠筆を略記すれば、

王玩　王宝　王恭　方至　方堅　朱玩　余敏　李倚　李倍　何昇　何

典　何澄　宋琚　沈思忠　沈思恭（思恭）呉志　呉益　呉虔　呉梓
呉椿　金滋　高異　秦暉　秦顕　曹栄　張栄　陳寿　陳晃　陸選
趙中　劉昭　顔彦

なお刻工名なき丁、黒口の如く墨格と為す丁あり。

玄弦…朗敬鷩…竟鏡…弘泓…殷慇…匡筐…胤炅禎貞…徴懲…曙署樹桓（恒絙…）等

但し縣譲の類、並びに高宗以下の宋諱（構の類）は欠かないようである。

本文には、一連の同音字の間に○を刻して区分としている。「双声畳韻法」第五二丁表末二行や、同丁裏第二行に墨格がある。八〇九—五—八—五

万葉用字格　春登上人　文化一五年二月刊　〔明治〕印　（東京　文淵堂浅倉屋久兵衛）　森枳園書入本

朱色空押草花文様表紙（二六・〇×一八・三五糎）単辺題簽に「万葉用字格」。見返「春登上人著／万葉用字格／東京書林　文淵堂蔵」とあり、「表簽題五字狩谷棭斎所書」と墨書、浜野氏の筆に似るも、枳園の手ならむ。時《トキ》／者《ハ》文化《ブンクハ》乃《ノ》十餘《トヲマリ》四《ヨ》年《トセ》云《トフ》年《トシ》正《ム》月《ツキ》／桑門春登記「万葉用字格序」三丁、文化十五年二月狩谷望之〔序〕二丁、春登ふたゝひ識「例言」三丁を冠せ、内題「万葉用字格／○阿部」と本文に入る。自序首、眉上に「此序米庵河三亥所書」の、棭斎序首、眉上に「此序実夏蔭／作文而望之女／於孝書也／（以下低一格）此説恐非此／書上木之時／孝女尚是／総角此書／即夏蔭所／書也」の枳園の標記書入あり、自序末に「春登上人時宗の僧なり甲州都留郡西念寺住持にて／本山清浄光寺の宗務に参し晩年京都聞名寺に転住し／天保中示寂　郷貫并歿年月等未詳」の朱筆書入が存する。単辺（二〇・八五×一四・八糎）無界九行小字双行。版心白口、「㋐（—㋾）用字　丁附」。片仮名にて振仮名。尾題「万葉用字格終」。第四三丁裏に「文化十四年正月刻成／同　十五年二月発行／東京書林／神田区松住町　島屋平七／浅草区北東仲町　浅倉屋久兵衛」の刊記がある。四三丁。

本書は、あいうえお順に、万葉集の用字を、正音・略音・正訓・義訓・略訓・約訓・借訓・戯書の八類に分ち、考証排列したもの。朱墨の標記書入が為され、補説が述べられている。「立之案」の案語があり、一見浜野氏の移写の如くに見えるが、枳園筆としてよいかと思う。

題簽や序の筆者につき、当時の事情通でなくては知り得ない情報が記されている。因みに棭斎二女たかは文化七年生れ、序の年次には八歳。後年その手跡が、棭斎によく似ると称せられた。

なお本版の刊記は入木で、管見の及ぶ所、刊記・見返共に無く、「和書部　万笈堂英遵蔵板目録」一二丁を附するものが初印で、次に本書と同じ見返が附き、第三行を「江戸書林万笈堂英氏蔵板」、同刊年の次に「江戸書肆／本石町十軒店／万笈堂英大助」とするもの。見返第三行を「江都書林／英文蔵板」とし、刊記を「三都書林／京都三条通堺町　出雲寺文次郎／大坂心斎橋筋博労町　河内屋茂兵衛／江戸下谷御成道　英文蔵求板」とするもの（和泉書院より影印さる）等が続く。本印本見返第三行の「東京書林」は、前印本の「江都書林」の江都の部分を削去、入木したものである。他に見返第三行を「江都　製本所　野村新兵衛」とし、刊年のみで書肆名を欠く印本がある。

春登上人、天保七年没、享年六十八。八〇九—五—九—一

応仁記二巻　寛永一〇年一月刊　大一冊　覆古活　市野迷庵・森枳

園旧蔵

香色表紙（二六・九×一七・九糎）左肩直に「応仁記全」と書さる。「応仁記目録」に一行を隔て「序」（第一丁裏第四行より）合一丁、「応仁記巻之上（下）／前所《ニル》レ謂野《ハ》馬台ニ。丹水流《レ》尽テ後。……」と本文に入る。双辺（二二・五×一六・二糎）無界一二行、版心粗黒口双花魚尾、中縫に「応仁記上（下） 丁附」。漢字片仮名交り文。句点訓点送仮名振仮名連合符加刻。尾題「応仁記巻之上（下）」、巻下尾題より一行を隔て「寛永十年孟春吉旦」と刻さる。巻上通二八、下二六丁。首に「寛／済」（墨印）「江戸市野光／彦臧書記」「森／氏」、末に森氏「問津館」の三朱印押捺さる。

本書は、梁の釈宝誌作とされる。実は邦人撰述の、野馬台詩の末六句に依る史観の下で見た応仁乱の記録で、元和寛永頃に刊行された古活字版の覆刻本。裏表紙見返に乱筆ではあるが、「文政丁卯春日遊于　京師／山崎天王山下書肆浔《ニタリ》二此書《ヲ》一／光彦」の購得識語がある。本文中には不審紙が二箇所ほど貼られるのみで、書入の類は存しない。

迷庵については、前稿一 a で触れた鈴木亀二氏の著作に詳しく、本識語についても言及が為されている。実は文政に丁卯の年なく、己卯二年か丁亥十年の誤りと思われるが、迷庵は九年に没している。文政二年は、棭斎が慊堂・迷庵と連立ち、如月二三日に江戸を発足、伊勢を巡り、弥生一四日京師着、二八日には花の吉野に游んでいる。恐らく此次の購得であろう。乱筆と干支の誤り、春の酔餘か、或いは晩年中風の発作を得、此刻を懐しんでの仕業故でもあろうか。八〇九—五—一〇—一

和名類聚抄考証一〇巻〔狩谷棭斎〕 近写（〔浜野知三郎〕）　大二冊
移写森約之・木村正辞等標記書入本

朱色表紙（二六・九×一九・一糎）金砂子散し双辺刷枠題簽に「和名類聚抄考証　上（下）」と書さる。扉左に「和名類聚抄考証　上（下）巻」。双鉤隷体「孝経者／孔門教／人最第／一之書」一枚挟込まる。各巻「校譌」を冠せ、「序」校譌共二丁を挟み、「和名類聚抄巻第一………／源順撰………」と校合考証を為しつつ本文に入る。他巻内題なく、全て朱筆にて「和名抄考証三（—五）末」「和名抄考証六（—十）」と書入らる。無辺無界一〇行小字双行、字面高約二一・〇糎。まま朱句点、朱墨校字・書入・挿入線・入換線・抹消等輻輳し、度々の訂正の為されたことが窺える。「森約之云、（朱引）」「正辞云」等の標記あり。上冊〔一〕天地部人倫部（校譌より通）八丁、〔二〕形体部疾病部術藝部一〇丁、三末（表半丁白紙）居処部舟車部珍宝部布帛部五丁（うち異体字辨一丁）、四末装束部飲食部器皿部燈火部一三丁（うち異体字辨三丁）、五末調度部一六丁（うち異体字辨七丁）、下冊六〔同〕一〇丁（うち異体字辨四丁）、七羽族部毛羣部八丁（うち異体字辨第六丁裏より）、八龍魚部亀貝部虫豸部九丁（うち〔異体字辨〕五丁）、九稲穀部菜蔬部果蓏部八丁（うち異体字辨三丁）、十〔同〕三丁草木部二丁（うち異体字辨一丁）。

本書は棭斎畢生の名著和名類聚抄箋注に至る前稿で、標記に其名の見える木村正辞蔵本を大槻文彦が影写させたものであろう。前述の和名類聚抄附録と共に、大槻氏が珍書保存会から謄写刊行している。本書に於ても既に屢次に及ぶ改訂の跡が見られるが、撰者棭斎は、没する直前迄その改訂の筆を止めなかった。

本書校譌首に、次の如く云う。

所拠京本、時有譌脱、今従別本改正、別本之誤、二本以上同者、及活字本刻版本誤者、亦附載于此、但悉掲原字以不没其蹤恐以是為非之謬

僕之浅学或有金根之誤、希正於後之君子耳、

校譌に本文の出入、異体字辨で字形の差異を述べ、標目となる語を摘録、考証を行っている。なお森立之校刊本「和名類聚抄箋注」には、活字翻印の困難なこともあり、校譌と異体字辨の部分は採られていない。八〇九―五―一一―二

字鏡集二〇巻存巻一三―二〇　近写　大四冊（仮綴）　大槻文彦旧蔵

本文共紙表紙（二八・〇×二〇・一糎）第一・二冊右下に「校了」と朱筆小字にて記さる。巻頭「字鏡集十三（―二十）／人躰部下骨血力心忄髟音尸ナ／骨部　一百三十二字」と題し、「骨《コツ》膌同ホ子正ウヤマウ…」の如く、本文に入る。第一四の前に、中扉単辺「字鏡集十四老疒歹言食鹵耳」の目録一丁あり。無辺無界六行小字双行、五、次に「字鏡集十四」と書し、右に「万／十六字」と朱書、六段に書さる。字面高約二二・二糎。第一八のみ表丁折山部中央下方に「〇丁附」。朱墨声点清濁符、朱校字。虫損部もそのままに摸写さる。尾題「字鏡集十四（十五・二十終）」、第十四の尾題下に「一校了」と朱書。第二〇の二九丁裏より、「四声綱目百十五／平上去入」と題し一丁半、末に「一校了」と朱書。第一冊第一三―二九、一四―三〇、第二冊第一五・一六各二八、第三冊第一七―三二、一八―三六、第四冊第一九―三七、二〇本文二九丁。首に「大槻茂雄蔵」「大槻文彦蔵」二朱印鈐せらる。

本書は、天文十六年の識語ある字鏡鈔の大幅な改編本かと考えられている。八〇九―五―一二―四

字鏡集二〇巻存巻一―一四・一七・一八　近写　大八冊　摸写松平定信旧蔵本

香色表紙（二七・二×二〇・〇糎）。見返に書反古使用さる。裏丁より見開で、「一天雨日月雲風夕旦」より廿迄の目録二丁（実質裏表見開）を載せ、末に「右字鏡集二十巻之目録終」。「字鏡集一／天象部　天雨日月雲風夕旦／一天部一十四字……」の朱墨套印四段一・二頁一葉の〔希覯典籍蒐集会〕石印試刷挟込まる。内題「字鏡集一（―十八）／天象部天雨日月雲風夕旦／天部一十四字」と題して本文に入る。無辺無界六行五、六段小字双行。字面高約二一・四糎。巻一・四・一八は折山表丁に〇を打ち小字で丁附、巻六・九・一一はやや大字で丁附のみ記さる。朱墨声点、朱鉤点・朱校標記あり、不審紙が貼られ、墨筆抹消が見られる。但し第四冊、第六冊巻一二、第八冊巻一七には朱筆書入なし。第五・六冊扉「字鏡集九（十一）」、第七冊中扉、単辺「字鏡集十四」、右に「万／十六字」と朱書、次に「字鐘（ママ）集十四老疒歹言食鹵耳」と目録一丁あり、前掲書に同じ。尾題「字鏡集十四」とあり、題下に「一校了」と朱書、十三・十四・十七・十八は恐らく前掲書と底本を等しくするか。第一冊第一―二三、第二―二四丁、第二冊第三―二二、第四―二一丁、第三冊第五―一八、第六―二二丁、第四冊第七―二一、第八―二八丁、第五冊第九―三〇、第一〇―二五丁、第六冊第一一・一二各二九丁、第七冊第一三―二九、第一四―三一丁、第八冊第一七―三二、第一八―三六丁。本文巻頭に「楽亭文庫」「桑名文庫」「立教館／図書印」「桑名」の朱印摸写され、「木正／辞／章」の朱印押捺さる。木村正辞旧蔵。

本書は、松平定信旧蔵、後洗雲亭加賀豊三郎氏の蔵に帰し、現在都立中央図書館加賀文庫に所蔵される〔室町〕写本を摸写したもの。但し底本は二〇巻の完本で、勉誠社の「古辞書大系」に影印されている。

第二冊の第四には、黒インクで書かれた多数の校字（或いは本書を印刷せんとしてのメモか）紙片が挟込まれている。本書は天地裁断され、朱校標記

が切裁されている。第一四の目録は他巻と書写の体式異り、第一丁表に「人事部／老疒歹言《シヤウカチ》／飲食部／食鹵耳」とし、「老部一十五字」と小題して本文に入る。前掲書と同一筆者の手に成るか。八〇九―五―一三―八

附

伊藤東涯先生に就て　浜野知三郎　昭和一一年写（ペン書）　菊一冊

後補深緑色クロス装（二二・三×一四・三糎―横は背溝迄計測）背に金文字で「伊藤東涯先生に就て　浜野知三郎」と印さる。本文庫の改装。元表紙、匡郭外右に「財団法人斯文会」と印刷せる双辺（一八・二×一二・六五糎）有界一二行藍刷罫紙使用、「伊藤家譜／十一年十月廿二日／史料」と浜野氏墨書。其間に青インクにて「本稿は故浜野穆軒先生（知三郎）草する所／にして其手筆なり　のだ（のだ赤鉛筆）」と、麻生太賀吉氏の後見で、斯道文庫理事、財団最後の文庫長として残務処理を行った野田勢次郎氏の注記がある。但し本稿は後述の如く、斯文会の手になるものと見ゆ。巻頭「伊藤東涯先生に就て／浜野知三郎／東涯先生の二百年祭に当りまして……」と本文に入る。匡郭外左「1020」、下に左から横書で「TSNO1」と印された双辺（一八・三×一一・九五糎）有界二〇〇字詰薄青刷原稿用紙使用。「……之を以て私の講演／は終りといたします（終り）」と結ばる。四六枚、総裏打、本文庫によってクロス装菊判洋一冊に改装さる。

本書は、伊藤東涯没後二百年を記念し、斯文会の行った講演筆記で、本略解題四で触れた如く、「斯文」第一八編第一二号に翻印せられている。「堀川の　《コギ》堂」「　《キンジヨウ》」「　《コロウ》」「　《イカヒキヨウシヨ》」―本稿にも頻出する豬飼敬所ならむ「紹述《しやうじゆつざつさう》　」「武田　《さんかく》」「先生の基調《？》は……」「?」等、宛てるべき漢字の分らない所や聞取れない所が、ルビのみや、欠けたままで処理されている。本書には浜野氏が手を入れた跡はないので、校正で手を加えたものででもあろうか。こうした講演筆記の残っている所を見ると、浜野氏

のこの講演は、メモ・手控の類のみを用意して行ったものであろう。
　本書第一葉の後四行ほどが破損している。八〇九—六—一—一

○

　答沢九輔　松崎〔慊堂〕〔復〕〔享和三年〕四月写〔自筆〕　大一冊
　後補砥粉色表紙（二五・五×一六・〇糎）双辺刷枠題簽に「慊堂先生文稿」と書さる。内題「答沢九輔」。左右双辺（一六・一×九・二糎）有界一一行白口双黒魚尾墨刷罫紙使用。行二〇字内外、全一〇丁。朱筆句点、朱墨訂正書入夥しく、特に後半四丁に甚しい。文末に「閏月十六日益城復白」、追書の末に「四月八日脱稿」と書されている。総裏打、紙面高約二四・〇糎。首遊紙表に「浜／野」印押捺さる。
　松崎慊堂（明和八—天保一五）が林家塾に在学中、塾友の沢九輔（後の二本松藩儒服部大方）が慊堂に頼んで借出した林家の書物を質に入れ、金策と称して甲州に赴いた。
　甲距此二十餘里、一宿之行也、此亦足矣、速去、得金来、足下諾去、僕始有喜色曰、我今知免連累矣、屈指曰、往二日、還二日、反復商量又二日則足廿六日則来矣、而不来者、二千五百日、
慊堂はその責を負って退塾、房総に流浪して辛酸を極めた。その頃慊堂には熊本藩細川侯へ仕官の話が進められていたが、この件で中止となり、望郷の念の強い慊堂にとって、老父母の嘆きと重なり生涯の痛恨事であった。二六歳の頃のことである。
　後、書物は、九輔の師井上四明の経営の力により、悉く弘文書庫に入り、事明らかとなり、慊堂は復籍する。
　在房両月、徐得友生書、因審足下典書、悉入弘文書庫、皆四明翁経営之力也、感愧兼併、僕而後知桎梏之免、首領之保也、雖然、点汚至此、信無面目対人也、在房三年、時一見問及者、唯友生某与亀田鵬斎二人耳、其餘平素膠漆相与者、亦皆唾而去之、
　僕受盗書之名于此都、而悪声遠及三百里外矣、
　本書は、七年後消息を絶っていた沢九輔から音信があり、千々に乱れる心情を縷述せるその返書で、朱墨両様の删節増補訂正の筆の跡が生々しい。
　近時斯道文庫の未整理本の中から、沢九輔後の服部大方の自筆稿本類が大量に現われた。それらを整理した高橋智氏が本書を翻字注解し「服部大方軼事—松崎慊堂の書簡—」と題し、斯道文庫論集第三四輯に発表している。八〇九C—一—八—一

　文化十五戊寅暦〔松崎慊堂〕書入本　文化一四年刊（江戸　富田屋徳兵衛）半一冊
　後補砥粉色表紙（二三・七×一七・〇糎）双辺刷枠題簽に「慊堂先生遺書文化十五年戊寅暦」と書さる。本文共紙表紙表のみ双辺とし、隅切りの双辺木記中に「文化十五戊寅暦」と刻し、(寅)の朱印押捺さる。裏丁花魚尾を刻し、「江戸暦開板所　富田屋徳兵衛」とあり。内題「文化十五年つちのえとら乃寛政暦室宿値年凡三百五十五日」。単辺（一六・四×一三・八糎）有界。版心白口、三段に分ち、上象鼻に「文化十五」、下象鼻に丁附、中縫に「戊寅」と刻さる。裏丁中央匡郭外（最終丁のみ表）に「寅」とあり。全九丁。第九丁裏、上下に魚尾を刻し、中に「文化十四年出　立表測景定節気者」と刻さる。総裏打、上下裁断さる。紙面高約二一・九五糎。
　本書には餘り多くないが、慊堂自筆の標記書入が小書されている。慊堂

の日記は、後掲の如く文政六年四月の第三冊以降が伝存する。従って、記載はそれ程多くなく、内容もまた単なる備忘に過ぎぬが、本書と次に掲げる文政二年の暦とは、共にその欠を補う好資料である。此年慊堂は、五月四日発家、行先は記さぬものの、六月一三日帰家している。六月から九月にかけては、割に記載が多い。

図版は、六月一九日から八月六日迄を見開きで掲げたもので、七月二〇日には「林近藤浅草蔵六」、二四日には「訪因是順庵赴芳洲」、二六日には「訪春水熱甚」等と見える。熱を発し、旧知の医保科春水を訪ねたものであろう。屢々銃州にも赴いている。八〇九C―一―一〇―一

文政二己卯暦　〔松崎慊堂〕書入本　文政元年刊（江戸　近江屋新八）
半一冊

後補砥粉色表紙（二三・七×一七・〇糎）。本文共紙表紙表のみ双辺とし、隅切りの双辺木記中に「文政二己卯暦」と刻し、(卯)の朱印押捺さる。表紙右上に「八専壬子尽癸亥」等の暦語書入らる。裏丁花魚尾の下に「江戸暦開板所　近江屋新八」と刻し、内題「文政二年つちのとのう乃寛政暦壁宿値年凡三百八十四日」。単辺（一六・六×一三・八糎）有界。版心白口、三段に分ち、上象鼻に「文政二」、下象鼻に丁附、中縫に「己卯」と刻さる。裏丁中央匡郭外（第四丁・最終丁のみ表）に「卯」とあり。全九丁。第九丁裏、上下に魚尾を刻し、中に「文政元年出　立表測景定節気者」と刻さる。裏表紙に手の指を描き、指による数え方の図示書入らる。総裏打、紙面高約二一・九糎。

本書の慊堂による書入は、眉上・欄脚に朱墨藍の三筆で細書されており、前者よりも多い。此年二月四日には「有上京之命」、二三日「発都」、二九日「掛川」、三月五日「入名古屋」、九日「詣伊勢宮」、一四日「入京」、二三日「游嵐山」、二八日「游吉野」、閏四月六日「発京」、一八日「帰都」と朱書されている。この旅行は本書には記されぬが、親友の市野迷庵・狩谷棭斎を伴ってのものだったようである。五月一八日には「近藤君来」、翌る一九日には「一斎来」とある。

図版は、九月一一日より一一月六日迄を見開きで掲げたもので、九月二四日「棭斎来」、一〇月二七日「訪棭斎」の、両者の親密な関係が見られる。他にも二月五日には棭斎が来、八月二二日には棭斎を訪れている。

因みに、文化一五年は慊堂四八歳で、此年四月二二日に文政と改められた。八〇九C―一―一一―一

慊堂日暦　第三冊（癸未四月十四日起至六月四日）草稿本　〔松崎〕慊堂　文政六年写（自筆）　大一冊

後補茶色絹表紙（二四・九×一六・八糎）双辺刷枠題簽を貼附するも、書名題さず。扉右に「慊堂遺書」、左に「雑録　日暦共」と書さる。「瑟彼玉瓚黄流在中豈弟君子福禄所降旱麓　大雅文王之什……守一処和千二百歳」の覚書ありて、裏丁内題「慊堂日暦癸未四月十四日起　第三冊」。無辺無界一二行三五字内外小字双行。白文、但し片仮名交り、平仮名交りの箇所あり。字面高約一九・一糎。二一丁。覚を識した所に「益城松氏」印押捺さる。

本書は、雑記・雑抄や聞書・逸話の類を含めた慊堂の見聞録で、現在の日記の如く必ずしもその日の事績を誌したものではなく、後に纏めて項目別に編修し直した形跡が見られる。

慊堂日暦は、日歴・日録とも題され、第一・二冊を欠くが、文政六年より、弘化元年、没する約一月前の三月一九日に至る二二冊の自筆稿本が、

静嘉堂文庫に収められている。本帙の所蔵者浜野知三郎氏の翻印が、「日本藝林叢書」に、山田琢氏の注解抄訳が、平凡社の「東洋文庫」に鉛印されている。

　本冊には、薬の処方・雑抄・人物の逸話の類が多く、川柳もよく引かれている。静嘉堂文庫本に比し出入があり、抄録記事が多く、恐くは草稿本であろう。六月四日の松村弥一左門《ママ》の記事迄を存する。但し「五日訪余山荘」と小書注記している。八〇九C—一—一二—一

〔典籍開雕意見〕　草稿本　〔松崎慊堂〕（明復）〔天保一三年〕写
（自筆）　大一冊

　後補砥粉色表紙（二六・二×一八・四糎）双辺刷枠題簽に「典籍開雕意見松崎慊堂手署」と書さる。内題なし。無辺無界一一行、字面高約一八・〇糎。片仮名・平仮名混交の候文。全八丁。末に「明復叩頭」と署さる。総裏打、紙面高約二四・二糎。遊紙に「穆如山荘」（浜野氏）印押捺さる。

　天保一三年幕府は一〇万石以上の大名に、大部の典籍を開雕するよう要請した。慊堂は大に喜び、漢土に佚して我国にのみ伝える経史子集（そのうち、特に五経・三史・文選・杜氏通典）の最善本たる旧抄本や宋版・基本典籍等を選んで、その伝流や文化史的な価値と刊行の意義とを述べ、大学頭林檉宇を通じて幕府に提出した。この幕命は、幕末の多難の時と重なり、僅か数藩で行われたに過ぎない。慊堂の進言校訂により、故郷熊本の藩校時習館から足利学校蔵宋版越刊八行本「尚書正義」二〇巻二〇冊が弘化四年に覆刻されたのは、その稀な例である。この意見書に述べられた慊堂の識見は極めて高邁且つ妥当で、近時影印によってその幾つかは公刊を見たものの、本書に掲げる典籍は、今なおそのまま出版を要請されるものばかりである。慊堂畢生の宿願・建言は今に至るも実現せず、こうした所にも日本の為政者の文化に対する態勢が如実に窺われよう。

　本書は草稿で、加筆の上、林家に提出された正本をもとに、明治二二年三月東京の山下重房が石印本を刊行、「日本儒林叢書」第三巻に翻印されている。該書は、巻末に「書取要文」と題する各本についての更に詳しい説明が為され、次に述べる「縮刻唐開成石経」の校勘作業に従事した門下生安井息軒が題跋を識している。此原本は巻子本で、昭和六〇年東京古典会の大市に出陳された。八〇九C—一—一二—一

縮刻唐開成石経附五経文字・九経字様　松崎〔慊堂〕（明復）審定
〔天保〕刊（西条　擇善書院蔵板）・校正刷（〔羽沢　石経山房〕）　大
三九冊

　周易九巻附周易略例二冊、尚書一三巻二冊、毛詩二〇巻三冊、周礼一二巻三冊、儀礼一七巻三冊、礼記二〇巻四冊、春秋経伝集解（春秋左氏伝三〇巻一〇冊、春秋公羊経伝解詁一一巻三冊、春秋穀梁伝一二巻三冊、孝経一冊、爾雅三巻一冊、新加九経字様（鉤摹石本九経字様）一冊、五経文字（鉤摹石本五経文字）三巻三冊、計三九冊に、昭和五年五月東京の文求堂から影印された「易書詩校譌（周易・尚書・毛詩校譌）」「春秋三伝校譌（左氏経伝・穀梁経伝・公羊経伝校譌）」の二冊を合せ、四一冊を五帙に納む。

　首の周易で形態的な事項を示せば、柴色表紙（二九・〇×一九・九糎）単辺題簽「縮刻唐石経周易　下」が、下冊本文中に挟込まる。因みに題簽は、他に「縮刻唐石経毛詩　上（中・下）」「鉤摹石本九経字様」「鉤摹石本五経文字　上（中・下）」のみ残存している。扉単辺「縮刻唐開成石／経付五経文字／九経字様」と篆体で刻し、裏に「益城松崎明復審定」と隷体で題署

さる。末に「益城松崎明復識」とある「縮刻唐石経例言」三丁を冠せ、内題「周易上経乾伝第一／王弼注（以上隷体）」等とあり。第四より第六迄下経、第七・八は繋辞上・下、第九は説卦とし、第七以下「韓康伯注（題署全て隷体）」と刻さる。単辺（二二・二×一五・二糎）無界八行一九字小字双行。大題二行取り。版心白口単黒魚尾、魚尾下に「周易巻第一（巻二—九）（丁附）」。例言で述べる審定者の補入等を示す圏点が、右旁・左旁に附刻されている。白文。尾題「周易巻第一（—九）」あり、「周易略例／王弼」一二丁を附す。巻末に「西条擇善／書院刻梓」の朱印、巻頭内題下に「益城松崎／明復審定」の朱印押捺さる。上冊巻一—五、各々一二・八・八・一〇・一〇丁、下冊巻六—九、各々八・九・八・八丁。

本書は、四五歳で退隠後その宿志を果さんとし、渋谷羽沢の地を卜し石経山房と号して、門人の安井息軒・塩谷宕陰・小島成斎・海野石窓等と、唐開成石経の縮臨とその本文復元とに心血を注いだ成果で、周易・尚書・毛詩の三点は、西条公の捐資による刊本。周礼は朱筆校正は為されていないが、句点や●の刻された未だ校正段階に止まるもの。儀礼・礼記・左氏伝・公羊伝・穀梁伝は、句点・●や墨格・欠丁・裏丁匡郭外下端に刻工名等がまま刻され、所々に朱の校正が施されている校正刷。又一部に訓点の刻されている箇所もあり、朱筆で抹消されている。もと訓点や句点が施されていたが、最終段階で、左右に附された圏点と紛らわしいこともあり、削除されたことが分る。公羊伝には、校正により彫換えた部分が、眉上に附箋として貼附されている。孝経も句点を刻した未だ校正段階のもの。爾雅は、首に「徳造書院」「夫部氏蔵」「含雪亭臧」の朱印が押捺され、圏点のみの刊本である。新加九経字様・五経文字も刊本の如きである。本帙はこうした刊本・諸段階の校正刷本を取合せ一書としたもので、浜野文庫には、他にも何種かの縮刻唐開成石経の版下稿本・校正刷・刊本が存する。「斯道文庫三十年略史」の題字は、本書より採字したものである。

江戸時代後期勃興してきた古注学・校勘学の徒は、宋以後の新注に慊らず、漢唐の古注によって、溯り得る最古・最善の本文を復元解読しようとした。経書のその最も基本となる本文が、唐の太和七年から開成二年にかけて長安の太学構内に建てられた十二経の石経である。慊堂はその拓本を入手し（静嘉堂文庫現蔵）、本格的には天保五年六四歳の春頃から着手、臨摹縮抄した石経の欠損箇所や補塡字・疑のあるものは、唐のテキストの遺風を留める宋刊本や我国所伝の古鈔本によって訂し、それらの改定箇所には左右に圏点を附刻、周密精到な用意をし、学術的に万全な資料たらんと刊刻したのが本書である。開板事業には慊堂由縁の掛川・熊本・西条・佐倉の諸侯が支援した。附載の影印本の底本には「佐倉成徳／書院刻梓」の印記が見られる。

漢土でも行われなかった此大事業は、我国の江戸時代の学術・文化の最高水準を示す貴重な出版である。後に唐土に於て石経本文の影印本が刊行されたが、此等は欠壊箇所や後の補塡もそのままで、宋刊本の明代の補刻箇所がテキストとして質が落ちるのと同様、使用には注意する必要がある。なお慊堂は、唐石経には存しない「大戴礼」「孟子」の二経も審定を終えていたが、刊刻には及ばなかった。ハ〇九C—七—一—四一

孟子（趙岐注本）一四巻（巻四欠）　版下稿本　〔天保〕写　大七冊

後補紺色空押菊華文様表紙（二四・七×一七・九糎）双辺刷枠題簽に「孟子　一（—七）」と、篆体から草体迄各巻書体を変えて記さる。扉、元本文共紙表紙か、左肩に「孟子　未刻　三万六千五百六字凡百廿八板　九板」と書さる。「孟

子題辞」（隷体）四丁を冠せ、内題「孟子巻第一（一三、二は子のみ残）／梁恵王章句上　孟子／趙氏注」と署さる。巻五以下内題未だ整わず、巻二より二行取り、篆体。巻一は、題辞が内題に準じる如きで、大題は経文と同一の大いさと書体で記さる。単辺（二二・一×一五・三糎）無界の匡郭内に八行一九字に記され、白文。但し巻三に句点、巻三以下にはまま朱筆の校字が存する。版心白口、単黒魚尾（巻三以下白魚尾）の下に「孟子巻一（一十四）（丁附）」書さる。尾題「孟子巻第一（一十四）」。巻一末裏丁に「孟子文字巻二」と題し、使用文字の考証半丁。巻末に同じく「孟子文字」と題して半丁、また「巻九二千六百八十八字／巻十二千四百七十六字／巻十一二千六百五十一字／巻十二二千六百廿五字／巻十三二千四百卅五字／巻十四二千二百八十字／通計一万五千百六十字／実紙五十葉四十字不足／孟子／巻九　十頁／巻十　九頁／巻十一　十頁／巻十二　九頁／巻十三　九頁／巻十四　八頁／合五十五頁」半丁、五月廿九日と書かれた出版の見積り記さる。第二冊巻頭に「原田／氏印」「伊藤氏／千林荘／図書記」印押捺さる。巻三は入紙、他は総裏打が施されている。第一冊巻一、二、題辞より通一三・一〇丁。第二冊巻三、一〇丁。第三冊巻五、六各々九丁。第四冊巻七、八、九・八丁。第五冊巻九、十各々九丁。第六冊巻十一、十二各々九丁。第七冊巻十三、十四、九・八丁。

本書は、前掲の縮刻唐開成石経に摸して、薄葉に趙岐注本の本文を書写した版下書で、前掲書に続いて刊行を目指し、その見積りが記されていることは前述した。巻四を欠き、その他所々に欠字や欠丁が存し、内題や尾題を欠く巻もあり、未整成の感を否めない。切貼や擦消訂正・朱校字の跡も見え、なお編修の途中であったことが偲ばれる。

本書には凡例が存せぬものの、唐石経にない「大戴礼」と「孟子」も、他に倣って審定作業はほぼ終っており、唐本系の宋刊本や我国古刊本、唐抄本系の皇国古抄本の何れかをもとに、他を参酌審定したのであろう。大戴礼と本書が未刊に終ったことは、かえすがえすも惜しまれる。八〇九Ｃ—一—三二—七

尺準考四巻（存巻一・二）　草稿本　松崎〔慊堂〕（復）　文政四年八月写（自筆）大一冊

後補朱色表紙（二六・一×一八・二糎）双辺刷枠題簽に「尺準考松崎慊堂手稿本」と書さる。扉（もと本文共紙表紙か）に「法隆寺古今目録鈔・尺准《ママ》図本式・唐尺考」等とし、覚書一丁。末に「文政辛巳仲秋日夜分日草成」と識された「尺準考序　益城松崎復述」に続け、末に「八年林下五十一翁復又識」とある目録合一丁を冠せ、内題「周尺考　尺準考巻第一」、「唐尺尺準考巻第二」と書さる。巻一周尺考は、前行一格下の部分に〇印が書かれ連接線が引かれている。一字下げるべしの意か。序題「準考」の二字は貼紙の上に書されている。無辺無界一〇行（巻二共、本文第二丁表一一行）二〇字小字双行、本文低一格字面高約一八・四糎、考証更に低一格。眉上・脚欄・行間への書入、切貼・押紙・塗抹・抹消多く、後半特に甚しい。朱筆の圏点・訂字や藍筆による書入も見られる草稿本である。襯紙が施され、半葉以下の紙面を貼附した所もある。紙面高約二四・二五糎。本文巻一、二〇・巻二、二一丁。

本書は、序末に載せる目録によれば

巻首　尺準図式

巻一　周尺考

巻二　唐大小尺本本《ママ》朝大小尺

巻三　清尺考
巻四　諸代尺目
という構成で、その著作の動機は、同じく
余向得聖裔孔尚任建初尺考及冢識諸跋数年独苦無基準是歳春季得律呂正義中載横黍縦黍二尺証以周官禄田考其準始定近日暑困堅閉固距点検旧書為草尺準考一書然余平生不解布一筭和田弟持正頗精数理為余乗除得以成吾志其績不可忘因附書焉
と識される通りである。
和漢の諸書を引き、現存の遺品で補完しながら、精緻に考証を進めてゆき、その溯源を追究するという椶斎一派の方法が、本書にも顕著に窺えよう。巻二「本朝大小尺」のうち、「裁衣尺」の末葉を欠いている。
なお「尺準考」は、増補改訂された定稿本をもとに、「崇文叢書」所収の慊堂全集巻二四に全巻が翻印されている。八〇九C―一―一四―一

浜野文庫目録

凡例

一、本書は浜野知三郎氏旧蔵浜野文庫のうち、書簡と軸物とを除いた、普通書と松崎慊堂関係書の全目録である。但し、虫損等のため一部欠本が生じていることをお断り申上げる。

一、書名に又とあるのは同版本を示し、誤解を生じる虞のない場合、中段の記載は省略して前と異なる箇所のみを記した。

一、同とあるのは前項と同文字であることを示す。覆刻など同事項を記さず、省略した場合もある。

一、書名は原則として本文巻頭によったが、国書においては序題・目録題が内題に準じる場合がある。また図会類や明治以後の鉛印本・影印本には内題のないものも多い。それらは所謂るタイトル頁や表紙から書名をとったものがある。その書名の記されている部分や何処の書名であるかを（　）内に注記した場合もある。

一、中段には異名　テクスト　巻数　著編者　刊写年　刊写者　注記等を記した。校訂者・検閲者は省略した場合も多い。

一、下段には図書の大きさ　員数を記した。唐本の新学書や洋書の大きさは、便宜相当する国書の判型で示した。

一、〔　〕は著録者の補記であることを示す。

一、虫損の甚だしいものには※を附した。

一、連歌や和歌など、むしろ歌人・文学者として知られる僧侶は、著者事項の釈字を省略した場合がある。

一、同様に本来つけるべき旧題の文字も、尚書・孝経など頻出するので省略した場合がある。

一、本書はコンピュータ組版による印刷とした。字体は原則として現本通りであるが、製版上の制約から、新旧体の類似字・別体字等現本通りにできなかったものがある。

一、松崎慊堂関係書は慊堂の著作や手写の形態から分類されており、成可く現本通りの記載とした。

斯道文庫図書分類表

(1)本表ハ門及項（ラベル上欄ニ二桁数字ヲ以テ掲出ス）ノ分類ニ於テハ十進法ノ型ヲ採用ス。但シ主題ノ選定排列ハ本文庫独自ノ必要ニ従フ。

(2)項以下即チ目・分目（ラベル中欄ニ一桁数字・一桁小数ヲ以テ掲示ス）分類ニ於テハ

0総記　1辞書・索引・年表　2叢書・全集テキスト
3理論研究　4註釈・考証　5史伝　6特殊研究・雑著
7資料　8逐次刊行物　9外国文献

トイフ十単位ノ基本的形式区分ヲ設ケ、之ガ全部又ハ一部ヲソノマヽ適用シ得ベキモノハ、本表ニ目ノ記載ヲ省略シ然ラザルモノノミ特ニ主題ヲ選定シテ之ヲ掲出シタリ。然レドモ（イ）尚分類ニ困難ヲ感ズル時ハ、項・目間ニ小単位ニ拘ラズ必要数ノ亜項ヲ設ケA、B、C……ヲ以テ示シ、又（ロ）目・分目ノ形式区分ニ適セザルモノハ、ソノ間ニ必要数ノ亜目ヲ設ケa、b、c……ヲ以テ示ス。蓋シ十進法ノ機械的方法ハ幾多ノ利便アレドモ、ソノ機械的方法ノ故ニ内容上ノ分類的要求ヲ不当ニ拘束スル嫌アリ。之ヲ免レントシテ分目・亜目等ニ細分展開スルトキハ不熟練者ノ常識的判断ト乖離シテ却テ不便ヲ来スヲ以テ、斯ク論理的方法ヲ加味シタルモノナリ。

松崎慊堂関係

自筆稿本

ハ09C 1-1 1
掛川学問所張出
覚・戊辰（文化五）五月掛川学ニテ書ゲ・壬戌（享和二）十月〔生員控〕
自筆
半一

ハ09C 1-2 1
客窗渉筆
松益城（密）抄
寛政八・九年写
大一（仮綴）

ハ09C 1-3 1
客餘殘稿
詩并文　丙寅（文化三）至己巳（文化六）松崎益城（明復）
自筆　総裏打　好文軒蔵茶刷罫紙
半一

ハ09C 1-4 1
偶然書
松崎益城（復）
文化一〇—文政三年写　総裏打
半一

ハ09C 1-5 1
慊堂雜稿
（外題）松崎羽老（益城・復）
天保五—一一年写（自筆・他筆自訂）貼紙
半一

ハ09C 1-6 1
草稿
（慊堂先生詩稿）松崎圭（子璋）
寛政一—三年写　総裏打　菩提樹菴藏墨刷罫紙
大一

ハ09C 1-7 1
慊堂先生詩文摘鈔
（外題）松崎益城（明復）
自筆（第六丁以下矢部温叟〈潤〉写）入紙
半一

ハ09C 1-8 1
荅澤九輔
松崎益城（復）
〔享和三年〕写　総裏打　朱墨削補稠密
半一

ハ09C 1-9 1
慊堂二存稿
巻一古今體附一葉　松崎益城（復）
文化写　総裏打
大一

ハ09C 1-10 1
文化十五戊寅暦
（外題）自筆書入（朱点）
文化一四年刊（江戸　富田屋徳兵衛）総裏打
半一

ハ09C 1-11 1
文政二己卯暦
（外題）自筆書入（朱墨藍筆・朱墨点）
文政一年刊（江戸　近江屋新八）総裏打
半一

ハ09C 1-12 1
慊堂日暦
（草稿本カ）第三冊癸未（文政六）四月十四日起
〔至〕六月四日
自筆　朱墨図入
半一

ハ09C 1-13 1
祭式
（後補題簽）
〔文化五年以後〕写　朱墨図入　総裏打
大一

ハ09C 1-14 1
尺準考
（草稿本）巻一・二（末欠）松崎益城（復）
文政四年八月序写　切貼抹消塗抹朱墨訂字書入
多シ　入紙
大一

ハ09C 1-15 1
接鮮紀事
（草稿本）松崎復
〔文化八年〕写　墨訂字書入　総裏打
大一

ハ09C 1-16 1
接鮮紀事斷稿
（後補題簽）朝鮮使一覧
自筆　当日應接唱酬者皆圏書トアリ　総裏打
半一

ハ09C 1-17	2	接鮮瘖語	（中書本）二巻附接鮮紀事　松崎復 文化八年写　薄様　詩文中ニ益城慊堂ト題スル アリ　次ニハ欠ク	中二（仮綴）
ハ09C 1-18	1	接鮮瘖語	（草稿本）下（第一九丁以下欠）松崎復 〔文化八年〕写　総裏打	大一
ハ09C 1-19	1	静坐考	自筆　朱墨訂字書入多シ　総裏打	大一
ハ09C 1-20	1	勢兒亭波草	他雑抄 自筆　好文軒蔵茶刷罫紙	小一
ハ09C 1-21	1	宋本爾雅校譌	（草稿本） 自筆	半一
ハ09C 1-22	1	〔典籍開雕意見〕	（稿本）〔松崎〕明復 〔天保一三年〕写　総裏打	大一
ハ09C 1-23	1	遠江所聞	他　松崎退蔵 文化二・三年写　総裏打 他ニ盡補録・此間中被仰付候御家中礼俗之儀ニ付奉申上者	半一
ハ09C 1-24	1	凸凹問答辨	（元外題）（改稿本）松崎益城（慊堂・復） 文政五年頃写　総裏打	大一
ハ09C 1-25	1	〔凸凹問答辨〕	（草稿本）一八條〔松崎〕慊堂 文政五年頃写　入紙	大一
ハ09C 1-26	1	服紀畧	松崎復 文政六年四月写　総裏打	大一
ハ09C 1-27	1	申上ル愚見	〔松崎〕復 文化二年三月写　入紙	半一
ハ09C 1-28	1	夜雨寮瑣記	（夜雨瑣記）巻一 文化二年一月・六月写　総裏打	中一
ハ09C 1-29	1	夜雨寮癸亥藁	并甲子録（草稿本）松崎復 享和三・文化一年写　総裏打	大一
ハ09C 1-30	1	遊豆小志	附遊豆亂藁　松崎益城（復） 文化一年写 文化一年九月（佐藤）一齋（坦）跋并朱批　杉山直、文化一 二年八月廣瀬（蒙齋）（典）跋　弘化三年八月（塩谷宕陰） （世弘）朱校識語（安井息軒）（衡）朱標識語附箋	中一（仮綴）
ハ09C 1-31	1	論性書注	（元外題）〔松崎〕復 文化二年閏月写　総裏打	大一
ハ09C 1-32	7	孟子	（縮刻唐石經孟子版下稿本）（趙注本）一四巻 （巻四欠） 〔天保〕写　総裏打	大七
ハ09C 1-33	1	慊堂片鱗	（後補題簽）松崎益城（復）撰（松雲堂野田文之 助）輯 自筆并他筆他著貼交　裏打并入紙	大一
ハ09C 1-34	1	丙子稿	（松崎慊堂先生雜記）并貞觀政要目録　松崎復 文化一三年・文政四年二月写	小一

自筆書入本

ハ09C 2-1 7
周易〔本義〕
（頭注本）并序例　宋朱熹撰　林〔春齋〕點　寛文四年一〇月序刊　延寶二年四月〔修〕（〔京〕青木勝兵衛）寛政六・七・一二文化六―八文政五―九天保一二―一四年等書入　大七

ハ09C 2-2 1
易學啓蒙
存第一本圖書第二原卦畫　〔宋朱熹〕撰　山﨑〔闇齋〕（嘉）點　刊　文政五年閏一月第五次校　大一

ハ09C 2-3 9
書經集傳
（序・目）（改正書經集註）一〇巻（巻九欠）宋蔡沈　享保九年一月印（京　今村八兵衛）文化一二・一四文政一―四・六・九―一一天保一・四・五・七―一三年等書入　半九

ハ09C 2-4 8
詩經集註
（改正詩經集註）一五巻　宋朱熹撰　松下西峰（見林）點　元祿六年二月刊〔後印〕（京　野田庄右衛門）享和二・三文化一四文政二―五・七―一一天保一年等書入　半八

ハ09C 2-5 7
詩經〔集傳〕
（首書詩經集註）八巻（巻二欠）宋朱熹撰〔松永〕寸雲子（昌易）首書〔寛文四年〕刊　享保九年一月印（京　今村八兵衛）朱墨藍寛政五年等書入カ　若書　大七

ハ09C 2-6 8
周禮
四二巻　漢鄭玄注　明金蟠・葛鼒校　寛延二年一月刊（江戸　前川六左衛門・京　大和屋伊兵衛等二都四肆）覆明永懐堂刊本　文化一三・一四文政六年等書入　大八

ハ09C 2-7 5
儀禮
（儀禮鄭注）一七巻　漢鄭玄注　明鍾人傑校　河〔野恕齋〕（子龍）點　寶暦一三年四月刊（京　山田三良兵衛・山本平左衛門）文政五・六天保三年等書入　大五

ハ09C 2-8 15
禮記集說
（首書禮記集註）三〇巻　元陳澔撰〔松永〕昌易首書〔寛文四年〕刊　享保九年一月印（京　今村八兵衛）寛政五―七文政一〇―一二天保一―九・一一―一四年等書入　大一五

ハ09C 2-9 26
四書大全説約合參正解
三〇巻（巻九・二〇・二一・二三・二四欠、巻六重複）附四書正解字畫辨訛　清呉荃孫編　丁烇等校　三雲義正點　元祿一〇年一月刊（但シ三月跋アリ）〔後印〕（京　天王寺屋市郎兵衛好廷）覆清康熙一八年五月序金閶梅園堂刊本　大二六

ハ09C 2-10 1
大學〔章句〕
宋朱熹　刊　木活　入紙　文政七・九天保一・三・四・六・七・九・一三年等書入　大一

ハ09C 2-11 2
論語〔集註〕
存巻六・七先進―憲問　宋朱熹　刊　木活　入紙　文政六・七・天保六・七・九―一四年等書入　大二

ハ09C 2-12 4
孟子〔集註〕
一四巻（巻八第一―八丁補写）宋朱熹　刊　木活　以上三部四書集註ノ内ナラム　寛政一一文化一・四・五・一四文政一・二・四・一〇・一一天保一―一四年等書入　半四

ハ09C 2-13 11
貞観政要
(菅家本) 一〇巻附古本校合凡例　唐呉兢 (附) 山田錦所 (以文)
文化一四年三月寫 (細川隼人源利和) 文政二年書入
大一〇 半一

ハ09C 2-14 3
貞観政要
(南家本) 一〇巻　唐呉兢
写　文政四年書入
大三

ハ09C 2-15 10
説苑
二〇巻　漢劉向撰　明程榮校
刊〔後印〕(江戸　千鍾房須原屋茂兵衞) 覆寛文八年覆明刊本　文化一三・文政八—一一天保一年等書入
大一〇

ハ09C 2-16 4
近思録集解
一四巻 (巻八第九丁補写) 宋葉采
〔清〕刊 (呉郡　邵氏味經堂藏板) 総裏打　文化二・三・五—七天保一一—一三年等書入
唐大四

ハ09C 2-17 1
白鹿洞書院掲示
宋朱〔熹〕
文化一一年一月刊 (又新齋整藏版) 木活
半一

ハ09C 2-18 4
小學〔纂註〕
六巻附小學總論　清高愈撰　北條〔霞亭〕〔讓〕點
〔文政五年〕刊 (福山藩　北條氏歳寒堂藏板〔江戸　英平吉等三肆〕) 覆清康熙三六年九月序刊本　天保八—一一年等書入
大四

ハ09C 2-19 4
堯峯文鈔
四〇巻 (巻一八—二六欠) 清汪琬撰　林佶編
写 (清康熙三二年一月跋刊本) 薄様　末ニ呉郡程際生刻＝2-16本跋末呉門程際生鐫
大四

ハ09C 2-20 8
唐宋八家文讀本
三〇巻　清沈德潛編
清乾隆一五年一一月序刊　寛政二文化七・一三年等書入
唐大八

ハ09C 2-21 3
須溪先生校本韋蘇州集
一〇巻并拾遺　唐韋應物
写 (本間玄齡) 総裏打　文化一一年書入
文化甲戌首夏月得此集廿七日一讀／此余門生本間玄齡借抄余本者不知何／故落書賈手乎余本亦為人借去不返／而是本幸歸於我此則失了而得孫余／之喜可知也
半三

ハ09C 2-22 5
廣韻
〔宋陳彭年等〕奉勅重修
天保二年刊 (〔官版〕) 覆清康熙四三年六月序呉門張氏覆常熟毛氏藏宋刊本　総裏打
大五

ハ09C 2-23 8
説文解字
(北宋本) 附共一五巻　漢許愼撰　宋徐鉉等奉勅校
〔明末〕刊　毛氏汲古閣覆宋刊本　天保八・一〇—一二年等書入
唐大八

手抄本

ハ09C 3-1 3
敬作所偶得
思・無・氣集　松〔崎〕益城 (明復)
寛政八年八月前後写　雑記雑抄　総裏打
半三 (仮綴)

ハ09C 3-2 1
敬作所漫抄
(外題)〔松崎〕明
寛政八年九月—九年三月頃写　雑抄
半一 (仮綴)

ハ09C 3-3 5
敬作所筆記
(外題) 松〔崎〕明復
寛政九年六月—一〇年六月写　雑抄
半五 (仮綴)

ハ09C 3-4 5
坐右備忘
(外題) 甲乾・乙・辰 (二分冊)・巳集　松嵜益城 (珪)
寛政二年一〇月—四年一月写　雑抄
半五 (仮綴)

ハ09C 3-5 3
大日本史抄
（日本史摘録）松嵜益城（主）
寛政四年閏二月—五年一〇月写　八年一〇月再校
半三

ハ09C 3-6 1
大學詠歌
（鳩巣先生大學歌）〔室〕鳩巣
写（松﨑圭次）総裏打　裏打時下部切裁サル
半一

ハ09C 3-7 1
遺契抄
〔服部南郭〕
写　四丁
半一（仮綴）

ハ09C 3-8 4
古経解鈎沈〔録出〕
一序録二—五周易・尚書六・七毛詩二五論語二六・二七孟子一五—二〇左傳　清余蕭客編〔松﨑〕明復抄
寛政九年八月写（明復）周易後半尚書前半総裏打（綴違イアリ）
半四（仮綴）

ハ09C 3-9 1
詩集傳
（詩綱領）（永樂大全本）綱領　宋朱熹
享和二年六月写（松﨑復）跋并書入　入紙　好古堂墨刷罫紙
半一

ハ09C 3-10 1
儀禮義疏抄
（外題）士冠礼
寛政四年八月—九月写　文教堂蔵茶刷罫紙
半一（仮綴）

ハ09C 3-11 1
大学衍義補抄
（外題）巻四一—一六〇大学衍叉鈔四三巻附木朝（ママ）釈奠考　松嵜珪抄
寛政四年五月—六月写（附）寛政六年三月写
同前罫紙
半二（仮綴）

ハ09C 3-12 1
孝経正文
并論語正文二巻　太宰〔春臺〕（純）音
天明七年八月寫（松﨑圭）総裏打　裏打時上部切裁サル　墨刷罫紙（論第一八丁ヨリ）墨引罫紙
半一

ハ09C 3-13 1
十七史商榷録出
（外題）第二帙巻二六—五七
寛政一〇年二月写（明復）
半一（仮綴）

ハ09C 3-14 3
唐賢三昧集
目三巻（版心作七巻）清王士禛編
写　書入　朱墨圏点　総裏打　裏打時上部切裁サル　墨刷罫紙
大三

ハ09C 3-15 1
全唐〔詩〕碎録
第二亟上附一葉
享和二年一月写（明復）総裏打　墨刷罫紙
半一（仮綴）

ハ09C 3-16 2
儋園文集抄
（儋園文録・儋園抄録）清徐乾学
寛政九年閏七月写（明復）
半二（仮綴）

ハ09C 3-17 5
小倉山房詩集
識語三六巻（目作三二巻　但シ本書ハ不分巻）清袁枚
文政七年一二月写　一一年四月又書（復）総裏打
半五

ハ09C 3-18 1
湏溪校本陶渕明詩集
三巻　晉陶潛撰〔宋劉辰翁〕校
天保四年九月写（木倉通客復等）薄様　天保九年一二月再校　校合書入
中一

ハ09C 3-19 1
說文解字通釋
巻一・二初葉　宋徐鍇撰　朱翺音
文化一四年一〇—一一月写（復）総裏打
大一

手沢本

ハ09C 5-1 1
趨庭所聞
〔林述齋〕撰〔鳥居〕耀〔藏〕録
写　入紙
半一

ハ09C 5-2 4
辨疑錄
四巻　伊藤〔東涯〕〔長胤〕
享保一八年七月跋刊（慥慥齋蔵板）
大四

ハ09C 5-3 1
三王外紀
訊洋子
寛政一年九月寫（井上尚壽）
大一

ハ09C 5-4 1
報忘録
大槻西磐〔禎〕
写　入紙・裏打　上部切裁サル　明復書入
半一

ハ09C 5-5 2
三備詩選
〔諸家評〕二巻　仁科白谷〔四方〕編
文化一三年刊（大坂　定榮堂）
半二（縦長）

ハ09C 5-6 1
詩聖堂詩話
巻一〔大窪〕詩佛〔天民〕
寛政一一年二月序刊（〔江戸　北島弘文閣〕見返墨書）圏点書入
中一

ハ09C 5-7 5
西遊旅譚
五巻　司馬江漢
寛政六年五月序刊（司馬氏春波樓蔵版）絵入
大五

ハ09C 5-8 12
經典釋文
〔明崇禎一四年跋刊本〕三〇巻　唐陸德明編　清〔納蘭〕成德校
〔清〕刊（通志堂）
唐大一二

ハ09C 5-9 3
論語〔集解〕
存巻三・四・七—一〇　魏何晏
〔室町〕刊　覆正平一九年五月跋刊本　入紙　或ハ総裏ハガレシカ
（巻三・四）永正九年一月清原宣賢加點本移写
（巻七—一〇）山〔田〕直〔司〕影写　吉〔田篁墩〕〔漢宦〕自跋
大三

ハ09C 5-10 1
孝経
（御注孝経）（開元始注本）
寛政一二年五月跋刊（〔屋代〕〔源〕弘賢）摸刻
三條西實隆享禄四年後五月寫本
大一

ハ09C 5-11 1
韓文公論語筆解
（刻校韓文公論語筆解）二巻　唐韓愈撰　伊東藍田〔龜年〕校并首書
明和八年一月刊（江戸　青藜閣須原屋伊八・京　靈著堂著屋勘兵衛等二都三肆）
大一

ハ09C 5-12 2
國語
〔天聖明道本〕二一巻附校刊明道本韋氏解國語札記　呉韋昭（附）清黄丕烈
清嘉慶五年刊（呉門　黄氏讀未見書齋）覆宋天聖七年七月刊　明道二年四月印本
唐大二

ハ09C 5-13 3
管子
管子〔全書〕二四巻存巻九・一〇・一三—一六　唐房玄齡注　明劉績增　朱長春通演　沈鼎新・朱養純評　朱養和編　武〔田梅龍〕〔欽繇〕校
〔寳暦六年〕刊　総裏打　文化一三・天保一二・一四年等書入
大三

ハ09C 5-14 2
東觀餘論
二巻并附錄（巻上法帖刊誤二巻）宋黄伯思撰　明毛晋校
写　薄様　天保一二年六月一讀　羽老明復七十又一等
半二

ハ09C 5-15 4
新增格古要論
一三巻　明曹昭撰　舒敏編校　王佐校增
〔明末〕刊（淑躬堂藏板）
唐大二

ハ09C 5-16 8	海録砕事	（明萬暦二六年一〇月序刊本）二二巻附四庫全書提要　宋葉廷珪編　松崎復・石川憖校　文化一五年二月跋刊（掛川藩）墨格多シ　松崎復跋	半八
ハ09C 5-17 2	劉子新論	一〇巻　梁劉勰撰　唐袁孝政注　明程榮校　〔明〕刊　朝川善菴旧蔵　総裏打	唐大二
ハ09C 5-18 1	說文目録	（元表紙）　写　影写ナラム　薄様	大一
ハ09C 5-19 1	爾雅	（景宋本爾雅）音釋共三巻附仿舊鈔本說文（平版）一葉　晋郭璞注〔松崎慊堂〕校　刊（江戸　松崎氏羽澤石経山房）覆宋修刻本	大一
ハ09C 5-20 1	爾雅音義	三巻　写　総裏打	大一
ハ09C 5-21 6	朱文公校昌黎先生文集	四〇巻傳一巻遺文一巻（有欠）唐韓愈撰　李漢編　宋朱〔熹〕校　王〔伯大〕音釋　元後至元七年刊（日新書堂）覆刻　狩谷棭齋旧蔵　総裏打	唐大六
ハ09C 5-22 4	增廣註釋音辯唐柳先生集	四三巻存巻一―五（六―一二影写）唐柳〔宗元〕撰　劉禹錫編　宋童宗說注　張敦頤音辯　潘緯音義　明正統一三年刊（善敬堂）覆刻　総裏打　文政一年識語	唐大四
ハ09C 5-23 8	同	四三巻別二巻附白文柳文附録後序四種（写）同　同　同　同　同　〔元〕刊〔明〕修　狩谷棭齋旧蔵　総裏打　一部補写	唐大八
ハ09C 5-24 1	詩賦賛銘詞曲諺語	（外題）（己任堂雑抄）并薬物針穴各詩　写	大一（仮綴）
ハ09C 5-25 7	秋燈叢話	一八巻（巻一〇―一二欠）清王槭　清乾隆六〇年春刊	唐中七
ハ09C 5-26 16	震川先生集	三〇巻首一巻別集一〇巻并附録　明歸有光撰　清歸莊校　歸玠編　清康熙一四年一〇月跋刊　乾隆四八年一月跋修（六世従姪孫景泝・景灝）	唐半一六
ハ09C 5-27 1	真草千字文	陳釈智永書　享和一年八月刊（京　植村玉枝軒）陰刻　識語	大一
ハ09C 5-28 12	忠雅堂集	三〇巻　清蔣士銓　〔清〕刊　文化一〇・一一年識語	唐中一二
ハ09C 5-29 6	唐詩金粉	一〇巻（巻二補配）清沈炳編　沈生倬等校　安永三年一一月刊〔後印〕（古愚書堂藏版〈大坂　井上勘兵衞等三都七肆〉）	半六
ハ09C 5-33 2	新選白詩集	（白香山絶句）二巻　宍戸方鼎（隆熹）編　秦〔滄浪〕（鼎）校標注　加藤秉彝・神谷重縄校　文化一四年一二月刊〔修〕（刈谷　宍戸氏米華堂藏板〈名古屋〉松屋善兵衞）校者入木	中二
ハ09C 5-34 25	白氏文集	七一巻　唐白居易　〔文政六年〕刊（〔官版〕）刊記墨格　試刷カ　書入天裁断サル	中二五
ハ09C 5-35 16	曝書亭集	八〇巻首目一巻附録并笛漁小槀一〇巻　清朱彝尊（笛）朱昆田撰　朱桂孫等校　〔清〕刊〔修〕天保九・一三年書入	唐半一六

ハ09C 5-36 6
龍川先生文集
（宋嘉泰四年三月序　肖像入）三〇巻　宋陳亮撰　史朝冨編　徐鑑等校　写　甲午六月廿五日病中一讀　寛政一〇・天保五年書入
半六

ハ09C 5-37 119
資治通鑑
二九四巻首目一巻　宋司馬光等奉勅編　元胡三省注　明崇禎一〇年七月序刊〔清〕修　静勝文庫印　（掛川藩太田家）補写アリ　享和三・文化二・四・安政三・四年等書入
唐半一一九

ハ09C 5-38 14
通鑑前編
一八巻舉要二巻　宋金履祥編　明路進校　〔明末〕刊〔清〕修（石香齋藏板）静勝文庫印
唐半一四

ハ09C 5-39 1
妙法蓮華經
七巻　姚秦鳩摩羅什譯　慶安三年一月刊（長頭丸）※　表紙墨書宋板飜刻
折一

ハ09C 5-40 1
佛為優填王說王法政論經
唐釈不空譯〔屋代〕（源）弘賢校并書刊
折一

ハ09C 5-41 4
尚書
一三巻　旧題漢孔〔安國〕傳　〔慶長〕刊　古活字第三種本　市野迷庵旧蔵
大四

遺著精写本

ハ09C 6-1 1
換骨志喜
松嵜密　近写（〔浜野知三郎〕）
大一

ハ09C 6-2 1
換骨志喜
并游豆小志　松﨑密（游）松﨑復　近写（〔浜野知三郎〕）
中一

ハ09C 6-3 1
敬作所偶得
邪集　松明復　近写（〔浜野知三郎〕）
半一

ハ09C 6-4 2
慊堂存稿
詩并文　松﨑復撰　葛嶺居士録　写（録者）印二顆　墨書羽澤文庫
半二

ハ09C 6-5 1
益城先生文
日録抄出（元外題）天保五―七年　益城撰　安井〔息軒〕抄　写（抄者）総裏打
大一

ハ09C 6-6 1
慊堂存稿
（新補外題）〔塩谷宕陰〕（世弘）録　弘化二年六―七月写（録者）総裏打　（藍）弘化二年十月小尽將寤言室詩拾一校過　世弘　寤言室詩拾先生所手親筆当別写為副本　内容　丁亥文抄追補／丁亥詩抄追録／戊子文政十一年先生五十八歳／己丑文政十二年〇先生五十九歳
大一

ハ09C 6-7 1
慊堂先生詩文
日録第十九冊至第廿一冊所載（元外題）山井〔清溪〕録　写（録者）総裏打
大一

ハ09C 6-8 1
羽皐先生詩文
（元外題）　写　総裏打
半一

ハ09C 6-9 1
五経先生遺稿
詩（元外題）文政己丑六月至歳末・庚寅・慊堂先生存稿・五經先生語録日歴廿二　写　総裏打
大一

ハ09C 6-10 1
慊堂存稿
詩二巻　松﨑復　写　総裏打
半一

ハ09C 6-11 2
慊堂存稿
詩二巻慊堂遺文（扉）第四　松﨑復　写
大二

ハ09C 6-12 1
慊堂先生詩抄
（後補題簽）　写
半一

ハ09C 6-13 1	慊堂先生詩	（校本）天保丙申従六月至歳末并游豆詩　写	半一
ハ09C 6-14 1	慊堂文鈔	（題簽）　近写（〔浜野知三郎〕）	大一
ハ09C 6-15 1	慊堂先生文集	（題簽）山井〔清溪〕（善輔）編　矢部〔仲室〕（潤）校　明治一一年八—九月写（矢部〔仲室〕〈謙〉）総裏打	半一
ハ09C 6-16 1	慊堂先生遺文	（元外題）　写	半一
ハ09C 6-17 1	答島田君問目	（慊堂先生答問書）松崎復　写	大一
ハ09C 6-18 1	慊堂詩文書翰及由緒書	（題簽）松崎慊堂（密）　近写（〔浜野知三郎〕）	大一
ハ09C 6-19 1	尺準考	四巻　松崎益城（復）　近写　図入　題簽ニ慊堂	大一
ハ09C 6-20 1	釋典儀注	嘉永一年九月写（松崎貞）図入　総裏打　木倉印	大一
ハ09C 6-21 1	接鮮紀事	并接鮮瘖語上　松崎復　近写　題簽ニ慊堂	大一
ハ09C 6-22 1	接鮮瘖語	下并附録　松崎復　近写　影白筆稿本　接鮮瘖語ハ野田文之助老ノ方ニ／上巻ノ寫本ガ多分出来テキル筈故／…	半一
ハ09C 6-23 1	遊豆小志跋	并接鮮唱和詩（題簽）松崎益城（慊堂・復）等　写　総裏打　賀慊堂松崎先生序（安井息軒）収	大一
ハ09C 6-24 1	慊堂日録第十五乙未〔抄出〕	（仲室漫鈔）矢部仲室（潤）抄　自筆	半一
ハ09C 6-25 1	風法華	（題簽）松益城（復）　近写（〔浜野知三郎〕）	半一
ハ09C 6-26 1	大和訪古録	近写　米津則案語標記　題簽ニ松崎慊堂	大一
ハ09C 6-27 1	遊豆小志	松崎益城（復）　写　編脩地志備用典藉	大一

ハ09C 7-1 41　**縮刻唐開成石經**　〔扉〕周易〔魏王弼注本〕九巻並周易略例・毛詩〔漢鄭〔玄〕箋本〕二〇巻尚書〔漢孔〔安國〕傳本〕一三巻〔以上西條擇善書院刊〕周禮〔漢鄭〔玄〕注本〕一二巻儀禮〔漢鄭〔玄〕注本〕一七巻禮記〔漢鄭〔玄〕注本〕二〇巻春秋經傳集解〔春秋左氏傳・晉杜〔預〕注本〕三〇巻〔〔以上掛川藩〕刊〕春秋公羊經傳解詁〔漢何休學本〕一一巻春秋穀梁傳〔晉范甯集解本〕一二巻〔以上二点校正刷・〔佐倉藩〕〕孝經〔校正刷・唐〔玄宗〕注本〕爾雅〔晉郭璞注本〕三巻〔掛川藩德造書院・矢部氏旧蔵・〔以上肥後新田藩〕刊〕〔鈎摹石本〕五經文字〔唐張參〕三巻〔鈎摹石本〕新加九經字様〔唐唐玄度・〔以上佐倉藩〕刊〕周易校譌・尚書校譌・毛詩校譌〔易書詩校譌〕左氏經傳校譌・穀梁經傳校譌〔春秋三傳校譌〕〔以上昭和五年五月刊〈東京　文求堂田中慶太郎〉影佐倉成德書院刊本〕松﨑益城〔明復〕校　刊〔試刷・校正刷ヲ含ム〕　大四一

ハ09C 7-2 1　**又**　存春秋經傳集解巻一　大一

ハ09C 7-3 1　**白鹿洞書院掲示**　宋〔朱〕熹撰　松﨑益城〔復〕校　天保一四年一月刊〔〔掛川〕成德書院藏版〕総裏打　大一

ハ09C 7-4 1　**〔影宋本〕爾雅**　三巻音釋三巻并校譌　晉郭璞注　松﨑益城〔復〕校　天保一五年一月跋刊〔羽澤　松﨑氏石經山房〕覆宋刊本　大一

ハ09C 7-5 3　**陶淵明文集**　〔縮臨治平本陶淵明集〕八巻附三謝詩　晉陶〔潛〕撰　松﨑益城〔明復〕校〔附〕晉謝靈運・謝恵連・謝玄暉　天保一一年一〇月序刊〔羽澤　松﨑氏石經山房〕淵明・東坡像薄墨套印　中三

ハ09C 7-6 1　**又**　存三謝詩　明復校　文政七年後印〔江戸　玉山堂山城屋佐兵衛〕前者ヨリ刷佳　奥流用カ　中一

ハ09C 7-7 2　**慊堂文鈔**　游東阪録二巻　松﨑益城〔復〕撰　海野〔石窻〕〔豫〕校　刊〔掛川　德造書院〕試刷カ　半二

ハ09C 7-8 1　**同**　游豆小志　松﨑益城〔復〕撰　海野〔石窻〕〔豫〕校　刊〔〔同前〕〕試刷カ　半一

ハ09C 7-9 1　**義山大守遺墨家記**　松﨑益城〔復〕撰并書　文政一〇年一一月建〔楓川鐫〕拓刷　折一

ハ09C 7-10 1　**慊堂松﨑先生遺墨**　松﨑慊堂〔復〕　明治二二年三月刊〔東京　山下重房〕石印影慊堂自筆〔典籍開雕意見〕他　半一（包背装）（大和綴）

ハ09C 7-11 1　**松﨑家譜**　并慊堂年譜資料　大正八年七月写〔〔浜野知三郎〕〕家譜鉛筆写慊堂自筆本　半一（仮綴）

ハ09C 7-12 1　**松崎慊堂木倉文書**　〔題簽〕松﨑慊堂由緒書〔横田常陸〕慊堂書簡他　近写〔〔浜野知三郎〕〕肖像・書簡影写カ　大一

ハ09C 7-13 1　**矢部温叟稿本**
（題簽）矢部〔温叟〕（潤）撰　渡邊兄・〔渡邊樵山〕（源魯）等朱訂
写（自筆）
大一

ハ09C　**周禮**
（漢鄭〔玄〕注本）（〔縮刻唐石經〕初刻校正刷）
四巻（再刻校正刷）巻一并禮記（漢鄭〔玄〕注本）校正刷巻六〔安井息軒〕等朱校
刊（禮記切貼多シ）二十周年展61・62
大二

ハ09C 1a-63 1　**迷菴市野翁手書文草**
（外題）市野迷菴（光彦）
写（自筆）弘化四年一一月丹波元堅識語
大一

ハ09C 8-1 21　**〔狩谷棭齋審定古尺度〕**
二二種
模造　狩谷棭齋模造慊堂受贈　棭齋手識　銅一他竹・木
二二本

ハ09C 8-3 2　**〔松崎慊堂印〕**
辛卯／明復・翺仙
天明二年九月刻（館柳湾〈機〉）
二顆

ハ09C　**接鮮紀事**
（浄書本カ〈下〉初稿本）并接鮮瘖語二巻　松崎慊堂（復）
写（自筆）下総裏打
半二

ハ09C　**接鮮瘖語**
上　松崎復
写
大一

ハ09C　**接鮮紀事**
（草稿本）松崎復
写（自筆）
半一

浜野文庫目録

00　総記

ハ00 1-1 1
足利學校紀事及所藏品目錄
（題簽）（目）明治五年一月
近写（〔浜野知三郎〕）
大一

ハ00 1-2 1
足利學校事蹟考
并附錄　川上廣樹編　田崎芸画
明治一三年四月序刊（枋木小俣村　不知足齋木村勇三藏板）明治一三年板權免許
半一

ハ00 1-3 1
又
袋附
半一

ハ00 1-4 1
足利學校藏書目錄
并足利学校書目附錄　新樂閑叟（定）
写　文化九年秋迷菴識語本　美織文成・待賈堂藏印
大一

ハ00 1-5 1
足利學校藏書目錄
（足利學校藏書及書畫器玩目錄）附書画器玩・足利學校耒由略・住持世譜略　新樂〔閑叟〕（定）
近写（〔浜野知三郎〕）
大一

ハ00 1-6 1
圓光寺由緒之覺
大正一三年一二月写（〔浜野知三郎〕）　影京都一乗寺村圓光寺藏圓光寺文書　薄様
圓光寺活字ニ就テノ文書アリ
特大一

ハ00 1-7 1
金澤文庫考
附縁起　近藤正齋（守重）撰　神奈川縣編
昭和五年八月刊（神奈川縣）
御本日記附註拔萃・右文故事附錄巻一・巻二（以上拔萃）・巻三
菊一

ハ00 1-8 1
金澤文庫考
三巻附稱名寺什寶目錄　近藤〔正齋〕（守重）撰
中村眞禪編
明治四四年八月刊（神奈川金澤村　金澤文庫）
國書刊行會近藤正齋全集本右文故事附錄卜行格等シケレド白匡箇所等ヲ訂ス　金澤文庫古地碑（金澤安貞）一鋪ヲ附ス
菊一

ハ00 1-9 1
圖書の整理と利用法
林靖一
大正一四年一二月刊　同月印（再版　東京　大阪屋號書店）
菊一

ハ00 2-1 1
蘇峰隨筆愛書五十年
德富蘇峰撰　並木淺峰（仙太郎）・庄司淺水編
昭和八年四月刊（東京　ブックドム社）
菊一

ハ00 2-2 2
古活字版の研究
并附圖・附載・附表（二鋪の中、古活字版年表欠）川瀬一馬
昭和一二年一〇月刊（東京　安田文庫）（附圖）玻璃版
四六倍二

ハ00 2-3 1
國書逸文
并補遺　和田英松編　森克己校
昭和一五年四月刊（東京　校者）校者寄贈
菊一

ハ00 2-4 1　薩摩古板書考　附故碩園西村博士と其著書　有馬純彦撰　金子居水（勝男）編　昭和一一年三月刊（愛知西尾　三河資料刊行會　金子勝男）油印　半一

ハ00 2-5 1　書籍年表　（未刊書籍年表）物集高見　近写（〔浜野知三郎〕令写・林雅生・甥佐一）　原本大學畠書館　半一

ハ00 2-6 1　同　〔物集高見〕　近写　同前本　半一

ハ00 2-7 1　書物の趣味　（BIBLIOPHILIA）第一册　伊藤長藏編　昭和二年一一月刊（京都　書物の趣味社）　四六倍一

ハ00 2-8 1　典籍説稿　附國寶典籍目錄　山田孝雄　昭和九年九月刊（東京　西東書房）新聞切抜（日日だより）山田孝雄博士の『典籍説稿』を讀む（蘇峰生）挿入サル　菊一

ハ00 2-9 1　典籍叢談　并補遺　新村出　大正一四年九月刊（東京　岡書院）　四六一

ハ00 2-10 1　徳川幕府時代書籍考　附關係事項及出板史　牧野善兵衛編　東京書籍商組合校　大正一年一一月刊（東京　校者）鉛印　袋附　半一

ハ00 2-11 1　日本古印刷文化史　附古刻書題跋集　木宮泰彦　昭和七年二月刊（東京　冨山房）　菊一

ハ00 2-12 1　日本出版文化史　小林鶯里（善八）　昭和一三年四月刊（東京　日本出版文化史刊行會小林善八）　菊一

ハ00 2-13 1　筆禍史　并附録　宮武外骨　明治四四年五月刊（大阪　雅俗文庫宮武外骨）鉛印　半一

ハ00 2-14 1　水戸文籍考　三篇附著者未詳部　清水正健　明治三五年八月刊（山口　編者）序ハ誤植ヲ朱活字ニテ訂正ス　菊一

ハ00 2-15 1　同　（改訂水戸文籍考）三編附著者未詳部　同　大正一一年一一月刊（水戸　須原屋書店）　四六一

ハ00 2-16 1　紅葉山文庫と書物奉行　附參考書目略解題　森潤三郎　昭和八年七月刊（東京　昭和書房）　菊一

ハ00 3-1 1　解題叢書　國書刊行會編　大正五年一月刊（東京　編者）　菊一

ハ00 3-2 1　學海遺稿文目　漢文ノ部・假名交リ文ノ部　依田貞述編　昭和一一年六月刊（東京　編者）油印　鼠害　半一

ハ00 3-3 1　官板書目　附江州西大路藩主所領一萬八千石市橋下總守長昭文廟寄藏宋元槧三十種書目　内野皎亭（五郎三）　昭和七年四月刊（東京　古芸室内野五郎三）鉛印　焼失版・昌平叢書ヲ眉上ニスタムプニテ標示ス　中一（横狭）

ハ00 3-4 1　**官版書籍解題略補**　(官版書籍目録) 二巻附官版書目追加　穆軒學人(〔浜野知三郎〕) 編　大正九年八月写 (編者) 新聞切抜 (日日だより) 正平本『論語集解』の行衛第二―五・七・九・一〇『半山精華』其二 (以上蘇峰生) 良寛の詩碑糸魚川町に建つ百年忌を記念する相馬御風氏中心の木陰會九葉挿入サル　半一

ハ00 3-5 1　**況齋著述年譜**　并況齋叢書目録 (帝国圖書館所藏) (年) 岡本況齋 (保孝)　近写 (〔浜野知三郎〕) ペン書　明治八年一二月序　年譜九年迄 (八十歳)　半一

ハ00 3-6 1　**禁止本書目**　(題簽) 赤間杜峯編　昭和二年六月刊 (京都　赤間耕文堂赤間杜峯) 鉛印　大二ッ切一

ハ00 3-8 4　**近代著述目録**　後編七巻首一巻　東條琴臺 (耕) 編　里見敦補　大正二年一一月写 (穆軒〔浜野知三郎〕) 池田精一氏藏本　半四

ハ00 3-9 5　**近代著述目録**　(近代名家著述目録・本朝諸名家著述書目録) 題簽作八巻附水戸家御編集書目　堤朝風編　萬笈堂英遵補　天保七年五月修 (江戸　萬笈堂英大助)　大三ッ切五

ハ00 3-10 2　**近世名家著述目録補正**　(近代著述目録續編) 〔浜野知三郎〕編　近写 (編者)　半二

ハ00 3-11 6　**群書一覧**　六巻　尾崎雅嘉　享和二年六月刊 (大坂　多田定學堂海部屋勘兵衛)　中六

ハ00 3-12 1　**群書備考**　二〇巻　村井量令撰　齋藤松太郎・伊藤千可良校　大正五年二月刊 (東京　國書刊行會) 正誤表二舗　菊一

ハ00 3-13 3　**慶長以來諸家著述目録**　漢學家二巻和學家一巻　中根肅治編　明治二七年五月―八月刊 (東京　八尾新助) 鉛印　漢學家上下巻末ニ各ゝ正誤ヲ附ス　中三

ハ00 3-14 1　**増補外題鑑**　(題簽) 文溪堂岡田琴秀編　教訓亭鶴鶉貞高補　天保九年八月刊 (江戸　岡田氏文溪堂)　半三ッ切一

ハ00 3-15 1　**國書解題**　佐村八郎　明治三〇年一一月―三三年一月刊　同年二月合本印行 (但シ三三年三月序アリ　東京　著者〈東京　六合館〉)　四六倍一

ハ00 3-16 1　**同**　(増訂國書解題) 同　明治三七年四月刊 (東京　林平次郎・吉川半七)　四六倍一

ハ00 3-17 2　**國書解題再版日誌**　(第二・國書解題出版日誌) 二巻附増訂國書解題贈呈録　佐村八郎　明治三五年一一月―(一二) 三七年九月―一二月写 (自筆) 薄様　大二

ハ00 3-18 1　**國書解題原稿送帳**　佐村八郎　明治三六年六月―三七年三月写 (自筆并廣瀬巳己郎請取書) 表紙ハ明治三六年五月林平次郎・吉川半七ノ佐村八郎宛國書解題御草稿請取帳 (副)　半一

ハ00 3-19 1
國書刊行會出版圖書總目録（明治四十二年二月調）附日本古刻書史・第一期刊行顚末（史）朝倉龜三（顚）市嶋謙吉
明治四二年四月刊（東京　國書刊行會）
菊一

ハ00 3-20 1
小嶋先生手澤草稿本目録（小島成齋草稿本目錄）并律令末書類目録　伊佐常滿編
写（自筆）
半一

ハ00 3-21 1
史籍集覧総目解題
近藤瓶城編
明治一八年三月序刊（觀奕堂藏版）鉛印　中川得樓旧蔵　史籍集覽ノ中
中一

ハ00 3-22 1
昌平叢書目録
山田英太郎編
明治四二年三月序刊（聖華書房）
大一

ハ00 3-23 1
朝鮮古書目録
淺見倫太郎
明治四四年九月序刊　鉛印
半一

ハ00 3-24 1
日本古刋書目
吉澤義則編
昭和八年一月刊（東京　帝都出版社）
菊一

ハ00 3-25 1
日本國見在書目録
（續群書類従巻八八四）藤原佐世
刊　嘉永四年一二月安井〔息軒〕（衡）跋
大一

ハ00 3-26 1
日本國見在書目録
藤原佐世
近写（濵野〔知三郎〕）ペン書同前本
半一

ハ00 3-27 8
日本現在書目證注稿
四集各二巻　狩谷棭齋
近写（〔浜野知三郎〕）
大八

ハ00 3-28 1
日本國見在書目録索引
小長谷恵吉編
昭和一二年六月刊（東京國分寺　川崎操〈東京谷保　くにたち本の會〉）
菊一

ハ00 3-29 5
博物館書目解題略
國書三〇巻存首五巻　村山德淳編　土岐政孝校
明治一三年刊（〔東京〕博物館藏版）農商務省旧蔵
半五

ハ00 3-30 1
辨疑書目録
三巻　中村富平
寶永七年六月刊　総裏打　書肆名削去セシカ
半一

ハ00 3-31 1
本朝書籍目録
（羣書類従巻四九五）并仙洞御文書目録・假字反切音義等・通憲入道藏書目録・諸家點圖〔塙〕保己一編
刊　近印（東京　松雲堂書店野田文之助）光榮記念
大一

ハ00 3-32 1
本朝書籍目録考證
附本朝書籍目録解題　和田英松
昭和一一年一一月刊（東京　明治書院）
菊一

ハ00 3-33 1
有朋堂文庫第二輯六十册總索引
并有朋堂文庫第一第二兩輯一百二十册總目録・有朋堂文庫第一第二兩輯一百二十册總解題　塚本哲三編
大正五年一月刊（東京　有朋堂書店）
小四六一

ハ00 3-34 1
和漢軍書要覧《わかんぐんしよえうらん》
吉田一保
文化一二年一月刊（大阪　海部屋勘兵衛・吉文字屋市右ヱ門）
半三ッ切一

ハ00 3-35 5
重訂御書籍來歷志
六巻附存部韓人著撰類
近写（〔浜野知三郎〕）
大五

ハ00 3-36 1
日本國見在書目録解説稿 并補遺附日本國見在書目録　小長谷恵吉
昭和一一年五月刊（東京國分寺　川崎操〈東京
谷保　くにたち本の會〉）　壽光靈・震災記念堂
朱印押捺セシ一葉挿入サル
菊一

ハ00 3-37 1
日本書籍考 并經典題説　林〔鵞峰〕（向陽）（經）〔林〕羅山
寛文七年九月・〔江戸前期〕刊　實曆一一年一
月合印（大坂　定榮堂吉文字屋市兵衛・江戸
吉文字屋次郎兵衛）
大一

ハ00 4-1 1
古今名家讀書要訣　日就社出版部編
明治四四年七月刊（東京　編者）
四六一

ハ00 4-2 2
圖書局書目　納本之部二巻　内務省圖書局編
明治一六年七月刊（〔東京〕編者）
四六二

ハ00 5-1 1
岩崎文庫和漢書目録　昭和七年十一月　東洋文庫編
昭和九年一二月刊（東京　編者）
四六倍一

ハ00 5-2 1
曳尾堂藏書目録 附訂正　闞本寅編
明治九年九月刊（山形漆山　半澤久次郎）鉛印
彩色刷木版扉并扉絵　宿儒熊阪氏三卋ヨリ半
澤氏購
半一

ハ00 5-3 1
慶應義塾圖書館和漢圖書目録　明治四十五年五月　慶應義塾圖書館編
明治四五年五月刊（東京　編者）
四六倍一

ハ00 5-4 1
慶應義塾圖書館洋書目録（CATALOGUE OF THE KEIOGIJUKU LIBRARY）慶應義塾圖書館編
明治四五年五月刊（東京　編者）
四六倍一

ハ00 5-5 1
〔穆軒〕現存書目（題簽）〔浜野知三郎〕
カーボン複写
半一

ハ00 5-6 1
考文舘書目（題簽）橘正家編
嘉永四年九月跋写（編者）
半一

ハ00 5-7 2
國學院大學圖書館和漢圖書分類目録　第一門（神道）第二門（哲學）國學院大學圖書館編
昭和一三年三月・一四年三月刊（東京　編者）
四六倍二

ハ00 5-8 1
真軒先生舊藏書目録　上野賢知編
昭和八年一二月刊（東京　無窮會）
四六倍一

ハ00 5-9 2
靜嘉堂文庫國書分類目録　續共　靜嘉堂文庫編
昭和四年二月・一四年五月刊（東京　編者）
（正篇）正誤〔表〕一葉
四六倍二

ハ00 5-10 1
巣雲樓藏書目（巣雲樓藏書大本目）
写
半一

ハ00 5-11 2
尊經閣文庫漢籍分類目録 并索引　尊經閣文庫編
昭和九年三月・一〇年一一月刊（東京　編者）
四六倍二

ハ00 5-12 1
高藤先生外遊記念文庫圖書目録　第二東京市立中學校校友會編
近刊（東京　編者）
菊一

ハ00 5-13 1
帝國圖書館和漢書件名目録　増加書目録第七編　帝國圖書館編
明治三八年二月刊（〔東京〕編者）
四六倍一

ハ00 5-14 1
増訂帝國圖書館和漢圖書分類目錄
文學、語學之部　帝國圖書館編
明治四〇年一〇月刊（〔東京〕編者）
四六倍一

ハ00 5-15 1
東京高等師範學校圖書館和漢書書名目錄
五十音別　大正元年十二月現在　東京高等師範學校圖書館編
大正四年三月刊（東京　東京高等師範學校）
四六倍一

ハ00 5-16 3
帝國大學圖書館和漢書分類目錄
明治廿一年一月一日調・東京帝國大學附屬圖書館和漢書書名目錄　增加第一（自明治廿一年至仝卅一年）
東京帝國大學附屬圖書館和漢書書名目錄　增加第二（自明治三十二年一月至仝四十年九月）帝國大學圖書館（東京）東京帝國大學附屬圖書館編
明治二六年三月刊（〔東京〕編者）（東京）明治三三年六月・四四年一〇月刊（東京　編者）增加第一正誤二頁ヲ附ス　增加第二尾欠
四六倍三

ハ00 5-17 1
東京圖書館和漢書分類目錄
二巻　明治十九年五月　東京圖書館編
明治一九年五月刊（東京　編者）正誤一頁　谷干城旧蔵
菊一

ハ00 5-18 1
東洋文庫地方志目錄
支那・滿洲・臺灣　昭和十年十二月　東洋文庫編
昭和一〇年一二月刊（東京　編者）正誤表一葉
四六倍一

ハ00 5-19 1
内閣文庫圖書第二部漢書目錄
内閣書記官室記錄課編
大正三年一二月刊（東京・京都　帝國地方行政學會）正誤表一葉
菊一

ハ00 5-20 1
南畝文庫藏書目
四巻附杏花園叢書目　大田南畝編　川瀬一馬重編并解說
昭和一〇年五月刊（東京　日本書誌學會）翻安田文庫藏加藤直種写本対校帝國圖書館藏山崎美成写南畝自筆書入本（附）靜嘉堂文庫藏写本目錄叢書第一
四六一

ハ00 5-21 1
博物館書目
國典三〇巻存巻一八以下　明治十一年十月　内務省博物局編
明治一一年一〇月刊（〔東京〕編者）
小四六一

ハ00 6-1 1
足利學校祕本書目
長澤規矩也編
昭和八年六月刊（東京　日本書誌學會）
菊一

ハ00 6-2 1
江戸時代書誌學者自筆本展覽會目錄
日本書誌學會主催第三回展覽會　昭和九年十一月二十四日於東京神田帝國教育會館　川瀬一馬編
昭和九年一一月刊（東京　日本書誌學會）鉛印
特大一

ハ00 6-3 2
眞福寺善本目錄
續輯共　黒板勝美編
昭和一〇年一〇月・一一年五月刊（東京　編者）
菊二

ハ00 6-4 1
住吉大社御文庫貴重圖書目錄
并附錄　大阪書林御文庫講編
昭和八年五月刊（大阪　編者）鉛印　正誤〔表〕一葉
半一

ハ00 6-5 1
成簣堂善本書目
蘇峰先生古稀祝賀記念刊行會（長澤規矩也・川瀬一馬）編
昭和七年五月刊（東京　民友社）
菊一

ハ00 6-6 71
成簣堂善本書影七拾種　并目錄欠國朝諸臣奏議・文選二種・周易本義附錄集註・禮經會元・新編音點性理羣書句解　蘇峰先生古稀祝賀記念刊行會編
昭和七年五月刊（東京　民友社）玻璃版（目）鉛印　菊六四葉 半二ツ切一（大和綴）

ハ00 6-7 30
善本影譜
第一―一〇輯・癸酉第一―一〇輯・甲戌第一―一〇輯　長澤規矩也・川瀬一馬編
昭和七年一月―一〇年九月刊（東京　日本書誌學會）　一〇帙 二〇袋

ハ00 6-8 1
〔宮内省圖書寮〕昭和三年九月新築記念展覽會陳列圖書目錄
宮内省圖書寮編
昭和三年九月刊（〔東京〕編者）　四六一

ハ00 6-9 1
昭和六年一月二十五日廣島文理科大學國史教室人及び時に關する文献展觀目錄
廣島史學研究會・中國好書會編
昭和六年一月刊（廣島　編者）　四六一

ハ00 6-10 1
〔陽明文庫〕第一回展觀目錄
昭和十四年十二月　於東京府美術館　陽明文庫編
昭和一四年一二月刊（東京　編者）　菊一

ハ00 7-1 1
古書籍在庫目錄日本志篇
巖松堂書店古典部編
昭和三年九月刊（東京　編者）　四六一

ハ00 7-2 1
松山堂漢籍標本
（題簽）松山堂編
大正一四年一〇月〈跋〉刊（〔東京〕編者〈東京　松雲堂〉）　大一

ハ00 7-3 1
東京書籍商組合史及組合員概歷
東京書籍商組合編
大正一一年一一月刊（東京　編者）　菊一

ハ00 7-4 1
富岡文庫第二回入札目錄
（富岡文庫御藏書第二回入札目錄　昭和十四年）東京書林定市會・大阪古典會編
昭和一四年三月刊（東京・大阪　編者）　菊一

ハ00 7-5 1
冨山房五十年
冨山房編
昭和一一年一〇月刊（東京　編者）　菊一

ハ00 9-1 2
北京人文科學研究所藏書續目
（北京人文科學研究所藏書目錄續編）坿前編目錄勘誤表　昭和十一年 民國廿五年十一月至昭和十四年 民國廿八年三月　北京人文科學研究所編
昭和一四年 民國二八年四月刊（北京　編者）鉛印　唐大二

01　全集・叢書

ハ01A a1 2
上田秋成全集
岩橋小彌太編
大正六年一二月・七年二月刊（東京　國書刊行會）　菊二

ハ01A a2 6
黒川眞賴全集
黒川眞道編
明治四三年三月―四四年一二月刊（東京　國書刊行會）　菊六

ハ01A a3 3
近藤正齋全集
國書刊行會編
明治三八年一一月―三九年一〇月刊（東京　編者）　菊三

ハ01A a4 3
十洲全集
三巻　細川十洲（潤次郎）
大正一五年六月—昭和二年一〇月刊（東京　細川一之助）海軍大将黒井悌次郎被贈本
菊三

ハ01A a5 2
小自在菴南園
（題簽）附正誤・小自在庵南園遺墨展観目錄（一舗・鉛印）平松南園（理準）
昭和五年一〇月刊（東京　中山理賢）油印
半二

ハ01A a6 6
蜀山人全集
新百家説林五巻索引一巻　大田南畝（覃）（索）吉川弘文館
明治四〇年四月—四一年九月刊（東京　吉川弘文館）（索）清嘉慶一九年一〇月錢唐高塏錄「先正格言八則為座右銘」第二東京市立中學校用箋四葉ペン書（浜野知三郎）挿入サル
菊六

ハ01A a7 6
蒼海全集
六巻　副島蒼海（種臣）撰　副島道正編
大正六年二月刊（東京　編者）鉛印
佐佐木哲太郎（本塾図書館佐佐木文庫旧蔵者）校者ノ一（三人中）
大六

ハ01A a8 1
田能村竹田全集
國書刊行會編
大正五年五月刊（東京　編者）
菊一

ハ01A a9 1
戸田茂睡全集
國書刊行會編
大正四年四月刊（東京　編者）
菊一

ハ01A a10 1
那珂通世遺書
附文學博士那珂通世君傳　故那珂博士功績記念會編（附）三宅米吉
大正四年八月刊（東京　編者〈東京　大日本圖書〉）
菊一

ハ01A a11 1
橋本左内全集
景岳會編
明治四一年六月刊（東京　編者）
菊一

ハ01A a12 3
磐水存響
二巻附磐水事略・磐水漫草補遺并磐水存響正誤　大槻磐水（玄澤）（事）大槻如電（修）撰　大槻茂雄編
大正一年一〇月—三年六月刊（東京日暮里　編者）
菊三

ハ01A a13 1
瓶城翁遺文
（題簽）近藤瓶城（宗元）撰　近藤圭造編
大正四年八月刊（東京　編者）鉛印
半一

ハ01A a14 1
浦門川田先生全集
高千穗學校編
昭和八年一一月刊（東京　編者）
菊一

又
菊一

ハ01A a15 1
山本瀧之助全集
熊谷辰治郎編
昭和六年一二月刊（東京　日本青年館山本瀧之助氏功勞顯頌會）
菊一

ハ01A a16 1
菅政友全集
國書刊行會編
明治四〇年一一月刊（東京　編者）
菊一

ハ01A a17 8
狩谷棭齋全集
九巻（巻六錢幣攷遺圖錄欠）正宗敦夫等編
大正一四年一一月—昭和三年四月刊（東京長崎　日本古典全集刊行會）影印并鉛印
菊半八

ハ01A a18 1
誠軒梁田忠山遺影
小泉秀之助編
昭和一二年一二月刊（東京　梁田邦治）
菊一

ハ01B 0-2 1
群書類従
巻四二四武家部二五見聞諸家紋・義貞記・武具要説・馬具寸法記（武）高坂彈正（馬）伊勢貞為撰〔塙〕保己一編刊
大一

ハ01B 0-1 19
群書類従
第壹―拾八輯五三〇巻并羣書類従總目錄・群書類從書名索引・續羣書類從目錄・續群書類從書名索引・羣書類從略解題附温故堂塙先生傳・塙前總檢校年譜　塙保己一編（附）中山信名
明治三一年四月―三五年二月刊（第二版）（目錄・索引）三五年七月刊（東京　經濟雜誌社）　四六一九

ハ01B 0-3 52
續群書類従
三三輯一〇〇〇巻并補遺・群書類從續正分類總目錄　塙保己一編
明治三五年一一月―大正一年一二月刊（東京　經濟雜誌社）大正一二年三月―昭和五年一〇月刊（東京西巣鴨　續群書類從完成會）　四六五二

ハ01B 0-4 5
續々群書類從
第壹回―第五回附平城宮大内裏跡坪割之圖　古書保存會編（附）北浦定政
明治三六年六月―三七年九月刊（東京　編者）　菊五
（附）銅版彩色刷　（附）一舗

ハ01B 0-5 16
續々群書類從
國書刊行會編
明治三九年五月―四二年一〇月刊（東京　編者）　菊一六

ハ01B 0-6 4
三十輻
一七巻續三十輻一一巻（巻四・五原欠）廣三十輻一二巻新三十輻一三巻補三十輻一三巻百和香二〇巻　大田南畝編　國書刊行會重編
大正六年四月―一一月刊（東京　編者）　菊四

ハ01B 0-7 8
丹鶴叢書
水野忠央編　國書刊行會重編
明治四五年四月―大正三年三月刊（東京　編者）　菊八
日本書紀二色刷影印

ハ01B 0-8 1
國書刊行會々報
第三期第一―二四號國書刊行會會報大正期第一―二四號附繪入淨瑠璃史近刋豫告・國書刊行會會報大正六年度第一―一二號　國書刊行會編
明治四五年四月―大正三年三月・同四月―五年三月・六年四月―七年五月刊（東京　編者）　菊合一

ハ01B 3-1 11
近古文藝温知叢書
第一―一二編（第一一編欠）岸上操編　内藤耻叟・小宮山綏介標注
明治二四年一月―一二月刊（一）四三年七月印（三版）（八―一〇）同八月印（再版）（一二）　四六一一
大正二年一二月印（三版　東京　博文館）

ハ01B 3-2 23
藝苑叢書
第一期一二回（高久靄厓畫冊欠）第二期一一回（異本日本繪類考巻三欠）共二三函　相見繁一・林縫之助編
大正八年一月―一二年四月刊（東京　風俗繪巻圖畫刊行會）　中一〇七

ハ01B 3-3 12
日本文庫
（少年必讀日本文庫）第一―一二編　岸上操編　内藤耻叟校
明治二四年六月―二五年五月刊（東京　博文館）　四六一二

ハ01B 4-1 30
佚存叢書
〔林述齋〕（天瀑山人）
民國一三年一一月刊（上海　涵芬樓）影寛政一一年一〇月序―文化七年一〇月跋刊本　中三〇

ハ01B 4-2 60
説庫
一七〇種　民國王文濡編
民國四年一〇月刊（上海　文明書局）石印　唐小六〇

ハ01B 4-3 324
筆記小説大觀
第一―四輯　進歩書局校
〔民國〕刊（上海　進歩書局）石印　唐小三二四

ハ01B 6-1 17
歌文珍書保存會頒布書
第一―一九（第三北邊成章家集・第五秋園古香家集〈古香詠〉附二葉草〈亞元詠〉欠）正宗敦夫編
明治四二年一〇月―大正九年三月刊（岡山伊里　歌文珍書保存會）
中一七

ハ01B 6-2 2
稿本叢書
二巻　國書稿本刊行會（尾山篤二郎）編　松村英一・尾山篤二郎校
昭和三年五月・四年四月刊（東京　國書稿本刊行會〈東京　紅玉堂書店〉）
四六二

ハ01B 6-3 1
隨筆集誌
第七号カ　中尾直治編
明治二六年一月刊（東京　編者カ）　隨筆集誌第七号附録黄門光圀卿真蹟アリ　或ハ何号カヲ合綴セシカ
菊一

ハ01B 6-4 49
珍書同好會〔叢書〕
珍書同好會編
大正四年九月序―八年序刊（珍書同好會）油印
大四九

ハ01B 6-5 12
日本藝林叢書
一二巻　三村清三郎等編
昭和二年一二月―四年一〇月刊（東京　六合館）
菊一二

ハ01B 6-6 3
燕石十種
一―六輯　岩本活東子編
明治四〇年五月―四一年一一月刊（東京　國書刊行會）
菊三

ハ01B 6-7 2
續燕石十種
一―四輯　國書刊行會編
明治四一年一一月・四二年三月刊（東京　編者）
菊二

ハ01B 6-8 5
新燕石十種
一―五輯　朝倉無聲編
明治四五年四月―大正二年一〇月刊（東京　國書刊行會）
菊五

ハ01B 6-9 2
鼠璞十種
第一・二〔三田村〕鳶魚編
大正五年四月・七月刊（東京　國書刊行會）
菊二

ハ01B 7-1 17
國史大系
一七巻
明治三七年四月―一二月刊（再版　東京　經濟雜誌社）初版三〇年二月―三四年一二月
四六一七

ハ01B 7-2 22
續史籍集覽
近藤瓶城編
明治二六年七月―三〇年七月刊（東京　近藤圭造）番外雜書解題第二冊明治二七年三月再版　同第四冊同年七月再版　鉛印
中二二

ハ01C 2-1 1
哲學館講義錄
哲學館講義錄編輯所編
明治二二年八月―二四年三月刊（東京　哲學館カ）　教育學（國府寺新作講　新谷鐵太郎錄）　英學（磯江潤）日本儒學派畧系（井上圓了）德川時代文學者年表（上田萬年）館主東海道筋巡回日記・〔雜報〕・本舘記事・勤惰表
菊合一

ハ01C 4-1 6
經史詩文講義筆記
（題簽）存一・五・六・八・一〇・一二集并附錄
鳳文館講義科（前田圓）編
明治一六年六月―一二月刊（東京　鳳文館）石印　二段本
小六

ハ01C 6-1 1
〔國文及國史講義錄〕
〔明治〕刊　鉛印　國史教授法（三上參次）上世史（佐藤定介）中世史（小中村義象）近世史（萩野由之）國文學史（落合直文）假名つかひ（同上）普通日本文法（畠山健）國文國語教授法（高津鍬三郎）國文に付きて（承前・落合直文）日本文章論（物集高見）附東洋の國語學（木村正辭）文章學に就きての講話（物集高見）附和文漢文比較說（川田剛）日本の文法は日本人作るべし（木村正辭）早稲田ノ講義録ナラム
半合一（もと四六）

ハ01C 6-2 8
文藝類纂
八巻　榊原芳野編　北爪有郷・狩野良信画
明治一一年一月刊（文部省）彩色図入　袋附
大八

04　類書・事彙

ハ04A 1-1 1
國民百科辭典
冨山房編輯局
明治四一年一二月刊（東京　冨山房）
四六一

ハ04A 1-2 1
日本百科大辭典
第八巻　日本百科大辭典完成會（齋藤精輔等）編
大正六年三月刊　同六月印（再版　東京　編者）
四六倍一

ハ04A 2-1 10
頭書《かしらがき》増補《ぞうほ》訓蒙《きんもう》圖彙《づゐ》
（増補頭書訓蒙圖彙大成）二一巻目録一巻　中村惕齋撰　額田正三郎編　下河邉拾水画
寛政一年三月刊（但シ四月跋アリ　京　九皐堂額田正三郎）
半一〇

ハ04A 2-2 1
社會文學辭典
坂本健一編
明治三六年一月刊（東京　六合館・寶文館）
四六一

ハ04A 2-3 3
當流女用鑑
（女用訓蒙圖彙）五巻附改訂増補本文　奥田松柏軒
近刊　鉛印翻貞享四年一月江戸本屋清兵衛等三都三肆刊本　巻一・三・四八影印
半三

ハ04A 2-4 1
和漢新撰下學集
（和漢分類新撰下學集）五巻　伊藤宜謙
〔元祿八年一月〕刊　正德四年一月修（京　加賀屋卯兵衛）2-9ノ改題改修（版心）本
小一

ハ04A 2-6 1
童子通
〔山〕元〔蕉逸〕（秀婁）
天保一〇年夏序刊（三家邨孶究蔵板）
中一

ハ04A 2-7 1
同
明治一三年四月刊（東京　上野吉兵衛）覆同前刊本
中一

ハ04A 2-8 2
日本社會事彙
（訂正増補日本社會事彙）二巻　經濟雜誌社編
明治三四年七月・三五年四月刊（再版　東京　編者）初版ト編成異ル
四六倍二

ハ04A 2-9 5
和漢初學便蒙
五巻　伊藤宜謙
元祿八年一月刊〔後印〕（江戸　八尾德兵衛・志水長兵衛）大坂ノ下書肆名ナシ削去カ
小五

ハ04A 2-10 5
唐土《もろこし》訓蒙《きんもう》圖彙《つい》
一四巻捴目録一巻　平住専菴編　橘有税畫
享保四年刊　享和二年春印（大阪　文金堂河内屋太助）
大五

ハ04A 3-1 15
壒嚢鈔
一五巻　釋行譽
正保三年刊（京　林甚右衛門）翻文安三年五月釋行譽自筆本　文明著雍閹茂仲呂釋常昭加證奥書
大一五

ハ04A 3-2 6
遺契
一三巻（巻五原欠　恐ク編成次ノ誤ナラム）服〔部〕南郭（元喬）
写　貴重書巻五分モアリ　一二巻ヲ一三巻ト誤ルカ
大六

ハ04A 3-3 18
嬉遊笑覧
一二巻并附録　喜多村筠庭（信節）撰　甫喜山景雄校
明治一五年一〇月刊（東京　校者我自刊我書屋）
鉛印　新刊翻印本ノ底本トセシ改訂并指定書入ラル
半一八

ハ04A 3-4 2
同
一二巻并或問附録・細目　喜多村筠庭（信節）撰　近藤圭造校
明治三六年七月刊（再版）大正五年二月印（第三版　東京　近藤出版部）
四六二

ハ04A 3-5 3
羣書索引
物集高見撰　物集高量校
大正五年一〇月―六年四月刊（東京　廣文庫刊行會）
四六倍三

ハ04A 3-6 6
古今要覽稿
五八四巻　屋代弘賢編
明治三八年一一月―四〇年一月刊（東京　國書刊行會）
菊六

ハ04A 3-7 1
古事類苑總目錄
并古事類苑索引
大正三年八月刊（神宮司廳）
四六倍一

ハ04A 3-8 45
古名錄
八五巻并古名錄總目錄・古名錄索引　畔田翠山（源伴存）
明治一八年三月―二三年三月刊（東京　田中芳男）
四六四五

ハ04A 3-9 4
七香齋類函
存巻五六・五七術藝類文學部六一・六二同和歌部・文藻部六三・六四同書部・畫部七三―七五同耶蘇部・相部・卜筮占候部　藤澤南岳（恒）
明治二二年七月―二三年二月刊（大坂　七香齋藤澤南岳〈大坂　梅原亀七〉）
中四

ハ04A 3-10 4
塵添壒囊鈔
二〇巻
〔江戸前期〕刊　巻一第二四丁迄翻印底本指定朱書サル
大四

ハ04A 3-11 7
類聚名物考
三三九巻附録七巻總目索引一巻　山岡俊明編　井上頼圀・近藤瓶城校
明治三六年一二月―三八年五月刊（東京　近藤活版所〈總〉近藤出版部）
菊七

ハ04A 3-12 25
名物六帖
第三帖器財箋五巻序目一巻　伊藤〔東涯〕（長胤）編　奥田〔三角〕（士亨）校
享保一一年冬至序刊（慥慥齋藏板〈京　奎文館〉）
半六

第二帖人品箋五巻　伊藤〔東涯〕（長胤）
寶暦五年刊（京　奎文館）
半五

第四帖人事箋五巻　〔伊藤東涯〕（胤）
安永六年刊（京　奎文館瀬尾源兵衛）第一冊奥大阪河内屋喜兵衛梓アリ
半五

第三帖宮室箋二巻第一帖天文箋・時運箋各一巻地理箋二巻　伊藤〔東涯〕（長胤）
安政六年刊（大阪　積玉圃河内屋喜兵衛・謙々舎吉野屋仁兵衛）版心下象鼻耕價堂藏
半六

第三帖飲膳箋・服章箋第五帖身體箋第六帖動物箋二巻植物箋三巻　伊藤〔東涯〕（長胤）
写
大三

ハ04A 3-13 1
嬉遊笑覧索引
近刊
菊一

ハ04A 3-14 1
嬉遊笑覽
存巻六―一二并附錄　喜多村〔筠庭〕（信節）
昭和三年五月刊（東京　六合館）日本藝林叢書第七巻
菊一

ハ04A 4-1 1
雅俗言葉海
西由清
享和三年九月刊　萬延一年八月修（江戸　金生堂）
特小一

ハ04A 4-2 2
拾遺和漢名數
二巻（版心作五巻）竹田春菴編
〔享保四年〕刊　天明七年夏至序修（大阪　葛城宣英堂・京　額田一止人）
半二

ハ04A 4-3 1
新名數
明治八年刊（江戸　奥村喜兵衛）
小一

ハ04A 4-4 1
西洋名數
上田萬年編
明治三七年一月刊（東京　冨山房）
菊半一

ハ04A 4-5 1
品物名數抄
合綴陸氏經典釋文盛事（陸）慶元堂主人（和泉屋庄治郎）
刊（陸）文化七年一月刊（江戸　慶元堂和泉屋庄治郎）
半一

ハ04A 4-6 1
又
刊
半一

ハ04A 4-7 3
和漢名數大全
續編・三篇共　上田元周重編
天保一三年五月刊（江戸　和泉屋吉兵衛・京出雲寺文治郎）（續）弘化四年一二月刊（江戸　和泉屋吉兵衛）（三）嘉永二年五月刊（但シ弘化四年一二月ノ刊記モアリ　江戸　和泉屋吉兵衛）
特小三

ハ04A 5-1 1
故事成語考註解
宍戸隼太
明治三五年三月刊（東京　藤村德一〈著者ト同住所〉〈東京　六合館〉）鉛印　序巻首押印訂正
半一

ハ04A 5-2 2
事物類字
〔秇林枝葉〕七巻
近写（〔浜野知三郎〕）天保一四年三月黒河春村写〔北〕静盧蔵本
大二

ハ04A 5-3 8
世説故事苑
五巻　釋子登
正徳六年一月刊（題簽ニ改　大坂　小嶋勘右衛門・京　伏見相兵衛）
大八

ハ04A 5-4 1
雅俗便覽日本事物起原
金子晉編　日本文學講習會校
明治三六年一〇月刊（訂正四版　東京　青山堂）
明治三五年六月第一版　同九月訂正二版
菊一

ハ04A 5-5 1
日本事物原始
第一集　鈴木眞年
明治一七年九月刊（東京　古香館）銅版二色図アリ（行基圖）
四六一

ハ04A 5-6 5
本朝世事談綺
五巻　菊岡沾凉
享保一九年一月刊（江戸　文刻堂西村源六・万屋清兵衛）
半五

ハ04A 5-7 6
野語述説
浚編續編雜編各二巻補遺一巻序目一巻新増野語述説外編一巻　松井壷峯（精）
貞享一年九月刊（西村孫右衛門）（新）元禄五年九月刊（藤田半右衛門）
大六

ハ04A 5-8 1
又
前編五巻浚編續編雜編各二巻補遺一巻
貞享一年九月刊（西村孫右衛門）
大合一

ハ04A 5-9 2
大和事始正誤
二巻　伊勢貞春
写　待賈堂・宍戸昌旧蔵　半二

ハ04A 5-10 6
大和事始
（倭〈和〉漢事始）（和啤始・漢吏始）六巻附録一巻中華事始六巻　貝原好古
元禄一〇年四月序刊　文化一二年修（勝嶌喜六郎蔵板〈京　山中善兵衛・大坂　上田嘉兵衛等二都四肆〉）　半六

ハ04A 5-11 1
稽古辭苑
（國語故事捷引稽古辭苑）存巻下　松田敏足編
明治三〇年一月刊（福岡　編者）　菊一（大和綴）

ハ04A 6-1 3
雜圖
三巻　澁井孝德圖　丸山蔚明編　小田切盛歒録
天明六年一〇月序刊（彩霞館藏版〈江戸　須原屋市兵衛等三肆〉）　大三

ハ04A 6-2 2
世諺叢談
（出處註釋世諺叢談）衣笠宗元
明治三三年六月刊（京都　貝葉書院・文港堂書店）鉛印　中二

ハ04A 6-3 1
四民重宝道具字引圖解《だうぐしびきづかい》
又玄齋南可
〔江戸末〕刊（江戸　宝集堂大和屋喜兵衛）口絵彩色刷　中一

ハ04A 6-4 1
物數稱謂
岡田新川（挺之）編　重松驥校
寛政八年一月序刊　明治三六年一二月印（名古屋　豊田棄三郎）　半一

ハ04A 6-5 1
俚諺辭典
附俚諺論　熊代彦太郎編（附）市川源三
明治三九年九月刊（東京　金港堂）　四六一

ハ04A 6-6 1
刊謬正俗
并附錄四條　伊藤〔東涯〕（長胤）撰　安原〔霖寰〕（貞平）校
寛政七年刊（三刻　京　文泉堂林權兵衛）覆明和九年三月文泉堂刊本　大一

ハ04B 1 10
淵鑑類函
〔四五〇〕巻　清張英等奉勅編
清光緒九年八月刊（上海　點石亝）石印　唐中一〇

ハ04B 2 1
古今圖書集成分類目錄
文部省編
大正一年八月刊（〔東京〕編者〈東京　國定教科書共同販賣所〉）翻明治四五年七月刊本　四六一

ハ04B 3 6
羣書拾唾
一二巻　明張九韶編　汪道昆補　呉昭明校
〔承應一年〕刊　萬治一年一〇月印（〔京〕村上勘兵衛）　大六

ハ04B 4 6
古事比
五二巻　清方中德編　王梓校
清光緒三〇年四月刊（上海　點石齋）石印　唐小六

ハ04B 5 8
子史精華
一六〇巻　清允祿等奉勅編
清宣統一年春刊（上海　朝記書庄）石印　唐中八

ハ04B 6 8
小學紺珠
一〇巻　宋王應麟編　村瀬石萕（誨輔）校點
文政九年刊（江戸　尚友堂岡村庄助）　小八

ハ04B 7 8
初學記
三〇巻　唐徐堅等
民國七年冬刊（上海　江左書林）石印依内府殿本　蘊石齋叢書本　唐中八

ハ04B 8 6
京本音釋註解書言故事大全
一二巻　宋胡繼宗編　明陳玩直解　李廷機校
正保三年九月刊〔後印〕覆明萬暦一九年一一月建鄭雲竹刊本　書肆名削去カ　巻末ニ図・刊記魁星像ニ親シ　大六

ハ04B 9 1　書言故事大全索引
（題簽）近写
大一

ハ04B 10 8　重刊書叙指南
二〇巻　宋任廣徳編　明喬應甲校〔永田〕善齋點
慶安二年三月刊〔〔京〕中野小左衛門〕覆明萬暦二四年春序刊本
大八

ハ04B 11 4　新鍥類解官様日記故事大全
（増補評註日記故事大全）七巻　明張瑞圖校　上總繁増補評註
明治一六年一二月刊〔後印〕（大阪　青木嵩山堂）
半四

ハ04B 12 24　文獻通考
二四巻　元馬端臨編
清光緒二五年四月刊（上海　點石齋）石印影武英殿刊本
唐小二四

ハ04B 13 14　欽定續文獻通考
二五〇巻　清嵇璜等奉勅編
清光緒二八年一〇月刊（買吾齋）石印影武英殿刊本
唐中一四

05　随筆・雑著・抄録

ハ05 1 1　日本随筆索引
太田為三郎編
明治三四年九月刊（東京　東陽堂）小杉榲邨旧蔵
菊一

ハ05 1-2 1　同
（増訂版）太田為三郎編
大正一五年一月刊（東京　岩波書店）
菊一

ハ05 2 1　四大奇書集古随筆
平義器談二巻墨水消夏録三巻捜奇録二巻耳袋二巻　井口松之助編
明治三二年一二月刊（東京　編者魁眞樓藏版）
菊一（大和綴）

ハ05 2-2 6　随筆大観
（珍書文庫随筆大観）一—六編　田邊勝哉等編
明治四三年七月—四四年九月刊（一）四三年一二月印（再版）（三）四五年二月印（再版　東京　國書出版協會）
菊六

ハ05 2-3 1　日本随筆全集
〔二〇〕巻存巻一　國民圖書株式會社編
昭和二年八月刊（東京　編者）
菊一

ハ05 2-4 16　日本随筆大成
一二巻別巻四巻　日本随筆大成編輯部編
昭和二年四月—四年二月刊（東京　吉川弘文館〈別巻一・二増訂一話一言三・四嬉遊笑覧〉東京　日本随筆大成刊行會）
四六一六

ハ05 2-5 3　百家随筆
三〔巻〕國書刊行會編
大正六年八月—七年一月刊（東京　編者）
菊三

ハ05 2-6 7　百家説林
正編二巻續編三巻索引一巻　吉川弘文館編
明治三八年八月—四〇年一二月刊（東京　編者）正編二五年二月初版
菊七

ハ05 2-7 3　珍書文庫百家叢説
第一—三編　田邊勝哉編　井上頼囶校
明治四四年一〇月—四五年五月刊（東京　國書出版協會）
菊三

ハ05 2-8 1　名家漫筆集
（校訂名家漫筆集第三版）博文館編輯局編
明治三六年六月刊　四五年二月印（三版　東京　博文館）
四六一

ハ05 4-1 1　應問集　第一編　齋藤惇　大正五年六月刊（東京　以文社）　菊半一

ハ05 4-2 1　應問録　第貳輯　國學院編　明治三五年一月刊（東京　編者〈東京　六合館〉）　四六一

ハ05 4-3 4　小車錦　二巻〔伊勢〕貞丈　写　大四

ハ05 4-4 3　かきよせ　（外題）三巻〔浜野知三郎〕自筆　大三（仮綴）

ハ05 4-5 2　櫆齋雜攷　二巻　木村櫆齋（正辭）　明治二一年一二月刊（東京坂本　著者蔵版）朱墨套印　半二

ハ05 4-6 3　管蠡數恬略　三巻　山梨和貴　寛政五年秋刊（京　吉原荘助等三都四肆）　大三

ハ05 4-7 2　己亥叢説　二巻　井上賴囶撰　井上賴文・吉岡賴教編　明治三二年四月刊（東京　吉川半七）鉛印　半二

ハ09 4-81 2（旧ハ05 4-8 2）　好古日録　藤原貞幹　寛政九年四月刊〔明治〕印（京　津逮堂大谷仁兵衛）狩谷棭齋説書入移写　日本藝林叢書底本　大二

ハ09 4-80 2（旧ハ05 4-9 2）　好古小録　二巻附録一巻　藤原貞幹　寛政七年九月刊〔修〕（京　鶚鶴惣四郎等五肆）　同前　同前　田安家旧蔵　大二

ハ05 4-10 2　好古餘録　二巻　山崎美成　文政一一年一月序刊（江戸　玉巖堂和泉屋金右衛門）　大二

ハ05 4-11 4　三養雜記《さんやうざつき》　四巻　山﨑美成　天保一一年三月〈跋〉刊（大阪　河内屋茂兵衛等三都一一肆）或ハ後印　大四

ハ05 4-12 2　鹽尻　（随筆珍本鹽尻）一〇〇巻附索引　天野信景撰　室松岩雄校　明治四〇年六月・一一月刊　四一年一〇月印（再版　東京　國學院大學出版部）翻内閣文庫蔵写本　菊二

ハ05 4-13 1　松屋《しようをく》 棟梁集《とうりやうしふ》　存巻一　高田與清　文化一三年八月序刊〔明治〕印（東京　萬青堂別所平七）　大一

ハ05 4-14 1　俗説贅辨補　延享一年九月写（堀尾秋実）　半一

ハ05 4-15 1　俗僻反正録《ソクヘキハンセイロク》　五巻　平景尚　天明六年一月刊（江戸　中邑善二・石﨑孫七）　半一

ハ05 4-16 1　東牖子《トウユウシ》　（橘菴漫筆）五巻　田宮橘菴（仲宣）　写（巻四補配〔叅文書堂〕刊本）森立之旧蔵標記書入　半合一

ハ05 4-17 4　它山石《とやまのいし》　初編四冊　松井羅州（源輝星）編　松井多州（源黄・多眞彦）校　弘化二年春刊（京　竹苞樓銭屋惣四郎・弘簡〔堂〕升屋勘兵衛）中川得樓旧蔵　大四

ハ05 4-18 1　文教温故糾繆　（題簽）狩谷棭齋　近写〔浜野知三郎〕　半一

ハ05 4-19 4　秉穂録　二巻二編二巻　岡田新川（挺之）〔寛政七年春〕―一一年春刊（初）七年一〇月修　一一年春合印（名古屋　永樂屋東四郎）　半四

ハ05 4-20 3　**松屋筆記**　一二〇巻（巻一七—三六・四一—四八原欠）　高田與清　明治四一年七月—一二月刊（東京　國書刊行會）　翻東京帝國大學附屬圖書館蔵自筆本　菊三

ハ05 4-21 2　**本居雑考**　二巻附正誤表　本居豊穎　明治三七年四月刊（東京　好古社出版部青山清吉）　鉛印　半二

ハ05 4-22 6　**日本国風**　六巻　度會常彰　寛延二年一二月寫（度會経麻）以自筆本　大六

ハ05 4-23 3　**用捨箱**　三巻　柳亭種彦　〔明治〕印（東京　松山堂藤井利八）　大三

ハ05 4-24 2　**四方のあか**　二巻　〔浜野知三郎〕自筆　大二（仮綴）

ハ05 4-25 1　**柳莽随筆**　初編　〔栗原〕柳莽（源信充）　文政二年四月序刊　堀田文庫旧蔵　ヤ4-4仮名序墨格ヲ修ス　二ウ正平板ノ項ニモ修アリ　大一

ハ05 4-26 3　**老牛餘喘**　初編三巻　小寺楝園（清之）撰　河村元重校　天保一一年六月跋刊（萬年青舎藏板）　大三

ハ05 4-27 21　**廣益俗説辨**　二〇巻後編五巻遺編五巻（巻二六—三〇）附編七巻（巻三一—三七）残編八巻（巻三八—四五）合四五巻總目録一巻　井澤蟠龍（節）　享保五年一二月・七年春跋刊　文化九年一二月印（大坂　松根堂加賀屋善藏）　半二一

ハ05 4-28 5　**俗説贅辨**　三巻續編二巻　谷秦山　正徳六年一月・享保三年六月刊（京　茨城多左衛門）　半五

ハ05 5-1 1　**櫻陰腐談**　二巻　釋梅國　正徳二年五月刊〔後印〕（京　一止人伊勢屋額田正三郎）　大一

ハ05 5-2 1　**海録**　二〇巻　山崎美成編　本居清造・伊藤千可良校　大正四年一一月刊（東京　國書刊行會）　翻東京帝國圖書館蔵写本　菊一

ハ05 5-3 2　**近世奇跡考**　（續骨董集）五巻　山東京傳　文化一年五月序刊　〔明治〕印（東京　松山堂藤井利八）　半二

ハ05 5-4 5　**丈山夜譚**　一〇巻　石川丈山　写　福田文庫旧蔵　巻頭眉上標記　著者石／川丈山ト／アレド丈／山以后ノ／事著ハ／シ有バ／石川丈／山ニアラ／ザルベシ　大五

ハ05 5-5 1　**春湊浪話**　三巻　土肥經平撰　近藤瓶城校　明治一八年九月刊（東京　近藤圭造）　鉛印翻上野博覽場蔵写本　存採叢書之中　中一

ハ05 5-6 1　**春江夜話**〔聞書〕　二編并附録　栗栖春江（紀茂實）述　松井元英・高井元恒・河井正秀録　寛保三年一月跋刊（江戸　小川彦九郎）　刷付題簽　半一

ハ05 5-7 2　**消閑雑記**　二巻　一時軒惟中　文政八年四月刊（大阪　種玉堂河内屋儀助）　大二

ハ05 5-8 1　**すかのつみくさ**　〔浜野知三郎〕編　自筆　大一

ハ05 5-9 2　**静軒痴談**
二巻　寺門静軒撰　市川清流校
明治八年一月刊（東京　文昌堂礒部屋太良兵衞）
半二

ハ05 5-10 1　**譚海**
一五巻　津村淙庵（正恭）撰　古賀彦次郎・齋藤松太郎校
大正六年六月刊（東京　國書刊行會）
菊一

ハ05 5-11 5　**提醒紀談**《ていせいきだん》
五巻　山﨑美成編　關弘道校　佐竹永海畫
嘉永三年四月序刊（江戸　須原屋伊八等三都一四肆）
大五

ハ05 5-12 1　**屠龍工随筆**
〔小栗〕百萬撰　近藤瓶城校
明治一八年七月刊（東京　近藤圭造）鉛印　存採叢書之中
中一

ハ05 5-13 3　**筆のすさひ**
橘恭
写　題簽天地人
半三

ハ05 5-14 1　**松屋叢話**
二巻　髙田松屋（源與清）撰　梁〔川星巖〕（卯）校
文化一一年刊（江戸　千鍾房須原屋茂兵衞）序套印　濵和助旧蔵
大一

ハ05 5-15 1　**漫録**
伊勢貞丈編
写（松壽菴伊藤恭順）
大一

ハ05 5-16 2　**幽遠随筆**
二巻　入江獅子童（昌喜）
安永三年一一月刊（大坂　抱玉軒田原平兵衞）
大二

ハ05 5-17 5　**愈愚随筆**
一二巻〔黒澤〕有鄰
延寶一年一二月刊（〔京〕ふや仁兵衛）
大五

ハ05 5-18 4　**擁書漫筆**《ようしよまんひつ》
四巻（目録跋有補写）髙田與清
文化一四年三月刊〔後印〕（大阪　群玉堂河内屋茂兵衞・群鳳堂河内屋藤兵衞）目ニ修本アルカ（但シ補写部分）
大四

ハ05 6-1 1　**江戸土産**
（題簽）
弘化二年三月写（昌信）
半一

ハ05 6-2 1　**疑問録**
（外題）
明治写　治辰二月廿六日
半一（仮綴）

ハ05 6-3 1　**孔雀樓筆記抄**
〔清田儋叟〕原撰
近写
大一（仮綴）

ハ05 6-4 3　**さへづり草**　一名草籠
むしの夢・松の落葉・雪の跡合三巻　加藤雀庵（藤原長房）撰　室松岩雄校
明治四三年一二月―四五年二月刊（東京　一致堂〈雪〉東京　校者〈東京　法文館〉）
四六三

ハ05 6-5 8　**視聴雑録**
（無疵不取銭）四巻　覺非齋
明和一年六月刊（江戸　出雲寺和泉掾等三都三肆）
大八

ハ05 6-6 1　**西山謾筆**
近写（〔浜野知三郎〕）
半一

ハ05 6-7 3　**清風廬雑抄**
（貼込帖）〔浜野知三郎〕編
近写・刊（自筆等）浜野氏ノ問ニ対スル荅ノ手紙・葉書類　考証学者伝記資料多シ
半三

ハ05 6-8 1　**二川随筆**
三巻　細川宗春・山川素石
文政一三年夏寫　濵和助旧蔵
半一

ハ05 6-9 1　**武藏國人別**
他雑記
写
大一

ハ05 6-10 1　**鹿門随筆**
（題簽）望月鹿門（三英）
文化一五年三月写（東川）
半一

ハ05 7-1 3　**螢雪餘聞**
一六巻　近衛霞山編　水谷川忠麿校
昭和一四年一二月刊（東京　陽明文庫）鉛印
陽明叢刊第一輯
半三

ハ05 7-2 1　**金剛院草稿**
（題簽）佐村八郎
自筆
半一（仮綴）

ハ05 7-3 1　**柿堂存稿**
附正誤表　岡井愼吾
昭和一〇年一一月刊（熊本　著者有七絶堂）
菊一

ハ05 7-4 2　**拾餘講**
（德性涵養實學奬励拾餘講・茶話筆記）二集并附録二則　明治廿四年十月十二日開會　井上円了講　佐村八郎編
自筆
半二

ハ05 7-5 1　**松山風竹**
林古溪（竹次郎）
昭和九年一一月刊（東京　明治書院）
四六一

ハ05 7-6 1　**隨想録**
鵜澤總明
昭和一一年四月刊（東京　大東文化協會）
菊一

ハ05 7-7 1　**徹石雑纂**
（外題）佐村八郎
近写
半一（仮綴）

ハ05 7-8 1　**復軒雑纂**
大槻文彦
明治三五年九月刊（東京　廣文堂）改装
菊一

ハ05 7-9 1　**負暄閑談**
存巻一　五弓〔雪窓〕（久文）
自筆
半一

ハ05 7-10 1　**碧海漫渉**
三篇　内藤耻叟
明治一四年四月―七月刊（東京　介昭書院秋元晋藏版）鉛印
小三

ハ05 7-11 1　**焉馬叢録**
并俚諺叢録・課題彙纂　五弓〔雪窓〕（久文）編
近写〔浜野知三郎〕
半一

06　論　集・講　演　集

ハ06 1 1　**朝日講演集**
附正誤表　大阪朝日新聞社（小池信美）編
明治四四年一一月刊（大阪　編者）
菊一

ハ06 2 1　**井上博士講論集**
第一編附交情餘韻　井上哲次郎講　佐村八郎編
明治二七年七月刊（東京　井上蘇吉〈東京　敬業社〉）
四六一

ハ06 3 1　**芸窓襍載**
横井時冬
明治三七年三月刊（東京　明治書院）正誤表綴込
菊一

ハ06 4 1　**叡山講演集**
大阪朝日新聞社（小池信美）編
明治四〇年一一月刊（大阪　編者）
菊一

ハ06 5 1　**大東文化協會講演**
第一集　大東文化協會教化部（川口壽）編
昭和五年三月刊（東京　大東文化協會）
四六一

ハ06 6 1
帝國文學附錄
存文學者年表（赤堀又次郎編）謠ひ物の變遷（佐々政一）解疑・東京美術學校講演　裸體と美術・京都畫家對東京畫家（大塚保治講）AH-SODESKA（DE LILAH）
〔明治〕刊（〔東京〕帝國文學〔會〕）鉛印　半合一

ハ06 7 1
服部〔宇之吉〕先生古稀祝賀記念論文集
附服部先生自敍・服部先生年譜　服部先生古稀祝賀記念論文集刊行會編
昭和一一年四月刊（東京　冨山房）　菊一

07 紀要・報告

ハ07 2a-1 1
玉篇の研究
岡井愼吾
昭和八年一二月刊（東京　東洋文庫）東洋文庫論叢一九　四六倍一

ハ07 3-1 3
支那學
第二・三巻（巻四欠）支那學社
大正一〇年九月—一四年一二月刊　同一五年三月合本發行（京都　弘文堂）　菊合二

ハ07 4-1 3
支那學研究
第二—四編　斯文會編
昭和七年一月—一〇年一二月刊（東京　編者）　菊三

ハ07 4-2 1
東洋哲學
第三編　哲學館編
明治二九年三月—三〇年一二月刊　合本發行（〔東京〕編者）　菊一

ハ07 8a-1 1
帝室博物館藏釋奠器圖篇
帝室博物館學報第七册　石田茂作・矢島恭介
昭和一〇年一二月刊（〔東京〕帝室博物館）　四六倍一

ハ07 9-1 9
古學叢刊
第一期　北京古學院編輯組編
民國二八年三月—二九年七月刊（北京　北京古學院）鉛印　唐大九

09 複製本

ハ09 6-1 1
活版經籍考
附活版經籍考解説並補正　吉田篁墩（附）川瀬一馬
昭和八年九月刊（東京　日本書誌學會川瀬一馬）玻璃版影安田文庫藏壚田屯旧藏寛政一一年一二月髙橋真末（狩谷棭齋）写留蠹書屋雜著本　半一

ハ09 6-2 2
經籍訪古志
（初稿本）附初稿本經籍訪古志解説　森〔枳園〕（立之）等編（附）長澤規矩也
昭和一〇年九月刊（東京　日本書誌學會）影安田文庫藏森枳園等自筆海保漁村朱訂本　大二

ハ09 6-3 1
日本書籍総目録
附〔解説〕（附）德富蘇峰（猪一郎）
昭和七年八月刊（東京　民友社）影成簣堂文庫藏〔新井〕白石写本（附）鉛印　新成簣堂叢書第五　大一

ハ09 6-4 1
東湖先生手澤本唐詩選抄記
附東湖先生遺墨・水戸名士遺墨　澤本孟虎編
昭和八年一二月刊（東京　中村庸〈東京　青山書院〉）玻璃版影中村庸藏藤田東湖等自筆本　翻字釈文鉛印　半一

ハ09 6-5 1
頼山陽上二樂翁公一書
（題簽）頼山陽（襄）
大正一一年九月刊（東京　頼山陽研究會）影文政一〇年五月自筆本
大一

ハ09 6-6 1
頼子成上守國公書
（題簽）頼〔山陽〕（襄）
大正二年四月刊（東京　高橋金四郎）同前　巻末ノ日本外史ノ写真ノミ異ル　内容同前
大一

ハ09 6-7 11
毛詩考
二六巻附亀井昭陽徳永玉泉兩先生百年祭記念〔志〕（題簽）亀井昭陽
昭和九年二月刊（戸畑　安川敬一郎）影安川氏蔵自筆本（巻一―三・一五―一九配大島義脩氏蔵写本）（附）鉛印
大一一（附大和綴）

ハ09 6-8 1
玉篇
（玉篇零本高山寺本）巻二七糸部四二五
明治一六年一二月刊（印刷局藏版）影高山寺蔵古写本
大一

ハ09 6-9 1
論語〔集解〕
存序・學而一葉・八佾二葉・〔雍也〕一葉　魏何晏
〔明治〕刊（伯爵藤堂家藏版）摸刻貞和二年四月相承識語本
特大一

ハ09 6-10 1
古文孝經
昭和一〇年四月刊（東京　斯文會）影東洋文庫蔵慶長四年勅版
大一

ハ09 6-11 1
抱朴子
（古寫本抱朴子）内篇第二論仙・第三對俗　晉葛洪
大正一二年二月刊（東京　文求堂）影文求堂蔵唐写本
半一

ハ09 6-12 1
琱玉集
存巻一二・一四
〔清光緒〕刊（〔東京〕黎庶昌）摸刻真福寺蔵天平一九年三月・七月寫本　古逸叢書一六單行本
唐特大一

ハ09 6-13 1
唐寫本唐韻
存去聲二一葉巻五入聲　唐孫愐
清光緒三四年二月跋刊（呉縣　蔣斧）影蔣氏蔵唐写本
唐特大一

ハ09 6-14 1
玉篇
巻一八之後分
明治一五年一〇月跋刊（柏木探古）摸刻東大寺尊勝院旧蔵柏木探古現蔵唐写本
特大一

ハ09 6-15 1
節用集
（饅頭屋本）
昭和四年七月刊（東京長崎　珍書保存會正宗敦夫）影宮内省圖書寮蔵刊本
特大二ツ切一

ハ09 6-16 14
古簡集影
一四輯　東京帝國大學史料編纂掛（第一〇輯以下所）編
大正一三年一〇月―昭和七年一二月刊（東京　東京帝國大學〈昭和五年三月刊第一〇輯以下東京　七條書房〉）玻璃版
特大一四袋

ハ09 6-17 6
文鏡秘府論
六巻　釋〔空海〕
昭和五年二月刊（東京　東方文化學院）影宮内省蔵高山寺旧蔵保延四年四月移點本　東方文化叢書之一
特大六

以下古典保存會複製　解說鉛印

ハ09 6a-1 3
古事記
三巻附眞福寺本古事記解説（附）山田孝雄
大正一三年一二月―一四年一一月刊（東京　古典保存會）影眞福寺蔵釋賢瑜應安四・五年写本
大三

ハ09 6a-2 1
古事記上巻抄
附眞福寺本古事記上巻抄解說（附）橋本進吉
大正一三年一二月刊 影眞福寺藏〔鎌倉末〕写本
特大一

ハ09 6a-3 1
古事記裏書
附神宮文庫本古事記裏書解說〔卜部〕兼文（附）植松安
大正一四年八月刊 影神宮文庫藏應永三一年七月釈道祥写本
大一

ハ09 6a-4 1
日本國見在書目録
附帝室博物館御藏日本國見在書目錄解說 藤原佐世（附）山田孝雄
大正一四年一一月刊 影帝室博物館藏室生寺旧藏〔平安末〕写本
大一

ハ09 6a-5 1
将門記
附眞福寺本將門記解說（附）山田孝雄
大正一四年一一月刊 影眞福寺藏承徳三年一月写本
特大一

ハ09 6a-6 1
法曹類林
大正一四年一一月刊 影内閣文庫・前田家藏金澤文庫旧藏嘉元二年六月写本
存巻一九七附法曹類林巻第百九十七解說 藤原通憲編（附）山田孝雄
特大一

ハ09 6a-7 1
大鏡
大正一四年一一月刊 影〔千葉胤明氏藏鎌倉後期写本〕
〔存巻上後半・巻中後半〕欠千葉氏藏本大鏡解說（橋本進吉）
大一

ハ09 6a-8 1
方丈記
附大福光寺本方丈記解說 鴨長明（附）山田孝雄
大正一四年一一月刊 影大福光寺藏鎌倉写本
大一

ハ09 6a-9 1
水言鈔
〔江談抄〕巻四・五附醍醐寺藏水言鈔解說 大江匡房述 藤原實兼録（附）橋本進吉
大正一四年一一月刊 影醍醐寺藏平安末写本
大一

ハ09 6a-10 1
口遊
附眞福寺本口遊解說 源爲憲（附）山田孝雄
大正一三年一二月刊 影眞福寺藏弘長三年二月釈行文写本
大一

ハ09 6a-11 1
上宮聖徳法王帝説
附知恩院藏上宮聖德法王帝說解說（附）橋本進吉
昭和三年四月刊 影知恩院藏平安写本
特大一

ハ09 6a-12 1
元興寺縁起
附醍醐寺本元興寺緣起解說（附）山田孝雄
昭和二年六月刊 影醍醐寺藏建永二年七月釈辨豪写本
大一

ハ09 6a-13 1
播磨国風土記
附三條西伯爵家本播磨國風土記解說（附）山田孝雄
大正一五年二月刊 影三條西家藏平安写本
特大一

ハ09 6a-14 1
琴歌譜
附近衛公爵所藏琴歌譜解說（附）山田孝雄・橋本進吉
昭和二年一一月刊 影近衛文磨氏藏天元四年一〇月写本
特大一

ハ09 6a-15 1
催馬樂抄
附東京帝室博物館御藏天治本催馬樂抄解說（附）山田孝雄
大正一五年六月刊 影東京帝室博物館藏平安末写本
特大一

ハ09 6a-16 1　**松浦之能**
附観世左近氏藏松浦之能解説　世阿彌（附）山田孝雄
昭和三年四月刊　影観世左近氏藏應永三四年一〇月自筆本　紙背假名暦（應永三四年三月一七日至六月一三日）
特大一

ハ09 6a-17 1　**打聞集**
附山口光圓氏所藏打聞集解説（附）橋本進吉
昭和二年八月刊　影山口光圓氏藏長承三年釈榮源写本　紙背叡山関係文書
特大一

ハ09 6a-18 2　**倭名類聚抄**
零本三三葉并寶生院藏倭名類聚鈔紙背文書（一冊欠）附眞福寺本倭名類聚鈔解説　源順（附）山田孝雄
大正一五年二月刊　影眞福寺藏鎌倉写本
大一 横一（大和綴）

ハ09 6a-19 4　**色葉字類抄**
三巻附黒川眞前氏藏色葉字類抄解説・色葉字類抄攷略（附）山田孝雄
大正一五年九月—昭和二年四月・同三年七月・九月刊（攷・七條愷）影黒川眞前氏藏江戸写本（攷）撰者自筆本
大四

ハ09 6a-20 1　**漢書食貨志**
存巻二四附眞福寺藏漢書食貨志解説　唐顔師古注（附）山田孝雄
昭和三年二月刊　影眞福寺藏奈良写本
特大一

ハ09 6a-21 1　**白氏文集**
欠

ハ09 6a-22 1　**遊仙窟**
附醍醐寺本遊仙窟解題　唐張鷟（附）山田孝雄
昭和二年一月刊　影醍醐寺藏康安三年一〇月釈宗筭写正安二年六月本奥書本
特大一

ハ09 6a-23 1　**古事記上巻**
附春瑜本古事記上巻解説　太安萬侶（附）橋本進吉
昭和五年一二月刊　影御巫清白氏藏應永三三年八月釈春瑜写本
大一

ハ09 6a-24 1　**御成敗式目**
附平林治德氏藏御成敗式目解説　北條泰時（附）山田孝雄
昭和五年九月刊　影平林治德氏藏康永二年三月写本
特大一

ハ09 6a-25 1　**伊勢物語**
附最明寺藏時頼本伊勢物語解説（附）橋本進吉
昭和六年一〇月刊　影最明寺藏鎌倉写片假名本
枡一

ハ09 6a-26 1　**寶物集**
附宮内省圖書寮御藏寶物集解説　平康頼（附）山田孝雄
昭和四年一二月刊　影宮内省圖書寮藏鎌倉写本（傳康頼自筆本）
特大一

ハ09 6a-27 1　**江談抄**
欠

ハ09 6a-28 1　**連理秘杪**
附猪熊信男氏藏連理秘抄解説　二條良基（附）山田孝雄
昭和三年一二月刊　影猪熊信男氏藏室町写本
大一

ハ09 6a-29 1　**古文孝經**
附三千院藏古文孝經解説　旧題漢孔安國傳（附）山田孝雄
昭和五年六月刊　影三千院藏建治三年八月写・同九月移點本
特大一

ハ09 6a-30 1　**文集巻第四**
附神田喜一郎氏藏本白氏文集巻第四解説　唐白居易（附）橋本進吉
昭和四年八月跋刊　奥附欠　影神田喜一郎氏藏天永四年三月藤原茂明加點本
特大一

ハ09 6a-31 1　**秘府略巻第八百六十四**
附德富猪一郎氏藏秘府略解説　滋野貞主奉勅編（附）山田孝雄
昭和四年三月刊　影德富猪一郎氏藏平安写本
特大一

ハ09
6a-32
1
世俗諺文
三巻存巻上附観智院藏世俗諺文（國寶）解説　源為憲（附）山田孝雄
昭和六年一月刊　影教王護國寺観智院藏平安末写本
特大一

ハ09
6a-33
1
日本書紀私記
二巻附御巫清白氏藏應永本日本書紀私記解説（附）橋本進吉
昭和八年八月刊　影御巫清白氏藏應永三五年一月髪長吉叟写本
特大一

ハ09
6a-34
1
伊勢物語
後半部附守屋孝藏氏藏古鈔本伊勢物語解説（附）橋本進吉
昭和四年六月刊　影守屋孝藏氏藏鎌倉写本
大一

ハ09
6a-35
3
後撰和歌集
二〇巻存一〇巻附田中四郎氏藏後撰和歌集解説（大中臣能宣）等奉勅編（附）山田孝雄
昭和七年三月―八年六月刊　影田中四郎氏藏鎌倉写片仮名本
大三

ハ09
6a-36
1
知連抄并梵灯連謌
附宮内省圖書寮御藏知連抄并梵灯連謌解説　二條良基（梵）朝山梵灯庵撰　後小松上皇點評（附）橋本進吉
昭和七年六月刊　影宮内省圖書寮藏寶德四年四月写本
特大一

ハ09
6a-37
1
連謌新式
附鹿兒島縣立圖書館藏連歌新式解説　二條良基・釈救濟編　一條兼良・牡丹花肖柏補（附）山田孝雄
昭和六年五月刊　影鹿兒島縣立圖書館藏天文一四年七月河上又九郎写本
半一

ハ09
6a-38
1
節用文字
附德富猪一郎氏藏節用文字解説（附）山田孝雄
昭和一年七月刊　影德富猪一郎氏藏鎌倉写本
大一

ハ09
6a-39
1
春秋経傳集解宣上第十
并紙背文書附岩崎男爵家藏春秋經傳集解巻第十解説　晉杜預注（附）山田孝雄
昭和七年九月刊　影岩崎久彌氏藏保延五年五月清原頼業校點本
特大一

ハ09
6a-40
2
琱玉集巻第十二・巻第十四
附眞福寺藏琱玉集巻第十二解説・同巻第十四解説（附）山田孝雄
昭和八年三月・一一月刊　影眞福寺藏天平一九年七月・三月写本
特大二

ハ09
6a-41
1
唐大和上東征傳
并紙背文書附観智院藏古鈔本唐大和上東征傳解説　淡海真人元開（三船）（附）橋本進吉
昭和六年八月刊　影東寺観智院藏平安末写本
特大一

ハ09
6a-42
1
君臺観左右帳記
附東北帝國大學藏君臺観左右帳記解説　釈眞能編（附）山田孝雄
昭和八年一月刊　影東北帝國大學藏永祿二年一月写永正八年一〇月釈真相奥書本
特大横一

ハ09
6a-43
1
古事記上巻
附松井簡治氏藏伊勢本古事記上巻解説　太安萬侶（附）橋本進吉
昭和一一年二月刊　影松井簡治氏藏（應永三一年六月）釈道祥写本
大一

ハ09
6a-44
1
古律書残篇
并紙背大辨正廣智三藏和尚表制集巻第六附佐佐木信綱氏藏古律書殘篇紙背大辨正廣智三藏和尚表制集（大）唐釈不空撰　釈圓照編（附）山田孝雄
昭和九年四月刊　影佐佐木信綱氏藏平安写本
特大一

ハ09 6a-45 1　**土佐日記**
附三條西伯爵家藏土佐日記解說　紀貫之（附）橋本進吉
昭和九年一月刊　影三條西家蔵天文二二年三月写明應一年八月三条西實隆手写本　大一

ハ09 6a-46 1　**和歌體十種**
附安田善次郎氏藏和歌體十種解說　壬生忠岑（附）山田孝雄
昭和九年八月刊　影安田善次郎氏蔵平安末写本　特大一

ハ09 6a-47 1　**大かゝみ**
〔巻下〕道長傳以下　附池田龜鑑氏藏古鈔本大鏡零巻解說（附）橋本進吉
昭和一〇年八月刊　影池田龜鑑氏蔵鎌倉末写本　大一

ハ09 6a-48 1　**〔史記〕呂后本紀第九**
并裏書附公爵毛利元昭氏藏史記第九呂后本紀解說〔漢司馬遷〕（附）山田孝雄
昭和一〇年一二月刊　影毛利元昭氏蔵延久五年一月大江家國写并點本　特大一

ハ09 6a-49 1　**文鏡秘府論**
存地附德富猪一郎氏藏文鏡秘府論解說　釈〔空海〕（附）山田孝雄
昭和一〇年一〇月刊　影德富猪一郎氏蔵平安末写本　大一

ハ09 6a-50 1　**金剛波若経集驗記**
首零巻附石山寺藏古鈔本金剛波若經集驗記解說　唐孟獻忠（附）橋本進吉
昭和一三年一月刊　影石山寺蔵平安初写本（寄合書）　特大一

ハ09 6a-51 1　**行歴抄**
并裏書附石山寺藏行歴抄解說　釈圓珍撰　闕名者編（附）橋本進吉
昭和九年一二月刊　影石山寺蔵鎌倉初写本　特大一

ハ09 6a-52 1　**篆隸文體**
附毘沙門堂藏篆隸文體解說　齊蕭子良（附）山田孝雄
昭和一〇年五月刊　影毘沙門堂蔵鎌倉写本　特大横一

ハ09 6a-53 1　**頓要集**
附瀧田英二氏藏頓要集解說（附）橋本進吉
昭和九年六月刊　影瀧田英二氏蔵室町写本　大一

ハ09 6a-54 3　**古事記**
三巻附猪熊信男氏藏古事記解說　太安萬侶（附）山田孝雄
昭和一一年五月—一二年五月刊　影猪熊信男氏蔵室町写本　特大三

ハ09 6a-55 1　**東遊歌・神樂歌**
并裏書附鍋島侯爵藏古鈔本東遊歌神樂歌解說（附）橋本進吉
昭和一三年八月刊　影鍋島直映氏蔵平安末写本　特大一

ハ09 6a-56 1　**和泉式部日記**
附三條西伯爵家藏和泉式部日記解說（附）山田孝雄
昭和一二年一〇月刊　影三條西家蔵室町写本　大一

ハ09 6a-57 1　**古今訓點抄**
附大島雅太郎氏藏古鈔本古今訓點抄解說　度會延明（附）橋本進吉
昭和一一年七月刊　影大島雅太郎氏蔵鎌倉末写本　特大横一

ハ09 6a-58 2　**拾芥抄**
零巻并拾芥抄紙背文書附東京帝國大學文學部史料編纂所所藏古鈔本拾芥抄解說　洞院公賢（附）橋本進吉
昭和一二年二月刊　影東京大學文學部史料編纂所蔵室町初写本　特大一　特大横一

ハ09 6a-59 2
史記
巻九六（有欠）・九七并史記紙背金剛界次第附石山寺藏史記解説　漢司馬遷撰　宋裴駰集解（金）釈淳祐（附）山田孝雄
昭和一三年六月刊　影石山寺蔵奈良写本
特大一 特大横一

ハ09 6a-60 1
指微韻鑑
附醍醐寺藏嘉吉本指微韻鑑解説（附）橋本進吉
昭和一二年八月刊　影醍醐寺蔵室町初写本
大一

ハ09 6a-61 2
金剛波若經集驗記
三巻存巻中・下（有欠）附黒板勝美氏藏古鈔本金剛波若經集驗記解説　唐孟獻忠（附）橋本進吉
昭和九年九月・一〇年三月刊　影黒板勝美氏蔵平安初写本（寄合書）
特大二

ハ09 6a-62 1
法華経音
附公爵九條道秀氏藏法華經音解説（附）山田孝雄
昭和一一年一〇月刊　影九條道秀氏蔵平安末写本
特大一

ハ09 6a-63 1
金剛寺本延喜式神名帳上
附金剛寺藏古鈔本延喜式神名帳上解説　藤原忠平等（附）田山信郎
昭和一四年一月刊　影金剛寺蔵平安末写本
特大一

ハ09 6a-64 1
新撰姓氏録抄録
并紙背具注暦附鴨脚光朝氏藏新撰姓氏録抄録解説〔萬多親王〕等奉勅編　闕名者抄（附）山田孝雄
昭和一四年九月刊　影鴨脚光朝氏蔵鎌倉写本
特大一

ハ09 6a-65 1
古今和哥集序
附古今集序傳寂蓮筆一巻清岡眞彦氏藏〔紀貫之〕等奉勅撰（附）田山信郎
昭和一四年九月刊　影清岡眞彦氏蔵鎌倉初写本
大一

ハ09 6a-66 1
寶物集巻第四
附最明寺藏古鈔本寶物集巻第四解説　平康頼（附）橋本進吉
昭和一四年七月刊　影最明寺蔵鎌倉末写本
大一

ハ09 6a-67 2
日本紀竟宴和歌
二巻附本妙寺藏日本紀竟宴和歌解説（附）山田孝雄
昭和一四年四月・一五年三月刊　影本妙寺蔵鎌倉写本
特大二

ハ09 6a-68 3
三寶繪詞
三巻附東寺觀智院藏三寶繪詞解説　源為憲（附）山田孝雄
昭和一四年一一月―一六年三月刊　影東寺觀智院蔵文永一〇年八月写本
大三

ハ09 6a-69 1
日本書紀第二
附鴨脚光朝氏藏日本書紀解説・猪熊信男氏藏日本書紀巻一斷簡并解説〔舎人親王〕等奉勅撰（附）山田孝雄
昭和一六年七月刊　影鴨脚光朝氏蔵嘉禎二年一〇月・猪熊信男氏蔵平安初写本
特大一

ハ09 6a-70 1
皇代記
附鴨脚光朝氏藏皇代記解説（附）山田孝雄
昭和一五年六月刊　影鴨脚光朝氏蔵室町初写本
特大一

ハ09 6a-71 1
大般若経音義中巻
附石山寺藏古鈔本大般若經音義中巻解説〔釈信行〕（附）橋本進吉
昭和一五年一月刊　影石山寺蔵平安初写本
特大一

ハ09 6a-72 1
戒律傳来記上巻
附唐招提寺藏戒律傳來記上巻解説　釈豊安奉勅撰（附）田山信郎
昭和一六年三月刊　影唐招提寺蔵平安写保安五年四月白點本
特大一

ハ09 6a-73 2
漢書
〔巻一〕高紀下（有欠）并漢書紙背文書附石山寺藏漢書解説　漢〔班固〕撰　唐顔師古注（附）山田孝雄
昭和一六年一月・一二月刊　影石山寺蔵天平写本（背）金剛界念踊次第私記（釈元杲）
特大一　特大横一

ハ09 6a-74 2
漢書
〔巻一高紀下〕（有欠）并漢書紙背文書附石山寺藏漢書解説　漢〔班固〕撰　〔唐顔師古〕注（附）山田孝雄
昭和一六年一月・一二月刊　影石山寺蔵天平写本（背）同前
特大一　特大横一

以下尊經閣叢刊

ハ09 6d-1 2
古語拾遺
附元弘本古語拾遺解説　齊部廣成
大正一五年六月刊（東京　育德財團）影朱墨套印元弘四年三月写本（附）鉛印
一軸　中一（大和綴）

ハ09 6d-2 3
色葉字類抄
三巻（巻中欠）附色葉字類抄解説　橘忠兼
大正一五年六月署刊　影養和写本（附）鉛印
大二（綴葉装）　中一（大和綴）

ハ09 6d-3 21
重廣會史
一〇〇巻附景宋本重廣會史解題
昭和二年九月—三年一月刊　影北宋刊本（附）鉛印　尊經閣叢刊の由來折一葉各帙（二帙）ニ挿入サル
中二〇　中一（大和綴）

ハ09 6d-4 6
世説新語
（景宋本世説新語）三巻并世説敘録二巻附景宋本世説新語解題　宋王義慶撰　梁劉孝標注
昭和四年一〇月刊　影宋刊本（附）鉛印　尊經閣叢刊己巳歳配本
大五　半一

ハ09 6d-5 5
順渠先生文録
一二巻附王順渠文錄解説　明王道
昭和七年一二月刊　影明嘉靖刊本（附）鉛印
大四　半一

ハ09 6d-6 3
老子億
二巻附老子億解説　明王道
昭和七年五月刊　影明嘉靖末萬暦初無錫安如山校刊本（附）鉛印　※
大三

ハ09 6d-7
舊鈔本古文孝經
附舊鈔本古文孝經解説　舊題漢孔安國傳（附）永山近彰
昭和一〇年一二月刊　影明應二年六月藤原（甘露寺）親長写本（附）鉛印
特大一　大一

ハ09 6d-8 4
古周易經解略
四巻附〔古周易經解略解説（永山近影）〕欠　奥村尚寛
昭和一一年一一月刊　影自筆本
大四

ハ09 6d-9 17
春草堂集
二一巻并赤城梅花記附春草堂集解題　大田錦城（元貞）（附）永山近彰
昭和一三年五月刊　影嘉永六年八月海保漁邨朱批題跋書入多紀茝庭令寫本（附）鉛印
大一七

ハ09 6d-10 2
法性寺殿御集
附國寳法性寺殿御集解説　藤原忠通
昭和一二年九月署刊　影壽永二年七月釈寛乗写本（附）鉛印
大一（粘葉装）　中一（粘葉装）

ハ09 7-1 1
〔賴山陽書北條霞〕亭墓銘
賴山陽（襄）撰并書
拓
特大折一

10 皇室

ハ10 1-1 1
雲上明覽
〔浜野知三郎〕補編
自筆
半一

ハ10 1-2 1
御謚號年號讀例
松浦詮
明治二六年四月刊（東京 青山堂青山清吉）
半一

ハ10 1-3 1
御歴代ノ代數年紀及院號ニ關スル調査ノ沿革
附御歴代正數 宮内省圖書寮（五味均平）編
大正八年一月序刊（〔東京 編者〕）朱墨套印
序圖書頭森林太郎
四六倍一

ハ10 1-4 1
御卽位大嘗祭大禮要話
二篇并附錄 關根正直
昭和三年五月刊（東京 六合館）
四六一

ハ10 1-5 1
帝謚考
二篇 森林太郎
大正一〇年刊（〔東京〕圖書寮）鉛印 圖書頭
森林太郎差出濱野知三郎宛封筒入
大一

ハ10 2-1 1
大日本皇室譜大統明鑑
小野正弘
明治二七年八月刊（東京 編者〈東京 丸善〉）
鉛印
半一（大和綴）

ハ10 3-1 1
教育勅語字源考釋
葛城理平
昭和六年七月刊（横濱 葛城氏先周學會）石印
影葛城氏鳥迹齋稾本
大一

ハ10 3-2 1
朝鮮・漢・英・佛・獨・譯教育勅語
朝鮮總督府
大正五年一二月刊（〔京城〕編者）
菊一

ハ10 3-3 1
勅語演説
秋月胤永
明治二八年四月序刊 鉛印
半一（大和綴）

ハ10 3-4 1
御撰解題
（皇室御撰解題）并附錄 和田英松
大正六年六月刊（東京 列聖全集編纂會）
菊一

ハ10 3-5 2
皇室御撰之研究
附同別冊寫眞版 和田英松
昭和八年四月刊（東京 明治書院）
菊二

ハ10 3-6 1
國民精神振作に關する詔書義解
山田孝雄
大正一三年一月刊（東京 寶文館）
菊一

ハ10 3-7 1
崇德院御集
（崇德院七百五十回聖忌記念）附和歌史上の崇德院 志田義秀編
大正二年一〇月刊（香川松山村 白峰寺）
菊一（大和綴）

ハ10 4-1 1
今上陛下御日常の一端
鈴木貫太郎
昭和一五年一二月刊（東京 日本文化協會）教學叢書第九輯所収本（――より複刷の許を得之を會員諸彦に頒ち…）
菊一

ハ10 4-2 1
後鳥羽天皇を偲び奉る
平泉澄
昭和一四年三月刊（大阪島本村 水無瀬神宮社務所）鉛印 崩御七百年大祭記念
半一

ハ10 6-1 1
大喪儀記錄
朝日新聞編
大正一年一一月刊（大阪 編者）
菊一

ハ10 6-2 1
明治大帝
キング十一月號（第三巻第十一號）附錄附明治美談 長
谷川卓郎編
昭和二年一一月刊（東京 大日本雄辯會講談社）
四六一

ハ10 7-1 4
皇居年表
（存採叢書）存四巻 釋固禪
明治一八年一二月刊（東京 近藤圭造）鉛印
中四

ハ10 7-2 3 **もゝしき**　三巻（紫宸殿賢聖障子名臣冠服考證二巻禁裏惣御圖并御造営記）写　大三

11　神祇

ハ11 1-1 2 **神道名目類聚鈔**　六巻　中山喜次圖　元禄一五年一月刊（京　小佐治半右衛門・同与三右衛門）　大二

ハ11 5-1 1 **謚號考**　権田直助　明治七年六月刊（岡部家神習舎藏版〈東京　吉岡氏立志堂〉）　半一

ハ11 5-2 1 **諸社祭神考**　明治四年一〇月写　半一

ハ11 5-3 1 **神社考詳節**　（大日本神社考）林道春　〔正保四年一〇月〕刊　正徳三年五月印（京　河南四郎右衛門）覆正保二年一月刊本　大一

ハ11 5-4 1 **戸手村鎮座素盞嗚神社由來記**　平田良之助・倉田市之助　昭和四年一〇月序跋刊（〔備後戸手村　素盞嗚神社〕）　四六倍一

ハ11 5-5 6 **本朝神社考**　三巻又作六巻〔林〕道春　刊〔後印〕（京　上村次郎右衛門）色川三中旧蔵　寺田望南印　大六

ハ11 5-6 1 **名神序頌**　岡本監輔　明治二八年六月刊（徳島　著者）鉛印　中一

ハ11 7-1 1 **古語拾遺**　（校正古語拾遺）齋部廣成撰　大伴重堅校　元禄九年一一月跋刊　文化四年求板　文久二年印（大阪　河内屋喜兵衛）四宮社藏板本　大一

ハ11 7-2 1 **古語拾遺**　附古語拾遺攷異　齋部廣成撰　日下部勝皐校　萬延一年六月写（原尹穀）御物本　酒竹文庫旧蔵　大一

ハ11 7-3 1 **皇民讀本平解古語拾遺**　八巻　四宮憲章　昭和六年九月刊（東京　皇明會）會長四宮氏　画箋ニ憲章呈辞　菊一

12　神道

ハ12 5-1 1 **中臣祓講法**　（題簽）写　半一

ハ12 6-1 1 **中臣祓清明鈔**　（清明鈔）高田正方　写　半一

ハ12 8-1 1 **神明憑談**　二巻　多田南嶺（義俊）講　植松次親録　享保二〇年一月署刊（大坂　河内屋喜兵衛・同八兵衛）酒竹文庫旧蔵　大一

ハ12 8-2 1 **五魂說**　龜田鶯谷講　龜田英録　明治一四年八月刊（東京　録者一二三社）鉛印　半一

ハ12 9-1 1
みかぐらうた
(御かぐら歌) 中山美支
明治三四年六月刊 (再版　大和丹波市　神道天理教會本部) 明治二一年一一月初版　石印
半一

14 仏　教

ハ14 0-1 1
現存日本大藏經冠字目錄
并附錄　藤井宣正編
明治三一年二月刊 (京都　貝葉書院)
菊一

ハ14 0-2 2
佛書解題
(日本大藏經佛書解題) 二巻　大村西崖・中野義照
大正一一年五月刊　七月印 (再版　東京　藏經書院) 板留京都／帝國大學／文科大學／印行ノ朱印印刷サル
菊二

ハ14 1-1 1
賢首諸乘法數
(袖珍增補諸乘法數) 一一巻板心作二巻　明釋行深編　笹田粲太郎校
明治一八年九月刊 (東京　校者〈東京　擁萬閣森江佐七〉)
特小一

ハ14 1-2 1
釋氏要覽
(袖珍釋氏要覽) 三巻　宋釋道誠撰　笹田粲太郎校
明治一八年九月刊 (東京　校者〈東京　擁萬閣森江佐七〉)
特小一

ハ14 1-3 1
眞俗佛事編
(袖珍和漢眞俗佛事編) 六巻　釋子登編　笹田粲太郎校
明治一九年九月刊 (東京　笹田春英堂〈東京　森江佐七・三倉鐘三郎〉)
特小一

ハ14 1-4 2
新撰數目問答撮要
二巻　眞宗大谷派中學寮編
明治二七年九月刊　三六年三月印 (四版　京都　法文舘) 鉛印
半二

ハ14 1-5 3
佛教いろは字典
四巻索引二巻　若原敬經編
明治三〇年一月刊　四〇年一一月印 (第七版　名古屋　其中堂) (索) 明治三四年一〇月刊　四〇年一一月印 (第三版)
菊三

ハ14 1-6 1
佛教辭林
藤井宣正編　島地大等補
大正一年一一月刊　二年一月印 (三版　東京　明治書院) 改装
菊一

ハ14 1-7 1
仿辭典式改編翻譯名義集新編
附梵文　宋釋法雲撰　民國丁福保編
民國一〇年八月跋刊 (無錫　編者〈上海　醫學書局〉) 佛學叢書之中
唐大一

ハ14 1-8 2
翻譯名義集
(支那撰述翻譯名義集) 七巻　宋釋法雲撰　笹田粲太郎校
明治二四年九月刊 (東京　校者〈東京　森江佐七・三倉鐘三郎〉) 石印翻寛永五年一〇月跋刊本
特小二

ハ14 2-1 1
佛說阿彌陀經秦譯
(會集秦唐兩譯歡喜念佛齋自課本) 稱讚淨土佛攝受經唐譯　秦釋鳩摩羅什譯　唐釋玄奘奉勅譯　民國夏蓮編
民國二八年二月跋刊 (鄲城　夏氏歡喜念佛齋) 宋朝体鉛印
唐大一

ハ14 3-1 1　佛教文學概説　（國文學研究者のために）鈴木暢幸　昭和六年五月刊　九月印（三版　東京　明治書院）　四六一

ハ14 6-1 1　思想と信仰　島地大等　昭和三年一一月刊　四年一月印（再版　東京　明治書院）　四六一

15　日本仏教

ハ15 1-1 1　日本佛家人名辭書　并首　鷲尾順敬編　明治三六年一二月刊（東京　光融館）　四六倍一

ハ15 1-2 1　佛教と宗派　小笠原秋水　昭和九年五月刊（東京　小笠原氏覺民會出版部）　四六一

ハ15 2-1 1　近世仏教集説　三田村玄龍編　大正五年三月刊（東京　國書刊行會）國書刊行會〔叢書〕之中　菊一

ハ15 2-2 1　信仰叢書　三田村玄龍編　大正四年八月刊（東京　國書刊行會）國書刊行會〔叢書〕之中　菊一

ハ15 5-1 6　續日本高僧傳　一一巻　釋道契撰　大内青巒校　明治一七年一〇月・三九年一二月刊　合印（三九年鉛印　東京　吉川弘文館）袋附　哀子吉川半七亡考一誠信士追福記念第二回出版　半六

ハ15 6-1 1　ちんてき問荅　正保三年九月刊　中一

ハ15 7-1 1　鳳詔類篇　存巻一眞言宗東寺　釋雲照　〔明治〕刊　大一（大和綴）

ハ15A 5-1 1　上宮聖徳法王帝説　（校訂法王帝説）春日政治校　大正一二年三月刊（奈良　校者）油印翻（知恩院）藏本　功嚴院泰鑒至道居士七周忌辰追　大一

ハ15A 5-2 1　上宮聖徳法王帝説〔證注〕　（法王帝説證注）狩谷棭齋（望之）撰　長田權次郎校　明治四三年七月刊（東京　裳華房）鉛印　大一

ハ15B 5-1 1　凝然國師年譜　附凝然國師傳記雜纂　大屋德城　大正一〇年一二月刊（奈良　東大寺勸學院）鉛印　國師六百回忌記念　半一

ハ15B 5-2 1　百萬塔肆攷　（百萬小塔肆攷）附圖　平子鐸嶺（尚）　明治四一年七月刊（東京　著者）鉛印　半一

ハ15D 0-1 1　靈雲叢書解題　行武善胤　大正五年一〇月刊（東京　丙午出版社）鉛印　半一

ハ15E 1-1 1　淨土宗年譜　越知專明　明治三一年四月刊（東京　淨運院〈著者〉藏版〈東京　教報社〉）石印　半一

ハ15E 2-1 1　願生淨土義　附香海一渧・普寂德門和上傳　釋道光普寂撰　大島徹水校（傳）釋巒山　明治四四年八月刊（京都　校者〈京都　成等庵〉）　菊一

ハ15F 1-1 1　眞宗僧名辭典　井上哲雄編　大正一五年一一月刊（京都　龍谷大學出版部）　三五一

ハ15F 3-1 1　**親鸞聖人**
附親鸞聖人年譜　高楠順次郎
昭和八年三月刊　同印（第二版　東京　山喜房）
四六一

ハ15F 7-1 1　**嘉枝宮遺詠**
〔大谷〕光瑩編
大正五年六月刊（京都　本願寺内事局）石印
著者光瑩母
半一（大和綴）

ハ15F 7-2 1　**風樹帖**
妙法院宮三十三回忌法樂　本願寺内事局編
大正五年一一月刊（京都　編者）玻璃版
半一（大和綴）

ハ15G 0-1 1　**禪籍目錄**
駒澤大學圖書館編
昭和三年二月刊（東京　編者）
四六一

ハ15G 2-1 1　**白隱禪師遠羅天釜《をらでがま》**
三巻續集一巻　釈白隱慧鶴
明治四二年八月刊（東京　共同出版）翻寛延四年六月跋刊本
菊半一

ハ15G 2-2 1　**異本假名法語**
（至道無難禪師法語）附〔釋文〕釋至道無難
近刊　油印影寛文六年一〇月自筆本（附）鉛印
半一

ハ15G 2-3 1　**白隱禪師夜船閑話《やせんかんわ》**
釋白隱慧鶴撰　濱野知三郎校
明治四二年九月刊（東京・大阪　文友堂）翻寶曆七年一月序刊本
菊半一

ハ15I 2-1 1　**再訂照校類纂高祖遺文錄**
日蓮聖人御書全集　長瀧智大・山川智應編
大正四年一〇月刊　一〇年六月印（一四版　靜岡三保　田中巴之助〈東京　天業民報社〉）
四六一

ハ15I 2-2 1　**三籟遺艸**
并附載　釋三籟日毅撰　林竹次郎編
昭和一五年三月刊（東京　編者）
菊一

20 哲学

ハ20 1-1 1　**哲學辭典**
朝永三十郎
明治三八年一月刊（東京　寶文館）
菊一

ハ20 3-1 1　**哲學総論**
并純正哲學（主観論）井上哲次郎（明治二六年）講　佐村八郎錄
明治二六年写（錄者）
半一

21 日本思想

ハ21 3-1 1　**支那思想と日本**
津田左右吉
昭和一三年一一月刊　一四年一月印（三刷　東京　岩波書店）
小四六一

ハ21 5-1 1　**近世文學史論**
并附錄　内藤虎次郎
明治三〇年一月刊（東京　政教社）鉛印
半一

ハ21 5-2 1　**日本哲學要論**
有馬祐政
明治三五年四月刊（東京　光融館）
菊一

ハ21 5-3 1　**日本倫理學史**
附日本倫理學史年表甲乙丙　三浦藤作
大正一一年六月刊　一三年五月修　七月遞修（訂正三版　東京　中興館）
菊一

ハ21 5-4 1
日本倫理史
有馬祐政
明治四二年三月刊（東京　博文館）帝國百科全書一九二　序藍刷　菊一

ハ21 6-1 1
日本の人
附蒙古來たる　物集高見
明治三二年七月刊（東京　著者〈東京　六合館〉）鉛印　半一

ハ21A 1-1 1
九經談總論評説
長谷川昭道
明治四二年七月刊（東京　飯島忠夫〈著者孫〉）鉛印　半一

ハ21A 2-1 1
國體の本義
文部省
昭和一二年三月刊（〔東京〕編者）　菊一

ハ21A 3-1 1
斯道大要
（日本哲理）常賀速水
昭和六年三月刊（東京　友枝高彦）鉛印翻明治二〇年四月刊本　先考五年祭記念　半一

ハ21D 1 2
大東敵愾忠義編
四巻附錄二巻　富田日岳（大鳳）撰　岡直養校
昭和一〇年一〇月刊（東京　岡氏虎文齋）鉛印翻楠本正翼手写本　袋附　大二

ハ21D b1 2
忠芬義芳詩
二巻　河原〔翠城〕（寛）編　土井〔聱牙〕（有恪）校
安政六年六月刊（大讀書堂蔵板〈大阪　河内屋正助等諸國一一肆〉）口絵入　半二

ハ21D b2 1
不共戴天
高橋忍南（祐雄）編
大正三年一二月刊（福島岡山村　横山玄彰〈東京　光融館〉）鉛印　半一

ハ21D e1 1
安政大獄關係志士遺墨展覽會陳列目錄
昭和四年自十一月一日至十一月五日　青山會館編
昭和四年一一月刊（東京　編者）　四六一

ハ21D e2 1
維新勤王志士國事詩歌集
附略傳　丹潔編
昭和一五年一月刊（東京　モナス）　四六一

ハ21D e3 1
雲濱遺文
梅田雲濱
昭和二年五月刊（東京　羽倉信一郎）石印影羽倉氏蔵自筆本　大横一

ハ21D e4 1
高山正之傳
并蒲生秀實墓表　杉山〔復堂〕（千太郎）（蒲）藤田〔幽谷〕（一正）
刊（至誠堂蔵板）（蒲）文政一年八月署　半一

ハ21D e5 1
勤王僧默霖畧傳
（宇都宮眞名介先生小傳）并附錄　齋藤鹿三郎撰　小田豐登編
大正四年八月刊（廣島　編者）鉛印　半一

ハ21D e6 1
維新秘話　志士の遺言書
新谷道太郎述　諏訪正編
昭和一二年四月刊（島根塩冶村　編者）　四六一

ハ21D e7 2
尊王愛國史徵墨寶
二巻　塩田友親編
明治二九年一〇月刊（東京　富田文陽堂富田能次）石印　目次朱刷　序森枳園　中二

ハ21D e8 1
高山操志
（高山彦九郎）金井少史（之恭）編
明治三年六月刊（東京　和泉屋金右衛門）口絵入　半一

ハ21E 2-1 1 嚶ゝ筆語 野之口隆正等 天保一三年六月刊（佐紀乃屋藏板〈京 弘文堂 近江屋佐太郎〉） 大一

ハ21E 2-2 1 經義大意 八田知紀 元治一年五月序刊（伊吹酒屋塾藏版） 大一

ハ21E 2-3 1 古學二千文讀例 生田〔國秀〕撰 宮本芳郡訓 万延一年一二月署刊 表紙・裏表紙後補 大一

ハ21E 2-4 1 古語集覽 大畑春國編 慶應三年官許（大畑氏天柱堂藏版〈東京 千鍾房須原屋茂兵衛〉） 中一

ハ21E 2-5 5 童子問答 二巻附録一巻 中嶋廣足 近写 半五

ハ21E 2-6 1 荅問雜稿 存巻一〔清水濱臣〕 写 小杉杉園旧蔵 大一

ハ21E 2-7 1 與西山拙齋書 小寺清先 安永八年四月写（自筆） 半一

ハ21E 2-8 5 伴信友全集 五巻 國書刊行會編 明治四〇年三月―四二年四月刊（東京 編者） 國書刊行會叢書之中 菊五

ハ21E 2-9 3 三のしるべ 三巻 藤井高尚 写 文政九年秋序 大三

ハ21E 2-10 2 友問平答 本居大平答 伴信友問 写 半二

ハ21E 2-11 1 黄泉考 并綿ッ海宮考（題簽） 本居大平・須賀直入 写 大一

ハ21E 3-1 1 國學の本義 山田孝雄 昭和一四年六月刊（東京 國學研究會出版部） 菊一

ハ21E 5-1 1 慶長以來國學家略傳 小澤政胤編 明治三三年一一月刊（東京 國光社） 菊一

ハ21E 5-2 1 皇道傳統錄 田中舘甲子郎 明治二四年一一月刊（東京 稱好塾千阪忠） 鉛印 半一

ハ21E 5-4 1 國學三遷史 中野虎三編 逸見仲三郎補 明治三〇年九月刊（東京 吉川半七） 菊一

ハ21E 5-5 1 國學史概論 芳賀矢一 明治三三年一一月刊（東京 國語傳習所） 國語傳習所講義之二 菊一

ハ21E 6-1 2 文學遺跡巡禮 第一篇并國學篇第二輯 光葉會（若王子文禮）編 昭和一三年一〇月・一五年六月刊（東京 編者） 四六二

ハ21E a-1 1 圓珠菴雜記 釋契沖撰 賀茂真淵標注〔岸本〕（平）由豆流補注 文化九年六月跋刊（江戸 萬笈書堂英大助） 大一

ハ21E b-1 1 荷田東麻呂創學校啓文 山田孝雄編 昭和一五年一二月刊（東京 寶文館） 影印并解題・刊本稿本對照・啓文注解・同追加 紀元二千六百年記念出版 解題以下鉛印 大一

ハ21E b-2 1 荷田東麿翁
大貫眞浦
明治四四年一二月刊（東京 會通社） 菊半一

ハ21E c-1 6 賀茂眞淵全集
五巻首一巻 國學院編輯部編 賀茂百樹校
明治三六年九月—三九年四月刊（東京 吉川弘文館） 菊六

ハ21E d-1 1 校訂古事記傳
首巻 本居清造編
大正一〇年五月刊（東京 吉川弘文館） 菊一

ハ21E d-2 1 玉鉾百首
本居宣長
〔明治〕刊（大阪 櫻園書院藤原久吉郎）覆刻シ d-40〔天明七年〕刊本カ 本文第一行照《テリ》ヲ照《ニリ》ト誤刻 大一

ハ21E d-3 7 本居全集
本居宣長全集五巻附本居春庭全集・本居大平全集・本居内遠全集合一巻首一巻 本居豊穎校
明治三四年一二月—三六年三月刊（名古屋 片野東四郎） 菊七

ハ21E d-4 1 賀茂眞淵と本居宣長
佐佐木信綱
大正六年四月刊（東京 廣文堂） 四六一

ハ21E d-5 1 本居春庭先生傳
（本居春庭翁略傳・本居春庭先生略傳）櫻井祐吉
昭和二年一一月刊（松阪 鈴屋遺蹟保存會）鉛印 半一

ハ21E e-1 4 出定笑語
四巻 平田篤胤
嘉永二年八月序刊（生摩 薑園佐久良東雄）木活 百部碎板 大四

ハ21E e-2 1 出定笑語附錄
二巻 平田〔篤胤〕講 門人等錄
文化一四年一月序刊（伊吹酒屋塾藏版） 大一

ハ21E e-3 1 入學問答
平田篤胤
刊（伊吹能舎）文化一〇年一月署 伊吹能舎先生著撰書目〔愼記〕二二丁 大一

ハ21E e-4 1 平田篤胤
山田孝雄
昭和一五年一二月刊（東京 寶文館） 菊一

ハ21F 2-1 1 下學邇言
巻之一 會澤〔正志齋〕（安）
昭和一六年四月刊 油印翻字 A5一

ハ21F 2-2 1 及門遺範
會澤正志齋（安）
刊 木活 活版百部 嘉永三年冬跋 中一

ハ21F 2-3 4 朱氏談綺
（彰考館本）三巻 安積澹泊齋（覺）編
寶永五年刊 正德三年一月印（京 柳枝軒茨城多左衛門）書柬式套印 見返茶刷 宍戸昌旧蔵 半四

ハ21F 2-4 1 正志齋稽古雜錄
會澤正志齋（安）
慶應三年一〇月刊（水戸 東壁樓須原屋安治郎） 大一

ハ21F 2-5 1 校註明倫歌集
一〇巻〔德川〕齊昭編 佐々木信綱注
明治二五年一二月刊 三九年八月印（八版 東京 博文館） 菊一

ハ21F 2-6 1 幽谷全集
菊池謙二郎編
昭和一〇年六月刊（東京 吉田彌平） 菊一

ハ21F 2-8 1 大日本史名稱訓
伊能頴則
慶應二年五月刊（江戸 玉山堂山城屋佐兵衛） 大三ツ切一

ハ21F 5-1 1	耆舊得聞	小宮山楓軒（昌秀）撰　小宮山〔南梁〕（綏介）校　明治一六年一〇月刊（東京　近藤瓶城）鉛印　史籍集覧之中	中一
ハ21F 5-2 1	朱舜水	朱舜水記念會編　明治四五年六月刊（東京　編者）	菊一
ハ21F 5-3 1	朱舜水記事纂録	三巻附義公行實附年譜・水府三士小傳・西遊手録（小宅生順）彰考館員編　大正三年六月刊（東京　吉川弘文館（徳川家藏版））	菊一
ハ21F 5-4 1	立原兩先生	（立原翠軒傳・立原杏所傳）無名居士撰　友部鐵軒（新吉・伸）編校　大正四年一二月刊（仙臺　編者鐵軒書屋）	四六一
ハ21F 5-5 1	桃源遺事	昭和三年七月刊（徳川家藏版）義公生誕三百年記念　翻彰考館蔵写本原本	菊一
ハ21F 5-6 4	文苑遺談	三巻續集一巻　青山拙齋（延于）撰　青山鐵槍齋（延壽）等校　刊（水〔戸〕青山氏鐵槍齋）木活	半四
ハ21F 7-1 1	水戸先哲遺墨帖	孔子祭典會編　大正五年四月刊（東京　編者）玻璃版　大正四年擧行第九回祭典展覽	四六倍一（大和綴）
ハ21G 2-1 1	武士道家訓集	有馬祐政・秋山梧庵編　明治三九年六月刊（東京　博文館）	菊一

ハ21H 3-1 1	益軒十訓	巻上　貝原益軒撰　塚本哲三校　明治四四年三月刊（東京　有朋堂）有朋堂文庫之中	小四六一
ハ21H 3-2 1	勅語參考 教の園	巻下并附録　佐伯有義編校　明治二四年一二月刊（東京　青山堂青山清吉等三肆）	四六一（大和綴）
ハ21H 3-3 1	菅蠡鈔	附菅家詩文鈔　菅原〔爲長〕撰　片淵琢編　五條爲榮校　明治二八年一〇月刊（東京　研學會出版部）鉛印	中一（大和綴）
ハ21H 3-4 1	教訓古今道しるべ	（見返）小野蝠翔齋（弘度）　天保八年秌刊（但シ一二月序アリ　倉敷　編者）　絵入　見返藍刷　道實遺書トス	半一
ハ21H 3-5 1	又		半一
ハ21H 3-6 1	經世賓言	横須賀靜齋（安枝）　明治二八年八月刊（〔東京〕横須賀氏依游堂〈東京　青山清七・吉川半七〉）鉛印　袋附	半一
ハ21H 3-7 2	孝《かう》行《く》瓜《うり》の蔓《つる》	二巻　川合元　刊（京　丁子屋定七・同庄兵衛）	半二
ハ21H 3-8 1	増補十版 座右之銘	偉人史叢編輯部編　明治三五年一一月刊（訂正十版　東京　裳華房）表紙・裏表紙欠	菊半一
ハ21H 3-9 1	事斯語	并附録　毛利泰齋（齊廣）撰　山縣〔太華〕（禎）等校　村田峯次郎重校　明治二五年五月刊（東京　長周叢書發行所）鉛印　長周叢書之中	半一

ハ21H 3-10 1
実語《じつご》教《きやう》童子《とうじ》教《きやう》〔繪抄《ゑせう》〕
法橋玉山
文化九年一〇月序刊（大坂　河内屋森本太助等三肆）
半一

ハ21H 3-11 1
新撰和哥論語
二巻（有欠本）附〔解題〕（附）笹川臨風
昭和六年九月刊（東京　民友社）影成簣堂文庫蔵元禄一三年三月江戸平野屋吉兵衛絵入本（附）鉛印　新成簣堂叢書之三
大一

ハ21H 3-12 1
積善児訓《せきぜんじくん》
小澤正時
弘化四年九月刊（齊政舘藏板）
半一

ハ21H 3-13 1
立志處世先哲教訓集
附悟道長歌集　足立栗園編
明治四一年二月刊（東京　博文館）
菊半一

ハ21H 3-14 1
忠孝図〔説〕
（外題）太田〔全齋〕（八郎）
大正二年二月写（濵野知三郎）忠孝圖写真貼附
大一（仮綴）

ハ21H 3-15 1
二十四孝繪抄
并評註（見返）草加定環撰　浦川公左画
天保一三年七月刊（大阪　宋榮堂秋田屋太右衛門）
中一

ハ21H 3-16 5
博覧古言
（校合書入本）一〇巻　菅〔原爲長〕
天明五年修（江戸　青藜閣須原屋伊八）濵野知三郎慶長三年校合書入移写本
大五

ハ21H 3-17 1
和論語抄
勝田充
嘉永三年五月序刊
半一

ハ21H 4-1 1
鳩翁道話
三巻續鳩翁道話三巻　柴田鳩翁撰　柴田武修録
上田萬年校
明治三七年二月刊（東京　冨山房）序文色刷
名著文庫之二〇
菊半一

ハ21H 6-1 1
樂翁公自教鑑
附釋文　松平樂翁〔定信〕
昭和九年六月刊（東京　福島甲子三）石印影澁澤榮一昭和六年五月影松平子爵家蔵明和七年一月自筆本（附）石印鉛新刊（恐ラク樂翁公遺德顕彰會同時刷置分ナルベシ）
四六一

ハ21H 7-1 2
町人嚢
五巻町人嚢底拂二巻百姓嚢五巻　西川求林齋（如見）撰　佐藤忠淳校
明治三一年一二月刊（東京　西川氏求林堂）鉛印翻享保四年四月（底）同四年六月（百）同一六年一月刊本　西川如見遺書之七・八
中二

ハ21H 8-1 1
女大學
（教訓女大學）
写　竈神札（刊）插入サル　封筒ニ竈神鎮護處敬白
大一（仮綴）

ハ21H 9-1 1
口遊目録
写　森枳園旧蔵
半一

ハ21H 9-2 1
雑筆往來
写（〔浜野知三郎〕）影〔森〕枳園明治六年影〔狩谷〕棭齋摸寫本
大一

ハ21H 9-3 1
初学文章
二巻
寛永二〇年五月刊　絵入
中一

ハ21H 9-4 1
教訓狂哥盡《じん》孝《かう》記《き》
（見返）入江致身（追加）上河正揚
文政二年六月跋刊（京　橘屋儀兵衛）絵入
半一

ハ21H 9-5 3
新撰類聚往来
三巻　釋丹峰撰并書
慶安一年五月刊（京　中川茂兵衛）
大三

ハ21H 9-6 1
庭訓往来具注鈔《ていきんわうらいぐちうせう》
（首書讀法庭訓往來具注鈔）蔀關牛（德風）
弘化三年三月刊（大阪　河内屋太助等京攝五書堂）覆天保五年一二月刊本
大一

ハ21H 9-7 1　庭訓往來諸抄大成　永井如瓶編　伊勢貞丈補　松井簡治校　明治三六年一一月刊（東京　明治書院）鉛印　半一

ハ21H 9-8 1　真草本朝三字經　（見返・題簽）大橋養彦撰　伊藤桂洲（信平）書　明治六年五月刊（東京　文苑閣鈴木喜右衛門）　桂洲先生ヘ揮毫物御頼ミノ／方ハ拙舗ヲオイテ取次仕候　半一

ハ21I 2-1 1　報徳論語　附全功論二巻　富田高慶（附）齋藤高行　昭和一〇年一〇月刊　一一年四月印（九版　東京　大日本聯合青年團）　四六一

22　日本儒学

ハ22 0-1 1　儒書解題　漢書解題巻三三　佐村八郎　近写（自筆稿）表紙ニ解題初版所載　半一（仮綴）

ハ22 1-1 1　日本儒學年表　斯文會編　大正一一年一一月刊（東京　編者）　菊一

ハ22 1-2 1　熙朝儒林姓名録　永（田觀鵞）（忠原）編　明和六年三月刊（京　林伊兵衛・西村市郎右衛門）　小一

ハ22 1-3 1　増補近世儒林年表　（題簽）附學系　内野五郎三　明治四三年一二月刊　大正三年六月逓修（訂正三版　東京　吉川弘文館）鉛印　毎次有増補　中一

ハ22 2-1 40　甘雨亭叢書　第二―五集并別集　板倉莭山（勝明）編　弘化二年一〇月―安政三年八月跋刊（安中　板倉氏造士館藏板〈江戸　山城屋佐兵衛等三都三肆〉）　中四〇

ハ22 5-1 2　閑散餘録　二巻　南川金溪（維遷）　天明二年二月刊（洞津　大森傳右衛門他京三肆）　※　儒者月旦アリ　大二

ハ22 5-2 1　近世儒家人物誌　村松蘆洲（志孝）　大正三年六月刊（東京　村松氏顯光閣〈東京　金櫻堂〉）　三六一

ハ22 5-3 4　近世先哲叢談　正編二巻續編二巻　松村操編　明治一三年一〇月刊（東京　巖々堂岩﨑好正）（續）明治一五年清明節序刊　同三一年四月印（再版　東京　文永堂武田傳右衛門）合配ナルベシ　續モ序ニヨレバ巖巖堂刊　袋附　中二　大二

ハ22 5-4 1　獻徵先賢錄　存四巻　東條（琴臺）（信耕）　写（浜野知三郎）　大一

ハ22 5-5 4　皇朝儒臣傳　四巻　岡（田）龍洲（白駒）　文化四年春刊（大阪　文寶堂小川新兵衛）　半四

ハ22 5-6 1　斯文源流　河口静齋（子深）　寶暦八年一二月刊（江戸　玉海堂藤木久市）　半一

ハ22 5-7 1　昌平遺響　附同窓詩文　高橋勝弘編　明治四五年二月序刊（高橋氏三近社）　菊一

ハ22 5-8 1　東京市内先儒墓田録　今關天彭編　大正二年一二月刊（東京　政教社）序朱刷　菊半一

ハ22 5-9 9　先哲叢談
八巻後編八巻年表一巻　原念齋（善）（後・年）東條琴臺（耕）
文化一三年九月（但シ一四年一月序アリ）・文政一三年六月・文政一一年八月序刊〔後印〕（江戸　慶元堂和泉屋庄二郎・玉巖堂和泉屋金右エ門（後・年）大阪　群玉堂河内屋茂兵衛）　大九

ハ22 5-10 2　先哲叢談
八巻後編八巻年表一巻　原念齋（善）（後・年）東條琴臺（耕）
明治二五年一〇月刊　三三年一二月印（六版　東京　松榮堂）　四六一

ハ22 5-11 4　先哲像傳《せんてつざうでん》
四巻　原德齋（義）
弘化一年一二月刊〔後印〕（江戸　淺倉屋久兵衛）　大四

ハ22 5-12 1　南學史
寺石正路
昭和九年五月刊（東京　冨山房）　菊一

ハ22 5-13 1　日本古學派之哲學
并附錄三篇　井上哲次郎
明治三五年九月刊（東京　冨山房）　菊一

ハ22 5-14 1　日本儒學史
附五山戰國儒學傳統略表　久保天隨（得二）
明治三七年一一月刊（東京　博文館）帝國百科全書一一七　菊一

ハ22 5-15 1　日本儒學史
六巻并附錄（日本朱子學派學統表）・日本漢文學史・安井文庫日本儒學關係藏書目録　安井朴堂（小太郎）撰　大塚伴鹿校
昭和一四年四月刊（東京　冨山房）朴堂先生年譜畧・朴堂先生著述論文目錄アリ　菊一

ハ22 5-16 1　日本儒教概説
附日本近世儒家畧系圖　岩橋遵成
大正一四年一〇月刊（東京　寶文館）　四六一

ハ22 5-17 1　日本儒教論
萬羽正朋
昭和一四年九月刊（東京　三笠書房）日本歴史全書一八　小四六一

ハ22 5-18 1　日本の儒教
飯島忠夫
昭和一二年一二月刊（〔東京〕教學局）國體の本義解説叢書　菊一

ハ22 5-19 1　日本文化と儒教
中山久四郎
昭和一〇年九月刊（東京　刀江書院）歴史教育叢書之中　四六一

ハ22 5-20 1　日本倫理史略
高賀詵三郎
明治三六年七月刊（東京　目黒書店）　四六一

ハ22 5-21 1　近古倫理要領
高賀詵三郎
明治三六年七月刊（東京　目黒書店）　四六一

ハ22 5-22 1　文苑雅譚
近写（〔浜野知三郎〕）松﨑慊堂詩經講義アリ或ハ浜野氏抄編カ　大一

ハ22 5-23 3　本朝儒宗傳
三巻　巨〔勢〕正純・同正德編
元祿三年六月序刊（〔京〕西村市郎右衛門）　大三

ハ22 5-24 1　〔本朝〕儒林傳
漻井太室
寛政四年一月写（椿亭主人）猪飼履堂・森枳園旧藏　半一

ハ22 5-25 1　同
同
近写（〔浜野知三郎〕）同前移写本　半一

ハ22 5-26 1　本邦儒學史
安井小太郎
〔明治〕刊　鉛印　中一

ハ22 6-1 1　〔近古儒家〕書畫鑑定寶典　杉原夷山編　大正五年三月刊　六年八月印（三版　東京　夢硯堂）鉛印　中一

ハ22 6-2 1　近世日本の儒學　德川公繼宗七十年祝賀記念　同記念會編　昭和一四年八月刊（東京　岩波書店）濱野氏江戸時代の漢書刊行記事アリ　菊一

ハ22 7-1 1　〔中興漢學〕名家録　（漢學名家録）　嘉永五年刊（〔大阪〕東文堂）　一舗

ハ22 7-2 1　郷土先儒遺著聚英　大阪府立圖書館編　昭和一三年一〇月刊（京都　小林寫眞製版所出版部）玻璃版　展觀圖録　大一

ハ22 7-3 1　斯文六十年史　斯文會編　昭和四年四月刊（東京　編者）　菊一

ハ22 7-4 1　又　前ト別装　菊一

ハ22 7-5 1　儒教文化展覽會記念〔帖〕　於東京白木屋　昭和十年四月　東京日日新聞社主催　昭和一〇年四月刊（東京　主催者）玻璃版　大横一（大和綴）

ハ22 7-6 1　〔湯島聖堂復興記念〕儒道大會誌　斯文會編　昭和一一年一〇月刊（東京　編者）　菊一

ハ22 7-7 1　又　菊一

ハ22 7-8 1　日本之儒教　日本儒教宣揚會編　昭和九年六月刊（東京　編者）　菊一

ハ22 7-9 1　博士王仁碑　并建碑記念誌　紀元二千六百年記念〔先賢〕王仁建碑後援會編　昭和一五年七月刊（東京　編者）　菊一

ハ22A 0-1 1　經籍通考　近写（〔浜野知三郎〕）　半一

ハ22A 2-2 1　東哲叢書　巻一（有欠）　〔明治〕刊　鉛印　半一

ハ22A 3-1 2　古經文視　二巻　大槻盤溪（崇）　明治一〇年一一月刊（東京　愛古堂大槻修二藏板）　大二

ハ22A 3-2 1　三經小傳　三巻　太田〔晴軒〕（敦）　文化一一年刊（葆光齋藏板〈江戸　逍遥堂若林清兵衛〉）日尾荊山書入本　シ後印本外題ヲ三經談トシ見返錦城太田先生著玉巖堂トアリ　大一

ハ22A 4-1 1　合刻四書　（〔古學〕合刻四書・〔古訓〕合刻四書）孝經・學記・大學・中庸〔片〕山兼山（世璠）點　明和八年一一月刊〔修〕〔明治〕印（東京　和泉屋金右衛門）　大一

ハ22A 4-2 1　七經雕題畧　孟子・中庸〔中井履軒〕写　半一

ハ22A 4-3 24　七經孟子考文　并補遺二〇〇巻　山井〔崑崙〕（鼎）編（補）〔荻生北溪〕（物觀）編　石〔川大凡〕〔之清〕等校　清嘉慶二年六月序刊（儀徵　阮元小琅嬛僊館）翻享保一五年三月序刊本　狩谷棭齋説書入　唐中二四

ハ22A 5-1 3　**五經圖彙**
三巻　松本愚山（愼）編　林師彪校
寛政三年八月刊（但シ一二月序アリ）〔後印〕
（大阪　秋田屋太右衞門等三都并岡山・倉敷一二肆）　大三

ハ22A 5-2 1　**一齋點 後藤點 五經反切一覽**
存巻六　寶田東陽（敬）編　同白燕（和）校
元治一年秋刊（但シ一〇月跋アリ　富山　上市屋宇助他金沢三都八肆）著者新川郡小林村住　半二ッ切一

ハ22A 6-1 11　**格物**
二一巻　大學・〔論語〕・中庸　丹行藏
写（自筆稿カ）論ハ小題ノミ　大一一

ハ22A 6-2 1　**經典熟字辨**
（經典熟字訓譯大成）四書之部〔鎌田環齋〕編
文化六年九月刊（大坂　鳥飼市左衞門等三書屋）　中一

ハ22A 6-3 1　**又**
鎌田環齋
〔後印〕（大阪　岡田群玉堂河内屋茂兵衞）　中一

ハ22A 6-4 2　**四書改點略**
二巻　新井（源）直
安政三年九月序刊（新井氏古易舘藏板）　半二

ハ22A 6-5 50　**重改新添〔四書〕集註俚諺鈔**
（題簽）重改大學章句俚諺鈔五巻重改中庸章句俚諺鈔五巻重改論語集註俚諺鈔二〇巻重改孟子集註俚諺鈔二〇巻　毛利貞齋（虚白）
正悳五年六月刊〔後印〕（京　小野善助〈毛利氏虚白堂藏板〉）　大五〇

ハ22A 6-6 2　**四書談**
二巻附老易大數・經學文章論　小南慄齋（寛）撰　山田純齋（有年）・畫間淇水（某）校
文政一〇年刊（小南氏日益軒藏板）（附）文政二年九月刊〔修〕合印　附ハ閉戸堂蔵トアリ　半一

ハ22A 6-7 1　**四書註者考**
（重編四書註者考）〔那波〕活所編　江〔村剛齋〕（宗珉）補
寛永一八年八月序跋刊　大一

ハ22A 6-8 6　**四書便講**
六巻（大學・論語三巻・孟子・中庸）佐藤直方
元祿五年九月跋刊〔後印〕（江戸　青藜閣須原屋伊八）　大六

ハ22A 6-9 1　**漢文大系 四書辨妄**
四巻附論語集説考譌・孟子定本考譌鈔　松本豊多
明治四四年一月刊（東京　著者〈東京　嵩山房〉）　菊一

ハ22A 6-10 1　**四書末疏不出考要**
（序）高山集義
元禄一二年六月序刊　内藤牘庫・安西雲煙旧蔵　半一

ハ22A 6-11 2　**通俗四書註者考**
二巻　那波活所原撰　竹谷山人譯編
元禄九年五月刊（若狭屋権兵衛等三肆）　半二

ハ22A 6-12 1　**本邦四書訓點幷に注解の史的研究**
大江文城
昭和一〇年九月刊（東京　關書院）　菊一

ハ22A 6-13 1　**矛盾問答**
（聖學概論）
刊（豈欺塾藏板）木活　欠字ヲ筆ニテ書入非常ニ多シ　コウシテ刊行セシナルベシ　半一

ハ22A a1 1　**尚斎先生易学啓蒙笔記**
存第二迄（末欠）〔三宅〕尚斎
写　※　半一（仮綴）

ハ22A a2 1　**周易古占法**
四巻　海保漁邨（元備）撰　鈴木順正等校　天保一一年春刊（海保氏傳經書屋藏板）図入　木村嘉平鐫　大一

ハ22A a3 6　**周易私斷**
六巻首一巻　大橋訥菴（順）撰　並木栗水（正韶）補　林泰輔校　大正七年九月刊（東京　文求堂）鉛印　袋附　半六

ハ22A b1 2　**尚書**
一三巻　漢孔（安國）傳　賀島矩直點　寛延四年三月刊（京　風月莊左衛門等三肆）寛政七年六月闕〔赤城〕（龔）校合書入本　長松舘旧藏　大二

ハ22A b2 3　**古文尚書勤王師**
三巻〔山本北山〕（學半堂）文化一一年七月寫（石井繩斎〈耕〉）學半堂墨刷罫紙使用　半三

ハ22A b3 2　**七経雕題畧**
書〔経〕二巻〔中井履軒〕写　大二

ハ22A b4 2　**尚書解**
（書經二典解）二典　岡〔田〕龍洲（白駒）元文一年刊（大坂　霧芝園藏版〈大坂　醉墨齋山本範〉）自序朱印押捺　大二

ハ22A b5 1　**尚書集解**
元田竹溪（彝）大正二年一〇月刊（切貼訂正　東京　弘道館）菊一

ハ22A b6 8　**書經插解**
八巻　河田屏澈（興）撰　平田脩齡等校　弘化三年三月刊（五島藩　成章館藏版〈江戸青藜閣須原屋伊八等三都五肆〉）大八

ハ22A b7 7　**筆記書集傳**
首共一二巻　仲〔村〕惕齋（欽）撰　増田〔立軒〕（謙之）校　文政一年秋跋刊（〔〔阿波〕延生軒藏板〈阿波宮島屋伊左衛門・小西吉兵衛他京二肆〉）大七

ハ22A c1 1　**詩經示蒙句解**
附陸氏草木鳥獸蟲魚疏圖解　中村惕齋（附）淵景山（在寛）〔大正二年一月〕刊　同六年一一月印（東京　早稲田大學出版部）翻享保三年一一月序刊本（附）安永七年七月序刊本　先哲遺著漢籍國字解全書之五　菊一

ハ22A c2 1　**詩經人物證**
高〔橋〕女護島（閔慎）撰　松良輔校　刊（高〔橋〕氏證擄學〔堂〕）大一

ハ22A c3 3　**詩經名物辨解**
七巻　江村〔恕亭〕（如圭）編　松岡〔怡顏齋〕（玄達）鑒定　享保一六年四月刊（京　林伊兵衞）半三

ハ22A c4 1　**詩経名物毛傳傳底本**
米䒭拙者　文化一〇年六月写（自筆）大一

ハ22A c5 1　**二南訓闡**
二巻　皆川淇園（愿）講　冨士谷成基錄　百々俊德校　寛政四年一〇月序刊　市島春城旧藏　大一

ハ22A c6 2　**毛詩考**
存九巻　亀井昭陽　写（小林某カ）半二（下冊仮綴）

ハ22A c7 3　**毛詩正文**
三巻〔片〕山兼山點〔小〕田〔穀山〕（翀）・松伸胤校　天明四年三月序刊（集思堂藏板）大三

ハ22A c8 3　**又**
大三

ハ22A c9 2　**毛詩品物圖攷**　七巻　岡〔魯庵〕（元鳳）撰　橘國雄畫　清光緒一二年九月刊（但シ一〇月序アリ　上海積山書局）石印影翻天明四年一〇月序跋刊本　ホc120縮尺異ル　唐小二

ハ22A c10 16　**毛詩補傳**　三〇巻首一巻　仁井田南陽（好古）　天保五年二月跋刊　昭和四年一二月跋修（東京）斯文會藏版（東京　松雲堂））其廢板九九葉就初／印本以玻璃版補之　大一六

ハ22A d6-1 7　**七經雕題略**　（再校七經雕題略）禮記五巻附禮記雕題略補遺・補遺脱漏　中井〔履軒〕（補）志賀節菴（孝思）刊（聚星堂）木活　半七

ハ22A d6-2 6　**〔冢註〕六記**　學記・坊記・中庸・表記・緇衣・大學　冢田大峯（虎）注　天明七年刊（冢田氏環堵室雄風館藏版（江戸　嵩山房小林新兵衛））　大六

ハ22A d7-1 1　**大戴礼補注**　他雜抄（經典釋文攷証抄錄・紫芝園漫筆鈔録・撈海一得）　写　半一

ハ22A e3-1 1　**左氏駁**　三巻　恩田〔蕙樓〕（仲任）　写　半一

ハ22A e3-2 3　**左傳考**　三巻　宇〔野明霞〕（士新）・宇〔野〕士朗撰　片〔山北海〕（猷）編　寛政四年一二月序刊（京　菱屋孫兵衛等三肆）　中三

ハ22A e3-3 5　**左傳章句文字**　五巻　伊藤鳳山（馨）撰　中野昭校　嘉永四年建巳月跋刊（伊藤氏學半樓藏板）木活　大五

ハ22A e3-4 1　**左氏諸例考**　（左氏凡例考・左傳凡例考）越智尚明　寳暦五年一一月跋刊　天保五年四月印（江戸　北林堂西宮彌兵衛）　中一

ハ22A e3-5 1　**春秋左氏捷覽**　并附錄　明龔而安編　奥田〔尚齋〕（元繼）點　高昶校　安永九年三月刊（大坂　塩屋髙橋平助）　中一

ハ22A e3-6 1　**春秋左氏傳列國君臣系譜**　（春秋左氏傳系譜）福岡政成　天保八年七月刊（大阪　福岡氏藏版（大阪　河内屋記一兵衛等五肆））　大一

ハ22A f1 1　**古本大學講義**　并王子傍釋古本大學集解（末欠）格致賸議并附錄　山田方谷（球）講　門人錄　山田準校（集）吉本襄（格）吉村秋陽（晋）撰　吉村彰校　〔明治〕刊　鉛印　大一

ハ22A f2 1　**古本大學略解**　池田草菴（緝）　明治五年九月刊（大阪　羣玉堂岡田茂兵衛）　大一

ハ22A f3 1　**〔增注〕大學**　漢鄭玄注　唐陸〔德明〕（元朗）音　岡嶌〔竹隝〕（信夫）增　寳暦四年一〇月刊〔後印〕（京　須原屋平左衛門・須原屋平助）　大一

ハ22A f4 1　**又**　岡嶌竹隝（信夫）　寳暦四年一〇月刊（江戸　盧橘堂野田太兵衛）　大一

ハ22A f5 1　**大學夷考**　并大學問答附錄　圓山溟北（葆）撰　美濃部楨校　明治三六年五月跋刊（羽茂　美濃部氏小彼淇軒藏版）鉛印　半一

ハ22A f6 1　**大學一家私言**
佐藤一齋（坦）撰　東正堂標注　里見無聲（常次郎）點
明治四三年一一月刊（東京　里見氏王文館）　菊一

ハ22A f7 1　**大學解**
〔荻生徂徠〕（物茂卿）
〔寶暦三年三月刊（江戸　藤木久市・松本新六）〕
g2ト組　大一

ハ22A f8 1　**又**
附物夫子著述書目記（荻生）徂徠（物茂卿）
（附）服〔部南郭〕（元喬）
〔寶暦三年三月刊（江戸　玉海堂藤木久市・群玉堂松本新六）〕　g3ト組　大一

ハ22A f9 1　**大學解約覽**
西岡天津（淵）
文化一四年一月刊（吉田　西岡氏青藍館藏版〈名古屋　湖月堂井澤屋和助〉）　大一

ハ22A f10 1　**大學〔簡解〕**
神埜松篁軒（世猷）
天保一一年一一月刊（尾張　神埜氏松篁軒藏板）　大一

ハ22A f11 1　**大學訓蒙**
二巻　田村看山講　田村俊校
明治二七年六月刊（兵庫柏原　田村捨三郎）鉛印　半一

ハ22A f12 3　**大學原鮮**
三巻　大田錦城（元貞）撰　中井〔乾齋〕（豊民）等校
文政四年一一月序刊（多稼軒藏板）豬飼〔敬所〕（彦博）等説書入移写本　大三

ハ22A f13 3　**又**
文政一〇年二月印（江戸　玉巖堂和泉屋金右衛門）　大三

ハ22A f14 1　**大學原本釋義**
朝川〔善庵〕（鼎）撰　伊藤〔鳳山〕（馨）等校
〔文政〕刊（江戸　朝川氏學古塾藏板）　大一

ハ22A f15 1　**又**
（書入本）
〔修〕〔明治〕印（東京　江島喜兵衛等諸國三六肆）明治一五年七月為生徒講：天似己叟　大一

ハ22A f16 1　**大學考**
龜井昭陽撰　荒木彪校
天保八年一月刊（大坂　吉田松根堂加賀屋善藏）
g5ト組　大一

ハ22A f17 1　**講筵句義大學章句**
三巻　壖幸菴（分宜）
延寶三年二月序刊（京　川崎治郎右衛門）　大一

ハ22A f18 1　**大學講記**
写
存三開嘗以下詩云殷之未喪師迄　大一（仮綴）

ハ22A f19 1　**金峨先生大學古義**
〔井上〕金峨撰　劉簡校
安永七年夏序刊（江戸　山口吉良兵衛・前川六左衛門）　大一

ハ22A f20 2　**大學國字解**
二巻　伊藤鹿里（祐義）
天保七年二月刊（伊藤氏仰繼堂藏版）　大二

ハ22A f21 1　**大學古本旁釋**
（見返・題簽）附大學問　明王陽明撰（附）錢德洪編　佐藤一齋（坦）補　服部（源）掬水校
明治三〇年六月刊（東京　啓新書院〈東京　六合館〉）鉛印　啓新書院叢書之中　半一

ハ22A f22 1　**大學語詠解**
大槻〔磐溪〕（清準）
写　大一

ハ22A f23 1　**大學〔參解〕**
鈴木〔離屋〕（朖）
享和三年五月署刊（名古屋　永樂屋東四郎）　半一

ハ22A f24 1　**大學纂註**　岡田輔幹
文政一三年春寫（高井述久）　半一

ハ22A f25 1　**大學私言**　并中庸式附中庸式附録　中莖暘谷（謙）撰　同震校
刊（中莖氏晛齋藏版）　大一

ハ22A f26 1　**大學私衡**　附學校辨　龜田鵬齋（興）
寛政一一年一月跋刊（〔江戸〕龜田氏善身堂藏板〈江戸　若林清兵衛〉）　大一

ハ22A f27 2　**大學集義**　二巻　矢部騰谷（保惠）
文政一三年一月序刊（矢部氏集義塾藏板）　大二

ハ22A f28 1　**大學集詁**　澤邊〔北溟〕（紘）
写　洋洋齋罫紙　半一

ハ22A f29 1　**大學〔述義〕**　神晋齋（惟孝）
天保一四年三月序刊（京　不如學齋）　大一

ハ22A f30 1　**又**　大一

ハ22A f31 1　**大學〔證〕**　星野〔熊嶽〕（璞）編　芝子述
刊〔修〕（證據學〔堂〕藏板）　大一

ハ22A f32 1　**大學詳解**　伴〔東山〕（徒義）撰　同〔侗庵〕（温之）校
写　著者大菅蘭澤門　半一

ハ22A f33 1　**大學〔章句抄〕**　〔清原宣賢〕
寛永七年五月刊（中道舎）　大一

ハ22A f34 1　**大學章句纂釋**　古賀精里（樸）撰　石冢〔確齋〕（崔高）・土屋朗校
〔文化九年三月〕刊　一一年冬修（江戸　青藜閣・慶元堂）f40ト組　大一

ハ22A f35 1　**大學章句私考**　〔題簽〕嶺常珍庵（三折）
享保四年七月写（自筆稿）　大一

ハ22A f36 3　**大學章句觸類**　〔序・外題〕山﨑〔子列〕（泉）
写　半三

ハ22A f37 2　**大學章句新疏**　二巻　室鳩巣（直清・英賀）
元祿一五年一〇月序刊　天明六年八月逓修〔後印〕（大阪　堺屋定七等三都七肆）　大二

ハ22A f38 2　**大學章句俗解**　〔新板道春大學俗解〕五巻　山田昌殷
〔延寶四年一一月〕刊〔貞享二年九月〕修〔後印〕
偽〔林羅山〕（道春）撰ト修ス　大二

ハ22A f39 1　**大學序次考異**　并附録　砂川（物部）由信撰　佐野友可・鯛中由安校
天保一二年一一月序刊〔修〕（淡路　砂川氏温故齋藏板〈大阪　赤松九兵衛〉）　大一

ハ22A f40 1　**大學諸説辨誤**　古賀精里（樸）撰　石冢〔確齋〕（崔高）・土屋朗校
文化九年三月刊〔同一一年冬〕修（江戸〔青藜閣〕須原屋伊八・〔慶元堂〕和泉屋庄次郎）f34ト組　大一

ハ22A f41 1　**大學正義**　附大學非學宮之名辨　村田庫山（常道）
文政二年秋刊　同三年春印（京　村田氏醉古堂藏板〈京　尚書堂堺屋仁兵衛〉）　大一

ハ22A f42 1　**大學通義**　写　飫肥太守之命
〔後藤〕松〔軒〕（進）・山﨑〔子列〕（泉）　大一

ハ22A f43 3　**大學摘疏**　三巻　櫻田〔虎門〕（質）
文政二年刊（仙臺　櫻田氏斅學書院藏版〈仙臺　西村治右衛門・江戸　須原茂兵衛〉）　大三

ハ22A f44 1	大學童蒙解	二巻 植村〔說齋〕（正助） 寛政五年一二月刊（津山 北山氏莊敬舍藏版〈京 循古堂淡海莊兵衞〉）	大一
ハ22A f45 2	大學微言	馬〔淵〕嵐山（會通）撰 泰英粲校 寛政七年冬刊（綠竹園藏版〈京 林宗兵衞〉）	大二
ハ22A f46 1	大學辨錦	附大學考證 葛〔西〕因是（質）撰〔葛西〕無害（浩然）校 文政八年六月刊〔修〕（江戸 千葉氏藏版）	大一
ハ22A f47 1	大學篇提要	谷干城（鐵臣） 明治三九年一二月刊（滋賀高宮 日本弘道會近江支會）鉛印	半一
ハ22A f48 1	〔舊本〕大學〔賸議〕	吉村秋陽（晉） 安政六年三月刊（大坂 岡田羣玉堂河内屋茂兵衞・田中宋榮堂秋田屋太右衞門）	大一
ハ22A f49 1	道乙大学考	（外題）（道乙大学序經解）〔三宅鞏革齋〕（道乙） 写 奥田三角旧藏	大一
ハ22A f50 1	北山先生大學說附言	并東關先生讀朱本大學說〔山本〕北山撰 中島東關（嘉春）編 根岸真明校（東）中島東關 天保七年三月寫（依田惟條）	半一
ハ22A f51 1	辨大學非孔氏之遺書辨	淺見〔絅齋〕（安正） 元祿二年一二月跋刊	大一
ハ22A f52 1	大學・中庸	（學庸定本）三國〔幽眠〕（直準）點 〔明治〕刊（京 三國氏一洗堂藏板）	大一
ハ22A f53 5	四書纂要	五巻（大學二巻中庸三巻）首一巻 金子〔霜山〕（濟民） 安政五年刊（芳洲軒藏版〈江戸 内野屋彌平治〉）	大五
ハ22A f54 1	日本名家四書註釋全書	學庸部二大學原解三巻・大學欄外書・中庸原解三巻・中庸欄外書三巻 關儀一郎編 大正一二年七月刊（東京 東洋圖書刊行會）	菊一
ハ22A g1 2	中庸繹解	二巻附中庸篇旨圖 皆川淇園（愿） 文化九年五月刊（京 高橋久兵衞等三肆）	大二
ハ22A g2 1	中庸解	附物夫子著述書目記〔荻生徂徠〕（物茂卿）（附）服〔部南郭〕（元喬） 寶暦三年三月刊（藤木久市・松本新六） f7ト組	大一
ハ22A g3 1	又	附ナシ f8ト組	大一
ハ22A g4 3	中庸原解	三巻 大田錦城（元貞）撰 荒井〔晴湖〕（緜行）等校 文政七年四月序刊〔文政一〇年二月以後後印〕（多稼軒藏板〈江戸 玉巖堂和泉屋金右衞門〉）	大三
ハ22A g5 1	中庸考	〔龜井〕昭陽撰 荒木彪校 天保八年一月刊（大坂 吉田松根堂加賀屋善藏） f16ト組	大一
ハ22A g6 1	中庸雜說	（題簽）一 写 中庸雜抄	半一
ハ22A g7 1	中庸證	高〔橋〕女護嶋（敏愼） 文化九年五月序刊（證據學〔堂〕藏版）	大一

又　大一

ハ22A g8 2　中庸〔章句鈔〕　〔清原宣賢〕講　〔寛永〕刊　覆寛永七年中道舎刊本　上下別丁ナレド内ニ巻分ケナシ　大二

ハ22A g9 1　中庸〔章句〕　(書入本)宋朱熹撰　山﨑〔闇齋〕(嘉)點　〔江戸前期〕刊　倭板四書之中　〔手塚〕困斉説等書入カ　大一

ハ22A g10 2　中庸章句新疏　二巻　室英賀(直清)撰　荒井鳴門(公廉)補　文政七年七月刊　天保一二年一月印(大阪　堺屋新兵衛等三都七肆)　大二

ハ22A g11 2　中庸首章講義筆記　二巻　鎌田柳泓講　西谷信秋録　文化一二年三月序刊(温知堂蔵版〈京　脇坂仙次郎・大坂　本屋吉兵衛等四肆〉)　大二

ハ22A g12 1　中庸諸説抄　詠歸堂(或ハ星野鵜水カ)　文化三年六月―八月写(自筆稿)　大一

ハ22A g13 1　中庸説　三巻　佐藤〔一齋〕(坦)　写　大一

ハ22A g14 1　中庸蛇足辨　柴田艾軒　明治一年一〇月序刊(〔京〕脩正舎社中某施印)　大一

ハ22A g15 1　中庸莛撞　伊藤鹿里(祐義)　文政四年冬刊(伊藤氏仰繼堂藏板)　大一

ハ22A g16 1　中庸辨錦　葛〔西〕因是(質)撰　池晉等校　文化一四年一月序刊〔後印〕(大阪　松村文海堂)　大一

ハ22A h0-1 1　論語善本書影　大阪府立圖書館編　昭和六年六月刊(京都　貴重圖書影本刊行會)　玻璃版　大一

ハ22A h0-2 1　論語祕本影譜　湯島聖堂復興儒道大會開催紀念　斯文會編　昭和一〇年三月刊(東京　編者)　玻璃版　大一

ハ22A h2-1 1　かながきろんご　存ようやーやうくわ(巻三―九)附假名書論語開題(附)川瀬一馬　昭和一〇年九月刊(東京　安田文庫)　鉛印翻安田文庫蔵大槻文彦旧蔵室町(第三冊)江戸写本　安田文庫叢刊之一　大一(包背装)

ハ22A h2-2 1　日本名家四書註釋全書　論語部一　論語古義一〇巻論語欄外書二巻　關儀一郎編　大正一一年四月刊(東京　東洋圖書刊行會)　菊一

ハ22A h2-3 2　論語略解　四巻　重田〔蘭溪〕(玄泰)　嘉永三年一一月刊(江戸　文苑閣播磨屋勝五郎)　図入　薄葉刷　大二

ハ22A h2-4 4　正平版論語　一〇巻附正平本論語札記・正平版論語解題　魏何晏集解(札)市野迷庵(光彦)(解)安井小太郎　大正一一年一〇月刊(東京　斯文會)　石印影岩崎男爵蔵覆正平一九年五月刊單跋本　大四

ハ22A h2-5 4　靜齋學論語詁　四巻　滿生〔大麓〕(冕)撰　佐野元苞・吉益清校　安永七年八月刊(〔京〕脩竹園藏版〈京　林宗兵衛〉)※　大四

ハ22A h2-6 1
庭園聞講筆記
長川繼編録
写　訂正並ニ墨色薄キ補写部分或ハ自筆カ　長川氏令写本ナルベシ
半一

ハ22A h2-7 3
天文板論語
（集解本）一〇巻附南宗論語考異・天文板論語考（異）仙石政和（考）細川潤次郎
天文二年八月跋刊　大正五年八月修（堺　南宗寺）（附）鉛印
大三

ハ22A h2-8 1
論語
先進　椿蓼村
写（自筆稿）
半一

ハ22A h2-9 1
論語私説
（論語一家私言）并大学一家私言〔佐藤一齋〕
文化一〇年一一月・一一年一二月写（溝部韋齋〔光〕）
大一

ハ22A h2-10 5
論語一貫
五巻　葛山葵岡（壽）編　冨田久徴等校
文化九年冬―一一年冬跋刊〔修〕〔後印〕（江戸　玉巖堂和泉屋金右衛門）
大五

ハ22A h2-11 10
論語繹解
一〇巻　皆川〔淇園〕（愿）撰　山口弘等校
天明一年一一月刊（京　天王寺屋市郎兵衛等三都三肆）安永六年六月序　シ〔文化〕版序ノミ同版
大一〇

ハ22A h2-12 1
孔子正學龍園論語鑑
（論語鑑）存二巻〔座光寺〕南屏（源爲祥）撰　同爲綱等校
享和一年四月序刊（甲斐〔座光寺氏〕龍園藏版）木活
大一

ハ22A h2-13 16
論語會箋
二〇巻首一巻　竹添〔井々〕（光鴻）
昭和五年一二月―九年八月刊（東京　崇文院）
鉛印　崇文叢書第二輯之二二至三六・六〇
大一六

ハ22A h2-14 10
論語羣疑考
一〇巻　冢田大峰（虎）
文政五年三月序刊（尾張　冢田氏雄風館藏版）
大一〇

ハ22A h2-15 2
論語經綸
二巻　井田澹泊（均）撰　野村煥等校
安政六年一二月刊（大垣　井田氏澹泊書堂藏版〈大垣　田中屋與惣次等諸國六肆〉）爲政迄　聱牙序
大二

ハ22A h2-16 1
論語考
巻一　古庵主人
文化七年一二月写（自筆稿カ）関防習齋朱印
半一

ハ22A h2-17 6
論語考
六巻　宇〔野明霞〕（鼎）（巻四以下）釈大典訓
寛延二年五月刊　寛政一年一〇月印〔後印〕（大阪　河内屋柳原喜兵衛・江戸　須原屋茂兵衛等四都一二肆）（巻四以下）〔享和一年〕刊（精思堂藏板〈江戸　玉巖堂和泉屋金右衛門〉）
大六

ハ22A h2-18 1
論語講義
片山兼山
近写
大一

ハ22A h2-19 4
論語講義
四巻　田中〔履堂〕（頤）
文政二年一〇月序刊　辨正ヲ欠ク
大四

ハ22A h2-20 1
論語古義
一〇巻附章句索引　伊藤仁齋（維楨）撰　佐藤正範校
明治四二年一〇月刊　一一月印（再版　東京　六盟館）
三六一

ハ22A h2-21 1
古義抄翼
（論語古義抄翼）巻一論語　伊藤〔東所〕（善韶）
近写
大一

ハ22A h2-22 5
論語古訓
一〇巻　太宰春臺（純）
元文四年五月刊（江戸　嵩山房須原屋新兵衛）
清水雪翁旧藏
大五

ハ22A h2-23 5
又
（書入本）
大五

ハ22A h2-24 5
同
一〇巻　同
寛政四年春刊（同　同）覆元文四年五月刊本
文化八年一月小嶋紀一書入本
大五

ハ22A h2-25 4
論語古説
一〇巻　川田喬遷（良熙）
寛政六年刊（江戸　千鍾房北圃茂兵衛）初印シ
大本
半四

ハ22A h2-26 10
論語古傳
一〇巻　小林〔西嶺〕（重悳）撰　藤堂〔龍山〕
（良道）校
寛政八年八月跋刊　西村天囚旧蔵
大一〇

ハ22A h2-27 10
論語語由
二〇巻　亀井南冥（魯）撰　同〔昭陽〕（昱）
校
〔大正八年〕刊（〔東京　澁澤榮一〕）影文化三年
一一月跋刊　明治一三年修〔亀井鉄〕書入本
半一〇

ハ22A h2-28 10
同
二〇巻　同　同
文化三年一一月跋刊（出石　晩翠樓藏版）版心
玉蘭堂
大一〇

ハ22A h2-29 5
論語〔參解〕
五巻　鈴木離屋（朖）
文政三年六月序刊　明治七年一二月印（名古屋
文光堂秋田屋源助）
半五

ハ22A h2-30 2
論語纂註
一〇巻　米良東嶠（倉）撰　米良亮藏・下村御
鍬校
明治三三年六月刊（大分　湯川楓江堂）鉛印
半二

ハ22A h2-31 2
論語〔集解〕
一〇巻并攷異　魏何晏（攷）吉〔田〕篁墩（漢
宦）
寛政三年四月序刊（箕林山房増田利房）木活
匡郭整版ニヨル二度刷
大二

ハ22A h2-32 2
論語集解國字辯
五巻　小林東山講　野友直録
明和七年九月刊（江戸　千鍾堂須原屋茂兵衛）
奥田三角旧蔵
大二

ハ22A h2-33 4
論語〔集義〕
四巻　久保筑水（愛）撰　久保謙校
文政八年一〇月跋刊（養志亭京澤文房蔵版）
大四

ハ22A h2-34 2
論語集註辨正
二巻　田中〔履堂〕（頤）
刊
大二

ハ22A h2-35 2
九述
存巻二・七論語述一・六　赤松大庾（弘）撰
巖景明等校
寶暦七年一〇月序刊
大二

ハ22A h2-36 6
論語鈔
一〇巻附論語抄解題　釈天隠龍澤カ（附）〔上村
観光〕（閑堂學人）
大正六年五月刊（東京　成簣堂〈東京　民友社〉）
影成簣堂蔵〔室町〕写本　成簣堂叢書之一〇
半六

ハ22A h2-37 1
論語象義
七巻　三野象麓（元密）
文化一〇年九月刊（觀漁園藏版〈京　菱屋孫兵
衛等三都六肆〉）
大七

ハ22A h2-38 1
愛日齋隨筆
（書入本）巻二六―三〇論語説　古〔屋〕愛日齋
（鼎）
寛政八年刊（東肥　古〔屋〕氏愛日書院愛日齋
藏版〈京　玉照堂橘屋儀兵衛〉）
大一

ハ22A h2-39 1
默斎先生論語説
宇井默齋
慶應一年一二月寫
大一

ハ22A h2-40 1
論語〔述〕
（論語解・論語潜註）二巻〔野〕呂〔道庵〕（俊）
写
半一

ハ22A h2-41 5 論語穪言 （論語正義）一〇巻〔高松貝陵〕（源芳孫）写 大五

ハ22A h2-42 1 〔論語講義〕 写 大沼枕山旧蔵 或ハ枕山写カ 半一

ハ22A h2-43 10 論語徴 （書入本）一〇巻〔荻生〕徂徠（物茂卿） 刊（江戸 松本新六・同善兵衛） 大一〇

ハ22A h2-44 2 論語徴渙 一〇巻并拾遺 中根鳳河（之紀） 寶暦一二年三月刊（學古堂臧版〈京 菊屋喜兵衛〉） 大二

ハ22A h2-45 20 論語徴集覧 二〇巻附論語衆序〔松平黄龍〕（源頼寛）編 寛延三年一月序刊（守山〔松平〕氏觀濤閣藏版） 明治四二年一一月山岡景雲移写土井聱牙書入本 大二〇

ハ22A h2-46 3 論語徴癈疾 三巻 片山〔兼山〕（世璠） 昭和五年一二月—六年七月刊（東京 崇文院） 鉛印 崇文叢書第二輯四一—四三 大三

ハ22A h2-47 3 論語傳義 三巻（下闕）服部〔大方〕（宜） 天保二年一二月—三年五月寫（林正謙） 大三

ハ22A h2-48 1 論語讀 廣瀬淡窓 明治四年八月寫（萬德寺鉄忤） 半一

ハ22A h2-49 2 論語白文 （古義訓點）伊藤〔東涯〕（長胤）點 〔寛政五年〕刊 書入本 大二

ハ22A h2-50 1 論語駁異 （論語欄外書駁異）〔海保〕漁村（源元備） 近写（〔浜野知三郎〕） 半一

ハ22A h2-51 4 論語拔萃 星野〔鵜水〕（賁） 文政二年一二月—三年六月写（自筆稿） 詠歸堂／圖書印 半四

ハ22A h2-52 1 論語箪解 巻一 田邊〔樂齋〕（匡敕） 写（大島仲継） 大一

ハ22A h2-53 4 論語辯書 一〇巻（版心作四巻）〔荻生〕徂徠（物茂卿） 辯 樋口秩山（文之・酬藏）補 享和一年一一月刊（南總 静好亭佐久間元吉藏版〈江戸 西村源六・大坂 栢原屋與左衛門〉） 大四

ハ22A h2-54 4 論語逢原 二〇巻 中井履軒（積德）撰 中井天生校 〔明治四四年一〇月〕刊 四五年一月印（東京 水哉館中井木菟麻呂） 懐德堂遺書ト同版 半四

ハ22A h2-55 4 論語〔集解補解〕 （論語補解）一〇巻 魏何晏集解 山本樂所（惟孝）撰 天保一〇年七月刊（南紀 學習館藏版〈若山 綛田屋平右衛門他若山江戸大坂三肆〉） 首和歌／山藩朱印 函架番号モアリ旧蔵ナラム 大四

ハ22A h2-56 10 論語補解辯證 一〇巻附正誤 志賀南岡（孝思）撰 堀田敬典校 嘉永四年一〇月序刊（聚星堂藏版） 木活 大一〇

ハ22A h2-57 1 讀論語児譚《ろんごよみこどもはなし》 学而《がくじ》（版心・題簽・見返作二巻）并附録 岡田道珉 安永七年一月刊（江戸 春秋堂吉文字屋次郎兵衛） 半二

ハ22A h2-58 4 論語論文 （用朱子集註本）一〇巻 有井進齋（範平） 明治一八年一月刊（東京 白梅書屋森重遠藏版） 鉛印 書入本 大四

ハ22A h2-59 1　**論語考文**　（論孟考文）并孟子考文　猪飼敬所（彦博）撰　奥田正逵校　文政一二年一二月序刊　ヤh3-3天保三印　シi3-1天保六修　大一

ハ22A h3-1 3　**師善録**　論語説三巻　太田〔方齋〕（保）　天保九年一〇月刊（但シ一二月序アリ　日監精盧藏版）　大三

ハ22A h3-2 1　**破収義**　續共　釋恭畏撰　岡井慎吾校　昭和五年三月跋刊（熊本　校者）油印翻人吉願成寺蔵寛永頃写本　半一

ハ22A h3-3 10　**論語古訓外傳**　二〇巻并附録　太宰春臺（純）　延享二年九月刊（江戸　嵩山房小林新兵衛）清水雪翁旧蔵　※　大一〇

ハ22A h3-4 1　**論語古傳**　一〇巻　仁井田南陽（好古）　昭和一〇年九月刊（和歌山　南紀德川史刊行會）影和歌山縣師範學校蔵自筆本　菊一

ハ22A h3-5 1　**論語親子草**　（論語たらちね草）橘慎行　写　丙寅文化三年一二月ノ作カ　半一

ハ22A h3-6 1　**論語二字解**　齋〔宮静齋〕（必簡）撰　中邨〔中倧〕（元恒）校　写　希月舎旧蔵　半一

ハ22A h5-1 1　**孔子系世略歌**　佐〔野山陰〕（章）　天明一年六月跋刊（江戸　西宮弥兵衛・小林新兵衛）※　一舗

ハ22A h5-3 1　**論語人物證**　（題簽）高〔橋〕女護島（閔慎）　文化二年一月序刊（證據學〔堂〕）絵入　大一

ハ22A h7-1 1　**聖堂略志**　附聖堂略志年表　三宅米吉編　中山久四郎補　昭和一〇年四月刊（東京　斯文會）鉛印　半一（大和綴）

ハ22A h7-2 1　**釋尊《ママ》考**　（釋菜考）佐々木源六・山縣〔周南〕（少介）　天保五年九月写　半一

ハ22A h7-3 1　**釋奠考説**　写　半一（仮綴）

ハ22A h7-4 1　**釋奠考附録**　近写　埼玉縣罫紙使用　半一

ハ22A h7-6 1　**湯島紀行**　孔聖學　昭和一一年二月刊（開城　著者〈開城　春圃社〉）鉛印　大一

ハ22A i2-1 7　**孟子繹解**　一四巻　皆川〔淇園〕（愿）　寛政九年三月刊〔後印〕（平戸藩　樂歳堂藏版〈京　天王寺屋市郎兵衛・江戸　須原屋茂兵衛〉）第七冊補配　大七

ハ22A i2-2 1　**孟子説**　鈴木離屋（朗）　近写　半一

ハ22A i2-3 2　**孟子斷**　二巻　冢田大峰（虎）　刊（冢田氏環堵室雄風館藏板）　大二

ハ22A i2-4 2　**孟子白文**　（古義訓點）伊藤〔東所〕（善韶）點　寛政五年刊〔後印〕（〔京〕古義堂藏板〈京　石田忠兵衛〉）明治一二年一一月菊田易武移写頼山陽孟子批點　大二

ハ22A i2-5 3　**孟子辯正**　三巻　石井磯岳（光致）　天保一一年七月序刊（江戸　千鍾房須原屋茂兵衛）　半三

ハ22A i2-6 3　孟子約解　上孟三巻　大槻磐溪（清崇）撰　井上親等校
嘉永四年秋刊（大槻氏寧靜閣藏板）　大三

ハ22A i2-7 1　孟子養氣章或問圖解　山田方谷（球）撰　岡本〔天岳〕（巍）校
明治三四年三月跋刊（岡本巍藏板〈東京惟明堂大阪支店〉）図朱墨套印　大一

ハ22A i2-8 2　孟子欄外書　二帙〔佐藤〕一齋
写　半二

ハ22A i3-1 1　崇孟　藪〔孤山〕（慤）
安永四年九月刊（大坂　淺野彌兵衛・京　田中市兵衛）　大一

ハ22A i3-2 1　孟子考證　藤原蘭林（明遠）
延享五年三月刊　七月序印（江戸　崇文堂前川六左衛門）　大一

ハ22A i3-4 1　又　延享五年三月刊　鹿島清兵衛旧蔵　大一

ハ22A i3-3 1　孟子文階　朝倉荊山（璞）
文化一四年一月刊（木犀園藏板〈石田吉兵衛〉）　半一

ハ22A j0-2 1　瑞光山房孝經目録初輯　至三輯　大正九夏六月初九甲辰會第一百八十例會展覽於名古屋市西區押切町五丁目養照寺書院・大正第十歳在辛酉六月初一校訂・大正十一歳在壬戌六月旬一校訂
近写（〔浜野知三郎〕）池田芦洲氏藏弆目録（孝経・大正十四年寄）一枚挿込　半一

ハ22A j0-3 1　〔田結莊〕家藏孝經類簡明目錄稿　昭和十二年三月八日爲正覺院戒體全孝居士冥福　田結莊金治編
昭和一二年三月刊（大阪　田結莊氏玄武洞文庫）
鉛印　又25A j0-1　大一

ハ22A j2-1 1　古文孝經　（孔傳本）
昭和一〇年四月刊（東京　斯文會）影慶長四年古活勅版　大一

ハ22A j2-2 1　〔古文《コブン》〕孝經《カウケイ》　（孔傳本・古文孝經假名附）太宰〔春臺〕（純）音
文政一〇年六月刊（江戸　嵩山房小林新兵衛）
覆天明三年一月刊本　小一

ハ22A j2-3 1　〔古文〕孝經〔正文〕　（孔傳本）〔太宰〕春臺點
天保六年五月刊（江戸　嵩山房小林新兵衛）覆延享一年五月刊本　翻印底本用指定アリ　大一

ハ22A j2-4 1　〔大字古文〕孝經〔正文〕　（孔傳本）〔太宰〕春臺點
明治五年刊（鹿兒嶋縣）　大一

ハ22A j2-5 1　古文孝經定本　（書入本）朝川善菴（鼎）撰　關〔虔齋〕（達）・齋藤尚校
文化六年三月序刊（朝川氏學古塾藏板）　大一

ハ22A j2-6 1　古文孝經　附釋文　馬場春水書
寳暦四年八月跋刊（江戸　大和田安兵衛）陰刻　大一

ハ22A j2-7 1　孝經　（古文）
寛政四年刊（〔水戸〕咸章堂）　大一

ハ22A j2-8 1　〔古文〕孝經　刊（因幡〔尚德館藏版〕）　大一

ハ22A j2-9 1 〔古文〕孝經〔正文〕 宋朱熹刊誤 鈴木定寛點 〔安永一〇年三月〕刊 天保八年六月三修（大坂 中村三史堂鹽屋彌七） 大一

ハ22A j2-10 1 校正〔古文〕孝經 小石磔郎點 〔明治〕刊（京 聖華房山田茂助） 大一

ハ22A j2-11 1 〔古文〕孝經 傳川越板 享和三年一二月刊 中一

ハ22A j2-12 1 〔古文〕孝經 〔大橋綽堂〕點 〔明治〕刊 大一

ハ22A j2-13 1 〔中楷古文〕孝經 市河米菴（三亥）書 筒井〔鑾溪〕（憲）點 嘉永三年刊（薩摩府學藏版） 郝嘉平刻 特大一

ハ22A j2-14 1 〔古文〕孝經 （孔傳本・標注本）〔大橋綽堂〕點 〔明治〕刊（東京 松山堂藤井利八） 大一

ハ22A j2-15 1 孝經訓點《オヤヅカヘノヨミアカシ》 （兼山標註本）神習學人撰 麑洲狂夫校 写 丸山作樂旧蔵 半一

ハ22A j2-16 1 〔古文〕孝經 （孔傳本）神山鳳陽點 明治二年冬官許（京 村上勘兵衛等五書房） 大一

ハ22A j2-17 1 〔音註正文古文〕孝經 （孔傳本）片山〔兼山〕點 明治五年四月刊（京都 村上勘兵衛等八書堂） 大一

ハ22A j2-18 1 〔大字新刻古文〕孝經 （孔傳本） 〔明治〕刊（東京 三松堂松邑孫吉） 半一

ハ22A j2-19 1 〔訓點古文〕孝經 （孔傳本）平田榮治郎點 明治一八年三月刊（東京 金鱗堂伊東武左衛門） 半一

ハ22A j2-20 1 孝經御註 （御註孝經開元本）菅家點 釈一桂校 弘化三年一二月跋刊 寺田望南印 大一

ハ22A j2-21 1 〔井坂一清草書〕孝經 （古文）井坂一清書 文化五年一〇月写 序跋同一二月刊 大一

ハ22A j2-22 1 〔真書〕孝経 （今文）巻菱湖（大任）書 〔江戸末〕刊〔修〕（江戸 安政堂椀屋喜兵衛） 陰刻 大一

ハ22A j2-23 1 孝經 （群書治要本） 刊 大一

ハ22A j2-24 1 孝經 （古文） 〔江戸後期〕刊（〔鶴岡〕致道館藏版） 木活 元治一年墨書 大一

ハ22A j2-25 1 孝經 （古文）遠順書 〔江戸後期〕刊（〔鶴岡〕致道舘藏板） 大一

ハ22A j2-26 1 又 元治一・慶應二年墨書 大一

ハ22A j2-27 1 孝經朱子刋誤 （朱子刋誤孝經） 〔江戸末〕刊（〔萩〕明倫館藏板） 半一

ハ22A j2-28 1 孝經正本 （今文）淺野陵校 天保四年冬刊（京 堺屋伊兵衛・朝倉儀助） 大一

ハ22A j2-29 1 孝經 （宋古文）〔題山崎闇齋〕點 刊〔後印〕（京 菊屋安兵衛） 大一

ハ22A j2-30 1 孝經 (宋古文) 題山崎〔闇齋〕(嘉) 點 〔野田〕西派校 〔安永二年九月〕刊 天明七年六月〔修〕(大阪 崇高堂河内屋八兵衛) 覆同前刊本 大一

ハ22A j2-31 1 〔改正〕孝經 (宋古文) 題山崎〔闇齋〕(嘉) 點 齋藤笠山(寛) 校 嘉永四年春刊〔後印〕覆菊屋安兵衛印本 大一

ハ22A j2-32 1 孝經 (古文・外題) 平岩雪湖(晉) 書 〔明治〕刊 摺付題簽 半一(擬包背装)

ハ22A j2-33 1 孝經 (宋古文) 寛文七年三月刊 明和二年九月修〔逓修〕(京 升屋勘兵衛) 覆刻 大一

ハ22A j2-34 1 孝經 (孝經校本尊卑必讀書) 習經學校讀本 平松慎成校 明治一〇年二月刊 (和歌山 萬壽堂津田源兵衛) 大一

ハ22A j2-35 1 孝經御注 (開元本) 唐玄宗注 三條〔西〕公條點 明治二四年三月跋刊 (三條公美) 朱墨套印 覆寛政一二年五月跋刊摸刻享祿四年後五月三條西實隆写本 特大一(大和綴)

ハ22A j3-1 1 古文孝經 (孝經直解) 漢孔安國傳 隋刘炫直解 昭和六年六月刊 (足利 足利學校遺蹟圖書館) 玻璃版影足利學校遺蹟圖書館藏〔室町〕写本 大一

ハ22A j3-2 1 〔古文〕孝經 漢孔安國傳 太宰〔春臺〕(純) 音 刊 (古尚堂) 覆刻 大一

ハ22A j3-3 1 孝經 漢孔安國傳 太宰〔春臺〕(純) 音 享保一七年一一月刊 (江戸 紫芝園藏版) 大一

ハ22A j3-4 1 又 (書入本) 太宰春臺(純) 音 〔後印〕(江戸 紫芝園藏版〈江戸 嵩山房〉) 大一

ハ22A j3-5 1 同 再刻 同 同 寛政六年一一月刊 (〔江戸〕嵩山房小林新兵衛〈江戸 紫芝園藏版〉) 覆刻 大一

ハ22A j3-6 1 同 新刻 同 同 文化四年三月刊 (同〈同〉) 同 大一

ハ22A j3-7 1 重刻古文孝經序略解 太宰〔春臺〕(純) 写 半一

ハ22A j3-8 1 〔古文〕孝經〔標註〕 再板 漢孔安國傳 太宰春臺(純) 音 〔片〕山兼山(世璠) 標注 寛政六年一一月刊 (〔江戸〕嵩山房小林新兵衛) 覆明和九年一月序刊本 大一

ハ22A j3-9 1 〔古文〕孝經 漢孔安國傳 太宰春臺(純) 音 〔片〕山兼山(世璠) 點 〔片山述堂〕(格) 校 文政一二年四月刊 (江戸 嵩山房小林新兵衛) 覆春臺音本 大一

ハ22A j3-10 1 〔古文〕孝經〔標註〕 j3-8ト同 同 同 安政七年一月刊 (〔江戸〕嵩山房小林新兵衛) 覆刻 大一

ハ22A j3-11 1 孝經 漢孔安國傳 太宰〔春臺〕(純) 音 〔澁井〕太室標注 享和二年三月跋刊 (〔米澤〕好生堂藏版) 本文覆春臺音本 水汚裏打 大一

ハ22A j3-12 1　孝經
同　同　小畑詩山〔行簡〕訂
弘化二年七月序刊（小畑氏詩山堂藏板）※　水汚　大一

ハ22A j3-13 1　古文孝經國字解
二巻〔太宰〕春臺點　〔藤之元〕撰
〔明和七年三月序〕刊　八月〔修〕（江戸　嵩山房小林新兵衛）水汚裏打　半一

ハ22A j3-14 1　古文孝經
（直解本系）漢孔安國傳
〔貞享五年五月〕刊　元禄七年八月印〔後印〕（大坂　吉文字屋市左衛門）水汚裏打　大一

ハ22A j3-15 1　又
元禄七年八月印（大坂　油屋与兵衛・京　田中庄兵衛）水汚裏打　大一

ハ22A j3-16 1　孝經
（古文孔氏傳以明法道大博士坂上明兼本校）漢孔安國傳　松平孤龍〔襲〕校
明和七年三月序刊（松平氏獲麟藏板）水汚裏打　大一

ハ22A j3-17 1　〔古文〕孝經
（加点校合本・清家正本）漢孔安國傳　清原宣條校
天明一年一〇月刊（清原家藏板〈京　田中市兵衛〉）水汚　大一

ハ22A j3-18 1　又
〔後印〕（江戸　嵩山房小林新兵衛）水汚　大一

ハ22A j3-19 1　古文孝經〔孔氏傳〕
附活字版孝經附錄　漢孔安國傳（附）山田〔松齋〕（文静）
天保六年三月跋刊　覆摸古活（慶長無刊記第二種本）水汚　大一

ハ22A j3-20 1　頭書講釋古文孝經
（見返）高井蘭山
嘉永二年五月刊〔明治〕印（東京　嵩山房須原屋新兵衛）　中一

ハ22A j3-21 1　古《こ》文《ふん》孝《かう》經《きやう》解《かい》
（和字正註古文孝經解）金勝仙
享和二年一〇月刊〔修〕（江戸　嵩山房小林新兵衛）　半一

ハ22A j3-22 1　古文孝經解
〔田〕仲道齋（和）撰　中田謙齋（敏）校
天明六年九月刊（淡〔路〕島　稲田氏監憲齋蔵板〈大坂　興文堂亀屋安兵衛〉）　大一

ハ22A j3-23 1　鼇頭句解古文孝經講義
春日〔潛庵〕（仲淵）
〔明治〕刊〔後印〕（大阪　青木嵩山堂青木恒三郎）　半一

ハ22A j3-24 3　〔古文〕孝經諺解
（孝經抄）〔林〕羅山
〔江戸前期〕刊〔修〕　大三

ハ22A j3-25 1　古文孝經〔孔氏傳〕
（足利本）漢孔安國傳　隋劉炫直解　山本南陽（龍）校
寛政一二年夏跋刊　文化一一年夏印（山本氏蔵板〈江戸　嵩山房小林新兵衛〉）翻足利學校蔵〔室町〕写本　大一

ハ22A j3-26 1　孝經孔氏傳
（標注本）漢孔安國傳　太宰〔春臺〕（純）音　田蒼梧（大齡）・島翻楊皐（冲夫）校
〔天明八年秋〕刊（〔會津　日新館藏版〕）本文覆春臺音本　見返曾子像　大一

ハ22A j3-27 3
古文孝經孔傳參疏
三巻　漢孔〔安國〕傳　〔片山〕兼山原撰　山中祐之編　葛山〔葵岡〕（壽）・萩原〔大麓〕（萬世）校
寛政一年刊（江戸　嵩山房小林新兵衛）
大三

ハ22A j3-28 1
孝經示蒙
（古文孝經孔傳示蒙）釋西天撰　田寶（竹嬾陳人）録
写　版下稿カ　文化九年盛花序（筆海自在先生・自在菴離染道人）
半一

ハ22A j3-29 3
〔古文〕孝經國字解
三巻　勝田祐義
享保三年一月刊〔逓修〕〔明治〕印（大坂　森本文金堂河内屋太助）
大三

ハ22A j3-30 1
古文孝經國字解
二巻　又 j3-13
半一

ハ22A j3-31 1
孝經〔指解補註〕
附司馬光傳　宋司馬光指解　南宮〔大湫〕（岳）補注
明和五年三月刊（南宮氏積翠樓藏板〔津　山形屋大森傳右衛門〕）
大一

ハ22A j3-32 1
古文孝經攝字註
（題簽）古文孝經〔攝字註〕二巻・孝經・孝經圖・孝經圖口義・孝經圖解・孝經圖解口義・感戴〔賦〕藤原温齋（隆都）
嘉永四年六月序刊（藤原氏桃洞書院藏板）
大一

ハ22A j3-33 1
古文孝經定本
又 j2-5
大一

ハ22A j3-34 1
〔標註古文〕孝經〔定本〕
（頭書孝經孔傳讀本）漢孔安國傳　伊藤鳳山（馨）點并標注
弘化三年冬刊（京　伊藤氏學半樓藏板〔京　本屋善兵衛等諸國一二肆〕）
大一

ハ22A j3-35 1
又
（鼇頭古文孝經定本）題〔太宰〕春臺音
〔後印〕（江戸　嵩山房小林新兵衛）
大一

ハ22A j3-36 1
古文孝經《こぶんこうきやう》和字訓《わじくん》
塚田大峯（多門）
天明八年一月刊（江戸　嵩山房小林新兵衛）見返ニ門人巖井夙上木
大一

ハ22A j3-37 1
〔冢註〕孝經
冢田大峯（虎）
安永七年二月刊（冢田氏環堵室雄風館藏板〔江戸　嵩山房小林新兵衛〕）
大一

ハ22A j3-38 1
又
〔後印〕（江戸　嵩山房小林新兵衛〔冢田氏環堵室藏板〕）
大一

ハ22A j3-39 1
孝經鄭註
（孝經古註）偽題漢鄭玄注　良〔野華陰〕（芸之）點　郁兼般・谷文卿校
寶曆三年一月刊（京　華文軒中西卯兵衛・向榮堂山田三郎兵衛）
大一

ハ22A j3-40 1
孝經〔鄭註〕
（羣書治要本）漢鄭〔玄〕注〔河村乾堂〕（藤益根）校
寛政三年冬至序刊
大一

ハ22A j3-41 1
孝經鄭註
（羣書治要本）漢鄭〔玄〕注　岡田新川（挺之）校
寛政五年秋序刊（張藩　永樂堂片野東四郎）
大一

ハ22A j3-42 1	〔補訂鄭註〕孝經	漢鄭〔玄〕注 窪木〔竹窓〕(清淵) 補 窪木俊校 文化一年一二月刊〔通修〕(下総 窪木氏息耕堂藏版)	大一
ハ22A j3-43 1	同	同 同（窪木竹窓）同 昭和六年三月跋刊（〔東京〕松雲堂野田文之助）影同前刊本 房總文庫本ノ抽印単行	半一
ハ22A j3-44 1	〔增攷〕孝經〔鄭氏解補證〕	清洪頤煊補證 東條〔一堂〕(弘) 增攷 文化一一年刊〔修〕(蜾蠃窟)	大一
ハ22A j3-45 1	又	〔通修〕龜田興序補鈔（通修本ニハナシ）	大一
ハ22A j3-46 1	〔御注〕孝經	唐〔玄宗〕注 狩谷〔棭齋〕(望之) 校 文政九年一一月跋刊〔修〕〔明治〕印（東京 嵩山房小林新兵衛）覆〔北宋天聖明道間〕刊本	大一
ハ22A j3-47 1	又	〔修〕（江戸 狩谷氏求古樓）	大一
ハ22A j3-48 1	同	同 同 清光緒一四年二月刊（上海 蜚英館）石印影同前刊本 但シ校譌ヲ除ク	唐大一
ハ22A j3-49 1	孝經御註	（開元始注本）唐〔玄宗〕注〔佐野山陰〕（藤原憲）校 寛政一二年五月序刊（京 堺屋伊兵衛・河南儀兵衛〈宛委堂藏板〉）	大一
ハ22A j3-50 1	孝經御註	（開元始注本）唐〔玄宗〕注 菅原為德校 文化五年一月刊（菅家藏版〈京 堺屋伊兵衛〉）	大一
ハ22A j3-51 2	繪《ゑ》本《ほん》孝經《かうきやう》	二巻 髙井蘭山撰 葛飾北斎（前北斎卍老人・前北斎為一）畫 元治一年冬刊（江戸 嵩山房須原屋新兵衛）覆嘉永二年春（実八三年一〇月）刊本	半二
ハ22A j3-52 1	孝經《かうけい》	（國字／傍訓／俚語／略解／孝經平假名附）石川雅望訓解 寛政九年三月刊（江戸 耕書堂蔦屋重三郎）	中一
ハ22A j3-53 1	同	（平かな附／講釋入）同 文化六年三月刊〔修〕（江戸 慶元堂和泉屋庄次郎）覆同前刊本	半一
ハ22A j3-54 1	孝經	小畑詩山（行簡）譯 元治一年二月序刊（小畑氏詩山堂藏板）	大一
ハ22A j3-55 1	〔較定〕孝經	山本北山（信友）校 寛政九年刊（〔秋田〕明道館藏版）	大一
ハ22A j3-56 1	又		大一
ハ22A j3-57 1	孝經	中江藤樹國譯 曾田文甫校釋 明治四二年三月刊（東京 曾田氏靜觀書院）	菊一
ハ22A j3-58 1	頭註國譯孝經	附孝經原文 中江藤樹國譯 加藤盛一校注 昭和八年一一月刊 一二年四月印（七〇版 滋賀青柳 藤樹頌德會）	菊一
ハ22A j3-59 1	孝經五種	國譯孝經（中江藤樹）古文孝經・今文孝經・弘安本古文孝經孔氏傳（文政六年一〇月跋刊本影印）孝經啓蒙（中江藤樹・〔江戸前期〕刊本影印）杉浦親之助編 大正一四年九月刊（東京 編者）鉛印	半一

ハ22A j3-60 3 増補孝經彙註 三巻 明江元祚輯 呉太冲訂 大鹽〔中齋〕(源後素) 増補 天保五年一一月序刊 大正四年五月跋修 (京 聖華房山田茂助) 大三

ハ22A j3-61 1 孝經 (兒訓孝經繪抄) 〔元祿六年三月〕刊 正徳四年五月印〔後印〕 (京 錢屋庄兵衛) 大一

ハ22A j3-62 1 孝經刋誤講義 淺見絅《ママ》齋講 文政二年一〇月写 (緑竹堂主人) 薄様 中一

ハ22A j3-63 1 孝經刋誤集解 仲〔村〕惕《ママ》齋 (欽) 撰 増〔田立軒〕(謙) 編 元祿一七年一月刊 (京 武村新兵衛) 大一

ハ22A j3-64 2 孝經義 二巻 金岳陽 (順) 撰 金秀信校 天保五年刊 半二

ハ22A j3-65 1 孝經啓蒙 〔中江藤樹〕 〔江戸前期〕刊〔修〕 五種本初印影印 大一

ハ22A j3-66 1 同 中江藤樹 (原) 弘化一年八月跋刊 (安中 板倉氏蔵板) 甘雨亭叢書之中 中一

ハ22A j3-67 3 孝經見聞抄 三巻 〔林〕道春 萬治三年二月刊 (〔京〕松長伊右衛門) 大三

ハ22A j3-68 1 孝經考 (第一次稿本) 并附記 亀井 (昭陽) (昱) 天保五年三月令寫 (甑古書屋) 半一

ハ22A j3-69 1 孝経考 (第一次稿本) 并附記 〔亀井昭陽〕 写 (楢﨑崧陰) 半一

ハ22A j3-70 1 同 (第三次稿本) 并附記 亀井 (昭陽) (元鳳) 写 (吉見協) 半一

ハ22A j3-71 1 孝經講義 安藤坤齋 (道) 講 萬波栗校 明治三年一一月序刊 (岡山 五明館蔵板〈〔岡山〕荻野屋芳平〉) 大一

ハ22A j3-72 1 孝經講義 荒砥武伴 自筆稿 大一

ハ22A j3-73 2 孝經講釋 二巻 熊澤〔蕃山〕(遊軒) 講 大鹽中齋參釋 明治一七年一二月刊 (東京 山中市兵衛) 中二

ハ22A j3-74 1 又 〔後印〕 (東京 目黒十郎) 中一

ハ22A j3-75 1 孝經考文 〔永井〕盻齊 (江襲吉) 撰 源獻等校 文政七年四月序刊 (粲賢齋蔵板) 大一

ハ22A j3-76 1 孝經國字解 二巻 伊藤〔鹿里〕 写 水損 半一

ハ22A j3-77 1 孝經告蒙一家政談 佐藤東山 (貞吉) 天保一四年二月序刊〔通修〕 大一

ハ22A j3-78 2 孝經纂義 二巻 中井乾齋 (豊民) 撰 大野健等校 弘化二年一〇月刊 (江戸 中井氏明善堂蔵板) 木活 杉原心齋旧蔵 大二

ハ22A j3-79 1 孝經〔纂註〕 貝原〔存齋〕(元端) 寛文四年九月刊 (〔京〕長尾平兵衛) 大一

ハ22A j3-80 1 孝經兒訓 (題簽) 存下 元祿六年三月刊 (京 大和屋伊兵衛) 絵入 大一

ハ22A j3-81 1
孝經《カウケイ》《カウキヤウ》示《シ》蒙《モウ》句《ク》解《カイ》《ゲ》
仲〔村惕齋〕（敬甫）
元祿一六年五月序刊（京　武村新兵衛）
大一

ハ22A j3-82 1
又
〔後印〕（京　菊屋七郎兵衛）
大一

ハ22A j3-83 1
新刻孝經集說
〔井上〕金峨撰　井毅校
明和四年閏九月序刊（考槃堂臧版〈江戸　越後屋藤兵衛〉）
大一

ハ22A j3-84 1
孝經集傳
附呉文正公刊誤　新井白峨（祐登）
寛政三年九月刊（京　博厚堂武村嘉兵衛・有斐堂淺井荘右衛門）覆安永八年九月刊本
大一

ハ22A j3-85 1
孝經〔集傳〕
山本〔樂所〕（惟孝）
天保四年六月刊（南紀　學習館藏版〈若山帶屋伊兵衛・緫田屋平右衛門他江戸大阪四肆〉）
大一

ハ22A j3-86 2
孝經集覽
二巻　山本北山（信有）編
安永四年一月刊（山本氏奚疑塾藏板〈江戸　嵩山房小林新兵衛〉）
大二

ハ22A j3-87 4
孝經小解
四巻附蕃山先生の墨蹟　熊澤蕃山（了介）（附）井上通泰
昭和三年一一月刊（東京　珍書保存會）影井上通泰蔵自筆本
大四

ハ22A j3-88 1
孝經小解
熊澤息游軒（了芥）
天明八年一一月刊　文政三年一〇月以後〔後印〕（江戸　嵩山房小林新兵衛）
大一

ハ22A j3-89 1
孝經〔小解〕
中江藤樹（惟命）國譯　熊澤蕃山（伯繼）撰　河野二郎校
明治四四年二月刊（東京　讀賣新聞社）
四六一

ハ22A j3-90 1
孝經參釋
川碕魯齊（履）
慶應四年春刊〔後印〕（尚志堂藏板〈江戸　一貫堂萬屋忠藏・嵩山房小林新兵衛〉）朱墨套印
半一

ハ22A j3-91 1
孝經述
（九述巻之一）赤松太庾（弘）撰　巖景明等校
寶暦六年二月刊（木瓜亭藏版〈江戸　名山閣和泉屋吉兵衛〉）
大一

ハ22A j3-92 1
孝經證
高〔橋〕女護島（閔慎）
刊〔修〕
大一

ハ22A j3-93 1
孝經積翠園記
（外題）文化十一年一月五日開演二十日講徹於積翠園　釈徳猊録
写　薄様
大一

ハ22A j3-94 1
孝經疏證
五巻解題二巻孝經攷異一巻孝經〔定本〕一巻　鈴木順亭（柔嘉）撰　鈴木虎雄等校
大正一二年五月刊（新潟粟生津　鈴木宗久〈東京　瑞香堂叢書刊行會〉）
菊一

ハ22A j3-95 1
孝經〔大意〕
伊東〔奚疑〕（祐道）
写
大一

ハ22A j3-96 1
增註孝經大義
二巻　片〔山〕松庵（朴元）
寛文八年五月序刊（西田爾弓齋）
大一

ハ22A j3-97 6
孝經大義講草鈔
六巻〔小出永庵〕
寛文九年九月刊（京　小嶋弥左衛門）
大六

ハ22A j3-98 3
孝經大義詳解
四巻并孝經大義備考詳解總論　蘆川桂洲（正柳）
〔貞享五年八月〕刊　元祿一年一〇月印（〔京〕森田長兵衛・奥村源兵衛）
大三

ハ22A j3-99 1
又
總論・序欠
大一

ハ22A j3-100 1	孝經大義證解	四巻 松浦交翠窩（黙） 延寶五年一〇月刊（江戸 戸嶋惣兵衛）	大二
ハ22A j3-101 1	孝經微考	文政一一年三月写	半一
ハ22A j3-102 1	孝經直解	松平君山（秀雲） 天明一年一一月刊（名古屋 藤屋吉兵衛他京阪二肆）	大一
ハ22A j3-103 2	孝經童子訓	上河〔淇水〕（正揚）撰 下河邉拾水画 天明一年五月刊 天明八年修（京 弘章堂山本長兵衛・循古堂近江屋治郎吉）	大一
	又	寛政一年一月逓修	大一
ハ22A j3-104 1	孝經〔發揮〕	津阪〔東陽〕（孝綽） 〔文政九年〕刊	大一
ハ22A j3-105 1	又	〔修〕（津 有造館藏版）	大一
ハ22A j3-106 1	同	同 明治一六年八月刊（新潟髙田 梅楓交校軒室直三郎）銅版翻同前修本	大一
ハ22A j3-107 3	孝經釋義便蒙	二巻孝經便蒙附纂二巻 竹田春菴（定直）撰 貝原益軒訂 享保二年一月序刊〔享保三年〕刊〔後印〕（大阪 河内屋茂兵衛）	大三
ハ22A j3-108 2	孝經便蒙附纂	二巻 同 同 享保三年刊（京 柳枝軒茨城多左衛門）	大二
ハ22A j3-109 1	〔鼇頭〕孝經傍訓	三國〔幽眠〕（直準）撰 岡翼等校 天保八年一月序刊（三國氏一洗堂藏版）	大一
ハ22A j3-110 6	〔繪入〕大和孝經	六巻（巻六集灵之部）〔山科長盧〕 寛文四年一二月刊 巻六有配	大六
ハ22A j3-111 1	孝經講義	又 j3-71 岡山 五明館藏板	大一
ハ22A j4-2 3	孝經外傳或問	四巻 熊澤〔蕃山〕（了芥） 写 薄様	大三
ハ22A j4-3 1	尚書學・孝經識・孟子識	附徂徠荻生先生傳 荻生徂徠（物茂卿）（附）板倉勝明 刊（安中 板倉氏藏板）甘雨亭䕺書第四集之中 明倫堂旧藏	中一
ハ22A j4-4 1	孝經兩造簡孚	東條一堂（弘） 文政一三年刊〔修〕（蜾蠃窟）	大一
ハ22A j4-5 2	古文孝經私記	二巻 朝川善庵（鼎）撰 泉澤〔履齋〕（充）等校 文化七年一一月序刊〔明治〕印（東京 嵩山房小林新兵衛〈朝川氏學古塾藏板〉）	大二
ハ22A j6-1 1	孝經〔外傳〕	山崎〔闇齋〕（敬義）編 刊 寛政二年修（藝州倉橋 敬長舘藏版）刷付題簽	大一
ハ22A j6-2 1	孝經〔外傳〕	山崎〔闇齋〕（嘉）編 明暦二年八月刊〔修〕（京 武村市兵衛）	大一
ハ22A j6-3 1	孝經外傳集解	村瀬櫟岡（觀）撰 立石豊等校 寛政五年七月刊（時習舘藏板〈〔江戸〕小林新兵衛〉）	大一
ハ22A j9-1 1	國字孝經	（序・題簽） 文政一年一一月序刊	半一

ハ22A j9-2 1	示俗孝經	（題簽）齋藤弘　天保四年一〇月序刊	大一
ハ22A j9-3 1	女訓《ちよくん》孝經《かうきやう》	（司馬温公家範婦人六徳和解）八隅山人　文政五年春序刊（江戸　岡田屋嘉七等三都七肆）　絵入	半一
ハ22B 1-1 1	日本朱子學派學統表	安井小太郎編　〔昭和六年一〇月〕刊　斯文附録	菊一
ハ22B 1-2 1	又		菊一
ハ22B 2-1 1	橋牕茶話	三巻　雨森芳洲（東伯）撰　篠〔崎〕三島（應道）校　天明六年五月刊（大阪　興文堂髙橋平助・同喜助）	大一
ハ22B 2-2 1	芳洲先生口授	附芳洲雨森先生傳　雨森芳洲（東伯）述　釋岱琳錄（附）板倉勝明　嘉永一年九月刊（安中　造士舘藏板〈江戸　角丸屋甚助等三都九肆〉）甘雨亭叢書之中　明倫堂旧蔵	中一
ハ22B 2-3 1	經學字訓	川合元（申甫）　明和五年五月刊（京　秋田屋平左衛門）	大一
ハ22B 2-4 2	侗庵筆記	二巻　古賀侗庵撰　櫛田〔北渚〕（駿）校　嘉永五年八月刊（久敬社藏版〈江戸　和泉屋吉兵衛〉）	半二
ハ22B 2-5 1	柴邦彦上書	（栗山先生上書）柴〔野〕栗山（邦彦）　写	大一
ハ22B 2-6 5	栗山文集	六巻　柴〔野〕栗山（邦彦）撰　柴〔野碧海〕（允升）・柴〔野方閑〕（允常）校　天保一四年四月刊（桐陰書屋藏板〈江戸　山城屋佐兵衛〉）	大五
ハ22B 2-7 1	松菴雜記	末欠　釈香國道蓮　写　元祿一一年一二月序自筆カ　明治一九年九月明治潛夫題跋　高瀬喜樸甫輯トアルハ同ジ松庵テフ号ニヨリ仮託サレシカ　或ハ同号ノ縁ニヨリ写セシカ	半一
ハ22B 2-8 2	松陰快談	四巻　長野豊山（確）　文政四年刊（京　積書堂吉田屋治兵衛）	大二
ハ22B 2-9 1	五經竟宴詩	林向陽軒（恕）編　近写（〔浜野知三郎〕）	大一
ハ22B 2-10 1	家園漫吟	林〔述齋〕　文政一一年六月序刊　ヤ2-22増修	小一
ハ22B 2-11 1	述齋先生對州書翰抄	文化八年（林）述齋　近写（〔浜野知三郎〕）	大一
ハ22B 2-12 1	趨庭所聞	二本　林述齋述〔鳥居〕耀〔藏〕錄（一本）松崎慊堂（復）評　大正一〇年一二月刊（東京　松雲堂野田文之助）	中一
ハ22B 2-13 1	又	油印翻前島氏蔵評入二五條全二九條・濱野〔知三郎〕氏蔵四九條	中一

ハ22B 2-14 1 **趣庭所聞** 前島本・濱野本・述齋先生談録 林述齋述 鳥居耀〔藏〕録（一本）松崎慊堂（復）評（談）門人録
昭和九年刊（〔東京〕松雲堂）鉛印翻同前底本 談録底本記載ナシ 松雲堂娯刻書第一 大一

ハ22B 2-15 1 **又** 大一

ハ22B 2-16 2 **蕉窓永言** 四巻附谷埜賦・六閒堂記 林述齋（衡）（附）松崎〔慊堂〕（復）・佐藤〔一齋〕（坦）撰 館森鴻校
大正一四年九月跋刊（東京 崇文院）鉛印 崇文叢書第一輯之八・九 大二

ハ22B 2-17 3 **蕉窓文草** 拾遺共三巻 林述齋（衡）撰 館森鴻校
大正一四年七月跋刊（東京 崇文院）鉛印 崇文叢書第一輯之五—七 大三

ハ22B 2-18 2 **又** 存巻一・二
大正一五年七月刊 崇文叢書第一輯之五・六 大二

ハ22B 2-19 1 **素餐録** （書入本）尾藤二洲（肇）撰 尾池允校
天保七年一一月刊（尾池氏晩翠園蔵板〈京 出雲寺文次郎等三都三肆〉） 半一

ハ22B 2-20 1 **又** 伊藤有不爲齋旧蔵 半一

ハ22B 2-21 2 **東見記** 二巻〔小〕野卜幽軒（壹）
貞享三年六月刊（京 柳枝軒茨木多左衛門）見返茶刷 半二

ハ22B 2-22 1 **〔陳襄訓教〕** 頼杏坪譯并書
文化一四年一〇月刊（頼氏春草堂蔵版〈廣島 世並屋伊兵衛〉）頼氏春草堂旧蔵 大一

ハ22B 2-23 2 **正名緒言** 二巻并附録 菱川秦嶺（賓）
文化六年跋刊 嘉永二年修（佐倉 菱川氏秦嶺館蔵板〈江戸 和泉屋善兵衛〉） 大二

ハ22B 2-24 1 **正學指掌** 并附録 尾藤二洲（孝肇）
天明七年一一月刊（大阪 文粋堂増田源兵衛・崇高堂河内屋泉本八兵衛）袋ヲ覆表紙トス 大二

ハ22B 5-1 1 **寛政三博士の學勳** 大正六年四月廿二日孔子祭典會に於ける講演 内田周平
昭和六年一〇月刊（著者） 菊一

ハ22B 5-2 1 **日本朱子學派之哲學** 并附録三篇 井上巽軒（哲次郎）
明治三八年一二月刊（東京 冨山房） 菊一

ハ22B 5-3 1 **日本宋學史** 二編并宋學考餘録 西村天囚（時彦）
明治四二年九月刊（大阪 杉本梁江堂） 菊一

ハ22B 5-4 1 **四國正學魯堂先生** 猪口新里
大正五年六月刊（徳島 猪口氏虚順堂）鉛印 半一

ハ22B a-1 10 **惺窩先生文集** 一二巻首一巻惺窩先生倭謌集五巻 藤原爲經編 源光國校
享保二年五月序刊（水戸 西山君） 大一〇

ハ22B b-1 1 **癸未紀行** 〔林羅山〕（夕顔衢道春）
正保二年八月刊（〔京〕風月宗智） 大一

ハ22B b-2 1 **〔三德抄〕** （道春記三德抄）存下大學〔林羅山〕（道春）刊 服部悔庵旧蔵カ シb-1ト覆刻関係 大二ッ切一

ハ22B b-3 6 改正再版 四書集註　大學〔章句〕中庸〔章句〕論語〔集註〕一〇巻孟子〔集註〕一四巻附字引　宋朱熹撰　林〔羅山〕（道春）點　安政五年一月刊（大阪　積玉圃河内屋善兵衛）覆天明七年一月刊本　大六

ハ22B b-4 1 童觀鈔　二巻〔林〕羅山（道春）〔江戸前期〕刊　大一

ハ22B b-5 4 羅山林先生文集　（羅山先生文集・羅山先生詩集）七五巻羅山林先生詩集七五巻羅山林先生集附録五巻　林向陽軒（恕）編　京都史蹟會校　大正七年二月—一〇年六月刊（京都　平安考古學會）翻寛文二年刊本　菊四

ハ22B c-1 1 周制度量考　献可祿《ママ》抄出　室鳩巣（新助）写　大一

ハ22B d-1 2 新訂 益軒十訓　存巻上中文訓二巻武訓二巻五常訓五巻和俗童子訓五巻初學訓五巻君子訓三巻大和俗訓八巻　貝原益軒撰　大町桂月校　明治四四年六月・九月刊（東京　至誠堂）學生文庫第三・一二　三六二

ハ22B d-2 8 近思錄備考　一四巻　貝原〔益軒〕（篤信）寛文八年七月刊（京　吉野屋權兵衛）　大八

ハ22B d-3 3 續和漢名數　三巻　貝原損軒　元祿八年四月刊〔後印〕（京　出雲寺和泉掾）　半三

ハ22B d-4 1 點例　二巻　貝原益軒（篤信）元禄一六年一一月刊　享保六年以後印（京　柳枝軒茨城方道）　中一

ハ22B e-1 6 逸史　（朱校本）一二巻首一巻（尾破損）中井〔竹山〕（積善・同關子）写　※　大六

ハ22B e-2 3 草茅危言　三巻　中井竹山（積善）写　半三

ハ22B e-3 1 昔昔春秋　中井履軒　明治一八年四月刊（東京　顏玉堂神戸甲子二郎）覆〔江戸末〕青藜閣・名山閣刊本　中一

ハ22B e-4 1 履軒数聞　〔中井〕履軒　近写（〔浜野知三郎〕）　大一

ハ22B e-5 1 質疑篇　（瑣語合刻本）五井蘭洲（純禎）刊（大阪　文淵堂・得寳堂）覆大阪　文海堂・金魚館明和四年二月序刊本（ヤe-13）　大一

ハ22B e-6 3 懐徳堂印存　中井天生編　昭和一四年冬序刊（〔大阪〕懐徳堂）油印・石印　大三

ハ22B f-1 6 新井白石全集　今泉定介・市島謙吉編　明治三八年一二月—四〇年四月刊（東京　吉川半七）　菊六

ハ22B f-2 1 讀史餘論　一二巻　新井白石（源君美）明治四五年一月刊　大正一三年六月印（九版　東京　大同館）　四六一

ハ22B f-3 1 白石先生年譜　三田葆光　明治一四年六月刊（白石社）鉛印　半一

ハ22C 2-1 1　青谿書院全集　第一編　池田草菴（緝）撰　池田禎藏編　明治四二年七月刊　大正三年一月印（再版　兵庫宿南　青谿書院保存會池田粂次郎）鉛印　半一

ハ22C 2-2 1　洗心洞劄記　二巻并附録　大鹽中齋（平八郎）撰　松本乾知點　松浦誠之・但馬守約校　藤井利八重校　明治四〇年五月刊　大正六年一月印（六版　東京　松山堂）鉛印　半一

ハ22C 2-3 2　東里遺稿　（序・見返・題簽）并東里外集　中根東里撰　須藤温編　服部甫庵（政世）補　（外）服部甫庵（政世）編　慶應一年刊（下毛佐埜　柳圃堂・煉霞堂藏板）　袋附　（遺）覆明和三年七月序刊本⊕功德碣以下跋文三篇　（外）新刻　ヤ2-3ハ〔明治〕印　大二

ハ22C 2-4 3　方谷遺稿　三巻附方谷山田先生墓碣銘　山田方谷（球）撰　三島（中洲）（毅）編　山田準校　明治二三年一二月刊（東京　校者）　半三

ハ22C 5-1 1　日本陽明學派之哲學　并附録二條　井上哲次郎　明治三三年一〇月刊　三四年四月印（三版　東京　冨山房）六四一頁以下補正→六四四頁へ　菊一

ハ22C 5-2 1　山田方谷先生年譜　（方谷先生年譜）山田準編　明治三八年八月刊（鹿児島　編者）鉛印　画像　半一

ハ22C a-1 1　藤樹神社寫眞帖　藤樹神社編　昭和七年九月刊（滋賀青柳　編者）玻璃版　菊横一（大和綴）

ハ22C a-2 1　藤樹先生　并拾遺・附錄・參考　滋賀縣高島郡教育會編　昭和九年八月刊（滋賀青柳　藤樹神社）序大正七　解題並凡例昭和九　餘德拾遺附錄増補　ヤa-10（大正八再版）別版　四六一

ハ22C a-3 1　藤樹先生年譜　（藤樹先生行状）并藤樹先生行状二條・藤樹先生書翰（行）保積正厚録　慶應三年一二月写（川口宗重）　半一（包背装）（大和綴）

ハ22C a-4 1　藤樹先生年譜　川田剛　〔明治〕刊　鉛印　半一

ハ22C b-1 1　頭書□抄二十四孝小解　（題簽）并附録　熊澤息游軒（了芥）撰　小山知常編　寶永七年冬跋刊　天保六年一〇月印（大阪　藤屋善七）絵入　大一

ハ22C b-2 1　熊貝遺事　二巻　熊澤〔蕃山〕先生・貝原〔益軒〕先生近写　半一

ハ22C b-3 1　小説熊澤蕃山　青春篇　瀧川駿　昭和一五年一一月刊（東京　讀切講談社）　四六一

ハ22C b-4 1　蕃山考　井上通泰　明治三五年七月刊（岡山　岡山縣廳）鉛印　半一

ハ22C b-5 1　蕃山先生傳　并附録　河本一夫　昭和一五年一〇月刊（岡山　吉田書店）　四六一

ハ22C b-6 1　蕃山先生年譜　片山重範編　明治二三年九月刊　四三年七月印（岡山　山陽書籍）口絵薄墨套印　半一

ハ22C b-7 1
慕賢録
熊澤伯継傳　秋山春潮（弘道）編　成田秋佩（元美）補　井上通泰校
明治三四年一一月刊（岡山　岡山縣廳）鉛印
半一

ハ22D 1-1 1
崎門學派系譜
四巻附録二條　楠本碩水編　岡直養補（附）岡直養
昭和一五年八月刊（東京　岡次郎〈直養〉）鉛印
特大一

ハ22D 2-1 1
調息箴説解
天木時中撰　岡直養校
昭和一〇年一二月刊（東京　虎文齋岡次郎〈直養〉）鉛印
特大一

ハ22D 2-2 1
孤松全稿
（道學遺書第壹―四號）三九巻存巻一　稲葉黙齋（正信）撰　吉田英實編
明治二四年三月―六月刊（東京　道學協會）鉛印
半一

ハ22D 2-3 2
訥庵文鈔
二巻并訥庵詩鈔附貞荘孺人歌集抄　大橋訥庵（正順）撰　大橋正義校（附）大橋まき子撰　女たき子編
明治四四年七月刊（東京　大橋氏藏版）鉛印
袋附　口絵入
半二

ハ22D 2-4 1
諸先生諸説
（題簽）岡村成教編錄
弘化二年立秋跋写（編者）
半一

ハ22D 2-5 1
辨ス下伊藤仁齋送二浮屠道香師ヲ一序ヲ上
佐藤直方
正徳三年九月刊（京　芳野屋權兵衛・大坂　出店同五兵衛）
大一

ハ22D 2-6 1
講學鞭策録
佐藤直方
寛政一〇年刊〔後印〕（京　出雲寺松栢堂）覆貞享一年九月序刊本　貞享元甲子歳　原刻焼亡
大一

ハ22D 2-7 1
道學標的
佐藤直方
正徳三年四月刊〔後印〕（京　出雲寺松栢堂）
大一

ハ22D 2-8 1
佐藤先生冬至文
并附録　佐藤〔直方〕
天保五年九月刊（村田義方）
大一

ハ22D 2-9 1
排釋録
佐藤直方
貞享三年一二月刊〔後印〕（京　出雲寺松栢堂）
シ2-7安政三年一〇月山岸見八覆刻
大一

ハ22D 2-10 1
爲學要説
三宅尚齋撰　岡直養校
昭和一一年七月刊（東京　虎文齋岡次郎〈直養〉）鉛印
大一

ハ22D 2-11 2
強齋先生遺艸
四巻　若林強齋（新七）撰　岡直養校
昭和一一年一二月刊（東京　虎文齋岡次郎〈直養〉）鉛印
大二

ハ22D 3-1 1
闇齋先生と日本精神
平泉澄編
昭和七年一〇月刊（東京　至文堂）
菊一

ハ22D 5-1 1
石井周庵先生傳
（吾學叢書第二編）并附錄　田中謙藏撰　池上幸二郎校
昭和一一年七月刊（東京　黙齋學會〈校者〉藏版）鉛印
特大一

ハ22D 5-2 1
稲葉黙齋先生傳
（吾學叢書第一篇）并黙齋先生語録鈔・附錄　林潛齋（秀直）撰　池上幸二郎補
昭和一〇年一二月刊（東京　補編者）鉛印
特大一

ハ22D 5-3 1	先達遺事	稲葉默齋（正信）編　明和四年九月跋刊〔後印〕（大阪　吉田松根堂　加賀屋善藏）	大一
ハ22D 5-4 8	日本道學淵源録	四巻續録五巻續録增補二巻　大塚観瀾（氏静）編　千手旭山（興成）補　楠本碩水（孚嘉）増　楠本正翼校　（増）楠本碩水（孚嘉）編　楠本正翼校　昭和九年七月刊（東京　岡直養）鉛印	大八
ハ22D a-1 1	經名考	山﨑（闇齋）（嘉）〔江戸前期〕刊〔修〕（〔京〕壽文堂）	大一
ハ22D a-2 2	小學	（倭板小學）二篇　宋〔朱熹〕撰　山﨑〔闇齋〕（嘉）點　延寶四年三月刊　覆〔江戸前期〕刊本	大二
ハ22D a-3 1	仁説問答	山﨑（闇齋）（嘉）編　寛文八年五月序刊（〔京〕壽文堂）ヤa-4ハ覆刻	大一
ハ22D a-4 1	白鹿洞學規〔集註〕	山﨑（闇齋）（嘉）　〔　　〕七年三月刊（新發田　　）	大一
ハ22D a-5 1	闇齋先生易簀訃状	并附録　池上幸二郎編　昭和一四年四月刊（東京　編者）鉛印	特大一
ハ22D b-1 1	敬義内外説	并大學物説（版心）・大學明德説　淺見絅齋（安正）　刊（物）寶永三年一二月跋刊	大合一
ハ22D b-2 1	中國辨	浅見絅齋（安正）　享保二一年四月写（福山　藤井源右衛門希孝）	半一
ハ22D b-3 1	白鹿洞書院掲示《ハクロクトウショヰンカツシ》	（書入本・白鹿洞書院掲示講義）山﨑闇齋（嘉）　集注　淺見絅齋講義　天明七年一一月刊〔後印〕（江戸　尚古堂岡田屋嘉七）	大一
ハ22D b-4 1	又	江戸　尚古堂岡田嘉七	大一
ハ22D b-5 1	辨大學非孔氏之遺書辨	又22A f51	大一
ハ22E 3-1 1	山鹿素行先生に就て	（山鹿素行先生）井上哲次郎　明治四三年一月刊（東京　素行會）	菊一
ハ22E 5-1 1	山鹿素行先生	中山久四郎　昭和九年九月刊（東京　山鹿素行先生二百五十年忌記念祭）	四六一
ハ22E 7-1 1	山鹿素行先生二百五十年忌記念祭典紀要	中央義士會編　昭和一一年一月刊（東京　編者）鉛印	半一
ハ22F 2-1 1	經史考	并附録五則　井口蘭雪齋（文炳）　明和三年八月刊（南紀　井口氏蘭雪齋〔京　唐本屋吉左衛門〕）	大一
ハ22F 2-2 1	紹衣藁鈔	二巻　伊藤蘭嵎（長堅）撰　伊藤〔東所〕（善韶）編　昭和二年五月刊（京都　古義堂伊藤顧也）鉛印	半一
ハ22F 2-3 1	彰章先生遺稿	（伊藤蘭畹先生遺稿）浅川弸中・伊藤弘亨編　写	半一

ハ22F 2-4 2　古學辨疑
(標注本)二巻　富永滄浪(瀾)撰　豬飼敬所(彦博)校
天保五年一二月刊(湖東國友　富永氏滄浪亭藏板)　大二

ハ22F 2-5 2　天民遺言
附疑語孟字義三巻共二巻　并河天民(平巖善)撰　并河〔誠所〕(永崇)編
享保七年一一月刊(江戸　小川彦九郎)ヤ2-2
24丁以下増補カ(渡邊毅編)マタ下(附)ヲ省略ス　大二

ハ22F 2-6 1　謝菴遺稿
丹羽謝菴(藤嘉言)
近写　薄様　大一

ハ22F 2-7 5　過庭紀談
五巻　原雙桂(瑜)撰　原修德齋(義)校
天保五年四月刊(原氏修德齋藏板〈江戸　和泉屋庄次郎等三都五肆〉)　大五

ハ22F 2-8 5　又
天保五年四月跋刊〔明治〕印(東京　萬笈閣江島喜兵衛)　半五

ハ22F 2-9 1　桂舘野乘
并雙桂集附録・桂舘漫筆・附録　原雙桂(瑜)撰　原念齋(善)校
文化一四年五月刊(江戸　慶元堂和泉屋庄二郎)
下象鼻念祖齋藏　大一

ハ22F 2-10 3　經學要字箋
三巻　穗積以貫
享保一六年九月刊(大坂　稱觥堂渋川清右衛門)　半三

ハ22F a-1 1　古學先生伊藤君碣銘
(古學先生碣銘行狀)并先府君古學先生行狀・古學先生伊藤君碣銘行狀附録　北村〔篤所〕(可昌)(行)伊藤〔東涯〕(長胤)(附)林義端編
寶永四年一〇月跋刊(京　文會堂林義端)　大一

ハ22F a-2 4　古學先生文集
六巻詩集二巻首一巻　伊藤仁齋撰　伊藤東涯(長胤)編
享保二年三月跋刊〔後印〕(〔京〕古義堂藏板〈京　菱屋孫兵衛〉)　大四

ハ22F a-3 1　仁齊日札
伊藤仁齊(維楨)
写(高橋宗恒)　半一

ハ22F a-4 3　童子問
三巻　伊藤〔仁齋〕(維楨)撰　伊藤〔東涯〕(長胤)校
寶永四年九月跋刊　大三

ハ22F a-5 2　大學定本
(東所抄翼書入移写本)并中庸發揮　伊藤〔仁齋〕撰　伊藤〔東涯〕(長胤)校
正德四年刊(〔京〕古義堂藏板〈京　玉樹堂〉)
シa-4ハ別板　大二

ハ22F a-6 4　論語古義
(東所抄翼書入移写本)一〇巻附總論　伊藤〔仁齋〕(維楨)撰　伊藤〔東涯〕(長胤)校
正德二年九月序刊(京　文會堂・奎文館)ヤa-6
(文政一二再刻)ハ別板　大四

ハ22F a-7 4　孟子古義
(東所抄翼書入移写本)七巻　伊藤〔仁齋〕撰　伊藤〔東涯〕(長胤)校
享保五年刊〔修〕(〔京〕古義堂藏板〈京　文泉堂〉)初印玉樹堂　大四

ハ22F a-8 2　語孟字義
(浜野知三郎朱校本)二巻　伊藤〔仁齋〕(維楨)撰　林景范校
寶永二年冬至跋刊〔逓修〕　大二

ハ22F b-1 6　盍簪録
四巻餘録二巻　伊藤〔東涯〕(長胤)
写　大六

ハ22F b-2 1
刋謬正俗
伊藤〔東涯〕（長胤）撰　安原〔霖寰〕（貞平）校
写　甘雨亭叢書用お届本　學問所改印アリ
中一

ハ22F b-3 4
經史博論
四巻　伊藤東厓（長胤）
元文二年三月刊（京　文泉堂林權兵衞）※
大四

ハ22F b-4 2
古學指要
二巻　伊藤〔東涯〕（長胤）
享保四年刊（京　玉樹堂）
大二

ハ22F b-5 3
古今學變
（標注本）三巻　伊藤東涯（長胤）
寛延三年刊　天保一四年印（明治）印（京　鴻寶堂川勝德次郎）封面　校正／補刻
大三

ハ22F b-6 2
釋親考
并續編附輩行說　伊藤東涯（長胤）撰　安原〔霖寰〕（貞平）校
享保二〇年・元文一年刊（〔京〕古義堂臧板〈江戸　文刻堂西村源六・京　西村市郎右衞門〉）
蔵書票「才一と才二のゆひもて／ひらくへし其よみたる／さかひにをりめつけ又／爪しるしする事なかれ」
大二

ハ22F b-7 5
周易經翼通解
一八巻　伊藤東涯撰　伊藤東所（善韶）校
安永三年夏刊（〔京〕古義堂藏板〈京　文泉堂林權兵衞・林芳兵衞〉）
大五

ハ22F b-8 15
紹述先生文集
二〇巻詩集一〇巻合三〇巻　伊藤東涯（長胤）撰　伊藤〔東所〕（善韶）校
寶曆八年三月―一一年七月刊（〔京〕古義堂藏板〈京　文泉堂林權兵衞〉）
大一五

ハ22F b-9 2
鄒魯大旨
二巻　伊藤東涯（長胤）
享保一五年一〇月跋刊（〔京〕古義堂藏板〈京　奎文館〉）※
大二

ハ22F b-10 1
聖語述
（東所較讀本）伊藤〔東涯〕（長胤）
写　或ハ東所筆デヨイカ
大一

ハ22F b-11 1
勢遊志
附鸎鵡石詩　伊藤〔東涯〕（長胤）（附）奥田〔三角〕（士亨）編　景川法橋画
享保一五年五月跋刊（京　盧橘堂野田彌兵衞）
訪航水吉田君（林某）插込
大一

ハ22F b-12 8
制度通
一三巻　伊藤東涯（長胤）撰　伊藤東所（善韶）校
寛政九年春刊（〔京〕古義堂臧板〈京　施政堂林芳兵衞〉）
半八

ハ22F b-13 1
天命或問
附古義堂遺書總目　伊藤〔東涯〕（長胤）（附）伊藤〔東所〕（善韶）
写
半一

ハ22F b-14 4
東涯先生論語說
一九巻（子張迄）〔伊藤〕東涯（胤）
写
半四

ハ22F b-15 1
東涯漫筆
漫筆續錄共三巻　伊藤東涯（長胤）
天保九年五月写（葉元昱）
大一（仮綴）

ハ22F b-16 3
唐官鈔
三巻　伊藤東涯（長胤）撰　伴重威校
寶曆三年刊（〔京〕古義堂藏板〈京　文泉堂〉）
大三

ハ22F b-17 1
童子問標釋
三巻〔伊藤東涯〕（長胤）
寛保二年一月刊（京　文泉堂林權兵衞）背ニ砮古堂藏書ト墨書
大一

ハ22F b-18 1
復性辨
三巻　伊藤〔東涯〕（長胤）
写
大一

ハ22F b-19 1　**秉燭譚**　五巻　伊藤東涯（長胤）撰　伊藤〔東所〕（善韶）校　寶暦一三年七月刊（〔京〕古義堂藏板〈京　文泉堂〉）※　半合一

ハ22F b-20 1　**倭漢紀元録**　（東所書入移写本）伊藤〔東涯〕（長胤）　寛政五年四月—八月写　八月朱校（伊藤孝秀）　古義堂旧蔵　半一

ハ22F b-21 2　**大學定本釋義**　附大學六議　伊藤〔東涯〕（長胤）撰　度會末濟校　元文四年刊（〔京〕古義堂臧板〈京　奎文館〉）　※　文泉堂　林權之印　大二

ハ22G 2-1 3　**東野遺稿**　三巻　安藤東野（煥圖）撰　石川〔大凡〕（之清）等編　寛延二年五月刊（江戸　嵩山房小林新兵衞）　大三

ハ22G 2-2 1　**藍田先生講義**　伊東藍田（龜年）撰　伊東〔鼇岳〕（惟肖）編　淺井魯齋（幹）校　寛政六年一一月刊（崇閑齋臧版〈江戸　宮商閣　鈴木善五郎等三都四肆〉）　大一

ハ22G 2-3 1　**韓考**　宇〔佐美灊水〕（子迪）写　大一

ハ22G 2-4 1　**服膺孝語**　宇〔佐美〕灊水（惠）撰　浦井宗德校　天明八年一月刊（名古屋　菱屋久兵衞等四都四肆）　大一

ハ22G 2-5 4　**名義集覽**　四巻〔窪〕井〔鶴汀〕（惟忠）編　明和五年八月刊（京　橘枝堂野田藤八）　大四

ハ22G 2-6 5　**孔子正學龍園正名錄**　（正名錄）附錄共五巻　坐光寺南屏（爲祥）撰　山本南城（定之）・小池八華（益）校　寛政一一年六月刊（但シ一二年一月序アリ　甲州市川　座光寺南屏〔三藏〕藏板〈江戸　足利屋勘六〉）　大五

ハ22G 2-7 1　**撈海一得**　存巻上〔鈴〕木澶州（煥卿）　明和八年七月序刊　大一

ハ22G 2-8 5　**大東世語**　五巻　服〔部〕南郭（元喬）　寛延三年三月刊（靜齊藏板〈江戸　嵩山房小林新兵衞〉）〔齋宮〕靜齋旧蔵書入　秋田藩明道館旧蔵　大五

ハ22G 5-1 1　**蘐園雜話**　近写（〔浜野知三郎〕）　大一

ハ22G a-1 1　**琴學大意抄**　附品絃〔荻生〕（物）徂徠　近写（〔浜野知三郎〕）図入　大一

ハ22G a-2 1　**蘐園談餘**　六巻〔荻生〕徂徠（物茂卿）　明和八年一〇—一一月写　文化七年七月朱校（城東賣書翁）森立之旧蔵　半一

ハ22G a-3 1　**尚書學**　（小筱敏書入移写本）并孝経識・孟子識〔荻生〕徂徠（物茂卿）　天明六年令石原某寫（岡元善）　半一

ハ22G a-4 10　**徂徠集**　三〇巻并補遺　元文一年夏序刊　明治三年七月印（大坂　文海堂敦賀屋九兵衛）ヤa-6寛政三年六月印（和歌山　无尤堂中井孫九郎源吉カ）　大一〇

ハ22G a-5 2　**徂來先生學則幷附錄標註**　徂來先生書五道幷附錄標註共二巻〔伊〕東藍田（龜年）標注〔三浦〕竹溪（平義質）・〔伊〕滕南昌（元啓）校　天明一年一二月刊　六年冬修（睿學恵海臧版）　大二

ハ22G a-6 2　**中庸〔注解〕**　〔荻生徂徠〕（物茂卿）刊（廣運堂）百部焼板　大二

ハ22G a-7 5　**論語徵**　一〇巻〔荻生〕徂徠（物茂卿）刊（江戸　松本新六・同善兵衛）　大五

ハ22G a-8 1　**徂徠研究**　幷附錄　岩橋遵成　昭和九年六月刊（東京　關書院）　菊一

ハ22G a-9 1　**物茂卿了簡**　（来翁學寮了簡書）幷徂徠先生年譜　近写（〔浜野知三郎〕）　大一

ハ22G a-10 1　**非物氏**　〔祇園南海〕（平瑜）　天明三年春刊（緑竹園藏版〈江戸　須原屋伊八〉）　半一

ハ22G a-11 1　**榮観録**　（元外題）藤澤〔東畡〕（甫）編　写　清版二辨記（藤澤甫）海外新書小序（清銭泳）日本國徂徠先生小傳（清錢泳）與銭梅溪書（藤澤甫）別啓（同）　大一

ハ22G a-12 1　**荻生徂徠**　（拾貳文豪第三巻）山路彌吉　明治二六年九月刊（東京　民友社）　四六一

ハ22G b-1 1　**紫芝園国字書**　太宰蘭臺（定保）編　寶曆四年三月刊（江戸　文刻堂西村源六）　半一

ハ22G b-2 3　**紫芝園漫筆**　（崇文叢書第一輯之四四・四七・四八）存巻一・二・七—一〇幷補篇　太宰春臺（純）撰　安井朝康編　大正一五年一一月—昭和二年三月刊（東京　崇文院）鉛印　大三

ハ22G b-3 1　**親族正名**　太宰〔春臺〕（純）　享保一〇年八月刊（江戸　須原屋吉郎兵衛・京　須原屋平左衛門）覆享保一〇年八月序刊春輝堂藏板本　半一

ハ22G b-4 1　**聖學問答**　二巻　太宰春臺（純）　享保二一年三月刊（江戸　嵩山房須原屋新兵衛）　大一

ハ22G b-5 2　**文論**　附後世修辭文病三一則・詩論幷附錄　太宰春臺（純）　寛延一年一一月刊（江戸　文英閣前川權兵衛・青竹樓前川庄兵衛）版心青竹樓　大二

ハ22G b-6 1　**六經略説**　太宰春臺（純）　延享二年五月刊（江戸　嵩山房小林新兵衛）　大一

ハ22H 2-1 1　**金峨先生匡正録**　〔井上〕金峨撰　篠本新齋（廉）校　安永五年秋刊（考槃堂臧版〈江戸　西村源六・京　西村市良右衛門〉）ヤ2-2後印　藏板朱印ナク書肆ニ江戸船木嘉助ヲ加ウ　大一

ハ22H 2-2 1　**金峨先生經義折衷**　〔井上〕金峨撰　原〔狂齋〕（公逸）校　明和一年冬刊　安永二年八月印（江戸　須原屋市兵衛・同嘉助〈〔考〕槃塾藏版〉）2-11ヲ見ルト嘉助主体カ　大一

ハ22H 2-3 1　**又**　明和一年冬刊（〔考〕槃塾藏版）　大一

ハ22H 2-4 1　金峨先生経義折衷　〔井上〕金峨 写（政養）　半一

ハ22H 2-5 3　學半樓十幹集　甲―丙篇　伊藤鳳山（馨）撰　大橋貞裕等校 天保一五年春刊（京　伊藤氏學半樓藏板〈京 田中屋專助等三都三肆〉）　中三

ハ22H 2-6 2　善身堂一家言　二巻　龜田鵬齋撰　川村富穀編 文政六年一二月刊（江戸　慶元堂和泉屋荘次郎）　大二

ハ22H 2-7 2　鵬齋先生文鈔　二巻　仁科白谷（幹）編 文政九年刊（大坂　定榮堂）京　文盛堂大文字 屋勝助奥アリ　後印カ　大二

ハ22H 2-8 1　鵬斎先生文鈔補遺　（鵬齋先生文鈔拾遺） 写　半一

ハ22H 2-9 2　綾瀬先生遺文　二巻　龜田綾瀬（三藏）撰　龜田〔鶯谷〕（長 保）編 嘉永七年秋刊（龜田氏學經堂臧版〈江戸　須原 屋佐助・山城屋佐兵衛〉）　大二

ハ22H 2-10 1　〔豊子〕筆談　豊〔島豊洲〕（幹） 寛政五年冬至序刊　ヤ2-1表紙題簽異ル「重定豊 子筆談」見返由己堂正本　大一

ハ22H 2-11 1　藝海蠡　并狂齋銘　原狂齋（公逸） 天明二年一一月刊（江戸　藻雅堂須原屋嘉助）　半一

ハ22H 2-12 1　平洲先生嚶鳴館詩集　六巻〔細井〕平洲（紀徳民）撰　秋〔山〕玉山 （儀）等評　泉寛・蹟承編 明和一年八月刊（尾張　嚶鳴館藏版〈京　林伊 兵衛等三都四肆〉）　大一

ハ22H 2-13 1　小語　（平洲先生小語）附平洲先生墓誌・平洲先生碑銘・ 細井先生行狀　細井（紀）平洲 大正一一年一一月刊（東京　民友社）套印影成 簣堂藏自筆稿本　成簣堂叢書之中　大一

ハ22H 2-14 1　經義掫說　山本〔北山〕（信有） 刊（明道館藏板）　大一

ハ22H 2-15 1　又　大一

ハ22H 2-16 1　〔孝經樓漫鈔〕　〔山本北山〕 自筆　奚疑塾罫紙使用　半一

ハ22H 2-17 1　北山先生文集　存巻一　菅原琴・梁〔川星巖〕（卯）編 近写（〔浜野知三郎〕）ヤ2-12写本ノ写シ　大一

ハ22H 2-18 1　北山文集　近写（〔浜野知三郎〕）　半一

ハ22H 2-19 2　近聞寓筆　四巻　吉〔田〕篁墩（漢宦） 文政九年二月序刊〔修〕序ニ慶元堂ノ刊ト　標 注増　今泉雄作旧蔵　大二

ハ22H 2-20 1　近聞雜録　吉田篁墩（漢宦） 文政九年四月跋刊（江戸　和泉屋庄次郎・和泉 屋金右衛門）旧蔵者同前　但シ表紙大イサ装訂 異ル　始メカラノセットニハ非ズ　大一

ハ22H 2-21 1	聖學	和氣柳齋（行藏） 文化七年一一月序刊（柳花園藏板）次掲標記朱筆書入	大一
ハ22H 2-22 1	同	同 弘化二年春序刊（上總一宮藏版）覆同前　標記加刻　加納一宮公再刻（藤原久徵）	大一
ハ22H 2-23 1	〔聖學〕或問	和氣奅齋（行藏） 天保四年冬刊　一千巻施書	大一
ハ22H 2-24 1	又	并大澤先生海亭夕話（大）和氣成美編 （大）文政一一年春序跋刊	大合一
ハ22H 2-25 1	泰山遺説	附小川藤吉郎傳　小川泰山（信成）撰　近藤〔正齋〕（守重）編（附）雨森牛南（宗眞） 天明八年九月序刊（〔江戸〕一貫堂）	大一
ハ22H 5-1 1	細井平洲の生涯	附細井平洲先生年譜　高瀬代次郎 昭和一一年一一月刊（東京　巖松堂）	四六一
ハ22I 2-1 2	恒菴文稿	四巻附諸名家贈言　天沼恒菴（爵） 文化四年一月跋刊	半二
ハ22I 2-2 1	蘭軒文集	（蘭軒文草）伊澤蘭軒（信恬） 近写（〔浜野知三郎〕）	大一
ハ22I 2-3 1	讀書正誤	石川〔香山〕（安貞） 享和三年刊（尾張　玉山房藏板〈名古屋　本屋久兵衛〉）	大一
ハ22I 2-4 1	讀書指南	并附録　市野迷庵（光彥）撰　澁江抽齋補　内藤湖南（虎次郎）・小島祐馬校 昭和一〇年六月刊（京都　弘文堂）鉛印翻内藤湖南蔵澁江抽齋手写本	半一
ハ22I 2-5 1	學説示要	大田錦城（元貞） 写	半一
ハ22I 2-6 2	疑問録	二巻　大田錦城（元貞）撰　大田（晴軒）（敦）・大田信成校 天保二年刊（後印）（江戸　聽松軒蔵板〈江戸　玉巖堂和泉屋金右衛門〉）	大二
ハ22I 2-7 4	九經談	（書入本）一〇巻　大田錦城撰　奥山清興等校 文化一年一一月刊（後印）（江戸　多稼軒藏版〈江戸　大和田安兵衛・大坂　河内屋太助等二都五肆〉）	大四
ハ22I 2-8 4	又	（書入本） 文化一年刊（江戸　多稼軒藏版）	大四
ハ22I 2-9 2	仁説三書	（序・見返・題簽）洙泗仁説・一貫明義并附録三條・仁説要義并附録　大田錦城（元貞）撰　酒井履信等校 文政四年六月跋刊（多稼軒藏版）	大二
ハ22I 2-10 1	捧腹談捧腹	〔海保〕漁村 近写	大一
ハ22I 2-11 1	棭齋華牋	（狩谷棭齋書簡集）附狩谷氏の靈簿　三村竹清（清三郎）編 昭和八年四月刊（東京　文祥堂）鉛印	半一

ハ22I 2-12 1　感喩　附武梅龍先生書牘十一首　武〔田〕梅龍（欽繇）撰　池之愿校（附）土岐〔霞亭〕（欽尹）編　寶曆五年六月刊（芳翠舘蔵板〈京　林權兵衞〉）　大一

ハ22I 2-13 1　學範　初編〔東條〕一堂講　佐藤簡・瀬山益録　写（安宅勝英）　半一

ハ22I 2-14 1　講餘獨覽　南宮〔大湫〕（岳）撰　三浦言・水谷中校　明和一年九月刊（京　文泉堂林權兵衞・同出店林正介）　大一

ハ22I 2-15 1　問學擧要　皆川淇園（愿）撰　安威廷良等校　安永三年冬序刊〔後印〕（京　菱屋孫兵衞）ヤ2-25初印　大一

ハ22I 2-16 1　稲川遺芳　山梨稲川撰　中村春二編　明治四五年五月刊（東京　編者）　菊一

ハ22I 2-17 1　山梨稲川書簡集　笹野堅編　昭和一一年一〇月刊（廣島　編者）鉛印　編者送状書簡一通插込　大一

ハ22I 2-18 3　名詮　并典詮　龍艸廬（公美）撰　龍〔玉淵〕（世華）・龍〔鏡湖〕（世文）點　盖淡海（九齡）・東三野〔光和〕校　安永四年刊（京　柳枝軒茨城多左衞門）　大三

ハ22I 2-19 2　又　存名詮　安永四年刊　大二

ハ22I 2-20 1　品題黨議　（外題）　写　半一

ハ22I 2-21 2　聖道合語　上下二編　冢田大峯（虎）　天明八年刊（冢田氏雄風館藏版〈江戸　嵩山房小林新兵衞〉）　大二

ハ22I 5-1 1　伊澤蘭軒　（森林太郎創作集）巻一　森〔鷗外〕（林太郎）　大正一二年八月刊（東京　春陽堂）　小四六一

ハ22I 5-2 1　海保漁村先生年譜　（題簽）附論語駁異　海保〔竹逕〕（元起）（附）海保漁村（源元備）撰　濱野知三郎編　昭和一三年二月刊（東京　漁村先生記念會）鉛印　半一

ハ22I 5-3 1　津阪東陽先生百回忌記要　梅原三千編　大正一三年一〇月刊（津　津坂東陽先生百回忌追善同志會）鉛印　半一

ハ22I 5-4 1　東條琴臺　并附錄　西尾豊作　大正七年二月刊（新潟有田　著者）　四六一

ハ22I 5-5 1　山梨稲川と其の先輩交游　（駿河叢書第一二編）附稲川餘香　今関天彭（附）築地濤衣（元太郎）　昭和九年四月刊（静岡　志豆波多會）油印　半一（大和綴）

ハ22I a-1 17　慊堂全集　二八巻　松崎慊堂（復）撰　館森鴻・安井子寧校　大正一五年刊（東京　崇文院）鉛印　崇文叢書第一輯之一〇—二六　二二迄月日欠ク　二三以下七—一〇月　大一七

ハ22I a-2 1　雲山樵唱　初篇巻一　松崎〔慊堂〕（明）　明治四年一二月刊（龍淵居藏版）絵入　中一

ハ22I
a-3
2
敬作所偶得
思集・無集 松〔崎〕益城（明復）
近写（〔浜野知三郎〕）
半二

ハ22I
a-4
2
慊堂遺文
二巻并附録 松崎慊堂（復）撰 松崎健五郎編
鹽谷〔青山〕（時敏）校
明治三四年五月刊（千葉松尾 編者）鉛印
中二

ハ22I
a-5
2
慊堂日歴
二巻 松崎慊堂撰 濱野知三郎編并解題
昭和四年一〇月刊 七年一一月印（再版 東京
六合館・文祥堂）
菊二

ハ22J
5-1
1
松陰先生交友録
并附録 福本椿水（義亮）
昭和三年一〇月刊（神戸 惜春山荘福本義亮）
昭和八年三月二〇日夕刊「吉田松陰の殉國教育」
（〔徳富〕蘇峰）貼附
四六一

ハ22J
7-1
1
松陰先生遺墨展覧會目録
（昭和三年自十月十五日至十月十八日於青山會館）附松陰先生年譜
青山会館編
昭和三年一〇月刊（東京 編者）
四六一

ハ22K
2-1
1
見山樓文集
安積〔艮齋〕（信）
近写（〔浜野知三郎〕）
大一

ハ22K
2-2
2
艮齋閒話
二巻 安積艮齋（信）撰 近藤忠校
天保一二年三月刊（江戸 芳潤堂須原屋髙橋源
助）
大二

ハ22K
2-4
1
格非篇
太田〔全齋〕（方）
近刊 鉛印 浜野氏ノ翻印カ
半一

ハ22K
2-5
3
立教詳義
三巻 太田〔全齋〕（方）
近写（〔浜野知三郎〕）絵入
〔第一〕君言 以下 二君臣有義 三父子有親 四夫婦有別
五兄弟有友 六朋友有信 七忠信 八虚心 九十無為上下
十一不争 十二三畏 十三自知 十四畏畏 十五一體 十六
善悪 十七三尊 △三寶 △公私 △愚癡 △信天
大三

ハ22K
2-6
3
同
写 絵入 〔第二〕待賈 二君臣有義以下十七
迄同前 △信天 △三寶 △公私 △愚癡
大三

ハ22K
2-7
1
同
別本弘道
近写
大一

ハ22K
2-8
1
同
待賈・循行・皇極・自責
文政七年一月写（歌城）謄《ママ》写太田全齋自筆稿本
大一

ハ22K
2-9
16
寧靜閣一―四集
磐溪詩鈔四巻磐溪文鈔二巻磐溪文鈔二集（聊娯
集）磐溪詩鈔二編（一百詩・龍蛇集）磐溪文鈔
三集二巻附昨夢詩暦二巻國詩史畧二巻磐溪詩鈔
三―五編詩經國風十篇解共四巻 大槻磐溪（清
崇）撰（三四）大槻如電（清修）・大槻文彦
（清復）編校
弘化五年一月刊（但シ嘉永二年閏四月序アリ）
（二）安政五年一〇月刊（三）明治三〇年六月
刊（鉛印）（昨）依浜野氏書入・明治四年刊
（國）明治五年三月署刊 共ニ同三〇年六月印
（四）明治四一年六月刊（鉛印）（江戸 大槻氏
寧靜居鴻漸齋藏板〈江戸 須原屋伊八〉・東京
大槻文彦）絵入 附正誤 浜野氏書入ニ依レ
バ（昨）玉山堂藏版 愛敬餘唱末ニ明治八年活
刷九年四月木刻再版 皇朝十八孝傳末ニ明治四
年十一月刻本國詩史略附刻
半一六

ハ22K 2-10 2　磐溪先制　(贈位記念) 獻芹微衷續共・咋夢詩暦・續夢詩暦　大槻磐溪 (清崇) 撰　大槻如電 (清修) 等編校　大正一四年九月刊 (東京　大槻茂雄) 鉛印　半二

ハ22K 2-11 1　習齋詩文　習齋文稿・習齋詩稿二巻　大槻習齋 (格)　大正三年七月刊 (仙臺　大槻正二) 鉛印　半一

ハ22K 2-12 1　一得録　岡田勝興　文化一二年一二月刊 (因幡　百谷屋重左衛門他三都三肆) 序溪百年・伊良子憲　半一

ハ22K 2-13 1　倫義解要註　(名儒教談) 加藤水月 (三鼎・五學道人) 八王子住　文政五年刊 (五學堂藏板〈江戸　〉)　大一

ハ22K 2-14 1　和漢文明記　并道德仁義説　小南慄齋 (寛) 撰　山田純齋 (穀) 校 (道) 加門芸臺 (維豊) 校　文政八年六月刊 (江戸　小南軒藏板〈江戸　和泉屋庄次郎〉)　半一

ハ22K 2-15 1　朗廬全集　阪谷朗廬 (素) 撰　阪田丈平・阪谷芳郎編　明治二六年五月刊 (東京　阪谷芳郎)　菊一

ハ22K 2-16 1　省諐録　并附録二巻　佐久間象山 (平大星・啓) 撰　勝海舟 (義邦) 校　明治四年一二月刊 (聚遠樓藏板〈東京　老皂館萬屋兵四郎〉)　大一

ハ22K 2-17 3　哀敬編　三巻　佐藤 〔一齋〕 (坦)　写　古賀穀堂旧蔵　半三

ハ22K 2-18 4　愛日樓文　(愛日樓文詩) 三巻詩一巻附日光山行記　佐藤一齋 (坦) 撰　菊池 〔廓堂〕 (履) 等校　文政一二年九月序刊 〔明治〕 印 (東京　名山閣和泉屋吉兵衛)　半四

ハ22K 2-19 1　校註言志四録　言志録・言志後録・言志晩録・言志耋録　佐藤一齋 (坦) 撰　遠山淡哉 (景福) 校注　明治三一年七月刊 (東京　東京圖書出版) 浜野知三郎朱校字書入　菊一 (大和綴)

ハ22K 2-20 1　新註言志四録　同　佐藤一齋 (坦) 撰　簡野道明校　昭和一一年六月刊 (東京　明治書院)　四六一

ハ22K 2-21 1　言志四録詳解　并附録　飯田傳一 (香浦漁士)　昭和一五年一〇月刊 (東京　東京開成館)　菊一

ハ22K 2-22 1　小金井橋觀櫻記　并杉田村觀梅記・錦屏海賦并序・諸葛武侯賛・朱文公像賛・日光山行記 〔佐藤一齋〕 (坦)　写　大一 (仮綴)

ハ22K 2-23 2　俗簡焚餘　二巻　佐藤 〔一齋〕 (坦)　写　大二

ハ22K 2-24 2　視志緒言　二巻　鹽谷宕陰 (世弘)　慶應二年六月刊 (白石清泉山房藏板〈江戸　山城屋政吉〉)　大二

ハ22K 2-25 6　宕陰存稿　一三巻并補遺　鹽谷宕陰 (世弘)　明治三年五月序刊 (鹽谷氏藏板)　半六

ハ22K 2-26 1　鹽谷宕陰先生手稿山田長政戰艦圖記　附翻字　鹽谷宕陰 (世弘) 撰　内田周平編校　昭和一二年四月刊 (東京　谷門精舍) 影内田氏谷門精舍藏自筆本 (翻) 鉛印　大一

ハ22K 2-27 1　又　大一

ハ22K 2-28 1　冬の日影
菅茶山撰　西備新聞社（木卯）編校
近刊（編者）鉛印　半一

ハ22K 2-29 1　離屋學訓
附答客問　鈴木離屋（朗）（附）丹羽〔盤桓〕
（勗）
刊　大一

ハ22K 2-30 1　改朔問考證
并附録　高〔橋女護島〕（敏慎）（附）梅澤繼編
刊　大一

ハ22K 2-31 2　靜軒一家言
（巻二朱書入・取合）二巻（巻二＝二編讀論孟）
寺門靜軒（良）撰　水野恭等校
天保八年一〇月刊（二）同冬序刊（克己塾藏板）　半二

ハ22K 2-32 1　經語百條
并大史公百則・周季諸子百則・秦漢諸子百則
土井〔聱牙〕（恪）
弘化四年九月跋刊　木活　大一

ハ22K 2-33 4　愼夏漫筆
四巻　西島〔蘭溪〕（坤齋・長孫）
弘化四年一一月刊（江戸　尚古堂岡田屋嘉七）　大四

ハ22K 2-34 2　文武涇渭辨
并雅俗涇渭辨合二巻附小頑俗訓　廣瀬臺山（源
清風）
文久三年九月刊（美作　薫風亭藏板（京　灰屋
庄八））慊堂序　半二

ハ22K 2-35 1　管仲孟子論
松邨九山（良猷）
享和三年六月刊（京　文錦堂林伊兵衛）　大一

ハ22K 2-36 1　灌園暇筆
山田東園（重春）
文久一年三月刊（好古堂藏版）木活　半一

ハ22K 2-37 2　小湘江雜記
附雜抄　山田桃蹊
自筆　半二

ハ22K 2-38 1　松汀抄録
（外題）小川松汀（慶・布和）
安政二年八月—九月写（自筆）　半一

ハ22K 5-1 1　安積艮齋詳傳
石井研堂
大正五年四月刊（東京　著者〈東京　東京堂〉）
鉛印　半一

ハ22K 5-2 1　太田全齋傳
并補遺・續補遺他　龜田次郎等
大正二年五月序刊　福山學生會雜誌第四〇號附
録　浜野知三郎訂正等書入本　菊一（大和綴）

ハ22K 5-3 1　佐藤一齋と其の門人
高瀬代次郎
大正一一年一一月刊（東京　南陽堂）　菊一

ハ22K 5-4 1　宕陰先生年譜
并附録　鹽谷〔青山〕（時敏）編
大正一二年八月刊（東京　鹽谷温）鉛印　半一

ハ22K 5-5 1　磐翁年譜
附磐翁著述目錄　大槻文彦編
明治一七年六月届（東京　編者）鉛印　石版画
入　半一

ハ22K 5-6 1　磐溪先生事略
大槻如電（清修）講　大槻文彦補　大槻茂雄等
録
明治四一年六月刊（東京　大槻茂雄）　菊一

ハ22K 5-7 1　北條霞亭先生百年祭記念
大正十一年六月十七日
大正一一年六月刊　菊一

ハ22K 5-8 1
森田莭齋先生の生涯
并參照〔資料〕（大正十四年七月五日於和歌山縣立粉河高等女學校講堂）武岡豊太講
大正一五年四月刊（神戸　講者）
菊一

ハ22K 7-1 4
飲和齋瑣語録
（外題・瑣語拔抄）并飲和齋日録・〔雜抄〕附飲和齋藏書之目　星野鵜水（貢）
文化一二年一一月—一三年八月写（自筆）著者精里門　詠歸堂／圖書印
半一　大三

ハ22K a-1 1
故舊過訪録
并遊從及門錄（題簽）安井息軒（衡）編　安井小太郎校補
明治三〇年一一月刊（〔東京　校者〕）鉛印
半一

ハ22K a-2 1
睡餘漫筆
三巻　安井息軒（衡）撰〔安井小太郎〕校
明治三六年九月刊（東京　成章堂）
四六一

ハ22K a-3 1
睡餘漫筆
（別本睡餘漫筆）安井息軒（衡）撰　野田文之助校
大正一〇年三月刊（東京　松雲堂）油印
小一

ハ22K a-4 1
讀書餘適
二巻并睡餘漫稿　安井息軒（衡）撰　石幡貞等校
明治三三年一一月刊（東京　安井氏藏板〈東京　成章堂〉）鉛印
半一

ハ22K a-5 1
辨妄
（辯妄）附鬼神論・與某生論共和政事書　安井息軒
二五三三（明治六）年刊（中西源八）
中一

ハ22K a-6 2
北潛日抄
二巻　安井息軒（衡）撰〔安井小太郎〕校
大正一四年九月刊（東京　校者）鉛印
大二

ハ22K a-7 1
安井息軒先生
若山甲藏
大正二年一二月刊（宮崎　著者藏六書房）鉛印
袋附
半一

ハ22K b-1 4
外史襍詠
四巻　岡本竹坪（行敏）編
明治一三年一一月届（東京　元香堂岩田富美藏版〈東京　小木新造等八肆〉）
特小四

ハ22K b-2 1
外史剳記
清宮棠陰（秀堅）
明治七年三月刊〔後印〕（東京　和泉屋金右衛門）
半一

ハ22K b-3 1
又
明治七年三月刊（東京　玉山堂）
半一

ハ22K b-4 2
韓蘇詩鈔
（見返）（朱墨藍諸家評書入・標注本）韓昌黎詩抄四巻東坡詩鈔三巻　賴山陽（襄）選并評　後藤松陰（機）校
明治一二年三月届（東京　尚絅舘土田泰藏藏板〈東京　鹽冶芳兵衞〉）覆嘉永六年一〇月序刊本
半二

ハ22K b-5 5
山陽遺稿
文一〇巻詩七巻拾遺一巻附山陽先生行状　賴山陽（襄）（附）江木〔鰐水〕（戩）
明治一二年六月刊（京　福井源次郎等三玉堂）石印
特小五

ハ22K b-6 3
山陽遺稿
詩七巻拾遺一巻附山陽先生行状　賴山陽（襄）（附）江木〔鰐水〕（戩）
〔天保一二年〕刊〔安政三年〕以後〔後印〕（大坂　近江屋平助）
大三

ハ22K b-7 4
山陽詩鈔
（諸家標注本）八巻　賴山陽撰　後藤松陰（機）校
天保四年刊（大阪　河内屋德兵衞・京　菱屋孫兵衞等五玉堂）
大四

ハ22K b-8 4　又　嘉永四年五月印（大坂　近江屋平助・河内屋徳兵衛）補刻トアルモ拙孝経目168孝経大義　孔子家語　岡白駒補注本等ト同奥　大四

ハ22K b-9 1　疑問録　（山陽先生書誨疑問録）吉田嘉蔬編　明治九年一一月刊（熊谷　老杏書堂吉田嘉蔬〈熊谷　博文堂森市三郎〉）　中一

ハ22K b-10 1　山陽文稿　二巻　頼山陽（襄）　明治三年刊（京　求石書堂田中治兵衛）　半一

ハ22K b-11 2　評點山陽文稿　（標注本）二巻　三好之直　明治一一年一二月刊（大坂　河（川）邉彦助）　中二

ハ22K b-12 3　謝選拾遺　（標注本）七巻　頼山陽（襄）編　明治一七年刊（大阪　塩冶芳兵衛〈大阪　前川文榮堂前川善兵衛〉）覆嘉永二年九月跋刊本　半三

ハ22K b-13 1　小文規則　（標注本）并續集　頼山陽（襄）　明治一二年一月刊（大阪　共華書房栗林孫介）覆嘉永五年八月跋刊本　藤井葦川・五十川訒堂評書入　半一

ハ22K b-14 1　彭澤詩鈔　（陶詩鈔・標注本）頼山陽（襄）選評　山田鈍校　明治三四年九月刊（京都　校者蔵版〈京都　山田茂助〉）正誤表鉛印　半一

ハ22K b-15 1　二家對策　（標注本）二巻　頼山陽答　村瀬藤城（褧）問　村瀬魮校　清同治一〇年序刊（名古屋　慶雲堂萬屋東平・奎文閣永樂屋東四郎）　半一

ハ22K b-16 1　日本樂府　頼山陽（襄）撰　牧〔百峰〕（輗）注　文政一二年冬序刊　日本詠史新樂府（中島子玉〈海棠窩主人〉標記書入　大一

ハ22K b-17 1　日本樂府評釋　（頼山陽愛國詩史日本樂府評釋）谷口廻瀾　昭和一一年九月刊（東京　谷口氏廻瀾書屋〈東京　康文社〉）　菊一

ハ22K b-19 22　日本外史　二二巻　頼〔山陽〕（襄）　刊（拙修齋）木活　拙修齋叢書之中　大二二

ハ22K b-20 12　日本外史　（標注本）二二巻　頼山陽（襄）撰　後藤〔松陰〕（機）等校　清光緒一年刊（粤東　琛花書屋藏版）覆元治一年一〇月跋刊本　唐中一二

ハ22K b-21 3　新訂日本外史　二二巻　頼山陽（襄）撰　大町桂月校　明治四四年六月—四五年一月刊（東京　至誠堂）　學生文庫第二・一一・二五編　三五三

ハ22K b-22 4　日本外史　（標注本）二二巻　頼山陽（襄）撰　後藤〔松陰〕（機）等校　頼成一重校　昭和八年一一月刊　九年六月印（再版　廣島　頼山陽先生遺蹟顯彰會）頼山陽全書之中　菊四

ハ22K b-23 1　日本外史　（校刻日本外史）巻一源氏前記・平氏巻五新田氏前記・楠氏　頼山陽（襄）　昭和三年四月刊（東京　松雲堂）影刊本　半一

ハ22K b-24 1　日本外史　楠氏　頼山陽撰　山本正一郎編校　昭和六年一〇月刊（京都　星野書店）鉛印　中一

ハ22K b-25 1　日本外史　巻五新田氏前記・楠氏　頼〔山陽〕（襄）撰　斯文會編校　昭和七年四月刊　八年五月印（三版　東京　編者）　菊一

ハ22K b-26 2
日本外史〔系譜〕
并日本外史補系譜　名取善十郎・穴水朝次郎
明治八年四月刊（甲府　内藤温故堂内藤傳右衛門）　大二

ハ22K b-27 1
名乗相性附日本外史國史畧字類
（名乗合性讀例日本外史國史畧字類）安井歡之助編
明治九年二月序刊（東京　編者（東京　同盟舎））
奥月日墨格　半二ッ切一

ハ22K b-28 1
日本外史新解
簡野道明校閲　國語漢文研究會編
昭和九年四月刊（東京　明治書院）　四六一

ハ22K b-29 4
日本外史新釋
二二巻（巻五—九欠）頼成一
昭和四年一〇月—六年五月刊（東京　弘道館）
大禮記念昭和漢文叢書之中　四六四

ハ22K b-30 2
日本外史新論
二巻　中村正藏
明治一四年夏序刊　一六年一〇月印（岐阜　成美書堂三浦源助）　半二

ハ22K b-31 1
日本外史摘解
并補遺　三田地山（稱平）編　邨上珂城（光雄）校
明治一四年四月刊（黒羽　地山堂三田豫一藏版（黒羽　瀧田幸一・東京　石川治兵衛））川田剛旧蔵・早稲田大學圖書館寄託　江川八左衛門刻　半一

ハ22K b-32 2
日本外史評
（標注本）二巻　鹿持古義（雅澄）
元治一年刊（土佐　鹿持氏藏版）木活　半二

ハ22K b-33 12
日本外史
二二巻　頼（山陽）（襄）撰　清錢懌評閲
清光緒五年一月刊（但シ一〇月序アリ　上海　讀史堂）　唐大一二

ハ22K b-34 1
日本外史文法論
長川東洲（熈）
明治二六年一月刊（長崎　虎與號商店安中書店安中半三郎）鉛印　半一

ハ22K b-35 1
日本外史辯妄
并附論　法貴發撰　諸家評
明治二〇年六月刊（大阪　書籍會社中尾新助）　半一

ハ22K b-36 1
又　半一

ハ22K b-37 1
日本外史名鑑
（外史姓名表）西埜古海
明治九年二月免許　一一年一〇月修（東京　三省社）　中一

ハ22K b-38 1
日本外史要領示的
富本長洲
明治三一年九月刊（大阪　此村藜光堂此村彦助）　菊一

ハ22K b-39 1
纂評日本外史論文箋注
并附録・日本外史論文字解　池田蘆洲（胤・四郎次郎）
大正六年一月刊　一二年四月印（訂正四版　東京　池田氏修省書院池田典雄藏版（東京　金刺芳流堂））鉛印　半一

ハ22K b-40 1
橋爪貫一編輯外史譯名
地名人名官職之部　橋爪貫一編　鈴木眞年校
明治一一年一〇月刊（東京　千鍾房北畠茂兵衛・青山堂青山清吉）　中一

ハ22K b-41 2
讀外史餘論
二巻　長川東洲（熈）撰　長川新校
明治六年八月跋刊（東京　中外堂紀伊國屋源兵衛）　半一

ハ22K b-42 2
讀正續日本外史
二巻附無名詩雜詩　佐藤梅軒（憲欽）撰　萩原裕批點（附）憂天生
明治一一年九月刊（甲府・東京　内藤書屋内藤傳右衞門）
中二

ハ22K b-43 8
日本政記
（増補日本政記）一六巻并系譜　賴山陽（襄）撰　賴〔支峰〕（復）補
明治九年六月刊（京都　賴氏補編者藏板〈大坂　岡田茂兵衛等三肆〉）系譜吊書套印
中八

ハ22K b-44 2
林正躬輯日本政記考證
二巻　林南軒（正躬）
明治七年一〇月刊〔後印〕（京都　藤井孫兵衛・大坂　淺井吉兵衛等八肆）
中二

ハ22K b-45 2
又
明治七年一〇月刊（京都　藤井孫兵衛・大阪　淺井吉兵衛等一〇肆）
中二

ハ22K b-46 1
政記存疑
五弓〔雪窓〕（士憲）
写
半一

ハ22K b-47 2
賴山陽書翰集
二巻　德富蘇峰（猪一郎）等編
昭和二年七月刊（東京　民友社）
菊二

ハ22K b-48 2
賴山陽全傳〔日譜〕
二巻　木崎愛吉
昭和六年一二月・七年七月刊（廣島　賴山陽先生遺蹟顯彰會）賴山陽全書之中
菊二

ハ22K b-49 1
賴山陽先生遺品遺墨展覽會目錄
昭和六年十月十六日―二十日於廣島縣立商品陳列所　賴山陽先生遺蹟顯彰會編
昭和六年一〇月刊（廣島　編者）賴山陽先生百年祭（弘メ）一紙插込
四六一

ハ22K b-50 1
賴山陽眞蹟上樂翁公書
（題簽）賴山陽（襄）
明治二六年一二月刊（東京　松平家藏版〈東京　博文館大橋新太郎〉）石印影松平家藏文政一一年一月樂翁評明治二六年八月川田剛跋文政一〇年五月自筆本　袋入
大一

ハ22K b-51 1
家庭の賴山陽
木崎好尚（愛吉）
明治三八年六月刊（東京　金港堂）
菊一

ハ22K b-52 1
山陽外傳
（標注本）并附録　吉村春雄編
明治一〇年一〇月刊（東京　編者〈種玉堂〉）
石印套印
中一

ハ22K b-53 1
山陽行狀往復書
（標注本）都築鶴洲（温）編
明治一五年四月刊（〔宇和島　都築氏〕省克堂藏版〈大阪　柳原喜兵衞〉）鉛印
中一

ハ22K b-54 1
山陽先生の幽光
并附録　光本鳳伏（半次郎）講　山崎南（楠）岳録
大正一四年四月刊（廣島　藝備日日新聞社）
菊一

ハ22K b-55 1
山陽論
（標注本）并附録　河村竹溪（禎）撰　鵜（鵜）飼彌之助等校
明治三七（三一ヲ筆ニテ訂正　序跋三一）年八月刊（山口中須　河村益三〈岡山　渡邊聚散堂〉）
鉛印
半一

ハ22K b-56 1
手紙の賴山陽
木崎好尚編注
明治四五年三月刊（東京　有樂社）
四六一

ハ22K b-57 1
賴山陽
坂本箕山（辰之助）
大正二年四月刊　五月印（三版　東京　敬文館）
菊一

ハ22K b-58 1
賴山陽
附山陽日譜　德富蘇峰（猪一郎）（附）木崎愛吉
大正一五年一一月刊（東京　民友社）　菊一

ハ22K b-59 1
賴山陽外史小傳
附手簡譯　伴源平編
明治一一年九月刊（大坂　忠雅書房赤志忠七）
鉛印　中一

ハ22L 2-1 3
韡村先生遺稿拾遺
二巻附錄一巻　竹添〔井井〕（光鴻）編
大正五年六月刊（熊本　木下重三）鉛印　半三

ハ22L 2-2 2
朱王合編
四巻附錄一巻　楠本碩水編　岡直養補校
昭和七年九月刊（東京　補校者〈東京　文成社〉）　特大二

ハ22L 2-3 1
碩水先生日記
岡直養編校
昭和一〇年七月刊（東京　編者）鉛印　袋入　大一

ハ22L 2-4 4
名義備考
四巻　邨山〔芝塢〕（維）
天明七年一〇月序刊〔後印〕（大阪　河内屋茂兵衛等三都一一肆）　半四

ハ22L a-1 1
素書獨断
亀井〔南冥〕（魯）
明治三三年二月写（濱野〔知三郎〕）東京帝室博物館御陳列木乃伊（銅版）一葉插込　半一（仮綴）

ハ22L a-2 1
家學小言
〔亀井〕昭陽
近写（〔浜野知三郎〕）安政四年翫古堂藏板亀井銕朱墨書入本　大一

ハ22L a-3 2
昭陽先生文抄
并昭陽先生文集初編巻三　亀井昭陽（昱）
嘉永四年九月―一〇月写（谷寛得）　大合一

ハ22L a-4 2
莊子瑣説
二巻　亀井昭陽講　門人錄　野田文之助編
大正九年三月刊（東京　松雲堂編者）油印　昭和一七年一二月朱校本　花押文之助トアルラシイガ字ハ浜埜氏ニ似タリ　半二

ハ22L d-1 2
梅園全集
二巻　梅園會編
大正一年八月・九月刊（東京　弘道館）　菊二

ハ22L e-1 10
標注〔四書〕章句集注
〔題簽〕大學〔章句〕中庸〔章句〕論語〔集註〕一〇巻孟子〔集註〕七巻　宋朱熹撰　帆足〔万里〕標注
嘉永五年三月序刊〔後印〕（大坂　伊丹屋善兵衛等三都佐賀一〇肆）　大一〇

ハ22L f-1 6
遠思樓詩鈔
（初編書入本）三編各二巻（三・淡窻小品二巻）廣瀬淡窗撰　諸家評　小林安石（勝）編校（一）劉〔石秋〕（翥）編校（三）廣〔瀬林外〕（孝）編
天保七年秋序刊（一）嘉永二年一月跋刊（三）安政二年一〇月序刊〔明治〕印（大阪　群玉堂河内屋岡田茂兵衛）　半六

ハ22L f-2 14
宜園百家詩
初編八巻并附錄二・三編各六巻（三編巻五・六欠・二編巻五・六重複）矢上行編評（二）樺島〔芹溪〕（益）編評（三）廣瀬〔棣園〕（貞基）等編評
天保一二年五月（二・三）嘉永七年刊（大阪　群玉堂河内屋茂兵衛）各人略伝附　半一四

ハ22L f-3 1
析玄
廣瀬淡窓（建）撰　矢上行批
昭和九年九月序刊（庵永松爲）油印翻徳島圖書館蔵天保一二年快雨書屋藏版標注本　大一（大和綴）

ハ22L f-4 1　梅墩遺稿　二巻　廣瀬旭荘撰　光吉菩溪（文）編　明治四三年五月刊（東京　博文館）鉛印　半一

ハ22L f-5 8　梅墩詩鈔　初—四編各三巻　廣瀬旭荘撰　諸家評　坪井教・伊東邵校（三）劉昇・柴〔秋村〕（莘）校　弘化四年七月序刊（二）嘉永一年刊（三）同年一一月刊（四）嘉永六年秋序刊〔明治〕印（京都　聖華房山田茂助）袋附　初編見返安政三年春　半八

ハ22L f-6 1　淡窓廣瀬先生　宇都宮喜六　昭和四年九月刊（大分　甲斐書店）　四六一

23　現代思想

ハ23C 1-1 1　論理學　附演習問題　速水滉　大正五年四月刊　七年二月印（九版　東京　岩波書店）　哲學叢書之四　四六一

ハ23F 3-1 1　応用心理学　（心理學講義）第二編　谷木教授　写（〔浜野知三郎〕）　半一

ハ23G 3-1 1　通俗倫理學　附東西倫理大家小傳　足立栗園編　明治三一年九月刊（東京　博文館）通俗百科全書之六　菊一

ハ23G 3-2 1　東洋倫理　西晋一郎　昭和九年四月刊　一二年四月印（五刷　東京　岩波書店）岩波全書之中　小四六一

ハ23G 3-3 1　輓近の倫理學書　中島力造　明治二九年三月刊（東京　冨山房）　菊一

ハ23G 3-4 1　倫理學　竹内楠三　明治三一年一一月刊（東京　修文館松榮堂）　菊一

ハ23G 3-5 1　倫理學　（英）ミユイアーヘッド撰　桑木嚴翼補譯　明治三〇年五月刊　三五年八月印（七版　東京　冨山房）　菊一

ハ23G 3-6 1　倫理學　（外題）心理概要・倫理學本論　写（鉛筆・筆〔浜野知三郎〕）　四六一（仮綴）

ハ23G 3-7 1　倫理學　服部宇之吉（明治二八・二九年頃於東京高等師範学校）講　写（〔浜野知三郎〕）筆録ハ多ク教育文庫ニ依ル　半一

ハ23G 3-8 1　倫理學管見　佐村八郎　明治二七年四月写（自筆）哲学館卒業論文草稿　半一（仮綴）

ハ23G 3-9 1　倫理學講義　中島德藏　明治三二年六月刊　三四年八月印（四版　東京　冨山房）　菊一

ハ23G 3-10 1　（十回講義）古今の倫理學説　（倫理學説十回講義）中島力造講　尾張捨吉郎錄　明治三一年七月刊　一〇月印（再版　東京　冨山房）　菊一

ハ23G 5-1 1　東洋倫理大綱　足立栗園　明治三六年一二月刊（大阪　積善館）　菊一

ハ23G 5-2 1　倫理學史　山本良吉　明治三〇年一一月刊（東京　冨山房）　菊一

ハ23G 5-3 1　東洋西洋倫理學史　木村鷹太郎　明治三一年四月刊　三五年三月印（五版　東京　博文舘）　帝國百科全書之三　菊一

ハ23G 6-1 1　古今東西金言類纂　蘆田伊人編　明治三七年一二月刊（大阪　又間精華堂）　菊半一

ハ23G 6-2 1　品性修養格言處世訓　中村巷編　明治三九年三月刊（三版　大阪　矢島誠進堂）　菊半一

ハ23G 6-3 1　修養寶典　日本弘道會編　昭和一一年六月刊（東京　編者）　昭和一二年八月斯文會聖堂夏期修養會出席記念　菊半一

ハ23G 6-4 1　青淵先生訓言集　矢野由次郎編　大正八年一月刊　二月印（三版　東京　富之日本社）　菊半一

ハ23G 6-5 1　世界格言大全　澁江保編　明治三〇年三月刊　三八年六月印（五版　東京　博文館）　著者抽齋七男　本塾修了、一時勤務セシト　菊半ゝ一

ハ23G 6-6 1　通俗倫理談　坪内雄藏　明治三六年二月刊　四月修（訂正再版　東京　冨山房）　菊一

ハ23G 6-7 1　泊翁修養訓　山田安榮　附伯翁先生略傳　西村茂樹講　松平直亮編（附）　昭和一四年八月刊（東京　松平氏修德園〈東京　三省堂〉）　四六一

ハ23I 1-1 1　大觀經　（諸道奥藴大觀經・標注本）總生寛撰　諸家評　明治一八年一〇月刊（東京　飯田登久〈東京　浮木堂〉）石印　大一

ハ23I 1-2 1　哲窓茶話　井上圓了　大正五年五月刊（東京　磯部甲陽堂）　菊半一

24　東洋思想

ハ24 1-1 1　彝傳　二篇　朴章鉉　昭和一〇年一〇月刊（慶北清道　著者文化學堂）　鉛印　大一

25　中国思想

ハ25 0-1 10　彙刻書目　二〇巻　清顧修編　朱〔學勤〕補　周毓邠校　民國八年一月署刊（上海　千頃堂書局）石印　唐半一〇

ハ25 0-2 6　同　〔第〕二編一〇巻　清周毓邠編　民國八年署刊（上海　千頃堂書局）石印　唐半六

ハ25 0-3 1　佚存書目　服部宇之吉編　実ハ長澤規矩也　昭和八年九月刊（再版　東京　文求堂・松雲堂）　初版四月　本書は發行後希望者多數にして、殆んど盡きたれば、編纂者に請うて再版せり。　附言ニヨルト改補モアルト　菊一

ハ25 0-4 1
漢學速成
(一覧博識漢學速成)二篇　内藤耻叟・三輪魯齋(文次郎)
明治二六年六月刊　三六年四月印(一四版　名古屋　三輪氏玉潤堂)
四六一

ハ25 0-5 1
漢書解題〔集成〕
第一〇―一三六経編考・経史考・官版書籍解題目録二巻・経史博論抄・漢學知津存下　佐村八郎編
写(編者)一部印刷指定アリ
半一

ハ25 0-6 1
漢書評林
(標注本)存巻二九溝洫志三〇蓺文志　明凌稚隆撰　杉山令點
〔明治〕刊　鉛印
大一

ハ25 0-7 1
漢書藝文志學例
清孫德謙
民國七年五月署刊(四益宧)
唐大一

ハ25 0-8 2
漢蓺文志攷證
(玉海附刻本)一〇巻　宋王應麟撰　清張大昌等校
〔清末〕刊(浙江書局)上海／千頃堂書局朱印販売カ
唐半二

ハ25 0-9 1
漢書藝文志講疏
附黄侃七略四部開合異同表　民國顧實
民國一三年八月刊(上海　商務印書館)東南大學叢書之中
菊一

ハ25 0-10 1
漢書藝文志注解
七巻　民國姚明煇撰　姚肇均等校
民國一三年刊　二二年印(一五版　上海　大中書局)
四六一

ハ25 0-11 3
漢書解題集成
一〇編　佐村八郎編
明治三三年七月―三四年四月刊(東京　漢書解題集成發行所佐村八郎〈東京　六号館〉)
菊三

ハ25 0-12 1
漢籍解題
桂湖邨(五十郎)
明治三八年八月刊(東京　明治書院)
菊一

ハ25 0-13 1
漢籍研究次第
桂五十郎
〔明治〕刊(早稲田大學出版部)日本詩話叢書新聞広告挿込
菊一

ハ25 0-14 2
官版書籍解題目録
(官板書籍解題略)二巻　椛山精一
弘化四年一月刊(江戸　出雲寺萬次郎)
中二

ハ25 0-16 1
漢書解題〔集成〕
巻二〇―二四群籍綜言五巻　佐村八郎編
写(編者)
半一

ハ25 0-17 1
經子解題
中山久四郎
明治三八年一二月刊(東京　哲學館大學)鉛印
菊ヲ改装カ
半一

ハ25 0-18 1
漢書解題〔集成〕
巻二五―三三経籍訪古志八巻　佐村八郎編
写(編者)
半一

ハ25 0-19 1
好古堂書目
(善本書室藏書志)四巻　清姚際恆(首源主人)
民國一七年一二月跋刊(中社)石印影江蘇第一圖書館蔵嘉惠堂丁氏旧蔵本
唐中一

ハ25 0-20 2
校讐新義
一〇巻　民國杜定友
民國一九年三月刊(上海　中華書局)鉛印
唐大二

ハ25 0-21 2　國學用書類述　民國支偉成　民國一六年八月（日ト誤植）刊（上海　泰東圖書局）鉛印　唐大二

ハ25 0-22 1　古今僞書考　清姚際恆　文政五年刊（（官板））覆清知不足齋叢書本　中一

ハ25 0-23 2　古今僞書考考釋　（古今偽書考攷釋）民國金受申　民國一三年七月刊（北京　中華印刷局）鉛印　唐大二

ハ25 0-24 1　古今僞書考補證　民國黄雲眉　民國二一年八月刊（南京　金陵大學中國文化研究所）鉛印　金陵大學中國文化研究所叢刊（甲種）　唐大一

ハ25 0-25 1　石印古今算學叢書條目　（題簽）清算學書局編　（清末）刊（上海　編者）石印　唐中一

ハ25 0-26 2　古書源流　四巻并附録　民國李繼煌　民國一五年二月刊（上海　商務印書館）　四六二

ハ25 0-27 8　欽定四庫全書簡明目錄　二〇巻首一巻附四庫未収書目提要五巻　清于敏中等奉勅編　民國八杉齋校（未）清阮元　民國八年刊（上海　掃葉山房）石印　唐中八

ハ25 0-28 40　欽定四庫全書總目　二〇〇巻首一巻四庫未収書目提要五巻四庫全書總目未収書目索引四巻　清紀昀等奉勅編（未）阮元撰　民國陳乃乾編校　民國一五年七月刊（上海　大東書局）石印　唐中四〇

ハ25 0-29 1　四庫全書提要敍〔箋注〕　民國周雲青　民國一五年一二月刊（上海　醫學書局）　菊一

ハ25 0-30 6　四庫簡明目錄標注　二〇巻并附録　清邵懿辰　清宣統三年四月—一〇月刊（仁和　邵氏半巖廬）　半巖廬所著之四　唐大六

ハ25 0-31 1　四庫全書答問　三巻并附録　民國任啓珊講　雷紹琯録　民國一七年八月刊（上海　啓智書局）　四六一

ハ25 0-32 1　支那學入門書略解　長澤規矩也　昭和五年五月刊（東京　文求堂）　四六一

ハ25 0-33 1　改訂支那學入門書略解　長澤規矩也　昭和六年三月刊（東京　文求堂）　四六一

ハ25 0-34 1　四部叢刊書錄　上海商務印書館編　民國一一年一二月跋刊　一五年九月序修（上海　編者）首ニ重印四部叢刊啓・四部叢刊第二次預約簡章　末ニ影印刷見本ヲ加ウ　唐中一

ハ25 0-35 1　又　民國一一年一二月跋刊　唐中一

ハ25 0-36 1　書目舉要　民國周貞亮・李之鼎編　民國九年二月刊（南城　李氏宜秋館）　唐大一

ハ25 0-37 2　書目長編　二巻附補遺・補校　民國邵瑞彭等編　民國一七年四月刊（北京　北京資研社）鉛印　唐大二

ハ25 0-38 2　書目答問　（書目畣問）附國朝箸述諸家姓名略　清張之洞　清光緒二一年五月刊（上海　蜚英館）石印　唐大二

ハ250-39 4 書林清話
一〇巻 清葉德輝
民國九年三月刊（葉氏觀古堂） 唐大四

ハ250-40 4 清代禁書總目四種
（咫進齋叢書本）清代禁燬書目四種（禁書總目）
違碍書目・銷燬書目・全燬書目・抽燬書目（序）
清姚覲元編
〔民國〕刊（抗州 抱經堂書局）石印影歸安姚氏
咫進齋叢書本 唐中四

ハ250-41 4 隋經籍志考證
一三巻 清章宗源
清光緒一年夏月刊（湖北 崇文書局） 唐大四

ハ250-42 1 西學書目表
三巻并附巻・讀西學書法 清梁啟超
清光緒二二年九月序刊（著者〈時務報館代印〉）
石印 唐中合一

ハ250-43 1 西泠印社金石印譜法帖藏書目
西泠印社編
民國一一年一月修（上海 編者）石印 唐小一

ハ250-44 3 季滄葦藏書目
并汲古閣藏本書目・藏書記要 清季〔振宜〕編
黄丕烈補（汲）毛扆（記）孫從添
民國三年刊（席氏掃葉山房）石印影清嘉慶五年
一〇月—一〇年刊士禮居叢書本 唐中三

ハ250-45 40 增訂叢書擧要
八〇巻附校誤記・重訂徵刻南北宋人集小啓 清
楊守敬編 李之鼎補
民國七年六月刊（南昌 李氏宜秋館）鉛印 唐中四〇

ハ250-46 1 叢書子目索引
并補遺・本編所収叢書一覽 民國金步瀛
民國二〇年五月刊（杭州 浙江省立圖書館印行
所） 菊一

ハ250-47 4 叢書書目彙編
并補遺 民國沈乾一
民國一七年一月刊（無錫 丁氏藏版〈上海 醫
學書局〉）鉛印 唐大四

ハ250-48 1 中國藏書家攷略
民國楊立誠・金步瀛
民國一八年四月刊（杭州 浙江省立圖書館四庫
目略發行處）鉛印 唐大一

ハ250-49 1 珎本叢刊
快閣師石山房叢書 浙江省立圖書館編
民國一八年一〇月刊（杭州 浙江省立圖書館珍
本叢刊發行處）鉛印 唐大一

ハ250-50 4 讀書敏求記
四巻 清錢曽
民國三年刊（掃葉山房）石印 唐中四

ハ250-51 6 錢遵王讀書敏求記校證
四巻首尾各一冊 清管庭芬編 章鈺補
民國一五年刊（長洲 章氏） 唐大六

ハ250-52 8 日本訪書志
一七巻 清楊守敬
清光緒二七年四月序刊（宜都 楊氏蘇園）巻末
増補カ 唐大八

ハ250-54 10 八千巻樓書目
二〇巻 清丁〔立中〕編 丁仁校
民國一二年夏跋刊（錢塘 丁氏）聚珍倣宋鉛印 唐大一〇

ハ250-55 1 訪餘錄
島田翰
大正一〇年一月刊（東京 田中慶太郎）鉛印 半一

ハ250-56 4 補晉書藝文志
四巻坿錄一巻 清丁國鈞編 丁辰補
〔清末〕刊（常熟 丁氏）常熟丁氏叢書之二 唐大四

ハ250-57 1 明太學經籍志
皇明太學志巻二典制下經籍門 明郭磐編
民國五年一一月刊（上海 羅氏蟫隠廬藏板） 唐大一

ハ25 0-58 1　目録學　服部〔宇之吉〕講　近写（〔浜野知三郎〕）　半一

ハ25 0-59 1　目録學叢考　民國程會昌　民國二八年二月刊（廣州　中華書局）　四六一

ハ25 0-60 1　劉向校讐學纂微　民國孫德謙　民國一二年八月序刊（四益宧）　唐大一

ハ25 0-61 1　國學入門書要目及其讀法　（梁任公胡適之先生審定研究國學書目）附錄三則并一個最低限度的國學書目・中學的國文教學・學問之趣味　民國梁啓超・胡適　民國一二年四月序刊（上海　亞洲書局）　四六一

ハ25 0-62 6　郘亭知見傳本書目　一六巻　清莫友芝・莫繩孫編　民國七年刊（上海　掃葉山房）石印　唐中六

ハ25 0-63 1　琉璃廠書肆記　并琉璃廠書肆後記附錄共　清李文藻（後）繆荃孫撰　民國陳乃乾校　民國一四年八月跋刊（海甯　陳氏眘初堂藏版〈中國書店〉）鉛印　唐半一

ハ25 1-2 1　宋元明清儒學年表　今關天彭（壽麿）　大正八年九月刊（東京　著者）植木屋方　菊一

ハ25 1-3 1　清代學者生卒及其著述表　（清代學者生卒及著述表）民國蕭一山　民國二〇年九月刊　四六倍一

ハ25 1-4 1　又　四六倍一

ハ25 1-5 1　宋元學案人名索引　附異名索引　東京帝國大學文學部支那哲文學研究室讀經會編　昭和一〇年五月刊（東京　關書院）　四六一

ハ25 2-1 2　〔支那學講義錄〕　島田重禮等　〔明治〕刊（〔東洋大學〕）　菊二

ハ25 3-1 1　經史八論　諸橋轍次　昭和八年一月刊　五月印（再版　東京　關書院）　菊一

ハ25 3-2 1　㬎道　（中國哲學顯道）三篇　民國繆篆　民國二〇年冬刊（廈門　著者）繆篆叢書之一　鉛印　唐中一

ハ25 3-3 1　支那の孝道殊に法律上より観たる支那の孝道　（支那の孝道）附『孝道』贈呈の辞附滿洲國新京の孝子祠　桑原隲藏（附）三島海雲　昭和一〇年四月刊（東京　三島海雲）三島海雲墨呈辞　四六二

ハ25 3-4 1　儒家哲學本義　二巻并附錄　内田正　大正六年四月刊（東京　内田旭〈東京　岩波書店〉）大正六年八月著者白「儒家哲學本義增訂」一舗挾込マル　菊一

ハ25 3-5 1　儒教活論　鈴木由次郎　昭和六年二月刊（東京　輝文堂）著者墨呈辞　四六一

ハ25 3-6 1　儒教大觀　（仏）ブリュッケ撰　後藤末雄譯　昭和一〇年五月刊（東京　第一書房）　菊一

ハ25 3-7 1　仁の研究　山口察常　昭和一一年一二月刊（東京　岩波書店）　菊一

ハ25 5-1 1
學術上に於ける清代の功績
(支那學研究第四編別刷) 安井小太郎
〔昭和一〇年二月〕刊 (〔東京　斯文會〕)
菊一

ハ25 5-2 1
元明時代の儒教
秋月胤繼
昭和三年八月刊 (東京　甲子社書房)
四六一

ハ25 5-3 1
支那學術史綱
國府種德・白河次郎 (奥ハ國府ノミ)
明治三三年一〇月刊 (東京　博文館)
菊一

ハ25 5-4 2
支那古文學略史
二巻　末松謙澄講
明治一五年九月刊 (東京　講者〈東京　丸善〉)
鉛印
中二

ハ25 5-6 1
支那思想發達史
并附錄　遠藤隆吉
明治三七年一月刊 (東京　冨山房)
菊一

ハ25 5-7 1
支那哲學史
遠藤隆吉
明治三三年五月刊 (東京　金港堂)
菊一

ハ25 5-8 1
支那哲學史講話
并附錄　宇野哲人
大正三年四月刊　一三年六月印 (二六版　東京　大同館)
菊一

ハ25 5-9 1
清代學述概論
(中國學術史第五種) 民國梁啟超
民國一〇年二月刊 (上海　商務印書館) 共學社
史學叢書之中
菊一

ハ25 5-10 1
東洋哲學史
(題簽) 井上哲次郎講 (題簽　但シ見返ニ服部先
生講　一部服部宇之吉講アルカ)
近写 (〔浜野知三郎〕)
半一

ハ25 7-1 1
大東儒林合同案
文基洪
昭和一三年一二月刊 (釜山　大東文廟及江城君東一書院事務所)
絵入　斯文會職員案中ニ濱野知三郎見ユ
大一

ハ25 7-2 1
非儒教論資料
(題簽)
〔昭和〕刊　油印
半一

ハ25 8-1 3
支那文學
〔一〕—九號合綴改編セシカ　存支那文學百家言・
支那文學叢書・支那文學講義論語・孟子・史記・
春秋左氏傳・詩經・韓非子　岡田劔西等
〔明治〕刊　改編シ各項毎ニ綴直ス
四六倍三

ハ25A 0-1 1
經解要目
池田蘆洲 (四郎次郎)
大正四年一〇月刊 (東京　研文社) 鉛印
中一

ハ25A 0-2 1
訂補經解要目
同
大正一五年七月刊 (補訂三版　東京　二松學舍
出版部) 鉛印
中一

ハ25A 0-3 1
經學門徑
安井小太郎講　大東文化學院志道會研究部編
昭和八年四月刊 (東京　大東文化學院研究部
〈東京　松雲堂書店〉)
四六一

ハ25A 0-4 1
〔經書書目〕
近写 (ペン書) 浜野知三郎氏カ
大一

ハ25A 1-1 4
經詞衍釋
一〇巻補遺一巻　清呉昌瑩
〔民國〕刊 (上海　古書流通處) 石印景清同治一
二年立夏前序刊本 (得一齋)
唐中四

ハ25A 1-2 2
傳經表
附通經表　清畢沅
清光緒九年刊 (蛟川　枀筠書屋)
唐中二

ハ25A 2-1 9　**皇清經解**
存巻八〇二—八〇六・一二九四—一三一六・一三二三—一三二七・一四〇一—一四〇六　清〔阮元〕編
清咸豊一〇年修（學海堂）　唐大九

ハ25A 2-2 10　**鄭氏佚書**
二二巻附錄一巻　清袁鈞編
清光緒一四年夏刊（浙江　浙江書局）　唐半一〇

ハ25A 3-1 1　**經學源流淺說**
三巻　民國陳燕方
民國一一年三月刊（上海　文明書局）　四六一

ハ25A 3-2 6　**經學提要**
（標注本）附錄共一五巻　清蔡孔炘編
清道光五年刊（但シ七年一〇月序アリ）　昌平坂學問所旧藏　唐半六

ハ25A 3-3 6　**經學不厭精**
（標注本）二巻（十三經考證二巻・十三經考理三巻）　清德國花之安
清光緒二四年一〇月刊（廣學會藏板〈上海　鴻寶齋〉）石印鉛　唐中六

ハ25A 3-4 1　**經學歴史**
清皮錫瑞
民國一三年五月刊（再版　上海　涵芬樓商務印書館）影〔清〕刊本　ヤ初版　唐中一

ハ25A 3-5 2　**經傳釋詞補**
并經傳釋詞再補　清孫經世撰　蔣鳳藻校
清光緒一四年夏署・一一年刊（長洲　蔣氏心矩齋藏板）料紙・大イサ異ル　唐特大二

ハ25A 3-6 1　**左海經辨**
皇清經解巻一二五一・五二　清陳壽祺
清刊　森立之・今泉雄作旧蔵　唐半一

ハ25A 3-7 1　**左海文集**
同巻一二五三・五四　同
同　唐半一

ハ25A 3-8 1　**十三經概論**
民國衛聚賢
民國二四年五月刊（上海　開明書店）　四六一

ハ25A 3-9 7　**談經**
（山草堂集本）九巻　明郝敬撰　郝洪範編　田必成校
明和五年九月刊（京　龜龍院藏版〈京　錢屋善兵衛〉）覆明天啓四年五月序刊本　内藤耻叟旧藏　大七

ハ25A 3-10 1　**經學史**
四編并附錄三編　安井小太郎等講　大東文化学院研究部編
昭和八年一〇月刊（東京　松雲堂書店）　菊一

ハ25A 4-1 12　**羣經平議**
（春在堂全書本）三五巻　清兪樾
清同治一〇年八月署刊　唐半一二

ハ25A 4-2 4　**五經文字箋正**
（五經文字九經字様箋正）三巻・九經字様箋正并附錄　岡井慎吾
大正一五年一月刊（熊本　岡井氏有七絶堂〈上海　商務印書館〉）石印影自筆本　唐大四

ハ25A 4-3 3　**〔七經〕考異**
宋王應麟
易經・書經・詩經・大學・中庸・論語・孟子刊　覆明崇禎九年三月序刊本　半三

ハ25A 4-4 1　**十三經源流口訣**
清鮑東里
〔清末〕刊　唐大一

ハ25A 4-5 120　**新刻十三經注疏**
（序）配春秋左傳註疏　明毛〔晉〕編校
明崇禎四年—一二年一一月序刊〔清〕修（古虞毛氏汲古閣）　唐大一二〇

ハ25A 4-6 32
宋本十三經注疏 附校勘記 清阮元編
清光緒一三年刊（脈望仙館）石印影清嘉慶二〇年文選樓重栞宋本 唐中三二

ハ25A 4-7 1
十三經紀字 末欠カ附字典紀字・韻府紀字・疊字編 清王汲
〔清末〕刊 乾隆五九年二月序 唐半一

ハ25A 5-1 9
改正音註〔五經〕 存周易（易經）・書經・春秋經（春秋）・禮記
滕〔原〕惺窩點 安田安昌校
寛永五年六月刊 元禄一四年二月印（大坂 大野木市兵衛） 大九

ハ25A 5-2 3
五經同異 三巻 清顧炎武撰 蔣光弼・錢朝錦校
〔清末〕刊（蔣氏省吾堂藏板） 唐大三

ハ25A 5-3 1
孔經大義考 存巻上 李炳憲
二四七五年序刊（青島 青島同文印書局）鉛印
昭和一六年六月藤塚〔隣〕寄贈 大一

ハ25A 6-1 15
康煕欽定四書解義 一三巻 清喇沙里・陳廷敬等奉勅編 大鄉穆標柱 山田榮造校
明治一五年五月—一七年刊（大坂 脩道館）鉛印 半一五

ハ25A 6-2 3
〔四書白文〕（章句集註本）大學中庸論語二巻孟子
慶安五年九月刊（京 辻井吉右衛門）或ハ後印カ 大三

ハ25A 6-3 14
倭板四書（版心）大學〔章句〕大學或問中庸〔章句〕中庸或問中庸集畧（中庸輯畧）二巻論語〔集註〕一〇巻孟子〔集註〕一四巻 宋朱熹撰 山﨑〔闇齋〕（嘉）點
明和五年五月刊 寛政七年九月修（京 五車樓 菱屋孫兵衛）覆刻 大一四

ハ25A 6-4 4
官版四書（題簽・章句〔集註〕序説本）（版心四書白文）大學中庸論語二巻孟子二巻
慶應三年刊（官版）覆刻 大四

ハ25A 6-5 11
何氏校本〔四書〕 大學〔章句〕中庸〔章句〕論語〔集註〕一〇巻孟子〔集註〕七巻附録一巻 宋朱熹撰 清何瑞熊校標注
明治三年刊（津山 耆西樓藏版）覆清同治一年順德何氏菉根香館藏版本 大一一

ハ25A 6-6 1
四書正文（題簽・見返・章句集註本）大學中庸論語二巻孟子二巻 宋朱熹撰 片山〔兼山〕先生校點
明治五年四月刊（京坂 藤井孫兵衛等四書房）
薄様刷 特小一

ハ25A 6-7 5
四書正文（題簽・章句集註本）大學中庸論語二巻孟子二巻
宋朱熹撰 加藤士成点
刊 大五

ハ25A 6-8 2
四書逸箋 坿錄共六巻 清程大中撰 陳會望等校
清道光一三年一二月跋刊 唐大二

ハ25A 6-9 1
四書現存書目 二編 研經會編
大正三年九月刊（東京 文求堂書店） 菊一

ハ25A 6-10 6
四書考異（皇清經解巻四四九—四八四）清翟灝
清咸豊一〇年修 唐半六

ハ25A 6-11 1
四書索解（西河合集零本）四巻 清毛奇齢撰 王錫編 克有等校
〔清〕刊 山本北山・朝川善菴旧藏 唐大一

ハ25A 6-12 6
四書釋地 并續・又續・三續附孟子生卒年月考 清閻若璩撰 閻詠等校
清乾隆五二年二月跋刊 唐大六

ハ25A 6-13 6
四書釋地補 并續補・又續補・三續補 清閻若璩撰 樊廷枚校補 唐大六
〔清〕刊（梅陽 海涵堂）

ハ25A 6-14 10
四書集註 大一〇
（見返）大學〔章句〕中庸〔章句〕論語〔集註〕一〇巻孟子〔集註〕七巻 宋朱熹撰 福山誠之舘校
寛文七年一月刊 明治二年二月修 同六月遞修（福山 誠之舘藏版〈大坂 文敬堂敦賀屋喜藏〉）
末二重校無誤

ハ25A 6-15 2
〔四書集註〕 大二ツ切二
大學〔章句〕論語〔集註〕一〇巻中庸〔章句〕孟子〔集註〕一四巻 宋朱熹
元祿五年一月刊（梅花堂）薄様刷

ハ25A 6-16 1
四書章句集注附攷 大一
（四書章句集註附攷）四巻 清呉志忠
文化一一年刊（〔官版〕）

ハ25A 6-17 3
小松板四書集註 小三
（扉）大學〔章句〕中庸〔章句〕論語〔集註〕一〇巻孟子〔集註〕七巻 宋朱熹撰〔林〕道春點
天保八年一月刊（大阪 積玉圃河内屋喜兵衛）
薄様刷 覆刻

ハ25A 6-18 10
四書集註 大一〇
（見返）大學〔章句〕中庸〔章句〕論語〔集註〕一〇巻（版心作四巻）孟子〔集註〕七巻（版心作四巻）宋朱熹
〔明治〕刊（十津川郷學臧版〈京 石田次兵衛〉）

ハ25A 6-19 3
標注〔四書章句集註〕 半三
大學中庸論語一〇巻孟子七巻 宋朱熹撰 諸橋轍次標注
昭和一四年七月—一五年二月刊（東京 目黒書店）鉛印 採用審査見本

ハ25A 6-20 5
〔四書〕松陽講義 半五
一二巻 清陸隴其撰 侯銓等編 筱崎畏堂（弼）點
文政一一年一一月刊（大阪 加賀屋善藏等江戸二都七肆）

ハ25A 6-21 4
四書說苑 唐特大四
一一巻首一巻附四書說苑補遺・四書說苑續遺 清孫應科
清道光二八年冬至跋刊

ハ25A 6-22 30
四書大全說約合參正解 大三〇
（說約合參四書正解）三〇巻 清呉荃撰 丁煃等校
三雲義正點
元祿一〇年三月跋刊〔後印〕（大阪 河内屋喜兵衛等四都一二肆）覆清康熙一八年五月序刊本

ハ25A 6-23 10
連理堂重訂四書存疑 大一〇
一四巻附四書存疑考異 明林希元撰 方文校
鵜〔飼〕石菴（信之）點
承應三年七月印（〔京〕村上平樂寺）覆明崇禎八年冬至序刊本

ハ25A 6-24 21
鼇頭評註四書大全 大二一
（題簽・金閶五雲居藏版本）大學章句大全中庸章句大全中庸或問論語集註大全二〇巻孟子集註大全一四巻 明胡廣等奉勅編 徐九一校 藤〔原〕惺窩（歛夫）編 鵜〔飼〕石齋（信之）補并點
〔江戸前期〕刊

ハ25A 6-25 24
〔三魚堂〕四書大全 唐大二四
（封面）大學大全章句大學或問中庸大全章句二巻中庸或問論語集註大全二〇巻孟子集註大全一四巻首一巻 清陸隴其撰 趙鳳翔等編 李鉉等校
清康熙四一年刊（三魚堂藏板）

ハ25A 6-26 6
四書體註合講
大學中庸論語一〇巻孟子七巻附圖說　清翁復編
簪文煥校
清雍正八年七月序刊（緯文堂藏板）
唐大六

ハ25A 6-27 16
四書典林
三〇巻四書古人典林一二巻　清江永編　汪基等校
清乾隆三九年四月跋刊（小西山房）
唐中一六

ハ25A 6-28 4
四書反身錄
四巻續錄共五巻　清李容講　王心敬錄
清宣統二年刊（成都　國學研究會）
唐大四

ハ25A 6-29 4
四書傍註
（表紙・見返・後藤點）大學中庸論語孟子二巻
本間快淨
明治二二年一二月刊（群馬藤岡　著者）鉛印
中四

ハ25A 6-30 7
新訂四書補註備旨
（四書補註附考備旨）大學中庸下論二巻上孟下孟合四巻　明鄧林撰　清鄧煜編　祁文友・杜定基校
清光緒二二年刊（藝德堂藏板）見返ニ仇滄註參補
唐大七

ハ25A 6-31 8
同
（精校四書補註備旨）同上論下論合四巻
清光緒三三年八月刊（上海　點石齋申昌書局）石印
唐大八

ハ25A 6-32 4
四書類函
四巻附四書集註姓氏爵里〔上〕河〔淇水〕（揚）
享和三年二月刊（大坂　尊性堂藏板〈大坂　增田源兵衛・藤屋善七〉）覆安永九年一月刊本
半四

ハ25A 6-33 1
陶山書義
清唐仲冕
清嘉慶一七年刊（果克山房藏板）
唐大一

ハ25A 6-34 3
四書賸言
四巻　清毛奇齡撰　早川貫鄉等校
天保一〇年春刊〔後印〕（撫松館藏板〈江戸　青雲堂英文藏〉）
大三

ハ25A 6-35 10
四書翼註
大學中庸上論下論上孟下孟合六巻　明王納諫撰
呉明典校　蔣方馨補　筱﨑〔小竹〕（弼）點
嘉永一年刊（大坂　羣玉堂河内屋茂兵衛・墨香居藤屋禹三郎）
大一〇

ハ25A 8-1 1
漢石經殘字
清光緒三四年三月跋刊　石印
（題簽）
唐大一

ハ25A 8-2 1
石經殘字考
清光緒九年一一月刊（常熟　後知不足齋）
（漢石經殘字攷）清翁方綱
唐大一

ハ25A 8-3 1
石經考
附九經誤字　清顧炎武
〔清末〕刊
唐大一

ハ25A 8-4 1
石經考
清萬斯同撰　蔣光弼等校
享和二年刊（〔官版〕）覆清刊本
大一

ハ25A a-1 13
周易〔傳義〕
（首書易經集註）二四巻〔松永〕昌易首書並點
〔寛文四年〕刊　享保九年一月印（京　今村八兵衛）覆刻
大一三

ハ25A a-3 1
易の新研究
藤村蒙齋（與六）
昭和七年六月刊（東京　關書院）著者敬呈本
菊一

ハ25A a-4 4
焦氏易林
四巻　漢焦贛
民國八年二月刊（上海　千頃堂書局）石印
唐中四

ハ25A a-5 1
江氏易鈎
〔大〕江〔金風〕（洐）
大正一〇年立秋前跋刊（海上　經學院）鉛印
小一

ハ25A a-6 1　**最新周易物語**　大江金風　一九二五年二月跋刊（上海　詩畫坊）金風老人七種書第一　菊一

ハ25A a-7 1　**經典釋文**　周易音義　唐陸德明撰　闕松寰（脩齡）校　藪内太申（信熊）補　明和五年五月跋刊（江戸　崇文堂前川六左衛門）周易尚書音義合刻之中　大一

ハ25A a-8 1　**周易講義**　新田興　昭和五年一〇月刊（東京　松雲堂書店）　菊一

ハ25A a-9 1　**江氏周易効傳**　大江金風（洐）〔大正〕刊（海上　經學院藏板）鉛印　小一

ハ25A a-10 6　**江氏周易時義**　一二巻首一巻〔大〕江金風（洐）大正七年八月署刊（十二石鼓齋藏版）鉛印　日本長井江氏所箸經學全書　大六

ハ25A a-11 2　**周易〔本義〕**　四巻　宋〔朱熹〕昭和五年六月刊（東京　文求堂書店）影〔清〕國子監刊本　四六二

ハ25A b-1 1　**古文尚書〔馬鄭注〕**　一〇巻附尚書篇目表・尚書逸文二巻　宋王應麟編　清孫星衍重編（逸）江聲編　孫星衍補　黄尚銘校　清光緒六年刊（綿竹　黄氏墨池書舎）　唐半一

ハ25A b-2 1　**尚書**　刊（〔鶴岡〕致道舘藏板）　大一

ハ25A b-3 1　**尚書補傳**　三巻　洪奭周撰　金鶴鎭校　大正二年二月刊（京城　朝鮮光文會）鉛印　半一

ハ09 4-82 3（旧ハ25A b-4 3）　**中學士校正古本官板書經大全**　一〇巻首一巻　明胡廣等奉勅編　申時行校　馮夢禎閲〔明萬暦〕刊（建邑　余氏）図入　人見竹洞（小野節）旧藏書入本　唐大合三

ハ25A b-5 6　**書經〔集傳〕**　（新刻頭書書經集註）六巻　宋蔡沉撰〔松永〕寸雲子（昌易）頭書　享和一年九月刊〔後印〕（大坂　前川文榮堂河内屋源七郎）覆寛文四年九月刊本　大六

ハ25A c-1 1　**詩經一句索引**　柏樹舎同人編　昭和六年二月刊　四月印（再版　東京　大東文化協會）シ初版初印　四六一

ハ25A c-2 1　**詩經講話**　鹽谷温　昭和一〇年五月刊　同印（再版　東京　弘道館）　四六一

ハ25A c-3 8　**詩經集註**　八巻　宋朱熹〔江戸初〕刊〔後印〕（〔京〕豊雪斎道伴）　大八

ハ25A c-4 2　**詩經〔國風〕**　三巻　宋朱熹　昭和一一年九月刊（東京　文求堂書店）影〔清〕國子監刊本　菊二

ハ25A c-5 1　**詩書舊序**　（序）宇〔佐美〕灊水（惠）編　元文六年一月刊（江戸　谷村豊左衛門）　半一

ハ25A c-6 2　**毛詩**　刊（〔鶴岡〕致道舘藏板）　大二

ハ25A c-7 11　**毛詩〔會箋〕**　二〇巻（題簽作一〇巻）附毛詩會箋正誤表　竹添光鴻（進一郎）大正九年四月刊（巻八迄　東京　獨抱樓竹添履信　巻九以下　四月以後刊　上海　商務印書館代印）鉛印　半一一

ハ25A c-8 5
毛詩〔鄭箋〕
二〇巻詩譜一巻　漢毛〔亨〕傳　鄭〔玄〕注　寛延二年春刊（京　博文堂丸屋市兵衛）
大五

ハ25A c-9 5
詩經
（毛詩鄭箋標註・標註毛詩鄭箋・詩經古註標記）二〇巻（版心作五巻）詩譜一巻　漢毛〔亨〕傳　鄭〔玄〕注　明金蟠校　宇〔野東山〕（成之）標記　天明五年一〇月序刊　明治一年修〔後印〕（大坂　三木書樓）図入
大五

ハ25A c-10 5
韓詩外傳
一〇巻　漢韓嬰　刊　覆明嘉靖一八年八月跋刊本
大五

ハ25A d-4 1
考古記圖
二巻　清戴震　嘉永三年一〇月写
半一

ハ25A d-6 1
身延本禮記正義殘卷校勘記
二巻　安井朝康　昭和六年一二月刊（東京　東方文化學院〈東京　文求堂書店〉）鉛印　袋附
大一

ハ25A e2-1 1
春秋春王正月考
并春秋春王正月考辨疑　明張㠯寧撰　清納蘭成德校　元祿一〇年九月刊〔後印〕（大坂　定榮堂吉文字屋市兵衛）山本北山旧蔵　経解ノ覆トハ云ニクカラム
大一

ハ25A e2-2 1
春秋名號歸一圖
二巻附春秋年表　五代馮繼先（附）闕名編　享和一年刊　三年印（學問所藏版〈江戸　須原屋伊八・須原屋孫七〉）
大一

ハ25A e3-1 1
左逸
湯〔淺常山〕（元禎）　明和一年七月刊（京　唐本屋吉左衛門・唐本屋德兵衛）
大一

ハ25A e3-2 4
左國腴詞新補
八巻　明凌廸知編　閔一霍校　赤松滄州（鴻）補　香〔山崇峰〕（太常）等重校　寶暦一一年八月刊（京　文昌堂永田調兵衛・友松軒中江久四郎）
大四

ハ25A e3-3 16
春秋經傳集解〔會箋〕
（左氏會箋）三〇巻　竹添井ゝ（光鴻）　清光緒三〇年一〇月序刊　明治四〇年修（井ゝ書屋）鉛印　見返ニ重校再印トアリ　末四丁再印次ノ補カ
大一六

ハ25A e3-4 3
左傳杜解補正
三巻　清顧炎武撰　那波〔網川〕（與）校　明和四年三月刊（京　友松軒中江久四郎・風月堂風月荘左衞門）刊記或ハ入木カ
大三

ハ25A e3-5 4
春秋左氏傳講義
三〇巻附春秋左氏傳總評　稲垣衣白（眞）　明治二六年一〇月―二七年六月刊（第一冊）三五年一〇月印（第七刷）（第四冊）四二年六月印（一二版　東京　興文社）少年叢書漢文學講義之一五・一六・一八・一九
四六四

ハ25A e3-6 1
春秋左氏傳人名索引
附〔正誤表〕　諸橋〔轍次〕編　白橋康秀校　昭和三年五月刊（〔東京〕大東文化學院〈東京　松雲堂書店〉）
菊一

ハ25A e3-7 1
春秋左傳異名考
明閔光德　近写（〔浜野知三郎〕）
半一

ハ25A e3-8 1　**春秋左傳異名考**　附春秋姓名辨異　明閔光德（附）龔而安撰　井〔上蘭臺〕（通熙）校
延享三年三月刊（江戸　崇文堂前川六左衞門）　中一

ハ25A e3-9 1　**春秋左傳君大夫姓氏表**　附王朝世次圖　明張我城補編　蘐園家塾校
元文三年冬〈跋〉刊〔後印〕（京　大和屋孫兵衞・富士屋弥三右衞門）　小一

ハ25A e3-10 4　**評註歴代古文鈔**　左傳鈔四巻　竹添井井（進一郎）撰　竹添利鎌點
明治一七年九月刊（東京　奎文堂髙木怡荘）　大四

ハ25A f-1 1　**古文大學〔註解〕**　小澤豊治
明治三七年六月刊（山形　有斐堂書店五十嵐太右衞門）鉛印　大一

ハ25A f-2 1　**大學古本質言**　（古本大學質言）附大學〔古本〕　清劉沅撰　傳世煒校
清光緒三三年一二月刊（東京　　）鉛印（附）石印　半一

ハ25A f3-1 1　**古本大學旁註**　明王守仁撰　大鹽〔中齋〕（後素）補
明治二九年一二月刊（東京　掬水洞服部隆藏版〈東京　鐵華書院〉）鉛印　半一

ハ25A f4-1 1　**四書講義大學**　并附錄　宇野哲人
大正五年四月刊（東京　大同館）　菊一

ハ25A f-5 1　**大學〔古註〕**　（標注本）漢鄭玄撰　大塚嘉兵衞點
享保一五年一〇月刊（京　須原屋平左衞門）　大一

ハ25A f-6 1　**四書新釋大學**　久保天隨
明治三四年七月刊　四二年六月印（一二版　東京　博文館）鉛印　半一

ハ25A f-7 2　**大學解**　明郝敬撰　三浦邦彦校
文化四年一二月刊（齊政館藏版〈京　芸香堂梶川七郎兵衞〉）　大二

ハ25A f-8 1　**大學解義**　附大學古本旁釋　簡野道明（附）佐藤〔一齋〕（坦）
昭和三年四月刊　五年三月印（第四版　東京　明治書院）　四六一

ハ25A f-9 1　**大學〔講本〕**　（標注本・単経）附大學詠歌　斯文會編（附）室鳩巣
昭和一一年二月刊（東京　編者）鉛印　半一

ハ25A f-10 1　**明憨山大師大學綱目決疑**　（大學決疑）明釈憨山
民國九年刊（上海　宏大喜書局）石印　唐大一

ハ25A f-11 1　**又**　唐大一

ハ25A f12-1 1　**大學〔章句〕**　（雍正原本）宋朱熹撰　崇教館點
慶應四年刊（松本　崇教館藏板）覆清雍正殿板　大一

ハ25A f13-1 1　**大學〔章句〕**　（新刻改正大學・後藤點）宋朱熹撰
刊　活字翻印底本（指定アリ）　大一

ハ25A f15-1 1　**大學說**　石田羊一郎
昭和二年五月刊（東京　撰者〈東京　松雲堂書店〉）石印　中一

ハ25A f16-1 1　**大學提要**　佐藤雲韶
明治三二年一〇月刊（東京　金港堂）鉛印　半一

ハ25A f17-1 1 大學私錄據故本 (學庸私錄)并中庸私錄 三島〔中洲〕(毅)撰 久保輗校 明治三八年一二月刊(東京 撰者)鉛印 半一

ハ25A f18-1 1 中庸直指 (四書藕益解)并大學直指依古本 明釈智旭撰 赤松連城校 明治二六年四月刊(京都 田中治兵衞)鉛印 半一

ハ25A f19-1 1 大學〔講義〕 并中庸〔講義〕附古本大學 安井小太郎講 哲學館編輯員錄 〔明治〕刊(哲學館)鉛印 半一

ハ25A f20-1 1 大學 并中庸 刊(〔鶴岡〕致道館藏板) 大一

ハ25A f21-1 1 大學 (大學中庸〔白文〕・依宋淳祐大字本)并中庸 田中慶太郎校 昭和三年一月刊(東京 文求堂書店) 四六一

ハ25A f22-1 1 纂標大學章句 (纂標大學中庸章句)并纂標中庸章句附大學原本私考 宋朱熹撰 瀧川龜太郎纂標 昭和九年一二月刊(東京 金港堂)鉛印 半一

ハ25A g-1 1 四書講義中庸 并附錄 宇野哲人 大正七年九月刊(東京 大同館) 菊一

ハ25A g-2 1 四書新釋中庸 内野台嶺 昭和一〇年八月刊(東京 賢文館)著者謹呈本 菊一

ハ25A g-3 1 中庸解義 簡野道明 昭和五年七月刊(東京 明治書院) 四六一

ハ25A g-4 1 中庸啓迪 菱沼理弌 明治四二年一一月刊(東京 良明堂書店) 菊一

ハ25A g-5 2 中庸講義 藤澤南岳講 米倉領次郎錄 明治三八年六月刊(大阪 文海堂松村九兵衞)鉛印 半二

ハ25A g-6 1 中庸講本 (題簽)濱野知三郎 昭和一一年六月刊(東京 斯文會)鉛印 半一

ハ25A g-7 1 中庸講話 附中庸略解 島田鈞一 昭和一〇年六月刊(東京 日本放送出版協會) 著者呈上本 四六一

ハ25A g-8 1 中庸說 三巻 宋張九成 民國二五年六月刊(上海 商務印書館)影東福寺藏宋刊本 四部叢刊三編經部之中 唐中一

ハ25A g-9 1 中庸〔定本〕 并附錄 高谷瀰 大正四年八月刊(京都 著者)鉛印 半一

ハ25A g-10 1 中庸提要 佐藤雲韶 明治三二年一〇月刊(東京 金港堂)鉛印 尾中學提要ト誤ル 半一

ハ25A g-11 1 中庸章句 附四書章句附攷 宋朱熹(附)清呉志忠 昭和三年九月刊(東京 文求堂書店)影清呉縣呉志忠校仿宋刊本 四六一

ハ25A h0-1 1 孔夫子に關係ある圖書展覽會目錄 昭和十一年十二月五・六日 天津日本圖書館編 昭和一一年一二月刊(天津 天津共益會)鉛印 半一

ハ25A h0-2 1 正平版論語之研究 長田富作 昭和九年七月刊(大阪 大阪府立圖書館内同人會) 菊一

ハ25A h1-1 2　**論語年譜** 并附録　林泰輔　大正五年一一月刊（東京　大倉書店）　菊二

ハ25A h2-1 6　**玉函山房輯佚書** 巻四一—四六經編論語類　清〔馬國翰〕編　嫏嬛館補校〔清〕刊　唐大六

ハ25A h2-2 2　**論語〔戴氏注〕**（戴氏注論語）二〇巻　清戴望　清同治一〇年三月刊　唐特大二

ハ25A h2-3 1　**論語** 二巻　刊（〔鶴岡〕致道館藏版）木活　大一

ハ25A h2-4 1　**新譯論語** 大町桂月　明治四五年六月刊（東京　至誠堂書店）新譯漢文叢書一一　菊半一

ハ25A h2-5 1　**國譯原文和歌論語** 見尾勝馬　昭和一一年一一月刊（東京　文原堂）著者贈呈本　菊一

ハ25A h2-6 1　**又**　菊一

ハ25A h2-7 1　**經書大講** 第一巻論語　小林一郎　昭和一三年一月刊　二月印（第五版　東京　平凡社）月報附　菊一

ハ25A h2-8 1　**論語** 一〇巻附勅語（朱刷）濱野知三郎編　昭和一四年九月刊（東京　斯文會）　菊半ミ一

ハ25A h2-9 1　**論語** 斯文會編　昭和三年五月刊　一五年四月印（一四版　東京編者）鉛印　或ハ昭和一〇年四月ノ五版ヲ初版トスベキカ　半一

ハ25A h2-10 1　**論語意原** 宋鄭汝諧　写（〔諸葛中如〕興卿）　半一

ハ25A h2-11 1　**論語解義** 簡野道明　大正五年四月刊（東京　明治書院）　菊一

ハ25A h2-12 1　**同**（增訂版）同　昭和六年九月刊　一〇年三月印（通計三一版同　同）　四六一

ハ25A h2-13 1　**論語假名字解** 二巻　藤井和七郎〔明治〕刊　鉛印　明治四三年藤井濟呈上本　半一（大和綴）

ハ25A h2-14 1　**論語管見** 龜谷省軒（行）明治四〇年一一月刊（東京　吉川半七）鉛印　半一

ハ25A h2-15 5　**論語集解義疏** 一〇巻　魏何晏集解　梁皇侃疏　根〔本武夷〕（遜志）校〔寛政五年〕刊　同七年三月修　元治一年逓修〔明治〕印（東京　文淵堂淺倉屋久兵衛）覆寛延三年一月序刊本　大五

ハ25A h2-16 6　**論語義疏** 一〇巻附校勘記　梁皇侃撰　武内義雄校（附）武内義雄　大正一三年一月刊（大阪　懷德堂記念會）鉛印　大六

ハ25A h2-17 1　**論語〔講義〕** 安井小太郎講　哲學館編輯員錄〔明治三八年一二月〕刊（〔東京　哲學館大學〕）鉛印　半一

ハ25A h2-18 1　**論語講義** 八巻　細川潤次郎・南摩綱紀　大正八年二月刊　三月印（第二版　東京　行道學會藏版〈東京　吉川弘文館〉）　菊一

ハ25A h2-20 6　論語古注集箋　一〇巻附論語考并坿　清潘維城
清光緒七年六月刊（江蘇書局）　唐大六

ハ25A h2-21 2　論語私見　二〇巻　山本憲
昭和一四年六月刊（大阪　松村末吉）鉛印　袋
附　大二

ハ25A h2-22 2　四書集益　巻三・四論語讀二巻　清于光華編　姚一桂等校
林櫟窗（信）點標注
明治一八年六月刊（東京　光風社亀谷竹二等三肆）　半二

ハ25A h2-23 2　論語〔集解〕　一〇巻　魏何晏
〔民國〕刊（上海　涵芬樓）影長沙葉氏觀古堂蔵
覆日本正平一九年五月跋刊本　四部叢刊経部　唐中二

ハ25A h2-24 2　論語〔集解〕　一〇巻　魏何晏撰〔伊藤〕東匡校
享保一七年二月刊（江戸　千鍾堂須原茂兵衞）
天明八年一二月校合書入本　大二

ハ25A h2-25 2　又　書入本　大二

ハ25A h2-26 2　又　早印　宝暦六年一〇月甘棠園講説自筆書入本　大二

ハ25A h2-27 1　論語〔集解〕　（縮臨古本論語集解）一〇巻　魏何晏
天保八年六月跋刊（津藩　有造館蔵版）縮臨有
造館蔵写本　大一

ハ25A h2-28 2　同　同　同
昭和五年五月刊（東京　文求堂）影同前刊本　四六二

ハ25A h2-29 2　論語〔集解〕　（論語集解標記）一〇巻　魏何晏撰　伊藤東匡
（長胤）校　巌垣龍溪（彦明）標注
安永七年一一月序刊　天明三年五月印（江戸
千鍾堂須原屋茂兵衞）　大二

ハ25A h2-30 10　論語〔集註〕　一〇巻　宋朱熹
刊　薄様刷　常憲院本　中一〇

ハ25A h2-31 4　論語〔集註〕　一〇巻　宋朱熹
刊　左右双辺無界9行17字　大四

ハ25A h2-32 1　補註論語集註　（増訂版）一〇巻　簡野道明
昭和三年一一月刊　同九年三月印（増訂一二版・
三二版　東京　明治書院）大正一一年三月初版　四六一

ハ25A h2-33 2　論語集注　一〇巻附四書集注附攷〔宋朱熹〕撰　清呉志忠
校并附
昭和四年一月刊（東京　文求堂）影清璜川呉志
忠校仿宋刊本　四六二

ハ25A h2-34 1　朱子論語集注訓詁攷　二巻　清潘衍桐
清光緒一七年刊（浙江書局）　唐半一

ハ25A h2-35 2　倫理教科論語抄　二巻　山本信孝編
明治二九年七月刊　三〇年三月印（三版　東京
冨山房）鉛印　半二

ハ25A h2-36 1　口譯論語詳解　野中元三郎
大正九年六月刊（東京　冨山房）　四六一

ハ25A h2-37 3　論語證解　三巻　桂五十郎
昭和七年五月―八年五月刊（東京　早稲田大學
出版部）漢籍國字解全書二八―三〇　菊三

ハ25A h2-38 1　論語新解　簡野道明閲　國語漢文研究會編
昭和一〇年六月刊（東京　明治書院）　四六一

ハ25A h2-39 6　論語正義　二四巻并附録　清劉寶楠撰　劉恭冕補
清同治八年四月敍刊　唐半六

ハ25A h2-40 1　論語〔正文〕　(集解本) 藤一督校　明和三年七月刊(藤一督藏版〈京　文泉堂林好直等三肆〉)　薄様刷　書入本　中一

ハ25A h2-41 1　論語正文　二巻〔片〕山兼山點　滕清卿・宮建校　天明一年一月跋刊(尚志堂藏版〈江戸　嵩山房須原屋茂兵衞・千鍾房小林新兵衞〉)　大一

ハ25A h2-42 1　倫理教科論語正本　(箋評論語正本) 岡本監輔箋評　明治三二年六月刊(改訂再版　大阪　三木書店)　鉛印　中等教育倫理教科用書　半一

ハ25A h2-43 1　論語足徴記　二巻　清崔適　民國五年叙刊　鉛印　唐半一

ハ25A h2-44 1　邦文論語大意　一〇巻并附錄　肥田野畏三郎　大正七年八月刊(青島　著者)　菊一

ハ25A h2-45 5　論語注疏挍勘記　一〇巻附論語釋文挍勘記　清阮元撰　孫同元校　明治二年一一月刊(東京　文江堂吉田屋文三郎)　大五

ハ25A h2-46 1　論語鄭氏注殘卷　述而至鄉黨　漢鄭〔玄〕注　大正一五年一二月刊(東京　田中慶太郎)　影上虞羅氏鳴沙石室藏影伯希和本唐龍紀二年二月燉煌写本　半一

ハ25A h2-47 1　論語　(論語白文・宋淳祐大字本) 一〇巻　田中慶太郎校　昭和二年一二月刊(東京　文求堂書店)　四六一

ハ25A h2-48 1　論語筆解　唐韓愈撰　城南滕璋校　寶暦六年一〇月序刊〔後印〕(大阪　河内屋儀助)　大一

ハ25A h2-49 1　韓文公論語筆解　二巻　唐韓愈撰〔伊〕東藍田〈龜年〉校　明和八年一月刊(江戸　青藜閣須原屋伊八・京　靈著堂著屋勘兵衞等二都三肆)　大一

ハ25A h2-50 1　論語分類　三巻　野村勝馬編　明治四三年一二月刊(東京　冨山房)　菊半一

ハ25A h2-51 1　論語類鈔　二巻　高谷簡堂〈邇〉編　大正三年三月刊　四年四月印(再版　京都　著者〈京都　東枝書店〉)　鉛印　附正誤　半一

ハ25A h2-52 1　論語類篇　〔浜野知三郎〕　自筆　大一(仮綴)

ハ25A h2-53 14　論孟精義　國朝諸老先生論語精義一〇巻國朝諸老先生孟子精義一四巻　宋朱熹編　享保一四年五月刊(京　風月莊左衞門・畑善兵衞)　大一四

ハ25A h2-54 1　論孟發隱　論語發隱孟子發隱　清楊文會注〔民國〕刊　唐半一

ハ25A h2-55 1　論孟提要　佐藤雲韶編　明治三三年一〇月刊(東京　金港堂)　鉛印　半一

ハ25A h2-56 1　論語講義　附古寫本論語考　根本通明(附)種村宗八　明治三九年五月刊　九月修(再版　東京　早稲田大學出版部)　菊一

ハ25A h3-1 1　論語事實錄　附三毫攷　清楊守敬〔民國〕刊　唐大一

ハ25A h3-2 1　論語序說私攷　并附錄　伊藤〈鳳山〉(馨)　大正一〇年一二月刊　鉛印仿宋活字　袋附　唐大一

ハ25A h3-3 1
論語段節
渥美類長（參平）
明治二一年一一月刊（東京　著者〈東京　榮壽堂〉）著者馬〔淵〕嵐山ノ弟子
四六一

ハ25A h3-4 1
論語辨
二巻　民國趙貞信編
民国二四年一月刊（北平　景山書社）辨僞叢刊之一
四六一

ハ25A h3-5 2
論語文解
二巻　民國錢穆
民國七年一一月刊　八年八月印（再版　上海商務印書館）鉛印
唐中二

ハ25A h3-6 1
朱彝尊経義考孟子〔論語〕跋抄
（錐股跋抄一）
写
半一

ハ25A h4-1 1
孔教論
并附錄六條・鷄肋詩存　山田奠南（喜之助）
明治二三年一〇月刊（東京　博文館）
四六一

ハ25A h4-2 1
孔子及孔子教
并附錄　服部宇之吉
大正一五年三月刊（東京　京文社）
菊一

ハ25A h4-3 1
孔子教と其反對者
北村佳逸
昭和一〇年一二月刊（東京　言海書房）
菊一

ハ25A h4-4 1
孔子研究
并附錄　蟹江義丸
明治三七年七月刊　四四年三月印（四版　東京　金港堂）
菊一

ハ25A h4-5 1
論語要略
（孔子研究）民國錢穆
民國一四年一二月刊（上海　商務印書館）國學小叢書之中
四六一

ハ25A h5-1 1
孔子を祭神とする神社
服部宇之吉
〔昭和三年一二月〕刊（〔東京　斯文會〕）斯文第一〇編第一二號抽印
菊一

ハ25A h5-2 1
孔子行狀圖解
（題簽・見返）附歷代帝王賛詠・先聖歷聘紀年　高〔田〕圓乘画
寛政一年刊〔後印〕（江戸　尚古堂岡田屋嘉七）
版心　標箋孔子家語　巻第一孔子行狀圖解
大一

ハ25A h5-3 1
又
寛政一年刊（江戸　嵩山房小林新兵衛）
大一

ハ25A h5-4 5
〔標箋〕孔子家語
一〇巻附汲古閣板孔子家語跋　魏王肅注　太宰春臺（純）増注　千葉芸閣（玄之）標箋
寛政一年刊（江戸　嵩山房小林新兵衛）
大五

ハ25A h5-5 1
孔子集語
二巻　宋薛據編　明鍾人傑校　滕淑儀點
刊（江戸　大和田安兵衛・西村源六）
大一

ハ25A h5-6 2
孔子編年
（孔孟編年）四巻并孟子編年四巻　清狄子奇撰　張大昌・沈景修校
清光緒一三年刊（浙江書局）
唐半二

ハ25A h5-7 4
刻孔聖全書
一三巻首一巻　明安夢松編　黄大年校
寛文八年二月刊（〔京〕武村三郎兵衛）覆明萬曆二七年三月宗文書舍鄭世豪刊本　図像入　井上毅旧蔵
大四

ハ25A h5-8 4
孔叢子
三巻　漢孔鮒
刊（兒玉九郎右衛門）覆明萬曆五年刊本
大四

ハ25A h5-9 2
又
〔後印〕（京　中川茂兵衛・同弥兵衛）
大二

ハ25A h5-10 1　先聖事蹟考　岡松甕谷撰　關口隆正・大塚勝二郎鈔錄　明治四三年四月刊（東京　岡松參太郎）　菊一

ハ25A h5-11 1　先聖生卒年月日考　二卷　清孔廣牧撰　寶應等校　清光緒一九年刊（浙江書局）　唐半一

ハ25A h5-12 1　復聖圖賛　（題簽）明蔣一奇編　明萬曆三三年一〇月序刊〔近印〕　唐特大横一

ハ25A h6-1 1　經外遺傳逸語訓譯　一〇卷　清曹庭棟編　遠藤隆吉譯　明治四四年六月刊（東京　博文館）鉛印　半一

ハ25A h6-2 1　孔子之聖訓　并附錄　二條基弘・東久世通禧　明治四三年五月刊（東京　名教學會）　菊半一

ハ25A h6-3 1　處世論語　二編　澁澤榮一　大正六年六月刊（東京　弘學館）　菊半一

ハ25A h6-4 1　諸名家孔子觀　附先哲遺墨・聖堂略志　孔子祭典會編　明治四三年四月刊（東京　博文館）　菊一

ハ25A h6-5 1　歷代尊孔記　并孔教外論　民國程淯編　民國二二年五月刊　七月修（三版　上海　中國道德會）鉛印　唐大一

ハ25A h6-6 1　又　唐大一

ハ25A h6-7 1　論語私感　武者小路實篤　昭和八年一〇月刊　同印（第二刷　東京　岩波書店）　四六一

ハ25A h6-8 1　大學活目　并論語提要（題簽）聚珍版刷印舊本論語集解并攷異提要・正平板論語〔經注字數〕（論）吉〔田〕篁墩（漢宦）近写（〔浜野知三郎〕）　大一

ハ25A h7-1 1　孔子聖蹟志　附顏、孟其他鄒魯遺蹟　馬場春吉　昭和八年一一月刊（東京　大東文化協會）　菊一

ハ25A h7-2 1　孔子廟堂之碑　唐虞世南撰并書　〔昭和一〇年刊〔法書會〕影拓　特大折一

ハ25A h7-3 1　臺南聖廟考　并附錄　山田孝使　大正七年八月刊（臺南　高畠怡三郎）　四六一

ハ25A h7-4 1　又　四六一

ハ25A h7-5 1　文廟丁祭譜　（書扉）清同治七年七月刊（江蘇書局）絵入　唐半一

ハ25A h7-6 2　鹿洞書院院誌　四卷　安教煥編　昭和一四年刊（京畿道　鹿洞書院）油印　半二

ハ25A i2-1 2　四書白文　（題簽）孟子二卷　天保五年三月刊（〔岡藩〕由學館藏板）　半二

ハ25A i2-2 1　孟子〔白文〕　一四卷　田中慶太郎校　昭和三年三月刊（東京　文求堂）　四六一

ハ25A i2-3 1　孟子　一四卷　安井小太郎・山口察常講　〔明治〕刊（大日本漢文學會藏版）漢文講義錄之中　菊一

ハ25A i2-4 2 孟子講義 二巻 深井鑑一郎 明治二八年一一月・二九年一月刊(上) 明治三三年五月印(七版)(下) 同年一月印(六版 東京 伊藤岩治郎・大阪 柳原喜兵衛〈東京 誠之堂書店〉) 鉛印 中等教育和漢文講義之中 半二

ハ25A i2-5 1 孟子講義 一四巻附索引 近藤正治 昭和一四年三月刊(東京 大修館) 四六一

ハ25A i2-6 4 孟子〔集註〕 (標注本) 七巻 宋朱熹撰 釈如竹點 寛永二年九月跋刊 覆明克勤齋余明台刊本 絵入 跋ニ中野道伴ノ請ニヨルト 大四

ハ25A i2-7 3 孟子〔集注〕 一四巻附四書集注附攷(宋朱熹)撰 清呉志忠校(附)呉志忠 昭和四年五月刊(東京 文求堂) 影清璜川呉氏仿宋刊本 四六三

ハ25A i2-8 1 補註孟子集註 七巻 簡野道明 大正一一年三月刊 同一三年二月印(五版 東京 明治書院) 四六一

ハ25A i2-9 1 同 (増訂版) 昭和三年一一月刊 同九年三月印(三二版 東京 明治書院) 四六一

ハ25A i2-10 1 孟子章指 漢趙岐撰 藤原憲校 文化五年五月刊(藤原氏宛委堂〈京 堺屋伊兵衛信成〉) 大一

ハ25A i2-11 1 孟子新講 小田茂熙 昭和八年六月刊(東京 三省堂) 新撰漢文叢書之中 四六一

ハ25A i2-12 1 孟子通解 七巻附語句索引 簡野道明 大正一四年七月刊 昭和三年三月印(九版 東京 明治書院) 四六一

ハ25A i2-13 4 孟子文評 清趙承謨評點 赤俊等校 〔民國〕刊(上海 交通圖書館) 石印 唐中四

ハ25A i2-14 4 〔趙註〕孟子 一四巻 漢趙岐注 明金蟠・葛鼒校 〔延享四年〕刊 明治一二年三月印(東京 小林新造) 書入周密 大四

ハ25A i2-15 1 〔魏批〕孟子牽牛章 清魏禧撰 山口義方校 弘化四年秋刊 五年一月印(山口氏古愚堂蔵板〈京 丁子屋定七〉) 森田節齋(益)閲并序 半一

ハ25A i3-1 2 増補蘇批孟子 二巻附年譜 宋蘇洵撰 清趙大浣増 清同治一二年刊(敵仁堂藏板) 朱墨套印 見当アリ 三村竹清旧蔵 唐半二

ハ25A i3-2 3 増補蘇批孟子 三巻 宋蘇洵撰 清趙大浣増 井上櫻塘(揆)纂評 明治一三年一月刊(東京 得價堂大橋操吉) 日本評者 頼山陽・尾藤二洲・鹽谷宕陰 半三

ハ25A i3-3 1 孟子學案 并附錄 民國郎擎霄 民國一七年三月刊(上海 商務印書館) 國學小叢書之中 四六一

ハ25A i3-4 1 孟子要略 宋朱(熹)撰 山﨑(闇齋)(嘉)編校刊(〔京〕壽文堂) 大一

ハ25A i3-5 1 **孟子要略**
五巻 宋朱喜（ママ）編 清曾國藩注 岡松甕谷校 高木怡莊點
明治一八年一月刊（東京 奎文堂野口愛）朱子遺書之一
大一

ハ25A i5-1 1 **孟誌**
明潘榛編 周希孔叅考
写 萬暦三九年二月後序本 絵入 巻之一トノミ
大一

ハ25A i5-2 1 **孟子事實録**
二巻并附録 民國崔東壁（璧）
民國一七年三月刊（北京 北京文化學社）
四六一

ハ25A i5-3 1 **孟子全圖**
（序）（全図孟子故事）
明治三六年八月印（名古屋 梶田勘助・東京 林平次郎）覆明萬暦二六年八月安正堂劉雙松刊本 絵入
大一

ハ25A i5-4 1 **孟子弟子考補正**
清朱彝尊撰 陳矩補
清光緒二四年序刊 靈峯草堂叢書之中
唐大一

ハ25A i5-5 1 **又**
唐大一

ハ25A i5-6 5 **張狀元孟子傳**
二九巻附孟子傳校勘記 宋張九成
民國二五年六月刊（上海 商務印書館）影海鹽張氏渉園照存呉縣潘氏滂熹齋蔵宋刊本 四部叢刊三編経部之中
唐中五

ハ25A i9-1 1 **孟子外書**
四巻 宋劉貢文注 上條公美校 荒井〔鳴門〕（公廉）増注
享和二年一月刊（大坂 龍章堂河内屋吉兵衛）
大一

ハ25A i9-2 1 **同**
四巻 宋〔劉貢文〕（熙時子）注
写
大一

ハ25A i9-3 1 **仲蒙續孟子**
二巻仲蒙子三巻 唐林愼思
〔清〕刊（長塘 鮑氏知不足齋）知不足齋叢書第一〇集 乾隆四五年七月跋
唐中一

ハ25A j0-1 1 **〔玄武洞文庫〕家藏孝經類簡明目録稿**
昭和十二年三月八日爲正覺院戒體全孝居士冥福 田結荘金治編
昭和一二年三月刊（大阪 田結荘氏玄武洞文庫）鉛印 又22A j0-3
大一

ハ25A j2-1 1 **孝經**
晋王羲之書
明治一五年六月跋刊 影拓
特大一

ハ25A j2-2 1 **同**
同
拓摺
大折一

ハ25A j2-3 1 **孝經**
第九丁、二〇丁以下最終丁表迄欠
朝鮮明成化一一年五月刊（全州府）新宮城・水戸青山氏旧蔵
韓特大一

ハ25A j2-4 1 **三體標註孝經**
和文孝經・點文孝經・白文孝經 田口福司朗
昭和九年七月刊（東京 一徳會田口福司朗）
菊一

ハ25A j2-5 1 **倫理教科孝經採要**
齋藤清之丞
明治三二年二月刊（名古屋 豊田棄三郎〈名古屋 金華堂川瀬代助〉）鉛印 勅語朱刷
半一

ハ25A j2-6 1 **孝經塾本**
谷銕臣
明治二九年五月刊（京都 谷氏枕易齋蔵版〈京都 文石堂北邨四郎兵衛〉）
半一

ハ25A j2-7 1 **〔篆文〕孝經**
清呉大澂書
清光緒一一年五月跋刊
唐特大一

ハ25A j2-8 1　同　(呉大澂篆文孝經) 清呉大澂書　〔民國〕刊（碧梧山莊〈求古齋書帖局〉）石印　正字傍書　唐大一

ハ25A j2-9 1　同　(篆文孝経) 清呉大澂書　民國八年刊（三版　蘇州　振新書社）石印　民國二年七月初版　唐中一

ハ25A j2-10 1　唐賀季真草書孝経　(題簽) 唐賀知章書　〔民國〕刊（上海　有正書局）石印御府蔵本　明治一七年二月跋　唐大一

ハ25A j2-11 1　古文孝經正文　并弟子職集註（弟）清任〔兆麟〕　昭和二年一〇月刊　同三年四月印（再版　東京　松雲堂）　菊一

ハ25A j2-12 3　〔八分〕孝經　唐玄宗注　〔寶永三年九月〕刊　寛延一年八月〔修〕〔後印〕（京　玉樹堂唐本屋吉左衛門）覆明崇禎一七年九月跋迎紫齋刊本　大三

ハ25A j2-13 2　同　同　明崇禎一七年九月跋刊（郭氏迎紫齋）　唐大二

ハ25A j2-14 1　〔今文〕孝経　小澤隆書　昭和一一年一月跋刊（〔小澤氏〕）石印　大一

ハ25A j3-1 1　〔古文〕孝経　附古文孝經宋本　漢孔安國傳　題太宰〔春臺〕　〔純〕音　寛政二年八月刊（江戸　嵩山房小林新兵衛）覆天明二年三月刊翻清乾隆四一年七月序知不足齋叢書本　中一

ハ25A j3-2 1　古文孝經　漢孔〔安國〕傳〔林〕天瀑校　寛政一一年一〇月序刊　木活　佚存叢書第一帙ノ中　大一

ハ25A j3-3 1　標註訓點古文孝經　(題簽) 綿引泰　明治一七年六月刊（東京　教育書房文選樓藏版〈東京　吉川半七〉）　半一

ハ25A j3-4 1　古文孝經　漢孔安國傳　深井鑑一郎校　明治四四年七月刊　一一月修（訂正再版　東京　寶文館）鉛印　半一

ハ25A j3-5 1　同　同　同　昭和五年一〇月刊（東京　府立第四中學校校者）鉛印　半一

ハ25A j3-6 1　〔古文〕孝經　林長次郎集注　昭和四年四月刊　一〇月印（四版　大阪　林歐文堂）鉛印　小一

ハ25A j3-7 1　鮮諺古文孝經　大槻誠之・大槻篤郎　明治一七年四月序刊（東京　松山堂藤井利八）袋附　半一

ハ25A j3-8 1　孝經三種　(題簽) 孝経直解（隋劉炫）孝経述義佚文・古文孝経述義附考　近写　半一

ハ25A j3-9 1　〔鼇頭〕孝經纂註　漢孔安國傳　五十川左武郎纂注　明治一六年一一月刊（大坂　此村欽英堂此村庄助）　大一

ハ25A j3-10 1　〔古文〕孝經講義　富本長洲（温）講　小林稻葉（杖吉）校　明治三三年二月刊（大阪　又間精華堂）　菊一（大和綴）

ハ25A j3-11 1 **古文孝經評註** 漢孔安國傳 元董鼎大義 後藤松陰評注 明治一六年一一月刊（大阪 大村安兵衛〈大阪 文海堂松村九兵衛〉） 大一

ハ25A j3-12 1 **古文孝經標註** 漢孔安國傳 土生柳平標注 明治一七年一一月刊（東京 山中市兵衛） 大一

ハ25A j3-13 1 **孝經鄭註** 并孝經鄭註補證・孝經〔鄭氏解〕 漢鄭〔玄〕注 岡田〔新川〕（挺之）輯（補） 清洪頤煊（解） 臧鏞 文化一二年刊（〔官板〕） 覆清嘉慶七年一〇月跋 知不足齋叢書本 中一

ハ25A j3-14 1 **孝經鄭氏注** （孝經鄭注） 漢鄭玄注 清嚴可均輯 清光緒三三年刊（金陵 江楚編譯官書局） 石印 唐大一

ハ25A j3-15 1 **孝經** （今文）附孝經訓讀 孝道振興會 昭和八年二月刊（東京 編者） 鉛印 中一

ハ25A j3-16 1 **呉文正公較定今文孝經** （孝經大全零本） 元呉澄撰 明江元祚校 〔江戸前期〕刊 大一

ハ25A j3-17 1 **今文孝経詳解** 第十章以下 本多徳長 明治三五年六月序写（自筆稿） 或ハ〔二〕巻カ 半一

ハ25A j3-18 1 **〔御注〕孝經** （序・唐開元御注孝經） 唐玄宗注 〔明治〕刊（遵義 黎〔庶昌〕） 覆寛政一二年五月跋摸刻享祿四年後五月〔三條西〕實隆手写本 古逸叢書ノ五 大一

ハ25A j3-19 2 **孝經** （序・御注孝經・影宋刊本）附宮内省圖書寮藏北宋刊本御注孝經解説 唐〔玄宗〕注（附）長澤規矩也 昭和七年一一月刊（東京 日本書誌學會） 影宮内省圖書寮藏北宋天聖明道間刊本（附）鉛印 半一（附）中一（大和綴）

ハ25A j3-20 1 **同** 唐玄宗注 （民國）刊（上海 涵芬樓） 影江陰繆氏藏傳是樓影寫元相臺岳氏刊本 四部叢刊経部ノ中 唐中一

ハ25A j3-21 1 **同** （仿宋本影印孝經） 唐〔玄宗〕注 〔民國〕刊（掃葉山房） 石印 唐中一

ハ25A j3-22 1 **同** （宋刻孝経）附二十四孝圖説 唐玄宗（附）清王震 清光緒二五年署刊 石印影天祿琳琅・季振宜等遞藏宋刊本 唐大一

ハ25A j3-23 1 **又** 唐大一

ハ25A j3-24 1 **同** 附孝經校刊記 唐〔玄宗〕注 陸德明音 清光緒二七年刊（湖北 崇文書局） 唐大一

ハ25A j3-25 2 **孝經註疏** 九巻 唐玄宗注 宋邢昺疏 寛政二年六月刊（京 玉樹堂唐本屋吉左衛門） 覆〔元祿〕刊覆明萬曆一四年刊本 大二

ハ25A j3-26 1 **孝經注疏** 九巻附考證九巻 唐玄宗注 陸德明音 宋邢昺疏 清李清植等奉勅校 清同治一〇年刊（按察使衙兼署廣東按察使鹽運使鍾謙鈞） 覆清乾隆四年刊本 唐大一

ハ25A j3-27 3 **孝經註疏** （孝經註疏正義）九巻 唐玄宗注 宋邢昺疏 〔元祿〕刊 覆明萬曆一四年刊本 大三

ハ25A j3-28 1　御注孝經　唐玄宗注　野賀郡平標注　明治一六年一一月刊（静岡横須賀　松本源一郎）　大一

ハ25A j3-29 1　纂標御注孝經　纂標　附古文孝經（扉・題簽）唐玄宗注　瀧川龜太郎　昭和一五年二月刊（東京　松雲堂）鉛印　半一

ハ25A j3-30 1　孝經〔注解〕　唐元宗注　宋司馬光指解　范祖禹説　清道光二七年九月跋刊（求是軒）　唐大一

ハ25A j3-31 1　孝經刋誤　宋〔朱〕熹撰〔山崎闇齋〕點　寛政二年一一月刊（京　川上軒）覆明暦二年四月刊本　大一

ハ25A j3-32 1　同　同　同　明暦二年四月刊（京　武村市兵衛）　大一

ハ25A j3-33 1　同　同　同　弘化四年一二月刊（〔會津藩〕）　大一

ハ25A j3-34 1　孝經大義　宋朱熹刋誤　元董鼎注　題〔林〕道春點　貞享一年五月刊〔後印〕（〔京〕栗山宇兵衛）　大一

ハ25A j3-35 1　孝經大義　同　元薫《ママ》鼎注　題〔林〕羅山點　寛文一〇年九月刊〔後印〕　大一

ハ25A j3-36 1　同　同　元董鼎注　貝原〔益軒〕（篤信）點　元祿八年九月刊（〔京〕芳野屋）　大一

ハ25A j3-37 1　同　同　同　正保四年八月刊　覆〔寛永〕刊本　大一

ハ25A j3-38 1　斈經大義　同　元董鼎注　〔寛文五年五月〕刊〔後印〕（京　出雲寺和泉掾）　大一

ハ25A j3-39 1　孝經大義　存末　宋朱熹刋誤　元董〔鼎〕注〔杠宗之〕首書　明暦三年一月刊〔逓修〕書肆名削去　明暦三年一月ノ刊記ヲ持ツモノ四版アリ　大一

ハ25A j3-40 1　同　（本末本）同　元董鼎注　同　〔江戸前期〕刊　天明八年一一月印〔明治〕印（東京　嵩山房小林新兵衛）覆刻　大一

ハ25A j3-41 1　孝經大義示蒙　大内董平講　明治四三年五月刊（横濱　講者紫翠軒藏版）鉛印　半一

ハ25A j3-42 1　孝經　（黄道周定本）清賀長齡集注　清道光二三年二月序刊　唐大一

ハ25A j3-43 1　孝經　明陳選集注　〔民國〕刊　石印　唐半一

ハ25A j3-44 1　孝經　（刋誤本）附弟子職　清任釣臺集注（附）任〔兆麟〕集注　〔民國〕刊（商務印書館）鉛印　唐大一

ハ25A j3-45 1　孝經　（考訂孝經）山本章夫編　明治二九年五月刊（京　山本氏讀書室藏版〈京　村上書店村上勘兵衛〉）刋語ヲ基ニ考訂　大一

ハ25A j3-46 1　孝經　附略解　山口察常編　昭和一一年一〇月刊　一二年三月印（再版　東京　福島甲子三〈〔東京〕斯文會〉）　菊半一
本書は本會理事福島甲子三氏の藏版なる／が、今回同氏の承諾を得て本會に於て印／刷したものなり。　經典餘師本臺本トス

ハ25A j3-47 1 孝經 附古文孝經・〔今文〕孝經 藤井金吾講 小寺謙吉編 昭和一二年五月刊（東京 編者）鉛印 半一

ハ25A j3-48 1 孝經〔攷異〕 近写〔浜野知三郎〕 大一

ハ25A j3-49 1 孝經 并忠經 五十澤二郎譯 昭和八年五月刊（鎌倉 方圓寺）支那古典叢函ノ中 アンカット 菊一

ハ25A j3-50 1 韻字孝經解 清廖文英訂 鄧亦文校 大江〔玄圃〕（資衡）點 安永一〇年一月跋刊（京 循古堂近江屋治郎吉）覆清石渠閣刊本 版心石林堂 半一

ハ25A j3-51 1 又 半一

ハ25A j3-52 1 孝經衍義 孝道振興會編 昭和八年五月刊（東京 編者）鉛印 中一

ハ25A j3-53 1 孝經會通 明沈淮撰 朱鴻校 文化四年八月序刊〔後印〕（江戸 嵩山房小林新兵衛） 大一

ハ25A j3-54 1 孝經會通 附我見聞セシ孝經 岩垂憲德 昭和一〇年三月刊（東京 吉川弘文館）鉛印 半一

ハ25A j3-55 1 孝經音義 并論語音義 唐陸德明 寳暦三年七月刊（〔京〕風月堂莊左衞門） 大一

ハ25A j3-56 1 孝經訓蒙 山方泰治講 大正八年八月刊（秋田 はかりや印刷所）鉛印 明治三六年七月序 半一

ハ25A j3-57 1 孝経諺解 〔李朝後期〕刊 韓特大一

ハ25A j3-58 1 小學講義 （小學 孝經 忠經 講義）并古文孝經略解・忠經講義 内藤耻叟（孝・忠）東條士錫（永胤） 明治二五年八月刊（東京 博文舘）支那文學全書第三編 四六一

ハ25A j3-59 1 孝經講義 深井鑑一郎 明治二六年五月刊 三三年八月印（第八版 東京 誠之堂）中等教育和漢文講義ノ中 菊一

ハ25A j3-60 1 孝經校本 簡野道明 昭和一〇年七月刊 一〇月修（東京 明治書院）鉛印 昭和一〇年一一月文部省檢定濟師範學校・中學校國語漢文科用 半一

ハ25A j3-61 1 〔聖典講義〕孝經講話 并附錄四篇 飯島忠夫 昭和九年一二月刊（東京 日本放送出版協會）著者寄贈本 四六一

ハ25A j3-62 1 孝經〔指解〕 宋司馬光 天明七年一月刊〔明治〕印（東京 小林新兵衛） 大一

ハ25A j3-63 1 又 天明七年一月刊（大阪 文粹堂增田源兵衛） 大一

ハ25A j3-64 1 孝經〔指解〕 （指解校本）古文孝經 宋司馬光撰 神埜〔松篁軒〕（世猷）點 文化一三年八月序刊〔明治〕印（名古屋 片野東四郎等諸國三九肆） 大一

ハ25A j3-65 1 孝經集註 近藤南州（元粹） 明治一六年四月刊（大阪 明善堂中川勘助）青木箕洲（需光）朱墨書入周密 大一

ハ25A j3-66 1　孝經述義　高橋天民（宗之助）　大正二年五月刊（東京　高橋氏明善書院藏版）　鉛印　半一

ハ25A j3-67 1　古文孝經詳解　三巻　田中従吾軒（參）講　田中龜太郎録　明治二六年五月刊（東京　益友社）　四六一

ハ25A j3-68 1　詳註孝經心解　附孝道詩歌金言集　吉原章軒（良三）　昭和一四年三月刊　同月印（三版　東京　吉原氏康文社）　著者贈呈本　四六一

ハ25A j3-69 1　孝經新解　佐々木四方志　昭和三年一一月刊（東京　南宋書院）　四六一

ハ25A j3-70 1　孝經新釋　并大學新釋・中庸新釋　鹽谷温（大）　諸橋轍次（中）　宇野哲人　昭和四年四月刊　同九年五月印（第四版　東京　弘道館）　四六一

ハ25A j3-71 1　孝經《かうきやう》圖解《づかい》　松本隆興　大正一五年五月刊（廣島　著者〈廣島　廣島縣松本中學校　廣島縣松本商業學校出版部〉）　鉛印　大一

ハ25A j3-72 1　孝經淺説　椿時中　明治一七年一一月〈序〉刊（新潟　精華堂小林二郎）　半一

ハ25A j3-73 1　傍註輯釋孝經定本　牧野謙　明治二六年四月刊（東京　青山清吉）　鉛印　大一

ハ25A j3-74 1　又　大一

ハ25A j3-75 1　孝經〔蠡測〕　佐野煥　明治一五年八月刊（大和五條　聚珍社高橋直吉藏版）　鉛印　半一

ハ25A j3-76 1　孝經頌義　岡本監輔　明治三四年六月刊（上海　商務印書館代印）　中一

ハ25A j3-77 1　李氏孝經注輯本　附曾子大孝〔編注〕　清李光地注　邵懿辰編并附　昭和四年四月刊（東京　文求堂）　影清咸豊七年一〇月刊仁和邵氏半巖廬所箸書之三　菊一

ハ25A j3-78 1　古文孝經詳解　三巻　又　j3-67　四六一

ハ25A j4-1 1　孝經〔學〕　七巻　清曹元弼　〔清宣統一年署〕刊　唐大一

ハ25A j4-2 1　又　清宣統一年署刊　唐大一

ハ25A j4-3 1　孝經疑問　明姚舜牧撰　清姚覲元校　清光緒一年三月刊（歸安　姚氏）　咫進齋叢書ノ中　唐大一

ハ25A j4-4 1　孝經〔鄭氏注〕　并又（孝經疑問）　漢鄭玄注　清嚴可均編　姚覲元校　同（同）同　唐大一

ハ25A j4-5 1　孝經郊祀宗祀説　清〔阮〕福　〔清〕刊（〔阮〕氏揅經室）　唐半一

ハ25A j4-6 1　孝經宗旨　并孝經引證　明羅汝芳撰　劉鱗長校　山〔崎〕崌崍（如山）校（引）明楊起元撰　同　同　文政二年四月刊（江戸　小林新兵衛・和泉屋吉兵衛）　覆承應一年一〇月刊本　大一

ハ25A j4-7 1　孝經通論　四巻　民國鄔慶時　民國二三年二月刊（上海　商務印書館）　國學小叢書ノ中　四六一

ハ25A j4-8 1	大學問	并孝經問 清毛奇齡 〔清〕刊 西河合集ノ中	唐大一
ハ25A j7-1 1	孝經	(唐開成石經) 序并第三諸侯章迄 唐〔玄宗〕注 拓摺	一舗
ハ25A j9-1 1	女學孝經	(鄭氏女學孝經) 唐陳邈妻鄭氏撰 題片山〔兼山〕點 明治六年三月刊（京 文華堂）	半一
ハ25A j9-2 1	又		大一
ハ25B 0-1 1	史學常識	民國徐敬修 民國一四年四月刊（上海 大東書局）	四六一
ハ25B 0-2 3	歷代帝王年表	三卷 清齊召南（明以後）阮福續編 清咸豐五年春跋刊（粵雅堂）粵雅堂叢書ノ中	唐中三
ハ25B 1-1 200	〔二十四史〕	清光緒二八年刊（史學會社）石印影清乾隆四年校刊本	唐中二〇〇
	史記	一三〇卷附補史記 漢司馬遷撰 劉宋裴駰集解 唐司馬貞索隱 張守節正義（附）司馬貞	唐中八
	前漢書	一〇〇卷 漢班固撰 唐顏師古注	唐中八
	後漢書	一二〇卷并考證 劉宋范曄撰 唐〔李〕賢注（卷一一—四〇志）梁劉昭補并注	唐中八
	三国志	魏志三〇卷并考證・蜀志一五卷并考證・呉志二〇卷并考證 晉陳壽撰 劉宋裴松之注	唐中四
	晉書	一三〇卷并考證・晉書音義三卷 唐太宗（音）何超	唐中八
	宋書	一〇〇卷并考證 梁沈約	唐中六
	南齊書	五九卷并考證 梁蕭子顯	唐中二
	梁書	五六卷并考證 唐姚思廉奉勅編	唐中二
	陳書	三六卷并考證 唐姚思廉	唐中一
	魏書	一一四卷并考證 齊魏收	唐中八
	北齊書	五〇卷并考證 隋李百藥	唐中二
	周書	五〇卷并考證 唐令狐德棻等	唐中二
	隋書	八五卷并考證 唐魏徵奉勅編	唐中六
	南史	八〇卷并考證 唐李延壽	唐中六
	北史	一〇〇卷并考證 唐李延壽	唐中八
	舊唐書	二〇〇卷并考證 後晉劉昫	唐中一六
	唐書	二二五卷并考證・唐書釋音二五卷 宋歐陽修・宋祁（附）董衝奉勅編	唐中一六
	舊五代史	一五〇卷并攷證 宋薛居正等	唐中六
	五代史	七四卷并考證 宋歐陽修撰 徐無黨注	唐中二
	宋史	四九六卷并考證・目錄三卷 元脫脫等奉勅編	唐中三二
	遼史	一一六卷并考證 同	唐中三
	金史	一三五卷并考證 同 清乾隆一二年七月欽定金國語解ヲ附ス	唐中八
	元史	二一〇卷并考證・目錄二卷 明宋濂等奉勅編	唐中一四

明史
三三二巻　清張廷玉等奉勅編
唐中二四

ハ25B 1-3 1
稿本正史總目
池田四郎次郎
大正一一年六月刊（編者）
菊一（大和綴）

ハ25B 1-4 1
後漢書律暦志筆解
三巻　平九峰（貴德）
近写（〔浜野知三郎〕）
大一

ハ25B 1-5 15
五代史
七四巻序目一巻　宋歐陽修撰　徐無黨注　明楊愼評　堀南湖（正脩）點〔村瀬栲亭〕（源之熙）校
安永二年冬刊　文化一〇年春修（大阪　前川嘉七等三都八肆）
大一五

ハ25B 2-1 1
史記辨誤
〔三〕巻本紀・表・書　恩田〔蕙樓〕（仲任）写
大一

ハ25B 2-2 3
史記列傳講義
一六巻　稲垣衣白（眞久章）
明治二五年五月刊　二八年九月印（第一〇版）
（二）二五年七月（三）一一月刊（東京　興文社）少年叢書漢文學講義ノ第七―九編
四六三（大和綴）

ハ25B 2-3 1
太史公叙賛蠡測
并史賛蠡測　森田莭齋講　山路〔機谷〕（濟）・五十川〔訒堂〕（淵）錄
近写　編輯方罫紙使用
大一

ハ25B 3-1 1
影唐寫本漢書食貨志
食貨志第四　漢班固撰　唐顔師古注
清光緒八年四月跋刊（遵義　黎氏）摸刻〔小島〕寶素摸真福寺蔵唐写本　古逸叢書ノ一二
唐大一

ハ25B 4-1 2
呉越春秋
六巻　漢趙曄撰　清汪士漢校
清康熙七年一〇月序刊
唐中二

ハ25B 4-2 6
國語定本
（春秋外傳國語定本）二一巻　呉韋昭解　宋宋庠補音　秦滄浪（鼎）編　村瀬〔石庵〕（誨輔）等校
文化六年六月跋刊　七年四月印（京　譽田屋仁兵衛・大坂　河内屋嘉七）
大六

ハ25B 4-3 2
春秋外傳國語解刪補
二巻　渡邊蒙庵（操）
寶暦一三年八月刊（京　文昌堂永田調兵衛・風月堂風月喜兵衛）
大二

ハ25B 4-4 1
國語律呂解
橘〔南谿〕（春暉）
寛政七年春刊（京　三文字屋太助）
大一

ハ25B 4-5 1
新鐫古今帝王創制原始
明謝紹芳撰　余震編　陳國樞等校
正保三年二月刊（〔京〕風月宗知）
大一

ハ25B 4-6 1
新譯十八史略
七巻附索引　元曾先之編　久保天隨譯并評
明治四四年五月刊（東京　至誠堂）新譯漢文叢書第六編
菊半一

ハ25B 4-7 1
十八史略新解
附語句索引　國語漢文研究會編　簡野道明校閲
昭和八年一月刊（東京　明治書院）
四六一

ハ25B 4-8 7
十八史略編年紀事字類講義
（編年記事十八史略字類講義）七巻　堀尾謙員講　佐々木春孝錄　松岡信貞校
明治一八年六月届（京都　九如堂佐々木慶助）
銅版　見返ニ共同出版製本所トアリ
中七

ハ25B 4-9 1
國策異同考
福家大有
寶暦一四年夏序刊（京　吉田四郎右衛門　吉田屋新兵衛）
大一

ハ25B 4-10 5
續十八史畧讀本
五巻 宮脇通赫
明治九年一一月序刊（東京 山中市兵衛）
大五

ハ25B 5-1 2
晏子春秋
四巻 旧題漢晏嬰撰 明黄之宷校
元文一年九月刊（京 植村藤右衛門・大坂 植村藤三郎等二都三肆）書入稠密 宋本ト校字
大二

ハ25B 5-2 8
闕里文獻考
一〇〇巻首・末各一巻 清孔繼汾
清乾隆二七年五月序刊
唐大八

ハ25B 5-3 10
國朝先正事畧
（正續清代名人事畧）六〇巻續編四巻（目作三〇巻）清李元度（續）朱孔彰編 蔣恭鎰等校
清光緒二八年夏・八月刊（上海 上海書局點石齋）石印
唐中一〇

ハ25B 5-4 1
自號録
宋徐光溥
享和三年刊（官板）
大一

ハ25B 5-5 8
史姓韻編
二四巻 清汪輝祖
清光緒二九年春月刊（上海 文瀾書局）石印
唐中八

ハ25B 5-6 12
校正尚友錄統編
二四巻 清錢湖撰 張元聲編
民國七年刊（上海 國學圖書局）石印
唐中一二

ハ25B 5-7 4
劉向新序〔纂註〕
一〇巻并附考 武井樗齋（驥）撰 山口絲等校
文政五年五月序跋刊〔明治〕印（東京 嵩山房小林新兵衛）
大四

ハ25B 5-8 2
蕺山先生人譜
并人譜類記二巻 明劉宗周撰 清洪正治編 谷〔繹齋〕（操）點
朱墨校正刷 天保一二年三月序 覆清道光四年六月序粵東信古齋刻字舗刊本
半二

ハ25B 5-9 4
清名家小傳
四巻 村瀬〔石庵〕（誨輔）
文政二年二月序刊（江戸 和泉屋金右衛門・和泉屋庄次郎他大坂名古屋二肆）
半四

ハ25B 5-10 2
說苑考
（劉向說苑考）二巻附劉向傳畧 桃白鹿（源藏）
寛政一二年九月刊（江戸 千鍾房須原屋茂兵衛）
大二

ハ25B 5-11 10
劉向說苑纂註
二〇巻 漢劉向撰 明程榮校 關玄洲（嘉）纂注
寛政六年三月刊（尾張 關氏興藝館藏板〈名古屋 東壁堂永樂屋片野東四郎〉）
大一〇

ハ25B 5-12 2
聖賢像賛
（目）四巻
寛永二〇年一月刊〔後印〕（京 上村次郎衛門）刊記陰刻 或ハ印年モ附加カ
大二

ハ25B 5-13 2
說郛
存弓五七群輔錄（晉陶潛）眞靈位業圖（梁陶弘景）弓七七小名錄（唐陸龜蒙）侍兒小名錄（宋王銍・温豫・洪遂・張邦幾）釵小志（唐朱揆）粧樓記四種（唐張泌）粧臺記（唐宇文氏）靚粧錄（版心〈内題カケ〉・唐温庭筠）髻鬟品（唐段柯古）
〔清〕刊
唐半二

ハ25B 5-14 4
廿二史言行略
四二巻 清過元昣編 矢土勝之點 巖谷修校閲
明治一七年五月—一八年五月刊（東京 鳳文館前田圓）石印
半四

ハ25B 5-15 6
百歳敍譜
六巻 清丁文策・陳師錫編 王文濡校
民國一一年一二月刊（上海 中華書局）石印鉛
岡野知十旧蔵
唐中六

ハ25B 5-16 3
標題徐状元補注蒙求
(新板蒙求)三巻 唐李瀚撰 宋徐子光注
〔寛永〕刊 寛文〔 〕年四月印(〔京〕中野小左衛門) 寛文乙亥トアルモ寛文ニ乙亥ナシ 寛永乙亥(一二)ヲ寛文ト改メシカ
大三

ハ25B 5-17 3
重新點校附音増註蒙求
(韓本蒙求)三巻 唐李瀚撰注 細谷方明點
享和二年九月刊(京 菱屋孫兵衛・大坂 日野屋彦左衛門等二都四肆)
半三

ハ25B 5-18 3
〔舊注〕蒙求
三巻舊註蒙求考異三巻(巻一ハ本文内ニ) 唐李瀚撰注 亀田鵬齋(興)校並考異
〔寛政一二年〕刊 文化一一年春修(勵風館藏板)
唐本(明版カ)一葉挟込 考異中下ハ巻末ニ分ク 上ハ本文内ユエムシロ二巻トスベキカ
大三

ハ25B 5-19 1
同
三巻 同 亀田鵬齋(興)校
写 同前本 但シ中下巻末ノ考異ハナシ
大一

ハ25B 5-20 3
標題除状元補注蒙求校本
(箋註蒙求校本)三巻 唐李瀚撰 宋徐子光注 岡〔田龍洲〕(自駒)箋注 佐々木向陽(玷)標疏
明治一六年四月刊(大阪 寶玉堂岡島眞七)石印鉛 彩色刷地圖入
中三

ハ25B 5-21 1
蒙求標題
三巻 河〔原井臺山〕(保壽)書〔片〕山兼山(世璠)校
明和七年七月刊(江戸 嵩山房小林新兵衛)藤森天山旧蔵
大一

ハ25B 5-22 1
蒙求國字解
并附録 桂湖村(五十郎)
大正六年一一月刊(東京 早稲田大學出版部)先哲遺著追補漢籍國字解全書第四五
菊一

ハ25B 5-23 1
蒙求鈔
頼成一編
昭和七年一〇月刊(東京 帝國書院)鉛印 中等教科書見本
半一

ハ25B 5-24 3
〔冠解〕蒙求標題大綱鈔
三巻〔毛利〕虚白
天和三年一月刊(京 毛利氏虚白堂)
半三

ハ25B 5-25 1
蒙求標題詠
三巻 樋口碩果(好古)撰 兒玉雅氏校
文政三年冬刊(名〔古屋〕永樂屋東四郎)
小一

ハ25B 5-26 1
和譯蒙求
蒙求和歌一四巻附蒙求原文・蒙求題詠 千勝義重編注(歌)源光行(原)唐李翰(詠)加納諸平
明治四四年六月刊(東京 文成社)
三六一

ハ25B 7-1 1
官職通解
千葉芸閣(玄之)
安永五年一一月刊 文政九年印(江戸 萬笈堂英平吉)
半一

ハ25B 7-2 24
欽定大清會典
(武英殿聚珍版書)一〇〇巻首一巻 清傅恒等奉勅編
清刊(江南省)
唐中二四

ハ25B 7-3 1
權量撥亂
山田圖南(正珍)
天明四年四月刊(〔江戸 山田氏〕カ稽古閣藏板〔江戸 西村源六等五肆〕)
半一

ハ25B 7-4 2
皇朝謚法考
五巻續編一巻補編一巻續補編一巻 清歙鮑康(續補編)徐士鑾
清同治三年一二月刊
唐大二

ハ25B 7-5 1 匠人測量定方圖説
仲〔村惕齋〕（欽）撰〔曾我部容所〕（源元寛）校
明和五年五月刊（〔曾我部氏〕容塾藏板）圖入
柳原紀光旧蔵
半一

ハ25B 7-6 2 度量徵
二巻 田内鴻亭（啓）
嘉永一年四月序刊（京 田内氏藏板）凡例末
不㆑顧㆓厚顔㆒終剌爲㆓家藏㆒
半二

ハ25B 7-7 1 避諱攷
諸橋轍次
〔昭和三年一〇月〕刊 倫理教育研究第七巻第
二四號別册 著者謹呈本
菊一

ハ25B 7-8 1 〔官刻〕六諭衍義
清范鋐注〔荻生徂徠〕（物茂卿）點
享保六年一一月刊（江戸 須原屋茂兵衛等六肆
〈官版〉）太田全齋・伊佐早謙旧蔵
大一

ハ25B 7-9 1 律原發揮
中根元珪（璋）
元禄六年九月序刊（京 甘節〔堂〕梅村彌白）
図入
大一

ハ25B 8-1 3 宋李盱江先生文抄
三巻富國策・強兵策・安民策 宋李覯撰 杉原
心齋編校
慶應二年一一月刊（江戸 文苑閣鈴木喜右衛門）
大三

ハ25B 9-1 1 禹貢辯疑
小越北溟（平陸）
近刊 銅版地圖入
菊一

ハ25B 9-2 2 桂海虞衡志
宋范成大撰 窪木俊點
文化九年三月跋刊（下総 窪木氏睡僊堂臧板
〈江戸 須原屋伊八〉）
中二

ハ25B 9-3 1 荊楚歳時記
晉宗懍撰 明徐仁中校 山内洗心齋（元春）點
元文二年四月刊〔後印〕（江戸 須原屋市兵衛）
序ニ初印書林北田氏 舊剌漫滅且訓點謬誤不少
大一

ハ25B 9-4 1 新刻泰山小史
并首・附錄 明蕭協中撰 民國趙新儒校并注
民國二一年冬月刊（泰山 趙氏藏板）鉛印
唐大一

ハ25B 9-5 1 又
唐大一

ハ25B 9-6 1 〔閩書〕南産志
二巻閩書巻一五〇・一五一 明何喬遠編 都賀
庭鐘點
寛延四年六月刊〔後印〕（大坂 柏原屋清右衛
門）版心辛夷舘臧
大一

ハ25B 9-7 6 歴代地理志韻編今釋
二〇巻皇朝輿地圖一巻皇朝輿地韻編二巻 清李
兆洛編 六嚴等編校
清光緒二九年二月刊（上海 蜚英館）石印
唐中六

ハ25C 0-1 1 諸子解題
（外題）
近写（浜野知三郎）
半一（仮綴）

ハ25C 0-2 1 諸子要目
池田蘆洲（四郎次郎）
昭和四年一〇月刊（東京 池田氏修省書院〈東
京 松雲堂〉）鉛印 袋附
中一

ハ25C 3-1 1 子學常識
民國徐敬修
民國一四年四月刊（上海 大東書局）國學常識
之六
四六一

ハ25C 3-2 1 諸子通誼
三巻 民國陳鐘凡
民國一四年三月刊（上海 商務印書館）東南大
學叢書之中
菊一

ハ25C 5-1 1　**諸子大意**　萩原西疇（裕）　明治二六年九月刊（東京　益友社）　小菊一

ハ25C 5-2 1　**同**　同　近写（佐村〔八郎〕）　半一

ハ25C a0-1 2　**儒林宗派**　一六巻　清萬斯同　清宣統三年二月刊（浙江　浙江圖書館）　唐半二

ハ25C a1-1 1　**荀子遺秉**　二巻附史記孟子荀卿列傳　桃白鹿（源藏）　寛政一二年一月刊（京　水玉堂葛西市郎兵衛）　森立之旧蔵　大一

ハ25C a1-2 8　**荀子〔箋釋〕**　二〇巻附荀子校勘補遺　唐楊倞注　清謝墉箋釋　朝川善庵（鼎）等校　文政一三年三月跋刊（平戸　維新館藏板）覆清乾隆五一年七月跋嘉善謝氏藏版本　書入本　大八

ハ25C a1-3 10　**荀子**　（荀子全書）二〇巻　唐楊倞注　延享二年六月刊（但シ秋序アリ）（京　葛西市郎兵衛好廷）覆明世德堂刊本〔佐〕藤〔敬庵〕（惟孝）書入本　※　初中根元珪刊行セントス不果　大一〇

ハ25C a1-4 11　**荀子〔增註〕**　二〇巻荀子補遺一巻　唐楊倞注〔片〕山〔兼山〕（世璠）編　久保筑水（愛）增注　土屋型校（補）豬飼〔敬所〕（彦博）　文政八年春・〔文政一三年九月〕刊〔修〕〔明治〕印（大阪　文榮堂前川善兵衛）凡例改刻　大一一

ハ25C a1-5 1　**荀子哲學概說**　堀内茂　昭和一三年二月刊（東京　弘道館）　四六一

ハ25C a1-6 1　**荀子補遺**　豬飼敬所（彦博）撰　三宅弘校　文政一三年九月刊（京　水玉堂葛西市郎兵衛）　大一

ハ25C a1-7 1　**荀子補注**　二巻　清郝懿行　〔清末〕刊　齊魯先喆遺書之中　唐大一

ハ25C a1-8 1　**補訂讀荀子**　写　（增補讀荀子）二巻〔荻生〕徂徠撰〔戸〕埼〔淡園〕（允明）補訂　大一（仮綴）

ハ25C a1-9 2　**同**　写　五巻　同　同　大二

ハ25C a1-10 1　**君道**　漢荀卿撰　入江〔北海〕（貞）注　安永九年秋序刊（愚谷園藏版）　大一

ハ25C a2-1 1　**訓點忠經**　漢馬融撰　佐藤益民點　明治一五年五月刊（東京　文苑堂藤田榮次郎・文芸堂飯島有年）　半一

ハ25C a2-2 1　**忠經**　漢馬融撰　濱野知三郎校并標注　昭和一五年二月刊（再版　東京　斯文會濱野氏）　昭和一〇年一〇月初版　菊一

ハ25C a2-3 1　**忠經衍義**　市川本太郎　昭和一二年四月刊（東京　東洋學術研究所〈東京　照林堂〉）鉛印　半一

ハ25C a2-4 1　**鼇頭句解忠經講義**　春日〔潛庵〕（仲淵）　明治一七年一月刊（大阪　吉岡平助）　半一

ハ25C a2-5 1　**御覽頒行忠經集註詳解**　（新板忠經集註詳解・標注本）漢馬融撰　鄭玄注　明余昌年校　元祿四年九月刊（江戸　松葉清四郎貞知）覆左　明暦二ニ対スル新板カ　韓陽序ハ覆刻ニ非ズ　大一

ハ25C a2-6 1
同
同　同　同
明暦二年三月刊（京　小嶋弥左衛門）
大一

ハ25C a2-7 1
同
同　同　同　宇〔都宮〕遯菴（的）首書
元禄二年三月跋刊（京　淺見吉兵衛）書入本
大一

ハ25C a2-8 1
又
（頭書忠經集註詳解）
文政八年秋〔以後後印〕（江戸　嵩山房小林新兵衛）刊記　文政八酉年秋　洛室町中立賣上ル町　書林　平野屋善兵衛求版
大一

ハ25C a2-9 1
繪本忠經
（版心）高井蘭山撰　葛飾北齋（爲一老人）画
天保五年一月刊（江戸　嵩山房須原屋新兵衛）
口繪彩色刷
半一

ハ25C a4-1 4
近思錄〔集解〕
一四巻　宋朱熹・呂祖謙編　葉采集解　明呉勉學校
〔寛文八年〕刊　同一三年三月印（京　吉野屋權兵衛）
大四

ハ25C a4-2 5
小學句讀集疏
一〇巻　竹田〔春庵〕（定直）編　貝原益軒（篤信）鑒定
明治一六年九月刊（東京　山中市兵衛）鉛印
半五

ハ25C a4-3 4
小學纂註
六巻附文公朱夫子年譜・朱子小學總論　清高愈撰　高星校
〔清末〕刊（歙西　豊芑堂）
唐半四

ハ25C a4-4 4
小學〔纂註〕
（重訂小學纂註）六巻附小學總論　清高愈撰　北條〔霞亭〕（讓）校
文政五年夏刊（福山　誠之館藏板〈江戸　英平吉等三肆〉）覆清康熙三六年九月序刊本
大四

ハ25C a4-5 4
小學集註
六巻忠經〔集註〕一巻〔明陳選〕（忠）漢鄭玄
〔民國〕刊（上海　華英書局）石印　帙上海　文瑞樓印行　孝經欠カ　題簽附忠孝經
唐中四

ハ25C a4-6 1
白鹿洞學規〔集註〕
山崎闇齋（嘉）
安政五年秋刊（江戸　岡田屋嘉七）覆慶安三年一二月序刊本
大一

ハ25C a4-7 1
白鹿洞書院掲示
并同附錄　宋朱熹（附）山口〔剛齋〕（景徳）
天明七年一一月刊（津和野府學養老舘藏版〈大阪　河内屋八兵衛・播磨屋九兵衛〉）
大一

ハ25C a4-8 1
白鹿洞書院掲示解義
附白鹿洞書院掲示　佐藤一齋（附）宋〔朱〕熹
明治五年九月跋刊（静岡　益習草堂矢口泰藏板）
半一

ハ25C a4-9 1
白鹿《はくろく》洞《とう》書院《しよゐん》掲示《かつし》〔副譯〕
長野秋就
寛政七年八月刊（大阪　稲葉新右衛門）
半一

ハ25C a4-10 1
掲示問
（白鹿洞書院掲示）佐藤〔一齋〕（坦）
文政六年九月刊
半一

ハ25C a4-11 1
白鹿洞書院掲示解義
并附　又 a4-8
明治七年官許　一一月跋修　郁岡良弼旧蔵　前者ニナイ明治六年五月穀軒望月綱序ヲ附ス　跋ノ年紀ヲ改ム
半一

ハ25C a4-12 1
朱子行狀
朝鮮李滉
〔江戸前期〕刊
大一

ハ25C a4-13 1
近思録示蒙句解
附訓蒙用字格　中村惕齋（欽）（附）伊藤東涯（長胤）撰　早稲田大學出版部編　大正一五年一〇月刊（東京　編者）先哲遺著漢籍國字解全書第八巻
菊一

ハ25C a7-1 3
傳習録
三巻附傳習録欄外書三巻　明王守仁撰　徐愛編録　徳洪補（附）佐藤一齋（坦）撰　南部保城編校　明治三六年六月刊（訂正三版　南部氏啓新書院藏版〈東京　松山堂〉）鉛印
半三

ハ25C a7-2 1
陽明先生年譜
（王陽明先生年譜・陽明先生集要三編所輯本）明施邦曜撰　濱野知三郎編校　昭和一一年七月刊（東京　斯文會）鉛印
半一

ハ25C a7-3 1
又
半一

ハ25C a8-1 6
國朝漢學師承記
八巻附國朝經師經義目録一巻・國朝宋學淵源記二巻・同附記一巻　清江藩編　譚瑩玉校　清光緒一一年一〇月刊（校經山房〈掃葉山房〉）
唐中六

ハ25C a8-2 1
中西學門徑書七種
長興學記（清康有為）輶軒今語（清徐仁鑄）時務學堂學約附讀書分月課程表（清梁啓超）讀春秋界説上（同上）讀孟子界説（同上）幼學通議（同上）讀西學書法（同上）西學書目表三巻附一巻（同上）清梁啓超編　清光緒二四年三月序刊（上海　大同譯書局）石印
唐中合一

ハ25C a8-3 2
劉孟瞻先生年譜
（儀徵劉孟瞻年譜）二巻并附録　小澤文四郎　昭和一四年三月序刊（北京　小澤氏文思樓）鉛印
大二（唐本）

ハ25C a9-1 2
女四書集註
（封面）曹大家女誡并宋若昭女論語・王節婦女範捷録・仁孝文皇后内訓合四巻　明相晉升〔清末〕刊（維新書局）
唐半二

ハ25C a9-2 1
三字經註解備要
清賀與思撰　余廷霖校　清光緒二五年五月刊（上海　掃葉山房）鉛印
唐中一

ハ25C b1 2
莊子南華眞經
（莊子内篇・外篇）二巻　田中慶太郎編校　昭和四年三月・同五年二月刊（東京　文求堂）影明呉勉學校刊本
四六二

ハ25C b2 1
莊子南華眞經
（莊子雜篇）巻三附莊子内篇難字音義　同　昭和七年五月刊（東京　文求堂）影同前刊本
四六一

ハ25C b3 1
莊子私記
眞澄主人　写（自筆稿）
大一（仮綴）

ハ25C b4 2
宋呂觀文進莊子義
一〇巻并附録　宋呂惠卿撰　民國陳任中校　北平圖書館編　民國二三年四月刊（但シ五月序アリ）鉛印
唐大二

ハ25C b5 2
莊子神解
葛〔西〕因是撰　中村錫等校　文政五年刊（上善堂藏板）
大二

ハ25C b6 1
袖珍莊子新解
岩垂蒼松（憲徳）　明治四三年九月刊（東京　文華堂）
菊半一

ハ25C b7 1　黄帝陰符經諸賢集解　明唐璉編　写　流芳堂罫紙使用　大一

ハ25C b8 1　太上感應篇直講　民國一一年四月刊（上海　宏大善書局）石印　唐中一

ハ25C b9 1　又　唐中一

ハ25C b10 2　文子纘義　一二巻　宋杜道堅撰　清王詒壽等校　〔清〕刊　覆武英殿聚珍版カ　巻首破欠　唐半二

ハ25C b11 1　抱朴子校補　民國孫人和　〔民國〕刊　鉛印　唐大一

ハ25C b12 4　道藏目録詳註　四巻附大明續道藏經目録　明白雲霽　〔民國〕刊（退耕堂）影文津閣四庫全書本　唐中四

ハ25C c1 1　道德經述義　二巻　民國徐紹楨　民國九年刊　一六年印（再版　著者〈商務印書館〉）鉛印　唐小一

ハ25C c2 1　老子解義　二篇　簡野虚舟（道明）　大正一三年九月刊（東京　明治書院）　菊一

ハ25C c3 1　老子玄玄解　民國黄元炳　民國一四年一一月序刊（無錫　黄氏藏版　〈上海　醫學書局〉）鉛印　唐大一

ハ25C c4 1　老子原始　附諸子攷略　武内義雄　大正一五年一〇月刊（京都　弘文堂）　菊一

ハ25C c5 1　老子通　二巻老子道德經攷異二巻老子〔通義〕二篇老子目録附紀異　明沈一貫（攷）清畢沅（義）明朱得之撰〔安藤弘〕編　〔明治〕刊（〔東京　東洋大學出版部〕）シc4-1（明治四二年一〇月刊）ト別版　解題ナシ　半一

ハ25C c6 1　老子道德經〔集説〕　二篇附先考東嵎先生行實　渡東嵎（政輿）撰　市村瓚次郎・渡致雄校　明治四五年一月刊（東京　渡氏長五郎拜經堂蔵板）鉛印　大一

ハ25C c7 1　老子新注　二篇并附錄　民國繆爾紓　民國一二年一〇月刊（上海　新文化書社・雲南新亞書社）附老子等裁判記録　四六一

ハ25C c8 1　老子是正　張靜　寛延四年五月刊（但シ六月跋アリ　玄玄齊藏板〈江戸　千鍾堂〉）　半一

ハ25C c9 1　老子説　二篇　石田東陵（羊一郎）　昭和一一年七月刊（東京　文求堂）影自筆稿本　十駕室遺著之中　半一

ハ25C c10 3　老子道德經　（標注本）二篇并古今本攷正・道德經附錄　魏王弼注（附）明孫鑛撰〔岡田〕阜谷（東贇）標注并校　享保一七年八月〈跋〉刊（〔江戸〕盧橘堂）　大三

ハ25C c11 2　老子道德眞經　（標注本）二巻　魏王弼注　唐陸德明音　宇〔佐美灊水〕（惠）校　明和七年五月刊（江戸　須原屋平助・須原屋茂兵衛）東條〔一堂〕説書入本　大二

ハ25C c12 1
老子道德經
（老子王弼注・文求堂刊誤本）二篇 魏王弼注
石田羊一郎校
昭和九年一二月刊（東京 文求堂）
菊一

ハ25C c13 1
老子道德經箋注
附老子道德經書目攷 民國丁福保
民國一六年二月刊（無錫 丁氏藏版〈上海 醫學書局〉）鉛印
唐大一

ハ25C c14 2
道德經輯注
（老子輯注）二篇 葛〔西〕因是（質）撰 葛〔西〕無害・伊藤明校
文化一三年刊（奥一一月 江戸 須原屋伊八等三都五肆）
大二

ハ25C c15 1
同
（同）二篇 同 同
民國一四年春月刊（上海 中華書局）聚珍仿宋版 玄玄齋叢書之中
唐大一

ハ25C c16 6
老子翼
（老子翼註）附錄考異共六巻 明焦竑撰 王元貞校 小出永菴（立庭）點
承應二年九月刊 寛延四年一月〔修〕（京 梅村三郎兵衛）跋ニ初刊小嶋氏也ト 修丁多シ
覆明萬曆一六年清明日序刊本
大六

ハ25C d1 1
詰墨
并疑孟 漢孔鮒（孟）宋司馬光
写
大一

ハ25C d2 1
墨子講義
（墨子 文中子講義）一五巻并文中子中說講義 内藤耻叟
明治二六年七月刊（東京 博文館）支那文學全書第二〇編
四六一

ハ25C e1 6
管子
（明呉郡趙氏本）二四巻 唐房玄齡注
民國九年刊（上海 掃葉山房）石印
唐中六

ハ25C e2 6
又
唐中六

ハ25C e3 1
管仲非仁者辨
日尾荊山（瑜）撰 日尾〔省齋〕（約）・大屋直校
嘉永五年刊（相摸 大屋氏對嶽塾藏版）
大一

ハ25C e4 7
〔乾道本〕韓非子
二〇巻韓非子識誤三巻（識）清廣圻撰 片山〔述堂〕（格）・朝川〔同齋〕（鼎）點
弘化二年刊（奥一一月 脩道館藏板）覆清嘉慶二一年八月序二四年一月跋覆宋乾道一年中元日黄三八郎刊本
大七

ハ25C e5 1
韓非子荀子鈔
附備考 第八高等學校編
大正四年五月刊 同七年八月印（再版 編者）
鉛印 貼附紙ニ藤塚先生注トアリ
半一

ハ25C e7 1
增讀韓非子
四巻（版心作二〇巻）并韓子附録〔荻生〕（物）徂徠（雙松）點 蒲坂〔青莊〕（圓）增
享和二年七月序跋刊（蒲坂氏脩文齋藏版〈大坂 龍章堂・稱觥堂〉）
大一

ハ25C f1 2
七書
（附訓本）孫子三巻呉子二巻黄石公三略三巻司馬法三巻尉繚子五巻六韜六巻唐太宗李衛公問對三巻 釈元佶校
正保三年五月刊 覆刻
大合二

ハ25C f2 1
魏武帝註孫子
三巻 魏武帝注 岡〔田龍洲〕（白駒）校
寶曆一四年二月序刊〔後印〕（〔蓮池藩〕〈京 村上勘兵衛〉）
大一

ハ25C f4 2
孫子活說
（書入本）二巻 犬飼松窗（博）撰 三餘塾門人校
慶應一年閏五月序刊（倉敷 僊松樓大坂屋源介）
大二

ハ25C f5 2
孫子合契
二巻 佐々木〔琴臺〕（源世元）
安政二年五月刊（江戸 玉山堂山城屋佐兵衛）
大二

ハ25C f6 2
孫子提要
二巻　梯箕嶺（隆恭）撰　松木肅等校
文化一三年二月刊（成章堂藏板）
大二

ハ25C f7 1
孫子讀本
（二段傍注本）三巻　保岡〔嶺南〕（孚）撰　保岡正等校
近刊　弘化四年南至序
半一

ハ25C f8 1
孫子の新研究
阿多俊介
昭和五年一〇月刊　一一月印（再版　東京　六合館）
四六一

ハ25C f9 1
又
昭和九年一〇月印（六版　東京　林平書店）林平次郎ナレバ前者六合館ト実質同　扉同　函六合館　荒木貞夫序増（昭和九年四月十三日）
四六一

ハ25C g1 1
仇池筆記
二巻　民國夏敬觀校
民國八年二月跋刊　同九年九月印（三版　上海　涵芬樓商務印書館）鉛印翻會慥類説鈔本・四庫全書本・傳是樓鈔本
唐大一

ハ25C g2 4
漁洋説部精華
一二巻　清王士禛撰　劉堅編
民國三年刊（上海　木石居〔掃葉山房〕）石印
唐中四

ハ25C g3 1
古今諺補
明揚慎編　菅〔井覇陵〕（敬勝）補
天明四年三月序刊
大一

ハ25C g4 1
古今注
三巻　晋崔豹撰　明唐琳點校　〔山〕縣〔洙川〕（子祺）校
寛延二年五月刊（京　丸屋市兵衛・山田三郎兵衛）
大一

ハ25C g5 8
五雜組
一六巻　明謝肇淛
寛文一年一一月刊〔修〕（京　小林庄兵衛等七肆）覆明刊本
半八

ハ25C g6 1
雜纂正編
并次編・三續・四續　唐李商隠（次）宋王君玉（三）宋蘇〔軾〕（四）明黄允交
寳暦一二年九月刊（京　唐本屋吉左衛門）
大一

ハ25C g7 1
雜纂四種
雜纂續（宋王君玉）雜纂三續（明黄允交）雜纂新續（清韋先歡）廣雜纂（清顧祿）
明治四二年四月写（濵野知三郎）文久一年九月・二年小春序岸田櫻校文瀾齋袖珎蓺書本ノ抽写
大一

ハ25C g8 2
山海経
一八巻　晋郭璞（ママ）注
〔民國〕刊（上海　涵芬樓）影江安傅氏雙鑑樓蔵涵芬楼題明成化四年五月刊本（成化六年一月序刊本）四部叢刊子部ノ中
唐中二

ハ25C g9 1
集古偶錄
明陳星瑞撰　曹夢賚編　李曉江校　井田讓點
安政六年盛夏跋刊（井田氏死不休齋藏板）
中一

ハ25C g10 2
塵餘
〔謝肇淛塵餘〕二巻　明謝肇淛
寛政一〇年一一月序刊　文政一年一〇月印（京　五車樓菱屋孫兵衛）覆明萬曆三五年八月序刊本
半二

ハ25C g11 1
聽雨紀談
附解題　明都穆（附）德富蘇峰（猪一郎）
昭和六年四月刊（東京　民友社）朱墨套印影成簣堂藏明嘉靖刊釈策彦書入将来本　袋附　新成簣堂叢書第一冊
大一

ハ25C g12 28
通雅
五二巻首三巻　明方以智編　清姚文燮校　立教舘點
刊　文化二年一二月印（白川　前川傳吉他三都四肆〈立教舘〉）覆清康熙五年夏序刊本　講道館旧藏
大二八

ハ25C g13 6
東塾讀書記
一五巻　清陳豊
民國一五年刊（上海　掃葉山房）石印
唐中六

ハ25C g14 4
定香亭筆談
四巻　清阮元撰　呉文溥等録
清光緒一〇年四月刊（瀬江　宋氏）　唐中四

ハ25C g15 3
輟畊録
三〇巻　明陶宗儀
〔明末〕刊（湖南　毛晋汲古閣）成化五年八月跋　唐大合三
森立之旧蔵

ハ25C g16-い 6
陳眉公重訂野客叢書
一二巻并附録　宋王楙編　明張昞校
承應二年六月刊（〔京〕中野氏是誰）覆明萬暦
三一年三月序刊本　大六

ハ25C g16-ろ 1
物類相感志
宋蘇軾
元祿三年一月刊〔後印〕（京　須原屋平左衛門）　半一
森立之旧蔵書入本　※

ハ25C h1 5
淮南鴻烈解
二一巻　漢高誘注　明茅坤批　鵜〔飼〕石齋
（子直）點
寛文四年一月刊（京　前川權兵衛）覆明刊本
安永七年二月・八月河野晉校合書入本　大五

ハ25C h2 4
淮南鴻烈解
（淮南子）二一巻
民國一二年刊（上海　埽葉山房）石印　初版民
國四年　唐中四

ハ25C h3 1
顔氏家訓
二巻　北齊顔之推
寛文二年三月刊〔後印〕書肆名削去　覆明建寧
府通判盧陵羅春刊本　大合一

ハ25C h4 1
菜根譚
二巻　明洪自誠撰　汪乾初校　林蓀坡（瑜）點
昭和九年一一月刊（東京　松雲堂）石印影文政
五年五月序刊本　四六一

ハ25C h5 1
同
存巻下
大正一四年刊（東京　松山堂）石印影文政五年
五月序刊本　中一

ハ25C h6 1
菜根譚通解
前後二篇　河村北溟
明治三三年五月刊　三四年一一月印（再版　東
京　青木嵩山堂）　菊半一

ハ25C h7 2
標註續菜根譚
二巻　清石成金編　杉原夷山標注
明治四二年六月刊（東京　松山堂）鉛印　袋入　小二

ハ25C h9 6
呂氏春秋
（畢氏靈巖山館校刻本）二六巻并附攷　漢高誘注
清王詒壽等校
清光緒一年刊（浙江書局）　唐大六

ハ25D 1 1
朱舜水全集
并附録　稲葉君山（岩吉）編
明治四五年四月刊（東京　文會堂）　菊一

ハ25D 2 22
揅經室集
一集一四巻二集八巻三集五巻四集二巻詩一一巻
續一—五輯一一巻　清阮元撰　弟亨梅叔校（續）
孫恩浩恭校
清道光三年序刊（續）同一九年刊（阮氏文選樓）　唐大二二
画入

ハ25D 3 3
同
一集巻九・一〇、三集巻一—三
写（或ハ浜野氏カ）　大三

ハ25D 4 24
春融堂集
六八巻述庵先生年譜二巻附春融堂襍記八種　清
王昶撰　王肇和・王紹成校（年）嚴榮
清嘉慶一二年四月・一三年七月刊（塾南書舎藏
版）※　唐大二四

ハ25D 5 16
潛研堂文集
五〇巻　清錢大昕
写　薄様　清嘉慶一一年九月段玉裁序　大一六

26 現代中国思想

ハ26 1 1
君子之道本諸身
民國時春升（香山）
民國二〇年一二月序刊　時春升敬贈本
四六一

29 教育

ハ29 1 1
教育辭彙
附傳記・獨英和教育熟語對譯　育成會編
明治三五年五月刊　一〇月印（三版　東京　編者）
菊半一

ハ29 3 1
小學科教授法
町田則文
明治二八年八月序刊（東京　金港堂）
菊一

ハ29 5-1 1
維新前東京市私立小學校教育法及維持法取調書
并附録　大日本教育會編
明治二五年一〇月刊（東京　編者）
四六倍一

ハ29 5-3 2
〔東京文理科大學 東京高等師範學校〕創立六十年
并附圖・附表　東京文理科大學・東京高等師範學校編
昭和六年一〇月刊（東京　編者）
菊一 附三〇舗

ハ29 5-4 1
修訂日本教育史
二巻　佐藤誠實編　文部省總務局圖書課校
明治三六年七月刊（東京　大日本圖書）
菊一

ハ29 5-5 9
日本教育史資料
二五巻　文部省總務局（巻一六〈第六冊〉以下文部大臣官房報告課）編
明治二三年七月—二五年九月刊（〔東京〕　編者）
四六倍九

ハ29 5-6 1
平泉叢書 養賢堂學制
（題簽）乾　講堂小誌・謠曲三章　大槻平泉
明治二五年九月刊（仙臺　大槻清雅）　鉛印
半一

ハ29 6-1 1
岩波講座　教育科學
第二册
昭和六年一一月刊（東京　岩波書店）
菊一

ハ29 6-2 1
日本諸學振興委員會研究報告
第一篇教育學　文部省思想局編
昭和一二年一月刊（〔東京〕　編者）
菊一

ハ29 7-1 1
教育に關する勅語御下賜四十年記念展覽會目錄
自昭和五年十月二十三日至昭和五年十月二十六日　東京文理科大學編
昭和五年一〇月刊（東京　編者）
四六一

ハ29 7-2 1
教育に關する勅語渙發四十周年記念展覽會目錄
自昭和五年十月四日至同八日　廣島文理科大學編
昭和五年一〇月刊（廣島　編者）
四六一

ハ29 7-3 1
斯文黌規則
并報告・斯文學會規則附諸規則　斯文學會編
明治一三年九月刊（〔東京〕　編者）　鉛印
中一（仮綴）

ハ29 7-4 1
立教館令条
并解説　松平定信（解）樂翁公遺德顯彰會
昭和一三年六月序刊（解説者）　影松平定晴藏
文化六年自筆本
大一

ハ29 9-1 1　中國人日本留學史稿　實藤惠秀　昭和一四年三月刊（東京　日華學會）　菊一

ハ29 9-2 1　日華學會二十年史　附東亞學校學生諸表　日華學會編　昭和一四年五月刊（東京　編者）　菊一

30　文学

ハ30 1-1 1　世界文學者年表　芳賀矢一　明治三七年一一月刊（東京　冨山房）　菊一

ハ30 1-2 1　文學者年表　并附錄　芳賀矢一　明治二五年九月序刊（東京　冨山房）前者ノ初版本　菊一

ハ30 4-1 1　美文韻文作文辭書　石田道三郎編　明治三八年九月刊（但シ一〇月序アリ　東京　郁文舍）　四六一

ハ30 4-2 5　普通教育作文指掌　四編并首編　喰代愼齋（豹藏）編　明治二七年一月刊（東京　興文社鹿島長次郎）　半五

31　国文学

ハ31 0-1 1　古今歌文書綱要　金子元臣・花岡安見　明治三六年九月刊（東京　明治書院）鉛印　半一

ハ31 0-2 1　國文學書解題　多治見武雄編　小杉榲邨校閲　明治三六年六月刊（東京　大學舘）　四六一

ハ31 0-3 1
國文註釋書解題
附補遺　永井一孝
明治三一年一〇月序刊（東京　東京專門學校藏版）
菊一

ハ31 0-4 1
日本文學書誌
石山徹郎
昭和九年九月刊（東京　大倉廣文堂）
菊一

ハ31 1-1 1
日本文學史辭典
并附錄　佐々政一・山内素行編　上田萬年閲
明治三九年九月刊（東京　金港堂）
四六一

ハ31 1-2 2
日本文學史表覽
別册共　沼澤龍雄編
昭和九年六月刊（東京　明治書院）
菊二

ハ31 1-3 1
日本文學者年表
第一册附索引　赤堀又次郎編
明治三五年六月刊（帝國文學會藏版〈東京　大日本圖書〉）
菊一

ハ31 1-4 1
日本文學者年表續篇
并附錄　森治藏編　今園國貞補
大正八年四月刊（東京　大日本圖書）
菊一

ハ31 1-5 1
日本文學者年表
（增訂改版第一册）附悉曇聲明等書目錄并索引
赤堀又次郎
大正一五年一二月刊（東京　武蔵野書院）シ1-4
昭和二年六月修（再版　誤植訂正）
菊一

ハ31 2-1 12
近世文藝叢書
國書刊行會編
明治四三年七月—四五年二月刊（東京　編者）
菊一二

ハ31 2-2 1
國文學歷代選
并備考　芳賀矢一編
明治四一年二月刊　五月修（訂正第二版　東京文會堂）
菊一

ハ31 2-3 16
國文註釋全書
第四・一四・一五・一七欠　室松岩雄編
明治四〇年一二月—四三年九月刊（東京　帝國書院〈第三册以下東京　國學院大學出版部〉）
菊一六

ハ31 2-4 10
新群書類從
國書刊行會編
明治三九年四月—四一年九月刊（東京　編者）（第四）四〇年一〇月刊（但シ同年一二月序）
菊一〇

ハ31 2-5 12
德川文藝類聚
國書刊行會編
大正三年四月—五年二月刊（東京　編者）
菊一二

ハ31 3 1
近古時代文藝思潮史
應永・永享篇　齋藤清衞
昭和一一年一月刊（東京　明治書院）
菊一

ハ31 5-1 1
北村季吟傳
石倉重繼（花笠主人）
明治三一年一月刊（東京　三松堂松邑書店）
四六一

ハ31 5-2 1
近世文藝志
笹川種郎
昭和六年一月刊　二月印（再版　東京　明治書院）
四六一

ハ31 5-3 1
國文學史
附日本文學年表　永井一孝
明治三六年八月跋刊（〔東京〕早稻田大學出版部）
菊一

ハ31 5-4 1
國文學史十講
芳賀矢一
明治三六年四月刊（訂正改版五版）大正四年二月印（一二版　東京　冨山房）明治三六年二月序　初版明治三二年一二月
菊一

ハ31 5-5 2　國文學史新講　二巻　次田潤　昭和七年九月・一一年五月刊（東京　明治書院）　菊二

ハ31 5-6 1　國文學史内容論　芳賀矢一　近写（濵埜〔知三郎〕）　半一

ハ31 5-7 1　國文學小史　和田萬吉・永井一孝　明治三二年一二月刊（東京　教育書房）　菊一

ハ31 5-8 1　女流文學史　二巻　小森甚作・上地信成編　井上頼圀校閲　明治三四年九月刊（東京　東洋社）鉛印　半一

ハ31 5-9 1　修訂新體日本文學史　鹽井正男・高橋龍雄　明治三五年二月刊　三九年三月遁修（訂正六版　東京　學海指針社）三八年九月一六日修正第五版序　凡例ハ三五年一月　菊一

ハ31 5-10 1　新體日本文學史　并附録　岡井愼吾撰　藤井乙男閲　明治三五年一〇月刊（東京　金港堂）　菊一

ハ31 5-11 2　日本文學史　二巻　近写（〔浜野知三郎〕）　半二

ハ31 5-12 2　教科適用日本文學小史　二巻　高津鍬三郎・三上參次　明治二六年三月刊　二七年七月修　二九年五月印（六版）（下）三一年一月印（七版　東京　金港堂）　菊二

ハ31 5-13 1　日本文學集覽　下野遠光・山崎庚午郎編　高津鍬三郎校閲　明治二五年七月刊（東京　博文舘）　四六一

ハ31 5-14 1　日本文學史論　鈴木暢幸　明治三七年三月刊（東京　冨山房）　菊一

ハ31 5-15 1　文學部類　并本朝四聲考　小杉榲邨（本）佐藤寛　〔明治〕刊（東京　好古社）鉛印　半一（大和綴）

ハ31 6-1 1　中學所用國文參考便覽　神皇正統記・つれ〲草・十六夜日記・方丈記・土佐日記　平井頼吉　明治二八年三月刊（東京　青山堂）　菊一

ハ31 6-2 1　青靄集　春日政治　昭和一四年四月刊（東京　岩波書店）著者謹呈本　四六一

ハ31 6-3 1　徳川時代に於ける文學の現象　并元祿時代の國文學・俳諧論　關根正直（俳）饗庭篁村　〔明治〕刊（東京　東京專門學校）同校講義録ノ合綴　鉛印　明治二二年ノ記事アリ　半一

ハ31 6-4 1　日本文學論纂　佐佐木信綱博士還暦記念論文集　佐佐木博士還暦記念會編　昭和七年六月刊（東京　明治書院）　菊一

ハ31 6-5 1　芳賀矢一文集　芳賀檀編　昭和一二年二月刊（東京　冨山房）　菊一

ハ31 6-6 1　墨水遺稿　三巻并附録　黒川春村撰　黒川眞道校　明治三二年七月刊（東京　吉川半七）　菊一

ハ31 6-7 1　松井〔簡治〕博士古稀記念論文集　松井博士古稀祝賀會編　昭和七年二月刊（編者〈東京　目黒書店〉）　菊一

ハ31 7-1 1　日本文學評論史資料目錄　昭和十四年五月十一日陳列於帝國學士院　久松潜一編　昭和一四年五月刊（東京　編者）　四六一

ハ31 7-2 1　文學史料　〔浜野知三郎〕編　近写（〔編者自筆〕）　大一括

32 和歌

ハ32 1-1 11　増補歌枕秋乃寝覚　八巻〔有賀〕長伯　明和八年一一月刊（大坂　鳥飼市兵衛・松村九兵衛）　半一一

ハ32 1-2 1　歌道人物志　定榮堂主人　安永九年九月序刊〔後印〕（大坂　宋栄堂）　小一

ハ32 1-3 3　歌文要語　幷増補歌文要語二巻　建〔部〕綾足（増）早川廣海　明和二年一二月跋（増）享和三年一一月序刊〔後印〕（大坂　文榮書閣前川源七郎）　小三

ハ32 1-4 2　國歌大觀　歌集部幷索引部　松下大三郎・渡邊文雄編　明治三六年三月刊（東京　川合松平）　四六倍二

ハ32 1-6 2　まさな草　二巻　河瀬菅雄　刊　寛政四年七月修（大坂　宣英堂葛城長兵衛）　覆元禄三年八月刊本　※　中二

ハ32 1-7 1　藻鹽草　（和歌藻しほ草）二〇巻　月村齋宗碩撰　室松岩雄校　明治四四年六月刊（東京　一致堂）　菊一

ハ32 1-8 1　典據檢索名歌辭典　幷補遺　中村薫編　金子元臣監修　昭和一一年九月刊（東京　明治書院）　菊一

ハ32 2-1 9　日本歌學全書　第一—八・一二編　佐々木弘綱・佐々木信綱標注　明治二三年一〇月—二四年一二月刊　二九年五月—大正二年一〇月印（三版—十三版　東京　博文館）　四六九

ハ32 3-1 1　合本歌學文庫　室松岩雄編　本居豊穎監修　明治四四年五月刊　大正二年二月合印（東京　一致堂）　菊一

ハ32 3-2 2　清輔《キヨスケ》雑談《サウタン》集《シウ》　二巻　藤原清輔　貞享二年六月刊　安政五年四月印（京　勝村伊兵衛・恵比須屋治助雙書房）　半二

ハ32 3-3 3　久保之取蛇尾　初篇三巻　入江まさよし　天明四年九月刊（大坂　柳原喜兵衛）　大三

ハ32 3-4 1　〔古今傳授〕　（古今三鳥傳）他　写　正徳四年六月・文化一三年八月写宝暦六年一一月写本　大二ッ切一

ハ32 3-5 1　古今和歌集切紙　寛政七年六月写（信成）　中一

ハ32 3-6 3　雑和集　三巻　寛永一八年七月刊（京　中嶋四郎左衛門）　大三

ハ32 3-7 3
耳底記
三巻　細川幽齋（玄旨）講　烏丸光廣錄
〔江戸初〕刊〔後印〕（〔京〕林和泉掾）
半三

ハ32 3-8 2
新歌林良材集
（續歌林良材集）二巻　下河邊長流
文政一年七月刊（大坂　奈良屋長兵衛等三都五肆）
中二

ハ32 3-9 1
井蛙抄
六巻（有補写）　頓阿
刊　絵入
中一

ハ32 3-10 3
續無名抄
三巻　一時軒惟中
延寶八年八月刊（愚常）巻末ニ世話字尽
半三

ハ32 3-11 1
てには大かいしやう
附手尓葉大概抄傳耒并天仁波一三巻
明治二九年一一月写（濵野知三郎）文科大学蔵
明治二八年八月藤岡勝二写上賀茂神社蔵今井似閑奉納本
半一

ハ32 3-12 1
肱道德
〔外題〕雑抄
写
半一

ハ32 3-13 1
〔宗祇〕祕中抄
三巻　宗祇
延寶六年五月刊（〔大坂〕深江屋太郎兵衛）不忍文庫・阿波國文庫旧蔵
半一

ハ32 3-14 2
無名抄
（長明無名抄）二巻　鴨長明
〔江戸初〕刊（〔京〕婦屋仁兵衛）萬延一年一二月白井寛蔭校合書入本
大二

ハ32 3-15 2
隣女晤言
二巻　慈延
享和二年七月刊（京　木村吉右衛門等五肆）
大二

ハ32 3-16 10
和歌古語深秘抄
元禄一五年一月刊（京　出雲寺和泉掾）
半一〇

ハ32 3-17 1
和歌童翫抄
遁危子
寛政七年八月写（矢田信成）
中一

ハ32 6-1 2
勝地吐懐篇
二巻　契沖撰〔伴〕蒿蹊補注并校
寛政四年一一月〈跋〉刊（京　銭屋惣四郎等八肆）
大二

ハ32A 1 1
大井河行幸和歌考證
附西宮左府大堰歌合考註（中山信名藏本）井上文雄
文政三年一月序刊（江戸　萬芠堂英大助）附色川三中写　色川三中旧蔵
大一

ハ32A 2 2
感詠一貫
二巻　佐藤應渠（元萇）編　佐藤元董校
明治一一年一一月刊（東京　佐藤氏醉菊書屋蔵版〈東京　待價堂大橋操吉・玉山堂稲田佐兵衛〉）彩色刷
半二

ハ32A 3 2
感詠一貫二編
二巻并初編補遺　佐藤應渠（元萇）編　佐藤元董・白根道速校
明治一五年七月刊（東京　佐藤氏醉菊書屋蔵版〈東京　山岸佐吉等三肆〉）
半二

ハ32A 4 3
近世名所歌集
初編三巻附近世名所歌集作者姓名録　堀尾光久編
嘉永四年五月刊（菱能舍蔵板〈若山　阪本屋大二郎等諸國一四肆〉）
中三

ハ32A 5 6
古今和歌六帖
六巻
寛文九年一月刊〔後印〕（〔京〕吉田四郎右衛門）
安政四年一一月たひらの亮迪校合書入本（真淵・千蔭等説）
大六

ハ32A 6 3　**國歌評釋**　三巻　武島又次郎　明治三二年八月―三三年一月刊（一）三二年一〇月（二）三三年五月印（再版　東京　明治書院）鉛印　半三

ハ32A 7 2　**新撰萬葉集**　二巻〔菅原道眞〕　寛文七年三月刊（京　出雲寺和泉掾）　大二

ハ32A 8 4　**月詣倭歌集**　一二巻并校訂月詣集附考　賀茂重保編　清水濱臣附并校　文化五年閏六月刊（江戸　英平吉・京　遠藤平左衛門等三都四肆）　大四

ハ32A 9 1　**百詠和歌**　一二巻　源光行　写　大一

ハ32A 10 1　**標註七種百人一首**　佐々木信綱　明治二六年一月刊（東京　博文館）鉛印　半一（大和綴）

ハ32A 11 1　**新訂百人一首一夕話**　附歌がるた必勝法　尾崎雅嘉撰　大町桂月校　明治四四年一二月刊（東京　至誠堂）學生文庫第二一編　菊半一

ハ32A 12 4　**百人一首拾穂抄**　二巻　北村季吟　天和一年一一月〈跋〉刊　大四

ハ32A 13 1　**夫木和歌抄**　三六巻　藤原長清撰　山崎弓束・黒川眞道校　明治三九年一一月刊（東京　國書刊行會）翻寛文五年刊本　菊一

ハ32A 14 1　**夫木和歌抄索引**　并補遺　赤堀又次郎　明治四〇年九月刊（東京　國書刊行會）　菊一

ハ32A 15 3　**堀川院百首和哥**　三巻　慶安三年四月跋刊〔後印〕（〔京〕出雲寺和泉掾）　文政九年一〇月源政徳以圓珠菴校本・新井白石本校合書入　大三

ハ32A 16 3　**又**　移写寛政一三年一月〔清水〕濱臣書入以契沖・下河邉長流校本　大三

ハ32A 17 11　**堀河院類聚百首鈔**　（堀川院初度百首抄）六巻　吐屑庵慈延　文化一年七月刊（西藝　霜蘿館蔵板〈大坂　河内屋喜兵衛等三都六肆〉）　大一一

ハ32A 18 2　**蒙求和歌**　七巻　源光行　近写（〔浜野知三郎〕）七巻各上下　序二一四巻をなせりト　大二

ハ32A 19 8　**類字名所和歌集**　（廿一代集拔書）七巻目録一巻〔里村昌琢〕　承應二年一二月刊　※　半八

ハ32B 1 2　**槻の落葉**　荒木田久老　刊（名古屋　美濃屋伊六）　大二

ハ32B 2 1　**佛足石碑銘**　（題簽）野呂實夫編　寶暦二年秋跋刊　絵入　※　洒竹文庫旧蔵　書入本　大一

ハ32C 0-1 1　萬葉集書目　木村正辭　慶應二年六月序刊（木村氏欟齋社中藏版）横山由清旧藏　中一

ハ32C 0-2 1　萬葉集書目提要　二巻附録二巻　木村正辭　明治二一年八月刊（木村氏欟齋藏版〈東京　大八洲學會〉）　四六一

ハ32C 1-1 1　萬葉格字引　明治一四年六月序刊（東京　井上書店）油印（題簽）田島尋枝編　大一

ハ32C 1-2 1　萬葉釋文索引　記傳之部　生田耕一・吉澤義則編　昭和四年六月刊（京都　文献書院）國語國文の研究第三三號ノ單行　菊一

ハ32C 1-3 5　萬葉集詁　七巻　五井蘭州　写　※　大五

ハ32C 1-4 5　万葉集楢落葉　五巻　正木千幹　文化一二年一〇月序刊〔後印〕（江戸　萬笈堂英平吉）　大五

ハ32C 1-5 5　萬葉集類句　五巻　藤はらみ晴　寛政一一年三月跋刊　嘉永三年二月校合書入本　大五

ハ32C 1-6 2　万葉梯　二巻并拾遺　橘本（源）稲彦　天保五年一二月刊（大坂　宣英堂葛城長兵衛）※　中二

ハ32C 1-7 1　萬葉用字格　釈春登　文化一五年二月序刊（〔江戸〕萬笈堂英遵）書入本　大一

ハ32C 1-8 15　萬葉集類林　一五巻〔海北若冲〕写　大一五

ハ32C 2-1 3　萬葉集　巻一・二・七（有欠）〔大正一年〕刊（温故學會藏版）二色套印影元暦塙本　大三

ハ32C 2-2 20　萬葉集　二〇巻〔寛永二〇年一二月〕刊　寶永六年三月印（〔京〕出雲寺和泉掾）覆古活　寛政八年六月金原紀法本居宣長等諸説校合書入稠密　大二〇

ハ32C 3-1 1　萬葉集概説　附萬葉集作者部類　佐佐木信綱　昭和七年一一月刊　八年二月印（三版　東京　明治書院）　四六一

ハ32C 4-1 1　旋頭歌評釋　神谷保朗撰　小杉榲邨閲　明治三五年九月刊（東京　明治書院）鉛印　半一

ハ32C 4-2 3　萬葉集槻《つき》乃《の》落《おち》葉《ば》　三之巻解二巻別記一巻　荒木田久老　寛政一〇年三月刊（大坂　柏原屋佐兵衛・兵庫本屋源兵衛等二都四肆）　大三

ハ32C 4-3 1　萬葉集總釋　并萬葉集訓義辨證二巻萬葉集文字辨證二巻萬葉山常百首講義　木村正辭〔明治三七年一二月〕刊（〔東京〕早稲田大學出版部藏版）鉛印　半合一

ハ32C 4-4 1　萬葉集講義　存巻三附國語索引并漢字索引　山田孝雄　昭和一二年一一月刊（東京　寶文館）　菊一

ハ32C 4-5 2　**萬葉私抄**　（題簽）二巻　橋本薫園（直香）撰　大塚真彦等校　明治一九年四月刊（東京　大塚新藏・橋本省吾〈東京　淺倉屋久兵衛等三肆〉）　大二

ハ32C 4-6 10　**萬葉集古義**　二〇巻總論四巻并索引・萬葉集品物解四巻萬葉集人物傳三巻萬葉集枕詞解五巻玉蜻考・萬葉集名處國分・萬葉集名處考六巻萬葉集坐知佳境附錄　鹿持（藤原）雅澄撰　岩橋小彌太等校　明治三一年七月刊　同四五年六月―大正三年三月印（再版　東京　國書刊行會）　菊一〇

ハ32C 4-7 1　**萬葉集修身歌**　大槻文彦　明治四五年六月刊（東京　著者〈東京　金港堂〉）　菊一

ハ32C 4-8 38　**萬葉集新考**　二〇巻　井上通泰　大正四年五月―昭和二年六月刊（備前岡山伊里村　歌文珍書保存會）　中三九（擬包背装）

ハ32C 4-9 1　**増訂萬葉集選釋**　附萬葉集作者別索引・萬葉集研究書目解題　佐佐木信綱　大正一五年三月刊（東京　明治書院）　四六一

ハ32C 4-10 1　**萬葉集評釋**　附語釋索引并評文索引　金子元臣　昭和一〇年一一月刊（東京　明治書院）　菊一

ハ32C 4-11 2　**萬葉集略解**　二巻附萬葉集略解の編述について　橘千蔭撰　佐佐木信綱・芳賀矢一校注　大正一年八月・一二月刊（東京　博文館）　校註和歌叢書一・二　菊二

ハ32C 4-12 1　**萬葉集字音辨證**　二巻　木村正辭　〔明治三七年一二月〕刊（〔東京〕　早稲田大學出版部藏版）　菊一

ハ32C 4-13 1　**萬葉短歌抄**　（註釋萬葉短歌抄）池田秋旻　明治三六年一〇月刊（東京　南風社）　四六一

ハ32C 4-14 1　**萬葉問聞抄**　三巻　本居宣長答　田中道麻呂問　写　半一

ハ32C 4-15 1　**萬葉集檜嬬手**　六巻并別記　橘守部撰　釋迢空等解題　大正五年一二月刊（東京　アララギ發行所〈東京　岩波書店〉）アララギ特別增刊　菊一

ハ32C 6-1 3　**撰集萬葉徵**　三巻　田中道麻呂　写　小津桂窓旧蔵　大三

ハ32C 6-2 1　**萬葉學論纂**　附萬葉集古寫本攷　佐佐木信綱編　昭和六年三月刊（東京　明治書院）　四六一

ハ32C 6-3 1　**萬葉集外來文學考**　附恭佛跡歌碑臆斷　林竹次郎　昭和七年七月刊（東京　丙午出版社）　四六一

ハ32C 6-4 1　**萬葉集佳調**　二巻　長瀬真幸　寛政六年四月刊（肥後　尚古堂藏版）　中一

ハ32C 6-5 2　**萬葉集草木考**　二巻并附錄　岡不崩　昭和七年三月・八年八月刊（東京　建設社）著者贈呈本　菊二

ハ32C 6-6 1　**萬葉集の研究**　吉澤義則編　昭和三年六月刊（京都　文献書院）同年七月序　國語國文の研究增刊第二二號ノ單行　菊一

ハ32C 6-8 1　**万葉千歌標**　（目録）一〇巻　写　中一

ハ32C 6-9 1　**類聚古集解説**　佐佐木信綱　大正三年三月刊（東京　煥文堂）鉛印　大一（大和綴）

ハ32C 6-11 2　**萬葉集品物圖繪**　二巻　鹿持雅澄撰　正宗敦夫等解題　大正一五年一二月・昭和二年三月刊（東京　日本古典全集刊行會）影上野圖書館蔵自筆稿本　日本古典全集第二回　菊半二

ハ32D 1 1　**校訂増補五十音引勅撰作者部類**　附新葉集作者部類　國學院編　明治三五年五月刊（東京　編者藏版〈東京　六合〉）　四六一

ハ32D 2 2　**八代集抄**　二巻　北村季吟撰　宮西惟助・三矢重松校　明治三五年一月刊（東京　國學院蔵版〈東京　六合舘〉）翻天和二年五月刊本　四六二

ハ32D 3 1　**標註参考古今和歌集**　二〇巻　飯田永夫標注　濵野知三郎校　飯田武郷校閲　大正一四年五月刊（復興訂正第一版　東京　六合館）鉛印　半一

ハ32D 4 1　**古今和歌集　隠名《おんみやうの》作者《さくしやの》次才《しだい》**　萬治一年九月刊（京　武村新兵衛）大野洒竹旧蔵　中一

ハ32D 5 2　**古今集和哥助辞分類**　二巻　源影面　写　大二

ハ32D 6 1　**續古今和歌集**　（序）存五巻　藤原基家等奉勅編　〔正保四年三月〕刊　廿一代集零本　福山國史寮文庫旧蔵　池田秋旻寄贈松田芦堤書入本　大一

ハ32D 7 1　**後撰和歌集**　二〇巻附關戸氏片假名本二〇巻〔大中臣能宣〕等奉勅編　正宗敦夫等校（附）山田孝雄校　昭和二年七月刊（東京　日本古典全集刊行會）翻正保四年刊廿一代集本　日本古典全集第二期　菊半一

ハ32D 8 1　**後拾遺和謌集**　二〇巻　藤原通俊奉勅編　昭和四年一月刊（東京　日本古典全集刊行會）翻正保四年刊廿一代集本　八代集抄対校標注　日本古典全集第三期　菊半一

ハ32D 10 1　**標註参考新古今和歌集**　二〇巻附新古今和歌集作者一覧　飯田永夫　大正一三年九月刊（復興第一版　東京　六合館）鉛印　半一

ハ32D 11 1　**又**　半一

ハ32D 12 1　**新古今和歌集**　二〇巻　藤原定家等奉勅編　正宗敦夫校　昭和六年六月刊（東京　日本古典全集刊行會）翻正保四年刊廿一代集本　対校標注　日本古典全集第三期　菊半一

ハ32D 13 1　**金葉和歌集**　一〇巻詞花和歌集一〇巻附五畿内志解題追記　源俊頼（詞）藤原顯輔奉勅編　正宗敦夫校　昭和五年一二月刊（東京　日本古典全集刊行會）翻正保四年刊廿一代集本　対校標注　日本古典全集第三期　菊半一

ハ32D 14 1　**千載和歌集**
二〇巻　藤原俊成奉勅編　正宗敦夫校
昭和六年二月刊（東京　日本古典全集刊行會）
翻正保四年刊廿一代集本　対校標注　日本古典全集第三期
菊半一

ハ32E 1 1　**うくひすの巻**
（題簽）惠昇尼
写（鹿屋梯軒）
半一

ハ32E 2 1　**大江千里集**
大江千里
近写（〔浜野知三郎〕）為忠卿筆本
半一

ハ32E 3 2　**櫟齋集**
二巻并櫟齋別集　木村正辭
明治二九年四月刊（東京　著者）石印
半二

ハ32E 4 1　**櫟齋後集**
木村正辭
明治四四年六月刊（東京　著者〈東京　光風館書店〉）鉛印
半一

ハ32E 5 3　**三玉桃事抄**
二巻　野村尚房
享保八年一一月刊（京　美濃屋勘右衛門等四肆）
半三

ハ32E 6 1　**丹齋遺稿**
（序）関藤丹齋（政信）撰　関藤晁翁編　志水主計校
昭和一一年一一月刊（福山　備後史談会）油印
翻関藤晁翁等自筆本
半一（大和綴）

ハ32E 7 1　**楢園集**
小寺清先
〔江戸後期〕刊　渡邊刀水旧蔵
中一

ハ32E 8 2　**彦文家集**
并解題　道工彦文撰　唐崎（源）玉成編　賴董二校（解）村上英
昭和一〇年五月刊（廣島竹原　賴氏春風館）鉛印翻源玉成自筆本
菊一

ハ32E 9 1　**慕京集**
太田道灌（資長）撰　藤原好秋校
文政五年一一月跋刊
半一

ハ32E 10 1　**橘曙覽全集**
（題簽）井手今滋編
明治三六年九月刊（東京　冨山房）鉛印
半一

ハ32E 11 2　**兼好法師家集**
二巻　卜部兼好
寛文四年夏序刊（京　林和泉掾）
半二

ハ32E 5-1 5　**歌道人物志**
（題簽）五巻（巻五補配）
刊
小五

ハ32E 5-2 2　**近世三十六名家畧傳**
（近世三十六家集畧傳）二巻　河喜多真彦
嘉永二年二月跋刊（〔江戸〕金花堂・文徳堂）
中二

ハ32E 5-3 1　**戸田茂睡論**
并附録　佐佐木信綱
大正二年九月刊（東京　竹柏會）
四六一

ハ32F 1 2　**歌合部類**
（題簽）二巻
寛政八年三月写（花崎忠敬）
大二ツ切二

ハ32F 2 1　**江戸職人歌合**
存巻上〔石原正明〕
文化五年五月序刊　絵入
大一

ハ32F 3 1　**七拾壹番歌合**
明治二七年八月刊（東京　經濟雜誌社）絵入
鉛印翻屋代弘賢写本
中一

ハ32G 1 1　**卋中百首**
荒木田守武
寛政一〇年八月刊（伊勢山田　藤原長兵衛・京　大和屋吉兵衛等二都三肆）絵入
大一

ハ32H 1 1　**吉備之後刕阿伏兔磐臺寺記行**
（狂哥）阿伏兔土產　桑田抱臍（含笑舍）
天明七年八月〈跋〉刊　絵入
大一

ハ32H
2
1
狂歌人名辭書
并附録　狩野快庵
昭和三年一二月刊（東京　文行堂・廣田書店）　菊一

ハ32H
3
1
狂歌角力草
（序）桑田抱臍（含笑舍）
寛政二年一二月序刊　絵入　湿損　大一

ハ32H
4
1
萬載狂歌集《まんざいきやうかしふ》
并才藏狂歌集《さいぞうきやうかしふ》　四方赤良編　宮崎三昧（璋藏）校
明治三七年一月刊（東京　冨山房）袖珍名著文庫之中　菊半一

ハ32H
5
1
四方赤良めでた百首夷歌
（お年玉）四方赤良撰　野崎左文校
大正四年一月刊（門司　校者）鉛印翻天明四年刊本　大正十年集古會例會課題・又二葉挿込　小一（大和綴）

ハ32H
6
1
六樹園狂歌集
附石川雅望翁の家系　石川雅望撰　野崎左文・西山清太郎編校（附）西山清太郎
昭和四年跋刊（西山清太郎〈東京　波屋〉）石印（附）鉛印　半一

33　連歌・俳諧

ハ33
0-1
1
誹諧書籍目録
二巻　阿誰軒（藤栁磨）
明治三二年二月（浜野知三郎）令写（寄合書）芳賀〔矢一〕蔵元禄一五年九月京井筒屋庄兵衛刊本
巻末ニ　手前ニテ板行致候分ノ値段付アリ　半一（仮綴）

ハ33A
1
1
大原十花千句
元亀二年二月五日於大原野勝持寺細川藤孝興行　附正誤并追加　山田孝雄校
昭和二年九月〈跋〉刊（東北帝國大學校者）山田氏寄贈　菊一　附二舗

ハ33A
2
2
温故日録
一三巻　杉村友春
享保一八年八月跋刊（江戸　植村藤三郎・京　杉生五郎左衛門等二都三肆）　大二

ハ33A
3
10
藻塩草
二〇巻〔宗碩〕編
〔江戸初〕刊　覆古活　大一〇

ハ33B
1-1
15
華實年浪草三餘抄
一二巻　鵜川麁文
天明二年二月序刊〔後印〕（大坂　河内屋卯助等四都一三肆）　半一五

ハ33B
1-2
2
滑稽雑談
二四巻　四時堂其諺編　伊藤蓼衣等校注
大正六年一月・三月刊（東京　國書刊行會）　菊二

ハ33B
1-3
1
増山井四季之詞
〔北村〕季吟
安永三年春刊（大坂　奈良屋長兵衛・江戸　戸倉屋喜兵衛等二都三肆）覆寛文三年一一月跋刊本　半一

ハ33B
1-4
1
俳諧種卸増補三國人名牒
（誹材三國人名牒）古来庵存義編　龍鱗庵素月補
高井蘭山校
文化九年一月序刊（江戸　星運堂花屋久治郎）　中一

ハ33B
1-6
2
俳字節用集
二巻　高井蘭山
文政六年九月刊（江戸　青藜閣須原屋伊八）　特小二

ハ33B 1-7 5
増補俳諧歳時記栞草
(増補改正本)曲亭馬琴編　藍亭青藍補
嘉永四年一一月刊〔後印〕(大坂　敦賀屋九兵衛等諸國一五肆)
大二ッ切五

ハ33B 1-8 1
俳諧人物便覧
三浦若海
近写(〔浜野知三郎〕)
半一

ハ33B 1-9 1
俳諧年表
附歿年索引　牧野望東・星野麥人編　角田竹冷閲
明治三四年一〇月刊(東京　博文館)鉛印
半一

ハ33B 1-10 1
俳諧名數
西由清
享和三年九月刊(江戸　西村宗七・西村源六)
特小一

ハ33B 1-11 2
誹家大系圖
(新編古風談林正風誹家大系圖)二巻　生川春明編
天保九年三月序刊(津　生川氏)彩色刷　絵入
半二

ハ33B 1-12 3
篗纑輪
六巻　方竟千梅編
寶暦二年二月序刊　三村竹清旧蔵
半三

ハ33B 3-1 1
俳諧雜筆
伊藤松宇
昭和九年一一月刊(東京　明治書院)
四六一

ハ33B 3-2 1
俳文學の考察
志田義秀
昭和七年三月刊(東京　明治書院)
四六一

ハ33B 6-1 1
甲子吟行
〔松尾〕芭蕉撰　伊藤松宇解題
昭和七年一月刊(東京　明治書院)石印影芭蕉自筆摸刻本　解題鉛印　実ハ四六ノ和装
中一

ハ33B 6-2 1
芭蕉書簡集
籾山梓月(仁三郎)編校
大正五年五月刊　一一年三月修　一五年一一月印(第四版　東京　俳書堂)俳諧古典集第三輯
四六一

ハ33B 7-1 1
五元集
百萬坊旨原編注　伊藤松宇等編校
昭和七年一月刊(東京　明治書院)翻洒竹文庫蔵諸家注解書入本　鉛印　実ハ四六ノ和装
中一

ハ33B 7-2 5
藻塩袋
(興州叢林藻鹽嚢)五巻　菊岡米山(沾涼)
刊(江戸　春秋堂)図入
半五

ハ33B 7-3 1
三月庵集
(題簽)菅波蘆丈(樗平)
近写(〔浜野知三郎〕)やよひの翁
半一

ハ33B 9-1 1
略解時代狂句選
幸堂得知(鈴木利平)
明治四〇年四月刊(東京　博文館)鉛印
大三ッ切一

ハ33B 9-2 1
川柳語彙
廢姓(宮武)外骨編
大正一二年一一月刊　一三年四月印(東京　宮武氏半狂堂)鉛印
半一

ハ33B 9-3 2
變態知識
第一—一二號　廢姓(宮武)外骨編
大正一三年一月・一二月刊(東京　宮武氏半狂堂)鉛印
半合二

34　物語・小説

ハ34 0-1 1
日本小説書目年表
并書目索引附日本小説作家人名辭書・近代日本文學大系總目錄　山崎麓編
昭和四年七月刊(東京　國民圖書)近代日本文學大系第二五巻
四六一

ハ34 0-2 1　日本小説年表　附書名索引・作者及著述索引　朝倉無聲
明治三九年一一月刊　一二月印（再版　東京金尾文淵堂）　菊一

ハ34 1-1 1　伊勢物語　正宗敦夫解説
昭和三年一一月刊（東京　日本古典全集刊行會）
影井上通泰蔵傳一條兼良写本　日本古典全集第三期　菊半一

ハ34 1-2 1　伊勢物語題号考　〔松田直兄〕（藤園）
天保一五年八月序刊　大一

ハ34 1-3 2　宇津保物語　二巻狭衣四巻住吉物語・堤中納言物語　池邊義象編注
大正四年二月・三月刊（東京　博文館）校註國文叢書第一三・一四冊　菊二

ハ34 1-4 2　宇津保物語　第一・二〔藤田德太郎〕校
昭和四年一二月・六年二月刊（東京　日本古典全集刊行會）翻正宗敦夫蔵文化四・一二年校合書入刊本　日本古典全集第三期　菊半二

ハ34 1-5 1　うつほ物語考　桑原〔やよ子〕（氏刀自）
近写（〔浜野知三郎〕）底本清水浜臣写本　大一

ハ34 1-6 6　空穂物語不掃塵　二編〔本多忠憲〕
近写（〔浜野知三郎〕）　半六

ハ34 1-7 4　落窪物語大成　四巻　中邨秋香
明治三四年四月刊（東京　大日本圖書）鉛印　半四

ハ34 1-8 1　古代小説史　并附録　長谷川福平
明治三六年九月刊（東京　冨山房）　菊一

ハ34 1-9 1　鳴門中將物語　〔堤〕朝風令写　森枳園旧蔵　大一

ハ34 1-10 1　濵松中納言物語　并大和物語・唐物語　落合直文等編校
明治二三年九月刊（東京　博文館）日本文學全書第六編　四六一

ハ34 1-11 2　大和物語　（頭書本）上三巻下二巻
明暦三年二月印（〔京〕谷岡七左衛門）翻定家手写本　絵入　半二

ハ34 1-12 1　物語四種類標　（題簽）狭衣物語・取替波也・宇治大納言・宇治拾遺
大正三年一二月写（濵野知三郎）底本帝國圖書館蔵本　半一

ハ34 1-13 1　物語六種類標　（題簽）竹取物語（流布印本）濵松中納言物語・住吉物語（類從本）伊勢物語（勢治臆断契沖自筆本）大和物語（季《ママ》今抄）落くほ物語
大正三年一二月寫（濵野知三郎）底本帝國圖書館蔵本　半一

ハ34 2-1 3　雲かくれ　〔源氏雲隠抄〕〔淺井了意〕
〔江戸前期〕刊　大三

ハ34 2-3 1　源語秘訣抄　二種〔一條兼良〕（後成恩寺）
写　一種延寶八年九月（序）刊本　久世子爵旧蔵　半一

ハ34 2-4 3　源氏男女装束抄　（頭書本）二巻并後附　壷井義知
文政一一年冬刊（大坂　吉田松根堂加賀屋善藏）
源氏男女装束抄目錄（写）半一冊（仮綴・常住金剛院蔵）挿込　弘化二年八月松園賀茂真淵自筆書入移写　享保二年一月序　大三

ハ34 2-5 4
源氏不拂塵
本田（ふちはら）た丶のり
近写（〔浜野知三郎〕）
半四

ハ34 2-6 3
源氏目案
七巻
〔江戸前期〕刊
大三

ハ34 2-7 1
源《げん》氏物語《じものがたり》忍草《しのぶぐさ》
北村湖春撰　關根正直校
明治三九年九月刊（東京　富山房）・翻天保五年
六月序刊本　袖珍名著文庫之内　刊年十ヲ朱印ニ
テ訂正
菊半一

ハ34 2-8 1
源氏物語湖月抄
空蟬迄并發端條目・首巻・諸巻年立　北村季吟
撰　小田清雄校注
明治二三年一一月刊　同印（第二版　大阪　國
文舘）鉛印　校正補注國文全書正編一
中一

ハ34 2-9 1
源氏物語附圖
（外題）吉野弘隆カ
明治一五年六月写（自筆稿）
大一（仮綴）

ハ34 2-10 1
源注餘滴
五四巻附清石問答　石川雅望（附）清水濱臣答
石川雅望問　堀田璋左右・黒川眞道校
明治三九年六月刊（東京　國書刊行會）
菊一

ハ34 2-12 1
清石問答
清水濱臣答　石川雅望問
写
大一

ハ34 3-1 17
榮華物語詳解
一四巻首三巻　和田英松・佐藤球
明治三二年一月―四〇年三月刊（巻一）三三年
六月印（再版　東京　明治書院）鉛印
半一七

ハ34 3-2 1
大鏡詳解
八巻　落合直文・小中村義象
明治二九年三月序刊　三二年三月印（五版　東
京　明治書院）
菊一

ハ34 3-3 1
大鏡新註
關根正直
大正一五年一一月刊（東京　六合館）
四六一

ハ34 3-4 3
增鏡詳解
（ますか丶み詳解）三巻　和田英松・佐藤球撰
小中村清矩校閲
明治三〇年一一月―三一年六月刊（巻上）三一
年五月修　三二年一〇月印（四版）（巻中）三
二年一二月印（三版）（巻下）三二年一〇月印
（三版　東京　明治書院）鉛印
半三

ハ34 4-1 5
新訂源平盛衰記
第三―五編　大町桂月校
明治四五年四月―七月刊（東京　至誠堂）學生
文庫第三〇・三二・三四　第四編三冊アリ
菊半変五

ハ34 4-2 1
盛衰記聞書
萬延一年一〇月写（小川貞麿）本奥小山田〔与
清〕（外記）蔵本ノ写シ
大一

ハ34 4-3 3
曾我物語
（彰考館本）一〇巻　近藤瓶城校
明治一八年一〇月御届（東京　近藤圭造）鉛印
存採叢書之中
中三

ハ34 4-4 1
太平記
（神田本）三六巻（有欠）友年龜三郎等校
明治四〇年一一月刊（東京　國書刊行會）
菊一

ハ34 4-5 2
參考太平記
四〇巻　今井魯齋（弘濟）撰　内藤著軒（貞顯）
補　岩橋小彌太等校
大正三年四月・六月刊（東京　國書刊行會）翻
元祿四年二月刊水戸府參考本
菊二

ハ34 4-6 7
太平記
四〇巻太平記註釋二巻　國文學會編　萩野由之
補
明治三四年七月―九月刊（編者〈東京　誠之堂〉）
鉛印（註）中等教育和漢文講義之内
半七

ハ34
4-7
1
平家物語
（長門本）二〇巻　古内三千代等校
明治三九年九月刊（東京　國書刊行會）
菊一

ハ34
4-8
6
平家物語講義
一二巻附灌頂　今泉定介
明治三二年三月—三四年一二月刊（第一冊）三三年二月印（第四版）（第六冊）三六年二月印（再版　東京　誠之堂）鉛印　中等教育和漢文講義之内
半六

ハ34
4-9
1
平家物語《へいけものがたり》
（校定平家物語）（覺一本別本）一二巻附灌頂　山田孝雄・高木武校
大正四年六月刊（東京　寶文館）
菊一

ハ34
4-10
1
平家物語
（覺一本別本）一二巻附灌頂　山田孝雄校
昭和八年六月刊（東京　寶文館）翻高野辰之蔵本　類纂并索引附
菊一

ハ34
4-11
3
國語史料
鎌倉時代之部　平家物語につきての研究　前編　平家物語考并附録・後編平家物語の語法　國語調査委員會（山田孝雄）編
明治四四年一二月—大正三年一二月刊（東京　國定教科書共同販賣所）
四六倍三

ハ34
4-12
1
平家物語類標
大正三年一二月写（濵野知三郎）底本帝國圖書館蔵本
半一

ハ34
4-13
1
保元物語
三巻平治物語三巻平家物語一二巻附劔の巻・灌頂巻　關根正直等校注
大正二年九月刊　一四年四月印（一四版　東京　博文館）校註國文叢書第五冊
菊一

ハ34
4-14
1
參考保元物語
三巻參考平治物語三巻　今井魯齋（弘濟）撰　内藤著軒（貞顯）補　岩橋小彌太等校
大正三年八月刊（東京　國書刊行會）翻元祿六年一一月刊水戸府參考本
菊一

ハ34
4-15
1
保元物語讀本解釋
并平治物語讀本解釋　今泉定介
明治三〇年六月刊　三三年三月印（三版　東京　明治書院）
菊一

ハ34
4-16
1
頭書保元物語
三巻　中根香亭（淑）
明治二四年六月刊　三三年一〇月印（五版　東京　金港堂）
菊一

ハ34
4-17
2
保元物語講義
二巻　三木五百校
明治三三年九月・一二月刊（東京　誠之堂）鉛印　中等教育和漢文講義之内
半二

ハ34
5-1
1
宇治拾遺物語講義
高津鍬三郎
近刊　鉛印　早稲田ノ講義録ナラム
半一

ハ34
5-2
1
宇治拾遺物語の一本より
世繼物語私考　春日政治
昭和九年一〇月刊（九州文學會）文學研究第九輯抜刷
菊一

ハ34
5-3
10
古今著聞集
二〇巻　橘〔成季〕（南袁）
元祿三年一月刊（江戸　高嶋弥兵衛・京　永田調兵衛等二都四肆）絵入　校合書入本
半一〇

ハ34
5-4
1
古今著聞集
二〇巻　橘成季編　萩野由之等校
明治二四年一二月刊　二五年三月印（再版　東京　博文館）日本文學全書第二一編
四六一

ハ34
5-5
2
古今著聞集
二〇巻附古今著聞集考　橘成季編　正宗敦夫校
（附）大森志朗
昭和四年一二月・五年四月刊（東京　日本古典全集刊行會）日本古典全集第三期
菊半二

ハ34 5-6 1
攷證今昔物語集　天竺震旦部一〇巻　芳賀矢一
大正二年六月刊　同印（再版　東京　冨山房）　菊一

ハ34 5-7 4
十訓抄詳解　三巻并附錄　石橋尚寳撰　萩野由之閲
明治三四年七月―三五年六月刊（東京　明治書院）鉛印　半四

ハ34 5-8 3
日本國現報善悪靈異記（群書類従巻四四七）三巻　釈景戒編　塙保己一校
文化一三年二月跋刊　近印（内務省藏版）伊佐岑満書入本　大三

ハ34 5-9 3
日本國善悪現報靈異記攷證（日本靈異記攷證）三巻　狩谷〔棭齋〕（望之）
文政二年一二月〈跋〉刊　森枳園旧蔵　大三

ハ34 5-10 1
靈異記索訓（靈異記索引）
近写（〔浜野知三郎〕）或ハ浜野氏自編カ　半一

ハ34 5-11 2
宝物《ほうぶつ》集《しう》　三巻〔平康頼〕
正保五年二月印　入木カ　大二

ハ34 6-1 1
四十二物諍考證（題簽）山本明清
文政二年一月跋刊（〔江戸〕　萬笈堂英遵藏）横山由清旧蔵　大一

ハ34 7-1 1
上田秋成集　上田秋成撰　永井一孝校
大正一年九月刊　三年二月印（東京　有朋堂）有朋堂文庫之中　小四六一

ハ34 7-2 5
江戸時代文藝資料　五巻　朝倉無聲等編校
大正五年六月―一一月刊（東京　國書刊行會）　菊五

ハ34 7-3 1
新訂大岡政談　存巻上　大町桂月校
明治四五年二月刊（東京　至誠堂）學生文庫第二四編　菊半変一

ハ34 7-4 1
近世俗文學史　坂本健一
〔明治〕刊　早稲田講義錄カ　菊一

ハ34 7-5 12
洒落本大系　一二巻　高木好次等編校
昭和五年一一月―七年四月刊（東京　六合館林平書店）　四六一二

ハ34 7-6 1
校訂膝栗毛（東海道中岐蘇道中奥羽道中膝栗毛）附滑稽江之島家土産　十返舎一九撰　博文館編輯局編校
明治二六年八月刊　二九年八月印（六版　東京　博文館）帝國文庫第九編　四六一

ハ34 7-7 1
どゞいつぶし根元集（とゝいつふし根元集）珍文館老人撰　尾崎久彌校
大正一四年二月刊（名古屋　尾崎氏江戸軟派研究發行所）鉛印翻東北大學狩野文庫藏稿本　江戸軟派叢書第二編　中一（仮綴）

ハ34 8-1 1
日本永代藏　井原西鶴撰　饗庭篁邨校
明治三六年一二月刊（東京　冨山房）袖珍名著文庫之中　菊半一

ハ34 9-1 6
燕石雜志　五巻　曲亭馬琴（瀧澤解）
文化八年一月刊〔後印〕（大阪　河内屋卯助等四都一三肆）　大六

ハ34 9-2 1
曲亭遺稿　曲亭馬琴撰　饗庭篁村編校
明治四四年三月刊（東京　國書刊行會）　菊一

ハ34 9-3 1　馬琴翁書簡集　(曲亭書簡集) 曲亭馬琴撰　三村清三郎編注　昭和八年五月刊 (東京　文祥堂)　菊一

35　日記・紀行・随筆・文集

ハ35 1 1　家長日記　(題簽)〔源〕家長　近写　半一

ハ35 2-1 2　土左日記抄　二巻〔北村〕(拾穂軒) 季吟　寛文一年八月刊〔後印〕(〔京〕出雲寺和泉掾)　賀茂眞淵等諸説書入　大二

ハ35 3-1 1　折々くさ　建部綾足撰　幸田露伴校　明治四一年四月刊 (東京　冨山房) 袖珍名著文庫　第三〇編 (広告十三ト誤)　菊半一

ハ35 3-2 1　異本方丈記　(鴨) 長明　近刊 (珍書同好會) 油印翻東京帝國大學蔵森洽藏旧蔵写本　半一

ハ35 4-1 1　清少納言枕草紙別記　二巻清少納言枕草紙逸文二巻　武藤元信　大正八年一一月刊 (金澤　武藤シカ)　菊一

ハ35 4-2 2　清少納言枕草紙通釋　(枕草紙通釋) 二巻　武藤元信　明治四四年九月・一〇月刊 (東京　有朋堂)　菊二

ハ35 4-3 9　枕草紙文脈鈔　(外題) 一〇巻 (巻三欠)〔浜野知三郎〕　近写 (自筆) 或ハ令写カ　半九 (仮綴)

ハ35 5-1 2　つれ〳〵草　(題簽) 二巻〔吉田兼好〕　〔寛文七年二月〕刊　一〇年二月印 (京　中村五兵衛)　大二

ハ35 5-2 5　首書註釋徒然草　(題簽) 五巻　三木隠人　元禄三年五月刊 (但シ四年五月序アリ) 絵入　半五

ハ35 5-3 1　つれ〳〵草　二巻　兼好法師撰　苗村杰軒頭書　元禄一一年六月刊 (〔江戸〕万屋庄兵衛) 絵入　大合一

ハ35 5-4 2　つれ〳〵草　(題簽) 二巻〔吉田兼好〕　〔江戸前期〕刊　大二

ハ35 5-5 1　新板繪入つれ〳〵草　(題簽) 二巻〔吉田兼好〕　元文五年一月刊 (鼎直堂)　大合一

ハ35 5-6 1　頭書徒然草繪抄　(首書繪入つれ〳〵くさ吟和抄) 五巻　元禄三年一月刊 (大坂　帯屋甚右衛門・京　川藤五郎右衛門)　大合一

ハ35 5-7 5　又　大五

ハ35 5-8 5　徒然草諺解　五巻　南部草壽　〔寛文九年六月〕刊 (但シ七月序アリ)　延寳五年九月印 (〔京〕中村七兵衛)　大五

ハ35 5-9 8　徒然草參考　八巻　釈恵空　延寳六年一〇月刊 (京　板木屋九兵衛)　大八

ハ35 5-10 2　つれ〳〵草壽命院抄　(題簽) 二巻附解説　秦宗巴 (附) 川瀬一馬　昭和六年六月刊 (東京　松雲堂) 影慶長九年三月京如庵宗乾古活字印本 (附) 鉛印　特大二

ハ35 5-11 13　徒然草大全
（題簽・つれ〳〵草抄）二巻　高田宗賢
延寳五年九月刊（中西九郎左衞門）
大一三

ハ35 5-12 4　鉄槌
（題簽）四巻（題簽作二巻）〔青木宗胡〕
慶安二年三月刊
大四

ハ35 5-14 3　増補鉄槌
（題簽・徒然草抄増補）六巻（題簽作二巻）〔山岡元隣〕（而慍斎）
〔寛文九年四月〕刊　貞亨《ママ》二年二月印（京　永田長兵衞）
大三

ハ35 5-15 7　徒然草文段抄
七巻〔北村〕季吟
寛文七年一二月刊〔後印〕
大七

ハ35 5-16 1　徒然草略要秘文
附徒然草子諸抄目録　釈興隆道祇カ
写
半一

ハ35 5-17 2　つれ〳〵東雲《しの、め》
（題簽・つれ〳〵しの、め）二巻　十寸穂〔殘口〕（寂仲）
享保四年七月刊（大坂　山本九右衞門）絵入
半二

ハ35 5-18 5　つれ〳〵の讃
八巻序目一巻〔各務支考〕（東華房）
寳永八年一〇月跋刊（京　柏屋勘右衞門）
大五

ハ35 5-19 8　なくさみ草
（題簽）八巻〔松永〕貞徳（長頭丸）
慶安五年四月跋刊　絵入
大八

ハ35 5-20 1　兼好傳《けんかうでん》考證《かうしよう》
（兼好法師傳記考證）五巻　野之口隆正撰　村田嘉昇畫
天保八年刊（大坂　北尾春星堂藤屋善七）
半合一

ハ35 5-21 1　兼好法師年譜
〔浜野知三郎〕
近写（自筆）
半一（仮綴）

ハ35 6-1 1　十六夜日記教本
内田慶三
明治三二年七月刊（東京　金港堂）
菊一

ハ35 6-2 3　十六夜日記殘月鈔
（題簽）高田與清・北條時鄰
文政七年二月刊〔明治〕印（京都　松栢堂出雲寺文次郎）絵入
大三

ハ35 6-3 1　紀行文編
幸田露伴編校
大正三年一一月刊（東京　博文館）文藝叢書第一一冊
菊一

ハ35 6-4 1　東關紀行詳解
附東關紀行の作者について　鳥野幸次
明治三五年七月刊（東京　明治書院）鉛印
半一

ハ35 6-5 1　道の幸
三巻　屋代弘賢撰　近藤瓶城校
明治一八年七月御届（東京　近藤圭造）鉛印
存採叢書之中
中一

ハ35 7 1　江畔漫録春汀采藻
桑山益二（晴川漁叟）編
大正八年三月刊（神奈川大師河原　桑山氏江畔書屋藏版）鉛印
大一（縦長）

ハ35 8-1 1　消息文變遷
一名かりのゆくへ　横井時冬
明治二七年三月刊（東京　金港堂）
菊一

ハ35 8-2 1　類句作例書翰大辭典
（增訂縮刷）附日用書翰文字のくづし方　集文舘編輯部編　濵野知三郎增
大正六年七月刊（大阪　山本文友堂）
菊半一

ハ35 8-3 1　書翰文研究
并附録　中川静
明治三八年一月刊（東京　博文館）
小四六一

ハ35 8-4 1　書翰文辭書　石田道三郎編　明治三九年二月刊（東京　郁文舍）　四六一

ハ35 8-5 1　書翰文大觀　并附録　池邊義象撰　小野鵞堂書　斯華會編　明治四〇年六月刊（東京　吉川弘文館）　菊半一

ハ35 8-6 1　新式書翰　鼇頭近世名家手翰欠　久保天随編　大正二年三月序刊（東京　六合館）　菊一

ハ35 8-7 1　尋常小學第四學年書牘文例　小橋藻三衛　明治二六年一一月刊（岡山　細謹舍北村長太郎）　半一

ハ35 8-8 1　日本名家の手簡　（日本名家手簡）黒澤辰三郎編　明治三八年六月刊（東京　日高有鄰堂）　四六一

ハ35 8-9 1　名家日用文範　喰代豹藏編　明治二五年六月刊（東京　興文社）　四六一（大和綴）

ハ35 9-1 1　猿鶏犬物語　写　不忍文庫・阿波國文庫旧蔵　半一

ハ35 9-2 1　古今名家戯文集　〔第〕二編　岸上操編　明治二四年三月刊（東京　博文舘）東洋文藝全集第一二編　四六一

36　歌謡・戯曲

ハ36 4 1　増訂梁塵秘抄　（増訂梁塵秘抄）佐佐木信綱編　大正一年八月刊　一二年七月増修（東京　明治書院）　四六一

ハ36A 1 1　神樂催馬樂通解　今井鱷山（彦三郎）　明治三三年九月刊（東京　古今文學會）鉛印　半一

ハ36A 2 1　天治本催馬樂抄　附弘安本催馬樂抄　山田孝雄編校　大正八年四月序刊　油印影東京帝室博物館蔵本（附）大原來迎院伝来三千院蔵本　特大変一

ハ36A 3 2　梁塵愚案鈔　（新板梁塵愚案抄）二巻〔一條兼良〕　元禄二年九月刊〔後印〕（大坂　松村九兵衛）　半二

ハ36B 1 1　郢曲譜　朗詠・白拍子・今様・雜藝　近影写　大一

ハ36B 2 1　御船哥大全　（題簽）尾崎久彌編校　大正一四年二月刊（名古屋　編者）鉛印翻石田元季蔵写本　江戸軟派叢書之三　中一（大和綴）

ハ36B 3 1　松の葉　五巻　上田萬年校　明治四〇年一月刊（東京　富山房）翻元祿一六年六月京萬木治兵衛・井筒屋庄兵衛刊本　袖珍名著文庫之内　菊半一

ハ36B 4 1　朗詠九十首抄　〔藤原忠實〕　近影写天保一四年二月狛好古写文安五年二月源有僴令写本　大一

ハ36B 5 1　標註倭漢朗詠集　二巻附作者略傳　澤田總清　昭和一五年一〇月刊（東京　健文社）　四六一

ハ36C 1 1　宴曲十七帖　附謠曲末百番　吉田東伍・野村八良校　大正一年九月刊（東京　國書刊行會）附翻元祿一一年一一月江戸田方屋伊右衞門刊本　菊一

ハ36D 2-1 1　新訂狂言記　大町桂月校　明治四四年一二月刊（東京　至誠堂）學生文庫第二二編　菊半変一

又　菊半変一

ハ36D 2-2 2　新訂謠曲全集　巻上・中　大町桂月・丸岡桂校　明治四四年七月・一二月刊（東京　至誠堂）學生文庫第四・一九編　菊半変二

ハ36D 3 1　狂言評註　大和田建樹　明治二六年四月刊（東京　博文舘）通俗文學全書第四編　菊一

ハ36D 4-2 9　謡曲評釋　九輯一〇巻附曲舞集　大和田建樹　明治四〇年七月―四一年九月刊（一）四三年三月印（七版）（三）四三年八月印（五版）（四・五）四二年八月印（四版）（六）四三年五月印（四版）（七）四三年八月印（四版）（八）四三年一〇月印（四版）（九）四三年二月印（三版　東京　博文館）　菊九（大和綴）

ハ36E a1 1　近松脚本集　巻上　高野辰之・南茂樹編校　明治四四年五月刊（東京　六合館）演劇叢書第一編　菊半一

37　現代文学

ハ37 2 1　古木寒禽集　萬木清一　明治三五年一月刊（高松　著者）鉛印　中一

ハ37 3 1　五書合刻文藝雜俎　佐藤寛　明治二六年二月刊　二九年九月印（三版　東京　佐藤氏萬巻堂）　四六一（大和綴）

ハ37A 1 1　梅之一枝　百壽記念　棚橋絢子撰　棚橋一郎編　昭和一三年三月刊（東京　編者）石印　袋附　半一

ハ37A 2 1　款冬園存稿　二巻　關谷眞可禰　昭和五年八月刊（東京　著者〈東京　畫報社〉）鉛印　中一

ハ37A 3 1　孔舎農家詠草（くさのや詠艸）清原眞咲　近刊　四六一（大和綴）

ハ37A 4 1　新撰詠歌法　武島又次郎　明治三一年一月刊（東京　明治書院）鉛印　半一

ハ37A 5 1　明治新撰百家風月集　附番外追録　増山守正編　明治一七年八月刊（東京　增山氏靜香園藏版）絵入　大一

ハ37A 6 1　墨水一滴　黒川眞道撰　黒川眞前編　昭和六年一〇月刊（市川　編者）鉛印　序跋石印　半一

ハ37A 7 1　滿洲旅行記　〔題簽・版心滿洲旅行視察記〕鈴木覺一　昭和一〇年一〇月序刊（鉛印　東京　著者）本文「拝呈／濱野先生」トシ自筆・絵入　版心滿洲旅行視察記ノ朱刷鈴木用箋使用　大一

ハ37A 8 1　わがうた千首　〔第〕二　林古溪（竹次郎）　昭和三年四月刊（東京　著者〈東京　丙午出版社〉）著者拝謝本　四六一

ハ37A 9 1 わすれ草 （わすれくさ）附たむけ草　島田愛子撰　佐々木信綱編 明治三〇年一月刊（東京　編者）鉛印　半一

ハ37B 1 1 現代俳家人名辭書 附俳句雜誌總覽　素人社（金兒農夫雄）編 昭和五年一二月刊（東京　編者）　四六一

ハ37B 2 1 明治大家俳句評釋 寒川鼠骨 明治三九年三月刊（東京　大學館）表紙欠　菊半一

ハ37C 1 1 詩集青蛙 田中喜四郎 昭和一二年七月刊（廣島　田中氏日本社）著者自装　獻呈本　菊一

ハ37C 2 1 葛原しげる童謠集 附曲譜　葛原𦾔撰　武井武雄畫 昭和一〇年一一月刊（東京　葛原氏日本童謠社）　六六一

ハ37C 3 1 天地有情 并附錄　土井晚翠 明治三二年四月刊　大正四年一一月印（五一版　東京　博文館）　菊半一

ハ37E 1 1 山房札記 森林太郎 大正八年一二月刊（東京　春陽堂）　四六一

ハ37E 2 1 北條霞亭 自五八至一六四　森林太郎 大正七年二月―九年一月刊（帝國文學會）鉛印　帝國文學抽印合綴　半一

ハ37F 1 1 散文韻文雪月花 大和田建樹 明治三〇年九月刊　四三年三月印（一二二版　東京　博文館）　菊半一

38 漢文学

ハ38 1 1 學生必吟 二巻　鹽谷温編 昭和二年一二月刊（東京　弘道館）　菊半変一

ハ38 2 1 熊澤了介傳 并平安欝攸記（釈大典撰　浦世纘注）東萊先生古文関鍵（宋〔呂祖謙〕）・徐暁亭塵談筆存（清徐暁亭）・貫華堂案頭必備（宋錢曾カ）　菱〔川秦嶺〕（寘）写　半一

ハ38 3 1 漢詩自在作詩術 宮崎來城 明治三六年七月刊（東京　大學館）　四六一

ハ38 4 1 又 明治三八年五月印（再版　同前）　中一

ハ38 5 1 詩吟法 附和漢一百人詩集　古川太郎 昭和一〇年七月刊（東京　輔仁社）著者謹呈本　四六一

ハ38 6 1 和漢名詩類選評釋 簡野道明 大正三年一〇月刊　昭和五年二月印（一二版　東京　明治書院）　三六一

ハ38 7 1 和漢朗吟詩集 國語漢文研究會編　簡野道明校閲 昭和一一年五月刊（東京　明治書院）　三六一

ハ38A 1-1 3
新刻重校増補圓機活法詩學全書
（校正圓機活法）二四巻新刻重校增補圓機活法韻學全書一四巻　明王世貞校　楊淙閱　石川鴻齋（英）重校
明治三四年五月刊（東京　博文舘）石印影明治一七年三月銅版刊本
中三

ハ38A 1-2 4
增廣詩句題解彙編
八巻附姓氏考　清中西書局編
清光緒二四年八月刊（上海　中西書局）石印
※
唐特小四

ハ38A 1-3 1
増補詩本事
（增續詩本事）附續詩本事　清程羽文編　張潮補　清敬直校并附
天保一五年冬序刊（京　文曉堂林喜兵衞）※
中一

ハ38A 3-1 12
瀛奎律髓刊誤
四九巻　元方回撰　清紀昀批
清刊　清乾隆五三年八月序
唐半一二

ハ38A 3-2 3
瀛圭律髄続編
三巻　振洋處士（上甲榛）
嘉永七年央月序写（自筆稿カ）
大二ッ切三

ハ38A 3-3 1
課兒詩
藤森天山編　依田學海（百川）校
明治一八年七月刊（東京　川田鷹〈東京　文玉圃吉川半七〉）袋附
半一

ハ38A 3-4 1
漢詩評釋
桂湖村（五十郎）・大橋豹軒（虎雄）講
〔明治〕刊（〔東京〕早稲田大學出版部）
菊一

ハ38A 3-5 6
玉臺新詠〔箋註〕
一〇巻　陳徐陵編　清呉兆宜箋注　程琰補
民國一〇年刊（上海　掃葉山房）石印影民國四年五月重校本
唐中六

ハ38A 3-6 1
新刊錦繡段《シンカンキンシウダン》
釈天隱龍澤編
天和二年七月刊
半一

ハ38A 3-7 4
元詩別裁集
（重訂元詩別裁集）八巻并補遺　清張景星等評選
〔清〕刊（務本堂）※
唐特小四

ハ38A 3-8 2
湖海詩傳鈔
二巻　川島楳坪編
明治一二年一月刊（東京　長島爲一郎）松崎健
旧蔵　益城松氏印押捺
半二（縦長）

ハ38A 3-9 1
國朝繡像千家詩
（國朝千家詩）二巻　清李光明編并繪
〔清末〕刊（金陵　李光明莊狀元閣）
唐半一

ハ38A 3-10 1
東萊先生古文關鍵
二巻　宋呂祖謙編　蔡文子注　明徐樹屛校
文化一年刊（〔官版〕）
大合一

ハ38A 3-12 2
魁本大字諸儒箋解古文真寶
（大字改正古文眞寶）後集一〇巻〔宋黄堅〕編　元林以西注
寳永二年一月印　寛政五年三月印（校正　大阪加賀屋善藏）九行一八字
大二

ハ38A 3-13 1
魁本大字諸儒箋解古文眞寶
前集三巻〔宋黄堅〕編　元林以正注　鈴木益堂（善教）校標注
安政二年三月刊〔修〕明治九年三月印（京都文徳堂勝村治右衛門〈京都　風月荘左衛門〉）覆刻
大一

ハ38A 3-14 2
諸儒箋解古文眞寶
（古文眞寶）前集三巻後集二巻〔宋黄堅〕編 元林以西注 田中慶太郎校
昭和四年一月刊（東京 文求堂）
菊二

ハ38A 3-15 2
纂標古文眞寶
前集一〇巻後集一〇巻 宋黄堅編 元林以西注 瀧川龜太郎纂標
昭和一二年一月刊（後）一一年二月刊 五月印（再版 東京 松雲堂）鉛印
半二

ハ38A 3-16 2
補註古文眞寶前集
一〇巻後集一〇巻附作者小傳 簡野道明
昭和八年一一月刊（後）六年一二月刊 九年四月印（五版 東京 明治書院）
四六二

ハ38A 3-17 1
古文讀本
田中慶太郎編
昭和一一年一〇月刊（東京 文求堂）
菊一

ハ38A 3-18 3
詠物詩
（三家詠物詩）三巻 元謝宗可・明瞿佑・清張劭撰 松井梅屋（長民）等校
文化七年一二月刊（〔江戸〕萬笈書堂）巻中配補
大三

ハ38A 3-19 1
唐賢絶句《タウケンせツク》三體詩法《サンテイシホウ》
（三體詩白文）三巻 宋周弼編 刊
中一

ハ38A 3-20 3
三體詩講義
六巻 石川鴻齋講 松本謙・小澤瑳録
明治二三年四月刊（東京 文永堂武田傳右衛門）
石印影明治一五年一一月刊本カ
中三

ハ38A 3-21 1
三體詩評釋
野口寧齋（一太郎）
明治四三年七月刊（東京 郁文舍）
四六一

ハ38A 3-22 3
增註唐賢絶句三體詩法
三巻 宋周弼編 元釋圓至注 裴庾增注
元禄一六年二月印（既康堂）
大三

ハ38A 3-23 2
初學文要
（標註初學文要）二巻 吉村彰編
明治一二年二月刊（吉村氏讀我書樓藏版〈大阪 田中太右衛門〉）※
半二

ハ38A 3-24 2
絶句類選〔評本〕
二一巻 津阪東陽（孝綽）編 津阪〔拙脩〕（達）・平松樂齋（正愨）校〔齋藤〕拙堂評
文久二年三月刊（川北氏抱樸軒藏版〈津 篠田伊十郎他四都六肆〉）薄様刷 寺田望南印 ※
中二

ハ38A 3-25 32
〔欽定〕全唐詩
三二巻 清彭定求等奉勅編
清光緒一三年一〇月刊（上海 同文書局）石印 ※
唐中三二

ハ38A 3-26 1
宋三大家絶句
（題簽）石湖先生百絶・誠齋先生百絶・放翁先生百絶 大窪詩佛（行輿）・〔山本〕緑陰編
享和三年九月序刊 文化九年七月印（江戸 玉山堂山城屋佐兵衛）
半一

ハ38A 3-27 4
宋詩別裁
（宋詩百一鈔）八巻 清張景星等編
〔清〕刊（令德堂）乾隆二六年六月序
唐小四

ハ38A 3-28 2
續唐宋聯珠詩格
二巻 東條信升編 大野賴行校
嘉永四年一一月・同五年九月刊（大阪 羣玉堂河内屋茂兵衛）覆刻カ 天保五年一月序 ※
弘化二年一月ノ奥アリ
半二ッ切二

ハ38A 3-29 1
王註楚辭考
〔戸〕﨑〔淡園〕（允明）
近写（〔浜野知三郎〕）
大一

ハ38A 3-31 11　中州集　一〇巻附中州樂府　金元好問撰　近藤南州（元粋）評　明治四一年六月刊（大阪　青木嵩山堂）鉛印　小一一

ハ38A 3-32 1　長恨歌傳　并長恨歌・琵琶行・野馬臺　唐陳鴻（歌・行）白居易（野）旧題梁釈寶誌　正保二年八月印（京　婦屋林甚右衛門）双辺無界8行18字　書入本　大一

ハ38A 3-33 1　同　同　同　寛永四年五月印（京　風月宗知）覆古活　双辺有界7行17字　大一

ハ38A 3-34 3　箋註唐賢詩集　三巻　清王士禛編　呉煊・胡棠集注　黄培芳批　近藤南州（元粋）補　明治三一年一〇月序刊（〔大阪〕嵩山堂）鉛印　小三

ハ38A 3-35 1　韜光菴紀遊集　清釋山止編　〔清末〕刊（武林　丁氏竹書堂）　唐半一

ハ38A 3-36 5　新刻李袁二先生精選唐詩訓解　（校正唐詩訓解）七巻首一巻　明李攀龍編　袁宏道校　〔江戸前期〕刊〔後印〕（京　文林軒田原勘兵衛）覆明萬暦四六年四月居仁堂余獻可刊本　大五

ハ38A 3-37 1　唐詩兒訓五絶　新井白蛾（祐登）撰　平松白梨（近江）校　寳暦九年二月序刊（古易舘門人藏版〈大坂　梧桐舘〔吹田屋多四郎〕〉）※　半一

ハ38A 3-38 2　唐詩兒訓七言絶句　二巻　新井白蛾（祐登）撰　森白淵（矩近）校　刊（古易舘門人藏〈大坂　梧桐舘吹田屋多四郎〉）※　半二

ハ38A 3-39 4　唐詩集註　（標注本）七巻　明李攀龍編　蔣一葵注　唐汝詢解　宇〔野明霞〕（鼎）・宇〔野〕士朗（鑒）編　校　釈顯常大典補　安永三年六月刊（東叡王府藏版〈京　文林軒田原勘兵衛〉）　大四

ハ38A 3-40 2　唐詩選　七巻（巻六・七欠）明李攀龍編　服〔部〕南郭（元喬）校　弘化二年刊（紀府　高市氏）覆嵩山房刊本　半二

ハ38A 3-41 1　唐詩選　平仄四聲付　七巻　明李攀龍編　服部〔南郭〕（元喬）校　萩原彰校字　昭和四年四月刊　八年四月印（再版　東京　松雲堂）　菊一

ハ38A 3-42 3　唐詩選解　三巻　宇〔野〕東山（成之）　寛政八年一一月刊（江戸　嵩山房小林新兵衛）覆天明四年一〇月刊本　半三

ハ38A 3-43 3　唐詩選國字解　七巻（巻一・二欠）〔服部〕南郭講　林元圭録　文化一一年六月刊（江戸　嵩山房小林新兵衛）覆天明二年一月刊本　半三

ハ38A 3-44 2　唐詩選師傳講釋　（唐詩選講釋）七巻　千葉芸閣（玄之）講　小林高英錄　文化一〇年四月刊（江戸　嵩山房小林新兵衛）　半二

ハ38A 3-45 4　唐詩選掌故　七巻附詩人世次爵里　千葉芸閣（玄之）　寛政五年一一月刊（江戸　嵩山房小林新兵衛）覆明和五年一一月刊本　半四

ハ38A 3-46 1　唐詩選評釋　八巻　森槐南（泰二郎）　明治二五年一〇月序刊　四三年四月印（八版　東京　郁文舍）　四六一

ハ38A 3-47 2
唐詩選詳説
箭野道明
昭和四年一一月刊（東京　明治書院）　四六二

ハ38A 3-48 1
唐詩選餘言
二巻〔戸〕碕淡園（允明）撰　源蘭洲（頼紀）校
安永八年八月刊（江戸　嵩山房須原屋小林新兵衛）第一丁版心ニ絳雪舘藏　半一

ハ38A 3-50 2
唐人萬首絶句選
七巻　宋洪邁原撰　清王士禛編
民國九年刊（上海　掃葉山房）石印　唐中二

ハ38A 3-51 2
唐絶新選
二巻附人名指蒙　頼山陽（襄）編
天保一五年八月刊（但シ九月序アリ　小石氏幽蘭書屋藏版〈京　吉田屋治兵衛等三都三肆〉）　中二

ハ38A 3-52 2
唐宋八家文讀本考異
二巻　野本〔狷庵〕（耕）
天保一三年二月刊（江戸　津田季齋）木活　下ニ巻上正誤ヲ附ス　半二

ハ38A 3-53 2
唐宋八家文讀本便覽
二九巻　鷲海暘谷（闊）
明治一二年一一月刊（大分草地　涵養舎鷲海百良藏版）鉛印　上巻ノ末《ママ》（整版）一葉挿入サル　中二

ハ38A 3-54 4
唐宋八大家文格
五巻　川西函洲（潛）編　片山信・立野貞校
文久三年一月刊（江戸　和泉屋金右衛門等六肆）
覆天保一〇年六月跋刊本　※　半五

ハ38A 3-55 4
唐宋八大家文講義
三〇巻附老子道德經講義二巻　清沈德潛編評
石川鴻齋（英）（巻八以下）喰代愼齋（豹藏）講（第一冊巻七迄）土田淡堂（泰）校
明治二五年四月―二六年一二月刊（第二冊　三二年一〇月印〈一六版〉）（第三冊　二八年一一月印〈五版〉）東京　興文社）少年叢書漢文學講義第六・一一・一三・一七編　四六四

ハ38A 3-58 1
梅花百咏
（梅花百絶）二種并詠梅百首二巻　元韋珪・呉鎮・明顧懋樊
写　一八安積艮齋（信）校　三八明顧燝祚編　半一

ハ38A 3-59 1
百人一詩
〔林〕道春・春齋・春德編
明暦一年六月跋刊　山崎美成旧蔵　明治一四年春森枳園讀了識語　小一

ハ38A 3-60 1
新譯評解文章軌範
宋謝枋得編　友田宜剛評解
明治四四年一月刊　大正二年九月印（一九版　東京　至誠堂）新譯漢文叢書第二編　菊半変一

ハ38A 3-61 1
疊山先生批點文章軌範
（文章軌範）七巻　宋謝枋得編　田中慶太郎校
昭和二年一一月刊（東京　文求堂）　菊一

ハ38A 3-62 1
文章軌範講義
七巻附十七家小傳　宋謝枋得編　菊池三溪（純）校　下森山陰（來治）講
明治二四年一〇月刊（東京　興文社）少年叢書漢文學講義第二編　四六一

ハ38A 3-63 1
文章軌範拔抄
（外題）〔浜野知三郎〕
近写（〔自筆〕）　半一（仮綴）

ハ38A 3-64 1
新譯評解 續文章軌範
明鄒守益編 友田宜剛評解
明治四四年九月刊（東京 至誠堂）新譯漢文叢書第七編 菊半変一

ハ38A 3-65 13
文選刪註
（文選素本）一二巻序目一巻 明王象乾
承應三年四月刊〔後印〕（〔京〕風月庄左衛門） 大一三

ハ38A 3-67 10
文選
（胡刻宋本文選）六〇巻文選考異一〇巻 梁〔蕭統〕（昭明太子）撰 唐李善注 清胡克家校并考異
〔清末〕刊（上海 鴻文書局）石印翻清嘉慶一四年二月胡氏覆宋淳熙八年尤延之刊本 唐中一〇

ハ38A 3-68 4
文選考異
一〇巻 清胡克家撰 林植梅校
〔清末〕刊（四明 林植梅） 唐中四

ハ38A 3-69 1
文選類詁
民國丁福保
民國一四年八月序刊（無錫 丁氏藏版〈上海醫學書局〉）鉛印 唐大一

ハ38A 3-72 1
歷代題畫詩類絶句抄
二巻
安政三年四月写（三絣某山）※ 大二ツ切一

ハ38A 3-73 2
精選唐宋千家聯珠詩格
（韻附平側聯珠詩格）二〇巻 元于濟・蔡正孫編
文化七年春刊 天保二年一一月印（大阪 岡田群玉堂河内屋茂兵衛） 小二

ハ38A 3-74 6
續聯珠詩格
一二巻 釋風牀教存編 釋龍泉持戒校
天保三年春刊（備中 觀龍寺藏版〈大阪 河内屋儀助等三都三肆〉）※ 大六

ハ38A 3-75 3
定本唐宋八家文讀本
（唐宋八家文讀本）三〇巻 清沈德潛編 池田蘆洲（四郎次郎）注
昭和七年四月刊（東京 大明堂） 菊三

ハ38A 4-1 4
韋蘇州集
（韋蘇州詩集）一〇巻附詩話 唐韋應物撰 近藤南州（元粹）評
明治三三年五月序刊（〔大阪〕嵩山堂）鉛印 韋柳詩集之中 4-53ト組 特小四

ハ38A 4-2 3
唐王右丞詩集
（王維詩集）六巻 唐王維撰 明顧可久注 木房祥點
正德四年一月刊〔後印〕（京 書肆名削去）覆明萬曆一八年春休陽呉氏漱玉齋刊本 大三

ハ38A 4-3 1
回文錦字詩抄
髙〔井蘭山〕（伴寛）
享和二年八月序刊（江戸 星運堂） 半一

ハ38A 4-4 1
唐女郎魚玄機詩
（魚玄機詩）附魚集考異 唐魚玄機（附）清黃丕烈
民國四年二月刊（上海 掃葉山房）石印影清嘉慶一五年雲間沈氏覆宋臨安陳宅書籍鋪刊本 唐中一

ハ38A 4-5 4
元氏長慶集
六〇巻附集外文章 唐元〔稹〕
〔民國〕刊（上海 涵芬樓）影明嘉靖三一年二月東呉董氏覆宋刊本 四部叢刊之中 唐中四

ハ38A 4-6 1
元稹和白香山詩
（元白唱和集）唐元稹
明治四二年春〔浜野知三郎〕令写（姪北川朝二）
大正三年一〇月浜野知三郎識語 半一

ハ38A 4-7 1
織錦回文詩
（外題）晉蘓〔蕙〕
貞享二年八月写カ 大一

ハ38A 4-8 4 **人境盧詩草**
一一巻 清黄遵憲撰 梁啓超・黄遵庚校
清宣統三年九月跋刊 鉛印
唐大四

ハ38A 4-9 1 **泰山石堂老人文集**
清釈元玉撰 釈〔 〕霖評 新儒校
民國二一年一〇月刊（〔山東〕泰山書屋藏板）
鉛印
唐大一

ハ38A 4-10 1 **眞山民詩集**
宋眞山民撰 近藤南州（元粋）評
明治二八年九月刊（大阪 青木嵩山堂）鉛印
特小一

ハ38A 4-11 12 **漁洋山人精華録箋注**
一二巻補一巻首一巻 清王士禎撰 金榮箋注
徐淮編
〔清末―民國〕刊 石印
唐中一二

ハ38A 4-12 1 **石湖詩**
（范石湖田園雜興）宋范〔成大〕撰 柏〔木〕如
亭（昶）校
文久三年九月序刊（柏木氏晩晴堂）
中一

ハ38A 4-13 2 **註玄瑞千字文**
玄瑞千字文共二巻 玄瑞撰 伊泉注
安永八年七月刊（江戸 須原茂兵衛）
大二

ハ38A 4-14 1 **千字文**
梁周興嗣
〔朝鮮後期〕刊（〔京城〕紅樹洞）
韓特大一

ハ38A 4-15 1 **周興嗣次韻千字文考證**
高岡〔養拙〕（秀成）
寛政二年一〇月刊（〔江戸〕千鍾房須原屋茂兵
衛）※ 市野光彦跋
半一

ハ38A 4-16 1 **千字文國字解**
越元中
明和六年一月序刊（大坂 定榮堂吉文字屋市兵
衛）
半一

ハ38A 4-17 1 **三書正文**
（題簽）千字文・三字經・孝經（古文）
明治三年三月刊（清狂社藏板）魚津阿波加國雄
旧蔵 序者魚津阿波加穎ト関係アルカ
大一

ハ38A 4-18 1 **層冰艸堂叢書**
〔第〕一東林遊草・陶靖節年歳攷證 清古直撰
（東）関孝吉注（陶）同校
〔民國〕刊（中華書局）倣宋活字
唐中一

ハ38A 4-19 3 **蘇東坡詩醇**
（蘇東坡詩集）六巻 宋蘇軾撰 近藤南州（元粋）
評
明治三九年九月序刊 大正四年二月印（五版
東京 嵩山堂）鉛印
特小三

ハ38A 4-22 1 **長恨歌〔抄〕**
〔清原宣賢〕
〔江戸初〕刊
大一

ハ38A 4-23 1 **長恨歌評釋**
岩井松風軒（正次郎）
明治三二年一二月刊（東京 大學館）
四六一

ハ38A 4-24 1 **〔張〕船山詩草**
存〔第〕二集巻五・六 清張問陶撰 筱﨑〔竹
蔭〕（長平）點
嘉永三年春刊〔後印〕（大阪 河内屋茂兵衛）
大一

ハ38A 4-25 4 **陶淵明集**
八巻首末各一巻 晋陶潜撰 近藤南州（元粋）
評
明治二七年三月序刊 三八年八月印（七版 大
阪 青木嵩山堂）鉛印
特小四

ハ38A 4-26 4 **東坡和陶合箋**
（蘇陶合箋）四巻陶詩彙評四巻 清温汝能編
民國八年刊（上海 掃葉山房）石印
唐中四

ハ38A 4-27 3 **杜詩偶評**
四巻 清沈德潛撰 潘承松校
享和三年刊（官板）覆清乾隆一二年八月序刊本
江木鰐水書入 重野安繹旧蔵
大三

ハ38A 4-28 3　**又**
〔後印〕（大阪　河内屋卯助・河内屋喜兵衛〔官板〕）書入本　大三

ハ38A 4-29 2　**杜律詩話**
二巻　清陳廷敬撰　林信録　松岡怡顔齋（玄達）點
正徳三年五月刊（京　白松堂唐本屋佐兵衛）覆清康熙四七年七月跋刊本　半二

ハ38A 4-30 1　**日本雑事詩**
二巻　清黄遵憲撰　王韜校
清光緒五年一二月刊（但シ六年二月序アリ　天南　遯窟王韜）鉛印　弢園叢書之中　唐中一

ハ09 4-83 1　**入蜀記**
六巻　宋陸游
天明三年四月（校正刷　京　博厚堂武村嘉兵衛・杏林軒北村四郎兵衛）覆清乾隆四二年刊本　中一

ハ38A 4-32 2（旧ハ38A 4-31 1）　**香山詩選**
六巻〔唐白居易〕撰　清曹文埴編校
清光緒一七年八月刊（金陵書局）　唐半二

ハ38A 4-33 1　**新選白詩集**
（白詩選）巻一　宍戸恵堂（隆熹）編　秦〔滄浪〕（鼎）校標注
文化一四年一二月刊（宍戸氏米華堂藏板）　中一

ハ38A 4-34 12　**白香山詩長慶集**
（斷句校正白香山詩集）二〇巻首一巻白香山詩後集一七巻別集一巻白香山詩集補遺二巻　唐白居易撰
清汪立名編校
民國一三年二月刊（上海　光霽書局）石印　唐中一二

ハ38A 4-35 12　**白香山詩長慶集**
（白香山詩集）二〇巻首一巻白香山詩後集九巻別集一巻　同　同
清康熙四二年六月序刊（一隅草堂藏板）巻一第三・四丁別集ト乱丁　唐大一二

ハ38A 4-36 4　**白詩鈔定本**
（白少傳詩鈔・白香山詩鈔）四巻　唐白居易撰
相馬〔九方〕（肇）編
嘉永六年一月序刊（相馬氏立誠堂藏板）唐宋六家詩定本之中　※　半四

ハ38A 4-37 1　**白詩新釋**
簡野道明
昭和八年八月刊（東京　明治書院）　四六一

ハ38A 4-38 1　**新刻白氏長慶集絶句七言詩**
（新刻抜粋分類白氏絶句七言）并新刻抜粋分類白氏絶句五言　唐白〔居易〕
〔寛文一一年〕刊　元禄一五年九月印（京　中川茂兵衛）　中一

ハ38A 4-39 1　**白詩選**
八巻　源五雲（世昭）編
寛政九年二月跋刊〔明治〕印（大阪　明善堂中川勘助）　小一

ハ38A 4-40 1　**新雕校證大字白氏諷諫**
（景宋本白詩諷諫）唐白居易
清光緒一九年九月刊　石印影宋呉門徐元圃刊本　唐大一

ハ38A 4-41イ 8　**元氏長慶集**
六〇巻首一巻　唐元稹撰　明馬元調校
明萬暦三二年立夏序刊　唐大八

ハ38A 4-41ロ 10　**白氏長慶集**
七一巻目録二巻　唐白居易撰　明馬元調校
明萬暦三四年七月序刊　唐大一〇

ハ38A 4-42 24　**白氏文集**
（白氏長慶集）七一巻　唐白居易撰　那波〔活所〕（道圓）校
〔民國〕刊（上海　涵芬樓）影元和四年七月序那波活所古活字本　四部叢刊集部　唐中二四

ハ38A 4-43 35　白氏長慶集
(白氏文集) 七一巻序目二巻并附録　唐白居易撰
明馬元調校　立野春節点
萬治一年一〇月跋刊　後表紙欠
大三五

ハ38A 4-44 30　白氏文集
七一巻　唐白居易
文政六年刊（學問所蔵版〈〔江戸〕和泉屋庄次郎〉）
中三〇

ハ38A 4-45 5　白樂天詩集
五巻　唐白居易撰　近藤南州（元粋）評
明治二八年八月序刊　四〇年五月印（東京　青木嵩山堂）鉛印
小五

ハ38A 4-46 1　〔選註〕新譯白樂天詩集
井上靈山（經重）撰　國分青厓閲
大正二年五月刊（東京　弘學館）
菊半一

ハ38A 4-47 1　白樂天詩選
小野機太郎講
〔明治〕刊
菊一

ハ38A 4-48 1　文集抄
上
近写　影建長二年一一月写本
大一

ハ38A 4-49 2　放翁詩鈔註解
第一・二集　清周之鮮・柴外編　鈴木成三郎注
三浦應閲
明治一六年四月刊（東京　金剛閣西宮松之助）
半二

ハ38A 4-50 3　陸詩意註
(劍南詩醇意註) 六巻附劔南詩稿補逸　宋陸遊（ママ）撰
〔市〕河〔寛齋〕（世寧）注并附　松芳校
明治四三年四月刊（香雨書屋）鉛印
中三

ハ38A 4-51 1　李詩講義
末欠　森槐南講　森川竹磎（鍵）校
大正二年夏序（校正刷）鉛印
半一

ハ38A 4-52 3　李義山詩講義
三巻　森槐南（泰二郎）
大正三年一月―六年二月刊（東京　文會堂）
四六三

ハ38A 4-53 2　柳柳州集
(柳柳州詩集) 四巻詩話一巻　唐柳宗元撰　近藤〔南州〕（元粋）評
〔明治三三年五月〕序刊　四二年二月印（三版　東京　青木嵩山堂）鉛印　韋柳詩集之中　4-1ト組
小二

ハ38A 4-54 2　淮海挐音
二巻　宋釋元肇
大正二年五月刊（東京　民友社）影元祿八年二月京柳校軒茨城方道覆宋寶祐六年五月序刊本
袋附　成簣堂叢書之中
半二

ハ38A 5-1 1　近代支那の學藝
今關天彭（壽麿）
昭和六年一二月刊（東京　民友社）
菊一

ハ38A 5-2 1　詩學
民國黃節
民國七年一〇月刊　一〇年九月印（三版　北京　北京大學出版部）鉛印
唐半一

ハ38A 5-3 1　詩學常識
民國徐敬修
民國一四年四月刊（上海　大東書局）國學常識之八
四六一

ハ38A 5-4 1　詞學常識
民國徐敬修
民國一四年四月刊（上海　大東書局）同九
四六一

ハ38A 5-5 1　支那韻文史
澤田總清
昭和四年一二月刊（東京　弘道館）著者謹呈本
四六一

ハ38A 5-6 1　支那近世文學史
宮崎繁吉
〔明治〕刊（〔東京〕早稲田大學出版部）
菊一

ハ38A 5-7 1　支那文學史
笹川種郎
明治三一年八月刊（東京　博文館）改装
菊一

ハ38A 5-8 1
支那文學史
古城貞吉
明治三〇年五月刊　三五年一二月修（訂正再版）
東京　勸學會（東京　冨山房）
菊一

ハ38A 5-9 1
支那文學史要
中根淑
明治三三年九月刊（東京　金港堂）
菊一

ハ38A 5-10 4
昭代名人尺牘小傳
（清國名人尺牘小傳）二四巻　清呉修編　杉山鶏兒點
明治一一年刊（東京　沈香書閣長尾銀次郎藏版）
鉛印
小四

ハ38A 5-11 1
中國八大詩人
民國胡懷琛
民國一四年一月刊（上海　商務印書館）國學小叢書之中
四六一

ハ38A 5-12 2
唐宋八家叢話
二巻　增田岳陽（貢）
明治二六年三月刊（東京　著者）鉛印
大二

ハ38A 5-13 1
百東坡
二巻　志毛藕塘（正應）編
弘化二年序刊（江戸　志毛氏霞海書屋藏板）
半一

ハ38A 5-14 4
本朝名家詩鈔小傳
（清名家詩人小傳）四巻　清鄭方坤編　馬俊良校
民國八年刊（上海　掃葉山房）石印
唐中四

ハ38A 6 1
丙辰壽蘇錄
二巻　富岡桃華（謙藏）・長尾雨山（甲）編
大正七年一月序刊　鉛印
半一

ハ38A 7-1 2
王香園叢書
（題簽）第一集二巻二十四詩品（唐司空圖）雲溪友議（唐氾攄）蓮坡詩話三巻（清查爲仁）加藤香園（淵）編校
文政一二年三月刊（廣島　加藤氏王香園（廣島　奎曄閣世並屋伊兵衛））※
半二

ハ38A 7-2 4
甌北詩話
續共一二巻　清趙翼撰〔大窪〕詩佛・唐它山（公愷）點
文政一一年三月刊〔後印〕（江戸　玉巖堂和泉屋金右衛門）覆清嘉慶七年五月―九年（續）序刊本
大四

ハ38A 7-3 1
樂府古題要解
二巻　唐呉競撰　明毛晉校
〔清〕刊（東呉　毛氏汲古閣）津逮秘書第一四集之中　森枳園旧蔵
唐大一

ハ38A 7-4 4
藝苑巵言
八巻　明王世貞撰　賴煥校
延享三年夏〔修〕（京　錦山堂伏見屋藤右衛門・文泉堂林權兵衛）覆明刊本　※
大四

ハ38A 7-5 4
藝苑名言
八巻　清蔣瀾編
文政八年一二月跋刊〔後印〕（大坂　河内屋吉兵衛等三都一〇肆）
中四

ハ38A 7-6 10
螢雪軒叢書
一〇巻　近藤南州（元粹）編并評
明治二五年八月序刊（一・二・三・六）四一年四月―四三年九月印（四版）（四・五・七以下）三九年四月―四三年一〇月印（三版　東京　青木嵩山堂）鉛印
中一〇

ハ38A 7-7 1
浩然齋雅談
宋周密撰　梁〔川星巖〕（卯）編
文化一〇年一二月跋刊　三巻ノ内詩話ノ抽刻
中一

ハ38A 7-8 6
隨園詩話
（足本隨園詩話）一六巻補遺一〇巻　清袁枚
民國八年刊（上海　掃葉山房）石印
唐中六

ハ38A 7-9 10
隨園詩話
（詳註隨園詩話）一六巻補遺一〇巻〔清袁枚〕撰　謝璿注
民國一二年三月刊　一五年五月印（一三版　上海　會文堂書局）石印
唐中一〇

ハ38A 7-10 10
詩人玉屑
二一巻　宋魏慶之編　日柳三舟（政愬）點　明治一七年五月刊（大坂　浪華文會）鉛印　中一〇

ハ38A 7-11 1
詩評類纂
牧野靜齋（謙次郎）・齋藤運甓（坦藏）編　明治二九年五月刊（東京　桃華堂）　菊半一

ハ38A 7-12 1
新刊詩法源流
明懷悅編　〔江戸初〕刊　朝鮮明嘉靖二一年一一月尹春年序　尹春年附トノ二冊本ノ分レナラム　大一

ハ38A 7-13 1
煮藥漫抄
二巻　清葉煒　清光緒一七年冬刊（金陵　）　唐半一

ハ38A 7-14 10
靜志居詩話
二四巻　清朱〔彝尊〕　民國二年刊（上海　文瑞樓）石印　唐中一〇

ハ38A 7-15 6
全唐詩話
六巻〔宋尤袤〕撰　明毛晋校　清宣統三年刊（上海　朝記書荘）石印　※　裏表紙欠　唐中六

ハ38A 7-17 1
枕山樓詩話
清陳元輔撰　横關天籟（剛）校　明治一四年一二月刊（大阪　北尾禹三郎）彩色刷　※　小一

ハ38A 7-20 1
百家詩話抄
天明七年九月刊（大坂　文魁堂名〔倉〕又兵衛等三都三肆）　中一

ハ38A 7-21 1
文章歐治
元陳繹曽撰　朝鮮尹春年注　伊藤〔東涯〕（長胤）校　元禄一年一一月〔修〕（京　永原屋孫兵衛・唐本屋又兵衛）※　光州ニ開刊セル旨ノ序アリ　跋ニ朝鮮写本ニヨル旨記載　半一

ハ38A 7-22 4
文心雕龍
一〇巻　梁劉勰撰　清黄叔琳注　紀昀評　呉梅修校　民國四年刊　一三年印（上海　掃葉山房）石印　唐中四

ハ38A 7-23 1
放翁詩話
宋陸游撰　黒﨑璞齋（貞孝）・飯村岳麓（孫）校　文化一〇年七月刊（江戸　玉山堂山城屋佐兵衛）※　大一

ハ38A 7-24 2
北江詩話
（洪北江詩話）六巻　清洪亮吉撰　洪用懃校　清宣統一年刊（上海　掃葉山房）石印　唐中二

ハ38A 7-25 1
六朝麗指
清孫德謙　民國一二年八月署刊（四益宧）　唐大一

ハ38A 8-1 2
新譯演義三國志
二巻　久保天隨　明治四五年六月・大正一年一〇月刊（東京　至誠堂）新譯漢文叢書第一二・一三編　菊半変二

ハ38A 8-2 20
四大奇書第一種三國志
（目録・聖歎外書・繡像第一才子書）一九巻一二〇回首一巻　清毛宗崗評　鄒梧岡校　〔清〕刊（〔北〕京　寶經堂）序紫刷　唐大二〇

ハ38A 8-3 2
新譯水滸全傳
二巻一一九回　久保天隨　明治四四年一〇月・四五年二月刊（上）四四年一〇月印（再版　東京　至誠堂）新譯漢文叢書第九・一〇編　菊半変二

ハ38A 8-4 1
唐土奇談
三巻　畠中〔觀齋〕（正盈）撰　内藤虎次郎解題　昭和四年一月刊（京都　更生閣）影寛政二年一月京芸香堂梶川七郎兵衛刊本　大一

ハ38A 8-5 1
遊仙窟
唐張〔鷟〕
慶安五年一月印（〔京〕中野太良左衛門）安政四年六月書入本　太田次男等書入本　大一

ハ38A 9-1 1
謀野集刪
明王穉登撰　田〔中〕蘭陵（良暢）・菊池〔桐江〕（忠充）編
享保二〇年一一月刊（江戸　大和屋孫兵衛）※書入本　大一

ハ38B 1 2
瀛洲訪詩記
附幽居近作　民國呂美蓀
民國二五年六月刊（青島　著者）鉛印　唐半一（包背装）

又　唐半一（包背装）

ハ38B 2 1
扈從東渡百九詩
民國袁金鎧
康德二年四月記刊　鉛印　唐大一

ハ38B 3 4
葩麗園詩
并續・陽春白雪詞・葩麗園詩再續・四續　民國呂美蓀
民國二〇年秋―二四年夏序刊（青島　著者）鉛印　唐大四

ハ38C 1-1 2
詩韻精英
七巻并摘注　池田觀編
明治一三年九月刊（大坂　尚書堂辻本信太郎・積玉圃柳原喜兵衛）銅版　序朱刷　絹表紙　薄様刷　小二

ハ38C 1-2 4
國字分聲詩海錦帆初編
八巻　玩世道人實順編　釋泰運慈忍校
明和四年四月刊（津　大森傳右衛門・京　林權兵衛等二都五肆）　大四

ハ38C 1-3 5
詩學貫珠
四巻首一巻　鎌田環齋（禎）編
享和三年一月刊（大坂　文海堂松村九兵衛）※　小五

ハ38C 1-4 2
詩語金聲
二巻　藤良國編
嘉永三年一一月刊（大坂　河内屋茂兵衛等三都八肆）※　大三ッ切二

ハ38C 1-5 3
新撰詩語對句便覽
三巻　山住才三編
明治一四年一〇月刊（大阪　岡田茂兵衛・三木みき）　大三ッ切三

ハ38C 1-6 4
詩藻行潦
四巻　山本北山編　山本〔綠陰〕（謹）等校
天保一一年一月刊（江戸　青黎閣須原屋伊八・千鍾房須原屋茂兵衛）　中四

ハ38C 1-7 2
詩礎玉振
二巻　藤良國編
嘉永三年一一月刊（大坂　河内屋茂兵衛等三都八肆）※　奥1-4ト同一　見返モ同体裁　序跋モ同一人　大三ッ切二

ハ38C 1-8 1
東藻會彙纂略
巻上中地名箋二巻　萩野〔複堂〕（平珉）編　萩野鳩谷（信敏）補　藤春韶校
明和四年春刊（江戸　伏見屋宇兵衛等三肆）※　小一

ハ38C 1-9 1
唐明詩學解環
井以通・松直一編　岡鳳鳴（懋）鑒定
明和四年三月序刊　小一

ハ38C 1-10 1
和漢續詩學解環
（詩學解環〔第〕二編）岡猶龍（起雲）・路友庵如蕙編　岡鳳鳴鑒定
安永八年冬序刊　寛政二年二月修（京　玉枝軒植村藤右衛門）　小一

ハ38C 1-11 1
佩分餘滴
江馬金粟（桂・元齡）編　江馬春熙・石川鴻齋（英）校
明治一七年七月刊（東京　鳳文館）銅版　中一

ハ38C 1-12 2
和語圓機活法
六巻存巻四・六
元禄九年二月跋刊〔後印〕（大阪 河内屋茂兵衛）
中二

ハ38C 2-1 1
熙朝詩薈
序目（題簽）友野（霞舟）（瑍）
近写（〔浜野知三郎〕）
大一

ハ38C 2-2 1
皇朝千家絶句
三巻 佐藤六石（寛）編
明治二五年一〇月刊（東京 博文舘）寸珍百種第七編
菊半一

又
菊半一

ハ38C 2-3 1
皇朝百家一絶
大槻磐溪（崇）編 若林篁洲（毅）校
明治一八年四月序刊（東京 若林氏橘香書屋藏版〈東京 風月新誌社・郁文舘新誌局〉）鉛印
中一

ハ38C 2-4 12
東瀛詩選
三四巻 清兪樾編
清光緒九年六月序刊
唐半一二

ハ38C 2-5 1
日本詩紀
五〇巻并外集・別集各一巻目補遺共四四巻（四〇巻補遺四巻）市河寛齋（世寧）編 市河米庵（三亥）校 若林友堯補 松田卯之吉・難波常雄重校
明治四四年四月刊（東京 國書刊行會）
菊一

ハ38C 2-6 1
本朝百人一詩
鈴木松宇（義宗）編 林恆山（英吉）注
大正一〇年二月刊（東京 斯文舘）鉛印
半一

ハ38C 2-7 1
學生錦囊名家詩纂
片岡孤松（政保）編
明治二四年九月刊（東京 東京堂）表紙・裏表紙欠
菊半一

ハ38C 3-1 1
懐風藻
山脇〔道圓〕（重顯）校 松﨑〔蘭谷〕（祐）重校
寶永二年一月刊（京 萬屋喜兵衛 寺田望南印）
大一

ハ38C 3-2 1
懐風藻
日本古典全集第一回
大正一五年四月刊（東京 日本古典全集刊行會）
并凌雲集（小野岑守等奉勅編）文華秀麗集三巻（仲雄王等奉勅編）經國集二〇巻（滋野貞主等奉勅編）本朝麗藻二巻（首原欠）與謝野寛等編校
菊半一

ハ38C 3-3 1
菅家後集
（羣書類從巻一三一）菅〔厚道眞〕撰〔塙〕保己一校刊 ※
大一

ハ38C 3-4 1
菅家後草
巻一三 菅原〔道眞〕
近写（〔浜野知三郎〕）貞享四年一月京大森太右衛門刊本
大一

ハ38C 3-5 6
菅家文草
（改正菅家文草）一二巻 菅原〔道眞〕撰 福春洞盧庵校 中村〔篁溪〕（顧言）重校
元祿一三年秋跋刊〔修〕〔後印〕（京 鵜鶊惣四郎）
大六

ハ38C 3-6 1
菅家文章〔經典餘師〕
高井蘭山
文政八年八月序刊（江戸 和泉屋金右衛門等三都一〇肆）絵入
大一

ハ38C 3-7 2
五山文學全集
詩文部第一・三輯 上村觀光編
明治三八年一二月序—四一年六月刊（東京 裳華房）
菊二

ハ38C 3-8 2
桑華詩編
二巻 源秋峯
貞享二年一一月刊（〔京〕中村五兵衛）
大二

ハ38C 3-9 1 **百人一首**
附百人小傳 釈横川景三編
明治四二年二月刊（〔成簣堂〕）影成簣堂蔵伝景三寫本（附）鉛印
半一

ハ38C 3-10 5 **本朝一人一首**
一〇巻 林向陽編
寛文五年二月刊（京 田中清左衛門）※
大五

ハ38C 3-11 5 **本朝詩英**
五巻 野〔間〕柳谷（子苞）編
寛文九年一〇月刊（京 林和泉掾）刊記或ハ入木カ
半五

ハ38C 3-12 8 **本朝文粋**
一四巻目録一巻附鐵槌傳 藤原明衡編 田中參校（附）小杉榲邨校
明治一七年五月〈序〉刊 三四年五月求版 一〇月再印（再版 東京 六合館）鉛印
大八

ハ38C 3-13 7 **本朝續文粋**
一四巻 藤原季綱編
明治二九年七月刊（京都 聖華房山田茂助）木活
大七

ハ38C 3-14 1 **正續本朝文粋**
一四巻附鐵槌傳（續）一三巻 藤原明衡（續）〔藤原季綱〕編 古賀彦次郎・齋藤松太郎校
大正七年五月刊（東京 國書刊行會）
菊一

ハ38C 3-15 1 **野馬臺詩餘師**
（題簽）
天保一四年刊（江戸 星文閣亀屋文次郎）絵入
※ 昭和三年一二月濵野氏宛真田某書簡（巻紙）一通挟込マル
中一

ハ38C 4-1 3 **安政三十二家絶句**
三巻并附録 額田正編
安政四年二月刊（但シ六月序アリ 京 擁萬堂額田正三郎等四肆）
半三

ハ38C 4-2 1 **移山堂詩集**
三木脩撰カ 岡圭録
写
半一

ハ38C 4-3 1 **葦川先生詩稿**
（題簽）藤井葦川（森）
写（自筆稿）添削付
大一

ハ38C 4-4 1 **前題百詠**
（一夜百首）後題百詠共二巻 祇《ママ》園南海（瑜）撰 〔新井〕白石（源君美）批
明和八年一一月序刊 ※
小一

ハ38C 4-5 1 **逸齋百絶**
初集 粟田逸齋（朗）
文化一一年六月序刊
半一

ハ38C 4-6 1 **因是文集**
（題簽）葛西因是（質）
近写（浜野知三郎）
大一

ハ38C 4-7 1 **于役唫草**
川本衡山（貞輔）
嘉永六年九月序刊（欒山堂藏版）絵入
半一

ハ38C 4-8 1 **于役集**
賀藤月篷（琴）
嘉永二年八月序跋刊（嚶嚶社）木活
半一

ハ38C 4-9 3 **雲来唫交詩**
〔第一〕—三集 石槗雲来編
明治一三年四月—一四年四月出版御届（大阪 前川善兵衛）見返一四年春
中三

ハ38C 4-10 2 **詠史集**
（詠史絶句）二巻 守田敬齋（通敏）編
安政七年三月刊（萩 迎風樓藏版〈江戸 和泉屋金右衛門〉）
半二

ハ38C 4-11 1 **翳然社詩稿**
従文政五年壬午六月（題簽）〔山本〕凹巷（韓珏）等
写
半一

ハ38C 4-12	1	鴨厓頼先生一日百詩	頼鴨厓　元治一年刊〔明治〕印（伊勢　松浦竹四郎〈東京　青山堂青山清吉〉）彩色刷	大一
ハ38C 4-13	1	鶯溪文稿	（外題）林鶯溪（晃）　写（自筆稿）	半一（仮綴）
ハ38C 4-14	1	櫻南遺稿	文并附録　長谷川櫻南（龔）撰　澤井常四郎編　昭和二年五月刊（三原　櫻南舎〈東京　大雄閣〉）　鉛印	半一
ハ38C 4-15	1	同	詩　同　同　同（同　同〈同　同〉）鉛印	半一
ハ38C 4-16	8	嚶鳴集	初編—九集（二・三欠）并附録・嚶鳴集中所載人名略自初編至九編　竹内楊園（素）編　安政六年夏—慶應三年七月刊（江戸　竹内氏卧雲樓藏板）　絵入	大八
ハ38C 4-17	1	海岳吟社稿	文政八・九年　森〔枳園〕（弘之）等　近写（〔浜野知三郎〕）	半一
ハ38C 4-18	3	海莊集	（溪琴山人第三集）三巻　菊池海莊（保定）撰　諸家評　冷雲果等校　嘉永二年一二月署刊	大三
ハ38C 4-19	5	悔堂乱稿	（外題）耕餘吟巻（自文政乙酉至安政乙卯）采芹餘興（文久二）・耕餘集　北條悔堂（退）　写（自筆稿）　小口書　詩草一—三　詩稿四・文稿二	半五
ハ38C 4-20	1	各家詩抄	（題簽）友野〔霞舟〕（煥）等　近写（或ハ浜野知三郎カ）	大一
ハ38C 4-21	2	學孔堂遺文	六巻附正誤　龜田鶯谷（保）撰　龜田英編　明治一六年七月届（東京　編者）鉛印	半二
ハ38C 4-22	4	鶴梁文鈔	一〇巻　林鶴梁（長孺）撰　諸家評　慶應三年八月刊	大四
ハ38C 4-22B	2	鶴梁文鈔續編	二巻　林鶴梁（長孺）撰　諸家評　林圭次編　芳村正秉校　明治一四年刊（東京　林氏梅花深處〈東京　山中市兵衛〉）	半二
ハ38C 4-23	4	鶴梁文鈔	一〇巻　林鶴梁（長孺）撰　諸家評　明治一四年五月刊（大坂　此村彦助）鉛印翻〔慶應三年八月〕刊本	中四
ハ38C 4-24	1	華山先生遺稿	長川華山（寛）撰　長川忠哲編　林維明・森世梁校　文化六年一〇月刊（博古堂藏版）	半一
ハ38C 4-25	1	霞舟吟巻	（霞舟先醒詩抄）上　友〔野〕霞舟（煥）　明治一三年一月写	大一
ハ38C 4-26	1	霞亭涉筆	北條霞亭（讓）　文化七年秋刊〔後印〕（大阪　岡田種玉堂河内屋儀輔〈林﨑書院藏版〉）	大一
ハ38C 4-27	1	三原觀梅詩	（霞亭涉筆）并山南観漁詩・竹田観螢詩（以上薇山三観）歸省詩嚢　北條霞亭（讓）撰　諸家評　文化一四年冬跋刊〔修〕〔後印〕（大阪　岡田種玉堂河内屋儀助〈歳寒唫社藏版〉）　頼杏坪評加刻	半一
ハ38C 4-28	1	霞亭摘藁	北條霞亭（讓）　文化四年三月序刊（松蘿舘藏版）　三村清三郎旧藏	中一

ハ38C 4-29 1　霞亭摘藁　北條霞亭（讓）　近写（〔浜野知三郎〕）同前刊本　半一

ハ38C 4-30 1　無名唱和集　（観月臥松樓詩抄下）釈覺應龍護等撰　釈龍潭錦橋校　嘉永三年一月刊（蜾蠃窟蔵板〈大坂　河内屋新次郎・岡田屋嘉七〉）絵入　※　半一

ハ38C 4-31 1　寛齋先生餘稿　附寛齋摘草四巻　市河寛齋（世寧）撰　市河三陽編校　大正一五年六月刊（東京　市河氏遊徳園）　四六一

ハ38C 4-32 1　灌鉏餘業　香泉幽人　写（自筆稿カ）※　半一

ハ38C 4-33 1　寰内奇詠甲編　巻一　建裕齋（有孚）編　乳井宜・向井嘉校　文政八年一二月序刊　編者＝遠山雲如　半一

ハ38C 4-34 1　菅茶山翁詩鈔　菅茶山撰　村瀬太一（藜）編　嘉永六年秋序刊〔明治〕印（〔名古屋〕慶雲堂東平〈太乙堂塾蔵版〉）　半一

ハ38C 4-35 1　明治中興詩文　并本朝名家詩文鈔　安井小太郎（本）岡田正之・佐久節　〔明治〕刊　漢文講義録ノ中　菊一

ハ38C 4-36 1　觀蓮小稿　大沼枕山（厚）等　明治二年刊（下谷吟社蔵版）絵入　半一

ハ38C 4-37 1　淇園弘道館集詩文　并日光山詩草（宮崎成身）忠臣藏狂詩集（半可山人）日野資愛等　写　成器堂野紙使用　半一

ハ38C 4-38 3　記事提要　三巻　小林林塘（澹）撰　菊池三渓評　明治三年三月跋写（自筆稿）學聚堂野紙使用　半三

ハ38C 4-39 1　歸省詩嚢　北條霞亭（讓）　文化一四年冬序刊〔修〕（歳寒唫社蔵版〈江戸　須原屋源助等三都三肆〉）本来前ニアル京林喜兵衛主ナラム　半一

ハ38C 4-40 1　又　又4-27刊（歳寒唫社蔵版）序ナシ　修モナク原刻ナラム　半一

ハ38C 4-41 3　毅堂丙集　（文稿）赴任日録共三巻　鷲津毅堂（宣光）撰　諸家評　明治一三年六月序刊　絵入　朱墨套印　中三

ハ38C 4-42 2　晞髪偶詠　二巻　岡田新川（挺之）撰　松井世良・永瀬儀校　安永九年一月刊（名古屋　永樂屋東四郎）※　大二

ハ38C 4-43 3　驥蝨日記　河崎敬軒撰〔山本凹庵〕（韓珏）校　文政三年四月刊（大阪　藤屋彌兵衛・津山形屋傳右衛門他三都三肆）　半一（同本三部）

又　半一

又　〔後印〕（大阪　岡田種玉堂河内屋儀助）　半一

ハ38C 4-44 1　篋中集　巻菱湖（大任）編　諸家評　文化一三年九月序刊（江戸　玉巖書堂和泉屋金右衛門）朱墨套印　小一

ハ38C 4-45 1　興到詩　志毛藕塘（正應）　天保七年四月序刊（江戸　志毛氏霞海書屋）　半一

ハ38C 4-46 4　近古詩鈔　三巻　清宮棠陰（秀堅）編　諸家評　明治六年一月刊（東京　玉山堂稲田佐兵衛）　半四

ハ38C 4-47 1　錦城百律　大田錦城（元貞）撰　百川〔玉川〕（惟章）・佐藤維喆編　来晴浦（斯文）等校　享和二年一二月序刊（江戸　岡田屋嘉七等三都七肆）　大一

ハ38C 4-48 1　今人詩英　藤森葵園（大雅）編　文政七年三月序刊〔後印〕（江戸　椀屋伊兵衛等三都三〇肆）　半一

ハ38C 4-49 2　〔近世〕詩林　二巻　生口醉仙（擴）編　文久一年刊（京　生口氏醉仙書屋蔵版〈京　丁子屋源次郎等三都八肆〉）　半二

ハ38C 4-50 1　〔正校〕今世名家文鈔　釈月性編　明治三〇年八月刊（大阪　寺井與三郎）　四六一（大和綴）

ハ38C 4-51 2　〔近世〕名家詩鈔　二巻　長〔谷川〕昆溪（域）編　安政七年刊（奎章閣蔵版）　半二

ハ38C 4-52 4　今世名家文鈔　八巻　釈月性編　〔明治〕刊（教育書房）　半四

ハ38C 4-53 6　新選近世六大家文　六巻　齋藤巖城（弘）編　川田甕江批點　明治一一年一一月刊（東京　齋藤氏巖城書屋蔵版〈東京　石川治兵衛〉）巻二慊堂　巻六息軒　半六

ハ38C 4-54 1　吟鬢撚餘　西島〔蘭溪〕（長孫）編　享和四年春刊（觀頤堂詩盟）　大一

ハ38C 4-55 5　金帚集　（椶隱詩鈔）六巻〔中〕隝椶隱（規）撰　岡美和等編　天保九年九月序刊　慶應四年印（京　永田文昌堂永田調兵衛）見返ニ補鐫　大五

ハ38C 4-56 1　今文集　（外題）濵野王臣　写（自筆稿）※　門田先生門　半一

ハ38C 4-57 1　藕風居百絶　今村蓮陂（完）撰　北條霞亭・菅茶山評　廣住静庵（翰）校　近写（〔浜野知三郎〕）　半一

ハ38C 4-58 1　董堂詩稿　〔中井〕董堂　写（自筆稿）層山堂罫紙使用　※　半一

ハ38C 4-59 3　慶應新選詩鈔第一集　三巻并附録　谷口梅涯（謙）編　慶應四年七月刊（谷口氏梅涯書屋蔵版）　半三

ハ38C 4-60 1　奎堂遺稿　二巻附正誤表　松本奎堂（衡）撰　濱田篤藏編　薄井龍之校　明治三一年九月刊（刈谷　編者）鉛印　中一

ハ38C 4-61 1　藝薇紀程　并攄梧小草　千里獨行人　写（自筆稿）※　半一

ハ38C 4-62 3　蕙樓詩集　〔恩田〕蕙樓　写　岸本由豆流旧蔵　大三

ハ38C 4-63 1　元元唱和集　釈元政　寛文三年一月刊（〔京〕村上勘兵衛）　大一

ハ38C 4-64 2　見聞詩録　（外題）存六・八　写　中二

ハ38C 4-65 1 學生必誦慷慨詩 山田僎南（喜之助）編評 明治二二年五月刊（東京 有斐閣）鉛印 中一

ハ38C 4-66 1 效華集 奥郁維重編 明和八年七月刊（奥村氏綠竹園藏版〔江戸 須原屋嘉助・同市兵衛〕） 半一

ハ38C 4-67 1 又 （近代名家壽詩選） 明和八年夏序刊〔後印〕（江戸 藻雅堂須原屋嘉助）薄様刷 絹表紙 半一

ハ38C 4-68 2 黄石齋第一集 二巻 岡本黄石（迪）撰 諸家評 廣瀬篤譲・横關剛校 明治一三年一〇月刊（京都 岡本氏華頂山房） 絵入 半二

ハ38C 4-69 3 鴻爪詩集 六巻 落合雙石（賡）撰 諸家評 奥野〔小山〕（純）批 安政四年四月跋刊（飫肥 有濟館藏版〔大坂 河内屋輔七等三都七肆〕） 半三

ハ38C 4-70 1 公堂遺稿 附嫡孫平行狀 阪公堂（平子衡） 嘉永七年三月跋刊 木活 半一

ハ38C 4-71 1 又 嘉永七年四月序刊 木活 半一

ハ38C 4-72 1 江頭百詠 寺門静軒撰 諸家評 村田和・武衛恒校 文久二年刊（寺門氏克己塾藏板） 絵入 半一

ハ38C 4-73 3 江都名家詩選 三巻 山﨑北峰（美成）編 關雪江（弘道）校 嘉永四年六月刊（江戸 須原屋新兵衛等六肆） 特小三

ハ38C 4-74 13 黄葉夕陽村舎詩 八巻附録（菅恥庵）二巻附茶山先生行狀・後編八巻遺稿七巻并附録（菅萬年）黄陽夕陽村舎文四巻 菅茶山（晉帥）撰 諸家評（遺）菅維繩編 文化八年一二月跋刊 文政一二年六月〈跋〉修（後）文政四年一二月序（遺）天保二年三月序跋刊〔明治〕印（大阪 嵩山堂青木恒三郎）後編迄浜野氏書入詳密 大一三

ハ38C 4-75 3 黄葉夕陽村舎詩 八巻附録（菅恥庵）二巻後編八巻遺稿七巻并附録（菅萬年）黄陽夕陽村舎文四巻附茶山先生行狀（賴〔山陽〕）菅茶山（晉帥）撰 諸家評（遺）菅維繩編 明治二九年一月刊（東京 金刺芳流堂）鉛印翻同前刊本 中三

ハ38C 4-76 1 黄葉夕陽村舎紀行 河崎敬軒撰〔山本凹庵〕（韓珏）校〔文政三年四月〕刊 天保一一年五月修（大阪 種玉堂河内屋儀輔） 4-43驥虗日記改題 半一

ハ38C 4-77 3 耕餘吟巻 北條悔堂 近写〔浜野知三郎〕 半三

ハ38C 4-78 1 耕餘集 北條悔堂 近写〔浜野知三郎〕 半一

ハ38C 4-79 1 谷口樵唱 天保一年跋刊 谷墅賦 佐藤〔一齋〕（坦）＝六間堂記 續共并附載 林述齋（附）松﨑〔慊堂〕（復）＝ 特小一

ハ38C 4-80 1 國史百詠 （標注本）大槻磐溪（清崇） 慶應一年一〇月刊（仙台 裳華房白木半右エ門） 大一

ハ38C 4-81	4	古今小品文集	四巻 阿部北洲（貞）編 加藤櫻老（熙）等評 明治一四年四月刊（東京 木平長兵衛〈東京 快雪堂關口安太郎〉）市嶋春城旧蔵	小四
ハ38C 4-82	4	湖山楼詩鈔	四巻 小野湖山（長愿）撰 諸家評 明治三年刊〔後印〕（京都 風月荘左衛門）	大四
ハ38C 4-83	2	湖山楼詩屏風	第一・二集 横山湖山（巻）編 嘉永一年・五年一月刊（横山氏遊焉唫社蔵板〈江戸 和泉屋善兵衛等三都四肆〉）絵入	大二
ハ38C 4-84	2	春樵先生遺稿	（古桐餘韻集）二巻并附録 梅辻春樵（琴希聲）撰 梅辻秋漁（更張・生源寺平格）編 圓潭深清・服部之鶴校 明治一九年八月刊（大阪 梅辻氏學聚館臟版〈大阪 小瀬房次郎・田中達三郎〉）	半二
ハ38C 4-85	3	艮齋文略	附共三巻 安積艮齋（信）撰 楙原〔半水〕（曄）等校 天保二年一二月刊（安積氏見山樓藏版〈江戸 芳潤堂須原屋源助等三都三肆〉）	大三
ハ38C 4-86	1	細菴先生百絶	宮澤細菴（達）撰 佐伯寧・宮内實齋（篤）編 文化七年一〇月跋刊（江戸 若林喜兵衛）	中一
ハ38C 4-87	3	采風集	三巻 稻毛屋山（直道）編 木壽等校 文化五年刊（但シ六年一月序アリ 有林書屋藏板〈江戸 青藜須原屋伊八等三都四肆〉）	半三
ハ38C 4-88	1	嵯峨樵歌	北條霞亭（讓）文化九年七月刊（北條氏歳寒唫社藏板〈京 梶川七郎兵衛〉）	大一
ハ38C 4-89	1	又	〔後印〕（大坂 種玉堂河内屋儀輔）	大一
ハ38C 4-90	1	昨非集	二巻 釋顯常大典 寶暦一一年九月刊（大坂 木〔村〕蒹葭堂〈京 植村玉枝軒植村藤右衛門〉）※ 書入本	大一
ハ38C 4-91	1	雜文私記	（外題）飛鳥山碑（鳴島錦江）他 写	大一
ハ38C 4-92	1	山園雜興	疊韻百首 月形鷦窠撰 諸家評 月形弘等校 天保四年二月跋刊（清賞堂臟版）田舎板ノ面影顕著 シ4-11修（巻末・序）	半一
ハ38C 4-93	1	三家文鈔	附共竹窓久保木先生遺文・水雲〔宮本〕先生遺文・天浦〔吉川〕先生遺文 清宮棠陰（秀堅）編（竹）岩田豫編 明治一一年八月届（佐原 清宮秀堅〈東京 玉山堂稲田佐兵衛〉）鉛印	半一
ハ38C 4-94	1	山高水長一夜百詠	竹鼻纔山（則）撰 諸家評 佐藤誠・竹鼻友校 安政二年二月刊（徳昭齋藏板）彩色図入	半一
ハ38C 4-95	2	三先生一夜百詠	二巻附限時百詠和調 清田儋叟（君錦）・皆川淇園（伯恭）・冨士谷北邉（仲達）撰 源一編（附）富士谷北邉（成章） 寛政九年二月刊（京 著屋儀兵衛等四肆）	半二
ハ38C 4-96	1	三大家百絶	（題簽）寛齋百絶・詩聖堂百絶・細菴先生百絶〔市河〕寛齋撰 柏〔木〕如亭（昶）・〔菊〕池五山（桐孫）校（詩）大窪詩佛撰 奥田在邦・下村定方編（細）宮澤細菴（達）撰 佐伯寧・宮内實齋（篤）編 文化七年一〇月跋刊〔後印〕（江戸 青雲堂英文藏）左ヨリ後印カ 河序各扉ナシ	中一

ハ38C 4-97 1 又
文政八年修（江戸 文會堂山田佐助） 中一

ハ38C 4-98 1 山陽遊草
二巻附病間囈語（菅茶山批）他 釈日謙道光
文政七年八月写（髙橋清義）※ 大一

ハ38C 4-99 1 詩牛鳴草
牧棲碧（畏犧）
文政四年二月序刊（大坂 岡田種玉堂）絵入
※ 半一

ハ38C 4-100 8 時彦金石
八巻
写 半八

ハ38C 4-101 5 詩山遺稿
（題簽）詩山文草二巻詩山詩草三巻 小畑詩山
（行簡）撰 久我玄隆等校
元治一年八月序刊 明治一二年八月印届（改題
御届 東京 正榮堂内田彌兵衞） 半五

ハ38C 4-102 1 詩史顰
市野〔迷庵〕（光彦）
明治八年春署刊 半一

ハ38C 4-103 1 至誠堂百詠
并和歌百首（萬柳の呉竹）日尾荊山（瑜）撰
日尾苟編
萬延一年八月刊 木活（和）整版 中川得樓・
大野洒竹旧蔵 敬鏡等欠筆字使用 半一

ハ38C 4-104 2 草稿
（外題）松岡聴竹齋（泰）
写（自筆稿）（半）萬延一年八月〔落合〕雙石
（賡）朱批（大）藥《カ》齋朱批 大一 半一（仮綴）

ハ38C 4-105 1 詩文雜載
（題簽）
近写（〔浜野知三郎〕） 半一

ハ38C 4-106 1 詩文集類纂
（題簽）
近写（〔浜野知三郎〕） 半一

ハ38C 4-107 5 詩文草稿
（外題）一―四・六 赤石希范
写（自筆稿）小隼川戇・捫蝨幽人等朱墨批 ※ 半五（仮綴）

ハ38C 4-108 2 綽々録
（題簽）
写 昌谷〔精溪〕（碩）等諸家文録 半二

ハ38C 4-109 1 秋懐三十首
并序 今村蓮坡（寛）
近写（片山興洲）大正一〇年八月浜野知三郎購
得識語 半一

ハ38C 4-110 1 習齋摘草
久米習齋（篤）撰 大沼枕山批点
嘉永六年春刊（挹翠閣蔵版）邨嘉平剞 大一

ハ38C 4-111 舟車紀遊
（乗車紀遊）虚九碧
写（自筆稿）柳原家蔵 半一

ハ38C 4-112 6 周南先生文集
一〇巻附先考周南先生行狀・周南先生墓碑 山
縣周南（孝孺）撰 山縣泰恒編 山縣〔洙川〕
（魯彦）校
寶暦一〇年八月刊（大阪 稱觥堂澁川清右衞門） 大六

ハ38C 4-113 9 受業録
自文化十一年八月一日至十四年九月九日 第四・
八・九・一一冊欠 河埼誠宇（松）
写（自筆） 半九

ハ38C 4-114 3 春雨樓詩鈔
補遺共九巻 巻七以下補配 藤森弘菴（大雅）
撰 齋藤拙堂・野田笛浦評〔小野湖山〕（横山
巻）評并編
嘉永七年秋刊（穀塾蔵板） 大三

ハ38C 4-115 8 春水遺稿
一一巻別録三巻附録一巻 賴春水（惟完）撰
賴〔山陽〕（襄）編
文政一一年冬跋刊〔明治〕印（京都 聖華房山
田茂助〈藝藩 賴氏蔵板〉） 半八

ハ38C 4-116 2　**賞音錄稿**　五巻　壄牛岳（正則）・淺井東嶺（幹）編（伊東藍田（龜年）評　校正刷　享和三年一〇月序　大二

ハ38C 4-117 2　**招月亭詩鈔**　五巻　小野招月（達）撰　小野務校　諸家評　天保一二年夏刊（備中長尾　小野氏招月亭藏版〈大阪　河内屋儀輔等諸國五肆〉）　大二

ハ38C 4-118 2　**樵山存稿**　文并詩（焉能爲詩集）　渡邊樵山（魯）撰　山井善校　明治九年八月刊（渡邊氏蟲魚樓藏版）木活　校譌各一丁　大二

ハ38C 4-119 1　**樵山存稿〔拔萃〕**　并津山章齋吟草（題簽）　渡辺樵山（魯）（津）津山章齋撰　安積艮齋批（朱筆）　近写（〔浜野知三郎〕）（樵）前掲本ノ抜抄　半一

ハ38C 4-120 3　**小湘江書屋詩集**　三巻　山田桃蹊（克）　写（自筆稿）　半三

ハ38C 4-121 3　**小湘江書屋壬集**　一〇巻　山田桃蹊（克）撰　巌田晴潭（澂）・芳川波山（逸）校　写（自筆稿）　半三

ハ38C 4-122 3　**近世名家小品文鈔**　三巻　土屋耐堂（榮）編　明治一〇年八月刊（但シ九月序アリ　東京　土屋氏醉香書屋藏版〈東京　篠崎才助等三肆〉）　半三

ハ38C 4-123 2　**湘夢遺稿**　二巻　江馬細香（裊）撰　江馬春熙（芬）校　諸家評　明治四年刊（江馬氏春齡庵藏版）　大二

ハ38C 4-124 1　**諸儒文詩集**（外題）　写（久敬舎塾橘香亭）　半一

ハ38C 4-125 1　**先師餘韻**（諸名家集）　写　半一

ハ38C 4-126 2　**詩律法問**　二巻　菅茶山詩　劉石秋解　洲崎精校　明治一四年刊（東京　文玉圃藤井伸三）鉛印　中二

ハ38C 4-127 2　**新選名家絶句**　二巻　石川暲・山本可諸編　文久四年一月刊（名古屋　東壁堂永樂屋東四郎）　半二

ハ38C 4-128 1　**駿府詩選**　四巻駿府文選一巻附姓名居里　小田穀山（陳煥章）編　享和三年九月刊（小田穀山藏板〈江戸　嵩山房小林新兵衛〉）　大一

ハ38C 4-129 1　**勢海珠璣一集**　家里（松嶹）（衡）編　嘉永六年一一月序刊（無能有味斎藏版）　半一

ハ38C 4-130 1　**静窩雜纂前編**　附正誤（表）　大橋翠村（靜窩・靜雄）編　明治二五年九月刊（水戸　編者）鉛印　中一

ハ38C 4-131 1　**天水先生晴霞亭遺稿**　山中天水（恕之）撰　中野素堂（正興）編（中井（董堂）（敬義）等校　写（廣田執中）寛政四年二月江戸西村源六刊本　中一

ハ38C 4-132 12　**星巌集**　甲二巻乙四巻丙一〇巻丁五巻閏一巻紅蘭小集二巻戊四巻玉池吟社詩一集五巻　梁（川）星巌（緯）撰　松本龍等校（紅）張紅蘭（景婉）（玉）遠山雲如（澹）等編　天保一〇—一二年三月刊（戊）嘉永六年五月序（玉）弘化二年五月序刊〔明治〕印（大坂　文榮堂前川善兵衛）絵入　大一二

ハ38C 4-133 4
星巖詩外第一集
（星巖先生遺稿後編）三巻第二集三巻　梁〔川〕星巖（孟緯）撰　松本龍等校
慶應一年八月―一〇月写（翫古堂）
半四

ハ38C 4-134 4
星巖詩存
九巻　梁〔川〕星巖（孟緯）撰　渡邉業等校写（翫古堂）
半四

ハ38C 4-135 2
靜軒詩稿
（題簽）敝嚢遺塵附行墨餘瀋・顛肓尾嚢　寺門靜軒
大正九年九月写（〔浜野知三郎〕）三村〔竹清〕蔵自筆稿本
半二

ハ38C 4-136 2
靜軒文鈔初集
二巻　寺門靜軒
明治一一年五月刊（甲府　内藤傳右衛門）
半二

ハ38C 4-137 3
晴雪樓詩鈔甲集
菊池三溪（純）
慶應三年刊（鐵屏齋藏版）
半一

又
半一

又
半一

ハ38C 4-138 1
正葩餘香集
秋葉稷野（愿）編并評
文政一一年秋刊（江戸　泉榮堂和泉屋吉兵衛等三都三肆）
半一

ハ38C 4-139 3
靜文舘詩集
三巻　劉琴溪（元高）撰　菅徵・進藤縣校
文政二年四月刊（大坂　靜文舘藏版〈大坂　小川屋市兵衛〉）
大三

ハ38C 4-140 1
棲碧山人百絶
牧棲碧撰　淺野禮・岡山詔編　五柳道者・暮溪外史校
文化一四年一月序刊　文政四年一月印（大坂河内屋儀助）
半一

ハ38C 4-141 1
西遊紀程
二巻　大槻磐溪（清崇）
天保二年七月序刊（野芳園藏版）絵入
大一

ハ38C 4-142 2
西遊詩草
二巻〔大窪〕詩佛撰　佐羽淡齋（芳）・村田水莊（明）校
安政三年一・二月写（駿河　釈隆海）文政二年二月序刊本ノ写シ
半二

ハ38C 4-143 2
節齋遺稿
二巻　森田節齋（益）撰　片山重範等編
明治一五年六月刊（東京　編者〈東京　博聞社〉）木邨嘉平刻
大二

ハ38C 4-144 3
拙齋西山先生詩鈔
三巻　菅茶山（晉帥）編　西山謹等校　諸家評
文政八年五月序刊　同一二年五月印（京　吉田治兵衛等三都三肆）
大三

ハ38C 4-145 1
仙桂一枝
山﨑照香（嶺照女史）編
嘉永七年刊（〔江戸〕山﨑氏好問堂藏版）
半一（縦長）

ハ38C 4-146 2
鵬齋先生詩鈔
（善身堂詩鈔）二巻補遺一巻　鵬齋先生一百季祭紀念〔龜田〕鵬齋撰〔龜田〕鶯谷（穀）・清水孝編
明治四四年三月刊　鉛印
小二

ハ38C 4-147 1
仙臺風藻
八巻并補遺　今泉彪編　伊達宗亮校
大正一年九月刊（仙臺　編者〈仙臺　菊田任天堂〉）
菊一

ハ38C 4-148 1	掃綠山房襍鈔	（外題）写	半一
ハ38C 4-149 1	續知道詩篇	二巻 井田信齋（源寛）編 天保三年夏跋刊（江戸 井田氏建標樓藏版）	半一
ハ38C 4-150 2	耐軒詩草	二巻 曽我耐軒（景章） 明治一五年八月刊（愛知 伊藤小文司）見返ニ氷玉社藏版 覆萬延一年踏青節跋刊曽我氏蘭雪齋藏板本	大二（縦長）
ハ38C 4-151 1	大統歌新釋	鹽谷温 大正一二年八月刊 一四年六月印（三版 東京 朝陽會〈池田敬八〉〈東京 菁莪書院〉）	三六一
ハ38C 4-152 2	團欒集	二巻并附録 葛西省齋（清） 明治一年刊（讃岐 葛西氏多多贅居藏版）讃高府錦花堂刻	半二
ハ38C 4-153 1	知己詩嚢	（如禪道人知己詩嚢）初編二巻存天 釈如禪賢雄編 文政刊（智仙堂藏版）見返ニ門人 京師 遵雄／江都 平圓／上梓／浪華 南山書	半一
ハ38C 4-154 1	竹外亭百絶	藤井竹外（啓）撰 五十川玄校 諸家評 弘化二年刊（藤井氏雨香書屋藏板）（京 林喜兵衛）或ハ著者朱墨書入訂正本カ	半一（縦長）
ハ38C 4-155 3	竹下詩鈔	三巻 橋本竹下（旋）撰 橋本德光・同德清校 諸家評 明治一七年二月跋刊（爽籟軒藏板）袋附	半三（縦長）
ハ38C 4-156 1	竹溪先生遺稿	二巻〔大沼〕竹溪撰〔大沼枕山〕（厚）編 文久四年一二月刊（江戸 下谷吟社藏版）	半一
ハ38C 4-157 1	竹溪先生遺稿	元田竹溪（彜）撰 元田直編 明治三三年五月刊（東京 編者）鉛印	半一
ハ38C 4-158 2	竹雪山房詩鈔	二巻 宇都宮龍山撰 長谷川龔・岡田達校 諸家評 文久二年冬序刊（精心塾藏版）	大二
ハ38C 4-159 1	知道詩篇	初編巻一 井田經綸編 文政三年八月序刊（井田氏建標樓藏版）	半一
ハ38C 4-160 1	茶山先生花月吟	（菅茶山花月吟）菅茶山撰 中村〔嵓州〕（耘）校 〔明治〕刊（大阪 忠雅堂河内屋忠七）	中一
ハ38C 4-161 4	暢園詠物詩	四巻 岡田新川（挺之）撰 岡田守常校 寛政一〇年四月序刊〔後印〕（尾張 永樂堂永樂屋東四郎）	小四
ハ38C 4-162 3	聽松庵詩鈔	五巻 釋日謙道光撰〔菅〕茶山評 文政六年一一月序刊 嘉永二年春修 明治一六年一〇月印（岐阜 成美堂三浦源助）	半三
ハ38C 4-163 1	沈流軒詩草	（松岡蘆堤先生詩稿）并芦堤百絶〔松岡〕芦堤写（自筆稿カ）朴齋葦北詩鈔袋挿込	半一
ハ38C 4-164 2	月瀬記勝	（題簽）二巻 谿山精夢并谿山續梦・梅谿遊記附 梅溪十律并附錄 齋藤拙堂（正謙）撰 諸家評 明治一四年八月刊（大坂 豐住幾之助〈津 篠田伊十郎・豐住伊兵衛〉）合羽刷 覆嘉永四年冬跋刊本 見返ニ看雲亭藏板	大二
ハ38C 4-165 1	遊月瀬記	（月瀬梅花帖）并附錄 韓凹巻（珏）編 文政八年七月跋刊	半一

ハ38C 4-166 1　又
〔後印〕　大一

ハ38C 4-167 2　天橋紀行
二巻　韓坳巷（珏）
文化一三年七月序刊〔後印〕（櫻葉館藏板）　大二

ハ38C 4-168 1　赬肩瓦嚢
〔寺門〕静軒撰　雑賀小溪（香墨）校
慶應四年六月刊（京　丁子屋榮助等四肆）絵入　半一

ハ38C 4-169 1　藤陰舎遺稿
七巻附正誤表　關藤成章
明治四四年九月刊（東京　關藤國助）　菊一

ハ38C 4-170 1　東奥記行
二巻　韓〔凹菴〕（珏）
文化一〇年一月序刊　明治一七年三月十河某書入本　半一

ハ38C 4-171 1　東海道中詩
小畑詩山（行簡）
天保八年春刊（江戸　小畑氏詩山堂蔵板〈江戸　和泉屋庄治郎・仙臺　伊勢屋半右衛門〉）　中一

ハ38C 4-172 1　東莱焚餘
松尾東莱（世良）撰　川内泰・川内脩校
文化一三年四月序刊　半一

ハ38C 4-173 1　東征紀詩
〔增田岳陽〕
写（自筆稿）朱墨訂正多シ　小一

ハ38C 4-174 1　東毛游乗
〔友野〕霞舟
写　淺野楳堂旧蔵　大一

ハ38C 4-175 2　桐葉篇
二巻并附録　〔笠〕原雲溪（龍鱗）撰
刊　一部破損　大二

ハ38C 4-176 1　登〻庵景文先生行状
武元〔北林〕（君立）
写　半一

ハ38C 4-177 1　東都嘉慶花宴集稿
坂上玄臺（登）編
寶暦二年三月序刊（江戸　坂上氏雲和亭藏版）
絵入　大一

ハ38C 4-178 1　獨鶴詩集
（題簽）二巻　釈獨鶴知影
文政七年一二月刊（京　光隆寺知影鶴巣藏板）
朱校正本　校正刷ナラム　半一

ハ38C 4-179 1　蠹餘吟巻
尾池松灣（世璜）撰　戸祭彦校　諸家評
天保一四年一一月刊（京　吉田屋治兵衛等三都三肆）　大一

ハ38C 4-180 1　西山拙齋先生行状
（題簽）并白神廟碑記・岸本君二世功徳碑・藏器亭會約・藏器先生碑陰記并銘　菅〔茶山〕（晋師（ママ））（白）山本北山（信有）（岸）大田〔錦城〕（元貞）（會）有吉藏器（以顯）（碑）姫井桃源（元哲）
写　半一

ハ38C 4-181 1　日本詠史新樂府
中島海棠窩（子玉）
明治二年刊（京　文石堂等三書房）和漢書畵筆所　大坂　榮清堂古橋佐（弘メ）插込　中一

ハ38C 4-182 1　日本詠物詩
三巻　伊藤〔君嶺〕（榮吉）
安永六年春刊（京　向松館著屋神先宗八）著者江村北海ノ姪　半一

ハ38C 4-183 3　又
〔後印〕（京　近江屋治郎吉・著屋宗八）　半三

ハ38C 4-184 7　日本詩選　一〇巻并補遺　江邨北海（綬）編　清田龍川（勲）・永田東皐（忠原）校　寛政六年一月刊　天保六年三月修（大阪　高橋平助等諸國六肆）覆安永三年一月刊本　大七

ハ38C 4-185 2　古今日本名家詩鈔　三巻存中・下　藤田謙三郎　明治一三年一一月刊（福岡　山嵜登〈福岡　古賀男夫等諸國一八肆〉）　中二

ハ38C 4-186 2　梅隠詩稿　四巻附靄餘吟巻　尾池松灣（世璜）撰　高口基等校　諸家評　天保一四年一一月刊（晩翠舎蔵板〈京　吉田屋治兵衛等三都三肆〉）　大二

ハ38C 4-187 2　薄遊漫載　五巻　三宅橘園（邦）撰　山下懿等校　文化一一年六月刊（京　橘園蔵版〈京　平野屋太兵衛等三都三肆〉）　地図入　中二

ハ38C 4-188 1　百哲一章　佐藤松舟（益太郎）編　明治一三年四月刊（東京　春山堂大角豊次郎）　半一

ハ38C 4-189 1　病餘乱稿　并緑陰清唱他　中村亮写　學問所罫紙使用　林家別墅　谷墅席上詩等末ニ野村温未定稿ヲ含ム　篁園カ　大一

ハ38C 4-190 2　風牀詩稿　二巻　釋風牀教存撰　瀬尾綠谿（文）校　諸家批點　文政一〇年一二月刊（大阪　種玉堂河内屋儀助）　半二

ハ38C 4-191 1　覆醬集　二巻　石川丈山刊　覆寛文一一年三月刊本　半一

ハ38C 4-192 1　福藩詩稿　課題各七首　大正六年五月写（浜野知三郎）　半一

ハ38C 4-193 1　福藩詩稿　（外題）淺川勝周写　大一

ハ38C 4-194 1　福藩名家詩草　近写（浜野知三郎）　半一

ハ38C 4-195 1　福山風雅集稿本　（題簽）近写　半一

ハ38C 4-196 7　搏桑名賢詩集　五巻首一巻并補遺　林義端（九成）　寶永一年九月刊（京　文會堂林九成義端）　大七

ハ38C 4-197 1　榑桑名賢文集　前編五巻　林義端（九成）　元禄一一年五月刊（京　文會堂林義端九成）　大一

ハ38C 4-198 1　佛山堂遺稿　二巻附佛山先生行狀　村上佛山（剛）撰　村上碩・末松謙澄校（附）城井國綱　大正三年七月刊（東京　末松謙澄〈東京　文會堂〉）　鉛印　半一

ハ38C 4-199 1　文久二十六家絶句　三巻　櫻井成憲　文久二年五月刊（京　擁萬堂額田正三郎）　半一

ハ38C 4-200 1　聞見詩文　（外題）一写　半一

ハ38C 4-201 1　文稿　（題簽）諸家写　半一

ハ38C 4-202 1　文集　（題簽）佐藤〔一齋〕（坦）　近写　大一

ハ38C 4-203	1	平安風雅	初編　岡崎盧門（信好）編　岡崎〔鵠亭〕（元軌）校 天明六年春序刊（陽春堂蔵版）	半一
ハ38C 4-204	1	丙子吟稿	并丁丑吟稿・戊寅吟稿・己夘吟稿 近写〔菅〕茶山朱墨訂移写　或ハ浜野氏	半一
ハ38C 4-205	3	弊帚集初編	七巻　松平君山（秀雲・士龍）撰　松平〔霍山〕（忠武）・同秀彦校 明和七年九月刊（尾張　風月孫助・京　丸屋善六）※	大三
ハ38C 4-206	1	芳櫻吟社稿	近写（〔浜野知三郎〕）	半一
ハ38C 4-207	1	芳山小記	附芳山雑詩　頼春風（惟彊） 大正一三年一〇月刊（竹原　春風館頼俊直〈東京　野田文之助〉）鉛印	中一
ハ38C 4-208	1	房州雑詠	宮澤竹堂（胖） 嘉永一年五月序刊（晩晴堂蔵版）絵入	半一
ハ38C 4-209	4	朴齋葦北詩鈔	二巻　門田朴齋（重鄰）撰　手島久質等校 明治四年春刊（西備　友于書室蔵板〈福山　藤村喜兵衛等諸國九肆〉）奥ニ四冊之内二冊出版トアリ	半二
		又		半二
ハ38C 4-210	4	朴齋詩鈔	初編二巻二編二巻　門田朴齋（重鄰）撰（初）頼山陽評　手嶋久質等校 慶應三年冬・明治一年冬刊（西備　蘭交社・鶴亭佐藤敬行蔵板〈福山　笹屋喜兵衛他三都五肆〉）初・二配本　合印本ナラズ	大四
ハ38C 4-211	3	樸（ママ）堂詩鈔	六巻　中内樸堂（惇）撰　富治林宣等校 明治五年九月刊　一三年八月序印（中内氏白雲洞蔵板〈津　若林友七等諸國四肆〉）袋入	半三
ハ38C 4-212	2	北道遊簿	二巻　長戸〔得齋〕（讓） 天保一〇年八月序刊（江戸　芳潤堂須原屋源助）	大二
ハ38C 4-213	1	北林遺稿	峯岸北林（灑）撰　平山成信編 明治三八年三月刊（東京　編者〈東京　報文社〉）鉛印	大一
ハ38C 4-214	1	北陸游稿	二巻　韓坳巷（山口聯玉）撰　孫公袞等校 文化一〇年八月序刊	半一（縦長）
ハ38C 4-215	2	又	文化一〇年五月刊（勢州山田　文臺屋庄左衛門等諸國五肆）校正刷ナラム　下巻第一丁上巻ト誤　前者題署改刻	大二
ハ38C 4-216	1	戊辰吟稿	并戊辰文稿 写（稿本）朱批アリ　作者福山ノ人ナラム	半一
ハ38C 4-217	1	餔糟集	二巻　岡田南涯（邦彦）撰　雨森正弘等校 文政五年刊（遠勢樓蔵版）	半一
ハ38C 4-218	1	本朝人物百咏	二巻　荒井晴湖（繇行） 安政二年三月序刊（頤正堂蔵版）	小一
ハ38C 4-219	1	松島奇賞	大槻磐溪編　神林履等評 慶應四年四月刊（仙臺　伊勢屋半右衛門等諸國五肆）	大一
ハ38C 4-220	1	未開牡丹詩	山路機谷（濟）編 安政三年三月序刊（〔福山〕藤江　山路氏白雪樓蔵版）	半一

ハ38C 4-221 1
三原梅見の記
桑田孝械
近写（〔浜野知三郎〕）　半一

ハ38C 4-222 1
無聲詩蛆
并漁父百絶　金井烏洲（泰）撰　金井梧樓（之恭）校（漁）金井莎邨（粲）撰　金井梧樓（之恭）等校
明治八年六月刊（金井氏碧梧書樓蔵板〈東京　太田金右衛門〉）絵入（薄墨套印）　中一

ハ38C 4-223 1
名公四序
（對照序稿）〔福〕田中郡（元秀）編
享保一二年一〇月刊　文政八年一月印（大阪　京屋淺二郎）　大一

ハ38C 4-224 3
明治三十八家絶句
三巻〔額田正三郎〕（擁萬堂主人）編
明治三年二月跋刊〔後印〕（京　風月堂風月荘右衛門）　中三

ハ38C 4-225 1
明浦吟稿
仁科白谷（幹）撰　諸家評
文政二年一一月刊　六年七月序印（〔江戸〕慶元堂）　半一

ハ38C 4-226 1
誰使然遊詩抄
埜邨三埜（肅）
刊　半一

ハ38C 4-227 1
遊中禪寺記
附陪安中矦遊補陀落湖記　板倉節山（甘雨亭主人）撰　諸家評（附）古橋義方
嘉永四年五月刊（安中　板倉氏甘雨亭蔵版）絵入　罫朱刷　大一

ハ38C 4-228 1
蓉溪詩稿
〔本間長恭〕
写（自筆稿）　半一

ハ38C 4-229 1
陽春白雪帖
（外題）〔中〕井董堂（敬義）
写（自筆稿カ）　半一

ハ38C 4-230 3
楊誠齋詩集輯釋
三巻　山田桃蹊
写（自筆稿）巻一附箋書入多シ　半三

ハ38C 4-231 1
芳野遊稿
韓〔凹菴〕（珏）
文化一四年一月刊（京　芸香堂梶川七良兵衛）　中一

ハ38C 4-232 1
樂易齋詩集
写　中一

ハ38C 4-233 2
嵐山風雅集
二巻并補　仁科白谷（幹）編并評
天保一〇年刊（酔古堂蔵板）絵入　半二

ハ38C 4-234 4
藍田先生文集礿稿
一〇巻存巻五―一〇〔伊〕東藍田（龜年）撰
〔伊〕東〔鼇岳〕（惟肖）編　釋西天校
天明四年冬跋刊　大四

ハ38C 4-235 1
柳齋遺稿
戸塚柳齋（維春）撰　戸塚積齋（正廣）・戸塚盈校
明治一七年一一月刊（静岡　戸塚氏柳陰齋蔵板）　半一

ハ38C 4-236 3
柳灣漁唱
二集三集共　館柳灣（機）撰　菊田賢等編　館〔霞舫〕（儁）校（二・三）館〔霞舫〕（儁）編（三）中澤雪城（俊卿）校
文政四年（二）天保二年三月序（三）天保一二年四月序刊（館氏石香齋蔵板〈江戸　萬笈堂英平吉〉（二）江戸　紙屋徳八等三都一三肆〉）慊堂序　絵入（三）薄墨套印柳灣小像アリ　半三

ハ38C 4-237 2
凌雲集
二巻二編三編各一巻　仁科白谷（幹）撰　諸家評
嘉永三年・文久三年一月刊（照春堂藏版〈大坂　藤尾九兵衛等三都五肆〉（二）大阪　藤尾九兵衛）序補写ナラム　表紙上・下トアルモ配補　半二

ハ38C 4-238 1　**林下群芳第一集**
長〔谷川〕昆渓（域）
安政一年秋刊（寒香園蔵板）　半一

ハ38C 4-239 1　**蓮坡詩稿**
（題簽）〔今村〕蓮坡＝福山藩士
写（〔浜野知三郎〕）　半一

ハ38C 4-240 1　**浪迹小草**
（浪迹小藁）黄石齋四集附録　宇津木静區（靖）
明治一五年三月跋刊（東京　岡本氏華頂山房蔵板〈東京　北畠茂兵衛〉）　大一

ハ38C 4-241 3　**蘆堤遺稿**
第壹編　松岡蘆堤（懿）撰　妹尾長太郎編　妹尾長・濱野知校
明治二五年九月刊（但シ一〇月・一一月序アリ）
福山　妹尾氏鶴聲樓臧版〈福山　妹尾先進堂〉）
鉛印　袋入　五十川淵序ニ浜野氏序ヲ徴スト
菊池純跋ニ浜野氏建碑ノ発議ヲ述ブ　半一

又　半一

又　半一

ハ38C 4-242 1　**六如淇園和歌題百絶**
釈六如・〔皆川〕淇園撰　佐ゝ木重等校　緑野陳人閲
文化一五年三月刊（江戸　層山堂西村宗七）　中一

ハ38C 4-243 1　**和歌題絶句**
〔菊〕池五山（桐孫）
天保一〇年一二月跋刊（江戸　東叡山中社友）　中一

ハ38C 4-244 1　**静軒詩鈔**
存巻一〔寺門〕静軒撰　岡田行山（威）等編
天保九年序刊（〔江戸〕寺門氏克己塾蔵板）見返ニ禁賣トアリ　以下未刊ナラム　半一

ハ38C 4-245 1　**大東六名家詩選**
四巻　仁科〔白谷〕（幹）編
写　半一

ハ38C 4-246 1　**柳灣漁唱**
又 4-236（初集）此方早印　半一

ハ38C 5-1 1　**五山詩僧傳**
并附錄　上村觀光
明治四五年七月刊（東京　民友社）　菊一

ハ38C 5-2 1　**五山文學小史**
附錄共　上村觀光撰　長田偶得校
明治三九年一月刊（東京　裳華房）　菊一

ハ38C 5-3 1　**下谷叢話**
永井荷風（壯吉）
大正一五年三月刊（東京　春陽堂）　四六一

ハ38C 5-4 1　**東瀛詩記**
二巻附新定牙牌數　清俞樾
清光緒九年六月序刊　唐半一

ハ38C 5-5 1　**日本詩史**
五巻　江邨北海（綬）撰　清〔田儋叟〕（絢）・江邨〔愚亭〕（悰秉）校
明和八年六月刊〔後印〕（京　載文堂西村市郎右衛門等三肆）　大一

ハ38C 6-1 4　**葛原詩話**
四巻後篇四巻　釈六如撰　釈春荘端隆編
天明七年九月刊〔後印〕（京　五車樓菱屋孫兵衛）跋前後篇同　半四

ハ38C 6-2 1　**淇園詩話**
皆川淇園（伯恭）撰　淡輪秉等校
明和八年一一月刊（但シ一二月序アリ）〔明治〕印（京　五車樓菱屋孫兵衛）袋入　大一

ハ38C 6-3 1　**麴亭詩話**
并作詩法　佐藤寛
明治二三年以後刊（東京　庚寅新誌社）鉛印　中一

ハ38C 6-4 2
漁村文話
并漁村文話續 海保漁村（元備）撰 平松脩等校
嘉永五年・六年二月刊（海保氏傳經廬藏版〔江戸 岡村屋庄助〕）杏田〔葵亭〕（混）撰「文章體裁」標記書入
半二

ハ38C 6-5 1
秇園鉏莠
二巻 松村九山（良猷）撰 小菅弼直・松郁良欽校
文化八年一月刊（江戸 層山堂西村宗七）阿波國文庫・大槻氏旧蔵
半一

ハ38C 6-6 1
孝經樓詩話
二巻〔山本〕北山撰 橘景秀等校
文化六年一月刊（江戸 青藜閣・文刻堂）版心學半堂藏
半一

ハ38C 6-7 8
五山堂詩話
一〇巻補遺五巻〔菊〕池五山（無絃）
文化四年二月序（補）天保三年刊 合印（江戸 玉山堂山城屋佐兵衛）
中八

ハ38C 6-8 1
古詩作法資料
昭和十一年七月廿七日至八月一日夏期講習會講義資料〔前川三郎〕
〔昭和一一年七月〕刊（油印）斯文會カ
半一

ハ38C 6-9 2
梧窗詩話
二巻 林蓀坡（瑜）
文化九年刊（加賀 八尾屋利右衛門・八尾屋喜兵衛他京・江戸二肆）
中二

ハ38C 6-10 1
作詩秘要
津田甚三郎
明治一四年六月序刊 二六年一二月印（東京 博文館）銅版 序朱刷 口絵入
特小一

ハ38C 6-11 1
作詩法講話
附錄共 森槐南（泰二郎）講 大澤鐵石（眞吉）・土屋琴坡（政朝）校
明治四四年一一月刊 大正三年一〇月印（七版 東京 文會堂）
四六一

ハ38C 6-12 1
作詩門徑
山田樵雲（惇吉）
昭和一四年一〇月刊（東京 培風館）著者贈呈本
四六一

ハ38C 6-13 4
作文率
四巻文用例證三巻 山本北山（信有）撰 糸井高翼等校
寛政一〇年一二月刊（江戸 青藜閣須原屋伊八）
半四

ハ38C 6-14 1
指瑕淇園文鈔
于于散人抹改 窪田柏・宇田利起編刊 ※
半一

ハ38C 6-15 1
詩學叩端
附録共并別錄 田蘆洲（眞）撰 井世美校写 ※
大一

ハ38C 6-16 2
詩格刊誤
二巻 日尾省齋（約）
嘉永三年春刊（江戸 芳潤堂須原屋源助）※ 版心對嶽塾藏
半二

ハ38C 6-17 1
詩格集成
長山樗園（貫）撰 鳴魁堂（惟新）校刊 木活
半一

ハ38C 6-18 1
史館茗話
林梅洞（慤）編 林〔鵞峰〕補
寛文八年八月刊（京 林和泉掾）
大一

ハ38C 6-19 1
詩山堂詩話
巻一 小畑詩山（行簡）撰 久我玄恭・久我玄隆校
嘉永四年刊（小畑氏詩山堂蔵板）
中一

ハ38C 6-20 1
諸體詩則
（詩則）二巻 林東溟（義卿）編 田玄徽・直春卿校
寛保一年春刊（林塾藏板〔大坂 菅生堂河内屋宇兵衛〕）奥ニ東溟先生近移居／平安城下
中一

ハ38C 6-21 1
詩本草
柏〔木〕如亭（昶）撰 位立人校
文政五年八月跋刊
半一

ハ38C 6-22 1	詩門一覧	初編 釈〔雪巖〕實順（玩世道人）編 田島貞榮等校 明和七年五月刊（永昌館藏版〈江戸 須原屋茂兵衛〉）三村竹清旧蔵	半一
ハ38C 6-23 1	笑止樓詩話	原田隆（三讀處主人・毎ミ子） 大正一年一〇月識刊（撰者）油印影自筆本 絵入	半一（大和綴）
ハ38C 6-24 1	山陽先生社友詩律論	（題簽）小野〔招月〕（達）編 明治一六年一月跋刊（大阪 文榮堂前川善兵衛）	中一
ハ38C 6-25 2	詩話	正編并續編 復古社友編 天保三年春刊（洗心堂村井成美藏版〈兵庫 油屋庄五郎他三都五肆〉）	中二
ハ38C 6-26 4	翠雨軒詩話	四巻 山田翠雨（信義） 慶應二年五月序刊（大阪 岡田群玉堂河内屋茂兵衛）絵入	半四
ハ38C 6-27 4	〔拙堂〕文話	八巻 齋藤拙堂（謙） 文政一三年一一月刊（津 齋藤氏古香書屋藏版〈京 吉田屋治兵衛等諸國一二肆〉）	半四
ハ38C 6-28 4	續文話	八巻 同 天保七年刊（後印）（大坂 秋田屋太右ヱ門等三都六肆）見返ニ製本所 不自欺齋	半四
ハ38C 6-29 2	丹丘詩話	二巻附詩家本艸 芥〔川〕丹丘（煥）撰 關元常校 寛延四年一月刊（京 玉樹堂唐本屋吉左衛門）	大一
ハ38C 6-30 2	淡窓詩話	二巻 廣瀬淡窓撰 廣瀬〔青村〕（範）校 明治一六年八月序刊 二三年一月印（再版 廣瀬氏東宜園藏板〈東京 顯才新誌社〉）	半二
ハ38C 6-31 1	談唐詩選	〔市河〕寛齋 文政二年六月刊（江湖詩社藏板〈江戸 山城屋佐兵衛〉）	中一
ハ38C 6-32 1	竹田莊詩話	巻一 田能村竹田（三我主人・孝憲） 文化七年一一月序刊 伊澤文庫旧蔵	中一（縦長）
ハ38C 6-33 1	討作詩志彀	附東海先生之報書 佐久間熊水（英二）撰 滕忠校 （附）〔齋藤〕東海（惟喬）撰 杉友注 天明四年五月刊（大椿園藏版〈江戸 西洞堂中屋喜兵衛〉）	半一
ハ38C 6-34 1	唐宋詩辨	長谷川松山撰 平山元亮校 文化一二年一〇月刊（江戸 桑村半藏・山城屋佐兵衛）	半一
ハ38C 6-35 2	童蒙頌韻	二巻 三善為康 明治三四年一一月刊（京都 小山三造）油印影靈雲院藏靈雲朴心禪師筆本	大一
	又		大一
ハ38C 6-36 1	讀詩要領	藤原〔蘭林〕（明遠） 延享四年一月刊（江戸 前川六左衛門）	大一
ハ38C 6-37 1	日本詩故事選	二巻 大江東陽（維翰）撰 〔上〕河〔淇水〕（揚）校 安永七年一一月刊（京 菊屋喜兵衛・菱屋孫兵衛）	小一
ハ38C 6-38 10	日本詩話叢書	一〇巻 池田蘆洲（胤）編 大正九年一月—一一年六月刊（東京 文會堂）	菊一〇

ハ38C 6-39 1　白雲館文罫　并附録　熊阪台州（邦）撰　熊阪盤谷（秀）校　天明八年九月刊（但シ寛政二年三月跋アリ　江戸　崇文堂前川六左衛門）※　大一

ハ38C 6-40 2　文海一滴　初集并二集附録共　五十川訒堂（左武郎）編并評　明治一六年一〇月・一八年八月刊（大阪　文海堂松村九兵衛）　半二

ハ38C 6-41 3　文鏡秘府論　六巻　釈〔空海〕（遍照金剛）　〔江戸初〕刊〔明治〕印（京都　永田調兵衛）　大三

ハ38C 6-42 1　文章一隅　尾藤二洲（肇）　慶應三年九月跋刊　半一

ハ38C 6-44 1　文例彙準　并字例附雑記　松邨九山（良猷）　写（自筆）※　中一

ハ38C 6-45 1　聯句拔萃　（銘句摘録・對句拔萃）呉越所見書畫録拔萃　西島青浦（美眞）　写（自筆）　半二ッ切一

ハ38C 6-46 2　明治詩話　二巻　籾山衣洲（逸）編　近藤〔南州〕（元粋）校　明治二八年八月序刊　三八年一一月印（三版　大阪　青木嵩山堂）鉛印　袋入　小二

ハ38C 6-47 1　約山先生學白詩　精里先生和答　栗山先生書牘　〔尾藤〕約山編　享和一年五月写（小出竹齋）※　半一

ハ38C 6-48 8　夜航詩話　六巻夜航餘話二巻　津阪東陽（孝綽）撰　津阪〔拙脩〕（達）校　天保七年刊〔明治〕印（伯爵藤堂家藏版〈津　豊住書舗〉）　半八

ハ38C 6-49 1　漢詩作法 幼學便覽　二巻　白井篤治編　松井方景校　昭和八年五月刊（東京　松雲堂）石印　四六半一

ハ38C 6-50 2　柳橋詩話　二巻　加藤善庵（良白）　天保七年五月序刊（加藤氏富春館蔵板）　半二

ハ38C 6-51 2　泣鬼感神 歴代詩文竒話　二巻　田中幾之助　明治一七年四月刊（大阪　前川文榮堂前川善兵衛）　半二

ハ38C 7-1 1　愛敬餘唱　并附録　大槻愛古編　中村敬宇（正直）校　明治八年一二月序刊（東京　中村敬宇）鉛印　半一

ハ38C 7-2 1　又　半一

ハ38C 7-3 2　愛軒遺文　三巻存巻二・三　服部愛軒（章）撰　服部操編　明治四四年五月刊（東京　編者）石印　半二

ハ38C 7-4 1　葦杭游記　并附録　股野藍田（琢）撰　諸家評　明治四二年二月序刊　鉛印　大一

ハ38C 7-5 1　葦川遺稿　藤井葦川（乾・森太郎）撰　後藤虎吉・鶴岡耕雨編　明治二五年一一月刊（廣島府中〔編者〕）鉛印　半一

ハ38C 7-6 1　方山漫吟　禹域時事　八木方山（慶）　大正一年九月刊（著者）鉛印　半一

ハ38C 7-7 1　〔内海漁山詩稿〕　内海漁山（鉄）　写（自筆）大沼枕山朱批　半一

ハ38C 7-8 1　詠史樂府　二巻并樂府評論　龜谷省軒（行）（評）龜谷青來（信好）　明治三三年六月刊（東京　榊原友吉）鉛印　※　半一

ハ38C 7-9 1　瀛史百詠　菊池晩香（武貞）撰　諸家評　明治三九年九月刊（東京　著者〈東京　早稲田大學出版部〉）鉛印　半一

ハ38C 7-10 1　永錫集　（土方久元）并永錫續集　喜多橘園（貞）編　明治四三年八月刊　鉛印　絵入　土方久元伯爵七十記念　續ハ七十七　大一

ハ38C 7-11 2　曳尾集　安井朴堂（小太郎）　昭和一二年五月刊（東京　著者）鉛印　大一

又　大一

ハ38C 7-12 1　繪原有聲畫集　附消閒文　三島中洲撰　三島桂編　吹野信履校　大正八年四月刊（東京　三島氏繪原村莊）鉛印　刊年三月二十七日ヲ四月四日トペンニテ訂ス　大一

ハ38C 7-13 1　繪島唱和　城井錦原（國綱）編　明治一七年二月刊（東京　城井氏清樾書屋藏版〈東京　石川治兵衛〉）絵入　半一

ハ38C 7-14 1　煙厓獨嘯　荒浪煙厓（坦）　昭和八年五月刊（東京〈著者〉）鉛印　絵入　半一

ハ38C 7-15 2　煙厓文鈔　二巻　荒浪煙厓（坦）　昭和五年五月刊（東京〈著者〉）鉛印　半二

ハ38C 7-16 1　鴨里耋餘詩文　二巻　平川鴨里（參）撰　諸家評　昭和七年四月刊（福山　平川龍造）鉛印　袋入　半一

ハ38C 7-17 1　歐米游草　土方秦山（久元）　明治二一年九月刊　袋入　大一

ハ38C 7-18 1　懷舊餘滴　（高田桃蹊）附桃蹊遺稿　國頭鐵吹（第三郎）編　（附）高田桃蹊（嘉助）撰　國頭鐵吹（第三郎）編　大正一一年一〇月刊（廣島福相村　編者）鉛印　半一

ハ38C 7-19 1　介壽集　（股野達軒）股野〔藍田〕（琢）等編　明治一九年六月刊（東京　股野氏晩香屋藏版）鉛印　半一

ハ38C 7-20 1　皆夢文詩　三島中洲（毅）・川田瓮江（剛）撰　高木弘平編　諸家評　明治一三年一月刊（東京　編者〈東京　有鄰堂穴山篤太郎〉）　半一

ハ38C 7-21 9　迴瀾集　存第七・九・一〇―一四（一〇・一四重複）平井魯堂（參）（九）松平天行（康國）（一〇以下）加藤梅城（梅四郎）編　昭和八年一二月―一六年三月刊（東京　駒田彦之丞迴瀾文社藏版〈一〇以下〉加藤梅四郎）鉛印　袋入　半九

ハ38C 7-22 1　鶴鳴軒詩文鈔　二巻　稲田九皐（斌）撰　稲田達三・稲田止戈校　大正一四年三月刊（廣島　教育彰功還暦祝賀九皐會）鉛印　袋入　序ニ浜野氏ノ名見ユ　校勘表ニ自校誤コレヨリ多シトシ本文中ニ朱訂アリ　半一

又　〔修〕奥附全面改訂　三月一日→三月十五日　昭和六年八月九皐居士七七忌相當　半一

ハ38C 7-23 1　寏々螺山人遺稿　宮本神峯（善）撰　宮本正貫編　明治四二年一〇月刊（呉　編者）　菊一（大和綴）

ハ38C 7-24 1 亀谷省軒日記 （題簽）附養氣齋記・題秦生詩巻 亀谷省軒写（自筆〈附〉他筆） 半一

ハ38C 7-25 2 諫山遺稿 二巻 奥田諫山（謙）撰 長尾恊編 大正三年八月刊（福山 奥田常右衛門）鉛印 半二

ハ38C 7-26 1 環碧樓遺稿 環碧樓詩鈔三巻環碧樓文鈔二巻 南摩羽峯（綱紀） 明治四五年三月刊（東京 南摩綱夫） 菊一

ハ38C 7-27 3 菊牕偶筆 三巻 木村芥舟（毅）撰 木村駿吉・木村浩吉校 明治一四年一二月刊（東京 四家邨荘著者）鉛印 中三

ハ38C 7-28 1 耋餘存稾 附録〔濱野箕山〕（猶賢老人） 近刊 鉛印 末ニ大正一年一二月記アリ 附正誤 半一

ハ38C 7-29 2 箕山文稿 二巻 濵野箕山（章吉）撰 宮内默藏編 明治三六年一二月刊（東京 編者）鉛印 半二

又 半二

ハ38C 7-30 1 歸展日誌 并附録 三島中洲（毅）撰 諸家評 明治二六年一二月刊（東京 二松學舍） 四六一

ハ38C 7-31 1 玉芳文鈔 石崎政氿 昭和一二年一二月刊（東京 著者）鉛印 半一

ハ38C 7-32 1 玉蘭集 續并附載 前川研堂（忠）編 昭和一三年九月刊（東京 編者天池草堂）鉛印 編者贈呈本 袋入 半一

ハ38C 7-33 1 虚舟詩存 簡野虚舟（道明）撰 簡野信衛編 昭和一四年二月刊（東京 編者）鉛印 二色刷 半一

ハ38C 7-34 1 金聲玉振 市脇醒舟（清カ）編 菊池三溪等評 明治二〇年一〇月跋刊 鉛印 半一

ハ38C 7-35 2 近世詩史 二巻 太田眞琴編 小笠原勝脩批點 明治九年四月刊（東京 玉山堂稲田佐兵衛・清風閣牧野善兵衛） 中二

ハ38C 7-36 1 近世叢談 并馬關日記 土屋鳳洲（弘） 大正一〇年八月刊（東京 丙午出版社）鉛印 半一

ハ38C 7-37 2 近世大戰紀略 三巻 土屋〔鳳洲〕（弘）撰 諸家評 明治三九年一二月刊（東京 開發社）鉛印 半二

ハ38C 7-38 1 金風盲後題畫詩 長井金風（江衎） 近刊 鉛印 仿宋活字 中一（縦長）

ハ38C 7-39 1 金蘭集 二巻 稻本陽洲（治太一）編 明治三二年七月刊（備中山野上村 編者） 四六一

ハ38C 7-40 1 空洞遺稿 三篇 石坂空洞（堅壯） 明治三二年一二月刊（石坂惟寛）鉛印 絵入 下和歌石印影自筆稿 半一

ハ38C 7-41 1 桂陰詩集 二巻 棚谷桂陰（元善）撰 丸山鳳翔（宇米古）編 大正一〇年一一月刊（東京 天香齋棚谷伸彦）鉛印 半一

ハ38C 7-42 3　警軒文鈔　三巻　阪田警軒（丈）撰　池田精一（尚）編
諸家評
明治三八年三月刊（東京　阪田耐二〈岡山井原　五竹園荻田元治郎等諸國五肆〉）鉛印　袋入
附正誤　半三

ハ38C 7-43 1　經子史千絶　高橋白山（貞）
明治四三年五月刊（東京　高橋作衞〈東京　清水書店〉）鉛印　大一

ハ38C 7-44 1　敬老小編　并附錄　荒浪寫言（坦）
昭和六年八月刊（東京　荒浪氏寫言堂）鉛印　半一

ハ38C 7-45 1　又　半一

ハ38C 7-46 1　月山遺稿　二巻　高橋月山（利康）撰　高橋博士紀念會
（中村久四郎）編　著者白山息
大正一一年六月刊（東京　編者）鉛印　半一

ハ38C 7-47 3　硯癖齋詩鈔　七巻　岡鹿門（千仞）
明治二二年三月序跋刊（岡氏藏名山房藏版）鉛
印　中三

ハ38C 7-48 2　江湖詞藻　濱野穆軒編
各自筆　朱批入　序ニ友人濱野穆軒。蒐同士之
詩。…　大二

ハ38C 7-49 1　貢山詩抄　岡村貢山（順）撰　貢山會〈澤井常四郎〉編
昭和三年四月刊（三原　編者）鉛印　墓碑写真
一葉・一九三七年「種蒔き二月號」（四六　東
京　岩波書店）挟込マル　半一

ハ38C 7-50 1　香山游草　鱸松塘（元邦）編〔大沼〕枕山（厚）・〔小野〕
湖山（長愿）評
明治一一年九月跋刊　鉛印　中合一

快説續續紀　鱸松塘（彦之）撰　諸家評
明治六年四月序刊（鱸氏十髯叟堂藏版）鉛印

愛敬餘唱　大槻愛古（清崇）・中村敬宇（正直）
明治九年三月序刊（東京　中村敬宇）7-1参照

前哲百詠　小菅〔香村〕（貫）編　大沼枕山（厚）評
明治一四年二月序刊　鉛印

游囊詩存　巻五　小菅〔香村〕（貫）
明治一五年四月序刊　鉛印

ハ38C 7-51 1　江氏自詩綜　二巻　長井鬱齋（江衍）
大正六年五月跋刊　仿宋活字　中一（縦長）

ハ38C 7-52 1　黃城詩鈔　附丹巖詩鈔　平野宗山（基）（附）平野謙山（嘉）
撰　平野四郎編
昭和九年一月刊（久留米　編者）鉛印　半一

ハ38C 7-53 6　黃石齋第二集　二巻第三集二巻第四集二巻　岡本黃石（迪）撰
水谷弓夫等校
明治一四年二月届・一五年四月刊（東京　岡本
氏華頂山房蔵板〈東京　磯部太郎兵衛〉）絵入　大六

ハ38C 7-54 1　鴻爪詩稿　山縣適処（篤）稿　塩〔谷〕老田朱批
写　明治一三年一月朱批　自筆浄書本カ　半一

ハ38C 7-55 3　篁村遺稿　三巻　島田篁村（重禮）
大正七年九月刊（東京　雙桂精舍島田鈞一）鉛
印　半三

ハ38C 7-56 1　篁亭遺稿　立花篁亭（親英）撰　立花政樹等校　野口寧齋
（弌）・竹内東仙（貞）評
大正二年八月（序）刊　鉛印　半一

ハ38C 7-57 1 **皎亭題畫〔集〕**
内野皎亭撰 内野晉編
昭和一〇年三月刊（東京 編者）鉛印 半一

ハ38C 7-58 1 **廣陵雜詞**
山縣適処（篤）編 菊池三溪（純）朱批并評
明治一三年八月写 九月朱批 自筆浄書本カ 半一

ハ38C 7-59 1 **廣陵雜詞**
山縣適處（篤）編
明治一四年一月刊（廣島 著者江山唫社〈京都 村上勘兵衞〉）絵入 彩色刷 諸家評ハ本文ノ後 中一（縱長）

ハ38C 7-60 1 **蒿里餘響**
附市川湫村先生遺稿鈔 山口雲梯（銀造）編
明治二六年九月刊（東京 編者）鉛印 袋入 中一

ハ38C 7-61 1 **谷岡唱和**
澀谷牀山（啓）・郁岡櫟齋（良弼）撰 諸家評
明治四一年一〇月刊（東京 國語漢文會）鉛印 半一

ハ38C 7-62 2 **古香齋詩鈔**
一〇巻 小菅古香（揆一）撰 山下重民編 加藤義養校
明治一九年二月序刊 鉛印 半二

ハ38C 7-63 2 **古素堂詩鈔初編**
二巻 窪素堂（全亮）撰 宮崎晃耀校
明治二七年三月刊（東京稻城 著者）鉛印 半二

ハ38C 7-64 1 **呉鳳集**
（新韡集）淺田栗園（惟常）編
明治一三年冬跋刊（杏花春雨書屋清川莒軒）鉛印 半一

ハ38C 7-65 1 **裁綃剪錦集**
二巻 山田桃華（太郎）編 諸家評
明治二〇年六月刊（東京 桃華書屋）鉛印 絵入 中一

ハ38C 7-66 3 **棧雲峡雨日記**
二巻棧雲峡雨詩草一巻 竹添井井（光鴻）撰 諸家評
明治一二年三月刊（東京 野口愛）益城松氏印
版心奎文堂藏 半三

ハ38C 7-67 1 **三役三凱**
三島〔中洲〕（毅）撰 高草木重敬校 諸家評
大正五年一月序刊 菊一

ハ38C 7-68 1 **三溪八體詩抄**
（外題）〔菊池〕三溪（純）撰〔石合〕黙翁朱批
慶應三年六月写（自筆カ） 半一

ハ38C 7-69 3 **三溪文集**
七巻 菊池三溪（純）撰 足立清編
近写（浜野知三郎） 半三

ハ38C 7-70 1 **七香齋詩抄**
藤澤南岳（恒）
大正七年四月刊（大阪 藤澤元造）鉛印 大一

ハ38C 7-71 1 **詩董狐**
評林第一集 國分青厓（高胤）
明治三〇年三月刊（東京 明治書院） 四六一

ハ38C 7-72 1 **緝熙揚光賀詩集**
（鹽谷節山）二巻 多田正知編
昭和五年一二月刊（京城 編者）鉛印 半一

ハ38C 7-73 1 **重九讌集詩**
清藜庶昌編
清光緒九年一〇月讌語刊（〔東京〕編者） 唐大一

ハ38C 7-74 3 **秋聲窓文鈔**
第一編二巻并附錄 關湘雲（義臣）撰 山本元校 諸家評
大正四年七月刊（東京 關氏湘雲書屋藏版〈東京 大森利學〉）鉛印 半三

ハ38C 7-75 2 **十竹軒遺稿**
二巻 山田十竹（浩）撰 山田二郎編
明治三七年七月刊（廣島 編者）鉛印 半二

ハ38C 7-76 3
守眞草堂詩存
六巻 高橋漁洋（順）
昭和八年三月刊（東京 著者）鉛印 袋入
半三

ハ38C 7-77 1
種竹山人枕上吟
附諸家慰悼詩 本田種竹撰 本田常一編
明治四一年五月刊（東京 編者莪眉山房）鉛印
中一

ハ38C 7-78 1
春山詩文
（題簽）川上春山（廣）
自筆稿 朱墨訂 大正一五年九月入紙修補 昭和三年九月一日大阪朝日新聞福山市會議員當選者貞寫眞挟込
半一

ハ38C 7-79 3
牀山遺稿
附錄共三巻 澀谷牀山（啓）撰 澀谷正太郎・澀谷大次郎編
明治四四年八月刊（東京 澀谷正太郎）鉛印
方陳圖三色刷 袋入
半三

ハ38C 7-80 5
裳川自選稿
別錄共五巻 岩溪裳川（晉）
昭和一一年三月刊（東京 著者）鉛印
半五

ハ38C 7-81 2
松窓詩鈔
第二編二巻 岡田松窓（英）撰 諸家評
明治四四年六月刊（大阪藤井寺 香雲書屋岡田氏岡田文庫）鉛印 絵入 袋入
大二

ハ38C 7-82 1
小圖南錄
三島中洲（毅）撰 諸家評 大塚尚編
明治一六年一一月届（東京 村松要二郎〈東京商弘所〉）鉛印
小一

ハ38C 7-83 1
恕堂詩文鈔
二巻 大和恕堂（篤）撰 恕堂先生謝恩會（鳥山一郎・永井僚太郎）編
大正七年四月刊（尾道 編者）鉛印 袋入 奥ハ福山 鳥山編 永井發行
大一（縦長）

ハ38C 7-84 1
新居唱和
川勝魯堂（鏈）編
明治二一年八月刊（東京 編者柳陰村荘）鉛印 石印套印絵入
半一

ハ38C 7-85 2
秦山遺稿
二巻 土方秦山（久元）撰 諸家評 片岡黄山（哲）編 佐藤六石（寛）・喜多橘園（貞）校
大正八年一一月刊（東京 恩光閣土方久敬）鉛印 奥編輯兼發行者土方久敬
大二

ハ38C 7-86 1
〔新〕東京十才子詩
山本秋古（祝）編
明治二三年一月刊（東京 編者忠清館）鉛印
小一（縦長）

ハ38C 7-87 1
聲畫撮影
中山虎溪（良材）編 諸家評 嵩古香閲
明治四〇年一一月刊（武藏都田 編者）石印套印
中一

ハ38C 7-88 6
清溪先生遺集
九巻 山井清溪（重章）
昭和四年一二月刊（東京 山井良）鉛印 安井朝康墓碑銘
半六

ハ38C 7-89 4
省軒文稿
四巻 龜谷省軒（行）
明治三五年一〇月刊（東京 文盛堂榊原友吉）肖像画入 見返光風社開雕トアルハ奥ノ彫刻兼印刷者土山金藏カ
半四

ハ38C 7-90 6
成齋文初集
三巻二集三巻 重野成齋（安繹）撰 重野紹一郎編
明治三一年二月・四四年一一月刊 大正一四年一二月印（東京 松雲堂野田文之助）始曙戒軒藏版（初集）木村嘉平刻
大六

ハ38C 7-91 1
成齋先生文鈔
（題簽）重野成齋（繹）
近写 一部迴瀾社印刷罫紙使用
半一

ハ38C 7-92 2 **濟齋詩鈔** 二巻 山田濟齋（準）撰 山田琢編并校 昭和一五年一二月刊（東京 編者）鉛印 半二

ハ38C 7-93 1 **西征小稿** 日下部鳴鶴（東作）撰 佐成源校 明治二一年八月署刊（石鼓堂） 大一（縦長）

ハ38C 7-94 1 **聖林唱和** 伊勢小淞（華）編 諸家評 明治一二年八月書刊 彩色刷絵入 中一

ハ38C 7-95 1 **征露篇** 附十律 土居香國（通豫）撰 森槐南（大來）評點（附）依田學海（百川）評點 濱田活三編 大正九年七月刊（東京 編者仙壽山房）鉛印 半一

ハ38C 7-96 5 **碩園先生遺集** 文集三巻詩集三巻屈原賦説巻上 西村碩園（時彦）撰 懐德堂記念會編 昭和一一年一〇月刊（大阪 編者）鉛印 大五

ハ38C 7-97 2 **節庵遺稿** 四巻 宮原節庵（龍）撰 吉田秀穀等校 明治三四年七月刊（福井 宮原六之助）鉛印 宮原節庵翁略傳二葉挟込（巻之四附録トアリ） 大二

ハ38C 7-98 4 **仙坡遺稿** 四巻 勝島仙坡（翰）撰 勝島恒夫編 昭和九年一〇月刊（東京 編者）鉛印 半四

ハ38C 7-99 1 **蒼海詩選** 六巻附蒼海辭賦文選 副島蒼海（種臣）撰 石田東陵（羊一郎）編 昭和一二年一二月刊（東京 大東文化協會）鉛印 半一

ハ38C 7-100 1 **藻海遊詩** 并戊申八月遊常磐・西遊詩紀 河田省處（休）（西）河田柳荘（熙） 近写（寄合書）合綴 浜埜氏令写本カ 半一

ハ38C 7-101 1 **雙雀亭自箸叢刻** （題簽）第一帙論語識・木筆詩・豳雅 長井鬱齋（衍） 大正三年四月刊（東京 長井早苗）鉛印 大江氏 江衍ト修ス 又号金風 半一

又 半一

ハ38C 7-102 1 **瘦石詩草** （題簽）三好瘦石（鐘）嵩古香等朱青訂 自筆稿 特大一

ハ38C 7-103 1 **雙峯詩史** 佐藤雙峯（精明）撰 佐藤弘毅校 昭和一〇年二月刊（福島原町 著者藤門温故會）巻頭朱印訂正アリ 四六一

ハ38C 7-104 1 **對牀唱和集** 橋本簣山（綱常）編 諸家評 明治四〇年五月刊（東京 編者）鉛印 絵入 半一

ハ38C 7-105 2 **太刀山房絶句鈔** 二巻 山田新川（宣）撰 宮林彦等編 明治二八年七月刊（東京 山田氏正葩吟社蔵版）絵入 半二

ハ38C 7-106 2 **達軒詠古詩鈔** 二巻 股野達軒（景質）撰 大沼枕山等評 股野〔藍田〕（琢）等校 明治一七年四月届（五月序アリ 東京 長尾景弼（東京 博聞本社））楊守敬署 半二

ハ38C 7-107 3 **譚海** 四巻 依田學海（百川）撰 杉山三郊（令）・依田耕雨（貞繼）評 明治二五年一二月—二六年一月刊（東京 博文舘）寸珍百種第一六—一八 菊半三

ハ38C 7-108 1
斷金集 〔題簽〕〔濱野〕穆軒編 写・刊（鉛印・油印）自筆稿朱批入 大正一一年八月編 浜埜氏ヘノ知人所寄（二三十年前）ヲ輯ム 半一

ハ38C 7-109 1
同 〔同〕宮崎來城・〔松澤〕春眠 写（自筆）同前六月編 一部活字指定アリ 大一

ハ38C 7-110 1
談餘漫賛 山田貢邨（立夫） 〔明治〕刊（山田氏貢邨山房藏版）鉛印 中一

ハ38C 7-111 3
竹雨山房文鈔 附集外文補遺共三巻 五十川竹雨（訒堂・淵）撰 木崎愛吉編 明治三〇年七月刊（大阪 吉岡寶文軒）鉛印 正誤アリ 半三

ハ38C 7-113 1
竹山詩鈔 高田竹山（忠周） 昭和一五年一一月刊（東京 竹山先生八十賀記念會）鉛印 濱野氏ヘノ贈呈本 大一

ハ38C 7-114 12
中洲文稿 第一集三巻第二集三巻第三集三巻第四集三巻 三島中洲（毅）撰 石碕謙等校 明治三一年一〇月—大正六年四月刊（東京 二松學舍藏版〈東京 吉川半七（三）博文館〉）石印〈三・四〉鉛印 袋入 半一二

ハ38C 7-115 2
中洲文詩 并中洲先生華甲壽言・〔中洲講述・講演〕三島中洲撰 諸家評 〔明治〕刊 鉛印 半合二

ハ38C 7-116 1
頂雲閣詩鈔 二巻 稲本陽洲（治太一）撰 諸家評 明治三一年九月刊（岡山山野上 稲本氏頂雲閣）鉛印 奥八ヲ朱印デ九ニ訂ス 著者名モ訂ス 半一

ハ38C 7-117 1
鼎洲詩稿 〔扉〕并唐詩解〔片山鼎洲〕 自筆稿 浜埜氏識語 半一

ハ38C 7-118 1
〔適處〕詩稿 山縣適處（薦） 写 明治一四年六月菊池三谿（純）朱批 自筆浄書本カ 半一

ハ38C 7-119 1
耋餘存稾 附錄 又7-28 附正誤 半一

ハ38C 7-120 2
天籟餘響 二巻并附錄 市野天籟撰 中北治友編 明治三一年四月刊（東京 中北氏觀生書屋〈名古屋 玉潤堂〉）鉛印 著者尾張人 半二

ハ38C 7-121 1
鐃歌餘響 股野藍田（琢）撰 諸家評 明治三七年八月題刊 鉛印 朱印訂正 半一

ハ38C 7-122 1
同後編 并附錄 同 同 明治三九年一月題刊 鉛印 朱印訂正 半一

ハ38C 7-123 1
東京雜詠 菊池三溪（純） 写（自筆カ）明治三年一〇月序 半一

ハ38C 7-124 1
東京十才子詩 淺見綾川（平藏）編 明治一三年一一月屆（東京 編者〈東京 博聞本社〉）鉛印 中一（縱長）

ハ38C 7-125 2
東京名勝詩集 〔第〕二編 二巻并附録 増山丹蓉（守正）編 明治一八年五月刊（東京 増山氏静香園藏板〈東京 石川治兵衛〉）絵入 半二

ハ38C 7-126 1
豆山臥游詩 二巻 郇岡櫟齋（良弼）撰 諸家評 明治四一年九月刊（東京 撰者）鉛印 半一

ハ38C 7-127 2
東都仙洞綺話
并東都仙洞餘譚　愛花情仙（三木貞一）撰　顧柳散史評（餘）此中生評
明治一五年一二月届　一六年一二月印（三版）（餘）一六年八月刊（東京　九春社〈餘〉東京　三木氏紅夢樓〈東京　九春社〉）鉛印　正誤表アリ紙型ニヨルカ
中二

ハ38C 7-128 1
東北遊錄
二篇并附載　内田遠湖（周平）撰　諸家評　佐伯仲藏校
大正一四年六月刊（東京　内田氏正誼塾）鉛印
半一

ハ38C 7-129 1
東備嚶鳴集
木畑道夫編　森田月瀬評
明治一二年三月刊（岡山　大島勝海）鉛印
中一

ハ38C 7-130 1
藤浦詩文稿
山路藤浦（恕）撰　阪田〔警軒〕（丈）等評
自筆　諸家朱評入
半一

ハ38C 7-131 1
東洋詩史
織田鷹洲（完之）撰　諸家評
明治二九年三月刊（東京　撰者〈東京　博文館〉）鉛印
中一（縦長）

ハ38C 7-132 4
兎峰遺稿
一三巻附錄二巻　小菅兎峰（孝）撰　小菅囍三編（附）岡本黄石評
大正三年三月刊（滋賀久德村　編者）鉛印　濃淡二墨絵入　奥二月
大四

ハ38C 7-133 1
土陽游草
土方秦山（久元）撰　諸家評
明治四一年三月序刊　鉛印
半一

ハ38C 7-134 1
南紀游草
土方秦山（久元）撰　諸家評
明治四一年四月序刊　鉛印　袋入
半一

ハ38C 7-135 1
南豊詩鈔
元田南豊（直）
明治三三年八月刊（東京　撰者）鉛印
中一

ハ38C 7-136 4
如意遺稿
九巻　谷如意（鐵臣）撰　澀谷〔牀山〕（啓）編
明治四一年二月刊（京都　谷静也）鉛印
半四

ハ38C 7-137 1
寧固軒小草
渡貫香雲（勇）撰　渡貫尚・渡貫約校
昭和一一年四月刊（東京　撰者梅香竹影書樓）鉛印
大一

ハ38C 7-138 2
寧靜樓詩鈔
二巻　江幡澹園（通靜）撰　諸家評　藤川豊城・宇梶勝興校
明治三九年一一月刊（秋田　秋田唫社瀧澤庫治）鉛印　絵入
半二

ハ38C 7-139 1
梅花源
荒浪煙崖（坦）編
大正一四年一一月刊（東京　編者〈東京　松雲堂〉）鉛印
中一

ハ38C 7-140 4
梅山遺稿
文五巻詩四巻　川北梅山（長顒）撰　諸家朱評　川北榮夫編
明治四一年一二月序（詩）四二年一月序刊（川北氏　夢清樓藏版）石印套印
半四

ハ38C 7-141 2
〔梅艇〕雑纂
詩文并傳記　内海〔梅艇〕（鉄）編
写・刊（鉛印）雑抄雑綴
半二

ハ38C 7-142 1
陪遊記程
闕名撰　菊池三溪（純）評
明治三年九月写（評者）評者朱訂　三溪ガ本文ヲ写シ朱訂ス
半一

ハ38C 7-143 4
白山樓詩文鈔
八巻　高橋白山（貞）
明治二二年（但シ戊子トアリ二一年カ）一〇月序刊　鉛印
中四

ハ38C 7-144 1
遊濱名湖記
内田遠湖（周平）撰　諸家評
昭和六年九月以後刊（東京　内田氏谷門精舎）鉛印　半一

ハ38C 7-145 1
飯山遺稿
松林飯山（漸）
近写（浜野知三郎）　半一

ハ38C 7-146 5
晩晴樓詩鈔
二巻二編七巻附土屋鳳洲傳三編四巻　土屋鳳洲（弘）撰　諸家評
明治一九年四月・明治四一年九月・大正八年六月刊（大阪　松雲堂鹿田靜七〈二〉東京　辻太〈東京　開發社・大阪　鹿田靜七〉辻＝開發社〈三〉東京　丙午出版社）（二・三）鉛印　絵入　半五
182 183参照

ハ38C 7-147 3
晩晴樓集
第四編二巻附幽因録二巻寓感瑣録一巻第五編五巻　土屋鳳洲（弘）撰　諸家評
大正一一年三月―六月刊（東京　高島大圓）鉛印　半三

ハ38C 7-148 10
晩晴樓文鈔
三巻〔第〕二編附共八巻附窓燈録二巻三編五巻附三州紀行并附録　土屋鳳洲（弘）撰　諸家評
明治一九年四月（二附）三四年四月（二）大正二年八月（三）六年七月序刊（大阪　松雲堂鹿田靜七（二附）東京　五本直次郎（切貼訂正〈元ハ本城責〉）〈大阪　鹿田靜七・東京　益友社〉五本＝益友社（二）東京　鼎義曉〈東京　林修一郎等三肆〉）二以下鉛印　肖像入　附正誤　半一〇
182 183参照

ハ38C 7-149 2
薇山遺稿
二巻　西薇山（毅一）
大正三年三月序刊（東京　西虎夫）鉛印　半二

ハ38C 7-150 1
百梅餘香集
并附録　長澤松雨（範）編
昭和一〇年五月刊（新潟加治　編者千秋庵）鉛印　多色刷　袋入　中一

ハ38C 7-151 1
萍水相逢
二巻　赤松掠園（渡）編
明治一三年三月刊（神戸　船井政太郎〈大阪　大野木市兵衛〉）序朱刷　中合一（縦長）

ハ38C 7-152 1
扶桑驪唱集
（榑桑驪唱集）清葉煒編
清光緒一七年一一月刊（南京〈白下〉）　唐半一

ハ38C 7-153 1
奉賀東宮華燭慶典表
并讃岐國十二勝景圖記（表紙）（香川縣十二勝景圖記）黒木安雄
明治三四年四月刊（高松　著者）鉛印　半一

ハ38C 7-154 1
北涯先生遺稿
關藤北涯（成緒）撰　關藤國助編
大正五年一一月刊（東京　編者）鉛印　大一

ハ38C 7-155 2
牧山樓遺稿
佐藤牧山（楚材）撰　佐藤雲韶編
明治三四年四月刊（徳島　編者）鉛印　半二

ハ38C 7-156 1
北荘遺稿
斯波北荘（積）撰　斯波貞吉編
大正二年一一月刊（東京　編者）鉛印　撰者芳賀矢一ノ伯　半一

ハ38C 7-157 5
朴堂遺稿
八巻　安井朴堂（朝康）
昭和一五年四月刊（東京　安井琴子〈東京　松雲堂〉）鉛印　發行者贈呈　半五

ハ38C 7-158 2
蒲門盍簪集
二巻　蒲生褧亭（重章）撰　諸家評
明治二七年一二月刊（東京　撰者青天白日樓藏版〈東京　森田鐵五郎・大倉書店〉）絵入　富岡百錬宛著者封書附　半二

ハ38C 7-159 1　奇文観止本朝虞初新誌　（新譯本朝虞初新誌）附共　菊池三溪（純）撰　阿多俊介譯注　昭和六年一二月刊（東京　六合館）　四六一

ハ38C 7-160 3　奇文観止本朝虞初新誌　附共三巻　菊池三溪（純）撰　依田學海（百川）評點　明治一六年一〇月刊（東京　文玉圃吉川半七）（表紙・桂冠集）二巻　川北梅山（長顒）撰　諸家評　中三

ハ38C 7-161 1　夢清樓存稿　明治三〇年四月刊（東京　撰者）　四六一

ハ38C 7-162 4　問亭遺文　八巻　本城問亭（蕢）撰　本城水棹子編　諸家評　大正五年一月刊（東京　編者）鉛印　袋入　新聞漢詩欄切抜五葉挟込　半四

ハ38C 7-163 1　山岡次隆詩稿　山岡次隆　写（自筆稿）文化一一―天保一三年　半一

ハ38C 7-164 1　又一塵集　巻一　小林林塘（澹）撰　菊池三溪（純）評　写（評者カ）　半一

ハ38C 7-165 4　猶賢臆測　二巻　濱野猶賢（章吉）　明治三六年一二月刊（東京　宮内默藏）鉛印　半二

又　鼠害　半二

ハ38C 7-166 1　遊常詩草　前川研堂（忠・三郎）編　昭和九年一〇月刊（東京　編者）鉛印　袋入　編者遊常詩社同人　半一

ハ38C 7-167 1　有眞樓文集　川口東州（嘉）撰　諸家評　小田蓼洲（久）等編　明治四〇年一二月刊（東京　新井助信）鉛印　半一

ハ38C 7-168 1　猶存遺稿　片山猶存（重範）撰　四屋穂峯（恒之）等校　明治三一年九月刊（岡山加茂　片山捷之進）鉛印　半一

ハ38C 7-169 1　遊濱名湖記　内田遠湖（周平）撰　諸家評　昭和六年九月以後刊（内田氏谷門精舎）鉛印　又144　半一

ハ38C 7-170 1　遊屐餘痕　藤澤南岳編　明治四〇年二月刊（大阪　松村九兵衛）鉛印　中一

ハ38C 7-171 2　陽齋詩文稿〔第〕二篇　二巻　平尾陽齋（亨）撰　平尾歌子校　明治二二年一一月刊　三一年三月印（再版　東京　撰者）鉛印　売残リヲ再版刊記ノミ新タニシ貼附シテ出シタカ　半二

ハ38C 7-172 4　來城詩鈔　四巻　宮崎來城撰　門人校　昭和九年五月刊（久留米　宮崎來城遺稿刊行會）鉛印　濱野氏宛正誤表等葉書三枚挟込　半四

ハ38C 7-173 1　落花詞　（采風新誌號外）宗像枕雲（傳吉）編　明治二四年七月刊（萩　編者響海館）鉛印　穆軒ノスヽメニヨリ宮地鉄耕一周忌記念　穆軒詩アリ　中一（縦長）

ハ38C 7-174 1　龍蛇握奇集　塚原夢舟（周造）　明治三八年九月刊（東京　塚原氏寒翠荘）鉛印　半一

ハ38C 7-175 2　兩宜莊遺稿
二巻　石村虎嘯（虎）撰　藤村槇堂（直）校
宮崎來城（繁）評
大正一四年九月序刊　鉛印
中二

ハ38C 7-176 1　聯嵐集
原幹城（顯）編　諸家評
明治二二年六月刊（萩　編者百川舘）鉛印
半一

ハ38C 7-177 6　鹿友莊文集
六巻　日下勺水（寛）撰　舘森鴻校
大正一三年八月刊（東京　著者〈東京　野田文之助〉）鉛印　附油印正誤表一葉挟込　松雲堂
大六

又
贈呈穆軒
大六

ハ38C 7-178 3　蘆洲遺稿
三巻　池田蘆洲（胤・四郎次郎）撰　池田勝雄編
昭和九年一月刊（東京　編者）鉛印
半三

ハ38C 7-179 3　蘆堤遺稿第壹編
松岡蘆堤（懿）撰　妹尾長太郎編　妹尾長・濱野知校
明治二五年九月刊（但シ一一月序アリ　福山
編者鶴聲樓妹尾先進堂）鉛印　又4-241
半一

又
半一

又
半一

ハ38C 7-180 1　論學三百絶
三島中洲（毅）撰　高草木重敬校
大正三年冬序刊　鉛印
半一

ハ38C 7-181 1　追遠集原稿
（題簽）濱野静庵十七回忌辰　濱野穆軒（知）等写　詩原稿　嵩古香・菊地三溪《ママ》（純）等朱批
半一

ハ38C 7-182 13　晩晴樓文鈔
三巻二編八巻三編五巻詩鈔二巻二編七巻附土屋鳳洲傳三編四巻　土屋鳳洲（弘）撰　諸家評
文詩初編　大正六年五月刊（再版　東京　加藤鎭之助・大阪　福田信次郎　信切貼訂正）図入　石印影明治一九年一月序跋＝版心松雲堂藏
146/148番本　二編以下又146/148　附正誤
半一三

ハ38C 7-183 10　又
文鈔三編詩鈔三編欠
半一〇

ハ38C 8-1 1　詩
第一―二一號　妹尾長太郎編
明治二七年一月―二九年一月刊（福山　妹尾氏回天詩閣）
菊合一

ハ38C 9-1 1　江戸名物詩初編
方外道人（福井〈木下〉梅庵）
天保七年秋序刊〔修〕絵入
中一

ハ38C 9-2 1　藝林司會錄
三木移山（權）
刊　絵入　市嶋春城旧蔵
中一

ハ38C 9-3 1　善謔《ヲトシハナシ》隨譯
釈〔靈松義端〕
天明五年九月写（道一）朱墨
大一

ハ38C 9-4 1　善謔隨譯續編
釈靈松義端
文化一〇年春寫（朝田保清）
半一

ハ38C 9-5 1　風來先生春遊記
（風來山人春遊記）三巻　平賀鳩溪（陳奮翰）撰　太田南畝（寢惚先生）批　醉多道士加評　島俊卿校
明治一四年四月刊（但シ六月序アリ）　二二年五月印（東京　文永堂武田傳右衛門）絵入　版心弘令社梓
小一

ハ38D 1 1
尊經閣叢刊「拙藁千百」に就きて
今西龍
昭和六年七月刊（育德財團）影昭和五年一一月
識自刊本　育德財團・頼成一濱野知三郎宛詩揮
毫依頼鉛印書簡各一葉挟込
菊一

39 外国文学

ハ39H 1 1
The SKETCH BOOK
（英）IRVING WASHINGTON
1914刊（LONDON J. M. DENT & SONS, LTD
NEW YORK E. P. DUTTON & CO.）EVERY-
MAN'S LIBRARY
小四六一

41 言語学

ハ41 3-1 1
言語學
保科孝一
明治三五年一〇月序刊（早稲田大學出版部）
菊一

ハ41 3-2 1
ことばのいのち
（佛）ダルメステッテル撰　金澤庄三郎譯
明治三〇年七月刊（東京　冨山房）ヤ3-21訂正再
版　組換
菊一

42 国語学

ハ42 0-1 1
國語學書目解題
赤堀又次郎
明治三五年六月刊（東京帝國大學〈東京　吉川
半七〉）
菊一

ハ42 0-2 2
國語のため
（再版國語のため）附共　上田萬年
明治三〇年一二月刊（訂正再版　東京　冨山房）
二八年六月初版
菊一

同
第二　同
明治三六年六月刊（同　同）
菊一

ハ42 2-1 1
語學叢書第一篇
赤堀又次郎編校
明治三四年三月刊（東京　東洋社）
菊一

ハ42
3-1
1
國語國文の常識
附錄共　松野又五郎
大正一四年一一月刊（東京　六合館）
菊一

ハ42
3-2
1
ことばのまさみち
（詞の正道）野之口隆正
〔明治〕写
大一

ハ42
3-3
1
明治三十八年文部省夏期講習會國語科筆記
明治三八年八月刊（文部省）
菊一

ハ42
4-1
1
國語學史
附錄共　時枝誠記
昭和一五年一二月刊（東京　岩波書店）
菊一

ハ42
4-2
1
國語學小史
保科孝一
明治三二年八月刊（東京　大日本圖書）三三年
再版ハ修　跋二則ヲ省キ正誤ヲ訂ス
菊一

ハ42
6-1
1
漢字調査報告〔書〕
平野彦次郎等
大正一四年六月刊（東京　斯文會）
菊一

ハ42
6-2
1
漢字廢止論
平生釟三郎
昭和五年二月刊　六年四月修（第二版　東京
カナモジカイ）シ6-11ト巻頭巻末組換　2―15同
ジカ（但シ頁付ノ位置ヲ改ム）妄説反撃漢字問題大
講演會広告一葉挟込
菊一

ハ42
6-3
1
國字改良論纂
堀江秀雄編
明治三五年七月刊（東京　金港堂）
菊一

ハ42
6-4
1
常用漢字調査表〔案〕
斯文會編
昭和一〇年八月刊（〔東京〕編者）
菊一

ハ42
7-1
2
教案
（外題）第四・六（佐村八郎）
自筆稿
半二

ハ42
7-2
1
國語教育に就いて
西尾實講
昭和八年四月刊（鹽尻　信濃教育會東筑部會南部支會）發
行者謹呈濱野知三郎氏
菊一

ハ42
7-3
1
國語教育の新領域
西尾實
昭和一四年九月刊（東京　岩波書店）
四六一

ハ42
7-4
1
國語國文の教育
西尾實
昭和四年一一月刊（東京　古今書院）
四六一

43　音声・文字

ハ43
1
1
音訓國字格
二巻　髙井蘭山（伴寛）
寛政一一年春分序刊　文政八年九月印（江戸
玉山堂山城屋佐兵衛）版心星運堂
半一

ハ43A
1
3
音韻假字用例
一巻附説二巻　白井寛蔭
萬延一年閏三月刊（但シ七月序アリ）〔明治〕
印（東京　求古堂松﨑半造〈白井檢校藏板〉）
半一

ハ43A
2
1
音韻假字格
關根江山（菅原為賓）編
文久三年八月刊（關根氏國字舎藏板〈江戸　淺
倉屋久兵衛〉）
半一

ハ43A 3 1　音韻攷
（題簽）岡本况齋カ
近写　或ハ浜野氏
半一

ハ43A 4 1　音韻荅問録
二巻　岡本况齋（保孝）
近写（〔浜野知三郎〕）
半一

ハ43A 5 2　假字遣奥山路
三巻　石塚龍麿撰　正宗敦夫編　橋本進吉解題
昭和四年五月・九月刊（東京　日本古典全集刊行會）日本古典全集第三期
菊半二

ハ43A 6 1　雅語音聲考
（合本雅語音聲考・希雅）并希雅　鈴木〔離屋〕（朗）
刊〔修〕音聲考本文末行カワラ―カハラ
半一

ハ43A 7 1　通略延約辨
（ことばのすみなは初集）野之口隆正
天保五年五月跋刊（野之口氏佐喜乃屋藏板）渡部信旧蔵
大一

ハ43A 8 1　傭字例
關葭汀（政方）
天保一三年一月刊（大坂　積玉圃）袋入
大一

ハ43B 1 1　平かな片カナいろは字原考
（題簽）森〔枳園〕（立之）
明治七年刊（東京　森立之蔵板）
半一

ハ43B 2 2　又
附枳園森立之壽藏碑　森枳園（立之）（附）〔森〕
養竹撰　濱野知三郎校
昭和八年九月増修（東京　文祥堂）附鉛印
大一

又
大一

ハ43B 3 1　國字攷
〔龜田〕鵬齋（興）
文政六年一二月刊（山〔田〕〈松齋〉氏寳善堂
藏板〈江戸　和泉屋庄二郎等三都三肆〉）※
大一

ハ43B 4 1　音圖及手習詞歌考
大矢透
大正七年八月刊（東京　大日本圖書）
四六倍一

ハ43B 5 1　假名源流考證本寫眞
國語調査委員會（〔大矢透〕）編
〔明治四四年九月〕刊（〔東京〕國定教科書共同
販賣所）假名源流考欠
四六倍一

ハ43B 6 1　國語史
文字篇　山田孝雄
昭和一二年八月刊（東京　刀江書院）
四六一

ハ43B 7 1　國字攷補遺
山田松齋（静）
文政九年一月刊（但シ四月序アリ　山田氏寳善
堂藏板）
大一

ハ43B 8 1　字説辨誤
并字説辨誤私考〔村田春海〕（織錦主人）（考）
〔清水〕波麻臣
近写（濱野〔知三郎〕）
半一

ハ43B 9 1　謓微字説
〔平〕澤〔旭山〕（元愷）
近写（〔浜野知三郎〕）
半一

ハ43C 1 1　新式音訓かなつかひ教科書
二篇　大森惟中
明治二七年一〇月刊　三〇年二月印（六版　東
京　長島文昌堂）鉛印
半一

ハ43C 2 1　雅言假字格拾遺
（續古言梯）市岡猛彦
写　文化一一年一一月榭園社中藏板本ノ写ナラ
ム
大一

ハ43C 3 1
假字拾要
平春海
大正四年一月写　同五月以一本校（〔浜野知三郎〕）底本伴直方手写本　大一

ハ43C 4 1
假字大意抄
平春海
文化四年七月跋刊（〔村田氏〕織錦齋蔵板）森枳園旧蔵　大一

ハ43C 5 1
假字大意抄
平春海
近写（〔浜野知三郎〕）影写同前刊本　大一

ハ43C 6 1
國語字音假名遣辭典
高野辰之・和田信二郎
明治四二年四月刊　四三年四月印（再版　東京　寳文館）　四六半一

ハ43C 7 1
假名遣の歴史
山田孝雄
昭和四年七月刊（東京　寳文館）シ11七版ハ七刷　菊一

ハ43C 8 1
假名文字遣
〔釈行阿〕
元禄一一年四月刊　書林ノ下書肆名削去　或ハ後印本カ　半一

ハ43C 9 1
假字用例巻末添而除矣之文
（題簽）白井寛陰
写　大一

ハ43C 11 2
疑問假名遣
二篇　國語調査委員會（本居清造）
大正一年九月・四年一月刊（東京　國定教科書共同販賣所）　四六倍二

ハ43C 12 1
古今假字遣
（古今假字用例）橋本（源）稲彦
文化一〇年八月刊（大阪　河内屋嘉七等五肆）　中一

ハ43C 13 1
増補古言梯標註
楫取魚彦撰　山田常助（常典）増補
弘化四年春刊（江戸　青雲堂英文蔵）　半一

ハ43C 16 3
たつかつゑ
三巻　寺田長興
嘉永二年刊〔明治〕印（伊賀上野　豊住伊兵衛〈富士迺舎藏版〉）※　半三

ハ43C 17 1
臨時假名遣調査委員會議事速記録
文部省（文部大臣官房圖書課）
明治四二年一月刊（編者）　四六倍一

ハ43C 18 1
類字假名遣
七巻　荒木田盛徴
寛文六年九月刊　明和七年一月印（大坂　河内屋茂八・澁川清右衛門）　大横二ッ切一

ハ43C 19 1
和字解《わじかい》
（増補和字解）貝原〔益軒〕（篤信）
延享五年一月刊（大坂　藤屋彌兵衛）※　小一

ハ43C 20 1
増補古言梯標註
又13
〔明治〕印（東京　嶋屋平七・英屋文藏等一〇肆）　半一

ハ43D 1 1
實用送假名法
櫻田辰吉
明治三四年三月刊（徳島　阿波國教育會〈徳島　靜壽堂黒崎精二〉）鉛印　送仮名法・句讀法（鶴城第九號附錄・池田權藏・明治三六年二月刊・津山　岡山縣立津山中學校内濟美會・四六一）・句讀點法要綱（徳島中學校國語漢文科制定句讀点法・渦の音第八號附錄・鉛印一舗）挟込マル　半一（包背装）（大和綴）

ハ43D 2 1
送假名法
草按　明治四十三年八月取調　佐郎〔八郎〕
近写（自筆）　半一（仮綴）

44　語彙・語法

ハ44 1-1 5
玉霰窓の小篠
前編三巻後編二巻　中嶋廣足
明治二一年二月刊（東京　中島惟一〈東京　吉川半七〉）鉛印
半五

ハ44A 1 10
伊呂波字類抄
一〇巻　山田孝雄解説
大正九年五月跋刊（岡山伊里　正宗敦夫）油印
影正宗氏蔵明治三五年九月早川流石写天保四年六月伴信友校本
大一〇

ハ44A 2 6
伊呂波字類抄
一〇巻（巻二・四・五・一〇欠）山田孝雄解題
昭和三年六月—四年一二月刊（東京　日本古典全集刊行會）影同前正宗氏蔵本　日本古典全集第三期
菊半六

ハ44A 3 1
正解いろは引大辭典
物集高量
大正九年一〇月刊（東京　芳文堂）
三五一

ハ44A 4 1
魁本大字類苑
四巻　谷口松軒編　谷口蕉陰（安定）補
明治二二年四月刊（東京　補編者谷口氏儼思塾藏版〈東京　稲田佐兵衛〉）
四六倍一

ハ44A 5 1
下學集
二巻
元和三年四月刊
大一

ハ44A 6 2
下學集
（新板下学集）二巻
〔寛永〕刊
大二

ハ44A 7 5
増補下學集
巻上二巻巻下三巻　山脇道圓（重顯）
寛文九年六月刊（〔京〕長尾平兵衛）刊記或ハ入木
大五

ハ44A 8 2
學語編
二巻　釈竺常大典
明和九年九月刊〔後印〕（京　横田耕價堂俵屋清兵衛）刊記入木カ
中二

ハ44A 9 3
増補雅言集覧
三巻　石川雅望編　中島廣足補
明治三六年一〇月—三七年三月刊（再版　東京　廣益圖書〈巻下〉東京　國語研究會ヲ加ウ）
明治二〇年七月初版　凡例再追加ノ弁アレバ組換ナルベシ
菊三

ハ44A 10 2
雅言俗語翌檜
二巻　越谷吾山（秀眞）撰　井来義（不二亭）・建朱映（春雷堂）校　田未央（東原子）補
寛政一二年九月刊（大坂　柏原屋嘉兵衛・江戸須原屋市兵衛等二都四肆）覆安永八年六月刊本
小二

ハ44A 11 1
雅語譯解
後人合綴雅語譯解拾遺　鈴木離屋（朗）（拾）村上忠順
文政四年春刊（名古屋　慶雲堂萬屋東平・京水玉堂天王寺屋市郎兵衛等二都三肆）（拾）安政五年一月序刊　明治五年印（名古屋　文華堂・慶雲堂）拾遺同奥附
小合一

ハ44A 12 1
新撰銅版雅俗節用集
青木輔清
明治九年一月序刊（同盟舍）題辞朱刷　薄葉刷
特小一

ハ44A 13 1
新案記憶字引
記憶速成學會
大正六年一二月刊　七年四月印（一四版　東京　千代田出版部）
菊半一

ハ44A 14 10　〔新板〕合類節用集　(題簽) 八巻　三胤子(遜)　延寶八年八月刊(京　平樂寺村上勘兵衛)　同四年八月序　半一〇

ハ44A 15 13　和漢音釋書言字考節用集　(増補合類大節用集) 一〇巻　槇島昭武(郁・駒谷散人)　明和三年一月刊(大坂　本屋又兵衛等三都三肆)　覆享保二年一月刊本　元祿一一年八月序　宝永五火災デ凡例首烏有ト　半一三

ハ44A 16 1　國語故事成語詳解　堤達也　明治三六年四月刊(東京　大學館)　改装　四六一

ハ44A 17 9　古言栞　(題簽)　写　大九

ハ44A 18 1　古言譯解　萩原廣道　嘉永一年一一月序刊〔明治〕印(大阪　森本専助・松村九兵衛)　小一

ハ44A 19 5　言葉のしるへ　(題簽)　写　大五

ハ44A 20 1　詞葉新雅　初編　冨士谷成壽講　西村惟俊・藤木正名録　寛政四年九月刊〔後印〕(京　林芳兵衛)　小一

ハ44A 21 7　諺艸　七巻　貝原好古　元祿一四年一月刊〔後印〕(〔京〕田中庄兵衛・茨城多左衛門)　巻一配補　半七

ハ44A 22 4　古葉類聚　四巻(巻五欠ナラム)　村上真澄　写　横山由清旧蔵　大四

ハ44A 23 8　語林類葉　二〇巻　清水濵臣　写　嘉永一年五月雅言集覧書入他近時朱インク書入アリ　物集氏ナラム　物集文庫旧蔵　大八

ハ44A 24 1　最新日用大辭林　境野正・山田武臣　大正三年四月序刊　八年一一月印(一一版　東京　朝野書店)　菊半一

ハ44A 25 2　雜字類編　七巻　柴〔野栗山〕(彦輔)編　柴〔野〕貞穀補　辻言恭校　天明六年六月刊(柴野氏汎愛堂藏板〈京　瀬尾源兵衛・江戸　丹波屋甚四郎等二都五肆〉)　明和一年三月序　半二

ハ44A 26 1　同　同　同　同　明治九年四月免許(大阪　柳原喜兵衛・京　佐々木惣四郎等二都六肆同盟書屋)　覆文政七年三月刊本　薄葉刷　半二

ハ44A 27 1　又　半一

ハ44A 28 1　詞藻類纂　芳賀矢一　明治四〇年一〇月刊　四一年二月印(再版　東京　啓成社)　菊一

ハ44A 29 1　掌中《しやうちう》節用《せつよう》急《きう》字《じ》引《びき》　(万倍字考) 堀専藏　寛政五年五月刊(京　中西卯兵衛・長村半兵衛)　小一(縦長)

ハ44A 30 2　字類訓義　二巻　山内梅園(貞足・永三郎)　明治一五年五月刊(尾張下祖父江　編者藏版〈名古屋　矢田藤五郎・片野東四郎〉)　大二ッ切二

ハ44A 31 6　**世俗字類抄**
七巻（三原欠）
大正五年一二月写（濵野知三郎）影写岡井愼吾
臨摹金澤博物館蔵建保三年六月本奥書本　大六

ハ44A 33 1　**節用集**
（易林本）橋本進吉解説
大正一五年三月刊（東京　日本古典全集刊行會）
影帝室蔵慶長二年跋京平井勝左衛門休與修印本
日本古典全集第一回　菊半一

ハ44A 34 1　**天正十八年本節用集解説**
岡田希雄
〔昭和一二年八月〕刊（〔京都　貴重圖書影本刊行會〕）　菊一

ハ44A 35 5　**大言海**
四巻并索引　大槻文彦（索）冨山房編輯部
昭和七年一〇月―一二年一一月刊（東京　冨山房）　四六倍五

ハ44A 36 5　**改正多識編**
〔改正増補多識編・古今和名並異名〕五巻〔林羅山〕
〔江戸前期〕刊　改正入木カ　大五

ハ44A 37 1　**國語漢文中辭林**
郁文舍編輯所編　畠山健閲
明治三六年八月刊（東京　郁文舍・大阪　積文社）　四六一

ハ44A 38 5　**楢乃嬬手**
二巻目録一巻　楫取魚彦
嘉永四年九月刊〔後印〕（大阪　奈良屋吉兵衛等四都若山一三肆）　大五

ハ44A 39 1　**難訓辭典**
井上頼圀等
明治四〇年一〇月刊（東京　啓成社）　菊一

ハ44A 40 1　**音引日用大辭典**
和田盛慈
明治四五年六月刊　大正五年一二月印（二四版　東京　日用書房＝吉川弘文館）朱インク書入周密　菊半一

ハ44A 41 1　**日本大辭典**
大和田建樹
明治二九年一〇月刊　一一月印（再版　東京　博文館）　四六一

ハ44A 42 1　**日本品詞辭典**
佐村八郎
明治四二年三月刊（東京　林平次郎・奚疑社）
著者恭呈本　菊半一

ハ44A 43 1　**又**
同年三月印（七版）扉絵ノ次妻女ノ写真ト識語・裏ノ和歌ナシ　贈呈本或ハ初版ニノミツケシカ　菊半一

ハ44A 44 1　**日本類語大辭典**
志田義秀・佐伯常麿編
明治四二年七月刊（東京　晴光館）　菊一

ハ44A 46 8　**名物手録**
（外題）
文化一〇年―一一年三月写（乙幡造酒太良）　半八

ハ44A 47 1　**反古**
（版心）字　斿林子
元禄九年一二月跋刊（京　井筒屋庄兵衛）　半一

ハ44A 48 1　**増補大和言葉**
（やまと詞大成）中村冨丸
享保一一年八月刊（但シ一二年一月序アリ　京　菱屋治兵衛）絵入　刊記或ハ入木　小一

ハ44A 49 1　**和訓解**
（題簽）水野清衷
明治二九年七月刊（會津若松　丸屋活版所）鉛印　半一

ハ44A 50 3　**倭訓栞**　谷川士清撰　野村秋足補　明治三一年八月―三二年一月刊（岐阜　成美堂）　四六倍三

ハ44A 51 3　**伴信友校閲倭訓栞**　（増補語林倭訓栞）三巻附撮壌集三巻・〔林逸〕節用集・桑家漢語抄一〇巻　谷川士清撰　井上頼圀・小杉榲邨補　明治三一年七月―一二月刊（東京　皇典講究所印刷部）　菊三

ハ44A 52 1　**新撰和訓部類**　二巻　源稲彦　文化七年三月刊（大阪　宣英堂奈良屋葛城長兵衛）薄葉刷　中一

ハ44A 53 4　**倭訓類林**　七巻附和訓指掌略　海北若冲　写　附細井貞雄旧蔵　大四

ハ44A 54 5　**和爾雅**　八巻　貝原好古　元禄七年九月刊〔後印〕（京　柳枝軒小川多左衛門）　半五

ハ44A 55 10　**倭名類聚鈔**　二〇巻　源順撰　那波道圓校　〔慶安一年一一月〕刊　萬治二年九月印（〔京〕中村長兵衛）大正四年八月浜野知三郎以佐原氏蔵本（巻十一以下缺本）朱墨緑校合書入　大一〇

ハ44A 56 1　**和名類聚抄**　存巻一・二（原有欠）源順　享和一年三月刊（名古屋　永樂屋東四郎等四都四肆）摸刻稲葉通邦寛政一〇年春騰（ママ）写大須宝生院蔵〔鎌倉〕写本　大一

ハ44A 57 4　**和名類聚鈔**　一〇巻　源順　清光緒二三年八月刊（但シ九月序アリ）翻嘉永二年四月穂積重平収得識語天文一五年本奥書本　楊守敬序朱印訂正　唐大四

ハ44A 58 10　**箋注倭名類聚抄**　一〇巻　狩谷棭齋（望之）撰　森〔枳園〕（立之）校　明治一六年四月刊（印刷局蔵版）鉛印　半一〇

ハ44A 59 1　**倭名類聚鈔考證附錄**　并改訂箋注和名鈔訓纂〔狩谷〕棭齋撰　山田孝雄編并校（訓）森〔枳園〕（立之）撰　山田孝雄編并校　大正八年四月跋刊（〔正宗敦夫〕）油印影山田孝雄謄写大槻〔文彦〕蔵本　大一

ハ44A 60 1　**和名類聚抄校譌異體字辯**　（題簽）狩谷棭齋　〔大正〕刊（正宗敦夫）油印影大槻文彦蔵本　大一

ハ44A 61 1　**箋注和名鈔訓纂**　〔森〕枳園　明治一八年夏刊（著者）鉛印　半一

ハ44A 72 1　**和名類聚抄索引**　〔浜野知三郎〕　近写（自筆）　大一

ハ44A 73 1　**和名類聚抄地名索引**　内務省地理局編　明治二一年七月刊（東京　近藤圭造）鉛印　半一

ハ44B 1 1　**怡顔齋諺解**　〔二巻〕カ　松〔岡〕恕庵（玄達）　写　半一

ハ44B 2 1　**異名分類鈔**　四巻〔入江昌喜〕（浪速蘆父）　寛政六年一月刊（大坂　森本太助・京都　勝村治右衛門等二都六肆）　中一

ハ44B 3 1　〔御答布美〕
（後補題簽―浜野知三郎）蓮池眞清
嘉永一年三月―二年二月寫（岡實）　半一

ハ44B 4 3　かさし抄
三巻　不盡谷北邊講　吉川彦富・山口高端録
明和四年二月序刊　書入本　押紙多シ　半三

ハ44B 5 1　形木考
速水行道
写（自筆稿）絵入　大一

ハ44B 6 1　攄字造語抄
本　校合書入アリ
附攄字造語抄補　清水濱臣（補）黒川春村
近写　底本文政一〇年五月樵園主人令写自筆稿本　校合書入アリ　大一

ハ44B 7 1　攄字造語抄
清水濱臣
大正三年九月写（〔浜野知三郎〕穆如山荘主人）
底本小杉杉園旧蔵岡不崩蔵写本　緑筆岡不崩攷ノ写シ　大一

ハ44B 8 1　攄字造語抄
初編　清水濱臣
安政六年二月寫（長谷川苗茂）底本萩原廣道蔵本　半一

ハ44B 9 1　訓蒙字府
文化一一年三月寫（源遜亭〈時言〉）　半一

ハ44B 10 1　嗛雅
巻上　長井金風（江汘）
大正九年一二月序刊（〔江氏〕〈東京　松雲堂〉）
鉛印　大一（縦長）

ハ44B 11 1　言元梯
大石（源）千引
天保五年一二月刊　大一

ハ44B 12 1　解説言語學
野崎茂太郎
明治三五年八月刊（東京　寶文館）　菊一

ハ44B 13 1　考攄録
（外題）附一齋（酒造家和泉屋権右衛門）秦〔滄浪〕（士鉉）宛諸白説　田中東庵
〔明治三年一〇月〕写カ　薄様　大一

ハ44B 14 1　皇朝喩林
清水濱臣
大正三年一〇月写（〔浜野知三郎〕穆如山荘主人）朱校字書入　押紙　大一

ハ44B 15 1　國語要義
山口勇雄・伊達義治
明治三三年二月刊　一〇月印（再版　松代　著者嘯月書院藏版〈東京　上原書店〉）再版ヲ待チテ訂スベキ正誤直ラズ　四六一

ハ44B 16 1　語の意味の體系的組織は可能であるか―此の問題の由來とその解決に必要な準備的調査―
時枝誠記
昭和一一年三月刊（京城帝國大學）京城帝國大學文學會論纂第二輯「日本文學研究」別刷　著者謹呈本　菊一

ハ44B 17 5　邇言便蒙抄
三巻　永井如瓶子
天和二年二月刊（大坂　本屋平兵衛）　大五

ハ44B 18 1　掌中名物筌
福井春水
天保三年冬至序刊（春風堂藏板）　大三ッ切一

ハ44B 19 6　齊東俗談
（齊東）本朝世諺俗談　七巻　松浦交翠窩（默）
延寶九年六月跋刊　貞享二年一月印（〔京〕田中庄兵衛）　大六

ハ44B 20 1　碩鼠漫筆
（墨水遺稿）碩鼠漫筆　一五巻　黒川春村撰　黒川眞道等校
明治三八年七月刊（東京　吉川弘文館）　菊一

ハ44B 21 1　操觚正名篇
岩垂憲徳
昭和一三年五月刊（東京　立川書店）鉛印　小一

ハ44B 22 2　俗語考
二巻并雅言考　橘守部撰　橘純一校
大正一一年五月・七月刊（東京　國書刊行會）
橘守部全集第九・一〇　菊二

ハ44B 23 1　月の異名の考
堀秀成（足穂の屋）
明治二〇年跋刊（東京　堀氏足穂の屋）鉛印
第一丁補写　中一

ハ44B 24 5　東雅
二〇巻目録一巻　新井白石（君美）編　大槻如電（修）校并解題
明治三六年三月刊（東京　吉川半七）鉛印　袋附　半五

ハ44B 26 3　荅問雜稿
三巻　清水濵臣
大正三年一二月寫（濵野知三郎）底本樂只園藏本　朱藍墨三筆　大三

ハ44B 27 3　日本釋名
三巻　貝原益軒（篤信）
元禄一三年刊〔後印〕（京　柳枝軒）　半三

ハ44B 28 1　品物名彙
岡壽櫟齋（安定）編　西村寒泉（廣休）校
安政六年一一月刊（津　岡氏壽櫟齋藏板〈津　篠田伊十郎他三都四肆〉）　大二ッ切一

ハ44B 29 1　負專考
伴信友
写（會田安昌）奥ニ此一巻は父安昌の自筆たる事を証す明治二十八年四月八日會田安也㊞　大一

ハ44B 30 4　物品識名
并物品識名拾遺　水谷豐文
刊　明治三七年二月印（名古屋　文光堂梶田勘助）　中四

ハ44B 31 3　本朝辞源
三巻〔宇田〕甘冥
明治五年春跋刊（東京　和泉屋吉兵衛・大坂河内屋喜兵衛等二都七肆）　特小三

ハ44B 32 6　本朝俚諺
九巻　井澤蟠龍（節）
正徳五年三月刊　安政二年九月印（京　尚書堂堺屋辻本仁兵衛・辻本儀兵衛）　半六

ハ44B 33 3　山響冊子
（難語考）初編三巻　橘守部
〔天保二年一一月〕刊　同一〇年一一月印（江戸須原屋茂兵衛等諸國八肆）　大三

ハ44B 34 3　俚諺譾錄
（吉備談語）三巻　坂下《モト》の狸万呂
写（濵野〔知三郎〕）　大三

ハ44B 35 2　和訓六帖
二巻　服部〔大方〕（宜）撰　服部厚校
〔弘化三年三月〕刊　明治一六年一二月印（東京丸家善七）大正四年六月〔浜野知三郎〕以森立之手校本校合書入　大二

ハ44B 36 1　和名鈔塞問
佐藤中陵（成裕）
近写　大一

ハ44B 37 1　國文學十二種佛語解釋
織田得能
明治三四年六月刊（東京　光融館）　菊一

ハ44C 1 1　國語中の梵語の研究
上田恭輔
大正一一年九月刊　一二月印（三版　東京　大同館）雞肋集第五編　序光瑞書翰　菊半一

ハ44C 2 1　國語の中に於ける漢語の研究
山田孝雄
昭和一五年四月刊（東京　寶文館）　菊一

ハ44C 3 1　日本外來語辭典　上田萬年等編　大正四年五月刊（東京　三省堂）左開　四六一

ハ44D 1 6　あゆひ抄　五巻おほむね二巻（富士谷）北邊講　吉川彦冨・井上義胤録　安永七年三月刊（富士谷氏北邊塾蔵板〈京　天王寺屋嘉兵衛等六肆〉）朱筆書入詳密　半六

ハ44D 2 2　言葉のかけはし　（題簽）二巻并笠岡畧考附関嵬翁の遺著『詞のかけはし』△発見と刊行のいきさつ△関嵬翁（附）野田實　昭和一一年一〇月刊（岡山金浦　備後郷土史会）油印　闕藤國助寄贈　撰者姓関藤　半二（包背装）（大和綴）

ハ44D 3 2　詞八衢補遺　（蔭ふむ路）附録共二巻　中島廣足　安政五年五月刊（大坂　河内屋和助等三都七肆）見返京攝書肆　三書堂　大二

ハ44D 4 1　春樹顕秘増抄　以敬齋長伯　文政八年九月写（義慣齋長基）羽川単貫伝受本　大一

ハ44E 1 1　廣日本文典　大槻文彦撰　笠原義夫校　明治三〇年一月刊　三五年九月印（二一版　東京　著者〈東京　吉川半七・大坂　三木佐助〉）鉛印　半一

ハ44E 2 1　廣日本文典別記　大槻文彦　明治三〇年一月刊　三四年二月印（第八版　東京　著者〈東京　吉川半七・大坂　三木佐助〉）鉛印　半一

ハ44E 3 1　同　同　大正一五年一〇月刊（東京　著者〈東京　六合館林平次郎・大阪　三木佐助〉）鉛印　半一

ハ44E 4 1　國語學　闕根正直　明治二四年六月刊　一〇月修　三〇年三月印（訂正一五版　東京　六合館）　菊一

ハ44E 5 1　國語學參考　闕根正直　明治二六年七月刊（東京　六合館弦巻書店）　四六一

ハ44E 6 1　新撰國文問答　鷹野勇雄　明治三五年一〇月刊（東京　博文館）　菊半一

ハ44E 7 1　日本文法てにをはの研究　廣池千九郎　明治三九年一二月刊（東京　早稲田大學出版部〈東京　博文館〉）　菊一

ハ44E 8 1　天然日本語活用法　野津秋村　大正八年二月刊（東京　著者）鉛印　中一（大和綴）

ハ44E 9 1　漢譯日本語典　佐村八郎　明治三九年二月刊（東京　六盟館）　菊一

ハ44E 10 1　解説批評日本文典　巻上　岡田正美　明治三五年二月刊　三六年一二月印（再版　東京　博文館）帝國百科全書第七八編　正誤ヲ附ス　菊一

ハ44E 11 1　新撰日本文典文及文の解剖　岡倉由三郎撰　金井保三校　明治三八年八月刊（東京　有朋堂）鉛印　序三四年二月　半一

45　方言・俗語

ハ45 1-1 1　物類稱呼　五巻　越谷吾山（秀眞）　安永四年一月刊（江戸　須原屋善五郎・須原屋市兵衛）※　半一

ハ45 1-2 3　増補俚言集覧　三巻　村田了阿編　井上頼圀・近藤瓶城補　明治三二年八月―三三年三月刊（東京　皇典講究所）　菊三

ハ45 1-3 1　俚諺集覧引書目録　近写（〔浜野知三郎〕）　半一

47　漢語・中国語

ハ47 1 1　漢字の形音義　附我國にて漢字の使用せられたる跡につきて　岡井愼吾　大正五年六月刊（東京　六合館）　菊一

ハ47 2 1　支那語教育の理論と實際　附謝冰心の小説を讀みて　倉石武四郎　昭和一六年三月刊（東京　岩波書店）　四六一

ハ47 3 6　小學考　五〇巻　清謝啓昆編　清光緒一五年一月刊　石印　唐中六

ハ47 4 1　小學常識　民國徐敬修　民國一四年四月刊（上海　大東書局）國學常識之一　四六一

ハ47 5 2　臨文便覧　（書扉）清張仰山編　清光緒一年序刊　龍翰臣ト徐頌閣ノ編ヲ合体　唐大二

ハ47A 1 1　字源詳解漢和新辭典　石田道三郎・廣池長吉　明治四三年一一月刊（東京　杉本書店）林泰輔序　四六一

ハ47A 2 1　漢和大字典　三省堂編輯所編　明治三六年二月刊　七月印（再版　東京　三省堂）石印鉛　菊一

ハ47A 3 1　大正漢和大辭典　三省堂編輯所編　大正二年六月刊（長野　西澤喜太郎〈東京　明誠館〉）石印鉛　四六一

ハ47A 4 1　漢和大辭書　芳賀剛太郎　大正四年五月刊（東京　興文社）　四六一

ハ47A 5 1　詩文用材故事詳解　村松南涯（元）　明治一九年二月刊（東京　微咲軒池部活三〈東京　吉田金藏・石川治兵衛〉）　中一

ハ47A 6 1　故事熟語字典　平野彦次郎　明治三六年一一月刊〔修〕三七年二月刊（訂正四版　東京　金昌堂）　四六一

ハ47A 7 1　故事熟語大辭典　池田蘆洲（四郎次郎）　大正二年一〇月刊（東京　寶文館）石印鉛　菊一

又　菊一

ハ47A 8 1　漢和故事成語海　山崎弓束等編　明治四三年二月刊（東京　集文館）　四六一

ハ47A 9 2　故事成語大辭典　并増修故事成語大辭典拾遺　簡野道明　明治四〇年一一月・大正一年一〇月刊（東京　明治書院）本篇末拾遺ヲ増補　菊二

ハ47A 10 1　故事辯解　山口雲梯（銀造）編　吉澤無端（環）・三好痩石（鐘）校　明治一七年一一月刊（東京　著者〈東京　有終社〉）鉛印　中一

ハ47A 11 1　手島久吉輯譯書故事便覧　手島久吉　明治七年九月刊（福山　整理社）　中一

ハ47A 12 6　字義　二巻　田中〔履堂〕（頤）　文政七年刊（津　修道館藏板）　大六

ハ47A 13 10　字鏡集　二〇巻字訓索引一巻（題簽作索引共一〇巻）野口恒重編　昭和七年一二月—八年一一月刊（東京　編者希覯典籍蒐集會〈巻二ヨリ　東京　巧藝社〉）石印二色刷（索）鉛印　大一〇

ハ47A 14 1　漢語故諺熟語大辭林　山田美妙（武太郎）　明治三九年八月印（増補第九版　東京　青木嵩山堂）序ニ年月識サズ　菊半一

ハ47A 15 3　熟語便覧　（熟字便覧）七巻　釈梅隠　元禄一二年二月刊（〔京〕風月庄左衛門・吉村吉左衛門）　半三

ハ47A 16 1　詳解漢和大字典　服部宇之吉・小柳司氣太　大正五年一二月刊　七年三月印（五〇版　東京　冨山房）　四六一

ハ47A 17 1　畫引小説字彙　（小説字彙）秋水園主人　天明四年一月序刊〔明治〕印（大坂　大野木市兵衛）　小一

ハ47A 18 1　新字鑑　鹽谷温　昭和一四年二月刊　同月印（但シ一二月序アリ　五版　東京「新字鑑」刊行會〈東京　弘道館〉）　四六一

ハ47A 19 2　新撰字鏡　考異共　釈昌住　享和三年一月刊（大坂　葛城長兵衛・京　額田正三郎等二都三肆）浜野知三郎朱校本　大二

ハ47A 20 7　新撰字鏡　一二巻并新撰字鏡攷異　釈昌住撰　大槻文彦編（攷）山田孝雄　大正五年一〇月刊（東京　編者〈東京　六合館〉）影東京帝室博物館蔵天治一年四—五月写本　大七

ハ47A 21 7　又　大七

ハ47A 22 1　新撰字鏡師説抄　伊藤多羅講　藤井五十足録　文化四年刊（大坂　葛城長兵衛・京　林伊兵衛等二都三肆）大野藩明倫館旧蔵　大一

ハ47A 23 17　篆隷萬象名義　三〇巻（題簽作六巻）并目次解題　釈空棊（解）山田孝雄　大正一五年七月—昭和三年刊（東京　崇文院）影高山寺蔵永久二年六月寫本　崇文叢書第一輯二七—四三（解）鉛印　大一七

ハ47A 24 4　徒杠字彙　五巻　金内雲窓（謙）　安政七年三月刊（江戸　英文藏）序二十巻ト　半四

ハ47A 25 19　明治字典　一八巻首一巻　猪野中行等　明治一八年五月―二一年七月刊（東京　大成舘）　鉛印　目三九巻　中絶カ　半一九

ハ47A 26 1　四書五經増補文選字引　山崎北峰（美成）　明治二年一二月刊（東京　甘泉堂和泉屋市兵衛）　覆弘化五年一月刊本　薄葉刷　小一

ハ47A 27 2　雅俗幼學新書　二巻　森楓齋（愿）　安政二年七月跋刊（江戸　紙屋徳八等三都一三肆）　半二

ハ47A 28 1　要字鑑　興文社編　明治二五年一二月刊　三四年一〇月印（第六版　東京　編者）　操觚實用文壇寶典第壹編　四六一

ハ47A 29 6　類聚名義抄　存佛三巻法上中〔山田〕孝雄編　〔昭和〕刊　油印影観智院本　大六

ハ47B 1 1　漢文音讀論　附文法大意　岡田正三　昭和七年一二月刊（京都　政經書院〈京都　大盛社〉）　菊一

ハ47B 2 1　學習受驗漢文縱横　加藤盛一　昭和一二年五月刊　一三年五月印（六刷　東京・大阪　甲文堂）　四六一

ハ47B 3 1　漢文通則　川野健作　明治三四年一一月刊（東京　大日本圖書）　菊一

ハ47B 4 1　漢文典　附韻鏡の解釋・字音假名遣　猪狩幸之助　明治三一年五月刊（東京　金港堂）　菊一

ハ47B 5 2　漢文典　并續漢文典　兒島獻吉郎　明治三五年八月刊（續）三六年二月刊　七月印（再版　東京　冨山房）　菊二

ハ47B 6 1　漢文の助字に就いて　竹田教授講　〔昭和〕刊　油印　鉛筆書入浜野知三郎カ　菊一

ハ47B 7 1　漢文讀方集成　赤堀又次郎編校　明治三六年二月刊（東京　東洋社）　訓點復古（日尾荊山〈瑜〉）二巻并附錄・倭讀要領（太宰春臺〈純〉）三巻・點例（貝原益軒〈篤信〉）二巻　菊一

ハ47B 8 1　漢文和讀例　二巻　權田直助撰　井上頼圀・逸見仲三郎校　明治三六年七月刊（東京　近藤活版所）　四六一

ハ47B 9 1　虚字啓蒙　并詩用虚字　清王潤洲撰　大畠九皐（行）・山口子龍（潛）校（詩）山本北山撰　山口子龍（潛）・大畠九皐（行）校　天保六年九月刊（大畠氏九皐詩屋蔵板〈江戸　金花堂須原屋佐助〉）木邨嘉平刻　中一

ハ47B 10 1　虚助詞典　民國施括乾　民國一二年七月刊　一四年三月印（再版　上海　亞東圖書館）　菊半一

ハ47B 11 4　經傳釋詞　一〇巻　清王引之撰　民國王時潤點校　民國一三年二月序刊（上海　文瑞楼・北京　餉華書局等二都三館）石印　唐中四

ハ47B 12 3
古書疑義學例
七巻　清兪樾
民國一四年一月署刊（上海　上海古書流通處）
石印
唐中三

ハ47B 13 1
古點の況字をめぐつて
春日政治
〔昭和一三年一〇月〕刊　國語と國文學第一五巻
第一〇號抽印　表紙ニ濱野学兄教正
菊一

ハ47B 14 1
漢文の實際化邇《じ》言《げん》漢《かん》譯《やく》
岩垂憲德
昭和一三年五月刊（東京　修文館）
四六一

ハ47B 15 1
支那文典
廣池千九郎
明治三八年一二月刊（東京　早稲田大學出版部
〈東京　博文館〉）
菊一

ハ47B 16 1
章句論
民國呂思勉
民國一五年六月刊（上海　商務印書館）國學小
叢書之中
四六一

ハ47B 17 1
新刻助語辭
明盧以緯撰　胡文煥校
寛永一八年一一月刊（京　風月宗智）覆明萬暦
二〇年九月序刊本
大一

ハ47B 18 1
重訂冠解助語辭
〔扉〕同　同　毛利貞齋（虚白）注
享保二年五月刊（京　玉池堂梅村彌右衛門）
大一

ハ47B 19 3
助語審象
三巻　三宅橘園講　三上惇等録
明治三年一月刊（五刻）九年五月免許（京都
五車樓菱屋藤井孫兵衛）覆刻　袋入
中三

ハ47B 20 1
助字考證
〔補刻〕新刊助字考〕二巻并補　伊藤東涯（胤）撰
奥田〔三角〕（士亨）校
寛延四年三月刊　寛政八年七月修（京　文泉堂
林權兵衛）
大一

ハ47B 21 2
一堂助辭新釋
二巻　東條一堂講　東條〔方菴〕（喆）補　東
條長世等編校
明治三年冬刊（〔東京〕尚友舘森江隆輔）
半二

ハ47B 22 1
助字辨
初編　北條霞亭（讓）講　釋元愚・岡田阜校
刊（江戸　萬笈堂英平吉）
半一

ハ47B 23 1
助字辨
初編　北條霞亭（讓）講　釋元愚等校
〔江戸末〕刊（北越　仙城院廓如藏板）田舎板ノ
上乗ナルモノ
半一

ハ47B 24 5
助字辨略
五巻　清劉淇
〔民國〕刊（文學社）石印影海源閣刊本　文學嶅　唐特小五
書教科部之一

ハ47B 25 1
漢文捷徑
〔新式漢文捷徑〕附官立諸學校入學試驗漢文問題
（明治三十八年度 明治三十九年度）竹内水哉（松治）
明治三九年一一月刊（東京　寶文館）
四六一

ハ47B 26 1
新選助字法
中島筑山（幹事）
明治二六年九月刊（東京　開新堂）
四六一

ハ47B 27 10
操觚字訣
一〇巻　伊藤東涯（長胤）撰　伊藤〔東所〕
（善韶）補　村山〔拙軒〕（德淳）校
明治一一年一二月免許　一二年九月序刊（東京
錦絲樓木藤金四郎藏版〈東京　北畠茂兵衛〉）
半一〇

ハ47B 28 1
〔南郭先生〕文筌小言
〔服部〕南郭撰〔松下〕烏石（君嶽）校
享保一九年三月刊（江戸　西村源六）
半一

ハ47B 29 1
作文必携《》用字異同辨　高木壽　明治一二年三月刊（京都　松栢堂出雲寺文治郎）　半一

ハ47B 30 1
譯文筌蹄　前後合編附校正再刻用字格四巻　荻生徂徠（茂卿）撰　小泉秀之助編校（附）伊藤東涯（長胤）　明治四〇年一二月刊　四一年二月印（再版　東京　須原屋）　四六一

ハ47B 32 2
新刊校正用字格　（訓蒙用字格）三巻　伊藤東涯（長胤）　享保一九年　月刊（古義堂藏板〈京　奎文館瀨尾〔源兵衞〕〉）※　大虫　大二

ハ47B 33 2
類聚助語二百義　（方言解類聚助語二百義）九巻　小幡〔欒山〕（儼）　明治二〇年四月刊（和歌山田邊　岩橋茂八〈和歌山　五牸堂平井文助〉）鉛印　南紀和歌山ノ方言デ解　半二

ハ47C 1 31
古今韻會舉要小補　（韻會小補）三〇巻首一巻　明方日升編　李維楨校　刊　覆明萬曆三四年一月序余象斗・余彰德刊本　大三一

ハ47C 2 1
韵孝捷径抄　近写　半一

ハ47C 3 3
韻鑑古義標註　三巻　宋張麟之撰　釈叡龍注　享保一一年一一月刊（京　文臺屋次郎兵衞・秋田屋平左衞門）　大三

ハ47C 4 1
校正韻鏡　（扉・題簽・清原宣賢校本）宋張麟之　元祿六年一月刊（京　中村五兵衞）　大一

ハ47C 5 1
韻鏡　（清原宣賢校本）宋張麟之　昭和四年九月刊（東京　松雲堂）影寛永一八年八月京田原仁左衞門刊本　菊一

ハ47C 6 1
又　菊一

ハ47C 7 1
改訂韻鏡　附正誤　大島正健　明治四五年七月刊（東京　啓成社）　菊一

ハ47C 8 1
韻鏡攷　并十六通攝攷・磨光韻鏡考・駁全齋讀例　岡本况齋（保孝）　近写（濱野〔知三郎〕）　半一

ハ47C 9 2
韻鏡新解　前編并後編附正誤　大嶋正健　大正一五年一二月刊（東京　著者〈東京　松雲堂〉）油印　半二

ハ47C 10 1
韻鏡研究法大意　佐藤仁之助　昭和五年三月刊（東京　松雲堂）　菊一

ハ47C 11 1
韻鏡と唐韻廣韻　（韻鏡ト唐韻廣韻）附正誤　大嶋正健　大正一五年一〇月刊（東京　著者〈東京　松雲堂〉）油印　半一

ハ47C 12 2
韻鏡藤氏傳　（國字譯開合法韻鏡藤氏傳）附録共　富森一齋　安永五年一月刊（京　弘章堂山本長兵衞・德興堂八幡屋勘三郎）　大二

ハ47C 13 4
鼇頭韻府一隅　八巻又八巻附詩韻異同辨　清顏懋功撰　牧正篤點　明治一三年一二月刊（大阪　松村九兵衞等六肆）銅版　序朱刷　小四

ハ47C 15 1　音韻常識　民國徐敬修　民國一四年四月刊（上海　大東書局）國學常識之二　四六一

ハ47C 17 1　音徵不盡　附別本目次　太田〔全齋〕（方）〔大正四年一月〕刊（〔東京　六合館〕）鉛印　半一

ハ47C 18 3　漢呉音圖　（題簽）并漢呉音徵・漢呉音圖説　太田〔全齋〕（方）　文化一二年五月序刊〔逓修〕次掲六合館刊本底本朱指定　大三

ハ47C 19 6　漢呉音圖　并漢呉音徵・漢呉音圖説・同窠音圖・音徵不盡・音圖口義・全齋讀例附太田全齋先生年譜　太田全齋（方）撰　濱野知三郎編校　大正四年一月刊（東京　六合館）影逓修本（音徵以下）鉛印　半六

ハ47C 20 4　禽言研覈　四巻〔古賀侗庵〕（煜）　近写　半四

ハ47C 21 1　藝林摛葉　岩井中山（良紀）　寶曆四年五月刊〔後印〕（江戸　玉巖堂和泉屋金右衛門）　中一

ハ47C 22 1　古音複字　五巻　明楊愼撰　清李調元校　文久二年春刊（江戸　千鍾房須原屋茂兵衛・大阪　宋榮堂秋田屋太右衛門）覆清刊本　中一

ハ47C 23 1　廣韻研究　民國張世祿　民國二二年二月刊　七月印（再版　上海　商務印書館）國學小叢書之中　四六一

ハ47C 24 1　康熙字典等韻指示　飯島道寶撰　中村員彦校　明治二〇年三月刊（東京　擁萬閣山口屋森江佐七）　半一

ハ47C 25 8　洪武正韻　一六巻（巻一四―一六補配別版〔明〕刊本）明樂韶鳳等奉勅撰　〔明〕刊　唐大八

ハ47C 26 4　古音類表　九巻　清傅壽彤撰　張式曾校　清光緒二年一一月刊（但シ一二月跋アリ　大梁臬署〔湖南　遐齡菴楊九疇刻刷店〕）覆清道光二七年一〇月序刊本カ　※　唐大四

ハ47C 28 1　三韻通考　清謝有煇・陳培脈編　陸玭校　安永三年八月刊（大坂　星文堂淺野彌兵衛）見返緑刷　薄様　覆清康熙五五年一二月序刊本　小一（縦長）

ハ47C 29 2　詩韻含英　一八巻并詩韻異同辨　清劉文蔚（異）任以治・蔡應襄　刊（聚瀛堂）覆刻　中二

ハ47C 30 4　詩學含英　（重訂詩學含英）四巻　清劉文蔚　民國八年三月刊（上海　鑄記書局）石印　唐中四

ハ47C 31 1　指微韻鏡私抄略解説　岡井愼吾　〔昭和一一年七月〕刊（〔貴重圖書影本刊行會〕）　四六一（大和綴）

ハ47C 32 1　指微韻鏡　（序・古義韻鏡）宋張麟之　写（朱墨）插入紙五葉　大一

ハ47C 33 10　集韻　一〇巻　宋丁度等奉勅　天保九年刊（官板）覆清嘉慶一九年一二月序刊本　半一〇

ハ47C 34 6 周代古音考 并附圖・周代古音考韻徴二巻 國語調査委員會（大矢透） 大正三年六月刊（東京 國定教科書共同販賣所） 四六倍二 四舗

ハ47C 35 2 字類標韻 （重挍字類標韻）六巻 清華綱編 王乃棠挍 清光緒一年刊（但シ二年一月跋アリ 隷江 王氏） 唐大二

ハ47C 36 1 隋唐音圖 并附錄 大矢透 昭和七年八月刊（東京 大村書店）石印影自筆稿 韻鏡考附錄＝濱野知三郎「隋唐音圖の後に書す」三宅武郎「後記」（共ニ鉛印）插込 四六倍一

ハ47C 37 1 聲韻攷 四巻 清戴震 〔清光緒〕刊 唐大一

ハ47C 38 1 經史正音切韻指南 （序・切韻指南）元劉鑑撰 釈真空校カ 寛文一〇年一一月跋刊 大一

ハ47C 39 1 同窠音圖 又19 半一

ハ47C 40 1 同窠音圖 太田〔全齋〕（方） 近写 濱野氏翻印底本 朱指定アリ 半一（仮綴）

ハ47C 41 1 頭字韻 五巻 清余照撰 津阪拙脩（達）編校 天保三年三月刊（但シ四年一月跋アリ）一四年六月印（砦古精舎藏板（津 本屋左兵衛・江戸 岡田屋嘉七等三肆）） 薄葉刷絹表紙 摘抄 中一

ハ47C 42 100 佩文韻府 一〇六巻韻府拾遺一〇六巻 清蔡升元等奉勅編 石川鴻齋等校 明治一八年四月刊 三三年五月印（再版 東京 博文館）銅版 鳳文館本ニ同 序朱刷 半一〇〇

ハ47C 43 3 同 同 并佩文韻府索引 清蔡升元等奉勅編（索）大槻如電 明治四一年四月—八月刊（東京 吉川弘文館） 石印 序朱刷 四六倍三

ハ47C 44 1 發音發 佐藤〔一齋〕（坦） 写 版心超然樓 大一

ハ47C 45 1 翻切要略 附正誤表 大島正健 明治四五年六月刊 大正三年一二月印（四版 東京 啓成社） 菊一

ハ47C 46 1 又 欠

ハ47C 47 5 磨光韻鏡 （序）本圖（下）韻鏡索隠・翻切門法 釈無相文雄 天明七年五月刊（大坂 柏原屋清右衛門）覆延享一年八月刊本 大五

重修磨光韻鏡餘論 三巻 釈無相文雄撰 釈晃洲利法校 文化四年二月刊（大坂 柏原屋清右衛門等三都三肆）シ28歳書目一个所墨格ニ加刻後印

ハ47C 48 5 重光正字磨光韻鏡 （磨光韻鏡後篇）本圖・磨光韻鏡字庫二巻韻鏡指要録・翻切伐柯篇 釈無相文雄 安永九年二月刊（京 山本長兵衛）（指・翻） 安永二年二月刊 天明八年一一月印（大坂 柏原屋清右衛門）シ29ハ全テ柏原屋求板本 京山本ヲ削去 字庫ハ柏原屋加刻 大五

ハ47D 1 1 異體字辨 中根璋 元祿五年一〇月序刊（京 玉池堂梅村彌與門） 淺草文庫（大槻如電）旧蔵 半二

ハ47D 2 1
異體同文〔稿〕
附反訓字
写　嵩山房左右双辺有界十行罫紙使用　森枳園旧蔵
大一

ハ47D 3 1
殷商貞卜文字考
清羅振玉
清宣統二年刊（玉簡齋）石印
唐大一

ハ47D 4 1
漢字雜話
附訂正表　樋口銅牛（勇夫）
明治四三年一〇月刊（東京　郁文舍）
菊半一

ハ47D 5 1
尋常小學校教科書所載漢字整理案
文部省普通學務局
大正八年一二月刊（文部省）石印
四六倍一

ハ47D 6 1
漢字摘要
玉井米南（惠充）
大正一年一〇月刊（東京　大由堂）
三六一

ハ47D 7 1
漢字要覽
國語調査委員會（林泰輔執筆）
明治四一年五月刊　七月修　四二年七月印（四版　東京　國定教科書共同販賣所）
四六倍一

ハ47D 8 1
刊繆正俗字辨
釈響譽講　弟子録　釈恬養敬頤校補
延享五年七月序刊（京　額田一止人・大阪　葛城宣英堂）
刊語ニ此書モト某氏ノ藏板ニ／テ。普《アマ子》ク世ニ弘《ヒロ》マラズ。…今《コト》茲《シ》ソノ鋟《ロウ》／板《ハン》ヲ求得《モトメエ》ルニヨリ。某先生ニ請《コ》ヒ。再校《サイカウ》シテ。公《コウ》布《フ》スルヿシカリ
大一

ハ47D 9 1
疑字貫双
（序・題簽）水井勝山
安政四年一月刊（下野　撰者水井武八郎藏板）
半一

ハ47D 10 1
奇字集草稿
写
半一

ハ47D 11 1
九經誤字
（顧亭林十種本）并韻補正　清顧炎武
写　朱校字　木邨正辭旧蔵
大一

ハ47D 12 3
大廣益會玉篇
（玉篇）三〇巻附玉篇總目偏旁篆書之法　梁顧野王撰　唐孫強補
〔民國〕刊（上海　涵芬樓）影建德周氏蔵元建安鄭氏鼎新刊本
唐中三

ハ47D 13 1
玉篇
（玉篇零本）巻二二　梁顧野王
明治二七年四月跋刊　石印影神宮廳庫蔵延喜年間皇大神宮禰宜譜圖牒紙背
大一

ハ47D 14 1
增續大廣益會玉篇大全
（增續會玉篇大全）一〇巻　毛利貞齋（香之丞）
明治三八年九月刊（九版〈整版カラ数エテノ九刻カ〉東京　郁文舍・大坂　文海堂）影元祿四年一二月序刊本
菊半一

ハ47D 15 17
康熙字典
（標註訂正康熙字典）一五巻首尾各一巻　清凌紹雯等奉勅編　渡部温訂
明治二〇年四月届（東京　訂者）銅版　御製序朱刷
中一七

ハ47D 16 2
康熙字典考異正誤
二巻　渡部温
明治二〇年九月届（東京　著者）銅版
中二

ハ47D 17 6
鼇頭音釋康熙字典
四〇巻　石川鴻齋（英）
明治一六年八月刊　二五年一二月印（東京　博文舘）銅版　箱入　巻五ヨリ本文　首巻一ヨリ
中六

ハ47D 18 13
玉堂字彙
一二集首一巻　明梅膺祚編　清蔣先庚訂
〔清〕刊
唐小一三

ハ47D 19 15　〔増註〕字彙　(増註頭書字彙) 一二集首附末各一巻　明梅膺祚編　笠原簡室(玟)首書并附　天明七年春刊(京　風月荘左衛門・嶋本作十郎)覆寛文一二年夏刊本　絵入　大一五

ハ47D 20 1　攷正字彙　民國陳淏子撰　煥文書局校　清光緒一九年二月刊(煥文書局)石印　唐小一

ハ47D 21 7　續字彙補　一二集并正韻字體辨微　清呉任臣編　曹嶽起等校　寛文九年五月印(山形屋)覆清康熙五年六月序刊本　大七

ハ47D 22 2　字學七種　二巻　清李〔鐘份〕編　張邦泰校　清光緒一二年一月刊(題簽署二月〔北〕京　松竹齋)　唐大二

ハ47D 23 1　字畫辨似　(据字學舉隅)佐田白茅　明治三一年七月刊(東京　著者〈岡﨑屋書店・中西屋書店〉)清魯琪光ノ字畫舉隅ニ依ル　中一

ハ47D 24 1　字義類例　民國陳獨秀　民國一四年一二月刊(上海　亞東圖書館)石印　唐中一

ハ47D 25 1　字考〔正誤〕　明黄元立撰　長谷川良察補　明治四五年六月刊　大正一年八月印(三版　東京　民友社)影寶永七年一月序修本　半一

ハ47D 26 6　字典考證　(字典攷證)一二集　清奕繪等奉勅　清光緒二年夏刊(崇文書局)　唐大六

ハ47D 27 2　常語藪　二巻　岡田新川(挺之)　寛政六年一二月跋刊(名古屋　東壁堂永樂屋東四郎)正面刷目録アリ　半二

ハ47D 28 1　字林長歌　并釋文　源堅　寶永七年二月序刊〔後印〕(大阪　前川文榮堂　河内屋源七郎)絵入　大一

ハ47D 29 1　新字典　民國陸爾奎等　民國一年九月刊　一〇月印(三版　上海　商務印書館)　四六一

ハ47D 30 1　遠齋手鑑　晋唐字様　吉澤遠齋写(或ハ自筆カ)　大一

ハ47D 31 13　正字通　一二巻首一巻(首欠・有補写)清廖文英　清康熙一〇年一二月序刊　唐大一三

ハ47D 32 1　正字略定本　清王筠　清道光一九年三月跋刊　序ニヨレバ任薫重校　余氏重梓　唐大一

ハ47D 33 4　正俗備用字解　四巻附辨似・補遺　清王兆琛　清咸豐五年一二月刊　唐半四

ハ47D 34 1　省文考　太宰〔春臺〕(純)編　服〔部〕蘭坮(元斐)補　写　仙石政固旧蔵　大一

ハ47D 35 2　説文引經攷證　(陳瑑説文引經攷)八巻　清陳瑑撰　徐鄘校　清同治一三年刊(湖北　崇文書局)　唐大二

ハ47D 36 3　説文解字　(宋本説文解字)一五巻　漢許愼撰　宋徐鉉等奉勅校　清孫星衍校　清同治一三年三月刊(東呉　浦氏)覆清嘉慶一四年孫星衍校刊本　唐大三

ハ47D 37 2　説文解字通正　一四巻　清潘奕雋撰　劉世珩校　〔清〕刊　聚學軒叢書第四集之四　唐大二

ハ47D 38 8
説文解字〔注〕
（段氏説文解字注）一五巻六書音均表五巻説文通検一四巻首末各一巻説文解字注匡謬八巻　清段玉裁（通）黎永椿（匡）徐承慶
清宣統二年刊（再版　上海　江左書林）石印影清光緒三四年九月刊本
唐中八

ハ47D 39 1
仿唐寫本説文解字木部
并箋異　清莫友芝
清同治三年八月序刊
唐大一

ハ47D 40 1
説文經典異字釋
清高翔麟
清光緒九年烋刊（萬卷樓）
唐中一

ハ47D 41 1
説文提要
并説文解字一五巻　民國陳建侯（解）漢許愼撰
徐鉉等奉敕校
昭和七年四月刊（東京　松雲堂）石印
四六一

ハ47D 42 3
説文新坿攷
六巻　清鄭珍撰　傅世洵校
清光緒七年一〇月刊
唐中三

ハ47D 43 1
説文目錄
附説文解字詁林序并纂例　民國丁福保
民國一三年九月序刊（無錫　丁氏）鉛印
唐大一

ハ47D 44 2
説文解字捷見
（段注説文捷見）〔浜野知三郎〕
近写（〔浜野知三郎〕）
半二

ハ47D 45 1
宋元以來俗字譜
民國劉復・李家瑞
民國一九年二月刊（北平　國立中央研究院歴史語言研究所）國立中央研究院歴史語言研究所單刊之三　仏蘭西装
四六倍一

ハ47D 46 1
稻川質疑
（題簽）〔山梨〕稻川
近写（〔浜野知三郎〕）文政五年一二月
大一

ハ47D 47 1
文字學形義篇
民國朱宗萊
民國九年八月印（再版　北京　北京大學出版部）鉛印
唐半一

ハ47D 48 2
文字蒙求
四巻　清王筠撰　朱良箴校
清光緒一三年刊（重栞　梁谿　浦氏）石印影清道光二六年六月序刊本
唐中二

ハ47D 49 1
文字の起源
附索引　後藤朝太郎
大正五年五月刊（東京　通俗大學會）通俗大學文庫第六編
菊半一

ハ47D 50 5
龍龕手鑑
四巻　遼釋行均
〔清〕刊
唐大五

ハ47D 51 1
倭楷正訛
太宰春臺（純）
明和三年九月刊　嘉永三年三月印（大阪　積玉圃河内屋喜兵衛）覆寶暦三年三月刊本
大一

ハ47E 1 1
一切經音義索引
山田孝雄
大正一四年七月刊（東京　西東書房）石印
四六一

ハ47E 2 2
干支集錦
二四巻　清秦嘉謨編　呉昌校
〔清末〕刊（琳琅仙館）嘉慶二〇年八月序
唐小二

ハ47E 3 4
虚字解
二巻續虚字解二巻　皆川淇園編　皆川〔篁齋〕（允）等校
明治三年一月刊（五刻）九年五月以後印（京都　藤井孫兵衛）覆刻　奥ニ萬治二年九月原鐫ト アルモアリエズ　奥附流用カ
中四

ハ47E 4 4
錦字箋
四巻　清黄澐編　黄裕等校　王弘訂　加藤淵校
文政一一年夏序刊（安萩　校者）校者世並屋カ
中四

ハ47E 5 2　**經史摘語**　二巻　木澶州（煥卿）編　川維亮等校
安永三年三月序刊（愛閑齋藏版〈江戸　青藜閣
須原屋伊八〉）　半二

ハ47E 6 64　**經籍纂詁**　一〇六巻首巻并補遺　清阮元
清嘉慶一七年九月序刊（揚州　阮氏琅嬛僊館）　唐中六四

ハ47E 7 2　**江氏達詁**　二巻　長井金風（江衎）
〔昭和〕刊（長井氏海上經學院〈東京　松雲堂〉）
鉛印仿宋活字　大二

ハ47E 8 5　**五雅**　（序）明郎奎金編并校
明天啓六年一〇月序刊　寺田望南印　唐大五

小爾雅　漢孔鮒編　宋咸注　明朱師賓等校

爾雅　二巻　晉郭璞注　明葉自本等校

逸雅　八巻　漢劉熙編　明石九鼎校

廣雅　一〇巻　魏張揖編　隋曹憲音　明葉自本等校

埤雅　二〇巻　宋陸佃編　明葉自本等校

ハ47E 9 1　**古人制事傳**　元禄六年七月刊（江戸　　）大野洒竹旧蔵　半一

ハ47E 10 1　**語録字義**　并素讀一助
元祿七年八月刊（山岡四郎兵衛）或ハ京さかい
や仁兵衛後印本カ　奥ニさかいや広告貼込マル　半一

ハ47E 11 1　**金光明最勝王經音義攷證**
木村正辭
近写（〔浜野知三郎〕）臨写森枳園書写書入本　大一

ハ47E 12 1　**金光明最勝王經音義攷證補**
森枳園（立之）
近写（〔浜野知三郎〕）臨写森約之謄写枳園自筆
本　半一

ハ47E 13 2　**歳華一枝**　并補遺　端菴先生編　星埜善行校
文政一一年七月序刊（星埜氏流芳亭藏板）塩田
随齋旧藏　中二

ハ47E 14 1　**爾雅〔正文〕**　安永七年三月序刊
淡河龍校　大一

ハ47E 15 3　**爾雅〔音圖〕**　三巻　晉郭璞注
民國一〇年刊（上海　千頃堂書局）石印影清嘉
慶六年藝學軒刊影宋繪圖本　唐中三

ハ47E 16 1　**爾雅翫古**　龜井昭陽
昭和一一年九月刊（〔東京〕松雲堂）影文政六
年二月寫本　松雲堂娯刻書第四　浜野知三郎朱
ペン校據福岡縣立圖書館藏本　丁丑春日作（未
定艸・諸橋轍次　鉛印）一葉挟込マル　四六一

ハ47E 17 1　**爾雅注疏本正誤**　五巻　清張宗泰
清光緒二六年刊（廣雅書局）　唐大一

ハ47E 18 1　**爾雅補郭**　二巻　清翟灝撰　傅世洵校
清光緒八年三月刊（巻施誃藏板）　唐中一

ハ47E 19 1　**爾雅補注残本**　清劉玉麐撰　黄壽校
清光緒一四年八月刊（廣雅書局）　唐大一

ハ47E 20 1　**字義或問**　高〔橋〕女護島（敏愼）
文化八年序刊（證學堂藏板）不忍文庫・阿波國
文庫旧藏　見返代赭印　大一

ハ47E 21 6　實字解　三巻實字觧二篇三巻　皆川淇園撰　皆川〔篁齋〕〔允〕等校　寛政三年三月序刊〔明治〕印（京都　五車樓藤井孫兵衛）或ハ修アルカ　半六

ハ47E 22 1　新刻事物異名　二巻　明余庭璧編　胡文煥校　延寳二年四月刊（〔京〕前川茂右衛門）　中一

ハ47E 23 2　事物異名類編　七巻　荒井綠橋（公履）　文久一年一〇月刊（江戸　青雲堂英文藏）　半二

ハ47E 24 3　拾言記　三巻（巻上欠）追加一巻合四巻　元祿三年一月・同四年五月刊（京　村上平樂寺村上勘兵衛）　大三

ハ47E 25 3　又　欠

ハ47E 26 1　増補枝葉訓解　（増補畳辭訓解出所考）二巻　西村有隣子　元禄九年二月刊（京　西村九左衛門・江戸　西村半兵衛等二都四肆）洛下書生ノ序ニ書肆西村氏梓於枝葉訓解　小一

ハ47E 27 1　稱名纂釋補　附翰墨腴詞　清陳枚編　大鄉穆補　明治一一年二月序刊（一〇年一一月免許　東京　大鄕氏葵花書屋藏版〈東京　東生龜治郎〉）銅版　小一

ハ47E 28 2　新名詞訓纂　民國周起予　民國七年刊（上海　掃葉山房）石印　袋附　唐中二

ハ47E 29 2　説雅　（花雨樓校本）二巻　清朱駿聲　清光緒九年二月署刊（蛟川　張氏穐樹根㽵）　唐中二

ハ47E 30 3　〔俗語解〕　〔司馬遠湖〕　写　大學南校薄様墨刷野紙使用　大三

ハ47E 31 4　俗語解　（題簽）同　近写（〔浜野知三郎〕）前者ノ写　半四

ハ47E 32 1　同　（同）存イ—ハ并附録　同　大正三年七月写（濵野知三郎）松井簡治蔵〔太田全齋〕写本　小異アルモ大同　半一

ハ47E 33 1　竹乗　井岡櫻仙　近写（〔浜野知三郎〕）　半一

ハ47E 34 1　畳辭訓觧　三巻　白雲居士　延寳九年四月刊（京　青木勝兵衛・井田三右衛門）　中一

ハ47E 35 1　筆適　〔平〕澤〔旭山〕（元愷）　近写（〔浜野知三郎〕）　半一

ハ47E 36 1　備忘錄　（外題）　写　中一（仮綴）

ハ47E 37 1　文章雋語　菊池桐江編　大嶋方恭等校刊　小一

ハ47E 39 1　〔傍訓〕千字文　梁周興嗣撰　冨田東原（幹）書　關爲忠點　安永六年八月跋刊（江戸　山金堂山﨑金兵衛）朱墨藍校字書入稠密　大一

ハ47E 40 2　輶軒使者絶代語釋別國方言　（楊子方言）一三巻　漢楊雄撰　晉郭璞注　明程榮校　〔寛文九年〕刊　元祿五年一月印（大坂　北田清左衛門）覆明漢魏叢書本　大二

ハ47E 41 5
譯筌
（譯文筌蹄）初編六巻首一巻後編三巻首一巻（荻生）徂徠講　釈聖默・吉（田孤山）（有鄰）録（後）竹里補　岡好問校
寶暦三年三月（後）寛政八年刊　文政八年修
明治九年九月逓修合印（大坂　松邨九兵衛等六書堂）（初）覆正徳五年一月刊本
半五

ハ47F 1 1
福惠全書抄
（雜錄清國俗語）
写
半一（仮綴）

ハ47F 2 1
支那交際往來公牘訓譯
金國璞・吳泰壽
明治三六年三月刊（東京　泰東同文局）鉛印
半一

ハ47F 3 1
白話字詁
民國方毅
民國九年一〇月刊　一〇年三月印（三版　上海　商務印書館）
菊半一

ハ47F 4 1
方言字考
民國謝璿
民國一二年三月刊（再版　上海　會文堂書局）
三六一

50 歴史

ハ50 0-1 1
史學雜誌總目錄
自第一至二〇編附正誤表　史學會
明治四三年七月刊（東京　編者〈東京　冨山房〉）
鉛印　史學會創立貳拾年記念　史學雜誌第貳拾壹編號外　浜野氏改装
半一

ハ50 0-2 1
史學雜誌總索引
自第一至五〇編　史學會
昭和一五年八月刊（東京　編者〈東京　冨山房〉）
創立五十周年記念
菊一

ハ50 1-1 1
增訂新撰年表
清宮秀堅編　野田文之助增
明治三一年四月刊　四五年一月逓修（一〇版　東京　松山堂藤井利八）銅版　見返ニ大增補第十版
中一

ハ50 1-2 1
新撰和漢洋年契
河村貞山
明治三八年八月刊（訂正增補　東京　文求堂田中慶太郎）鉛印　明治一九年四月免許　林縫之助旧蔵
大一

ハ50 1-3 1
世界大年表
歴史研究會
明治四四年九月刊（五版　大阪　精華堂）鉛印
大一

ハ50 1-4 1
新撰東西年表
（新補東西年表）井上頼圀・大槻如電（修）
昭和二年一一月刊（東京　六合館）石印鉛　函入　初版明治三一年二月　本文ハソノ影印ニシテ索引ヲ新補スルカ
半一

ハ50 1-5 1　日本東洋西洋對照史表　（東洋西洋日本對照史表）普通教育研究會　明治三七年六月刊　一二月修（東京　編者〈東京　水野書店〉）　菊一

ハ50 4-1 3　續日本名家史論鈔　三巻　齋藤竹海（實顯）編　明治一二年五月刊（東京　磯部太郎兵衛〈東京　金幸堂〉）鉛印　中三

ハ50 4-2 4　〔増訂〕日本名家史論鈔　四巻　清田嘿　明治一三年四月刊（東京　編者〈東京　磯部太郎兵衛〉）金幸堂賣弘　中四

51　国史

ハ51 0-1 1　史籍年表　伴信友　弘化二年六月刊　明治一六年六月印（東京　文淵堂淺倉屋久兵衛）　大一

ハ51 1-1 1　逸號年表　藤原貞幹　寛政一〇年一月刊（京　北村庄助等三肆）　大一

ハ51 1-2 1　陰陽暦對照年表　高山昇・丸橋金治郎　明治三六年五月刊（東京　三省堂）　菊一

ハ51 1-4 1　尊號年號讀例　附署年表并正誤　松本眞弦　明治四三年一一月刊（東京　著者〈東京　吉川半七〉）　三五一

ハ51 1-5 1　讀史備要　附干支早見盤・方位及時刻對照表　東京帝國大學史料編纂所編　昭和八年七月刊（東京　内外書籍）　四六一

ハ51 1-6 1　新撰日本歴史辭典　物集高量編　明治四五年四月刊　同印（三版　東京　弘學館）　菊半一

ハ51 1-7 1　年代便覧　長田富作　昭和四年六月刊（大阪　大阪府立圖書館）鉛印　二色刷　小一舗

ハ51 2-1 5　史籍雜纂　五巻　國書刊行會編　文傳正興等校　明治四四年八月—四五年三月刊（東京　編者）　菊五

ハ51 2-2 3　改定史籍集覽　第一八・二〇・二三新加書　近藤瓶城編　明治三四年三月—一二月刊（東京　近藤活版所）　四六三

ハ51 3-1 1　國史學の栞　小中村清矩　明治三三年一〇月刊（東京　勉強堂）鉛印　半一

ハ51 6-1 1　國史國文之研究　和田英松　大正一五年二月刊（東京　雄山閣）　菊一

ハ51 6-2 1　國史說苑　并附録　和田英松　昭和一四年三月刊（東京　明治書院）　菊一

ハ51 6-3 1　國史叢説　八代國治　大正一四年五月刊（東京　吉川弘文館）　菊一

ハ51 6-4 1　國體宣揚史綱　國史囘顧會編　昭和一六年六月刊（東京　編者）　菊一

ハ51 7-1 1
皇國小史附圖
（題簽）勝浦鞆雄
明治三〇年二月修（訂正二版　東京　吉川半七）
鉛印
半一

ハ51 7-2 1
第三十六回史學會大會 三井家主催展覽會圖録
昭和十年五月十二日於笄町集會所　史學會編
昭和一〇年五月刊（東京　編者）附正誤
菊一

ハ51A 1-7 1
〈大増訂〉國史大辭典
井野邊茂雄等
昭和四年一〇月刊　一一年六月印（普及版九版
東京　吉川弘文館）大増訂版大正一四年八月
四六一

ハ51A 2-1 5
國史大系
六國史・類聚國史　黒板勝美校
大正二年一一月―五年一月刊（東京　經濟雜誌社）
菊五

ハ51A 2-2 1
續日本後紀
追加
近写
半一

ハ51A 4-1 10
續日本後紀纂詁
二〇巻　邨岡櫟齋（良弼）
明治四五年三月刊（東京　邨岡氏櫟溪書院藏版
〈東京　近藤出版部〉）鉛印
半一〇

ハ51A 4-2 1
續日本紀考文
（外題）
写
大一

ハ51A a0-1 1
古事記諸本解題
國幣中社志波彦神社鹽竈神社編
昭和一五年一一月刊（鹽釜　編者）
菊一

ハ51A a2-1 1
訂正古訓古事記
（題簽）巻上　太安萬侶撰　本居宣長校
昭和三年一〇月刊（東京　松雲堂）影寛政一一年春序刊本
半一

ハ51A a4-1 1
古事記新講
次田潤
大正一三年一一月刊　一四年二月印（再版　東京　明治書院）
菊一

ハ51A a4-5 1
古事記上巻講義
一　附正誤表　山田孝雄
昭和一五年二月刊（鹽釜　國幣中社志波彦神社鹽竈神社古事記研究會）
菊一

ハ51A b1-1 1
日本紀秘訓抄
田知顯
写
半一

ハ51A b1-2 1
日本書紀類標
巻八
近写（〔浜野知三郎〕）
半一

ハ51A b1-3 1
日本紀神代上下巻内神系圖
（日本書紀系圖）并〔舊事紀〕神代系紀（神代系圖）
寶暦五年九月写（北嶋孝孫）ト部家本（舊）五
鰭翁傳関絹所持本
大一

ハ51A b2-1 15
日本書紀《ヤマトブミ》
三〇巻　舎人親王等奉勅編〔大關〕（丹治比増業校）
文政三年一一月跋刊〔後印〕（大阪　河内屋和助〈黒羽領主藏版〉）
半一五

ハ51A b2-2 2
日本書紀
三〇巻　舎人親王等奉勅編　正宗敦夫校
昭和五年七月・一二月刊（東京　日本古典全集刊行會）翻寛永刊修刻本　日本古典全集第三期
菊半二

ハ51A b4-1 1
日本紀私記提要
森枳園（立之）
近写（〔浜野知三郎〕）木村槻齋蔵本ヨリ抜抄
半一

ハ51A b4-2 6
日本書紀通釋
七〇巻并索引 飯田武郷
明治三五年一月―四二年一〇月刊（東京 飯田永夫〈東京 六合館・明治書院〉） 菊六

ハ51A b4-3 1
日本紀文字錯乱備考
（日本書紀文字錯乱備考）三巻 大關増業
文政五年立秋前二日跋刊（黒羽 括囊舘藏版） 半一

ハ51A b6-1 1
日本書紀撰者辨
河村秀興・河村秀根
文化九年冬署刊（尾張 木村六右衞門・京 永田調兵衞） 半一

ハ51A b6-2 1
和語精要
伯資緒王（伯業資王・伯志資王業資）
安永一〇年四月写（徐行）伴部八重垣奥書以加筆跡部光海本ノ写シ 半一

ハ51A b6-3 1
倭字
鴨長尋
写 大一

ハ51A b7-1 1
撰進千二百年紀念日本書紀古本集影
并紀念會講演・紀念會記事 大正九年五月 日本書紀撰進千二百年紀念會編
大正九年一二月序刊（〔東京〕編者） 大一（大和綴）

ハ51B 1-1 15
皇朝史略
一二巻續皇朝史略五巻 青山〔拙齋〕（延于）撰 青山〔佩弦齋〕（延光）校
明治二年七月刊（水戸 吉成信順藏版）木活 半一五

ハ51B 1-2 1
新譯國史略
五巻 岩垣松苗撰 大町桂月譯并評
明治四五年一月刊 同印（再版 東京 至誠堂）
新譯漢文叢書第八編 上層原文 三五一

ハ51B 1-3 3
扶桑略記校譌
〔狩谷〕棭斎
近写（〔浜野知三郎〕） 文久三年七月森覲亭（約之）書入本（首四丁ハ木村正辞本ヲ謄写シ原本ノ欠ヲ補フト）棭斎原本カ 半三

ハ51B 2-1 1
稿本國史眼
七巻 重野安繹等
明治三四年七月刊（改訂 東京 東京帝國大學史學會〈東京 目黒書房〉） 菊一

ハ51B 2-2 1
中等教育日本歴史要解
萩野由之講 萩野懐之録
明治三一年六月刊 三四年八月印（五版 東京 博文館） 四六一

ハ51B 3-1 1
神皇正統記評釋
大町芳衞
大正一四年二月刊 昭和九年四月印（一三版 東京 明治書院） 四六一

ハ51B 3-2 3
日本外史補編
一二巻（巻四―六欠）附録二巻 岡田〔鴨里〕（僑）
天保五年一〇月序刊 木活 慶應二年一・二月平謙迂校合書入 半三

ハ51B 3-3 6
續日本政記
一二巻 近藤缾城
明治一二年三月刊（東京 阪上半七） 中六

ハ51C 1-1 1
衝口發
藤〔原〕貞幹
寛政二年一一月写（西山政季）稲懸大平蔵写本 大一

ハ51C 1-2 1
奈良朝
笹川臨風（種郎）
明治三四年一〇月刊（東京 博文館）序藍刷目朱刷 菊半一

ハ51C 1-3 4 御肇國史《ハツクニシラスカヽミ》 三篇并附篇 大槻如電（修） 昭和八年一月刊（東京 大槻茂雄〈東京 文詳堂〉） 鉛印 半四

ハ51C 2-1 2 史學童觀抄 （史學武家童觀抄） 二巻 市川買山（清流）撰 長谷川雪堤（宗一）畫 明治三年二月刊（但シ五月序アリ 従吾所好齋藏版〈〔東京〕和泉屋金右衛門〉） 半二

ハ51C 3-1 10 校訂増補吾妻鏡 五二巻 高桑駒吉等校 明治二九年一二月刊（東京 大日本圖書） 鉛印 半一〇

ハ51C 3-1 3 吾妻鏡 （吉川本） 四七巻并年譜 國書刊行會（本居清造等）校 大正四年二月—一〇月刊（東京 編者） 翻吉川子爵蔵大永二年九月安房前司弘詮令写本 菊三

ハ51C 3-2 2 吾妻鏡集解 二巻 高桑駒吉等 明治二九年一二月刊（東京 大日本圖書） 鉛印 半二

ハ51C 3-3 3 吾妻鏡備考 三巻 高桑駒吉編 明治三二年二月刊（東京 大日本圖書） 鉛印 半三

ハ51C 3-4 1 東鑑末 〔林〕春齋 写 新宮城水野忠央・宍戸昌旧蔵 半一

ハ51C 4-1 1 南朝史傳 新訂神皇正統記 新訂吉野拾遺二巻 新訂櫻雲記三巻 大町桂月編校 明治四四年六月刊（東京 至誠堂） 學生文庫第壹編 三五一

ハ51C 5-1 1 足利持氏滅亡記 （鎌倉大草紙脱漏） 附黒川眞頼考 明治一六年八月刊（東京 古書保存書屋我自刊我書屋甫喜山景雄） 鉛印 我自刊我叢書 半一

ハ51C 7-1 1 江戸年代記 磐瀬玄策 大正一二年五月刊（訂正五版 東京 吉川弘文館） 鉛印 明治四一年八月序 中一

ハ51C 7-2 1 近世江戸著聞集 （近世江都著聞集） 一一巻 馬〔場〕文耕 写（〔小杉榲邨〕） 小杉榲邨旧蔵 半一

ハ51C 7-3 8 近世日本外史 八巻續近世日本外史二巻 關鷗侶（機・杏宇）撰 關長雄標注 明治九年五月（但シ六月序アリ）—一〇年一月刊（東京 稲田佐兵衛等三書堂） 半八

ハ51C 7-4 1 元祿時勢粧 并附錄二篇 笹川臨風（種郎） 明治三四年四月刊（東京 博文館） 色刷木版一葉 菊半一

ハ51C 7-5 10 昭代記 一〇巻 鹽谷宕陰（世弘） 明治一二年四月刊（東京 鹽谷時敏〈東京 博聞社〉） 木活 大一〇

ハ51C 7-7 1 増訂武江年表 一一巻 齋藤月岑（幸成）撰 朝倉無聲等補 大正一一年一一月刊（東京 國書刊行會） 菊一

ハ51C 8-1 1 維新史籍解題 傳記篇附參考文獻 高梨光司 昭和一〇年一月刊（東京 明治書院） 菊一

ハ51C 8-2 1 歷史地理臨時増刊維新史研究資料索引 追加共 大正八年三月 日本歴史地理學會（齋藤文藏）編 大正八年三月刊（東京 編者〈東京 仁友社出版部〉） 菊一

ハ51C 9-1 1 明治聖績國民大帳簿 吉川弘文館編輯部 大正一一年八月刊（東京 吉川弘文館） 四六一

ハ51C 9-2 1　明治大年表　小川多一郎編　大正三年四月刊　八月印（再版　東京　吉川弘文館）　四六倍一

ハ51C 9-3 1　明治年表　附名家年表　自慶應三年至明治三十三年　偉人史叢編輯部編　明治三四年一月刊（東京　裳華房）　菊半一

ハ51D 0-1 3　六合新聞　第一―七號　明治二年三月―四月刊（東京　瑞穂屋卯三郎）　絵入　中三

ハ51D 1-1 1　改正西國立志編　（自助論）一三編（英）斯邁爾斯撰　中村正直譯　明治二七年七月刊　三八年二月印（一六版〈表紙一五版〉東京　博文館）　四六一

ハ51D 2-1 2　西稗雜纂　第一・二集　中邨敬宇（正直）　明治七年三月（但シ四月序アリ）・九年三月刊（同人社）　市嶋春城旧蔵　中二

ハ51D 2-2 1　世界國盡　明治五年八月跋（校正刷）三巻〔福澤諭吉〕　中一

ハ51D 4-1 1　かなつけおふれ　第一―一六號　宮崎穠矣　明治一一年一月―八月刊（下吾川・高松　公聞社）鉛印　中一

ハ51D 7-1 1　女大學評論　并新女大學　福澤諭吉　明治三二年一一月刊　三四年八月印（一六版　東京　時事新報社）　菊一

ハ51D 7-2 1　福翁百話　福澤諭吉　明治三八年八月印（三七版　東京　時事新報社）　再版ト別版　四六一

ハ51D 8-1 1　明治初期戲作年表　石川巖　書物往來叢書別輯　昭和二年一一月刊（東京　石川氏從吾所好社）　四六横一

ハ51E 1 1　諸大名の學術と文藝の研究　福井久藏　昭和一二年五月刊（東京　厚生閣）　菊一

ハ51F 0-1 1　寓簡　近藤瓶城校　明治一八年一二月届（東京　近藤圭造）鉛印　存採叢書之中　中一

ハ51F 0-2 2　新編古押譜　（古押譜）六巻（表紙作二巻）附日本古典全集第十、十一回配本正誤一葉　松﨑蘭谷（祐之）撰　正宗敦夫校　昭和四年五月・九月刊（東京　日本古典全集刊行會）翻正德六年六月京柳枝軒茨城多左衞門刊本　日本古典全集第三期　菊半二

ハ51F 0-3 1　第十四回史料展覽會列品目錄　昭和十二年五月十五、十六、十七、十八日開催　東京帝國大學文學部史料編纂所編　昭和一二年五月刊（東京　編者）　四六一

ハ51F 8-1 2　文久壬戌官武通紀　（官武通紀）一七巻　文久癸亥官武通紀一二巻　元治甲子官武通紀一三巻　玉蟲佐太夫撰　岩橋小彌太等校　大正二年八月・一二月刊（東京　國書刊行會）　菊二

ハ51F a1-1 6　續修東大寺正倉院文書　五〇巻　近藤圭造校　明治一八年七月届（東京　校者）鉛印　存採叢書之中　中六

ハ51F a1-2 1　南京遺文附巻　附解説并正誤　佐佐木信綱編　橋本進吉解説　大正一〇年一〇月刊（東京　編者）鉛印　半一

ハ51F a7-1 1　**竹橋餘筆**　竹橋蠹簡抄・竹橋餘筆五巻竹橋餘筆抄・竹橋餘筆別集一二巻〔大田〕南畝編　大正六年九月刊（東京　國書刊行會）　菊一

ハ51F a8-1 1　**遠路近路波止**　（遠近橋）一三巻　高橋柚門（多一郎）編　伊藤千可良・山田安榮校　大正一年一一月刊（東京　國書刊行會）　菊一

ハ51F b0-1 18　**史料通覽**　笹川種郎編　大正四年四月—七年六月刊（東京　日本史籍保存會）　菊一八

ハ51F b2-1 2　**御堂關白記**　二巻附御堂關白歌集　藤原道長（附）與謝野晶子編　正宗敦夫等校　大正一五年六月・八月刊（東京　日本古典全集刊行會）翻宮内省蔵明治一七年影寫近衛家蔵道長自筆本　日本古典全集第一回　菊半二

ハ51F b3-1 3　**玉葉**　六六巻附正誤　藤原兼實撰　山田安榮等校　明治三九年二月—四〇年三月刊（東京　國書刊行會）　菊三

ハ51F b3-2 3　**明月記**　二巻并補遺　藤原定家撰　文傳正興等校　明治四四年九月—四五年二月刊（東京　國書刊行會）　菊三

ハ51F b5-1 4　**言繼卿記**　三四巻別記一巻　山科言繼撰　岩橋小彌太等校　大正三年七月—四年三月刊（東京　國書刊行會）　翻東京帝國大學蔵自筆本　菊四

ハ51F c7-1 1　**列侯深祕錄**　〔三田村〕鳶魚編　岩橋小彌太等校　大正三年五月刊（東京　國書刊行會）　菊一

ハ51F c7-1 1　**求古錄**　飯島虚心抄録　写　半一（大和綴）

ハ51F c8-1 1　**聽潮館叢錄**　別巻之三追錄・附錄共　吉田祥三郎編　昭和一三年七月刊（大阪　編者）鉛印　呈上正誤一葉　半一

52 地誌・地方史

ハ52 0-2 1　**古版地誌解題**　和田萬吉　大正五年四月刊（東京　和田維四郎）鉛印　半一

ハ52 0-2 1　**大日本國郡名考**　并編脩地誌備用典籍解題總目録二八巻附録一巻　遊紀目録國分　佐村〔八郎〕　近写（自筆）　半一

ハ52 1-1 1　**郡名考**　并色葉考（題簽）〔平澤旭山〕　近写〔浜野知三郎〕　半一

ハ52 1-2 7　**大日本地名辭書**　五巻續編一巻汎論・索引・附圖合一巻　吉田東吾　明治三三年三月—四〇年一〇月刊（但シ一一月序跋アリ）大正二年一二月印（共ニ第三版　東京　冨山房）（續）四二年一二月刊（但シ四三年一月序アリ）　四六倍七

ハ52 1-3 1　**古今對照歷史地名字引**　附錄共　關根正直　明治三三年二月刊（東京　冨山房）　菊一

ハ52
3-1
2
諸國名義考
二巻　齋藤彦麻呂
文化六年五月序刊（大坂　敦賀屋彦七・敦賀屋九兵衞）
大二

ハ52
3-2
6
東海道名所圖會
（石版縮本）六巻　秋里籬嶌（湘夕）
明治三五年四月刊（東京　東陽堂）石印影寛政九年一一月大坂柳原喜兵衞等三都九肆刊本
小六

ハ52
6-1
5
本朝俗諺志
五巻　菊岡沾涼
延享三年冬至刊（江戸　池田三西堂）絵入
半五

ハ52
7-1
1
各地名勝圖會
明治二九年一二月―三九年八月刊（東京　東陽堂）風俗画報臨時増刊第一二九―三四七　増刊号ノ合册合印本
四六倍一

ハ52
7-2
1
御大禮奉祝古繪圖展觀目錄
昭和三年十一月十三・十四日　廣島高等師範學校地歷學會
昭和三年一一月刊（廣島　編者）
四六一

ハ52A
1
2
古風土記集
二巻附校異并參考　訂正出雲風土記（影千家俊信校・〔天保四年序〕刊本）訂正常陸國風土記（影西野宣明校注・天保一〇年五月水府藏版本）播磨風土記（翻・井上通泰校）風土記　肥前國（影荒木田久老校・寛政一二年五月大坂栁原喜兵衛刊本）箋釋豐後風土記（影唐橋世濟・文化一年九月序刊本）附風土記　豐後國《トヨクニノミチノシリ》（翻）正宗敦夫等編校
大正一五年六月・一一月刊（東京　日本古典全集刊行會）日本古典全集第一回
菊半二

ハ52A
2-1
1
古風土記逸文
二巻并附錄　栗田寛編
明治三一年八月刊（東京　大日本圖書）
菊一（大和綴）

ハ52A
3
3
古風土記逸文考證
八巻　栗田寛
明治三六年六月刊（東京　大日本圖書）鉛印
半三

ハ52A
4
1
風土記　肥前國
（肥前風土記）荒木田久老校訓
寛政一一年四月序刊〔明治〕印（大坂　鹿田松雲堂鹿田靜七）
大一

ハ52B
2
1
莊内史料
附莊内年代記　重田鐵矢編（奥附　鐵夫　誤植ナラム）
大正一年一二月刊（鶴岡　編者）
菊一

ハ52B
4
1
赤水先生東奥紀行
附探北越七奇記　長久保赤水（玄珠）撰　長〔久保〕暘谷（中行）校注
寛政四年一二月刊〔後印〕（大阪　河内屋卯助等四都一三肆〈水戸　長久保氏藏板〉）絵入
大一

ハ52B
5-1
1
仙臺藩戊辰殉難小史
仙臺藩戊辰殉難者五十年弔祭會（杉沼修一）
大正六年一〇月刊（仙臺　編者）
菊一（大和綴）

ハ52B
5-2
11
東藩史稿
三四巻首一巻　作並清亮編　作並恭次校
大正四年一二月刊（東京　伊達伯觀瀾閣藏版）鉛印
半一一

ハ52B
7-1
1
金華山小誌
并附錄　田代善之助編
明治三九年一〇月刊　大正二年七月印（七版　鮎川　編者）鉛印　題辞二八年一〇月
中一

ハ52B
7-2
1
増補仙臺案内
二巻　庄子輝光編
明治三三年一〇月刊（再版　仙臺　東北圖書出版舍）
菊半一

ハ52B 7-3 1　平泉志　二巻并附録　高平真藤編　澤田穂國等校　明治二二年一二月刊　大正一二年八月印（第五版　平泉　願成就院）　四六一

ハ52B 7-4 1　磨光編　（題簽）常松菊畦（道）編　天保一三年六月跋刊　絵入　慊堂序　大一

ハ52B 7-9 1　陸奥名碑略《みちのくめひりやく》　（扉）茂林齋菅原曲溪（陳之）編　藤塚東郷（知明）考　文化一〇年春—一四年三月刊（塩釜　菅原氏藏版）＝前田屋茂吉ナラム　各葉貼継　大折一

ハ52C 1 1　東京社會辭彙　北川由之助編　大正二年一二月刊（東京　毎日通信社）　四六倍一

ハ52C 3-1 1　大磯誌　并附錄　河田羆（柳荘漁人）　明治四〇年七月刊（東京　冨山房）鉛印　半一

ハ52C 3-2 2　埼玉縣誌　二巻　埼玉縣　大正一年一一月刊（埼玉　編者）　菊二

ハ52C 3-3 1　北武八志　四巻附正誤表　清水雪翁（靜脩・宗禮）　明治四〇年一〇月刊（忍　川島書店）　菊一（大和綴）

ハ52C 5 1　房總之人物　林壽祐編　明治四一年七月刊（千葉　多田屋書店）　四六一

ハ52C 7-1 2　江戸錦大繪圖　附徳川時代大名變遷一覧表　吉見文五郎　昭和四年一〇月刊（東京　編者日本美術書院）平版（附）鉛印　二舗

ハ52C 7-2 1　〔御江戸繪圖〕　天保五年刊（江戸　須原屋茂兵衛）　一舗

ハ52C 7-3 4　風俗畫報臨時増刊 新撰東京名所圖會　第一—六五　山下重民等編　明治二九年九月—四二年三月刊（東京　東陽堂）　四六倍四

ハ52C 7-4 1　東京の史蹟　并附錄　東京市公園課編　大正一四年四月刊（東京　厚生閣）　四六一

ハ52C 7-5 1　武藏國金石年表　中川行秀　昭和八年一一月刊（東京　島田一郎）鉛印　半一

ハ52D 3-1 2　射水郡誌　附正誤表　射水郡役所編　明治四二年九月刊（富山　編者）鉛印　半二（大和綴）

ハ52D 3-2 1　〔富山縣〕西礪波郡紀要　富山縣西礪波郡役所編　明治四二年九月刊（富山　編者）鉛印　半一（大和綴）

ハ52D 3-3 1　富嶽志　并附錄　曾田文甫（靜観道人）　明治四一年七月刊（東京　著者〈東京　東堂〉）　四六一

ハ52D 3-4 1　福井縣吉田郡誌　福井縣吉田郡役所編　明治四二年九月刊（福井　編者）　菊一

ハ52D 5-1 1　近古伊豆人物志　田中萃一郎　明治三一年七月刊（豳南　著者〈三嶋　村上留次郎〉）鉛印　脩竹齋雜著之一　中一

ハ52D 5-2 2　尾張名家誌　初編二巻　細野要齋（忠陳）　安政四年一一月刊（寂感舍藏版〈名古屋　皓月堂井筒屋文助〉）　大二

ハ52D 5-3 3　同　二編二巻補遺傳未詳者一巻附張城名家墓所集覧　細野〔要齋〕（忠陳）（附）小寺玉晁　大正七年三月刊（東京　山本景三〈東京　清水啓幹堂〉）油印　大三

ハ52D 5-4 1　長野風流家古人名簿　（長野風雅人名簿）　写　中一

ハ52D 5-5 2　悠久遺芳　二巻　矢吹活禪編　昭和六年九月刊（長岡　縣社蒼柴神社藏版〈東京　博文館〉）鉛印　半二

ハ52D 7-1 2　史談材料甲斐碑文集　二巻附錄二巻　水上文淵編　明治三六年八月刊（山梨御代咲　編者〈山梨日下部　知新堂〉）鉛印　半二（大和綴）

ハ52D 7-2 1　川中島懐古集　結城蓄堂（琢）編　明治四一年一一月刊（長野小島田　杉山光恭）鉛印　半一（大和綴）

ハ52E 3-1 3　日本輿地通志畿内部　（五畿内志）六一巻（表紙作三巻）幷河誠所（永）編　久保重宣等校　正宗敦夫重校　昭和四年九月―五年一一月刊（東京　日本古典全集刊行會）翻享保二〇年二月―二一年四月刊本　日本古典全集第三期　菊半三

ハ52E 3-2 2　雍州府志　一〇巻　黒川道祐　大正五年四月刊（京都　京都叢書刊行會）鉛印　翻貞享三年九月刊本　京都叢書之中　半二

ハ52E 5-1 1　桑名郡人物志　桑名郡教育會（辻市治郎）編　大正一〇年九月刊（三重　編者）　四六一

ハ52E 5-2 1　松阪三百年來の文學史　附松阪三百年文學史を讀む・松阪人物名彙　櫻井青瓢（祐吉）（讀）三村清三郎　昭和二年五月刊（松阪　著者）鉛印　中一（大和綴）

ハ52E 5-3 1　大和人物志　奈良縣廳編　明治四二年八月刊（奈良　編者）　菊一

ハ52E 8-1 2　なにはづ　一―一二號　船越政一郎編　大正一三年二月・一四年一月刊（大阪　近畿郷土研究會）鉛印　木版彩色図入　半二

ハ52F 0-1 1　藝備先哲著書目錄　玉井源作編　大正四年五月刊（廣島　廣島縣教育品展覧會）鉛印　中一

ハ52F 2-1 5　江戸席日記書抜　寛文十二年三月晦日―寛政七年　写（寄合書）　半五（包背装）

ハ52F 2-2 1　元禄十二年己卯三月　松平伊豫守家來　備後國福山領検地窺帳之写（扉）　写　大一

ハ52F 2-3 1　元禄十庚辰九月より　福山御城主　松平下總守様御家中分限帳（外題）　寶永二年一月写（村上徳兵衛義昌）　大横二ッ切一

ハ52F 2-4 1　福山御城中御目附用記（題簽）工藤八郎右衛門維貞　嘉永六年一二月写（藤原義喜カ）　半一

ハ52F 2-5 1
福山吉澤乾三日記
（外題）明治八年　吉澤乾三
明治八年一一二月写（自筆）
半一（仮綴）

ハ52F 3-1 3
美作國津山誌
二巻　矢吹正則編　矢吹金一郎校
明治一七年一二月刊（津山　菊井僚三郎）鉛印
半二

津山治水永例及風火水災取調書
（題簽）矢吹正則編
明治二七年六月刊（津山　編者）鉛印　朱印訂正
半一

ハ52F 3-2 1
廣島縣沼隈郡誌
（沼隈郡誌）并附録　廣島縣沼隈郡役所編
大正一二年一二月刊（松永　先憂會）
菊一

ハ52F 3-3 13
備後叢書
一二巻附正誤表・西備名區正誤　得能正通編
昭和三年四月—一〇年九月刊（福山　備後郷土史會）
菊一三

ハ52F 3-4 2
福山志料
附録共三五巻　菅茶山（晉帥）
明治四三年四月刊（福山　福山志料發行事務所）
鉛印
半二（大和綴）

ハ52F 3-5 1
增補三原志稿
并附録　青木充延編　澤井常四郎補
大正一年九月刊（三原　增補者（三原　中川成章館カ））附正誤表
菊一

ハ52F 3-6 4
美作畧史
四巻　矢吹正則撰　矢吹金一郎校
明治一四年三月刊（美作　矢吹氏對嶽樓蔵板）
袋附　銅版彩色図入
半四

ハ52F 5-1 1
岡山縣人物傳
附植字訂正　岡山縣（花土文太郎）編
明治四三年一一月刊（岡山　編者）
菊一（大和綴）

ハ52F 5-2 3
岡山縣人名辭書
高見章夫・花土文太郎編
大正七年五月刊（岡山　岡山縣人名辭書發行所）
鉛印
半三

ハ52F 5-3 1
吉備ひめ鑑
沼田頼輔編
明治四一年一一月刊（岡山　奥田金生堂）
菊一

ハ52F 5-4 1
藝藩學問所記事一片
二巻并附録・正誤　小鷹狩
大正一三年五月刊（東京　小鷹氏弘洲雨屋）朱訂印字并墨書訂字
菊一

ハ52F 5-5 3
御當家諸士昔事録
三巻（巻一欠）并續編
天保六年一〇月写（渡邊氏）
大三

ハ52F 5-6 3
三備史略
三巻（元作一〇巻）五弓（雪窓）（久文）編
五弓久紀校
明治二七年三月刊（廣島府中　香文舎高尾佐一）
鉛印
半三

ハ52F 5-8 1
備後古城記
（元表紙）名所古跡　菅茶山
明治二六年五月—一二月写（藤田畔眠）
半一

ハ52F 5-9 2
福藩碑文集
〔浜野知三郎〕令写校字　油印一葉貼付
半二

ハ52F 5-10 1
福山城開基覺
慶應二年三月写（渡邊陸〈冨平〉）
半一

ハ52F 5-11 1
吉備ひめ鑑
又5-3カヴァー付
菊一

ハ52F 7-1 1
備南之名勝
并附録　濱本鶴賓
大正五年五月刊（松永　先憂會）
四六一

ハ52F 7-2 1　廣島嚴島關係文献展觀目録
昭和五年三月二日於廣島文理科大學史學教室
廣島史學研究會・中國好書會編
昭和五年三月刊（廣島　編者）　四六一

ハ52F 7-3 1　備後名勝巡覽大繪圖
（備後國名勝巡覽大繪圖）嶋嘯雲（業）
萬延一年二月刊（京　泉屋新助）彩色刷　彫刀
福山學古堂　賣價定銀三兩　製本限五百部　一舗

ハ52F 7-4 1　備後風流名産記
（扉）
天保八年二月寫　半一

ハ52F 7-5 1　屋嶋名勝手引草
屋嶋保勝會編
明治三一年四月刊（高松　編者）鉛印　袋附
木版彩色刷　銅版地圖入　中一

ハ52F 8-1 1　福山學生會雜誌
第三集第二九―三五號　福山學生會編
明治三八年二月―四三年一二月刊（東京　編者）　菊一

ハ52G 5 1　讃岐雅人姓名録
并附録　赤松松亭（景福）
大正五年三月刊（高松　香川新報社）　四六一

ハ52H a5-1 2　筑前名家人物志
二編　森政太郎編
明治四□年□月・大正三年一二月刊（福岡住吉
編者（上）〈福岡　積善舘支店〉）鉛印　四一
年八月序　小二

ハ52H a7-1 1　福岡縣名勝人物誌
二編　福岡縣編
大正五年一一月刊（福岡　編者）　四六一

ハ52H b5-1 1　佐賀先哲叢話
中島槐堂（吉郎）・水町義夫
大正二年六月刊（東京　伊東萬里〈祐穀〉）跋
ニ鉛筆書入アリ　或ハ伊東氏筆カ　菊一

ハ52H c3-1 1　長崎市郷土誌
長崎市小學校職員會編
大正七年一一月刊（長崎　編者）　菊一

ハ52H d5-1 1　地靈人傑 肥後の學統と熊本の人物
廣田哲堂（彌七）
昭和二年七月刊（但シ冬題署アリ　熊本　著者
〈熊本　長崎次郎書店支店〉）　四六一

ハ52H d5-2 1　郷土史談 益城の華
髙野直之編
昭和四年七月刊（熊本御船　上益城郡教育會）
表紙裏表紙扉奥附ノミ存　四六一

ハ52H e5-1 1　大分縣偉人傳
附正誤表　大分縣教育會編
明治四〇年八月刊（東京　三省堂）　菊一

ハ52H g5-1 1　薩摩の文教
樋渡海門
大正二年七月刊（東京　美成出版社樋渡正一）　四六一

ハ52H h3-1 6　中山傳信録
六巻　清徐葆光編　服〔部〕蘇門（天游）點
明和三年五月刊（但シ一〇月序アリ　京　蘭園
岡瑞卿藏板〈京　西山房錢屋善兵衛〉）絵入
覆清康熙六〇年八月序刊本　大六

ハ52H h5-1 1　中山世譜
源直温
天保三年一一月跋刊　大一

ハ52I 4-1 3　多氣志樓蝦夷日誌集　并附録　松浦竹四郎撰　正宗敦夫編并校　昭和三年七月―四年四月刊（東京　日本古典全集刊行會）日本古典全集第三期　菊半三

ハ52I 5-1 1　鷹の羽風　并附録・正誤表　平澤文士（道次）　大正九年一二月刊（東京　著者）　菊一

ハ52I 5-2 1　北海道開拓ノ起源　内藤耻叟　近写（自筆）鉛印指定底本　半一

ハ52I 7-1 1　蝦夷人寫眞圖（題簽）　写　彩色　大一（仮綴）

53　満鮮史

ハ53 1-1 1　東史年表　魚允迪　大正四年一二月刊（京城　寶文舘）鉛印　半一

ハ53 4-1 3　高麗史　一三七巻　朝鮮鄭麟趾等　明治四一年一一月―四二年一〇月刊（東京　國書刊行會）　菊三

54　東西交流史

ハ54 3-1 8　通航一覧　三二二巻附録二三巻　林（復齋）（煒）等編　岩橋小彌太等校　明治四五年六月―大正二年一一月刊（東京　國書刊行會）翻東京帝國大學史料編纂掛蔵本（第二冊以降）　菊八

ハ54A 5-1 1　海外異傳　齋藤鐵研（正謙）　嘉永三年七月刊（鯖江侯松堂惜陰書屋藏板（江戸　山城屋佐兵衛・大坂　河内屋喜兵衛））　半一

ハ54A 9-1 1　漂客紀事　兒〔玉〕南柯（琮）　文化一年秋刊　近印（蕉園藏板）　半一（仮綴）

ハ54A 9-2 1　遊房筆語　〔伊〕東藍田（龜年）撰　塋正則校　弘化二年一一月写（長島氏）彩色図入　半一

ハ54B 7-1 1　ヲロシヤ国呈書之和解写　（元表紙）文化一年九月　阿蘭陀大通詞・小通詞　写　朱注記　插入紙一一葉　附箋一葉　大一（大和綴）

ハ54C 0-1 1　文化(明)移入に關する古書展覧會目録　大正十四年九月於大阪毎日新聞社　荒木幸太郎編　大正一四年九月刊（箕面　荒木氏蟹行學社）鉛印　半一

ハ54C 1-1 1　新撰洋學年表　（題簽）大槻如電（修）　昭和二年一月刊（東京　大槻茂雄（東京　六合館・大坂　開成館））石印影自筆本　大一

ハ54C 2-1 3　**文明源流叢書**　國書刊行會編　岩橋小彌太等校
大正二年一〇月―三年二月刊（東京　編者）　菊三

ハ54C 3-1 2　**契利斯督**　（犀）太田全齋（方）編
近写（〔浜野知三郎〕）　大二

ハ54C 5-1 1　**西洋學家譯述目録**　穗亭主人編
大正一五年四月刊（東京　松雲堂）油印影安政一年一〇月序刊本　大三ッ切一

ハ54C 6-1 1　**洋學大家列傳**　附南梁漫録　小宮山南梁（綏介）編
明治三〇年三月刊（東京　博文館）少年叢書第七編　四六一

55　東洋史

ハ55 1-1 1　**歐亞紀元合表**　清張璜
清光緒三〇年刊（上海　慈母堂）左開　菊一

ハ55 1-2 1　**東洋歴史辭典**　并増補・附録　堀田璋左右等
明治三八年六月刊（東京　吉川弘文館）　菊半一

ハ55 3-1 2　**中等東洋史**　二巻并附録・正誤追加表二葉再追加表一葉　桑原隲藏
明治三一年三月・五月刊（東京　大日本圖書）
正誤表ハ本文末ニ印刷　菊二

ハ55 3-2 1　**那珂東洋略史**　那珂通世
明治三七年三月刊（再版　東京　大日本圖書）
序ハ三七年一月　同年三月文部省檢定濟　菊一

ハ55A 3-1 1　**支那通史**　七巻存巻一并附録　那珂通世
明治二一年九月刊　同一二月修　二四年二月序以後印（東京　中央堂宮川保全〈東京　金港堂〉）　大一

ハ55A 3-2 1　**中國風俗史**　清張亮采
清宣統三年一一月刊　民國一二年一二月印（九版　上海　商務印書館）　四六一

ハ55A 4-1 1　**金元清三朝統治史攷**　千倉武夫
昭和一四年二月刊　一六年一月印（再版　千葉　竹岡　著者）　四六一

ハ55A 5-1 1　**續支那の今戰場を語る**　中山久四郎
昭和一三年八月刊（東京　日本外交協會）　菊一

ハ55A 7-1 1　**文獻叢編**　第一輯　民國故宮博物院文獻館編
民國一九年三月刊（北京　編者）鉛印　唐大一

57　伝記・家系

ハ57 3-1 1　**萬國讀史系譜**　牧山清等
明治三三年九月刊（東京　冨山房）　菊一

ハ57 9-1 1　**今古《こんこ》雅談《がだん》**　堀成之編
明治二五年九月刊（東京　金港堂）　四六一

ハ57A 1-1 1　江戸現存名家一覧　藤田萬樹　刊　大三ッ切一

ハ57A 1-2 1　海内偉帖人名録　（題簽・序「海内書画人名録」）小野基圀　天保一二年春序刊　編者福山之民　三都便宜所トシテ頒布所ヲ載ス　大二ッ切一

ハ57A 1-3 1　華族名鑑　（題簽・尾題「改正華族名鑑」）明治八年秋刊（東京　西村組出版局）　半三ッ切一

ハ57A 1-4 1　官員録　五月改〔明治〕刊（官板〈東京　須原屋茂兵衛・和泉屋市兵衛〉）　半二ッ切一

ハ57A 1-5 1　官員録　（改正新刻官員録）〔明治〕刊（官板〈東京　和泉屋市兵衛・須原屋茂兵衛〉）　半二ッ切一

ハ57A 1-6 1　〔官員録〕　明治八年六月改正　明治八年六月以後刊（東京　西村組出版局）鉛印　目録一丁木版　半三ッ切一

ハ57A 1-7 1　改正官員録　（題簽）難波源藏編　明治一〇年一一月刊（東京　博厚堂）鉛印　半三ッ切一

ハ57A 1-8 2　改正官員録　（題簽）二巻　明治十七年十月　彦根正三　明治一七年一一月刊（東京　編者博公書院カ）鉛印　上第二五四丁（最終丁）欠　大三ッ切二

ハ57A 1-9 1　又　存巻上　大三ッ切一

ハ57A 1-10 1　改正官員録　（題簽）彦根正三　明治二一年一月刊（東京　編者）鉛印　半二ッ切一

ハ57A 1-11 1　江戸現在廣益諸家人名録　并附録　天保七年九月刊（江戸　上總屋惣兵衛等三肆）　※　見返ニ層山堂・春壽堂　中一

ハ57A 1-12 3　又　二編三編共（二・三）層山書房主人編　天保七年序刊〔修〕天保一三年四月序・文久一年夏校刊（江戸　金花堂須原屋佐助）※　二編凡例　層山書房主人　中三

ハ57A 1-13 2　國字分名集　文政一二年一一月刊　五〇〇部限　大二ッ切二

ハ57A 1-14 1　諸家人物誌　〔池永豹〕（南山道人）編　写　半一

ハ57A 1-15 3　〔古今〕諸家人物志　五極軒十意編　明和六年一一月刊〔修〕（江戸　奥村嘉七）※　小三

ハ57A 1-16 3　又　此方初印カ　※　小三

ハ57A 1-18 1　江戸當時諸家人名録　扇面亭＝扇屋傳四郎編　文化一二年九月刊（江戸　層山堂西村宗七）※　中一

ハ57A 1-19 1　又　※　中一

ハ57A 1-20 1　同　二編　扇面亭編　層山堂校　文政一年一二月刊（同前）※　中一

ハ57A 1-21 1　職員録　〔明治〕刊（官板〈東京　和泉屋市兵衛・須原屋茂兵衛〉）　大三ッ切一

ハ57A 1-22 2　古今人物年表　（題簽）早川蒼淵（龍介）　明治三三年七月刊（東京　著者早川氏松石山房藏版〈東京　丸善〉）鉛印　半二

ハ57A 1-23 1
皇國銘譽人名録
（題簽）東花堂五翁（宮田宇平）編
明治一〇年八月刊（東京　編者）鉛印
大二ッ切一

ハ57A 1-24 2
續諸家人物志
二巻　青柳東里（文藏）
（明治）刊（大坂　赤志忠七）覆文政一一年夏跋刊本　題簽ニ新刻
小二

ハ57A 1-25 2
訂正増補大日本人名辭書
附大日本人名〔第七版〕辭書增補　經濟雜誌社編
明治四二年六月刊（六版　東京　編者）明治一九年四月初版（附）大正一年一一月刊
四六倍二

ハ57A 1-26 1
東京高名鑑
（版心・尾）加藤新編
明治一八年一一月刊（東京　瀧澤次郎吉〈東京　文岳堂〉）
大三ッ切一

ハ57A 1-27 1
當時諸家人名録
（題簽）
文政刊　不開　※　題簽朱刷
中一

ハ57A 1-28 1
明治文雅都鄙人名録
岡田露船（良策）編
明治一四年四月届（東京　聚栄堂大川錠吉）※
半二ッ切一

ハ57A 1-29 1
日本作者辭典
附日本文學年代表　前島徳太郎編
大正一四年一二月刊（東京　文省社）
四六一

ハ57A 1-30 1
〔日本〕諸家人物誌
二巻〔池永豹〕（南山道人）
寛政一二年三月刊（大坂　利渉堂柏原屋嘉兵衛）
※
小一

ハ57A 1-31 2
〔古今評論〕早引人物故事〔大成〕
二巻　川關惟充
文政八年二月刊（大阪　河内屋茂兵衛等四都六肆）
大二ッ切二

ハ57A 1-32 3
享保武鑑
（題簽）享保二十年〔正月改〕
享保二〇年〔一月〕修（江戸　須原屋茂兵衛）正月改墨書
小三

ハ57A 1-33 2
〔文化武鑑〕
文化一三年修（江戸　千鍾房須原屋茂兵衛）
小二

ハ57A 1-35 6
新板改正安政武鑑
（題簽）三巻新板改正萬延武鑑（題簽）三巻
安政三年修・萬延一年同板修（江戸　千鍾房須原屋茂兵衛）両者同版
小六

ハ57A 1-36 1
袖玉武鑑
（題簽）
天保一二年修（江戸　須原屋茂兵衛）
半三ッ切一

ハ57A 1-37 1
袖玉武鑑
（題簽）
慶應四年修（江戸　須原屋茂兵衛）前ト別版
半三ッ切一

ハ57A 1-38 1
袖珍有司武鑑
（題簽）
嘉永七年修（江戸　松栢堂出雲寺萬次郎）
半三ッ切一

ハ57A 1-39 1
武家格例式
天保七年二月刊　五百部限絶板
大二ッ切一

ハ57A 1-40 1
安政文雅人名録
（題簽）并附録　弘文堂細谷義兵衛
万延一年五月以後刊（江戸　編者）
大二ッ切一

ハ57A 1-41 1
又　文久文雅人名録
（題簽）
文久一年修（同前）前者ノ改題改訂
大二ッ切一

ハ57A 1-42 1　平安人物志　三巻并附録　弄翰子
文化一〇年一〇月刊（再板　京　林伊兵衛）郁
岡良弼旧蔵　小一

ハ57A 1-43 1　同　三巻并附録　弄翰子
文政五年七月刊（再版　京　尚書堂堺屋仁兵衛）　小一

ハ57A 1-44 1　同　三巻并附録・追加　弄翰子
文政一三年一〇月刊（再刻　京　尚書堂堺屋仁兵衛・竹簡堂枡屋利助）　小一

ハ57A 1-45 1　明治文雅姓名録　清水巴江（信夫）編
明治一二年一一月届（一二月序跋　東京　編者）　半二ッ切一

ハ57A 1-46 1　同　同
明治一六年一二月届（修）（同）　半二ッ切一

ハ57A 1-47 1　又　早印　半二ッ切一

ハ57A 1-48 1　同　并増補　同
明治二三年一〇月刊（同）　半二ッ切一

ハ57A 3-1 1　阿部氏家系　（題簽）福山阿部氏
写　半一

ハ57A 3-2 1　系圖家傳家紋　（題簽・扉「繁興筆記」内扉「系圖家傳新居家紋幕紋」）新居繁興
写（自筆稿）附箋朱墨書入訂正　大一

ハ57A 3-3 1　粟田私記秘録　（元表紙）真野頼恭
享和一年写（自筆）插入紙三葉　頼恭肖像画写
真一葉　半一

ハ57A 3-4 1　御家傳記　（福山阿部家）
近写（〔浜野知三郎〕）　半一

ハ57A 3-5 2　系圖綜覽　國書刊行會編　本居清造等校
大正四年四月・九月刊（東京　編者）　菊二

ハ57A 3-6 1　小堀家系譜及事蹟　（小堀家系圖及事蹟）山本麻溪（寛）編
大正一二年六月刊（小田原　編者高源菴〈東京　青山堂青山清吉〉）鉛印　中一

ハ57A 3-7 1　氏名雜録　（外題）〔浜野知三郎〕
近写（自筆）　半一（仮綴）

ハ57A 3-8 5　改正增補諸家知譜拙記　（凡例）五巻　速水房常編
文政三年二月刊（補正新刻　京　出雲寺和泉掾）　大五

ハ57A 3-9 1　汀記　（汀三右衛門）
近写（摸写）　大一

ハ57A 3-10 1　曲阜孔氏族譜抄　并森氏系略（森枳園）
〔昭和〕刊　油印（森）昭和六年八月寫（〔浜野知三郎〕）　大一

ハ57A 3-11 1　有眞樓家乘　（川口子儀）川口陳常・梨本璋編
明治四一年一二月刊（東京　新井助信）鉛印　半一

ハ57A 4-1 1　逸傳六種　近藤瓶城校
明治一八年九月届（東京　近藤圭造）鉛印　存
採叢書之中　中一

ハ57A 4-2 1　協園叢書　二〇〔人物〕志
写　大二ッ切一（仮綴）

ハ57A 4-3 20
近世偉人傳
五編各二巻義集五編各二巻　蒲生褧亭（重章）撰　蓮見鉀之助等校　明治一〇年七月―二二年四月免許　二二年―二四年一二月刊（但シ二五年清明節序アリ）合印（東京　蒲生氏青天白日樓〈東京　森田鐵五郎・最終編　大坂　岡島真七等三肆〉）絵入
半二〇

ハ57A 4-4 1
近世名家碑文集
横瀬貞編　明治二六年一二月刊（東京　經濟雜誌社）
四六一

ハ57A 4-5 1
藝備の學者
和田英松　昭和四年一一月刊（東京　明治書院）
四六一

ハ57A 4-6 5
事實文編
八〇巻次編二二巻附索引　五弓雪窓（久文）編　武安正和等校　文傳正興等重校　明治四三年一一月―四四年一一月刊（東京　國書刊行會）翻五弓家蔵自筆稿本
菊五

ハ57A 4-7 2
秋燈牕史
二巻　奥村任編　明治二八年一月刊（京都　奥村多喜衛〈大阪　福音社〉）石印　銅版肖像入　先考十周年記念出版
半二（縦長）

ハ57A 4-8 20
先進繡像玉石雜誌
九巻續篇（三・四編）五巻　栗原柳菴（信充）編　天保一四年閏九月―一五年五月・嘉永一年九月刊（〔江戸〕栗原信充藏板〈江戸　尚友堂岡村庄助（續）江戸　知新堂紙屋德八〉）絵入
大二〇

ハ57A 4-9 1
贈位先賢小傳
和田不二男（魚澄總五郎）編　大正七年四月刊（京都　編者）六八頁二戸原卯橘アリ
菊一（大和綴）

ハ57A 4-10 1
談藪
佐倉達山（孫三）編　昭和一三年九月刊（東京　編者達山會）
四六一

ハ57A 4-11 1
浪華摘英
三島竹堂　大正四年八月刊（大阪　三島聰惠）鉛印
半一

ハ57A 4-12 2
日本虞初新志
二巻　近藤元弘（南崧樵史）　明治一四年六月刊（愛媛上高柳　風詠舍武市英俊藏版）鉛印　目八巻并附錄ト
中二

ハ57A 4-13 1
明治孝節錄
四巻昭和善行錄二巻　近藤芳樹編（昭）日本弘道會編　昭和一三年八月刊（東京　編者〈東京　東洋圖書刊行會〉）（明）翻明治一〇年一一月宮内省藏版本
菊一

ハ57A 4-14 1
柳營婦女傳叢
〔三田村〕鳶魚編　井上直弘・齋藤松太郎校　大正六年二月刊（東京　國書刊行會）
菊一

ハ57A 5-1 1
阿部伊勢守正弘公傳
濵野章吉　明治三六年一一月刊（東京　著者）鉛印　三島中洲朱批　切貼印字訂正アリ
半一（大和綴）

ハ57A 5-2 1
男爵安保清康自敍傳
附正誤表　安保清康　大正八年一〇月刊（東京　安保清種）
菊一

ハ57A 5-3 1
院莊作樂香
并附錄・正誤表　矢吹正則　明治三八年一月刊（岡山院庄　作樂神社保存事務所）鉛印
半一

ハ57A 5-4 1
懐舊紀事
并附錄 阿部伊勢守事蹟 濱野章吉編 山岡謙介等校
明治三二年一月刊（東京 阿部氏蔵版〈東京 吉川半七〉）
菊一

ハ57A 5-5 3
加賀松雲公
三巻 近藤磐雄
明治四二年二月刊（東京 羽野知顯）
菊三

ハ57A 5-6 1
元帥加藤友三郎傳
宮田光雄
昭和一一年一月刊（廣島 加藤元帥銅像建設會）
影昭和三年八月刊本
菊一

ハ57A 5-7 1
玉露童女行狀
（題簽）服部遜
文政七年六月序刊〔修〕（江戸 弘福禪寺藏板）
肖像入 一六オ後二行いまそかりし切貼訂正
半一

ハ57A 5-8 1
虚舟追想錄
（簡野道明）附虚舟詩存輯佚一首一葉 簡野信衞編
昭和一五年二月刊（東京 編者） 濱野知三郎「簡野道明君を憶ふ」収
菊一

ハ57A 5-9 1
近藤瓶城翁傳
近藤圭造編
大正四年八月刊（東京 編者）鉛印
半一

ハ57A 5-10 1
佐藤素拙傳
大槻文彦
明治四五年二月刊（東京 佐藤喜六・同均）鉛印
半一

ハ57A 5-11 1
島津日新公
附正誤 渡邊盛衛
明治四三年一一月刊（東京 東京啓發舍）
菊一

ハ57A 5-12 1
省齋年譜草案
（平山省齋）并附錄・正誤 平山成信編
明治四一年一〇月序跋刊（編者）朱訂字編者ナラム
菊一

ハ57A 5-13 1
北越偉人沙門良寛全傳
西郡久吾編
大正三年一月刊（長岡 目黒書店）
菊一

ハ57A 5-14 1
伯爵田中青山
并附錄 田中伯傳記刊行會編
昭和四年九月刊（東京 編者）
菊一

ハ57A 5-15 1
西村泊翁先生年譜
伏見釛之助編
明治四〇年九月刊（東京 編者）
菊一

ハ57A 5-16 1
故幕府閣老阿部伊勢守事蹟要領
大正三年五月刊（東京 武田璋三郎）故ヲ墨×印抹消 墨訂ハ浜野知三郎カ
菊一

ハ57A 5-17 1
藤原師賢卿
澤田總清
昭和一五年一一月刊（東京 健文社）
四六一

ハ57A 5-18 1
明治維新第一の犠牲者天忠組總裁松本奎堂晚年の事蹟
附正誤 武岡豊太
近刊 大正十四年十月刈谷町講演筆記 雑誌ノ抽印ナラム
菊一

ハ57A 5-19 1
丸山作樂詳傳
（丸山作樂傳）丸山正彦・同善彦編
明治三二年一二月刊（東京 丸山正彦）
菊一（大和綴）

ハ57A 5-20 1
峰間鹿水傳
并附錄二篇 横山健堂編
昭和八年九月刊（東京 編者峰間氏還暦祝賀會記念刊行會）
菊一

ハ57A 5-21 1
山路機谷先生傳
附森田節齋と平川鴨里 池田春美編
昭和八年一一月刊（〔廣島鞆 編者〕）
菊一

ハ57A 5-22 1

樂翁公傳

并附錄・呈辭一葉貼付　澁澤榮一
昭和一二年一一月刊（東京　岩波書店）
菊一

ハ57A 5-23 1

樂翁公餘影

并附錄・樂翁公百年祭記念展覽會列品目錄一葉
樂翁公遺德顯彰會編
昭和四年六月刊（東京　編者）
菊一

ハ57A 6-1 1

阿部氏歷代并親族法號書

（阿部氏歷代親族諡書）平長連
写（安政四年八月校）森枳園旧藏
半一

ハ57A 6-2 2

阿波名家墓所記

續編共附正誤表　松浦七橋（德次郎）編
大正八年八月・一一年五月刊（德島　編者）鉛
印
半二（縱長）

ハ57A 6-3 1

思ひよる日

（題簽）古筆了伴撰　榊原偽謙校
嘉永一年刊（古筆了伴藏板〈江戸　岡村屋庄
助〉）
大三ッ切一

ハ57A 6-4 1

關八洲名墓誌

并附錄・追記ト削除・正誤　時山聽雪（彌八）
編
大正一五年三月刊（東京　明治堂書店）
菊一

ハ57A 6-5 1

枳園森立之壽藏碑

（紙碑）森枳園（立之）
近写（〔浜野知三郎〕）翻印底本カ　朱指定　肖
像入　明治一九年一月枳園孫女くわう跋
半一（包背装）（大和綴）

ハ57A 6-6 1

勅撰木戸公神道碑

（題簽）三島〔中洲〕（毅）奉勅撰　野村素介奉
勅書
大正二年一〇月刊（木戸侯爵家藏版〈東京　七
條愷〉）石印影碑文　陰刻　三字程修正アリ
甌　構二字
特大一

ハ57A 6-7 2

京都名家墳墓錄

二巻附略傳並ニ碑文集覽・正誤表　寺田貞次編
大正一一年一〇月刊（京都　山本文華堂）風俗
叢書第四輯
菊二

ハ57A 6-8 1

近畿墓跡考

大阪之部　鎌田春雄
大正一一年六月刊（東京　大鐙閣）
四六一

ハ57A 6-9 1

江都諸名家墓所一覽

（江戸名家墓所一覽）并附記　岡田樗軒（老樗軒主人）
明治三四年二月刊（東京　東洋社）翻文化一五
年一月江戸越中屋文二郎等四肆刊本
菊半一（大和綴）

ハ57A 6-10 1

三碑稿

西藏山（毅一）撰　諸家評
明治二九年一〇月序刊（著者）鉛印　一四頁後
二行入字顚倒
中一（仮綴）

ハ57A 6-11 1

昭代金石文

第二篇　小金澤久吉編
明治三四年五月刊（東京　編者）
四六一

ハ57A 6-12 1

掃墓餘筆稿

（掃墓餘筆残編稿）大正二年五月廿九日起稿
大正二年五月—九月写（〔浜野知三郎〕）浜野氏
自撰ナラム
半一（擬包背装）

ハ57A 6-13 1

奠香錄

（題簽）
刊
中一

ハ57A 6-14 1

東京掃苔錄

藤浪和子
昭和一五年五月刊（東京　東京名墓顯彰會）
菊一

ハ57A 6-15 1

東京墓地便覽

（元表紙）西田俊藏
明治七年九月刊（東京　西氏花落堂藏版〈東京
和泉屋壯造〉）絵図
半一

ハ57A 6-16 6　東都訪碑録
近写（〔浜野知三郎〕）或ハ浜野氏編トシテヨキカ　大六

ハ57A 6-17 1　悼鳳集
（鳥山一郎）鳥山進編
昭和七年七月刊（福山　編者）表紙書濱野知三郎　一周忌記念　四六一

ハ57A 6-18 1　浪華名家墓所記
（草稿）宮武外骨
明治四四年三月刊（大阪　雅俗文庫）鉛印
并追加・本朝墓碑舊式並銘號之事（撰者未詳）
中山信名　中一

ハ57A 6-19 1　墳墓考
写　大野洒竹旧蔵　半一

ハ57A 6-20 1　平安老母
（岡田梅子）岡田久次郎編
昭和一二年四月刊（東京　平安堂編者）鉛印
種善院浄林慈光大姉十三回忌追善　特大一（大和綴）

ハ57A 6-21 2　平安名家墓所一覧
續共　山本東海（實）編
明治四三年六月・一一月刊（京都　彙文堂）鉛印　袋附　小二

ハ57A 6-22 1　同
大正四年九月刊（増訂再版　同　同）鉛印
（増訂平安名家墓所一覧）附正誤　同　小一

ハ57A 6-23 4　明治碑文集
四巻　佐藤平次郎編
明治二五年二月（再版）―二七年二月刊（巌手　涌津　佐藤氏晴耕雨讀齋蔵版（仙臺　高橋藤七・東京　大倉孫兵衛（三・四）東京　東陽堂支店ヲ加ウ））鉛印　初版二四年三月　半四

ハ57A 6-24 1　薦誠壇祭典剳記
附東州文鈔并附録　川口東州（嘉）編
明治二五年三月刊（四月舉行銅版画　訂正出板　東京　編者）鉛印　朱刷封面袋附　茶刷図入
（附）石印　奥ニ浜野知三郎一本注記貼付　小一

ハ57A 7-1 1　小鷹狩元凱翁
并附録・正誤　小鷹狩丙吉編
昭和一三年七月刊（東京　編者）　菊一

ハ57A 7-2 2　先哲墨寶
并解説　報徳講演會編
明治四一年一二月刊（京都　芸艸堂）玻璃版・鉛印　半二（大和綴）

ハ57A 7-3 1　高島先生教育報國六十年
（高島平三郎）丸山鶴吉編
昭和一五年一一月刊（東京　高島先生教育報國六十年記念會）　菊一

ハ57A 7-4 1　尽きぬいつみ
相原巖・津多子八十・七十七壽賀　進藤久編
昭和一二年一〇月刊（廣島仁方　編者）鉛印
濱野知三郎詩アリ　切貼訂正アリ　謹呈辞一葉（鉛印）挟込　大一

ハ57A 7-5 1　林平次郎翁追悼錄
故林平次郎翁追悼錄編纂會編
昭和八年一一月刊（東京　編者）濱野知三郎追悼文アリ　菊一

ハ57A 7-6 1　本朝英雄鑑
（嘉永改正本朝英将武者鑑）
嘉永刊　折一

ハ57A 7-7 1　名家肖像大鑑
（〔浜野〕氏書題簽）
〔明治〕刊　銅版　彩色刷　大一

ハ57A 7-8 1
礫荘雜話
〈鹽谷先生〈靑山・節山〉記念會誌後篇〉川上榮一編
昭和一五年一月刊（東京　菁莪書院）
菊一

ハ57A 9-1 1
ありやなしや
附胎厥錄　清水礫洲（正巡）撰　清水正穀等注　郗田竘等校
明治四〇年一一月刊（〔東京〕雪營霜舍藏版〈東京　彩雲閣〉）鉛印
半一（大和綴）

ハ57A 9-2 1
英雄のおもかげ
村上俊藏（獨浪菴主人）編
明治三三年一月刊（東京　春陽堂）學窻餘談第四巻第一號（新年號）附錄
菊半一（仮綴）

ハ57A 9-3 1
畸人詠
岡田〔新川〕（挺之）
寛政一〇年六月刊（明治）印（尾張　片野東四郎）
大一

ハ57A 9-4 1
近古史談
四巻（巻三・四欠）〔大槻磐溪〕
慶應四年秋刊
特小一

ハ57A 9-5 2
補正近古史談
二巻　大槻磐溪（清崇）撰　大槻如電（清修）補
明治二九年三月刊　一〇月修（一一月文部省検定濟　大阪　三木佐助書店）漢文教科用書
半二

ハ57A 9-6 2
標註刪修近古史談
二巻附新訓點　大槻磐溪（平崇）撰　大槻文彦注并校
明治三二年一月刊（東京　校者〈東京　吉川半七・大阪　三木佐助〉）鉛印　尋常中學校漢文科教科書
半二

ハ57A 9-7 1
刪修近古史談字引
（鼇頭插畫刪修近古史談字引大全）四巻　奥山猪吉
明治二八年一月刊　三一年四月印（再版　東京　林書房林平次郎）銅版
中一

ハ57A 9-8 1
先哲像傳
并近世畸人傳五巻續近世畸人傳五巻百家琦行傳五巻　武笠三編并校
大正三年一月刊（東京　有朋堂）有朋堂文庫之中
小四六一

ハ57A 9-9 1
〔近世〕畸人傳
五巻　伴蒿蹊撰　三熊花顛（思孝）画　正宗敦夫校
昭和四年一月刊（東京　日本古典全集刊行會）翻寛政三年八月京鵜鶘惣四郎等六肆刊本　日本古典全集第三期
菊半一

ハ57A 9-10 1
續近世畸人傳
五巻并附錄　伴蒿蹊撰　三熊露香画　正宗敦夫校
昭和四年四月刊（同　同）翻寛政一〇年一月京梅村宗五郎等六肆刊本　同
菊半一

ハ57A 9-11 2
藝苑叢話
二巻　山縣篤藏編
明治三〇年五月刊（東京　吉川半七）鉛印
中二

ハ57A 9-12 3
訂正增補皇朝言行錄
九巻附巡覺日記・枕上閑課　土屋〔鳳洲〕（弘）
大正六年五月刊（再版　東京　加藤鎭之助）石印影明治一五年四月刊本
半三

ハ57A 9-13 3
皇朝蒙求
三巻附標題　山下〔舜民〕（直温）編　乘附倬等校
明治一四年六月刊（白河　山下氏蔵版〈東京　北畠茂兵衞〉）
半三

ハ57A 9-14 2
黄梁一夢
一〇巻　木村芥舟（四家村農）
明治一六年一二月刊（東京　木村氏四家邨荘藏版）鉛印
中二

ハ57A 9-15 3
新訂常山紀談
二五巻拾遺四巻附雨夜燈（目次作三巻）湯淺常山（元禎）編　大町桂月校
明治四四年九月―四五年四月刊（東京　至誠堂）學生文庫第一〇・一六・二九編
菊半変三

ハ57A 9-16 1
尚友小史
第一輯　中村確堂（鼎五）撰　諸家評
明治二五年一一月刊（混々舍藏版〈京都　文石堂北村四郎兵衛〉）
半一

ハ57A 9-17 1
〔諸家細見〕
（版心「さいせん」）錦亭綾道
嘉永六年春刊（王屋面四郎）絵入
中一

ハ57A 9-18 1
相識人物志
附言霊のしらへ・治承四年十一月七日宣旨・蔵人頭左中辨藤原経房奉・嵯峨物語・幻夢物語
岡本況齋（孝）
写
大一

ハ57A 9-19 6
日本外史纂論
一二巻　石川鴻齋（君華）
明治一〇年六月免許　一二月序刊（東京　著者〈東京　山中市兵衛〉）
半六

ハ57A 9-20 1
才子必讀吃驚草紙《びつくりざうし》
上編二巻　嶋崎鴻南編
明治一六年一〇月刊（東京　繪入自由出版社）
鉛印
中一

ハ57A 9-21 1
當世《とうせい》名家《めいか》評判記《ひやうばんき》
前編巻一　悟免庵主人撰　出放大校
天保六年春序刊　絵入
中一

ハ57A 9-22 5
妙々奇談
二巻七冊学者必読妙々奇談後夜の夢二巻〔六〕冊妙々奇談弁ミ正附録・妙ミ奇談弁ミ正　周滑平撰　五覧通・曇無鏡編校（附）水鏡山人編（弁）五覧通・無曇鏡編
刊〔明治〕印（東京　萬笈閣椀屋喜兵衛）絵入
中五

ハ57A 9-23 1
明良洪範
一五巻　眞山増譽撰　文傳正興・伊藤千可良校
明治四五年一月刊（東京　國書刊行會）
菊一

ハ57A 9-24 1
暦（ママ）代君臣名功録
三巻〔大槻磐溪〕
刊　木活　薄様刷
中一

ハ57A 9-25 1
老人雜話
二巻　江村專齋（宗具）述　伊藤坦庵（宗恕）録　近藤瓶城校
明治一四年一〇月届（東京　校者）鉛印　史籍集覧之中
中一

ハ57A 9-26 2
和漢駢事
二巻　釈虞淵
天保五年刊（無松園藏板〈京　ひしや友七〉）
半二

ハ57B 1 2
漢土諸家人物誌
三巻　鎌田環齋（禎）補編并校
寛政五年八月刊（大坂　宣英堂奈良屋長兵衛葛城輝敖）
小二

ハ57B 2 1
支那人名辭書
難波常雄等編
明治三六年一二月―三七年五月刊　合印合本
（東京　啓文社）
菊一

ハ57B 3 1
中國人名大辭典
并補遺・附錄　民國臧勵龢等編
民國一〇年六月刊　同印（再版　上海　商務印書館）
菊一

ハ57B 4 2　白麓藏書鄭成功傳　(國姓爺傳)　清鄭亦鄒撰　木〔村〕蒹葭堂（孔恭）校　安永三年二月刊（大坂　稱觥堂澁川清右衛門・揚芳堂伊和摠兵衛）書入本　※　大二

ハ57B 5 3　名庸集　(目録)三巻　写　中三

ハ57B 6 24　歴代名人姓氏全編　三二巻　〔民國〕刊（有正書局）石印　唐小二四

ハ57C 1 1　肖像入朝鮮古今名賢傳　朝鮮弘文社編　大正一二年六月刊（東京　弘文社東京支社）　菊一

58　考古学

ハ58 5-1 2　雲根志　五巻後編四巻三編六巻　木内石亭（重曉）撰　正宗敦夫校　昭和五年九・一〇月刊（東京　日本古典全集刊行會）翻安永二年六月跋・安永九年一月・享和一年五月跋刊本　日本古典全集第三期　菊半二

ハ58 5-2 1　漢六朝の服飾　原田淑人　昭和一二年一二月刊（東京　東洋文庫）東洋文庫論叢第二三　四六倍一

ハ58 5-3 1　秦漢瓦璫圖　(序)清畢沅編　館柳灣（機）校　天保九年秋序刊（江戸　館氏石香齋）本文双印　摸刻清乾隆五六年跋刊本　慊堂序　特大一

ハ58 5-4 1　天狗爪石雜考　大槻磐水（茂質）　文政三年一二月写（宜帆齋）絵入　口絵末二文政三年九月堀川敬周筆　半一

ハ58 5-5 1　勾玉考　附石劍頭考・臼石考并附録　谷川士清　安永三年一〇月序刊〔後印〕（洞津　谷川氏家塾）　半一

ハ58 7-1 1　古京遺文　并附録・續古京遺文并附録　狩谷〔棭齋〕（望之）　(續)山田孝雄・香取秀眞　大正一一年一二月刊（東京　寶文館）鉛印　大一

ハ58 7-2 1　古京遺文　(題簽)并附録　狩谷棭齋　近写（〔浜野知三郎〕）影摸明治三五年八月桃澤如水影小島知足影棭齋自筆稿本　朱墨両筆　大一

ハ58 7-3 1　日本金石年表　奥田一夫（百朋齋主人）　明治四二年一一月刊（名古屋　編者〈名古屋豊田棄三郎〉）鉛印　袋附　半一

ハ58 7-4 1　碑文避諱字　(外題)附攷共・房元齡碑・唐太宗賜眞人頌・福壽論　写　文政一一年一一月・一二年一二月伊澤〈榛軒〉（信厚）朱句讀（移写ナラム）・安政二年四月森枳庭（約之）朱校墨標注　薄様　半一

ハ58 7-5 1　福岡縣碑誌　筑前之部并附録・正誤表　荒井周夫編　昭和四年三月刊（福岡　大道學館出版部）　菊一

59　地理・紀行

ハ59 1a-1 1　帝國韓滿地方名鑑　并附錄　金田謙　明治四三年三月刊　五月印（再版　東京　自治館）　菊一

ハ59 1j-1 1　臺灣遊記　并附錄影自筆偶成書　德富蘇峰（猪一郎）　昭和四年七月刊（東京　民友社）　四六一

62　社会思想

ハ62 1 1　平易なる思想論　宮澤裕　大正一二年七月刊（東京　隆文館）　四六一

64　社会史

ハ64A 1 1　加婆祢考　（題簽）　写　大一

ハ64A 2 1　戸籍考　栗田〔寛〕　〔明治〕刊（元老院藏版）鉛印　四六一

65　風俗史

ハ65 1 1　近世女風俗考　二巻　生川春明撰　大槻如電（修二）補并校　明治二八年六月刊　大正四年三月印（六版　東京　東陽堂）石印　絵入　袋附　大一

ハ65 2 4　近世風俗見聞集　國書刊行會編　岩橋小彌太等校　大正一年八月—二年七月刊（東京　編者）　菊四

ハ65 3 1　類聚近世風俗志　（守貞漫稿）二巻追補共三三編　喜田川季荘（舎山・守貞）撰　室松岩雄編并校　明治四一年一二月刊　大正二年一一月印（再版　東京　東京出版同志會）　菊一

ハ65 4 1　國朝佳節錄　松下西峯（見林）　貞享五年六月刊（大坂　森田庄太郎）　大一

ハ65 5 2　四季の物語　（題簽）鴨長明　天保一一年一〇月写（一倩軒日詠）朱校字　墨宛漢字振仮名　上段ニ標注　大二

ハ65 6 7　人倫訓蒙圖彙　（題簽）　大正四年七月刊（東京　珍書刊行會）石印影元祿三年七月江戸平樂寺村上五郎兵衛・大坂同村上清三郎刊本　珍書刊行會書譜第二冊　半七

ハ65 7 5　楽しみさうし　（題簽）五巻　冨士谷東遊子編并校　長谷川貞信・柳齋重春畫　和田耕治郎書　〔嘉永〕刊（大阪　綿屋喜兵衛）年代記下限弘化四カ　胡蝶装ヲ袋ニ貼ル　中五

ハ65 8 2　日本歳時記　七巻　貝原好古編　貝原損軒（篤信）補　貞享五年三月刊〔後印〕（大坂　定榮堂吉文字屋市兵衞）絵入　半二

ハ65 9 1　日次紀事　黒川道祐　大正五年四月刊（京都　京都叢書刊行會）鉛印　京都叢書之中　半一

ハ65 10 7　民間年中故事要言　七巻　蔀遊燕　元禄一〇年一月刊（大坂　鳫金屋庄兵衛等三都三肆）　大七

ハ65 11 1　民間風俗年中行事　出口米吉編　井上直弘等校　大正五年一二月刊（東京　國書刊行會）　菊一

ハ65 12 1　むかしむかし物語　（昔々物語）財津種莢撰　近藤瓶城校　明治一八年五月（年十八五月トアリ）跋刊（〔東京　校者〕）鉛印　存採叢書之中　中一

ハ65 13 1　猥褻風俗史　宮武外骨　明治四四年四月刊（大阪　宮武氏雅俗文庫）鉛印　半一

66　民俗

ハ66 6-1 1　俗諺論　并附録　藤井乙男　明治三九年五月刊（東京　冨山房）　菊一

ハ66 6-2 1　俚謠集　文部省　大正三年九月刊　同印（再版　東京　國定教科書共同販賣所）　菊一

ハ66 6-3 1　俚謠集拾遺　附明治年間流行唄　高野斑山・大竹紫葉編（附）大竹紫葉　大正四年四月刊（東京　六合舘）　菊一

71　法制史

ハ71 1 1　制度通　附釋親考・釋親考續編　伊藤東涯（長胤）撰　飯田傳一校　大正一年一二月刊（東京　金港堂）　四六一

ハ71A 0-1 2　日本法制史書目解題　三篇　池邊義象　大正七年一二月刊（東京　大鐙閣）　菊二

ハ71A 3-1 2　校訂令集解　四〇巻并令集解逸文　惟宗直本編　三浦周行校　大正一年八月・二年九月刊（東京　國書刊行會）　底本明治四年四月—五年一月跋刊石川蕉園木活本　菊二

ハ71A 3-2 1　令義解講義　小中村清矩　明治三六年二月刊（東京　吉川弘文館）　菊一

ハ71A 4-1 1　武家職官攷　二巻附刋誤　水本成美編　郁岡良弼校　明治二二年七月刊（東京　水本氏藏版〈東京　青山堂青山清吉〉）鉛印　内藤耻叟寄与若林高孝　半一

ハ71A 5-1 3　**日本制度通**　三巻　萩野由之・小中村義象　明治二二年九月（但シ二三年四月序アリ）―二三年一〇月刊（東京　吉川半七）図入（胡蝶装アリ）套印　銅版図入　半三（一・二大和綴）

ハ71A 5-2 1　**日本法制史**　三浦菊太郎　明治三三年五月刊（東京　博文館）帝國百科全書第五一　菊一

ハ71A 7-1 1　**位記口宣讀方並解**　（題簽）　写　大一

ハ71A 7-2 1　**官職講義**　和田英松　〔明治〕刊　鉛印　7-4ニ依レバ明治三三―三五ノ講義カ　国史説苑ニ年譜著作目録　半一

ハ71A 7-3 3　**官職知要**　三巻　里見安直　享保三年八月刊（京　富倉太兵衛）図入　元禄一五年九月序　大三

ハ71A 7-4 1　**修訂官職要解**　并附録　和田英松　大正一五年一月刊（東京　明治書院）　菊一

ハ71A 7-5 3　**職原鈔辨疑私考**　（職原鈔辨疑）三巻　壷井義知　享保三年一月序刊　大三

ハ71A 7-6 8　**和歌職原鈔**　追加共八巻（四以下追加）菊亭晴季（追）吉田定俊　貞享四年五月刊（〔大坂〕伊勢屋新兵衛・松葉屋権左衛門）　半八

ハ71A 7-7 2　**當局遺誡**　（官務文庫記錄）并解説　小槻晴富（解）橘井清五郎　昭和一一年七月刊（京都　貴重圖書影本刊行會）影圖書寮蔵文明一六年一二月自筆稿本　大一　四六一（大和綴）

ハ71A 7-8 1　**百寮訓要抄**　〔二條〕良基　刊　大一

ハ71A 7-9 2　**本朝官職備考**　（官職備考）七巻　三宅帯刀編　元禄八年八月刊（京　梶川儀兵衛等三肆）　半二

ハ71A 7-10 1　**略要鈔**　三巻存中〔洞院公賢〕編　写　梨本宮家加持井御文庫旧蔵　大一

ハ71A 8-1 2　**蛙抄**　（外題）冠・袍〔洞院實熙〕　写　絵入　大二

ハ71A 8-2 2　**海人藻芥**　三巻　恵命院〔宣守〕　元禄七年三月刊〔後印〕（京　林源兵衛）朱藍校合書入本　中川得樓等旧蔵　半二

ハ71A 8-3 1　**祝之書**　伊勢貞敦　写　彩色図入　文政一三年五月屋代弘賢傳授大岡小五郎　大一

ハ71A 8-4 1　**宮殿調度圖解**　附乗物考　關根正直　明治三三年六月刊　一〇月印（再版　六合舘林書店）鉛印　宮殿圖（写）一葉挟込マル　半一

ハ71A 8-5 2　**増補宮殿調度圖解**　二巻附車輿圖解　關根正直　大正一四年四月刊（東京　六合館）鉛印　袋附　中二

ハ71A 8-6 1　**禁中行事**　（題簽）　天保一三年三月寫（尾州　米倉儀右衛門義武）　半一

ハ71A 8-7 1　禁中年中行事　（題簽）　写　附箋貼付　枡形一

ハ71A 8-8 2　禁秘抄釋義　二巻附禁秘抄考　關根正直（附）和田英松　明治三四年二月刊（東京　吉川半七）鉛印　半二

ハ71A 8-9 3　公事根源〔集釋〕　三巻　松下見林　元禄七年六月跋刊〔明治〕印（京　鴻寶堂川勝徳次郎）　大三

ハ71A 8-10 3　公事根源新釋　二巻　關根正直　明治三六年一二月刊　四二年一〇月印（再版　東京　六合舘）鉛印　半二

ハ71A 8-11 1　元服法式　伊勢貞丈　写　彩色図入　明和二年四月伊勢貞丈傳授小谷左近助・小谷五左衞門　大一

ハ71A 8-12 1　弘安禮節　（題簽）一條〔内經〕・花山院〔家定〕・二條資季編　壷井鶴翁（義知）・伊勢貞丈校并注　近写（〔浜野知三郎〕）　大一

ハ71A 8-13 1　弘安禮節　（題簽）〔一條内經〕・〔花山院家定〕・〔二條資季〕編　刊　小杉榲邨旧蔵書入本　中一

ハ71A 8-14 1　弘安禮節問荅　附玉章秘傳鈔抜萃・御産所御道具（玉）藤原章教　写　鈴木眞年・伊佐岑満旧蔵　文政七年三月三日爲蔵書了緑園主人佐藤忠満　大一

ハ71A 8-15 17　西宮記　一五巻目録一巻〔源高明〕　写　阿波國文庫・小杉榲邨旧蔵　校合書入本　大一七

ハ71A 8-16 1　四季色目　（題簽）深海堂主人　文政一三年九月刊（深海堂蔵版）阿波國文庫・小杉榲邨旧蔵　大三ッ切一

ハ71A 8-17 2　増補装束甲冑圖解　二巻附弓劍馬具圖解　關根正直　明治三五年五月刊　六月印（七版　東京　六合館林書店）鉛印　明治三十五年三月、原版磨滅したる所あるを以て、…　半二

ハ71A 8-18 2　増訂装束圖解　附甲冑武器圖解　關根正直　大正一三年九月刊（東京　六合館）鉛印　震災原版焼失　復興第一版　中二

ハ71A 8-19 2　装束圖式　二巻　元禄五年一〇月刊〔明治〕印（京都　文求堂田中治兵衛）　半二

ハ71A 8-20 2　包記　（包結記・つゝみの記・むすひの記・包結圖説）結記共二巻　伊勢安齋（貞丈）　天保一一年刊（靜幽堂蔵版）　大二

ハ71A 8-21 1　〔當今〕年中御行事　（題簽）邨井漸父校　明和三年五月写（京　校者）　大一

ハ71A 8-22 1　日中行事　後醍醐天皇勅撰　大石千引注　文政三年一〇月跋刊　図入　大一

ハ71A 8-23 4　二禮儀略　四巻　村士玉水（宗章）　寛政四年四月跋刊（〔江戸〕岡田氏寒泉書院藏版）図入　大四

ハ71A 8-24 1　本朝衣服制度考并或問　（本朝衣服考）山科元幹　写（自筆）絵入　著者景樹門人ト　半一

ハ71A 8-25 1　〔幕・指物・具足・提灯・羽織等圖〕
写　彩色　大一

ハ71A 8-26 1　名目鈔〔講〕
洞院實凞撰　關名講
写〔伊勢〕貞丈説朱書入　大一

ハ71A 8-27 1　明治年中行事
附正誤　細川潤次郎
明治三七年八月刊（東京　西川忠亮）鉛印　田中光顯題字　半一（大和綴）

ハ71A 8-28 6　〔改正〕有識小説
三巻〔槇島昭武〕（駒谷散人・郁）
元禄一一年一月刊（江戸　千鍾堂須原茂兵衛）　中六

ハ71A 8-29 1　重修装束圖解
并服制通史・附録　關根正直
昭和七年五月刊（東京　林平書店）　四六一

ハ71B 1 1　支那法制史
附清朝の法典に就て　淺井虎夫
明治三七年三月刊（東京　博文館）帝國百科全書第一〇四編　菊一

ハ71B 2 1　増訂支那法制大辭典
（典海）附新設増補法制用語拾遺　東川德治編
昭和八年五月刊（東京　編者〈東京　松雲堂〉）　菊一

73　政治問題・政治事情

ハ73 1 1　亞細亞・歐羅巴・日本
大川周明
大正一四年一〇月刊　同印（再版　東京　大東文化協會）　四六一

ハ73A 3 1　昭和一新論
德富蘇峰（猪一郎）
昭和二年二月刊　三月印（一四版　東京　民友社）　菊一

74　東亜問題・東亜事情

ハ74 3 1　思想建設
興亞の理念　宇田尚編
昭和一五年七月刊（東京　廣文堂）　四六一

76　軍事・国防

ハ76 3-2 5　兵要録
二二巻　長沼澹齋（宗敬）撰　江木〔鰐水〕
（晉戈）等校
嘉永七年九月刊　図入　朱墨校合書入　大五

ハ76 4a 1　海防策
写
（外題）籌海私議（〔鹽谷宕陰〕）務本（安井息軒）
三巻海防臆測（〔古賀侗庵〕）二巻海防策（齋藤拙堂）五巻海防私策（板倉勝明）讀海防私策
（大槻〔磐溪〕）〈崇〉）獻芹微衷（大槻〔磐溪〕
〈清崇〉）林子平傳（齋藤竹堂）　大一（仮綴）

ハ76 7-1 1　笠掛全記
（笠懸全記）古傳書類聚　伊勢貞丈
文政三年三月写（阿川家）彩色図入　大一

ハ76 7-2 1
武術叢書
附國書刊行會會報大正期第一四號　吉丸一昌編
本居清造等校
大正四年五月刊（東京　國書刊行會）
菊一

ハ76 8-1 3
大礮使用軌範
三巻　寺地強平譯并編
安政四年三月稟准　五月序刊（萬松堂蔵版）
大三

ハ76 8-2 3
中古《ちうこ》甲冑《かつちう》製作《せいさく》辨《べん》
（甲冑製作辨）三巻　榊原香山（長俊）
寛政一三年一月刊　文化一〇年六月印（江戸
千鍾房須原屋茂兵衛・青藜閣須原屋伊八）絵入
大三

ハ76 8-3 1
刀劍問答
并刃劍圖　伊勢貞丈
写　彩色図入
大一

ハ76 8-4 1
本朝軍器考餘
宇治田忠卿
写　絵入　元文一年六月紀府末臣著者序
大一

ハ76 8-5 2
本朝軍器考標疑
（軍器考標疑）二巻　伊勢貞丈
写（高木一成）絵入　下ニ追加・再追加アリ
半二

ハ76 8-6 1
弓矢略考
〔小山田〕（平）與清
写
大一

78　経済史

ハ78A 0 1
日本經濟典籍考
瀧本誠一
昭和三年四月刊（東京　日本評論社）
菊一

ハ78A 4 1
南葵文庫創立記念會陳列目錄
大正四年六月十九日　南葵文庫編
大正四年六月刊（〔東京〕編者）
四六一

ハ78A 7 1
德川時代商業叢書
赤堀又次郎編　岩橋小彌太等校
大正二年一月—三年二月刊（東京　國書刊行會）
菊三

79　経済政策・産業・計理

ハ79 6 1
新聞廣告の研究
新田宇一郎
昭和三年一月刊（東京　六合館）
四六一

80　藝術

ハ80 1 1
日本書畫骨董大辭典
并附錄　池田常太郎編
大正四年一一月刊（東京　日本美術鑑賞會〈東京　弘學館・大阪　金正堂〉）
四六倍一

ハ80 5-1 1
古今書畫名家年表
并古今書畫名家氏名いろは別索引附索引正誤
石田誠太郎
大正二年九月刊（京都　採古堂高田新助〈京都　石田孝介〉）鉛印
中一

ハ80 5-2 1
書畫時代一覽 （従慶長元年 至明治十七年） 赤松德三編 須原畏三閲
明治一九年一月刊（東京 畏三堂須原鉄二）肖像図入
半二ッ切一

ハ80 5-3 1
又 畏三堂老人識語（ウ）肖像一丁ナシ
半二ッ切一

ハ80 5-4 4
日本書畫人名辭書續編 三巻附日本名家書画談 杉原夷山（子幸）編 濵野知三郎校
大正一五年一月刊（改修第一版 東京 松雲堂＝松山堂出版部）鉛印 袋附 初版明治四五年七月
半四

ハ80 5-5 2
標註書畫別號集覽 二巻續編二巻附近古藝苑名數 杉原夷山（幸）
大正四年三月・七月刊（正）四年七月印（再版 東京 書畫骨董雑誌社）鉛印
中二

ハ80 5-6 2
諸家人名錄書画帖 （題簽）二輯共 平亭銀雞
（二）天保三年五月序刊〔後印〕（江戸 菊屋幸三郎）
半二

ハ80 5-7 1
青邱遺稿 片野青邱（四郎）撰 大村西崖等編
明治四二年一一月序刊（〔出版並に追悼會〕）
菊一（大和綴）

ハ80 5-8 7
大日本名家全書 六巻並首巻索引 好古社編纂部編
明治三五年八月―三六年四月刊（東京 好古社出版部＝青山堂書房）石印（首）鉛印
大七

ハ80 5-9 1
日本美術家墓所考 附墓碑文彙 結城素明
昭和六年一一月刊（東京 巧藝社）
四六一

ハ80 5-10 3
日本書畫人名辭書 三巻 杉原夷山（子幸）・清水退軒
明治四三年一一月刊 大正一〇年一〇月印（三二版 東京 松山堂）鉛印 口絵石版彩色刷
半三

ハ80 5-11 5
日本書畫落款印譜 五巻 杉原夷山（子幸）
大正四年一月刊 九年七月印（一〇版 東京 松山堂）石印鉛 口絵石版彩色刷 木版（江川八左衛門刻）見返 他ニモ原木版部分有カ
半五

ハ80 5-12 1
文林華押集 （文林花押集）石隠老人
文化六年六月刊（大阪 星文堂淺野彌兵衛）
大三ッ切一

ハ80 5-13 1
別號集 樋口傳
大正四年一二月刊 五年一月印（再版 東京 書畫骨董誌社）
菊半一

ハ80 5-14 1
墨林清芬 附野呂介石先生 田能村竹田先生 頼山陽先生 三名家略年譜 熊谷直之
明治四三年五月刊（增補再版 京都 熊谷鳩居堂）鉛印 四〇年八月初版
中一

ハ80 5-15 1
新増和漢書畫集覽 天保六年一月刊（大橋氏華木舘蔵板）
半三ッ切一

ハ80 6-1 2
ハ80 6-4 2
元明清書畫人名錄 二巻清書畫人名續錄（續書畫人名錄）二巻 彭百川（眞淵）編 高芙蓉（孟彪）等補（續）宮埼青谷（憲）編 山本弘等校
安永六年六月刊（續）天保九年三月序刊〔明治〕合印（大阪 積玉圃柳原喜兵衛）
半四

ハ80 6-2 4
支那書画人名辭書 四巻 大西林五郎
大正八年一二月刊（東京 松山堂）鉛印
半四

ハ80
6-3
5
古今支那書畫名家詳傳
二〇巻存巻九—一七　近藤南州（元粋）
〔大正七年四月〕刊（〔東京〕美術鑑賞會）鉛印
半五

ハ80
6-5
3
清人書畫人名譜
（清書畫人名譜）三巻　鷲峰逸人
安政二年七月刊（京　彜雙堂藏版〈京　勝村伊兵衛等三都一二肆〉）
半三

ハ80
6-6
4
清書畫名人小傳
四巻（相馬）九方（肇）
嘉永一年刊（大坂　藤屋禹三郎等三書堂）
半四

ハ80
6-7
1
朝鮮書畫家列傳
附朝鮮年表　日本、支那、西洋年表對照　吉田英三郎
大正四年七月刊（京城　京城日報社）鉛印
中一

ハ80A
1
1
正倉院御物棚別目録
帝室博物館編
大正一四年一〇月刊（編者）
四六一

ハ80A
2
1
正倉院志
大村西崖
明治四三年六月刊（東京　審美書院）鉛印
半一

ハ80B
1
1
觀古雜帖
并埋麝發香附穗井田忠友歌集　穗井田忠友撰
正宗敦夫校
昭和三年六月刊（東京　日本古典全集刊行會）
（觀）影天保一二年九月序刊本　日本古典全集第三期
菊半一

ハ80C
4-1
1
菩提達磨嵩山史蹟大觀
增田龜三郎・岡田榮太郎編　鷲尾順慶監修
昭和七年二月刊（東京　菩提達磨嵩山史蹟大觀刊行會）
四六倍ゝ一

ハ80C
7-1
1
東大寺獻物帳
明治一三年一二月刊　大正一〇年八月印（三版　東京帝室博物館）摸刻天平勝寶八年六月写本
袋附　朱墨套印
特大一（大和綴）

ハ80D
1
4
集古十種
松平樂翁編
明治四一年七月—一〇月刊（東京　國書刊行會）
影寛政一二年一月序刊本
菊四

ハ80D
2
8
大日本美術圖譜
四巻解説四巻　小杉榲邨・横井時冬
明治三四年一〇月刊（東京　吉川半七）彩色刷
（解）鉛印
折四　半四

ハ80E
1
1
帝國美術院第拾貳回美術展覽會陳列品目録
昭和六年拾月拾六日ヨリ拾壹月貳拾日マデ　帝國美術院
昭和六年一〇月刊（編者）
菊一

ハ80G
1
1
〔加賀前田家〕藏品陳列目録
自第一室至第六室
〔明治〕刊
菊一

81　書道

ハ81
1-1
2
艸書大字典
（草露貫珠）二巻　中村立節（義竹）編　岡谷義端補
大正二年一月刊　五月印（三版　東京　隆文堂）
影享保六年五月序刊本
菊二

ハ81 2-1 20
書道全集
二〔七〕巻（巻一・三・七・一一・二三・二四・二七欠）平凡社編
昭和五年二月―七年三月刊（東京　編者）附正誤表
四六倍二〇

ハ81 4-1 9
談書會誌
第四三・四六・四九・五三・五八・六一―六四集　丹羽正長編
大正五年三月―八年九月刊（東京　談書會）影印　顔魯公三表真蹟（拓摺）三〇葉北魏靈山寺塔下銘二葉挟込マル
特大九（仮綴）

ハ81A 1-1 1
顕傳明名録
巻一　呑舟軒（琢斎）箕山
享和三年六月刊（和歌山　千秋舘藏版）
大二ッ切一

ハ81A 1-2 1
筆道師家人名録
初編　村上歸旭
文政四年三月序刊（塾中藏版）
中一

ハ81A 3-1 1
〔書抜書〕
和漢　岍道抄カ
天保五年一月写（岍道）
中一

ハ81A 3-2 2
日本書畫苑
岩橋小彌太等校
大正三年一〇月・四年一二月刊（東京　國書刊行會）
菊二

ハ81A 3-3 6
墨場必携
六巻〔市〕河米菴編　山内〔香雪〕（晉）・渡邊鞆校
天保七年一二月跋刊　明治一三年七月印（京都　鴻寶堂川勝徳治郎）
中六

ハ81A 3-4 1
猶賢左書説
（題簽）附誤正　米壽記念刋刻　濱野箕山（猶賢・王臣）
明治四五年三月序刊（自刊）鉛印　図版写真多シ
半一

ハ81A 3-5 1
猶賢左書
（題簽）濱野箕山（猶軒・章吉）
明治四一年五月序跋刊　石印二色刷并鉛印
大一

ハ81A 6-1 1
漢字略草法《くづしかた》
并附録　中島南英
大正二年一二月刊　三年一二月印（修訂増補三版　静岡　尚風堂）石印　九頁後一行佈切貼訂正
半一

ハ81A 6-2 1
實用書翰用語草書字典
并附録　圓道掌石（祐之）
大正三年四月刊　五年一〇月印（一〇版　東京　有朋堂）下段凸版写真
四六一

ハ81A 7-1 1
草書速達帖
稲田九皐（康太）
昭和五年一月刊（廣島　著者鶴鳴軒藏版）石印
半一

ハ81A 7-2 1
筆道訓
（外題）湯原氏
写（自筆）
大一（仮綴）

ハ81B 1 1
〔秋萩帖〕他
〔小〕野道風・藤〔原〕行成
拓　文化一四年・天保一年一〇月慊堂跋　椶斎跋（共ニ拓）
折一

ハ81B 2 2
浪華帖假名
二巻　森川竹窓（世黄）摹
文政三年九月跋刊　※
特大二（大和綴）

ハ81C 3-1 1
〔段氏〕述筆法
清段玉裁撰　松田元修書
明治一二年九月序刊（小錦山房藏板）石印彩色刷　題木邨嘉平刻　池田秋旻楊惺吾等説書入詳密　池田秋旻旧蔵
大一

ハ81C 3-2 1
書訣
日下部鳴鶴述　池田秋旻（常太郎）編録
大正六年一二月刊　同印（再版　東京　文會堂）
池田秋旻敬贈本
菊一

ハ81C 3-3 2
書法指南
二巻　清王鼎
民國八年五月刊　一〇年五月印（四版　莫釐涵青山房（上海　埽葉山房））石印
唐中二

ハ81C 3-4 1
國譯書論集成
巻一〇清貳甲大瓢偶筆四巻　眞田収軒（但馬）編譯
昭和一二年四月刊（東京　東學社）
菊一

ハ81C 3-5 1
竹雲題跋
四巻存二巻　清王澍撰　錢人龍校
写
大一（仮綴）

ハ81C 4-1 1
伊墨卿書恨賦墨蹟
（題簽）清伊秉綬書
民國三年七月刊（上海　文明書局）石印　清嘉慶二〇年大寒書
唐大一

ハ81C 4-2 1
王覺斯自書詩冊墨蹟
（題簽）明王鐸書
民國二年二月刊（上海　文明書局）石印
唐特大一

ハ81C 4-3 1
何子貞楷書前後赤壁賦
（題簽）清何紹基書
民國一年四月刊　四年九月印（再版　上海　文明書局）石印影清咸豐三年一〇月書　何紹基・金蘭齋書四頁分插込マル
唐特大一

ハ81C 4-4 1
黄山谷發願文墨迹
（外題）宋黄〔庭堅〕
民國六年六月印（五版　上海　有正書局）石印
唐特大一

ハ81C 4-5 1
御刻三希堂石渠寶笈法帖
（初拓三希堂法帖）第三〇冊　明董其昌書
〔民國〕刊　石印
唐大一

ハ81C 4-6 1
秦會稽刻石
（題簽）安政四年七月刊　摸拓〔小島〕（源）成齋（知足）跋
折一

ハ81C 4-7 1
石庵相國墨寶
（題簽）清〔劉墉〕書
民國八年五月刊（上海　震亞圖書局）石印
唐特大一

ハ81C 4-8 1
大唐太宗文皇帝製三藏聖教序
（宋拓褚河南雁塔聖教序）并大唐皇帝述三藏聖教序記　宋褚遂良書
清宣統一年一月刊　民國五年八月印（一〇版　上海　有正書局）石印　池田秋旻旧蔵
唐特大一

ハ81C 4-9 1
詩經
（鄭板橋黙經眞蹟）清鄭〔燮〕書
大正三年六月刊（平泉書屋）石印　池田秋旻旧蔵
大一

ハ81C 4-10 1
〔唐太宗屛風〕書
唐太宗
嘉永二年七月跋刊（〔福山藩〕阿部正弘）摹拓
折一

ハ81C 4-11 1
唐太宗屛風書釋文
并考證　小島〔成齋〕（知足）
嘉永二年刊（阿部氏盧橘園臧版）
半一

ハ81C 4-12 1
獨立獨知兩禪師書釋文
〔浜野知三郎〕
近写（自筆）韓非子翼毳（〔太田〕全齋木活）巻二第一六丁穀堂遺稾抄目録（清風堂）第一一丁插込マル　試刷カ
特大一

ハ81C 4-13 1
文字八存
中村不折撰　寒川鼠骨（陽光）編
大正一五年一二月刊（東京　書齋社）鉛印　図録
大一

ハ81C 4-14 1
劉石庵相國墨迹第一集
（外題）清劉墉書
民國七年四月印（五版　上海　有正書局）石印
唐特大一

ハ81C 4-15 1
劉文清公書金剛經眞蹟
（外題）清劉墉書
〔民國一四年一一月〕刊（洞庭　柳元龍〈上海　博古齋〉）石印
唐大一

ハ81C 4-16 1
最初拓禮器碑
（外題）
〔民國〕刊（上海　有正書局）石印　池田秋旻旧蔵　清光緒二八年八月跋
唐特大一

ハ81C 4-17 1
盧橘園帖
（題簽）小島〔成齋〕（知足）校并釋文（一部）
嘉永五年一一月刊（福山〔阿部氏〕盧橘園）摸拓
折一

ハ81C 5-1 8
國朝書人輯略
一一巻首一巻　清震鈞
清光緒三四年刊（金陵　　）
唐中八

82　絵画

ハ82A 5-1 1
近世繪畫史
藤岡作太郎
明治三六年六月刊〔修〕三九年九月印（四版　東京　金港堂）扉　訂正三版　表紙　訂正再版
菊一

ハ82A 5-2 1
日本繪畫小史
大村西崖
明治四三年七月刊（東京　審美書院）鉛印　池田秋旻旧蔵書入本
大一

ハ82A 5-3 5
扶桑畫人傳
五巻　古筆了仲編　赤松德三・佐藤榮中校
明治二一年八月刊　同修（東京　坂昌員藏版〈東京　須原鉄二・大坂　植村平兵衛等四肆〉）
大五

ハ82E 1 1
勤王の志士田﨑草雲先生贈位二十五年記念遺墨展覽會出陳目錄
昭和十六年三月十五日—十七日（三日間）於東京美術俱樂部　小室翠雲草雲會（須永弘）編
昭和一六年三月刊（足利　足利草雲會）
四六一

ハ82E 2 1
現故漢畫名家集鑒
〔扉〕長島畏三
安政五年七月序刊（江戸　畏三堂須原屋鉄二＝撰者ナラム）殆左ノ覆刻
大横一

ハ82E 3 1
同
（古今南畫集覽）大島恭
安政四年一一月跋刊（長艸堂臧板）書價定銀三兩／製本限五百部
一舗

ハ82E 4 2
新選増補古今名家南画人名一覧大成
西川蓼邨
明治一三年九月刊（京都　江南金治郎・神先治郎助）銅版
小二（縦長）

ハ82G 1 2
浮世繪の諸派
原榮
大正五年二月刊（東京　弘學館）鉛印
半二

ハ82G 2 1
浮世畫百家傳
關根只誠撰　關根正直校
大正一四年一二月刊（東京　六合館）
四六一

ハ82H 1 1
丹青一斑
第二集　瀧和亭
明治二九年六月刊（東京　吉川半七）彩色刷
袋ヲ包背ニ改装セシカ
折一（包背装）

ハ82H
2
1
明治画家略傳　渡邉祥霞（祥次郎）
明治一七年四月刊（東京　渡邉氏蔵板〈東京
美術新報鴻盟社・甘泉堂山中市兵衛等四肆〉）
銅版　絵入　小一

ハ82J
5
1
支那繪畫小史　大村西崖
明治四三年七月刊（東京　審美書院）鉛印　池
田秋旻旧蔵書入本　大一

84　建築・庭園

ハ84
6-1
1
觀依水園記　附正誤　北畠治房
明治四三年秋跋刊（奈良　依水園關藤次郎）鉛
印　半一（仮綴）

85　工藝

ハ85
1
2
工藝鏡　二巻并附録　横井時冬
明治二七年一二月刊（東京　六合館）鉛印　半二（大和綴）

ハ85
2
2
同　同
昭和二年三月刊（再版　東京　六合館）鉛印　中二

ハ85A
1
1
陶磁器の鑑賞　大西林五郎
大正一五年一一月刊（東京　著者二木軒〈東京
松雲堂〉）鉛印　袋附　中一

ハ85B
1
1
古今漆工通覽　高木如水
明治四五年七月刊（京都　高木如水桜樹軒藏板
〈京都　松田榮之助〉）鉛印　袋附　名古屋　豊
田棄三郎發賣　大一

ハ85C
1
1
友禪　和田尚軒（文次郎）
大正九年九月刊（金澤　友禪齋史蹟保存會）鉛
印　中一

ハ85F
1
1
彫金家年表　附畫工、鍔工、刀工、陶工、漆工、鑄工其他名流年表并正誤表　桑原羊次郎
明治四二年八月刊（東京　日本美術社）鉛印　中一

ハ85H
1
2
吉祥圖案解題　二巻支那風俗の一研究附正誤表　野崎誠近
昭和一五年五月刊（再版　東京　平凡社）鉛印
彩色図版貼付　昭和三年五月初版　大二

86　音楽・歌舞・演劇

ハ86
1
2
歌舞音樂略史　二巻　小中村清矩撰　長命晏春畫　川邊御楯補
畫
明治二九年五月刊（再版）三六年六月修（訂正
三版　東京　明治書院）鉛印　袋附　明治二一
年一月序　半二

ハ86A
1
2
歌儛品目　一〇巻附歌儛雜識拔萃　小川（藤原）守中編
正宗敦夫校　山田孝雄解題
昭和五年七月・九月刊（東京　日本古典全集刊
行會）翻彰考館蔵写本（附）越州刺史狛宿禰眞
節写本　日本古典全集第三期　菊半二

ハ86A 2 1　**信西古樂圖**
正宗敦夫編并校
昭和二年一二月刊（東京　日本古典全集刊行會）
影東京美術孪校蔵寳暦五年春〔藤原〕貞幹摸寫
滋野井殿蔵本　日本古典全集第二回
菊半一

ハ86A 3 2　**〔新訂〕舞樂圖説**
二巻　大槻如電撰　高島千春・北爪有卿畫
昭和二年五月刊（東京　六合館）鉛印
中二

ハ86D 1 1　**淨瑠璃史**
附増
明治二七年一月刊　同修（再版　東京　新進堂）
附評論集　寺山星川
四六一

ハ86E 4 1　**〔俳優〕樂屋ばなし**
并三津瀬川上品仕立・〔大津ゑぶし落咄〕役者評判よせ附江
戸軟派叢書初編補遺　豊年舎滿作（三）柳亭種
彦撰　歌川國貞畫（役）尾崎久彌編　同校
大正一四年七月刊（名古屋　尾崎氏江戸軟派研
究發行所）鉛印　江戸軟派叢書〔第〕四編
中一（大和綴）

ハ86E 5-1 3　**〔花江都歌舞妓〕年代記**
（歌舞妓年代記）九巻　立川焉馬撰　松髙齋春亭
画　正宗敦夫校
昭和三年一二月—四年一二月刊（東京　日本古
典全集刊行會）翻文化八年刊天保一二年印本
日本古典全集第三期
菊半三

ハ86E 5-2 1　**〔訂正改版〕名人忌辰錄**
二巻俳優忌辰錄附〔忌辰錄餘筆〕情死錄・〔餘筆〕刑死錄　關根
只誠編　關根正直校
大正一四年一一月刊（訂正改版　東京　六合館）
明治二七年六月初版　附ハ改版ニ際シテ附サル
四六一

ハ86E 6 1　**近世演劇考説**
黒木勘藏
昭和四年一一月刊（東京　六合館）
四六一

ハ86G 1 1　**近世邦樂年表**
義太夫節の部　東京音樂學校編
昭和二年一月刊（東京　六合館）
四六倍一

89　諸藝・趣味・娯楽

ハ89 1 2　**雜藝叢書**
〔三田村〕鳶魚・朝倉無聲編　本居清造等校
大正四年二月・八月刊（東京　國書刊行會）
菊二

ハ89B 1 6　**秘傳花鏡**
六巻并圖　清陳淏子
〔清〕刊（金閶　文業堂）康熙二七年八月序
唐半六

ハ89C 1 1　**圍棊人名録**
（圍棋人名録）
嘉永四年一月序刊〔修〕東條琴臺序
半四ッ切一

ハ89C 2 1　**圍碁叚附**
（題簽）坂口仙得
天保一五年三月跋刊　弘化三年四月修
大三ッ切一

ハ89G 1 1　**饌羞類考**
三巻（有欠）紀親宗編
文政七年一二月写（小野久要）〔山田〕以文蔵
本ノ写シ
大一（仮綴）

ハ89G 2 1　**饌書**
外編共〔羽倉簡堂〕（蓬翁・小四海堂主人）
写
中一

ハ89J 1 1　**墓相小言**
高田松屋（源与清）講　藤原好秋・赤松知則編
永澤久穎・平山忠則校
文政三年一二月序刊（江戸　千鍾房）
中一

93　宇宙物理学・地球物理学

ハ93
5-1
1

〔陰陽両暦對照表〕

（明治初）刊（東京　北畠茂兵衛・大坂　中川勘助等諸國一二肆）銅版　序ハ整版　年表明治十年迄アリ　序ニ明治六年十二月迄計算

中一

ハ93
5-2
1

假名暦本名頒暦畧註

寳暦甲戌（四年）元暦〔塙〕保己一校
文化三年一月〈跋〉刊　翻岡部河内守一徳蔵本
図入

半一

ハ93
5-3
2

西洋時規定刻範

（題簽）并年中時刻（題簽）加藤傳兵衛
〔江戸末〕刊　絵入

特小二

ハ93
5-4
1

立《りふ》表《ひやう》測《しよく》景《けい》暦《れき》日《じつ》諺《げん》解《かい》

（暦日諺解）柳精子
〔寛政一年〕刊〔後印〕（江戸　千鍾房須原屋茂兵衛）

半一

ハ93
6-1
1

震災畫報

第一―六冊　宮武外骨編
大正一二年九月―一三年一月刊　同二月合冊（東京　宮武氏半狂堂）鉛印

半一

95　生物学

ハ95
1
1

錦窠翁耋筵誌

（題簽）品物之部　於東京不忍生池院・明治十五年四月十六日　伊藤錦窠（圭介）
明治一五年四月免許（東京　編者）彩色刷

半一

ハ95C
1
1

水族冩眞説

巻一鯛之部　奥倉辰行
安政四年夏序刊（奥倉氏水生堂）

大一

ハ95D
1
2

常用救荒飲食界之植物誌

三巻存巻中下第八―一八編　梅村甚太郎
明治四〇年九月―四二年八月刊　合冊（岡崎　著者飲食界植物誌發行所）

四六二

ハ95D
2
1

羣芳暦

（扉・羣芳暦草木目録）梅屋鞠塢
〔江戸末〕刊（〔江戸〕玉山堂）目録ノミ存　但シ本篇未刊カ

半一

97　医学

ハ97
1
1

毉學字撰

并附録　江東陽（安宅）
享保一九年一月刊（江戸　須原屋忠七・同四郎兵衛）大野洒竹旧蔵

小一

ハ97
2
1

醫心方捷見

岡正武
近写（〔浜野知三郎〕）末ニ天保十四年癸卯正月三日七十老人　岡正武撰

半一

ハ97 3 1　**勸學治體**　田村玄仙（兼詮）撰　根本玄白・佐藤玄良校　寛政四年三月刊（大坂　河内屋喜兵衛・和泉屋宇兵衛）　大一

ハ97 4 1　**杏林餘興**　今邨了菴（亮）撰　石橋龍玄校　明治一〇年一一月跋刊（邁種德舍）彩色図入　版心敬業館藏　半一（縦長）

ハ97 5 4　**今世醫家人名録**　（文政三校正）東西南北四部　白土龍峯（彝）編　白土椿壽等改正　文政三年刊（龍峯藏版）※　中四

ハ97 6 1　**學訓堂經方權量略説**　附狩谷望之度量沿革表摘録　喜多村直寛（士栗）　嘉永七年南至序刊（江戸　喜多村氏學訓堂）木活　半一

ハ97 7 1　**三宅董庵先生〔小〕傳**　藝備醫學會編　明治四一年三月刊（編者）鉛印　半一

ハ97B 1 1　**醫言靈**　森川宗圓（賤窟・士義）撰　脇田厚齋（信親）編　文政五年六月序刊　半一

ハ97B 2 1　**傷寒論**　漢張機撰　晉王叔和編　香川秀菴（修德）校　享和一年九月刊（京　山本長兵衛・江戸　須原茂兵衛等二都三肆）版心順受居藏　覆正德五年一一月序刊本　中一

ハ97D 1 1　**増補飲膳摘要**　小野蘭山審定　小野蕙畝編　安政六年一一月刊（江戸　岡田屋嘉七等四肆）覆天保七年五月増補本（天保五春旧版焼失セリト）薄様刷　小一（縦長）

ハ97D 2 2　**魚かゞみ**　（能毒魚かゝみ）二巻　武井樑涯（周作）　天保二年五月序刊（江戸　青雲堂英文藏）絵入　半二

ハ97D 3 1　**巻懐食鏡**　并附錄　香月牛山（貞菴）　寛政刊（京　柳枝軒）覆正德六年四月序刊本　薄様刷　中一（縦長）

ハ97D 4 1　**救荒野譜疏**　松岡恕菴講　延享四年四月写（或ハ〔香川〕脩菴カ）王西樓ト姚可成ノ野譜ヲ合セテ講ズ　大一

ハ97D 5 1　**同**　同　近写（〔浜野知三郎〕）　大一

ハ97D 6 1　**大同類聚方**　安倍眞貞・出雲廣貞奉勅編　木〔村蒹葭堂〕（孔恭）校　安永二年三月〈跋〉刊〔後印〕（大阪　柳原積玉圃河内屋喜兵衛）総裏打　岡村氏所持本ニ誤リテ（心得違）克明館御印ヲ押シタ旨扉ニ断書　大一

ハ97D 7 1　**増訂日本博物學年表**　附正誤　白井光太郎　明治四一年二月刊（東京　著者〈東京　文淵堂・丸善〉）　四六一

ハ97D 8 1　**物類品隲**　附録共六巻　平賀鳩溪（國倫）編　田村善之等校　正宗敦夫重校并解題　昭和三年八月刊（東京　日本古典全集刊行會）翻寶曆一三年七月松籟館藏版本　日本古典全集第三期　菊半一

ハ97D 9 1　**本草古書沿革考**　附崇蘭館藏宝素堂藏本草書目錄　岡本保孝　近刊　油印　半一

ハ97D 10 3　**本草正譌**　一二巻　松平君山（秀雲）撰　太田恒可等校　安永五年刊（尾州　風月孫助・京　風月荘左衛門等二都三肆）大谷木純堂旧蔵　京　橘枝堂野田藤八書目　半三

ハ97D 11 4　**重訂本草綱目啓蒙**　四八巻　小野蘭山講　小野職孝録　井口望之校　正宗敦夫重校并解題　昭和三年一一月—四年九月刊（東京　古典全集刊行會）翻弘化四年五月（但シ九月序アリ）岸和田邸學藏版本　日本古典全集第三期　菊半四

ハ97D 12 2　**本草綱目指南**　六巻（音引五巻讀引ヲ第六巻トス）刊〔後印〕（〔京〕文臺屋宇平）求版トアリ　大二

ハ97D 13 1　**増訂本草備要**　二巻首一巻　清汪昂編　汪逢楫訂　汪端等校　藤井以求點　享保一四年七月刊（京　玉枝軒植村藤治郎）書入本　薄様刷　清康熙三三年一〇月序　中一

ハ97D 14 2　**本草和名**　二巻附本草和名訓纂　深江輔仁奉勅編　正宗敦夫解題（附）山田孝雄　大正一五年六月・八月刊（東京　日本古典全集刊行會）影寛政八年春刊（但シ一二月序アリ）安政二年三・四月森（枳園）（源立之）嘉永六年一二月森棭庭（約之）校合書入本　日本古典全集第一回　菊半二

ハ97D 15 2　**本草和名**　二巻　深江輔仁奉勅編　寛政八年一二月序刊（江戸　和泉屋庄次郎）安政二年三・四月森（枳園）（源立之）嘉永六年一二月森棭庭（約之）校合書入（前者底本）〔浜野知三郎〕移写本（朱墨緑筆）後印本ナラム　大二

ハ97D 16 1　**本草和名訓纂**　〔山田孝雄〕　近写（〔浜野知三郎〕）　大一

ハ97D 17 1　**本草和名攷異**　二巻　狩谷棭齋校語　写　天保九年一月岡本況齋跋写小島春庵蔵狩谷棭齋手澤本ノ写シ　半一

ハ97D 18 1　**松平君山先生の傳**　（松平君山翁之傳）附君山翁の筆蹟と肖像・増補訂正　岡田善敏　大正一四年三月刊（名古屋　中京植物學會）油印　大日本々草学者傳第一編　半一（附）二舗

ハ97D 19 2　**薬品手引草**　（序）加地井高茂　安永七年一一月刊（大坂　播磨屋九兵衛・柏原屋清右衛門等三肆）　中二

ハ97D 20 2　**康頼本草**　（題簽）二巻　丹波康頼　近写　国立国会図書館現蔵榊原芳埜旧蔵本　大二

ハ97D 21 1　**康頼本草索引**　〔浜野知三郎〕　近写（〔自筆〕）　半一

ハ97D 22 1　**和漢日用方物略**　小野蕙畝（職孝）審定　小野彦安編　嘉永三年五月刊（〔江戸〕岡田屋嘉七・須原屋善五郎等三肆）　小一（縦長）

ハ97E 1 1　**子守讀本**　附衣服の裁ち方　龍野婦人會　明治四一年五月刊（大坂　山本文友堂）鉛印　半一

○

支那學

第三巻第二號・第四巻第一―四號　支那學社編
大正一一年一一月―昭和三年五月刊（京都　弘文堂）　菊合一

史學雜誌

第一一編第四・一二號第一二編第二號・第一三編第一・二號第一六編第一二號第二六編第四―五二編第八號・一一號　第三一編第二號第四九編第六號重複（第四一編第一〇號欠）附史學雜誌自第一編至第卅編索引　史學會編　菊合二九
明治三三年四月―昭和一六年一一月刊（東京　編者（東京　冨山房））第三九編第八號（昭和三年八月）ヨリ冨山房發行　第五一編第一一號第五二編第一一號ト誤植

書名索引

一、本索引は、書名を表音式の五十音順とし、かなを先に、漢字を後に排列したものである。
一、漢字は一字ごとの音単位とし、排列は清音を先、半濁音・濁音を後とした。ただし、「読」「讀」のように、便宜上一つにまとめた場合もある。
一、同音の漢字は、「康熙字典」によって、部首順、同部首内では画数順とした。
一、字体は、本編に従っておおむね新旧を区別したが、「増」「頼」など類似の字体のものは一つにまとめた場合がある。異体字・別体字等は通行の字体を用いた。同書名で新旧両体のあるものは、便宜上続けて記した場合もある。
一、書名は冠称や角書から記載した。それらを除いた書名や別書名は重出しないが、旧図書分類表を掲出したので、本索引と合せ利用していただきたい。
一、書名のよみは、現在行われている最も普通のものに従った。
一、書名を訓読した場合は、それが読下されたものとし、その字の後に排列した。
一、原本に書名のよみが付されていても、通行のよみに従った場合がある。また、「孝経（こうきょう）（こうけい）」など複数のよみが想定される場合も、便宜所在を一つにまとめた。

あ

え

お

か

こ

さ

そ

た

つ

な

に

ね

の

ひ

ふ

へ

ほ

ま

み

む

め

よ

ら

り

わ

あとがき

始めて蔵書目録作成の現場に足を踏入れたのは、昭和五十二年五月五日、爽やかな初夏の兵庫県八鹿町宿南の池田草庵青谿書院であった（十四日まで）。阿部隆一氏と一所で、この時は私は目録は著《と》らず、専ら草庵稿本の写真を撮るのみで終った。次いで五十四年の一月廿六日から、これも阿部氏と共に大分国東の三浦梅園旧居で蔵書目録作成に携った。此度は国書を分担し、その全てを著録したが、一部梅園手写かと見られるものを別置し、自筆稿本類を担当した阿部氏の判断に委ね、一足早く帰京した（二月三日）。これらは最終的に他筆と判定されたが、私は梅園手写本と見るべきではないかと思っている。

同じ頃（五十四年三月十二日―十七日）大分佐伯の佐伯文庫に伺っている。ここは長澤規矩也氏と阿部氏の手で目録著録は既に終っており、お二方はその確認作業をされ、私は主として明末清初の挿絵入戯曲・俗小説類の写真撮影を行った。長澤氏は和服姿で前垂掛というのが目録著録時のスタイル。宿や列車の乗り方にも好みがあり、それを変えられない。短い間ではあったが、此時は同宿で、色々と面白い話を伺うことができた。

その頃全国を廻って未整理の和漢書目録を作っておられたのは長澤氏ただ独り、後に長澤氏からお葉書を頂き、一所に目録を作りに来ないかというお誘いをうけたが、公務のある身、主事から許可が下りず残念な思いをした。

しかしその後、はしなくも長澤氏の目録著録を跡づける作業に身を置くこととなる。六十二年一月に刊行された福井小浜の「酒井家文庫綜合目録」で、図書は漢籍を長澤氏、山崎闇斎学派の講義類を中心とした崎門学書を阿部氏、国書は大学院で阿部氏の書誌学実修を学んだ学生が現地に暫く棲込んで作成、洋装本は図書館側のカードを利用するというものだった。ところが、編修の過程で長澤氏、阿部氏と相踵いで佚くなり、最終的な編者として私にお鉢が廻ってきたのである。

市の出版で、豫算措置上の制約があり、刊行年次が決っていて時間がなく、とても図書全体の見直しはできない。そこで私の責任として、長澤氏の漢籍の部だけを現本と対照して実査することとした。この長澤氏の目録を原典と全点対査したこと、また後に「阿部隆一遺稿集」刊行のため、阿部氏の著作を、引用の文献や書物も含め、全て原典や複写で対査したこととは、恐く私の学文の基盤となっているであろう。

長澤氏は阿部氏について、二言目には「阿部君は学者だから」と云うのが口癖であった。私の目録著録方は、どちらかと云えば基本的に長澤氏に親いかと思う。或時—私の昇格人事の会議のあと、阿部氏から云われたことがある。「論文がない。文庫の中の人で、こういうことを云う人がいるんだよ」。私は目録と解題と翻字しかしないので、何々の研究や何々論といったタイトルの著作を物さない。「そんなことを云ったら、自分（阿部氏）の書いているのもみんな解題だよ」。長澤氏は阿部氏を学者だと云い、阿部氏は文庫員を、より学者だと見たのだろうか。

同時に、私は物を書かないので、またこうも云われた。「（民俗学でも）何でもいいから若い時は沢山《せっせと》書きなさいや。もっとも自分は若い時に書き過ぎたけれども」。この述懐は戦時中右翼の大立物蓑田胸喜のもと、大に筆を揮った「原理日本」でのことを云うのであろう。

私が斯道文庫に入った当時、斯道文庫の蔵書は台帳とカードのみで、刊行された蔵書目録はなかった。どうして目録を作らないのかと云う私の問に、阿部氏はそういう雰囲気が文庫内に醸成されるのを待っているのだという旨の答をされた。

また若気の至り、徒手空拳で、内部の学事振興資金に「国書総目録の改訂」という課題で、〈あ〉の部から順次行うという案を示したことがある。阿部氏は「それは無理だから、むしろ部門別にしたらどうか」と云われ、これは後にトヨタ財団の助成を得、「国書・漢籍総目録の編纂—その緒業としての部門別目録」、のち「漢籍総目録編纂実施計画の立案」の準備期間を経、阿部氏逝去後、縮小し「宋元版の研究—書誌解題目録編纂」として遂行された。

曲りなりにも私が始めて蔵書の全体を見、その編修を行ったのは大阪府立岸和田高等学校の蔵書である。五十八年夏の盛りのことであった。この蔵書は幸にも、平成十九年市の文化財として指定をうけ、現在も様々に活用されている。

こうした中で、平成元年より六回にわたり「浜野文庫善本略解題」を「斯道文庫論集」に掲載、十二年より業務として浜野文庫普通書全点の著録にとりかかった。孝経や四書・徒然草など部門としては既に調査を終えていたものもあるが、漢籍・和書・仏書・洋装本の全てに就ての全点著録はこの時からである。長期にわたったため、私の著録方自体その時々で変化があるが、あえて統一は計らずそのままとした。

斯道文庫で目録を作り続けて四十年、その間廿三ほどの目録を公にした。その掉尾に文庫開設五十周年記念として浜野文庫の目録を据えることができたのはまことに喜ばしい。

しかし翻って目録の精度というものを考えてみるに、世の目録で精度は約《およそ》二割、私の目録で精々三割であろう。これでは餘りにも低いと見られようが、プロ野球の好打者・強打者で打率は三割あれば上乗。投手の防御率も三点台なら好投手である。十回打って三本のヒット、九回投げて三点の失点なら充分。イチロー選手でさえ、未だ四割は打っていないのだ。私の念願として何とか一度は精度四割の目録を作りたいと思っているのであるが、実情は何如。

斯道文庫の五十年、その間の四十年を振返って思わずも広長舌のあとがきとなった。本書はなるべく原典の復元ができるよう、その体裁に倣って（一部とは云え）新旧俗、別体・異体の文字を生かしたので、取分け富士リプロのキーパンチャーの方々には御苦辛をおかけした。お詫びし、お礼申上げる。また索引は斯道文庫同僚諸氏の協力になる。口絵写真の撮影は、これも文庫の西山洋介氏の手を煩わせた。製作に携った汲古書院の方々にもあつく御礼申上げる。

慶應義塾大学附属研究所 斯道文庫開設五十年記念出版

慶應義塾大学附属研究所 斯道文庫蔵 浜野文庫目録
—附善本略解題

平成二十三年三月三十一日 発行

著者 大《おお》沼《ぬま》晴《はる》暉《き》

編者 慶應義塾大学附属研究所 斯道文庫

発行者 石坂叡志

整版印刷 富士リプロ㈱

発行所 汲古書院
〒102-0072 東京都千代田区飯田橋二—五—四
電話 〇三（三二六五）九七六四
FAX 〇三（三二二二）一八四五

斯道文庫書誌叢刊之八

ISBN 978-4-7629-1223-8 C3000